AF561824

TÉLÉPHONIE

PRATIQUE

OUVRAGES DU MÊME AUTEUR :

La Télégraphie actuelle en France et à l'Étranger.

La Lumière électrique (générateurs, foyers, distribution, applications).

ENCYCLOPÉDIE ÉLECTRIQUE

TÉLÉPHONIE PRATIQUE

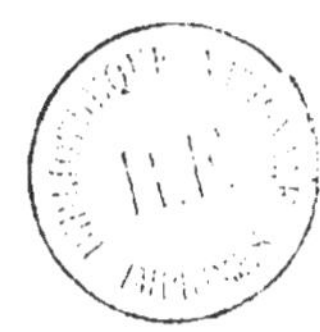

PAR

L. MONTILLOT

INSPECTEUR DES POSTES ET DES TÉLÉGRAPHES

AVEC 414 FIGURES ET 4 PLANCHES HORS TEXTE

PARIS

A. GRELOT, ÉDITEUR DE L'ENCYCLOPÉDIE ÉLECTRIQUE

18, RUE DES FOSSÉS-SAINT-JACQUES, 18

1893

PRÉFACE

Lorsque l'on envisage l'ensemble d'un réseau téléphonique, on est frappé du contraste qui existe entre la simplicité du téléphone lui-même et la complexité des procédés d'exploitation. Ces procédés sont peu connus; dans aucun traité nous n'en avons trouvé une description complète, détaillée, en même temps que clairement exposée. Cependant les combinaisons, si ingénieuses, auxquelles ont donné lieu les différents systèmes d'intercommunication méritent de fixer l'attention de tous ceux qu'intéresse la téléphonie.

De nombreux modèles de transmetteurs et de récepteurs sont admis sur les réseaux français; beaucoup d'entre eux n'ont pas encore été décrits.

Il nous a semblé qu'il existait une lacune; c'est dans le but de la combler que nous avons publié cet ouvrage. Son titre indique qu'il est à la portée de tout le monde.

Les téléphonistes de profession y trouveront décrits dans les moindres détails et exactement figurés les instruments qu'ils ont à manœuvrer journellement et que les exigences du service ne leur permettent pas d'étudier dans les bureaux.

La connaissance de ce qui a déjà été fait pourra provoquer dans l'esprit des constructeurs et des inventeurs d'heureuses inspirations pour ce qui reste encore à faire.

Les gens du monde apprendront à se rendre compte des appareils dont ils se servent si fréquemment aujourd'hui.

Afin de rester dans le domaine de la téléphonie pratique, nous nous sommes appliqué à écarter de notre programme les théories trop ardues et à en bannir les développements historiques: en un mot, nous avons pris les choses où elles en sont aujourd'hui.

Dût-on nous accuser d'ignorance, nous avons conservé aux instruments les noms sous lesquels les désignent habituellement les constructeurs français, sans nous préoccuper des questions de priorité ni même des noms des véritables inventeurs.

Après avoir fourni quelques données succinctes sur la voix humaine et sur l'audition; dit quelques mots sur le téléphone et le microphone, nous avons passé, sans transition, à l'examen des récepteurs, des piles microphoniques et des transmetteurs. Ajoutons que les descriptions ont été faites avec l'appareil démonté sous nos yeux et que, par conséquent, elles doivent être rigoureusement exactes. Quant aux dessins, ils ont été exécutés d'après nature.

Un chapitre spécial a été consacré aux lignes téléphoniques.

Nous avons groupé les appareils accessoires d'après les fonctions qu'ils sont appelés à remplir : organes d'appel, de substitution, de préservation, de permutation, de liaison.

L'installation des postes simples et des postes centraux d'abonnés, avec les arrangements spéciaux qu'ils présentent parfois font l'objet de deux chapitres.

De nombreux plans de pose sont intercalés dans le texte.

Les trois chapitres suivants sont consacrés aux bureaux centraux de l'État; plusieurs planches représentent les diagrammes des communications.

Au sujet des relations interurbaines sur les lignes affectées simultanément aux correspondances téléphoniques et télégraphiques, nous avons étudié le système Van Rysselberghe et le dispositif plus récent de M. P. Picard.

Viennent ensuite les dérangements, les documents administratifs et enfin les principales applications du téléphone. Parmi celles-ci, nous avons réservé une large place à des inventions, toutes d'actualité, telles que les avertisseurs d'incendie de M. Digeon, le théâtrophone, etc.

Nous présentons sans prétention ce volume au public, et, quel que soit l'accueil qu'il réserve à notre ouvrage, nous conserverons la satisfaction d'avoir rempli consciencieusement la tâche que nous nous étions imposée.

L. MONTILLOT.

Paris, le 1er octobre 1892.

TÉLÉPHONIE PRATIQUE

I

PRÉLIMINAIRES

La reproduction de la parole à distance par l'électricité. — Les sons et leur origine. — Vibrations. — Le son et ses qualités. — Représentation graphique des vibrations simples. — Propagation des sons. — Timbre. — Organe de production. — Organe de perception. — Induction.

La reproduction de la parole à distance par l'électricité. — « Le but principal du téléphone, dit M. Mercadier, est la reproduction à distance de la parole avec tous ses éléments : articulations avec leurs inflexions, voyelles et diphtongues avec leur accent caractéristique, timbre avec ses délicatesses, et cela avec une intensité suffisante[1]. »

Pour comprendre comment la parole peut être transmise à distance par l'électricité, il faut nécessairement savoir comment les sons en général se forment et se propagent; comment, dans le cas particulier des sons articulés, la conformation du *résonnateur* produit la diversité des intonations. Il faut encore connaitre la nature des phénomènes que déterminent, dans les circuits électriques, les sons émis à proximité des appareils téléphoniques.

Ces considérations nous conduisent à rappeler ici quelques principes d'acoustique et à indiquer sommairement les faits les plus saillants de l'induction électrique.

Les sons et leur origine. — Le *son* est la sensation provoquée dans l'organe de l'ouïe par certains mouvements périodiques des corps. Il est cependant nécessaire que ces mouvements soient transmis à notre organisme par un milieu intermé-

1. Académie des Sciences, séance du 19 janvier 1891.

diaire, tel que l'air atmosphérique, et alors ils sont perçus par l'oreille, même quand ils proviennent de corps éloignés.

Vibrations. — Lorsque les molécules d'un corps exécutent, de part et d'autre de leur position d'équilibre, des mouvements de va-et-vient, on dit qu'ils *vibrent*.

Pour nous mieux faire comprendre, supposons une corde tendue et fixée solidement par ses deux bouts A B (*fig.* 1). Si on pince cette corde, elle exécute une série de déplacements en-deçà et au-delà de sa position d'équilibre A M B. Pendant les déplacements rapides de la corde, un de ses points, pris isolément, M par exemple, se transporte de M en *m*, passe de nouveau par M pour se rendre en *m'*, revient en M, et ainsi de suite. Le déplacement de M en *m*, de *m* en *m'* et de *m'* en M constitue une *vibration*.

Fig. 1. — Vibration d'une corde.

Dans une vibration on distingue deux qualités : la *durée*, l'*amplitude*.

La durée est le temps que met le point considéré à se porter de M en *m*, de *m* en *m'*, de *m'* en M.

L'amplitude est la longueur de l'espace *m m'* qui sépare les deux positions extrêmes *m m'*.

La durée et l'amplitude d'une vibration sont des qualités indépendantes l'une de l'autre.

Le son et ses qualités. — Le son est un résultat, on peut en effet percevoir le mouvement vibratoire des corps, par le toucher par exemple, sans qu'il y ait perception de *son*. Au point de vue physiologique, les vibrations des molécules des corps ne deviennent *son* qu'à la condition d'impressionner l'organe de l'ouïe.

Aux deux qualités de la vibration, *durée*, *amplitude*, correspondent deux qualités du son : la *hauteur*, l'*intensité*; il en est une troisième que nous définirons plus loin.

La *hauteur* dépend uniquement du nombre des vibrations par seconde.

L'intensité est déterminée par l'étendue des vibrations, c'est-à-dire par l'*amplitude*.

Représentation graphique des vibrations simples. — Les vibrations simples d'un corps sonore se traduisent par un mouvement ondulatoire qu'il est possible de représenter graphiquement.

Supposons un point M de la ligne XY vibrant entre les limites AB (*fig.* 2). Au bout d'espaces de temps déterminés et égaux à $\frac{1}{16}, \frac{2}{16}, \frac{3}{16} \ldots$ de la durée totale de la vibration, le point M occupera successivement les positions a, b, c, A en se dirigeant de M vers A, puis c, b, a en revenant vers M, a', b', c' en marchant du côté de B, et enfin B, c', b , a', M, pour reprendre sa position initiale et la dépasser ensuite. Sur la droite XY, portons, à partir de M, des longueurs égales, 1, 2, 3... 16, représentant

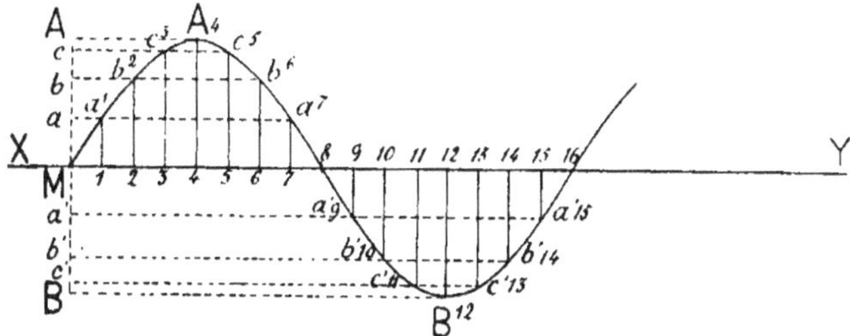

Fig. 2. — Représentation graphique des vibrations simples.

des temps égaux, des seizièmes de la durée totale de la vibration. Élevons une perpendiculaire à chaque point de division et, sur ces droites, portons des longueurs égales à la distance qui sépare, au moment considéré, le point M de sa position d'équilibre; nous obtiendrons de la sorte les points $a_1, b_2, c_3 \ldots$ etc. En joignant les points ainsi déterminés, nous dessinerons une courbe ondulée, présentant alternativement des crêtes et des creux se succédant à intervalles égaux. Cette courbe est connue en géométrie sous le nom de *sinusoïde;* dans l'espèce, on pourrait l'appeler *ligne d'onde*, et la distance qui sépare deux crêtes ou deux creux consécutifs serait la *longueur d'onde*.

La sinusoïde a pour expression algébrique $y = a \cos. \theta$ que l'on écrit plus habituellement $y = a \sin. \varphi$. Dans cette équation, a représente la longueur MA, θ est l'angle que fait cette droite avec le rayon a d'une circonférence ayant M pour centre; φ est le complément de l'angle θ.

La courbe sinusoïdale est l'expression géométrique de la loi du mouvement simple harmonique. Que les sons soient successifs ou bien simultanés, l'oreille n'admet, en musique du moins, que les combinaisons où le rapport des nombres de vibrations est simple, comme les nombres 1, 2, 3, 4, 5... La suite de ces nombres a pris le nom de *série harmonique*, et si on appelle le son 1 *son fondamental*, les nombres 2, 3, 4, 5... seront ses *harmoniques*.

Propagation des sons. — Ce que nous avons dit pour les lignes d'onde s'applique aussi aux surfaces, et il existe des *surfaces d'onde* ou *ondes sonores*, comme il existe des lignes d'onde.

Les vibrations des corps sonores déterminent dans l'atmosphère des vibrations analogues à leurs vibrations propres, et les ondes ainsi produites se transmettent de proche en proche, non pas qu'il y ait transport de matière, mais seulement transport de forme. Il se passe quelque chose d'analogue à ce que l'on voit quand on laisse tomber un caillou dans une eau tranquille. Du centre d'ébranlement formé au point de chute partent des ondes qui se propagent en diminuant graduellement d'amplitude jusqu'à ce qu'elles s'éteignent. Ce sont les ondes sonores, déterminées dans l'atmosphère par les vibrations des corps, qui viennent impressionner notre oreille et transmettent au cerveau, par l'intermédiaire des nerfs, la sensation de son.

Lorsqu'il s'agit de sons articulés, les lignes et les surfaces d'onde ne conservent plus la forme sinusoïdale que nous venons d'indiquer; leur conformation reste curviligne, mais les crêtes et les creux sont autrement répartis, et cette répartition varie avec le son prononcé.

Timbre. — « La cause du timbre n'est pas encore parfaitement connue, mais on sait cependant qu'il tient principalement à ce qu'un son est en général une chose complexe et multiple, comprenant en réalité un son principal, dit *fondamental*, accompagné d'une série de sons plus aigus et beaucoup plus faibles, superposés au premier, fondus en quelque sorte avec lui et qu'on nomme les *harmoniques*[1]. »

« Le timbre, dit Preece[2], dépend de la production simultanée d'un certain nombre de composantes du son fondamental que l'on appelle harmoniques : la résultante de ces harmoniques forme les ondes qui constituent la parole humaine. Les voyelles et les consonnes sont des sons musicaux composés, ou des sons résultants formés de la combinaison de ces harmoniques. Le premier harmonique détermine la hauteur du son résultant, appelé premier harmonique; les autres sont appelés harmoniques supérieurs. Ces derniers sont très nombreux. Il ne faut pas moins de huit harmoniques pour reproduire la voyelle O. La forme des ondes sonores est donc très

1. *Ann. Télég.*, 1889.
2. *Le Téléphone*, p. 7.

compliquée, et c'est une chose merveilleuse qu'elles puissent être reproduites par le téléphone. »

Organe de production. — La voix articulée, la parole, est le propre de l'homme; elle est le résultat de certaines modifications qu'apportent aux sons émis par le larynx les parties qui le surmontent. Les orgues des églises sont en quelque sorte la représentation de l'organe vocal de l'homme, auquel on aurait supprimé l'appareil d'articulation. Dans les unes comme dans l'autre, il existe une soufflerie, un tuyau de communication, une anche que fait vibrer le passage du courant d'air émis par la soufflerie.

Les poumons forment un corps de pompe qui, après avoir aspiré l'air, le chasse avec plus ou moins de force dans le larynx. Là, dans la partie avoisinant la bouche, la colonne d'air expirée rencontre une anche membraneuse, une ouverture bridée par des membranes tendues, mais flexibles, ce sont les *cordes vocales*. Au-delà de cet endroit, le son est produit, mais il n'est pas encore articulé. L'articulation provient des dispositions particulières que l'homme fait prendre volontairement au *résonnateur* qui surmonte le larynx, c'est-à-dire à la cavité buccale, comprise entre le pharynx et les lèvres. Dans cet acte, l'arrière-bouche, les fosses nasales, la voûte palatine, les joues, la langue, les dents, les lèvres entrent en jeu, et c'est de leurs positions respectives, de leurs contractions ou de leurs dilatations, que dépend l'articulation des sons. Le son émane du larynx, la parole provient de la bouche. C'est ainsi que l'on peut articuler des sons, parler à voix basse, chuchoter, sans que le larynx entre en jeu; mais, dès qu'on élève la voix, on fait intervenir le courant d'air provenant des poumons.

En résumé, la parole proprement dite résulte d'un son émis par le larynx et articulé par la bouche.

Les sons élémentaires au moyen desquels l'homme communique avec ses semblables sont les voyelles et les consonnes. Associées, elles forment les syllabes qui, réunies elles-mêmes, composent les mots.

Il n'est pas indifférent de connaître, au moins *grosso modo*, les appropriations de l'organe vocal qui engendrent ces différents sons articulés. Les figures 3 et 4 représentent une coupe de cet organe. Que fait-on lorsqu'on dit A E I O U? Si on ne veut pas entrer dans trop de détails techniques, on peut s'en tenir à l'enseignement du professeur de philosophie de M. Jourdain dans *le Bourgeois gentilhomme*.

« La voix A (*fig.* 4) se forme en ouvrant fort la bouche. La voix E se forme en rapprochant la mâchoire d'en bas de celle d'en haut... et la voix I (*fig.* 3) en rapprochant encore davantage les mâchoires l'une de l'autre, et écartant les deux coins de la bouche vers les oreilles.

« La voix O se forme en rouvrant les mâchoires et rapprochant les lèvres par les deux coins, le haut et le bas. L'ouverture de la bouche fait justement comme un petit rond qui représente un O.

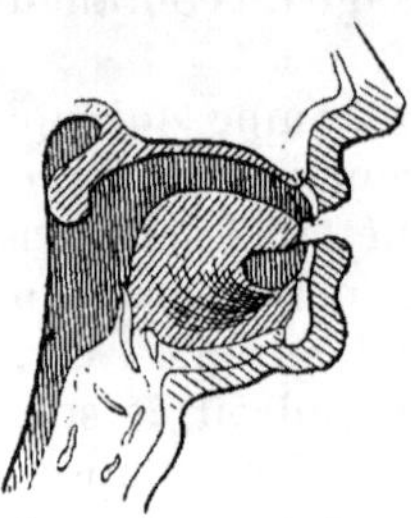

Fig. 3. — Articulation de la voyelle *i*.

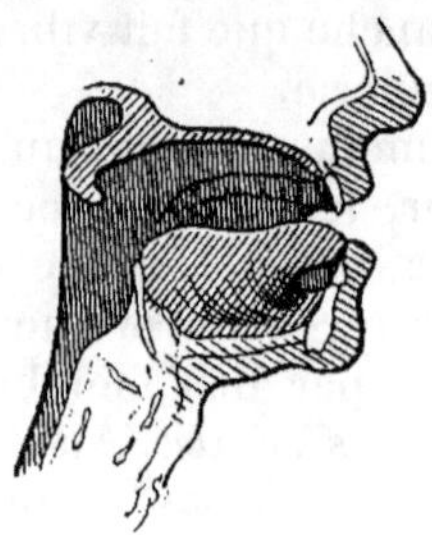

Fig. 4. — Articulation de la voyelle *a*.

« La voix U se forme en rapprochant les dents sans les joindre entièrement, et en allongeant les deux lèvres en dehors, les approchant aussi l'une de l'autre sans les joindre tout à fait. Vos deux lèvres s'allongent comme si vous faisiez la moue ; d'où vient que, si vous la voulez faire à quelqu'un et vous moquer de lui, vous ne sauriez lui dire que U. »

Quelque fantaisiste que puisse paraître cette citation, elle donne une idée suffisante de la forme du résonnateur dans la prononciation des voyelles. Nous ajouterons que l'émission de la voyelle A n'entraine aucune modification sensible du tuyau vocal qui reste dans son état le plus naturel; qu'il possède ses dimensions minima dans l'articulation de I; qu'il acquiert au contraire son développement maximum lorsqu'on articule U. Les autres voyelles provoquent des positions intermédiaires.

Pour chaque voyelle, la bouche prend une forme caractéristique. Helmholtz a déterminé par l'expérience le son propre ou le *vocable* de chacune des voyelles. Les expériences de cette nature sont difficiles, aussi n'est-il pas étonnant que plusieurs savants aient obtenu des résultats différents. D'ailleurs, les méthodes n'étaient pas les mêmes, et l'une d'elles, notamment, d'une exactitude contestable, consiste à frapper avec le doigt sur la bouche préparée pour la voyelle dont on veut déterminer le vocable.

Quoi qu'il en soit, Helmholtz « admet que pour chacune des voyelles la cavité buccale présente une résonance déterminée, indépendante de la hauteur à laquelle la voyelle est émise; de sorte que la bouche renforce dans le son des cordes vocales tous ceux des harmoniques qui coïncident avec l'un de ses sons propres ou qui en sont tout au moins assez voisins, tandis qu'elle étouffe plus ou moins les autres[1]. »

Les mouvements de la langue, la position des mâchoires et des lèvres, jouent un grand rôle dans la prononciation des consonnes. « Le son S se produit avec la langue appliquée en avant contre le palais, les dents rapprochées; le son CH se produit avec la langue appliquée contre le palais par sa partie moyenne, les dents rapprochées; le son F se produit les dents supérieures étant presque appliquées sur la lèvre inférieure. Le R est déterminé par des mouvements vibratoires imprimés au voile du palais. En joignant l'intonation de la voix, c'est-à-dire le son laryngien au son produit par le passage de l'air dans le tuyau vocal, le S devient Z, le CH devient J, le F devient V. Lorsqu'on chuchote à voix basse, il est à peu près impossible de prononcer le Z, le J et le V; aussi, dans les mots qui comportent ces lettres, on dit alors S pour Z, CH pour J, F pour V, et les Allemands font souvent cette substitution dans la parole à haute voix.

« L'articulation des trois consonnes P B M est produite par l'occlusion des lèvres, suivie de l'ouverture subite du tuyau vocal, au moment de la production du son laryngien. La prononciation de D T L N est produite par le détachement de la pointe de la langue appliquée contre la voûte palatine. Le son de M et de N se distingue des autres par une résonance plus prononcée de l'air dans les fosses nasales. Dans la production du D et du T, l'application de la pointe de la langue se fait tout à fait en avant de la voûte palatine, au collet des dents de la mâchoire supérieure. Dans la production de l'L et de l'U, l'application de la langue a lieu plus en arrière. L'articulation de K Q G GN est produite par le détachement de la langue appliquée d'abord contre le palais par sa partie moyenne. L'articulation de la lettre X résulte de la combinaison des deux consonnes G Z (exil), ou de celle des deux consonnes Q S (exposition)[2]. »

Organe de perception. — L'oreille comprend trois parties :

1. Violle, *Cours de Physique* (acoustique). Paris, 1888. — Voyez aussi : Gavarret, *l'Acoustique biologique*. Paris, 1877. — Béclard, *Traité élémentaire de Physiologie*. Paris, 1859. — Laugel, *la Voix, l'Oreille et la Musique*. Paris, 1867.
2. Béclard, *loc. cit.*

le *pavillon*, la *caisse du tympan*, le *labyrinthe*; on peut aussi la diviser en oreille externe, oreille moyenne, oreille interne.

Le pavillon de l'oreille chez l'homme (*fig.* 5) est une lame cartilagineuse, peu mobile, présentant des renflements et des dépressions disposés d'une façon irrégulière. Le pavillon est le collecteur des sons, et sa forme irrégulière semble avoir pour objet de suppléer à son immobilité, de telle sorte qu'une onde sonore quelconque puisse toujours trouver un point qui la réfléchisse dans la direction du *tube auditif*. Celui-ci, long d'environ 3 centimètres, légèrement coudé vers le haut, forme le prolongement du pavillon et est fermé vers le bas par la membrane du *tympan*. C'est une membrane tendue sur un cadre osseux, et inclinée à 45 degrés environ par rapport à l'axe du tube auditif. Le tympan forme la cloison antérieure d'une caisse qui communique avec l'oreille interne par deux ouvertures. Cette caisse contient une chaîne d'osselets articulés les uns sur les autres et s'appuyant sur les parois de la cavité qui les renferme. Les osselets sont au nombre de quatre et les dénominations qu'ils ont reçues tendent à rappeler leur forme; on les nomme le *marteau*, l'*enclume*, le *lenticulaire*, l'*étrier*. La caisse du tympan communique avec l'arrière-gorge par la *trompe d'Eustache*; elle est également en relation avec le labyrinthe, composé lui-même du *vestibule*, du *limaçon* et des *canaux semi-circulaires*. C'est dans le labyrinthe que les filets du nerf acoustique viennent s'épanouir; ils sont baignés par le liquide qui remplit la cavité. C'est là aussi que se produit l'impression transmise au cerveau et d'où résulte la perception du son.

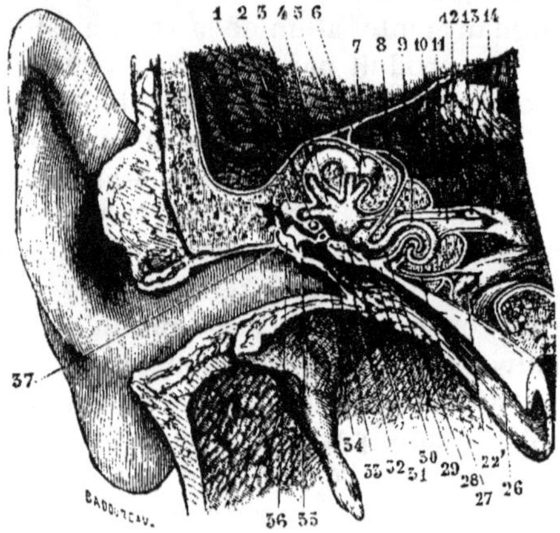

Fig. 5. — Coupe de l'oreille humaine suivant l'axe du tube auditif.

1 à 14, *oreille moyenne* (osselets, canaux semi-circulaires, nerf acoustique).
26, *oreille interne* (trompe d'Eustache).
34 à 26, *tympan*.
37, *oreille externe* (tube auditif).

Induction. — En 1831, Faraday découvrit la curieuse série de faits connus sous le nom de phénomènes d'*induction*. Nous ne considérerons ici que le cas particulier qui nous intéresse :

Supposons deux circuits concentriques enroulés sur une même bobine, sans qu'il y ait communication électrique entre eux; l'un, A, est formé par une pile et les spires du premier conducteur; l'autre, B, comprend un galvanomètre et le second conducteur enroulé par-dessus le premier. Supposons, en outre, que, par un procédé mécanique quelconque, à l'aide d'un ou de plusieurs interrupteurs par exemple, nous puissions à volonté introduire la pile dans le circuit A ou bien l'en retirer, faire varier l'intensité de cette pile, soit en l'augmentant, soit en la diminuant, nous observerons les phénomènes suivants :

Lorsqu'un courant prend naissance dans le circuit A, c'est-à-dire lorsqu'on introduit la pile dans ce circuit, le circuit B est traversé par un courant de sens inverse.

Lorsqu'un courant lancé à travers le circuit A cesse, c'est-à-dire lorsqu'on retire la pile de ce circuit, le circuit B est traversé par un courant de même sens que celui qui circulait à travers A.

On appelle ordinairement le circuit A *circuit primaire* ou *inducteur* et le circuit B *circuit secondaire* ou *induit*; on nomme aussi *courant inducteur* le courant qui parcourt A, et *courant induit* celui qui prend naissance à travers B.

Toute variation dans l'intensité du courant inducteur produit dans le circuit induit des phénomènes analogues à ceux que nous venons d'indiquer, ainsi :

Toute augmentation d'intensité du courant dans le circuit A détermine dans le circuit B un courant induit de sens inverse; toute diminution d'intensité de courant dans le circuit A détermine dans le circuit B un courant de même sens.

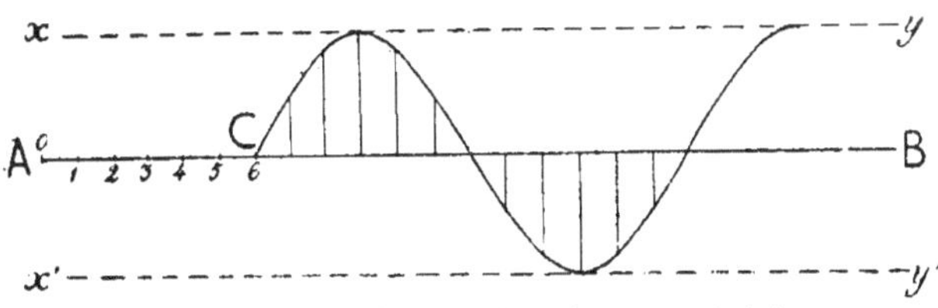

Fig. 6. — Courbe des variations du courant induit.

Considérons un courant permanent, de sens et d'intensité constantes. Nous pourrons représenter ce courant par une droite AB. Portons sur cette droite des longueurs égales 1, 2, 3... qui représenteront des temps égaux (*fig.* 6) et supposons qu'à partir du temps 6, correspondant sur la droite AB à la lettre C, ce courant subisse des variations graduelles entre les limites figurées par les lignes $x\ y$, $x'\ y'$. Par les points de division de AB, élevons des perpendiculaires, et portons sur ces perpendiculaires des longueurs proportionnelles aux intensités du courant au moment considéré. Si nous joignons les sommets de ces perpendiculaires, nous obtiendrons une courbe sinusoïdale représentant l'ensemble des variations du courant. Ces variations obéissent à la loi simple harmonique comme les vibrations dont nous avons parlé plus haut.

Un courant variant de la sorte devient, dès lors, propre à reproduire ces vibrations et « la tâche du téléphone se résout dans celle de la transmission électrique des vibrations harmoniques [1]. »

Si, au lieu d'un centre de variation unique dans le circuit inducteur, nous en considérons un grand nombre, nous pouvons concevoir qu'ils combineront leurs effets comme les vibrations complexes des sons articulés et qu'ils produiront, tant dans le circuit inducteur lui-même que dans un circuit induit voisin, des ondes électriques comparables, quant à la forme, aux ondes sonores complexes provenant des sons articulés. Dans ces conditions, un circuit électrique devient apte à reproduire les vibrations et, comme le dit Preece, la tâche du téléphone se résout dans celle de la transmission électrique de vibrations harmoniques.

« La fonction d'un téléphone, ajoute le même auteur, est de transformer à un endroit quelconque l'énergie des vibrations sonores en énergie de courants électriques; celle-ci, à son tour, en un autre endroit quelconque, est destinée à être changée en énergie d'attractions et de répulsions magnétiques; une dernière transformation, enfin, remettra celle-ci à l'état de vibrations sonores, et le téléphone, de cette manière, reproduira les sons primitifs [2]. »

Le chapitre suivant va nous montrer comment des dispositions pratiques, d'une extrême simplicité, ont permis de réaliser ces différentes transformations.

1. Preece, *loc. cit.*, p. 13.
2. Preece, *loc. cit.*, p. 12.

II

LE TÉLÉPHONE ET LE MICROPHONE

Téléphone Bell. — Microphone Hughes. — Bobine d'induction, son emploi. — Idées générales sur le fonctionnement d'un système microtéléphonique.

Téléphone Bell. — Le 14 février 1876, Graham Bell faisait breveter aux États-Unis un appareil d'une simplicité remarquable, à l'aide duquel la parole était reproduite à des distances relativement grandes.

L'instrument était *reversible*, c'est-à-dire qu'il pouvait servir indifféremment comme *transmetteur* devant lequel on parlait, ou bien comme *récepteur* que l'on portait à l'oreille pour écouter.

La jonction entre les deux stations en correspondance avait lieu, soit par un circuit métallique à double fil, soit par un conducteur unique avec prise de terre aux deux extrémités.

En 1877, Preece, le célèbre électricien du *British Post-Office*, introduisit en Europe le nouvel instrument, connu déjà en Amérique sous le nom de *téléphone*.

Ce qui caractérise nettement le téléphone de Bell, c'est que la source d'électricité, le transmetteur et le récepteur, ne forment qu'un seul et même organe; c'est de la sorte qu'on l'a utilisé dès le début, c'est de la sorte que l'on pourrait encore aujourd'hui employer la plupart des récepteurs. Mais, grâce à d'ingénieux artifices, on est parvenu à augmenter, dans une notable proportion, la puissance des téléphones primitifs; c'est pour cette unique raison qu'on a laissé de côté leur propriété fondamentale de reversibilité et que l'on fait actuellement usage de transmetteurs et de récepteurs séparés.

La figure 7 représente une coupe du téléphone Bell. En principe, l'instrument se compose d'un barreau aimanté dont l'une des extrémités polaires est entourée par une bobine d'électro-aimant. Au-dessus de ce dispositif est placée une mince plaque circulaire de tôle. Le tout est enveloppé d'une gaine en bois, ouverte dans le voisinage du centre de la plaque. C'est en regard de cette ouverture que l'on parle, c'est elle aussi que l'on place à l'oreille pour écouter. Si, du principe, nous passons à l'application, nous donnerons de ce téléphone la description suivante, qui s'applique au modèle que nous avons figuré : un barreau aimanté cylindrique NS (*fig.* 7) est fixé, à l'aide d'une vis V, sur le fond d'une gaine en bois qui enveloppe tout l'appareil. Sur l'extrémité libre N de l'aimant est calée une petite bobine en bois B, entourée d'un grand nombre de spires de fil de cuivre fin recouvert de soie. Les extrémités *bb'* du fil de la bobine sont attachées à deux conducteurs métalliques *dd'*, qui traversent l'enveloppe de l'instrument et se continuent à partir de *ee'* par les fils destinés à établir les communications. Au-dessus de la bobine est placée une plaque vibrante en tôle, appuyée par toute sa circonférence sur la boîte en bois. Cette plaque doit être très rapprochée de l'extrémité polaire de l'aimant sans que, pendant ses vibrations, elle puisse se mettre en contact avec le barreau magnétique.

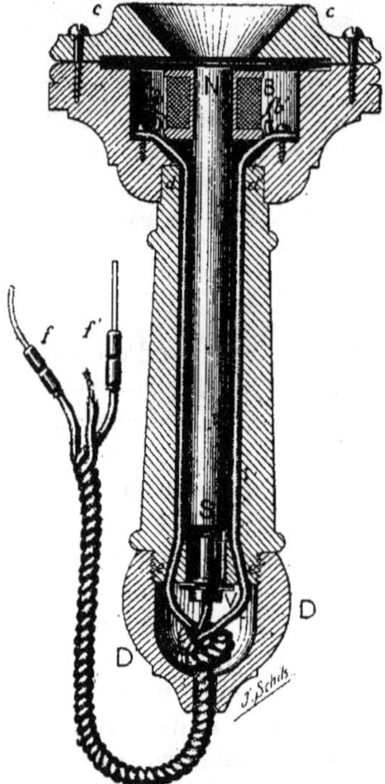

Fig. 7. — Coupe du téléphone Bell.

Un couvercle *c c*, muni d'une embouchure évasée, maintient la plaque vibrante et s'adapte sur la partie supérieure de la boîte, au moyen de vis.

La plaque vibrante, très mince, est recouverte de vernis, ou bien est étamée pour éviter l'oxydation. Un espace libre est réservé entre cette plaque et l'orifice du couvercle. La vis V permet de régler l'appareil en faisant avancer ou reculer l'aimant par rapport à la plaque vibrante.

Le cordon qui s'attache en *ee'* est à deux conducteurs, isolés l'un de l'autre; il est souple, consolidé à l'intérieur par un brin de ficelle sur lequel s'exerce la traction, et les deux fils métalliques se terminent par des ferrets *ff*.

Les résultats obtenus avec le téléphone magnétique de Bell et avec ses dérivés peuvent être considérés comme surprenants et pourtant, au-delà de quelques kilomètres, la voix s'affaiblissait; certaines syllabes se répercutaient difficilement, et il fallait une oreille exercée pour saisir, sans en rien perdre, tous les détails d'une conversation.

Bientôt une nouvelle invention devait révolutionner la téléphonie naissante et étendre dans une proportion inespérée la portée de la parole.

Il y a douze ou treize ans, on était émerveillé d'entendre une phrase prononcée à l'autre bout d'une ville; aujourd'hui un Parisien trouve tout naturel de s'entretenir avec ses correspondants de Marseille, de Bruxelles ou de Londres.

Microphone Hughes. — C'est en 1878 que le professeur Hughes fit entendre dans un téléphone le tic-tac d'une montre posée sur une planchette éloignée. La combinaison dont cette planchette faisait partie formait un instrument tellement sensible, que les moindres bruits étaient répercutés dans le téléphone correspondant, par exemple les pas d'une mouche, le frôlement d'une barbe de plume; le contact le plus léger produit sur la planchette avait son écho dans le téléphone.

Le petit instrument qui fournissait ces curieux résultats fut appelé *microphone*; c'était le transmetteur téléphonique de l'avenir.

Entre temps, en 1877, peu après la découverte de Bell, Edison avait imaginé un transmetteur téléphonique à charbon, et il attribuait les effets produits à une variation de résistance électrique provenant elle-même d'une variation de pression entre une membrane métallique et une pastille de charbon. Hughes ne partagea pas cette manière de voir et conclut à un phénomène de contact imparfait; il mit sa théorie en évidence en imaginant le *microphone*.

Un crayon de charbon de cornue C (*fig.* 8), taillé en pointe à ses deux bouts, est placé en équilibre entre deux supports M N, également en charbon, dans lesquels on a creusé de petites cavités pour recevoir les pointes du crayon C. Les deux supports M, N sont fixés sur une mince planchette en bois qui repose elle-même sur un socle P, sous lequel on peut placer des rondelles de caoutchouc pour empêcher les vibrations extérieures d'influencer l'appareil. Le support N est relié à l'un des pôles d'une pile de deux ou trois éléments, l'autre pôle de cette pile est réuni à l'une des bornes d'un téléphone dont la seconde borne communique avec le support M. Le circuit de la pile est ainsi fermé par l'intermédiaire du téléphone et du microphone. Tant que l'équilibre du système n'est pas dérangé, un courant permanent et d'intensité constante parcourt ce circuit; mais si des vibrations produites par la parole ou par toute autre cause viennent ébranler le crayon de charbon C, les points de suspension de ce crayon sur les supports M, N changent de position, le contact devient variable, tantôt plus intime, tantôt moins, la résistance électrique du circuit devient elle-même variable, et des courants plus ou moins intenses parcourent ce circuit; ce sont ces courants, nommés *courants ondulatoires*, qui agissent sur le téléphone. Les altérations de contact produites entre les charbons microphoniques par les vibrations de la planchette n'ont une réelle efficacité que si la résistance électrique du circuit est sensiblement modifiée; c'est ce qui arrive lorsque le circuit total est peu résistant ou, en d'autres termes, lorsque les conducteurs qui unissent la pile au microphone transmetteur et au téléphone récepteur sont courts et gros; il n'en est plus de même lorsque les fils de liaison sont très longs, comme les lignes téléphoniques qui relient aujourd'hui les grands centres de population; dans ce cas, les différences de résistance produites par le microphone deviennent inappréciables, comparativement à la résistance considérable de la ligne, et le microphone n'agit plus qu'imparfaitement.

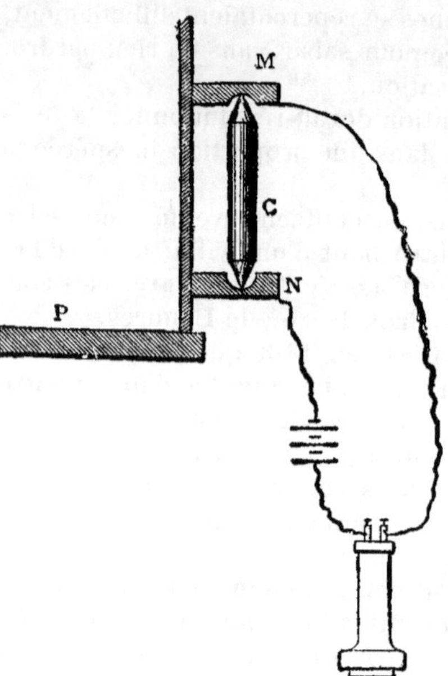

Fig. 8. — Microphone Hughes.

Un exemple pris dans un autre ordre d'idées nous fera mieux comprendre : si, à une longueur de 1 centimètre, on ajoute 1 millimètre, on aura augmenté la mesure d'une quantité facilement appréciable, mais, si on ajoute ce même millimètre à une longueur de 1 kilomètre, l'œil le plus exercé ne pourra distinguer cette légère augmentation. Il en est de même des petites variations de résistance se produisant sur des circuits électriques très peu résistants ou, au contraire, très résistants.

Bobine d'induction, son emploi. — On a tourné cette difficulté en faisant toujours agir le microphone sur un circuit peu résistant, réagissant lui-même par voie d'induction sur la ligne téléphonique.

La solution adoptée jusqu'à ce jour consiste à placer dans chaque poste téléphonique une bobine d'induction. La pile et le microphone sont intercalés dans le circuit primaire de cette bobine; la ligne et les récepteurs téléphoniques font partie du circuit secondaire.

Cette élégante solution a été trouvée par Edison.

La bobine dont on fait habituellement usage a pour noyau un faisceau de fils de fer de 80 à 90 mm de longueur et d'un diamètre total de 16 mm (*fig.* 9). Sur la carcasse de la bobine,

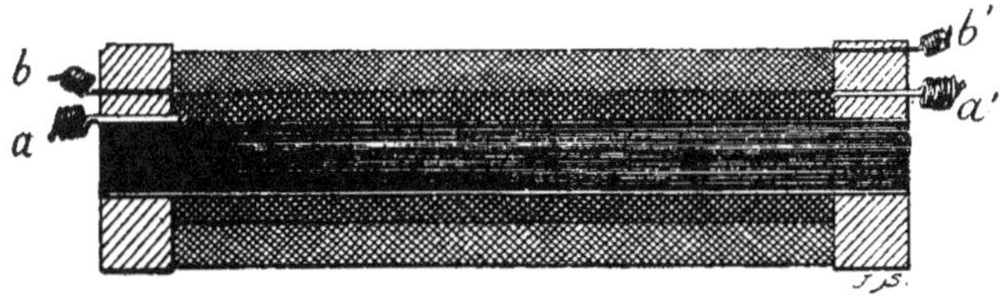

Fig. 9. — Coupe de la bobine d'induction.

on enroule bien régulièrement deux ou trois rangées de fil de cuivre recouvert de soie dont les deux bouts a a' sortent à travers les joues. Ce fil, qui forme le *circuit primaire* ou *l'inducteur*, a un diamètre d'environ 1,25 millimètre. La résistance du circuit primaire varie suivant les systèmes, dans les limites de 0,12 à 1,5 ohm. Au-dessus de ce premier circuit, on en enroule un autre; c'est le *circuit secondaire* ou *induit* formé de fil fin, faisant un grand nombre de tours. De même que pour le premier conducteur, les extrémités *b b'* de ce fil sortent à travers les joues de la bobine.

On emploie, pour le circuit secondaire, du fil de 0,24 millimètre de diamètre et on en enroule une quantité suffisante pour obtenir une résistance de 100 à 150 ohms.

On voit que le circuit secondaire a une résistance considérable, comparativement à celle du circuit primaire. Le circuit primaire, dont nous avons laissé les bouts libres en dehors de la bobine, est relié, d'un côté, à un des supports en charbon du microphone, de l'autre, à l'un des pôles d'une pile dont le second pôle communique avec le support en charbon resté libre. De son côté, le circuit secondaire est réuni au téléphone récepteur, s'il s'agit d'une expérience locale, ou à la ligne qui y conduit, s'il s'agit de deux stations éloignées.

La pile n'exerce directement son action que sur le circuit primaire très peu résistant; les variations dans l'intensité du courant provoquées par les vibrations du microphone s'y font très énergiquement sentir. Ces variations de courant réagissent par induction sur le circuit secondaire et y développent une nouvelle série de courants dont l'intensité varie également et qui traversent la bobine du récepteur.

Idées générales sur le fonctionnement d'un système microtéléphonique. — Partant de ces données, nous sommes en mesure d'analyser la définition donnée par Preece des fonctions du téléphone, savoir :

« La fonction du téléphone est de transformer, à un endroit quelconque, l'énergie des vibrations sonores en énergie de courants électriques; celle-ci, à son tour, en un autre endroit quelconque, est destinée à être changée en énergie d'attractions et de répulsions magnétiques; une dernière transformation enfin remettra celle-ci à l'état de vibrations sonores, et le téléphone, de cette manière, reproduira les sons primitifs. »

Une personne parle devant la planchette d'un microphone, les ondes sonores, provenant de l'émission de la parole se propagent à travers l'air ambiant, viennent frapper la planchette qui reproduit, dans ses vibrations, toutes les qualités de l'onde dont elle devient, en quelque sorte, la continuation. Les charbons, solidaires de la planchette et ébranlés comme elle, subissent des altérations de contact d'où résultent des variations de résistance dans le circuit primaire. Le courant de la pile, passant par des alternances de maxima et de minima, avec toutes les nuances intermédiaires, prend une forme ondulatoire que l'on peut représenter graphiquement par les courbes de la figure 6, page 9, et cette forme dure tant que durent les vibrations. Chaque variation dans l'intensité du courant du circuit primaire détermine, dans le circuit secondaire, la production de courants induits dont le sens dépend de l'augmentation ou de la diminution d'intensité dans le circuit primaire. Comme les courants du circuit primaire, ceux du circuit secondaire prennent la forme ondulatoire.

Il y a donc eu transformation de l'énergie des vibrations sonores en énergie de courants électriques.

Les courants induits développés dans le circuit secondaire traversent tout ce circuit, y compris la bobine du récepteur. Là, ils agissent sur un champ magnétique, puisque le noyau de cette bobine contient le pôle de l'aimant téléphonique. La forme ondulatoire de ces courants a pour effet de suraimanter ou de désaimanter en proportion variable ce pôle magnétique. A une crête de l'onde électrique correspond un maximum d'aimantation, à un creux correspond un minimum. La plaque vibrante du téléphone ne saurait rester insensible à ces alternances de suraimantation et de désaimantation. Lorsque les propriétés magnétiques croissent, la plaque est attirée plus fort, elle fléchit; lorsque le magnétisme décroit, la plaque se redresse, et comme elle subit l'influence de toutes les fluctuations de courant provoquées par les ondes sonores émises devant la planchette microphonique, elle répète en nombre et en durée, sinon en amplitude, tous les mouvements de cette planchette.

Il y a eu transformation de l'énergie de courants électriques en énergie d'attractions et de répulsions magnétiques.

Les vibrations de la membrane du récepteur étant, en nombre et en durée, égales aux vibrations qui composaient les ondes sonores frappant la planchette microphonique, produiront des ondes de même nature qui, à travers l'air, se propageront jusqu'à l'oreille qu'elles impressionneront. On percevra donc à l'arrivée les sons articulés ou non qui auront impressionné la planchette microphonique.

Il y a eu transformation de l'énergie d'attractions et de répulsions magnétiques en énergie de vibrations sonores.

III

LES RÉCEPTEURS

Récepteurs Ader, — d'Arsonval, — Aubry, — Bancelin, — Bréguet, — Colson, Deckert, — Degryse-Werbrouck, — Dejongh, — Dumoulin-Froment et Doignon, — Gallais, — Goloubitsky, — Journaux, — Maiche, — Bitéléphone Mercadier, — Récepteurs Mildé, — Mors-Abdank, — Ochorowicz, Pasquet, — Ullmann, — Roulez, — Sieur, — Teilloux, — Testu.

Récepteurs Ader. — Les récepteurs Ader, admis en France sur les réseaux urbains souterrains et sur les réseaux urbains aériens, correspondent à six modèles différents :

Récepteur n° 1.
n° 1 *bis*.
n° 2.
n° 3 à anneau.
n° 3 à manche.
n° 3 à manche (forme face à main).

Les récepteurs n° 1, n° 1 *bis*, n° 2, sont construits sur un même type; la figure 10 en montre une coupe. Le n° 1 est d'un usage courant, le n° 1 *bis* est plus particulièrement affecté aux longues lignes, tous les deux sont nickelés; le n° 2 est recouvert d'un vernis noir, il est construit pour les usines, pour les stations côtières, pour tous les endroits, en un mot, où des émanations délétères pourraient détériorer les surfaces métalliques mises à nu.

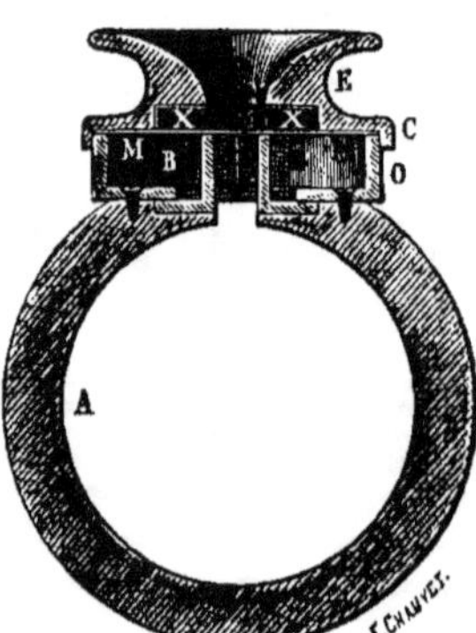

Fig. 10. — Coupe du récepteur Ader.

Un aimant A, affectant la forme d'un anneau ouvert, sert de poignée. Sur les pôles de cet aimant sont vissées des équerres en fer doux formant les noyaux des bobines BB. Un boitier O, en laiton, évidé par le bas pour laisser passer les bobines, est également vissé sur les pôles de l'aimant. Sur ce boitier, et au-dessus des bobines, est posée la plaque vibrante MM en tôle étamée; elle est séparée du boitier d'une part, du couvercle de l'autre, par une rondelle en laiton. Le couvercle C se visse sur le boitier; il porte en XX un anneau excitateur en fer, et en E une embouchure en ébonite.

Les bobines, montées sur des carcasses métalliques, sont réunies en série; chacune d'elles a une résistance de 70 ohms dans les récepteurs n°s 1 et 2, de 250 dans le récepteur n° 1 *bis*, ce qui fait une résistance totale de 140 ohms pour les récepteurs n°s 1 et 2, et de 500 ohms pour le récepteur n° 1 *bis*. De même aussi, le diamètre de la plaque vibrante est de 50 millimètres pour les récepteurs n°s 1 et 2, et de 54 millimètres pour le récepteur n° 1 *bis*, sur une épaisseur de 0,32 millimètre. Les fils d'entrée et de sortie des bobines sont attachés à de petites poulies serrées sous des vis qui traversent le boitier, dont elles sont isolées par une rondelle et un chapeau en os; ces vis retiennent les bornes auxquelles sont attachés, par des ferrets, les cordons conducteurs souples qui relieront les récepteurs aux transmetteurs. La figure 11 laisse voir ces bornes et représente l'aspect général de l'instrument vu de face.

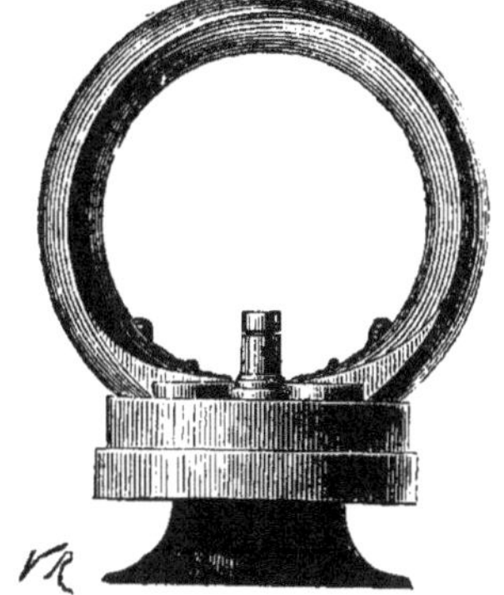

Fig. 11. — Récepteur Ader n° 1.

Le récepteur n° 3 affecte trois formes différentes, sans qu'il soit rien changé aux organes essentiels. L'un (*fig.* 12) est à anneau, comme les n°s 1, 1 *bis*, 2; seulement, ici, l'anneau n'a plus de rôle actif, ce n'est plus un aimant, c'est une simple poignée en métal. L'aimant est constitué par l'assemblage de deux équerres et de deux anneaux en acier. Les équerres ont la même forme que celle des récepteurs n°s 1, 1 *bis* et 2: elles reçoivent des bobines également semblables; les deux anneaux superposés sont vissés sur les parties horizontales des équerres et garnissent le fond du boitier. Les autres parties de l'instrument ne diffèrent pas de leurs homologues dans les récepteurs n°s 1, 1 *bis* et 2.

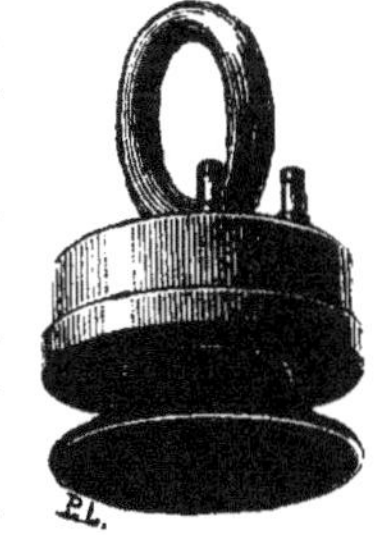

Fig. 12. — Récepteur Ader n° 3.

La résistance des bobines de tous les récepteurs n° 3 est de

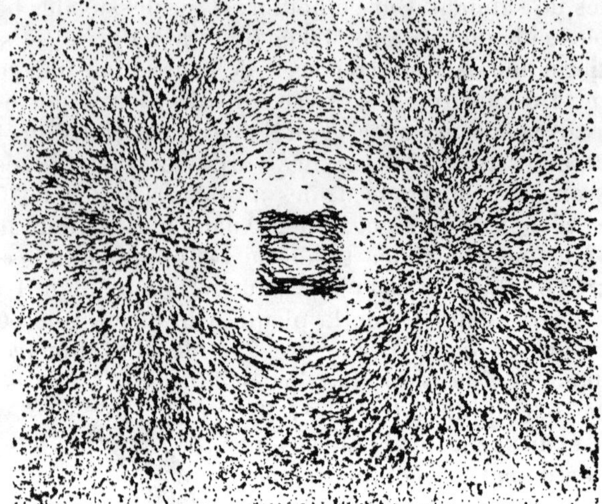

Fig. 13. — Fantôme du récepteur Ader n° 1.

140 ohms, soit 70 ohms pour chacune d'elles; le diamètre de la plaque vibrante est de 54 millimètres, et son épaisseur de 0,21 millimètre.

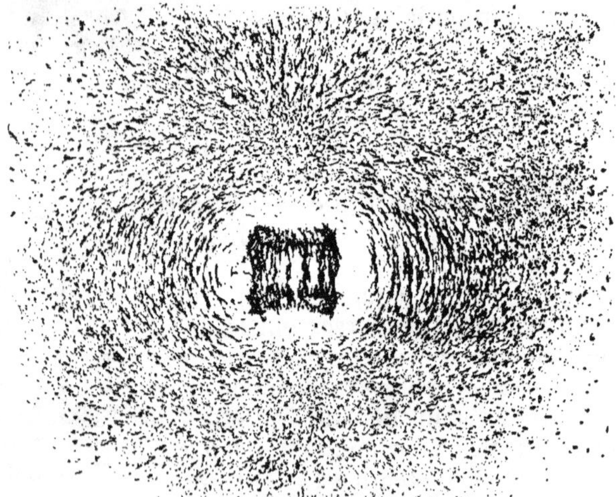

Fig. 14 — Fantome du récepteur Ader n° 3.

Dans le second modèle (*fig.* 15), l'anneau qui sert de poignée est remplacé par un manche en bois, terminé par une boucle de suspension. Enfin, dans le troisième type (*fig.* 16), le manche est assujetti par un écrou et forme un angle droit avec le téléphone proprement dit.

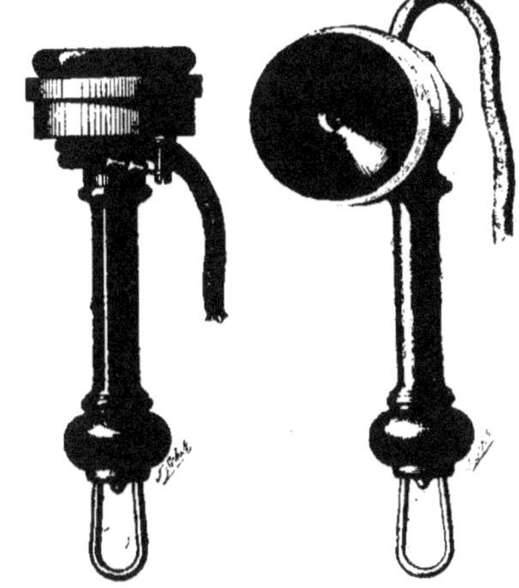

Fig. 15. — Récepteur Ader n° 3, à manche.

Fig. 16. — Récepteur Ader n° 3, à manche (forme face à main).

Les figures 13 et 14 représentent les fantômes magnétiques des récepteurs Ader.

Récepteur d'Arsonval. — L'aimant est un anneau brisé (*fig.* 17). Sur l'un des pôles est vissé un noyau de fer doux qui reçoit une bobine d'électro-aimant. Sur l'autre pôle est fixé un anneau de fer doux entourant la bobine dont les spires sont ainsi comprises entre les deux surfaces polaires de l'aimant. On obtient de la sorte un aimant à pôles concentriques, dont l'un est situé à l'intérieur de la bobine, tandis que l'autre l'enveloppe complètement.

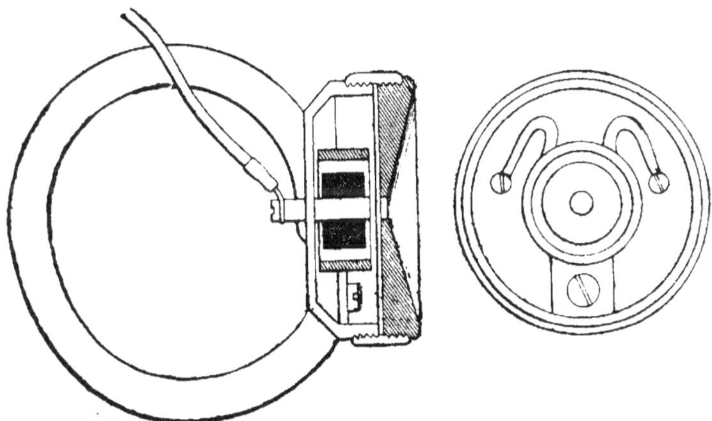

Fig. 17. — Récepteur d'Arsonval.

La carcasse de la bobine est en buis ; le fil qui la recouvre a 0,07 millimètre de diamètre ; sa résistance électrique est de

200 ohms. Les deux extrémités du fil de cette bobine sont pincées sous des vis isolées de la boite en laiton qui enveloppe tout le système, mais réunies aux bornes qui servent d'attaches aux fils souples de communication. La plaque vibrante, large de 61 millimètres, épaisse de 0,31 millimètre, est posée sur le boitier et recouverte par une embouchure en ébonite.

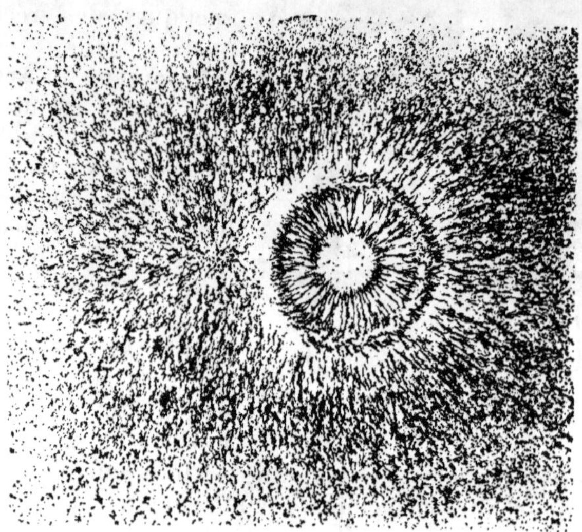

Fig. 18. — Fantôme du récepteur d'Arsonval.

La figure 18 montre le fantôme magnétique du récepteur d'Arsonval.

Récepteur Aubry. — L'organe magnétique du récepteur Aubry (*fig.* 19) est un aimant circulaire dont les pôles viennent s'épanouir vers le centre. Sur chacun de ces pôles est vissé un noyau de fer doux qui supporte une bobine. La résistance électrique des deux bobines est de 200 ohms; elles sont montées en fil de cuivre de 0,07 millimètre de diamètre sur carcasse en buis.

Cet ensemble est assujetti, par les écrous qui maintiennent les noyaux, sur une *membrane porte-aimant*, métallique, percée de deux trous, pour laisser passer les communications. Celles-ci, en traversant le boitier pour rejoindre les cordons souples, sont isolées à l'aide de petites bagues en os.

La plaque vibrante, de 61 millimètres de diamètre sur 0,32 millimètre d'épaisseur, est placée au-dessus des bobines et maintenue par l'embouchure. Dans le modèle admis sur les réseaux français, le boîtier est pourvu d'un anneau de suspension qui sert en même temps de poignée.

La figure 21 montre le fantôme magnétique d'un récepteur Aubry.

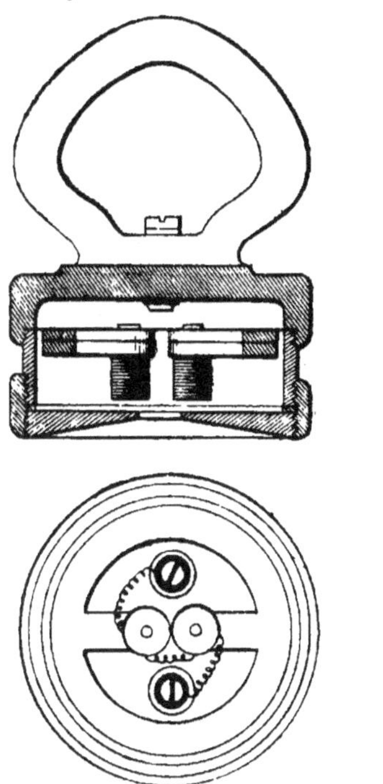

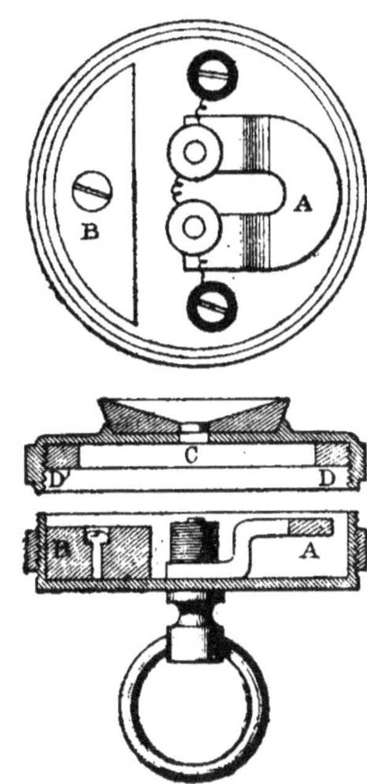

Fig. 19. — Récepteur Aubry.

Fig. 20. — Récepteur Bancelin.

Récepteur Bancelin. — L'aimant du récepteur Bancelin (*fig.* 20) est un fer à cheval, dont les branches sont recourbées deux fois à angle droit. Sur chacun des pôles est vissée une bobine dont la résistance était de 8 ohms seulement dans le type primitif, soit 16 ohms pour les deux bobines, Depuis, M. Bancelin a construit un second modèle, ne différant pas du premier quant à la forme, mais beaucoup plus soigné. L'aimant y est nickelé et la résistance des bobines atteint 150 ohms. B est une masse de plomb destinée à donner du poids à l'instrument, condition indispensable au point de vue du fonctionnement mécanique des transmetteurs, comme nous le verrons en décrivant ces appareils.

La plaque vibrante C a un diamètre de 56 millimètres et une

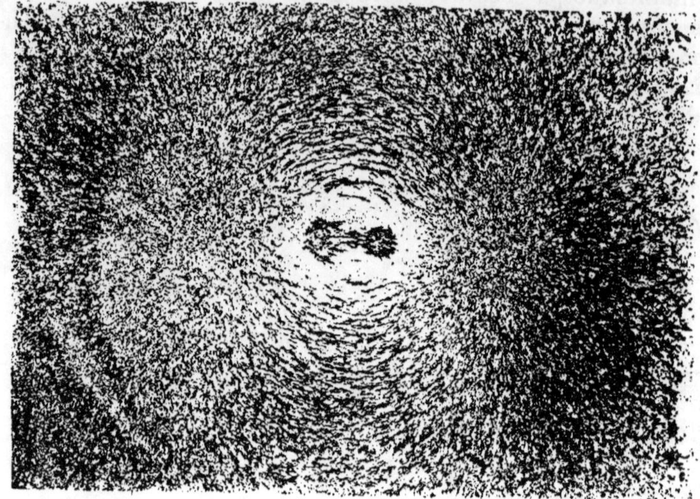

Fig. 21. — Fantôme du récepteur Aubry.

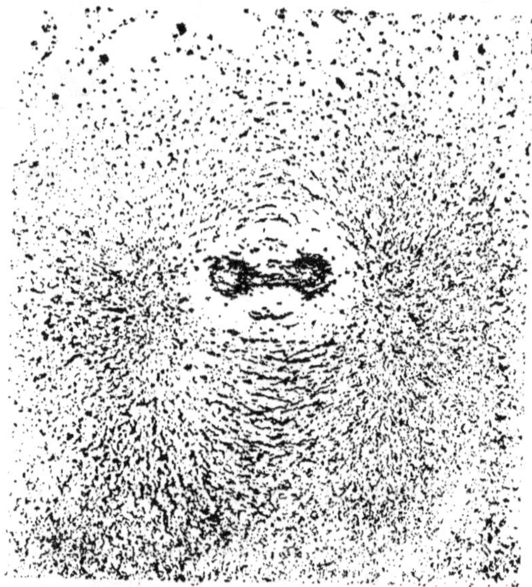

Fig. 22. — Fantôme du récepteur Bancelin.

épaisseur de 0,26 à 0,28 millimètre. Elle est maintenue dans une position fixe, contre l'embouchure, par une rondelle en laiton D D′ qui se visse à l'intérieur du pavillon.

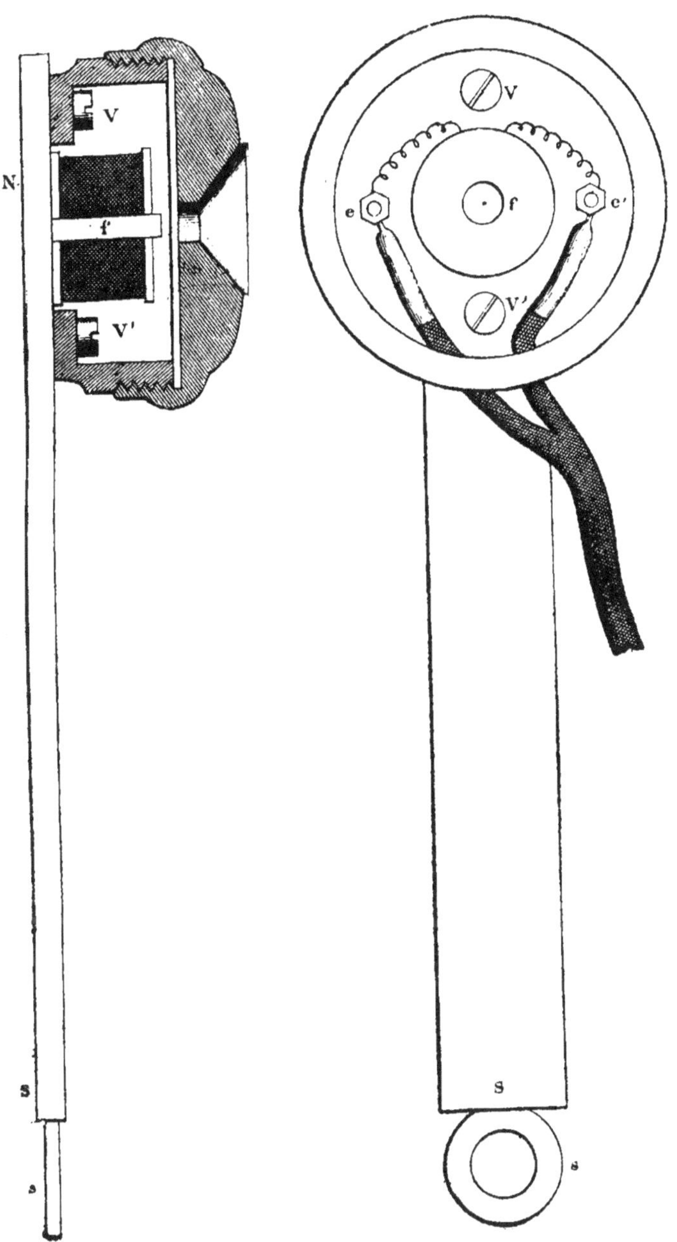

Fig. 23. — Coupe du récepteur Bréguet. Fig. 24. — Plan du récepteur Bréguet.

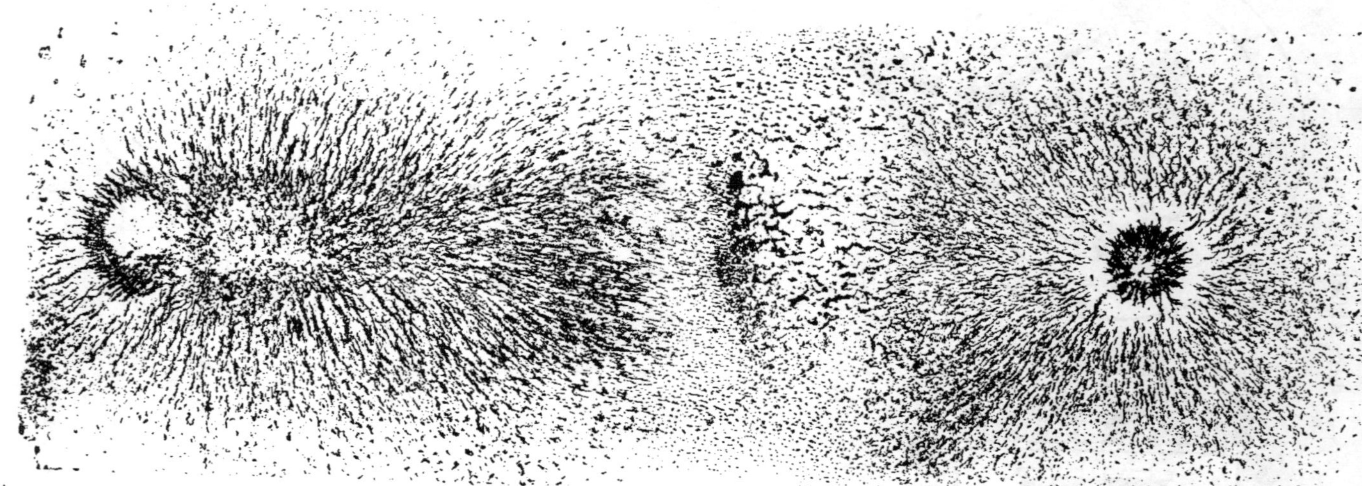

Fig. 25. — Fantôme du récepteur Bréguet.

On règle l'appareil en vissant plus ou moins le couvercle; un anneau extérieur, dont on aperçoit la coupe dans le voisinage de B A, est vissé lui-même sur le boîtier, forme contre-écrou et immobilise le couvercle, lorsque la position de celui-ci correspond à un bon réglage.

La figure 22 représente le fantôme magnétique de ce récepteur.

Récepteur Bréguet. — Les figures 23 et 24 reproduisent une coupe et un plan du récepteur Bréguet, tandis que la figure 25 est l'image de son fantôme magnétique. Ce récepteur se compose d'un aimant rectiligne N S, nickelé dans toute son étendue et formant une sorte de manche pour saisir le téléphone. A l'extrémité S, un anneau *s* permet de suspendre l'appareil au crochet du transmetteur.

En N, un noyau de fer doux *f* est entouré par une bobine dont la résistance électrique est de 320 ohms. Au-dessus de cet organe est la membrane vibrante, en tôle étamée, large de 60 millimètres, épaisse de 0,33 millimètre.

Elle est maintenue par un boitier, entièrement en ébonite, assujetti lui-même par les vis V, V'. Les deux bouts du fil de la bobine sont arrêtés sous les écrous *e e'*, qui pincent également les ferrets d'un cordon souple à double conducteur.

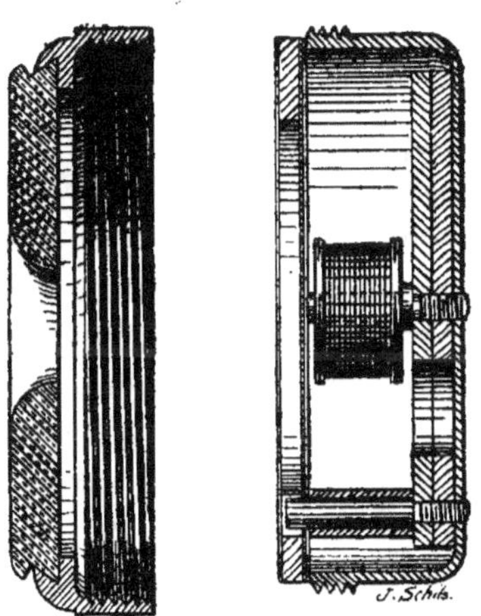

Fig. 26. — Coupe du récepteur Colson.

Récepteur Colson. — Dans le téléphone à plaque polarisée, imaginé par M. le capitaine du génie Colson (*fig.* 26), la membrane vibrante est placée entre les deux pôles d'un aimant. L'un de ces pôles agit sur le centre de la membrane, l'autre sur les bords. Un aimant annulaire occupe le fond d'un boitier en métal nickelé. L'anneau s'épanouit vers le centre et reçoit un noyau de fer doux perpendiculaire à son plan; ce noyau, qui supporte une bobine dont la résistance est de 200 ohms, correspond au centre de la plaque vibrante. Sur le

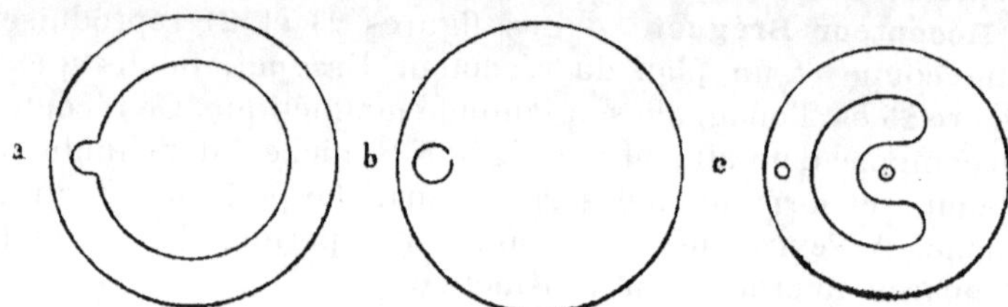

Fig. 27. — Détails du récepteur Colson.

bord de l'anneau *c* (*fig.* 27), s'élève un second noyau, plus long que le précédent. La plaque vibrante *b*, percée d'un trou, est traversée par ce noyau qui, cependant, ne la touche pas; au-dessus, un anneau de fer doux *a* s'emboîte sur le noyau, recouvre toute la périphérie de la membrane et forme le second pôle de l'aimant.

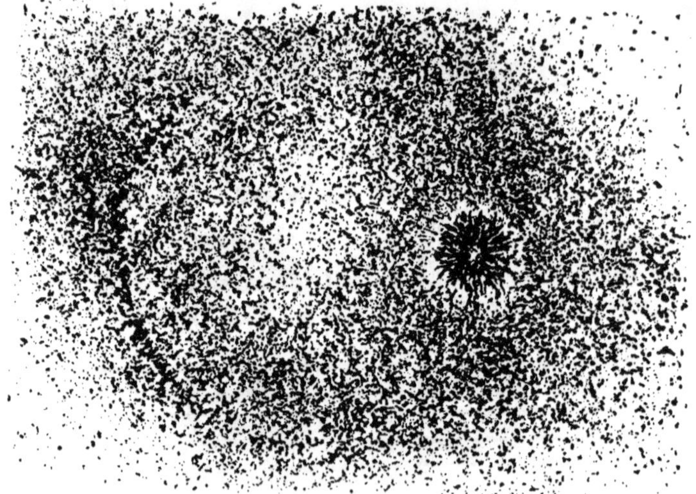

Fig. 28. — Fantôme du récepteur Colson.

La membrane vibrante, en tôle étamée, a 58 millimètres de diamètre et 0,2 millimètre d'épaisseur.

Le couvercle, garni d'une embouchure en ébonite, se visse au-dessus de ce dispositif. La figure 26 représente une coupe du récepteur Colson; la figure 27 montre le détail de ses différents organes; on y voit, en a, l'anneau de fer doux; en *b*, la

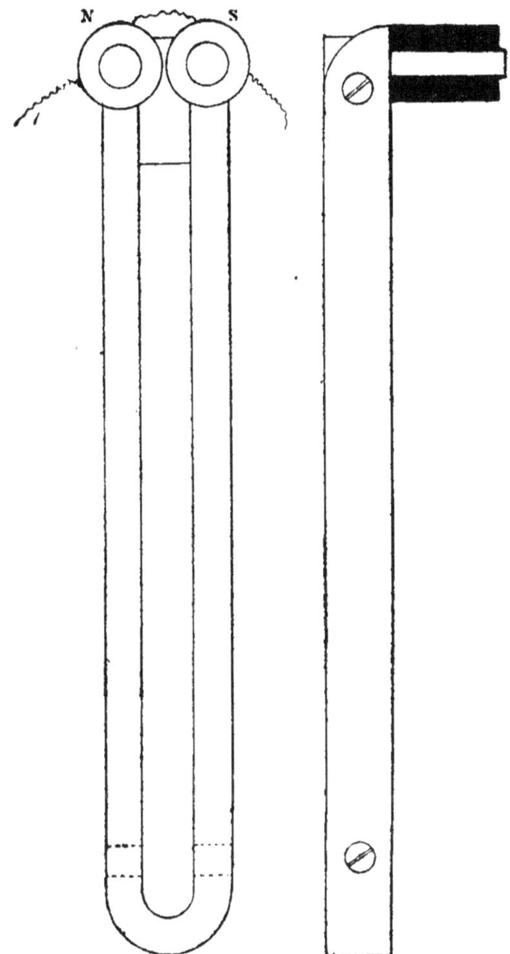

Fig. 29. — Aimant du récepteur Deckert.

plaque vibrante perforée; en *c*, l'aimant dépourvu de ses noyaux. La figure 28 est la reproduction du fantôme magnétique de ce téléphone.

Récepteur Deckert. — Le récepteur Deckert se compose d'un long barreau aimanté recourbé en U (*fig.* 29) dont les poles, N S, sont surmontés par des noyaux perpendiculaires à l'axe de l'aimant. Chacun des noyaux reçoit une bobine de fil

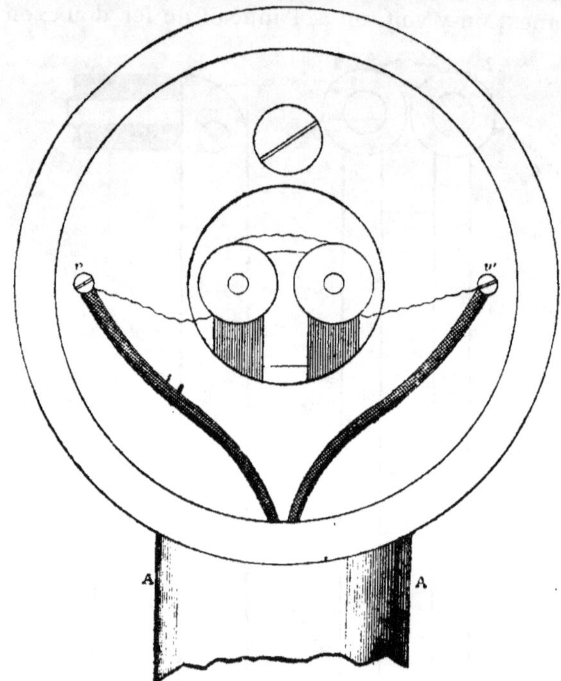

Fig. 30. — Détails du récepteur Deckert.

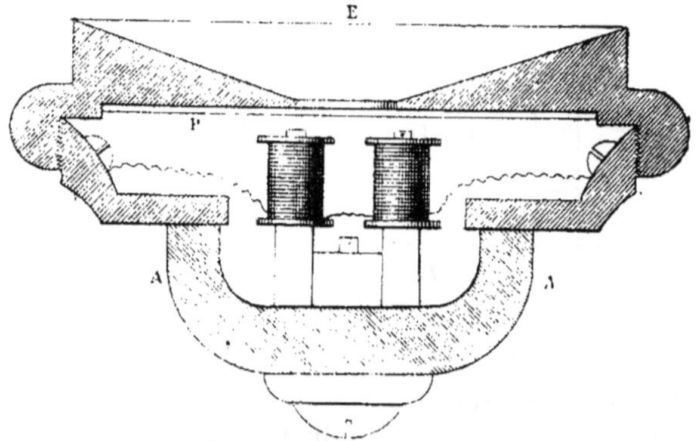

Fig. 31. — Détails du récepteur Deckert.

fin, dont la résistance est de 75 ohms, ce qui fait, pour les

Fig. 32. — Fantôme du récepteur Deckert.

bobines accouplées, une résistance totale de 150 ohms. Cette partie du récepteur est englobée dans une cuvette en ébonite recouverte par la plaque vibrante P et par une embouchure E (*fig.* 31). Le reste du barreau aimanté est caché dans un manche en bois A A (*fig.* 30), qui sert de poignée pour saisir l'instrument. Les cordons souples qui établissent les communications sont réunis sous les vis *v*, *v'* (*fig.* 30) aux deux extrémités du fil fin des bobines. Les dimensions de la plaque vibrante sont : diamètre, 73 millimètres; épaisseur, 0,3 millimètre.

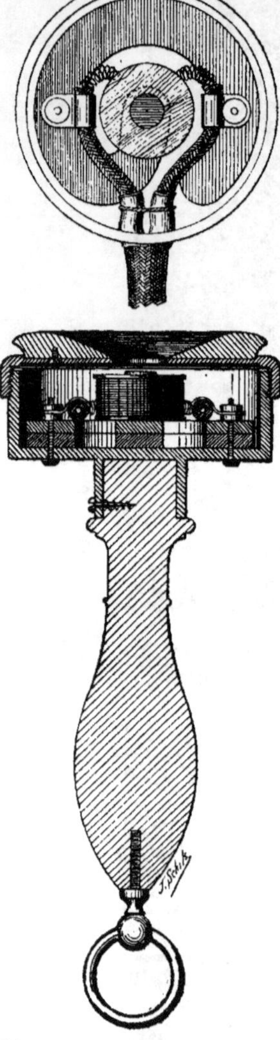

Fig. 33. — Récepteur Degryse-Werbrouck.

La figure 32 représente le fantôme magnétique de ce récepteur.

Récepteur Degryse-Werbrouck. — Ce récepteur unipolaire a pour organe magnétique un aimant recourbé en limaçon (*fig.* 33) et garnissant le fond d'un boitier métallique. Il résulte de cette disposition que l'un des pôles de l'aimant se trouve au centre du boitier, l'autre pôle près de la circonférence. Sur le pôle central s'adapte un noyau de fer doux qui reçoit une bobine d'électro-aimant. Les extrémités du fil fin de cette bobine, dont la résistance électrique est de 110 ohms, s'attachent à deux cordons conducteurs souples maintenus fixes par des brides vissées sur les branches de l'aimant. Au-dessus de la bobine, la plaque vibrante s'appuie sur le boitier. Les dimensions de cette plaque sont 58 millimètres pour le diamètre, 0,35 millimètre pour l'épaisseur. Elle est immobilisée par l'embouchure en ébonite que l'on visse par dessus. Un

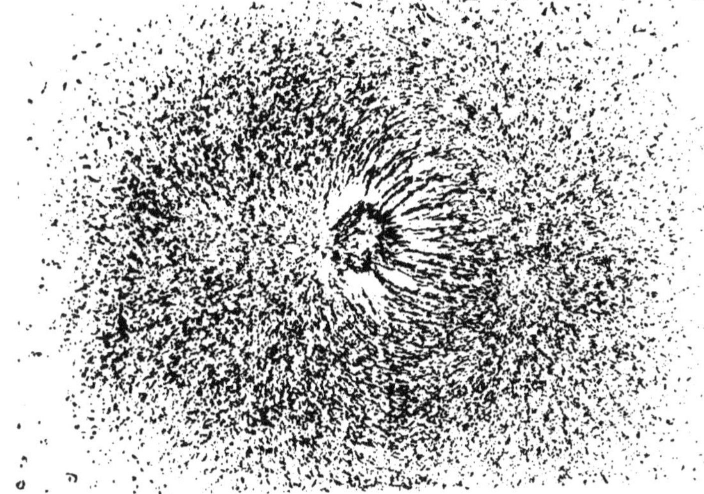

Fig. 34. — Fantôme du récepteur Degryse-Werbrouck.

manche en bois, muni d'un anneau de suspension, est fixé dans une douille dont est garnie la face inférieure du boîtier.

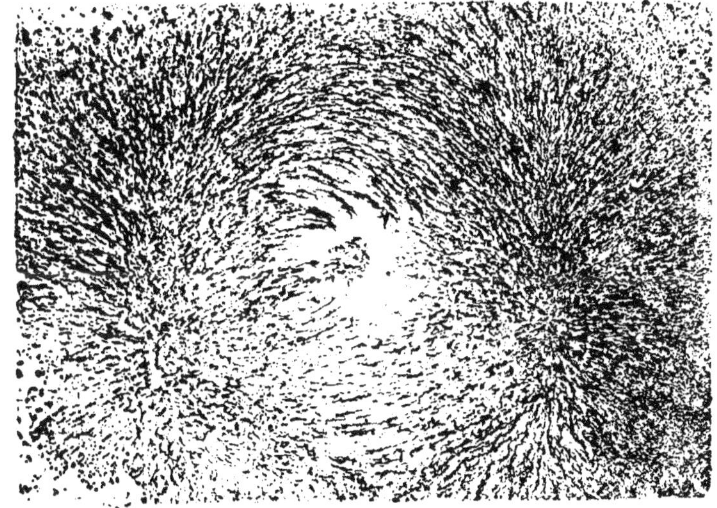

Fig. 35. — Fantôme du récepteur Dejongh.

La figure 34 représente le fantôme magnétique de ce récepteur.

Récepteur Dejongh. — L'organe magnétique du récepteur Dejongh est un barreau aimanté de 9 millimètres d'épaisseur, recourbé en cercle et fixé par deux vis sur le fond d'un boîtier métallique. La forme de l'aimant ainsi contourné est celle d'un anneau ouvert; les pôles se trouvent sur les bords du secteur laissé vide. A l'un de ces pôles (*fig*. 36), est vissée une pièce polaire *a* aboutissant au centre de l'anneau; c'est cette pièce polaire qui supporte le noyau de fer doux et la bobine B. Le fil qui entoure cette bobine a une résistance de 100 ohms; ses extrémités, soigneusement isolées par des tubes de caoutchouc, sont réunies aux deux cordons conducteurs souples qui servent à relier le récepteur au transmetteur. La plaque vibrante, en tôle vernie, large de 68 millimètres, épaisse de 0,24 millimètre, repose sur les bords du boîtier et est assujettie par un couvercle qui porte l'embouchure en ébonite.

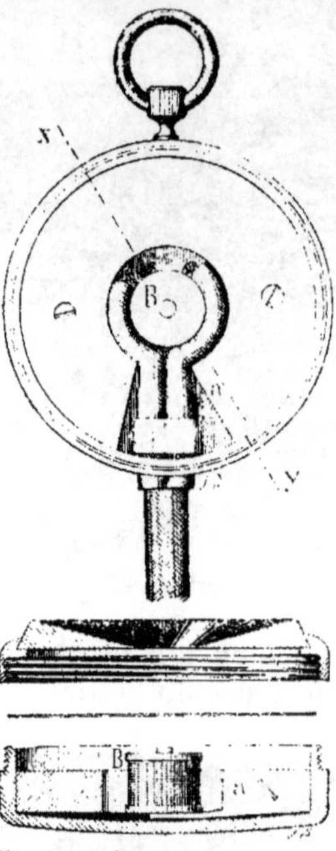

Fig. 36. — Récepteur Dejongh.

La figure 35 montre le fantôme magnétique de ce récepteur qui, comme le suivant, sort des ateliers de la maison Dumoulin-Froment et Doignon.

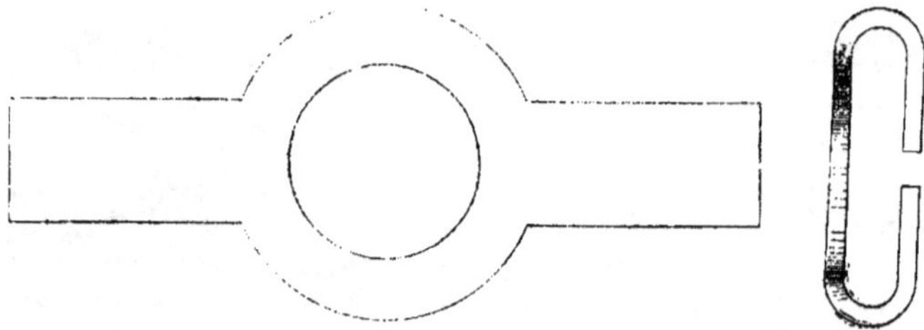

Fig. 37. — Aimant du récepteur Dumoulin-Froment et Doignon.

Récepteur Dumoulin-Froment et Doignon. — Ce téléphone, en forme de montre, est bipolaire. L'aimant, avant d'avoir été travaillé, a la forme d'un anneau fermé, portant extérieurement, sur un même diamètre, deux oreilles (*fig.* 37). Avant la trempe, les oreilles sont recourbées deux fois à angle droit, de sorte que le système magnétique, vu en coupe, a la forme du dessin que l'on voit à droite de la (*fig.* 37). Sur les extrémités des oreilles A B (*fig.* 38) qui garnissent le fond d'un boitier en laiton nickelé, se vissent deux noyaux en fer doux; chacun d'eux supporte une bobine rectangulaire *b b'* dont la résistance électrique est de 50 ohms; la résistance totale des deux bobines, montées en série, est, par conséquent, de 100 ohms. Les extrémités du fil fin sont solidement reliées à un double cordon souple. Un anneau en laiton ou mieux en fer doux, de 2 millimètres d'épaisseur, est interposé entre la partie annulaire de l'aimant et la plaque vibrante. Celle-ci, en tôle étamée, a un diamètre de 67 millimètres et une épaisseur de 0,30 millimètre. Le tout est emprisonné sous un couvercle métallique dans lequel est enchâssée l'embouchure en ébonite.

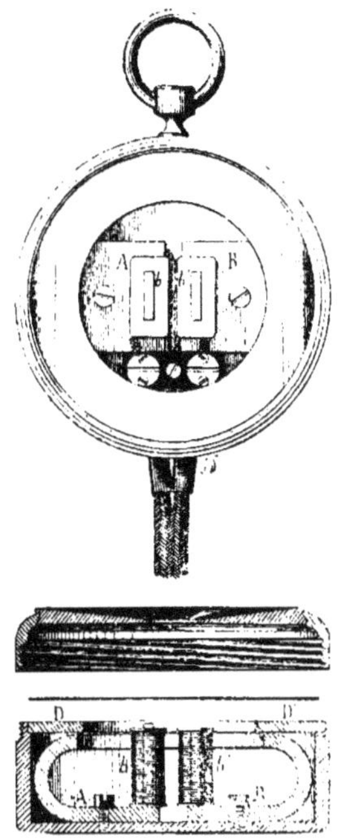
Fig. 38. — Récepteur Dumoulin-Froment et Doignon.

La figure 38 laisse voir le plan et la coupe de ce récepteur dont le fantôme est représenté par la figure 39.

Récepteur Gallais. — Dans le récepteur Gallais, l'aimant se compose de deux lames d'acier superposées. Elles occupent le fond du boitier, sont recourbées en fer à cheval, et leurs extrémités polaires sont repliées vers la partie centrale de l'instrument. Chacun des pôles est surmonté d'un noyau de fer doux entouré par une bobine. L'ensemble des deux bobines associées en série présente une résistance électrique de 150 ohms. Les extrémités des fils sont unies à des bornes, montées sur des rondelles en os qui les isolent du boitier en laiton nickelé.

La plaque vibrante a 58 millimètres de diamètre et 0,28 millimètre d'épaisseur. Elle est placée sur le boitier et recouverte par un couvercle vissé dans lequel est encastrée l'embouchure en ébonite; une rondelle de laiton interposée assure le réglage. A l'extérieur, les ferrets d'un cordon souple à

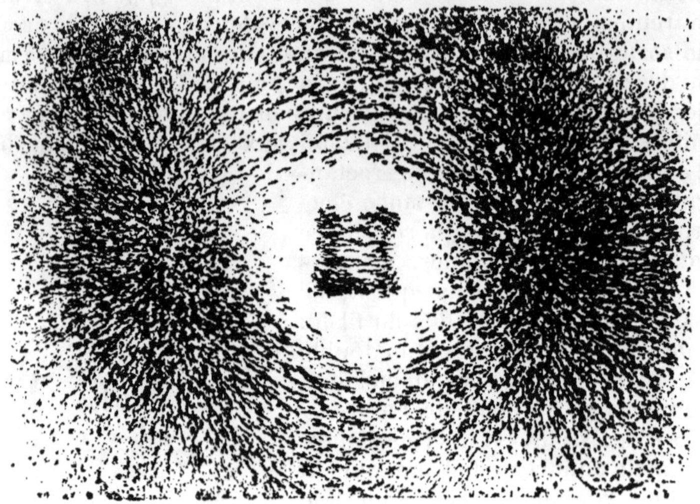

Fig. 39. — Fantôme du récepteur Dumoulin-Froment et Doignon.

double conducteur sont pincés sous les vis des bornes, auxquelles sont attachés les fils des bobines. Un anneau fermé sert à saisir le téléphone et aussi à le suspendre au crochet du transmetteur.

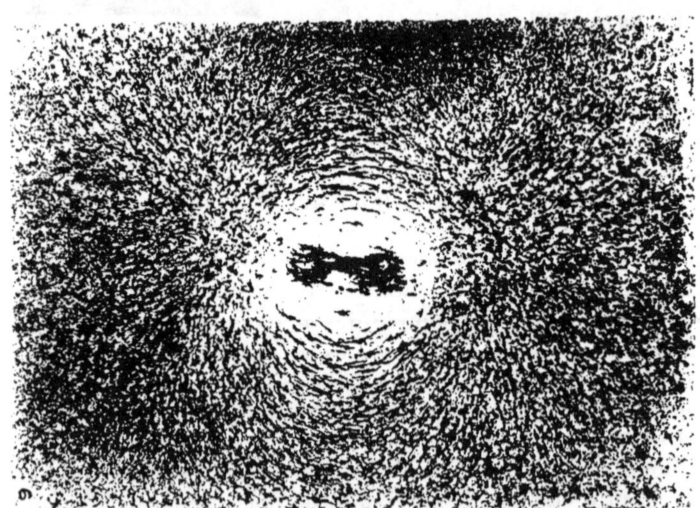

Fig. 40. — Fantôme du récepteur Gallais.

La figure 41 montre les détails de construction du récepteur Gallais, et la figure 40 son fantôme magnétique.

Récepteur Goloubitzky. — Dans le principe, le récepteur Goloubitzky avait pour organe magnétique deux aimants en fer à cheval, disposés en croix au-dessous du boitier. L'inventeur, se basant sur ce que plusieurs téléphones accouplés dans un même circuit reproduisent simultanément la parole, avait pensé qu'en réunissant en un seul les organes magnétiques de ces téléphones et en faisant agir leurs pôles sur une même plaque vibrante, il additionnerait les effets produits et renforcerait le son perçu à l'arrivée.

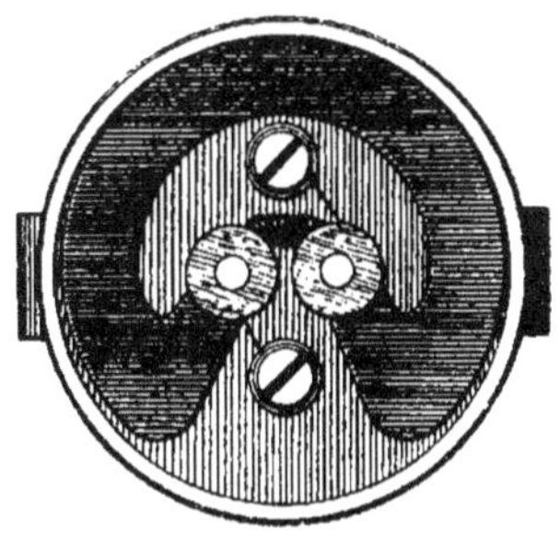

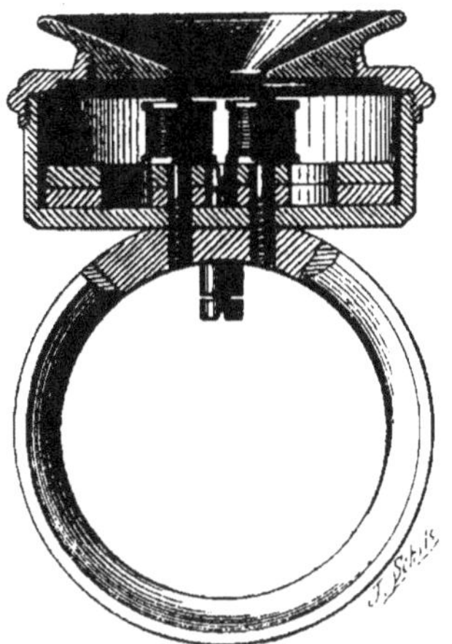

Fig. 41. — Récepteur Gallais.

Plus tard, M. Goloubitzky, reconnaissant sans doute que les aimants croisés au-dessous du boitier ne permettaient pas de tenir commodément son téléphone à la main, a modifié la disposition primitive.

Le type actuel se compose d'un aimant en fer à cheval A (*fig.* 42) et d'un aimant plat B, placés dans deux plans perpendiculaires, l'un vertical, l'autre horizontal. Les noyaux de fer doux vissés sur les pôles de ces deux aimants forment les quatre angles d'un carré. Chacun de ces noyaux reçoit une bobine de 125 ohms de résistance, soit une résistance totale de 500 ohms, les quatre bobines étant réunies en série. Les deux bobines 1, 2, correspondant aux pôles de l'aimant, sont reliées ensemble et réunies aux bobines 3, 4 de l'aimant aplati en fer à cheval, également accouplées en tension. Les extrémités des fils des bobines 1 et 4 sont attachées aux cordons souples destinés à recevoir les communications extérieures.

La plaque vibrante, dont le diamètre est de 69 millimètres et l'épaisseur de 0,33 millimètre repose, au-dessus des noyaux.

sur un boitier nickelé, fermé lui-même par un couvercle portant l'embouchure en ébonite. Une bague de réglage est interposée entre la plaque vibrante et le couvercle.

La figure 43 montre le fantôme magnétique de ce téléphone multipolaire.

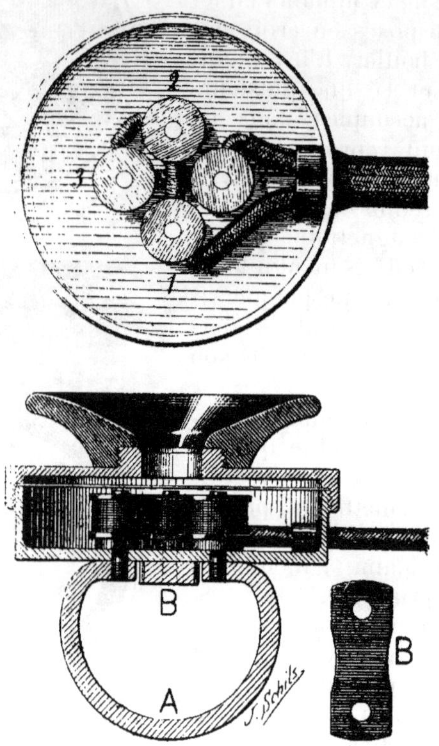

Fig. 42. — Récepteur Goloubitzky.

Récepteur Journaux. — L'aimant du récepteur Journaux est contourné en limaçon: il occupe le fond d'un petit boitier métallique auquel sont adaptés un crochet de suspension et un manche en bois.

L'un des pôles de l'aimant est au centre de la boite; c'est lui qui supporte la bobine dont la résistance est de 700 ohms en moyenne.

La plaque vibrante, large de 50 millimètres, épaisse de 0,21 millimètre, est serrée contre l'embouchure en ébonite par une bague métallique: le tout se visse sur le boitier qui contient l'aimant et la bobine. La figure 45 représente le plan et la coupe et la figure 44, le fantôme magnétique de ce récepteur.

Fig. 43. — Fantôme du récepteur Goloubitzky.

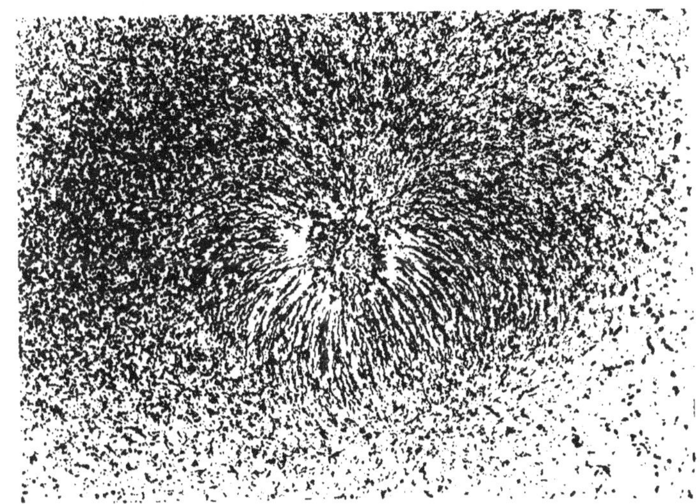

Fig. 44. — Fantôme du récepteur Journaux.

Récepteur Maiche. — Le récepteur Maiche, admis sur les **réseaux** français, a la forme des téléphones Bell.

L'aimant est formé par un barreau cylindrique en acier A B *fig.* 46 logé, en grande partie, dans le manche en bois M. La partie supérieure A est filetée et se visse dans un boitier nickelé N ayant l'apparence d'une calotte sphérique; un contre-écrou E donne de la fixité au système et le manche M

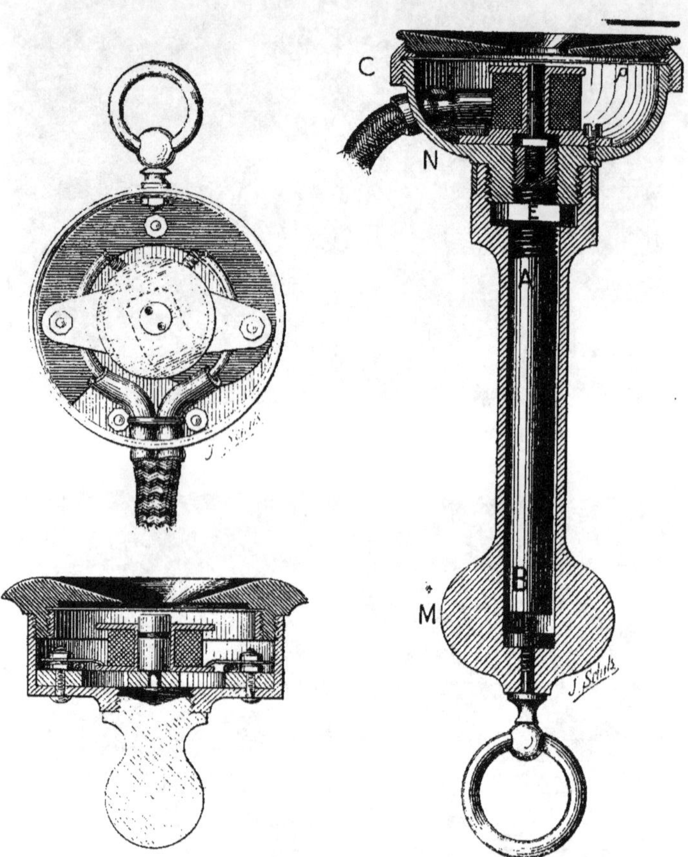

Fig. 45. — Récepteur Journaux.

Fig. 46. — Récepteur Maiche.

recouvre le tout, protégeant ainsi l'aimant sur toute sa longueur. Sur le pôle magnétique englobé dans le boitier est vissé un noyau de fer doux *a*. Ce noyau occupe le centre d'une bobine d'électro-aimant, dont la carcasse en bois est fixée par sa joue inférieure sur le fond du boitier au moyen de trois vis. La résistance électrique de cette bobine est de 40 ohms et les extrémités de son fil conducteur sont reliées à un cordon souple à double conducteur, destiné à recevoir, d'autre part, les communications extérieures. Au-dessus de l'organe magnétique que nous venons de décrire, et dont la figure 47 représente le fantôme, on place la plaque vibrante *p*; celle-ci a pour dimensions : diamètre, 58 millimètres, épaisseur, 0,32 millimètre. Un couvercle C, portant l'embouchure en ébonite, est vissé par-dessus.

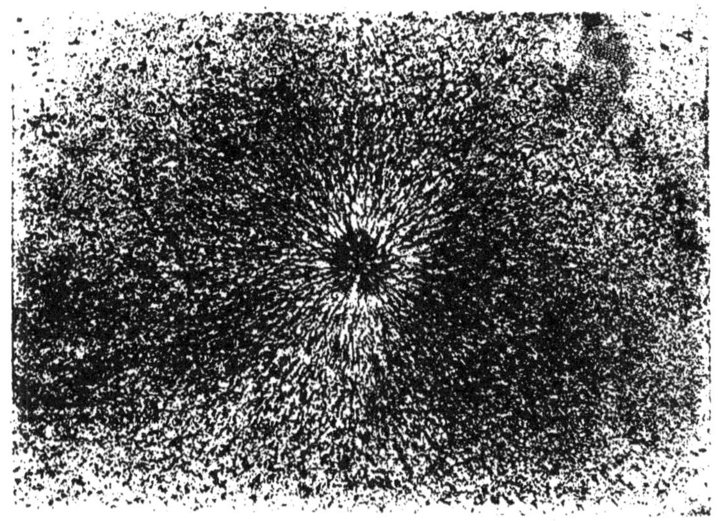

Fig. 47. — Fantôme du récepteur Maiche.

Bitéléphone Mercadier. — Dans une note communiquée à l'Académie des Sciences (séance du 22 juin 1891), M. Mercadier indique, comme conclusions de ses expériences personnelles, les conditions que doivent remplir les récepteurs téléphoniques pour fournir le meilleur rendement.

« Dans un téléphone qui doit servir de récepteur, il est possible d'obtenir à la fois *la netteté* dans la reproduction des inflexions variées de la parole articulée et *l'intensité* nécessaire pour tous les usages du téléphone. Pour cela, il suffit : 1° de donner au diaphragme du téléphone l'épaisseur juste suffisante pour absorber toutes les lignes de force du champ de son aimant; 2° de diminuer le diamètre jusqu'à ce que le son fondamental et les harmoniques du diaphragme encastré soient plus aigus que ceux de la voix humaine, c'est-à-dire plus aigus que l'*ut* [3]. »

M. Mercadier a reconnu qu'en satisfaisant à ces deux conditions on pouvait construire des instruments de dimensions et de poids très réduits et qui, cependant, donnent en intensité des effets comparables à ceux des téléphones en usage et, en netteté, des résultats supérieurs.

Le but qu'a poursuivi M. Mercadier en construisant son bitéléphone a été, en appliquant les principes qu'il avait énoncés, d'établir un récepteur très léger, pouvant rester sans fatigue fixé aux oreilles de l'opérateur et laissant les deux mains libres.

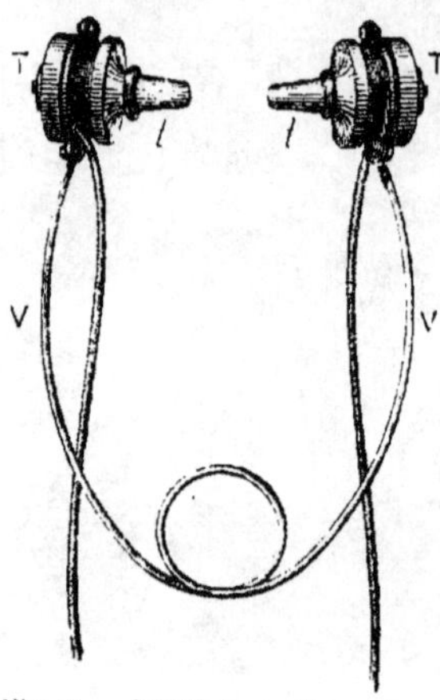

Fig. 48. — Bitéléphone Mercadier.

Le bitéléphone que nous représentons (*fig.* 48) se compose de deux récepteurs réunis par un ressort V V en fil d'acier de 2 millimètres de diamètre enfilé dans un tube de caoutchouc.

Les récepteurs, de très petite taille (3 à 4 centimètres de diamètre), ne pèsent que 50 grammes. Le boitier est en ébonite et le couvercle se termine par un ajutage *t t* qui, par la forme, rappelle celui des biberons d'enfants. Les appendices *t t* sont introduits dans les oreilles en écartant légèrement les branches du ressort V V, dont l'élasticité sert à les maintenir, le ressort lui-même restant libre au-dessous du menton. Par mesure de propreté, des embouts en caoutchouc s'adaptent sur les ajutages *t t*; ces embouts s'enlèvent facilement, et chaque personne peut en avoir une paire pour son usage personnel.

L'aimant, de petite taille, supporte deux noyaux de fer doux recouverts de bobines, dont la résistance est de 75 ohms par bobine. L'entrée et la sortie de ces bobines sont reliées à des cordons souples. La membrane vibrante, en tôle, a 3 centimètres de diamètre et 0,15 millimètre d'épaisseur.

D'après la note précitée de M. Mercadier, les bitéléphones ont été essayés comme récepteurs, avec les microphones transmetteurs ordinaires, sur des lignes souterraines de 50 à 75 kilomètres de longueur, sur une ligne de 800 kilomètres, sur la ligne de Paris à Londres; ils ont donné de bons résultats qui les ont fait accepter parmi les appareils dont l'emploi est autorisé par l'État sur les réseaux téléphoniques.

Récepteurs Mildé. — Il y a trois types différents de récepteurs Mildé : le récepteur grand modèle unipolaire, le récep-

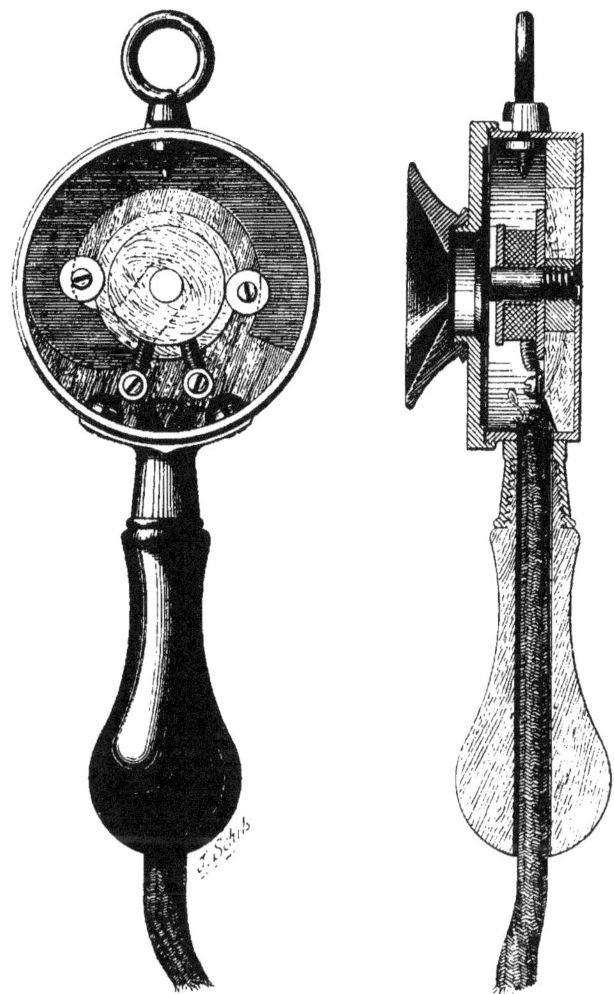

Fig. 49. — Récepteur Mildé unipolaire grand modèle.

teur grand modèle bipolaire et le récepteur petit modèle qui est bipolaire.

Pour chacun des types grand modèle, on construit un modèle à anneau, forme montre, et un modèle à manche qui ne diffèrent d'ailleurs que par cette particularité.

Récepteur Mildé unipolaire grand modèle. — Dans le récepteur unipolaire (*fig.* 49), on trouve un aimant contourné en limaçon. L'un des pôles de cet aimant occupe le centre du boîtier métallique qui contient l'ensemble des organes téléphoniques; l'autre pôle est libre. Au-dessus du pôle central, un noyau de fer doux soutient une bobine dont la résistance électrique est de 50 ohms. L'aimant est calé au fond du boîtier par une pièce de bois. Deux vis, garnies de rondelles métalliques, assurent la liaison avec un double cordon souple traversant le manche en bois; à la partie opposée, un anneau sert à suspendre l'instrument. Au-dessus du boîtier est disposée la plaque vibrante, appuyée sur une rondelle de réglage en laiton. Cette plaque a 65 millimètres de diamètre sur 0,33 millimètre d'épaisseur. Enfin, un couvercle métallique supportant l'embouchure en ébonite, se visse sur le boîtier et sert à clore l'instrument.

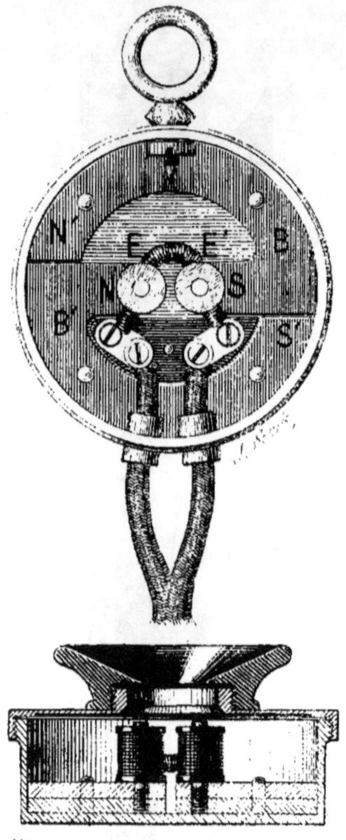

Fig. 50. — Récepteur Mildé bipolaire grand modèle.

Le téléphone-montre unipolaire ne diffère du précédent que par la suppression du manche en bois et de la douille qui le maintient.

La figure 51 représente le fantôme magnétique de ces deux récepteurs.

Récepteur Mildé bipolaire grand modèle. — Les téléphones bipolaires à manche ou en forme de montre ont exactement le même aspect extérieur que les téléphones unipolaires; aussi, pour mieux donner une idée des deux types, nous avons représenté le téléphone-montre bipolaire (*fig.* 50). Il se compose de deux aimants qui, s'ils étaient réunis, affecteraient à peu près la forme d'un S. Chacun d'eux occupe la moitié du pourtour du boîtier; l'un des pôles se recourbant vers l'intérieur et se trouvant dans le voisinage du centre. L'aimant B a, par exemple, son pôle nord en N', son pôle sud

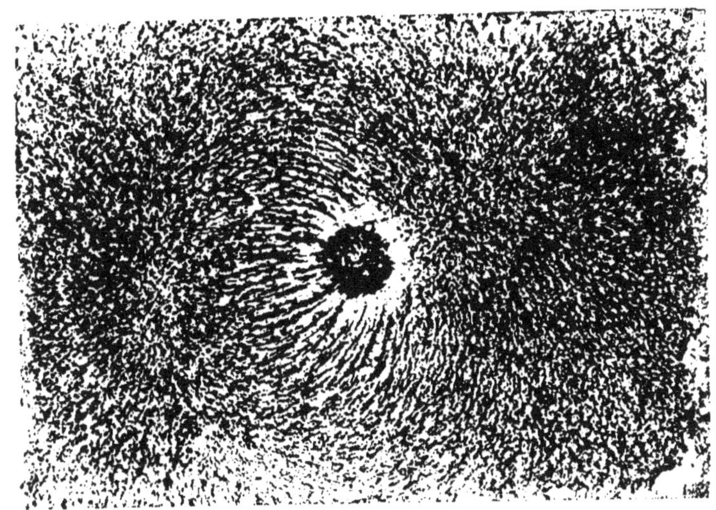

Fig. 51. — Fantôme du récepteur Mildé unipolaire grand modèle.

en S; l'aimant B' a son pôle nord en N, son pôle sud en S'. Sur chacun des pôles N et S sont vissés des noyaux de fer

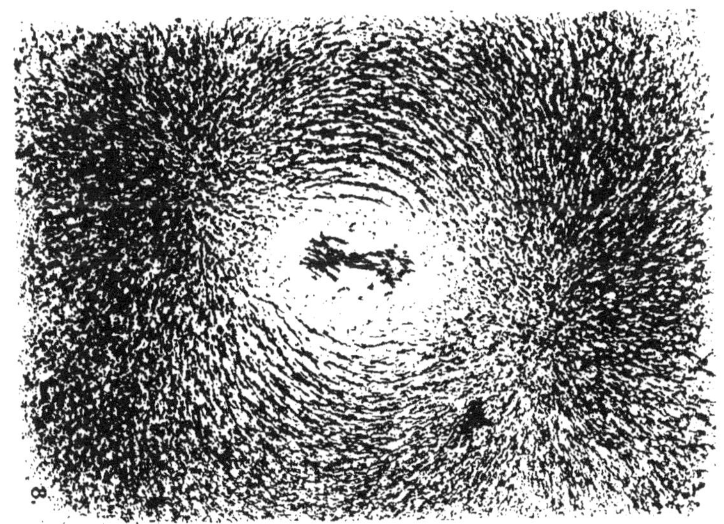

Fig. 52. — Fantôme du récepteur Mildé bipolaire grand modèle.

doux garnis de bobines E E'. Ces bobines sont accouplées en série et mesurent ensemble 70 ohms. Les extrémités libres des bobines aboutissent à des plaques, sous lesquelles sont également pincés les conducteurs d'un cordon souple à double fil. La liaison se fait sur une pièce de bois. La plaque, le couvercle et l'embouchure sont du même modèle que dans le récepteur unipolaire.

La figure 52 représente le fantôme magnétique des récepteurs bipolaires.

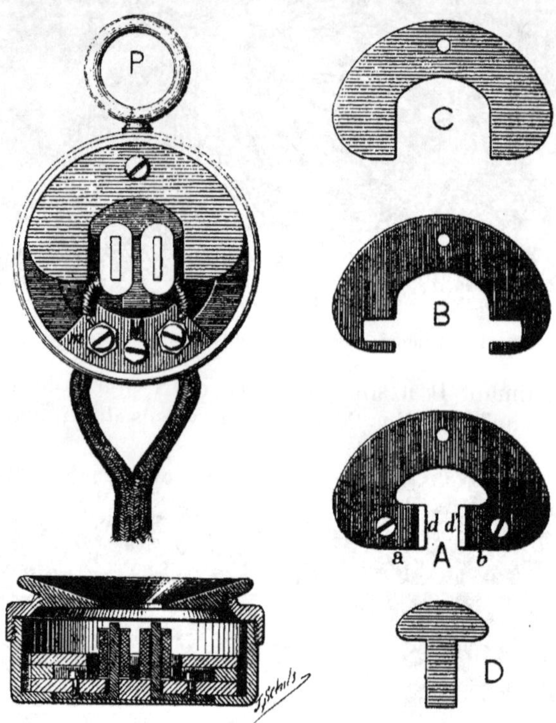

Fig. 53. — Récepteur Mildé petit modèle.

Récepteur Mildé petit modèle. — C'est un petit téléphone en forme de montre. La plaque vibrante n'a que 53 millimètres de diamètre et 0.22 millimètre d'épaisseur.

Deux lames aimantées A B (*fig.* 53), dont les pôles de même nom sont superposés, occupent le fond de la boite; elles y sont fixées par une vis dont la tête repose sur une lame de plomb C. Sous les pôles de la plaque A sont vissées deux équerres en fer doux $d\,d'$ formant les noyaux rectangulaires des deux bobines dont les joues sont métalliques. La plaque B est échancrée à ses extrémités pour livrer passage aux têtes des vis $a\,b$, qui assujettissent les équerres. La plaque de plomb C recouvre les deux lames aimantées. La plaque inférieure A est en outre calée par une petite pièce de plomb D en forme de T.

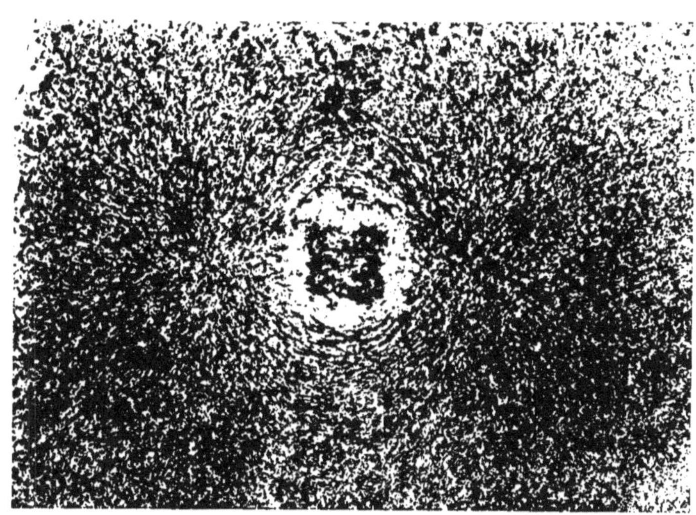

Fig. 54. — Fantôme du récepteur Mildé petit modèle.

Les bobines ont ensemble une résistance de 130 ohms, soit 65 ohms par bobine. Les fils d'entrée et de sortie de ces bobines sont soudés à des écrous *m n*, noyés dans une pièce en bois que la vis M maintient sur le boitier. A ces écrous *m n* aboutissent les deux conducteurs du cordon souple. La plaque vibrante et une embouchure en ébonite recouvrent le boitier, et ce dispositif est complété par un anneau de suspension P.

Le fantôme magnétique de ce récepteur est représenté par la figure 54.

Récepteur Mors-Abdank. — La forme de l'aimant du récepteur Mors-Abdank est originale. C'est une lame d'acier rectangulaire mais dont les petits côtés ont été arrondis et qui, dans sa région centrale, offre une assez large ouverture A (*fig.* 55). Cette lame d'acier est ensuite recourbée en forme d'anneau aplati, de telle sorte que la partie évidée se trouvant en dessus, les extrémités $a\,b$ soient visibles à travers l'ouverture A et qu'elles se trouvent, en quelque sorte, en face des centres des parties arrondies de A. La lame d'acier ainsi contournée ayant été trempée et aimantée, des noyaux de fer doux sont vissés en a et b; ces noyaux reçoivent les bobines dont la résistance électrique est de 200 ohms. Il résulte de cette disposition que les joues supérieures des bobines B B′ émergent à travers l'ouverture A de l'aimant.

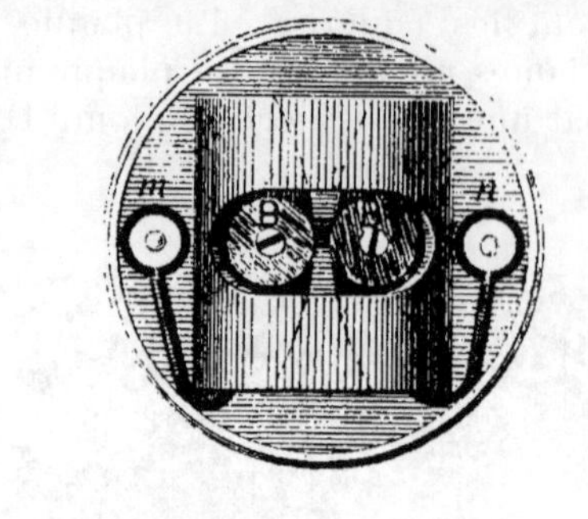

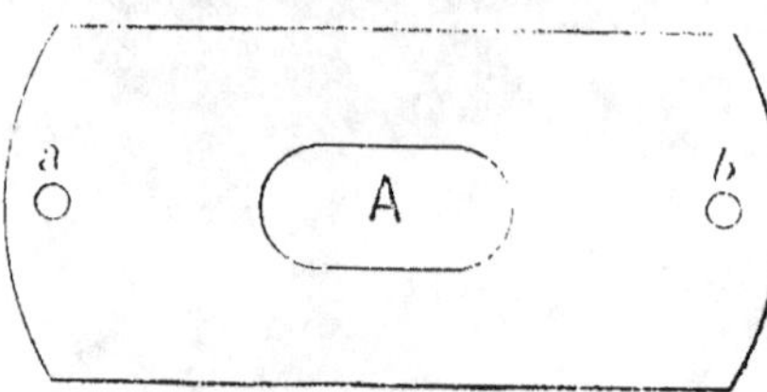

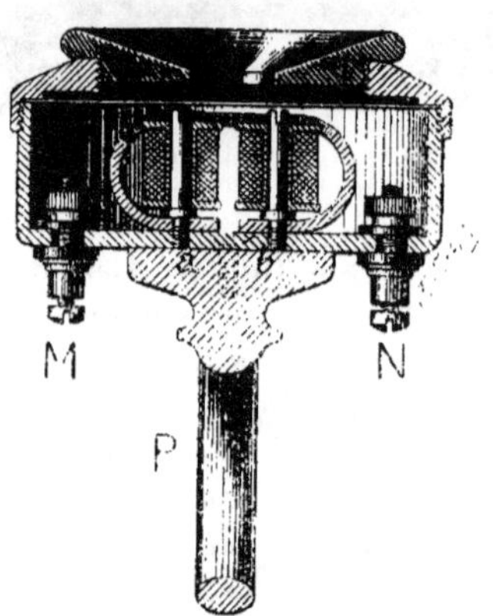

Fig. 55. — Récepteur Mors-Abdank.

Les fils d'entrée et de sortie des bobines, protégés par des tubes de caoutchouc, sont pincés sous les écrous m, n isolés du boitier métallique. A ces écrous correspondent les bornes M, N qui reçoivent les conducteurs du cordon souple.

Les dimensions de la plaque vibrante sont les suivantes : diamètre 58 millimètres, épaisseur 0,26 millimètre. Elle est séparée du boitier et du couvercle par deux rondelles de réglage en laiton. Le couvercle qui porte l'embouchure en ébonite se visse sur le boitier, au-dessous duquel se trouve un anneau de suspension P. La figure 56 montre le fantôme magnétique du récepteur Mors-Abdank.

Récepteur Ochorowicz. — Qu'on se figure un tube d'acier A (*fig.* 57), d'environ 40 millimètres de diamètre et fendu dans le

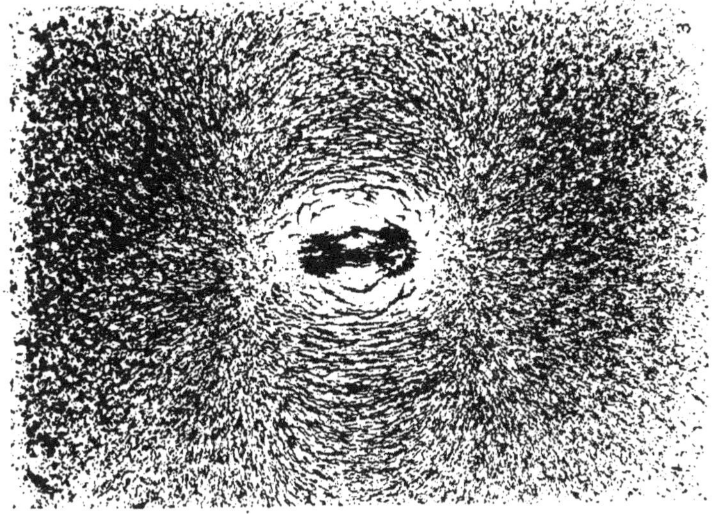

Fig. 56. — Fantôme du récepteur Mors-Abdank.

sens de sa longueur. Ce tube est fortement aimanté et les deux bords de la fente forment les surfaces polaires. Sur ces pôles

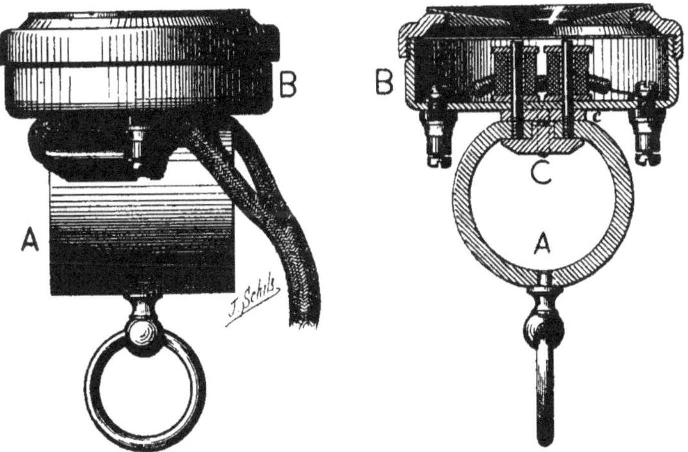

Fig. 57. — Récepteur Ochorowicz.

est fixé un boitier en fer maintenu par un T en laiton C, serré par deux vis; le boitier forme en quelque sorte une plaque vibrante, rigide et attachée par son centre. Au-dessus des pôles de l'aimant, deux noyaux en fer doux portent chacun une bobine de 90 ohms, ce qui fait pour les deux bobines réunies en tension une résistance de 180 ohms. Sur le boitier repose la plaque vibrante en tôle étamée; une rondelle en laiton en dessus, une autre en dessous servent au réglage. La plaque vibrante dont le diamètre est de 57 millimètres a une épaisseur de 0,28 millimètre. Le couvercle se visse sur le tout et porte l'embouchure en ébonite.

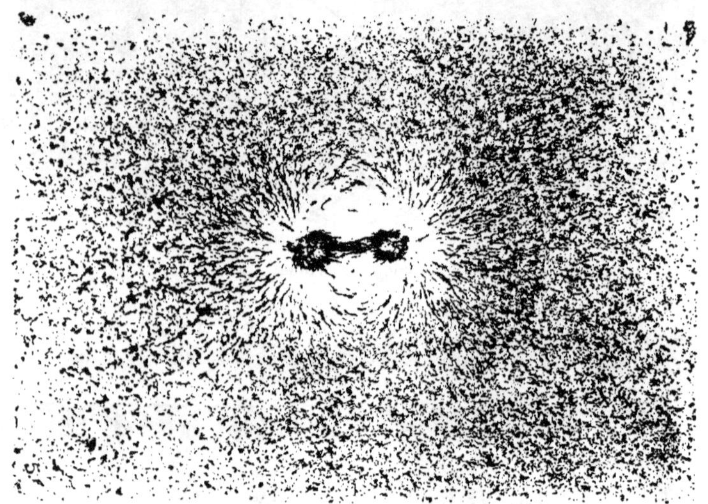

Fig. 58. — Fantôme du récepteur Ochorowicz.

Dans les récepteurs de construction récente, les bagues de réglage en laiton ont été supprimées. Elles ont été avantageusement remplacées par une disposition imaginée par M. Maiche. C'est un anneau, qui se visse sur le même pas que le couvercle et au-dessous de celui-ci. Cet anneau, moleté sur son pourtour et facile à manœuvrer à la main, forme contre-écrou. Suivant qu'il est placé plus ou moins haut sur le pas de vis du boitier, on peut enfoncer le couvercle plus ou moins profondément. Ici, la plaque vibrante n'est plus simplement interposée entre le boitier et le couvercle; elle est serrée contre ce dernier par une bague filetée, de sorte que l'éloignement de la plaque vibrante, par rapport aux noyaux de l'électro-aimant, dépend de la quantité plus ou moins grande dont le couvercle est enfoncé sur le boitier, quantité que détermine la position de l'anneau de réglage.

La figure 58 représente le fantôme magnétique du récepteur Ochorowicz.

Récepteur Pasquet et récepteur Ullmann. — Deux récepteurs identiques ou à peu près figurent au nombre de ceux qui sont admis sur les réseaux aériens et souterrains; ce sont les récepteurs Pasquet et Ullmann. Notre programme ne comprenant que des descriptions d'appareils, nous ne nous préoccuperons pas ici du nom de l'inventeur, nous nous bornerons à constater que le récepteur construit par M. Pasquet est le même que celui qui a été présenté au nom de M. Ullmann, sauf en ce qui concerne la résistance des bobines. La résistance du récepteur Ullmann est en effet de 60 ohms, celle du récepteur Pasquet de 200 ohms. Ces récepteurs, dont la figure 59 représente un plan et une coupe, se composent de deux lames aimantées, recourbées en fer à cheval et superposées. La position relative de ces deux lames est maintenue par quelques spires de fil. Les deux extrémités de la lame inférieure sont ramenées vers le centre du boitier et supportent deux fers doux garnis chacun d'une bobine. Ces bobines, montées en tension, sont réunies par les deux extrémités de leur fil à un cordon souple à double conducteur, assujetti sous une petite pièce de bois maintenue par une vis. Au-dessus du boitier en laiton nickelé se place une rondelle de réglage, puis la plaque vibrante dont le diamètre est de 57 millimètres et l'épaisseur de 0,28 millimètre, enfin le couvercle portant l'embouchure en ébonite. En dessous est un anneau de suspension qui sert en même temps de poignée.

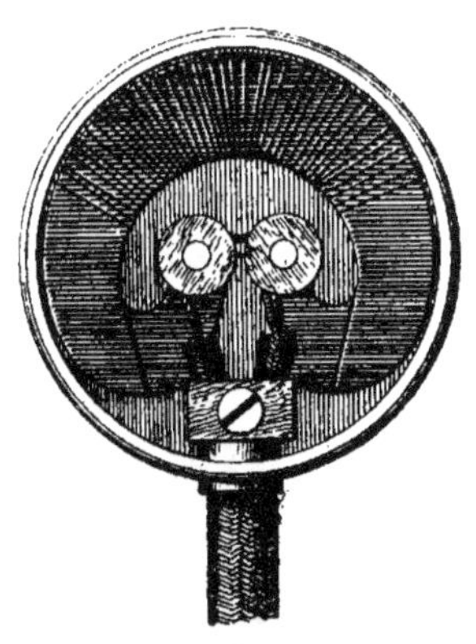

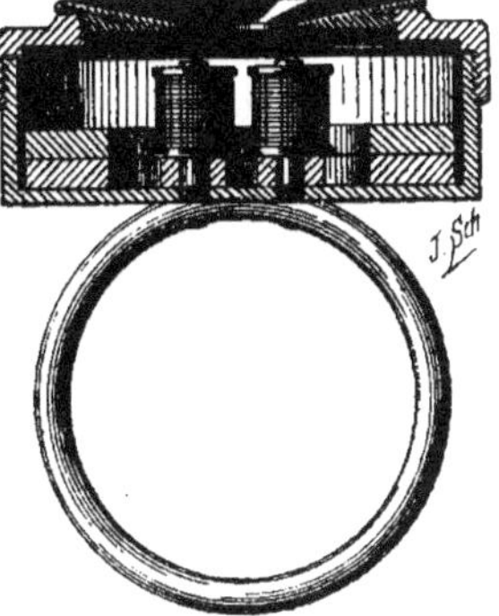

Fig. 59. — Récepteur Pasquet.

La figure 60 montre le fantôme des deux récepteurs que nous venons de décrire.

Récepteur Roulez. — Deux aimants N A S, N' A' S', recourbés en fer à cheval (*fig.* 61) sont opposés par leurs pôles de même nom, N en regard de N', S en regard de S'. Entre chaque paire de pôles, et sur le même plan, est intercalée une pièce en fer doux, *a* entre N et N', *b* entre S et S'. Ces deux pièces de fer doux sont reliées entre elles par un ressort en laiton A A' en forme de losange; elles supportent les noyaux de deux bobines, et dans la vue en élévation de ce dispositif *f* et *g* représentent les noyaux qui surmontent les culasses *a b*.

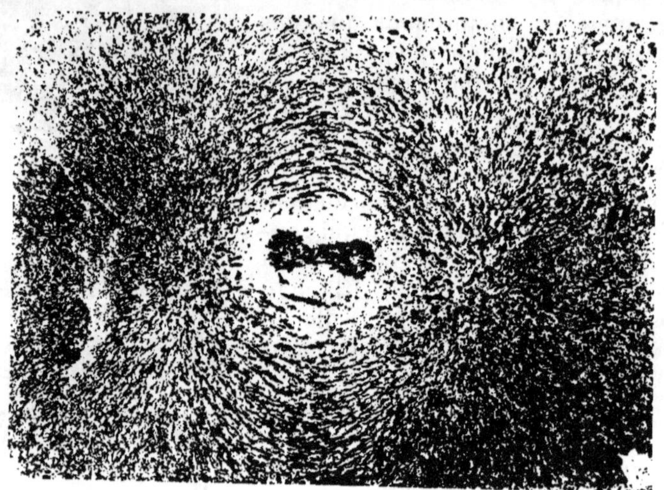

Fig. 60. — Fantôme des récepteurs Pasquet et Ullmann.

Cet ensemble est placé sur le fond d'un boitier en laiton nickelé. De la sorte, les aimants, les bobines et le ressort A A' sont intimement liés; en effet, des boulons à écrou M M' fixent les extrémités A A' du ressort aux aimants et au boitier; le boulon B serré par l'écrou P assujettit le ressort au boitier seulement. Il en résulte que la partie médiane du ressort A A' peut s'abaisser ou se relever d'une faible quantité suivant qu'on serre plus ou moins l'écrou P; c'est un moyen de réglage.

Les bobines ont une résistance de 200 ohms; les fils d'entrée et de sortie sont réunis à un cordon souple dont la tresse est arrêtée sous l'un des écrous qui immobilisent les aimants.

La plaque vibrante a 50 millimètres de diamètre sur 0,30

millimètre d'épaisseur. Le couvercle et l'embouchure se vissent par dessus.

Pour permettre le réglage, le boîtier est à double fond. La partie F se dévisse et laisse à découvert les têtes des boulons M M' ainsi que l'écrou P; c'est en agissant sur ce dernier que l'on rapproche ou que l'on éloigne les bobines de la plaque vibrante.

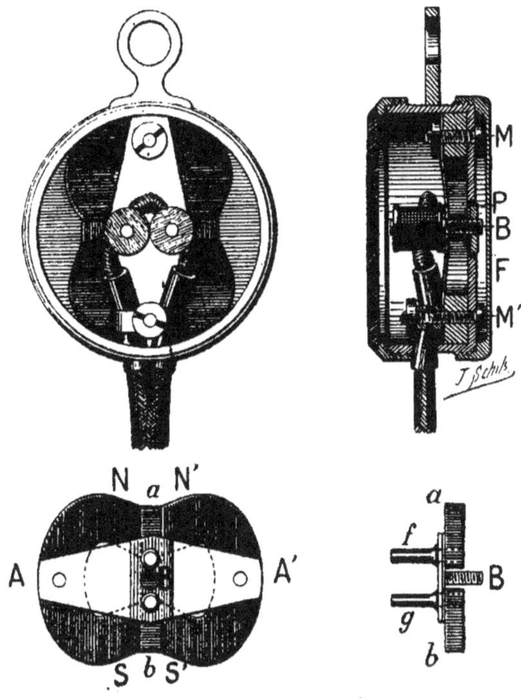

Fig. 61. — Récepteur Roulez.

La figure 62 montre le fantôme magnétique du récepteur Roulez.

Dans un autre modèle, le double fond n'existe plus et les têtes des boulons M M' apparaissent à l'extérieur, mais on a rapporté une pièce de couverture mobile qui cache et protège la tête de l'écrou de réglage P.

Le récepteur Roulez construit dans les ateliers de l'administration des Postes et des Télégraphes ne diffère guère que par la taille du récepteur qui vient d'être décrit; il est plus grand, mais sa construction est aussi plus soignée.

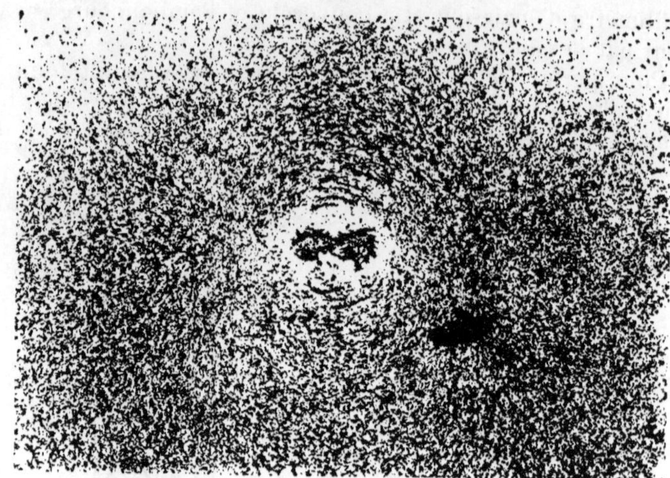

Fig. 62. — Fantôme du récepteur Roulez.

Récepteur Sieur. — Le récepteur Sieur (*fig.* 63) est un téléphone-montre à une seule bobine dont la résistance est

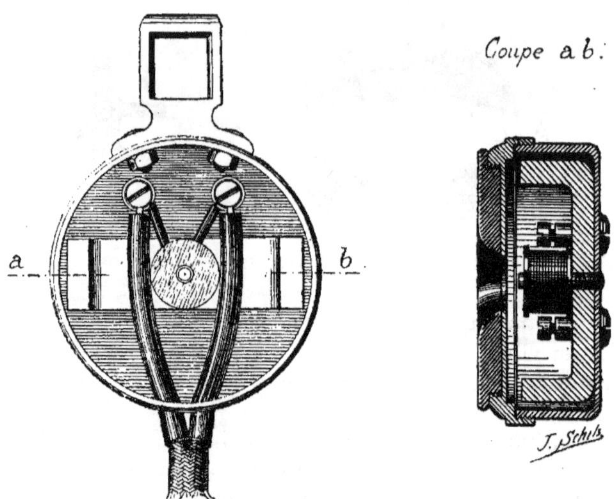

Fig. 63. — Récepteur Sieur.

de 200 ohms. Les extrémités du fil, enroulées en boudin et protégées par des tubes de caoutchouc, s'attachent à de petites bornes soigneusement isolées par des rondelles en os du boitier de l'instrument; ces bornes reçoivent également les ferrets d'un cordon souple à double conducteur destiné à assurer les communications avec l'extérieur.

La bobine est montée sur un aimant à point conséquent dont la figure 64 représente le fantôme magnétique. Cet aimant a la forme d'un U dont les branches auraient été raccourcies; la bobine et son noyau en occupent le milieu.

Le diamètre de la plaque vibrante est de 58 millimètres, son épaisseur de 0,23 millimètre.

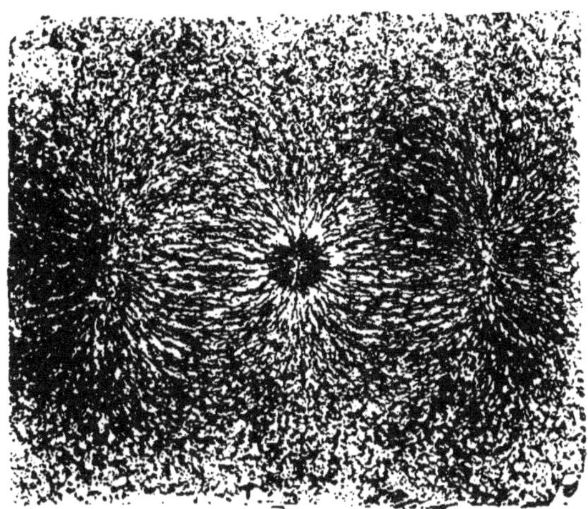

Fig. 64. — Fantôme du récepteur Sieur.

L'anneau de suspension est rectangulaire; c'est la forme qui se prête le mieux au but poursuivi par l'inventeur et qui consiste, comme nous le verrons plus loin, à se servir de son récepteur suspendu pour maintenir par pression le transmetteur dans la position d'appel.

Récepteur Teilloux. — Le fond d'un boitier métallique est garni par deux aimants superposés, mais placés en sens inverse. Chacun de ces aimants a la forme d'un disque A M B dont le secteur A N B a été enlevé (*fig.* 65). Dans la portion de la figure 65 qui représente en plan le récepteur Teilloux, on voit les deux aimants à leur place; le secteur vide de l'aimant inférieur est indiqué par les lignes pointillées A′ B′; l'aimant supérieur occupe la position A M B. Si les deux disques aimantés sont tournés convenablement, leurs pôles nord se superposent; il en de même de leurs pôles sud et c'est en ces deux points que sont vissés les noyaux des bobines. La résistance de ces bobines est d'environ 210 ohms. Le diamètre de la plaque vibrante est de 58 millimètres et son épaisseur de 0,33 millimètre. Les brins du cordon souple entourent en partie les bobines avant de se relier à leur fil conducteur qui est protégé au niveau de la soudure par du tube de caoutchouc.

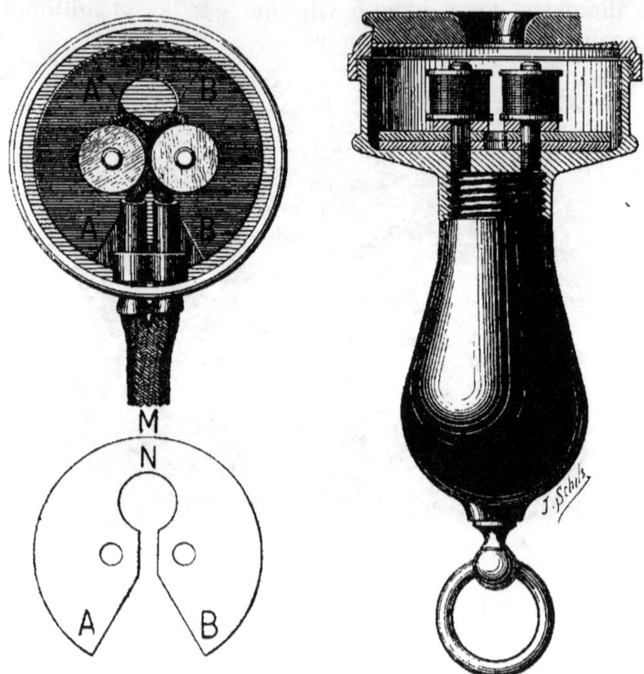

Fig. 65. — Récepteur Teilloux.

Comme dans tous les récepteurs que nous avons étudiés, la membrane vibrante repose sur le boitier dont elle est séparée par une bague de réglage en laiton. Le couvercle avec son embouchure en ébonite est vissé par dessus; enfin, un manche en bois, terminé par un anneau de suspension, se visse dans une douille située sous le fond de la boite.

On voit sur la figure 66 le fantôme magnétique du récepteur Teilloux.

Récepteur Testu. — M. Testu, agent spécial de l'administration française des Postes et des Télégraphes, a construit

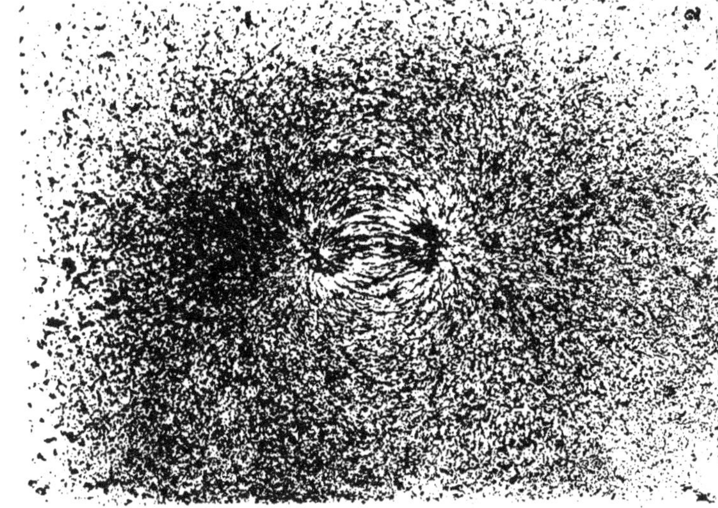

Fig. 66. — Fantôme du récepteur Teilloux.

plusieurs modèles de récepteurs dont l'un est admis sur les réseaux aériens.

L'aspect de ces instruments est celui de tous les téléphones-

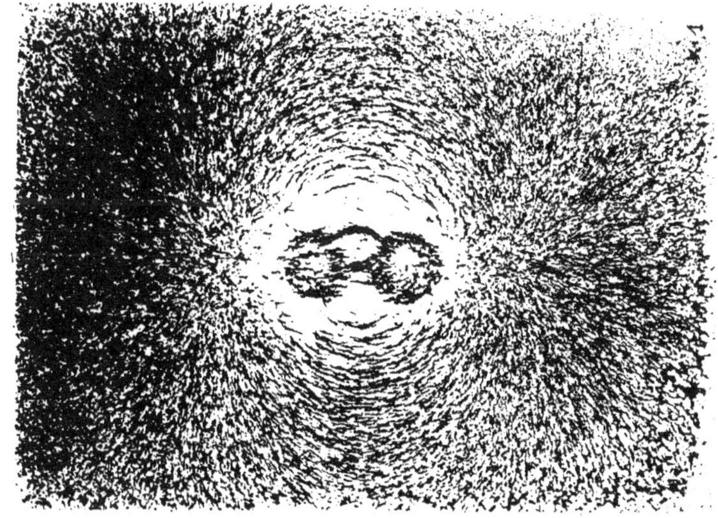

Fig. 67. — Fantome du récepteur Testu.

montres : une enveloppe nickelée, un pavillon en ébonite, u anneau de suspension, un cordon souple à deux conducteur pour établir les communications.

A l'intérieur : un aimant et une bobine de fil de cuivr recouvert de soie. La dispo sition raisonnée de ces deu organes constitue l'innovation Dans l'un des modèles, l'ai mant, fixé par une vis sur le fond de la boite, se compose de deux cuvettes concentri ques sur le pourtour desquelles ont été pratiquées six gorges formant autant de créneaux. La polarité des cuvettes est de sens contraire, de telle sorte que le pourtour de la cuvette externe représente un pôle sud enveloppant le pôle nord de la cuvette interne. L'inventeur obtient ainsi un aimant circulaire à pôles concentriques produisant, suivant lui, le même effet que six aimants juxtaposés dont les pôles correspondraient aux six parties saillantes du système, disposées par paires.

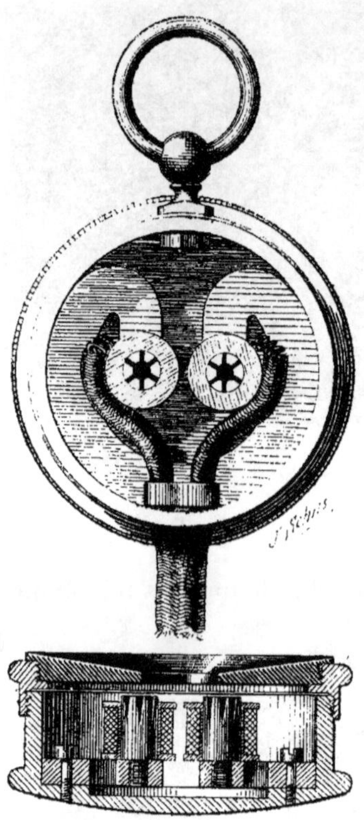

Fig. 68. — Récepteur Testu.

Chacune des cuvettes aimantées est entourée par une bobine. Ainsi, en allant du centre à la circonférence, on trouve : une bobine entourant l'aimant central qui a son pôle nord en regard de la plaque vibrante, une seconde bobine extérieure et enveloppant le pôle sud de la cuvette externe.

Les deux bobines sont montées en série et représentent une résistance totale d'environ 55 ohms.

Le modèle admis sur les réseaux aériens de l'Etat diffère un peu du précédent.

L'aimant (*fig.* 68) est une lame d'acier qui contourne en grande partie le fond d'un boitier circulaire et dont les extrémités correspondant aux pôles sont incurvées dans la direction de la partie centrale du boitier. Sur les deux pôles sont vissés des noyaux creux dont la partie supérieure forme six créneaux. Chacun de ces noyaux porte une bobine dont la résistance est de 110 ohms. Les deux bobines sont montées en série et se raccordent à un cordon souple à deux conducteurs; les points de raccord étant protégés par des tubes en caoutchouc et le cordon assujetti par une bride avant sa sortie du boitier.

La membrane vibrante est placée au-dessus de ce système magnétique; elle mesure 61 millimètres de diamètre sur 0,33 millimètre d'épaisseur.

La figure 67 montre le fantôme produit par cet assemblage.

IV

LES PILES MICROPHONIQUES

Piles Leclanché à vase poreux et à agglomérés. — Pile de Lalande et Chaperon. — Pile Callaud. — Contrôleur de piles.

Pile Leclanché à vase poreux. — Le modèle d'élément Leclanché de l'administration des Postes et Télégraphes (*fig.* 69) comprend :

1° Un vase extérieur en verre contenant une solution saturée de chlorhydrate d'ammoniaque ou sel ammoniac;

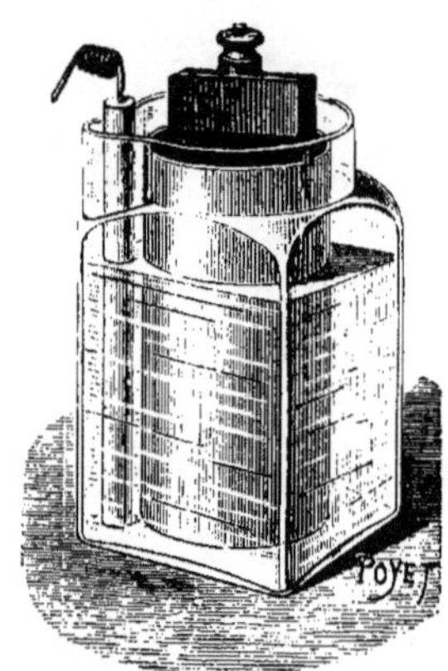

Fig. 69. — Pile Leclanché à vase poreux.

2° Un bâton de zinc amalgamé plongeant dans cette solution et formant le pôle négatif;

3° Un vase poreux renfermant un mélange de bioxyde de manganèse et de charbon de cornue;

4° Une lame de charbon placée au milieu de ce mélange et constituant le pôle positif.

Le bioxyde de manganèse est employé en petits morceaux exempts de poussière; le charbon de cornue est également concassé en petits morceaux; ce dernier a pour unique objet de drainer le bioxyde de manganèse, de rendre le contenu du vase poreux plus conducteur et de diminuer ainsi la résistance intérieure de l'élément.

La lame de charbon est enveloppée extérieurement par une calotte de plomb, terminée elle-même par une lame de cuivre étamé soudée au bâton de zinc. La lame de cuivre et la calotte de plomb sont recouvertes de cire analogue à la cire à bouteilles.

Les vases poreux sont livrés complètement chargés; le vase, le charbon et le zinc ne forment qu'une seule pièce.

L'ouverture du vase est bouchée par une couche de cire dans laquelle un trou est ménagé pour l'échappement des gaz qui se dégagent lorsqu'on plonge le vase dans le liquide.

La pile Leclanché se monte en plaçant le vase poreux au centre du vase en verre, le zinc dans la tubulure du vase suivant, et ainsi de suite. Dans chaque vase en verre, on introduit 80 à 100 grammes de chlorhydrate d'ammoniaque et de l'eau jusqu'aux deux tiers environ de la hauteur.

Le goulot des vases en verre est recouvert d'une couche de paraffine, tant à l'intérieur qu'à l'extérieur, sur une largeur de 3 ou 4 centimètres. On empêche ainsi, ou tout au moins on atténue dans une large mesure, le dépôt d'efflorescences qui, sans cette précaution, recouvriraient bientôt toute la surface du vase.

Les piles sont renfermées, par groupes de trois éléments montés en tension, dans des boites portatives qui peuvent elles-mêmes être accouplées les unes aux autres.

Les abonnés n'ont pas à se préoccuper de l'entretien, un service d'échange est organisé à cet effet. A Paris, des voitures partent chaque jour du dépôt central pour distribuer aux abonnés des boites d'éléments neufs; les boites dont les éléments sont épuisés sont réintégrées au magasin pour être remises en état.

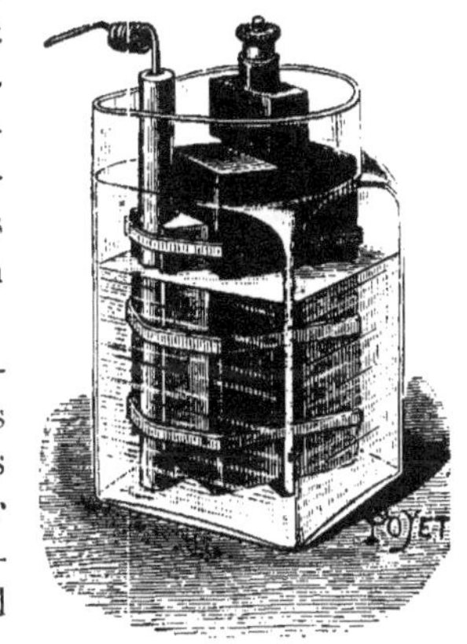

Fig. 70. — Pile Leclanché à agglomérés.

Pile Leclanché à agglomérés. — Bien que l'administration des Postes et des Télégraphes n'emploie que des éléments à vase poreux, on peut utiliser pour les installations privées un modèle d'élément Leclanché dans lequel il n'existe plus de diaphragme (*fig.* 70).

Le mélange dépolarisant se compose de :

40 parties de bioxyde de manganèse ;
55 parties de charbon de cornue ;
5 parties de gomme laque.

Après avoir été soumis à une pression de 300 atmosphères au moyen d'une presse hydraulique, tandis que sa température était maintenue à 100 degrés, il forme un tout parfaitement solide auquel on peut donner la forme la plus convenable pour le moulage. Ces *agglomérés* sont généralement des plaques prismatiques arrondies à leurs bases. La lame de charbon est semblable à celle du modèle à vase poreux, seulement la calotte de plomb porte, à sa partie supérieure, une borne qui reçoit un fil conducteur soudé au zinc de l'élément suivant. Deux ou trois plaques agglomérées sont disposées autour de la lame de charbon; le zinc en est séparé par un tasseau en bois ou en terre poreuse, et le tout est réuni par des brides en caoutchouc, comme le montre la figure 70.

Pile de Lalande et Chaperon. — L'élément de Lalande et Chaperon employé sur le réseau téléphonique est le modèle dit à *spirale* (*fig.* 71). Au fond du vase en verre V, une boite en tôle A contient de l'oxyde de cuivre B. La boite forme l'électrode positive, l'oxyde de cuivre est le dépolarisant. Au-dessus, une lame ou un gros fil de zinc amalgamé D, contourné en spirale, est suspendu par une tige de laiton à un couvercle en ardoise E qui clôt le vase en verre. Cette disposition du zinc permet d'obtenir une grande surface sous un petit volume. En A, un fil de cuivre est rivé à la boite de tôle; il est recouvert de caoutchouc sur la partie qui reste à l'intérieur du vase en verre, traverse le couvercle, et la portion dénudée qui émerge forme le pôle positif; le pôle négatif est représenté par le bouton central du couvercle.

Fig. 71. — Pile de Lalande et Chaperon.

Le vase en verre est rempli d'une dissolution de potasse caustique à 30 ou 40 pour 100.

L'acide carbonique de l'air décomposerait assez promptement la potasse et la transformerait en carbonate de potasse; pour éviter cette altération, on verse habituellement au-dessus de la potasse une couche d'huile lourde de pétrole; cependant, dans l'élément à spirales que nous décrivons, on peut se dispenser de prendre cette précaution, le couvercle en ardoise fermant suffisamment l'élément.

Les constantes de l'élément à spirale de Lalande et Chaperon, sont : force électromotrice 0,8 à 0,9 volt ; résistance intérieure, 0,15 ohm.

Au moment de la livraison des éléments par le fabricant, la charge de potasse, à l'état solide, est renfermée dans la boite en tôle qui deviendra plus tard l'électrode positive. Le fil de cuivre rivé sur cette boite est enroulé sur son pourtour. Lorsqu'on désire monter les éléments, on redresse verticalement le fil de cuivre, on ouvre la boite à potasse et on rejette le couvercle. On place cette boite avec son contenu au fond du vase en verre, on remplit d'eau jusqu'à 4 centimètres du bord et on agite avec une baguette en bois afin de faciliter la dissolution de la potasse et de la répartir dans toute la masse du liquide.

L'oxyde de cuivre est également renfermé dans une boite. On ouvre cette boite et on verse le contenu dans le liquide, de façon que l'oxyde tombe dans la boite à potasse placée au fond du vase en verre. Lorsque le liquide est devenu limpide, on met en place le couvercle qui supporte le zinc en ayant soin de laisser passer le fil de cuivre à travers la fente ménagée à cet effet. La couche de liquide doit recouvrir d'environ 3 centimètres la spirale de zinc.

La position du caoutchouc autour du fil de cuivre doit être telle qu'il n'y ait jamais contact entre le cuivre et le zinc.

Le pôle positif d'un élément est réuni au pôle négatif de l'élément suivant.

Pour régénérer une pile épuisée, on change le zinc, s'il y a lieu, on nettoie la boite à potasse et on remplace les charges de potasse et d'oxyde de cuivre comme il a été dit précédemment.

On doit éviter, pendant les manipulations, de répandre de la potasse sur les mains ou sur les vêtements. La potasse produit, en effet, sur la peau, une impression de brûlure qui disparaît d'ailleurs bientôt en lavant la partie douloureuse avec une solution de chlorhydrate d'ammoniaque ou avec de l'eau vinaigrée.

Pile Callaud. — La pile Callaud (*fig.* 72), telle qu'on l'emploie dans les bureaux centraux téléphoniques, se compose de :

1° Un vase en verre contenant de l'eau et une dissolution de sulfate de cuivre, se séparant par la différence de leur densité ;

2° Une spirale ou un cylindre de zinc suspendu par trois crochets en cuivre, rivés au zinc et reposant sur les bords du vase en verre (le zinc forme le pôle négatif ;

3° Une tige en cuivre, recouverte de gutta-percha dans la partie qui traverse le liquide, et terminée, à son extrémité inférieure, par une lame de cuivre contournée comme le zinc (la tige de cuivre constitue le pôle positif).

Le cuivre d'un élément, replié deux fois à angle droit, est rivé au zinc de l'élément suivant.

Dans chaque vase, on introduit des petits cristaux de sulfate de cuivre (400 grammes environ pour le modèle qui nous occupe); on verse alors de l'eau jusqu'à la hauteur des rivets du zinc.

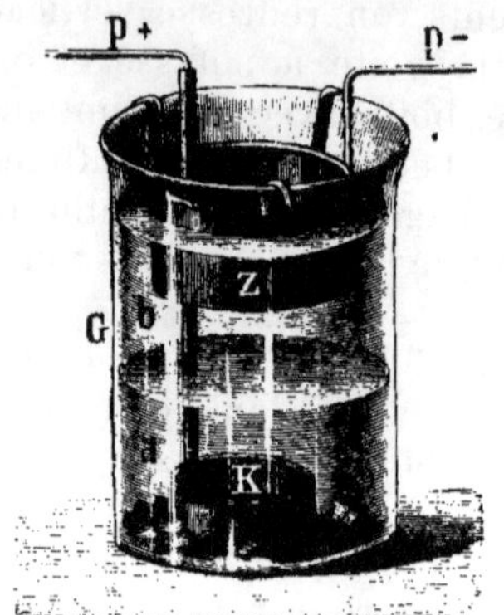

Fig. 72. — Pile Callaud.

Une pile ainsi installée peut fonctionner six mois, et même un an; après ce temps, il faut la remonter. La pile est en bon état lorsque la coloration bleue due à la solution de sulfate de cuivre remplit environ le tiers inférieur du vase en verre.

L'entretien de la pile Callaud consiste à ajouter du sulfate de cuivre, tous les cinq ou six jours, en le projetant avec précaution au fond du vase. On emploie utilement, pour cet usage, un verre de lampe que l'on introduit doucement jusqu'au fond de la dissolution. On laisse tomber un à un les cristaux dans l'intérieur et on retire ensuite le verre sans agiter le liquide.

Il faut aussi tenir les vases en parfait état de propreté et maintenir le liquide à la hauteur normale, c'est-à-dire jusqu'au niveau des rivets du zinc.

Dans quelques cas spéciaux, la pile Callaud a été employée pour actionner les microphones.

Contrôleur de piles. — Le renouvellement des piles chez les abonnés a lieu périodiquement; des boites de trois éléments, toutes chargées, sont échangées, avons-nous dit, contre les boites dont les éléments sont épuisés ou seulement affaiblis. L'affaiblissement se produit, d'ailleurs, au bout d'un temps assez court car les piles travaillent habituellement sur des circuits peu résistants. Il est nécessaire que les agents chargés de l'entretien et du renouvellement des piles aient un moyen pratique de vérifier les qualités de chaque élément; avec un peu d'habitude, on y parviendrait en appliquant sur la langue les deux pôles de l'élément, mais il est préférable de faire usage d'un appareil portatif et peu encombrant que l'on a nommé *contrôleur de piles*; c'est, à tout bien considérer, un *vibrateur* du genre des *parleurs ronfleurs*. Il est garni d'un cordon souple à deux conducteurs. En réunissant les deux pôles de chacun des éléments à vérifier aux deux brins du cordon souple, on ferme le circuit sur la bobine du parleur. Un élément est réputé bon lorsque l'instrument fait entendre un ronflement net et sonore.

La figure 73 représente un plan et une coupe du contrôleur de piles. Il est monté sur une plaque d'ébonite E E et renfermé dans un boitier métallique qui livre passage au cordon souple. Un couvercle à vis ferme l'instrument qui est réglé une fois pour toutes. Les deux brins du cordon souple sont pincés sous les vis A A'. L'armature P est vissée sur un ressort R, supporté lui-même par la culasse en équerre B qui soutient également les bobines D D. Le ressort R bute contre la vis V. A' communique avec le fil d'entrée des bobines; le fil de sortie est relié à la culasse; A est en relation avec la vis V.

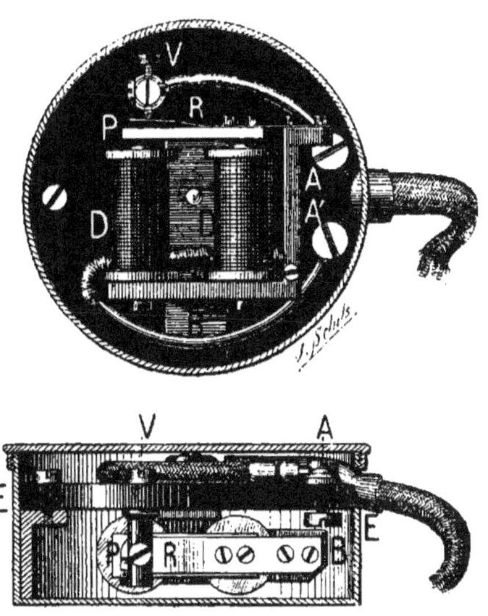

Fig. 73. — Contrôleur de piles.

Lorsque le cordon souple est réuni aux pôles d'un élément de pile, le courant arrive en A', traverse les bobines D D, la culasse B, le ressort R, la vis V et sort par la vis A. L'action du courant dans les bobines D D a pour effet d'attirer l'armature P; le ressort R abandonne la vis V, le circuit est interrompu en ce point, l'armature cesse d'être attirée et est ramenée vers la vis V que le ressort R touche de nouveau. Le circuit est rétabli, puis interrompu et il en résulte une succession rapide d'oscillations de l'armature P qui produit le bourdonnement particulier auquel les parleurs ronfleurs doivent leur nom.

V

LES TRANSMETTEURS

Transmetteurs Ader, — D'Arsonval et P. Bert, — Bancelin, — Berthon. — Bourdin, — Bourseul, — Bréguet, — Crossley, — Deckert, — Degryse-Werbrouck. — Dejongh, — Gallais. — Journaux, — Maiche, — Mildé, — Mors-Abdank, — Ochorowicz. — Pasquet. — Roulez, — Sieur.

Transmetteurs Ader. — Cinq modèles de transmetteurs Ader sont acceptés sur les réseaux urbains souterrains et sur les réseaux aériens; ils portent les numéros 1, 2, 3, 4, 7.

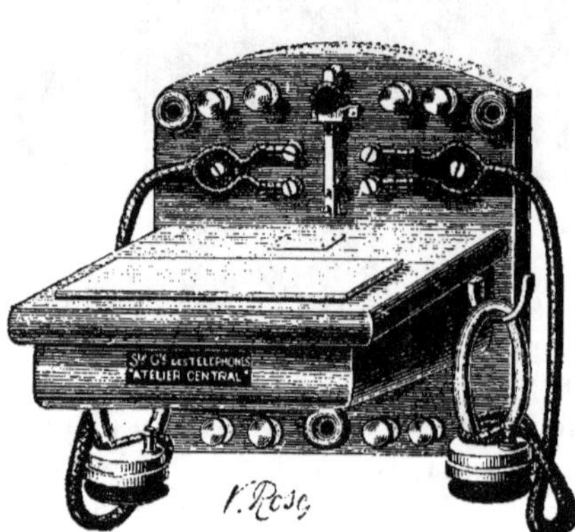

Fig. 74. — Transmetteur Ader n° 1.

Transmetteurs Ader nos 1 et 2. — Ces appareils sont en forme de pupitre (*fig.* 74); ils comprennent : une clé d'appel, un microphone, une bobine d'induction, un crochet de suspension mobile formant commutateur.

Ces différents organes font partie de trois circuits distincts, savoir : circuit d'appel, circuit de réception ou circuit secondaire, circuit de transmission ou circuit primaire.

Le circuit d'appel comprend : une source d'électricité (pile ou machine électro-magnétique), la ligne, le crochet de suspension mobile, une sonnerie et la terre ou un fil de retour.

Le circuit de réception se compose de : la ligne, le crochet de suspension mobile, le fil secondaire de la bobine d'induction, les deux récepteurs, la terre ou le fil de retour.

Le circuit de transmission est purement local; on y trouve

une pile de trois éléments, le crochet de suspension mobile, le fil primaire de la bobine d'induction et les charbons du microphone.

La clé d'appel (*fig.* 75) comprend un massif A auquel aboutit le fil de ligne. Sur ce massif est vissé un ressort AB qui, dans sa position de repos, appuie sur un pont métallique D réuni à la sonnerie. Si on presse avec la main le bouton en corne B, le ressort fléchit, cesse d'être en relation avec la sonnerie et vient s'appliquer contre un plot C qui communique avec la pile. Dans cette position, le courant de la pile va sur la ligne. Au repos, le courant venant de la ligne se dirige sur la sonnerie.

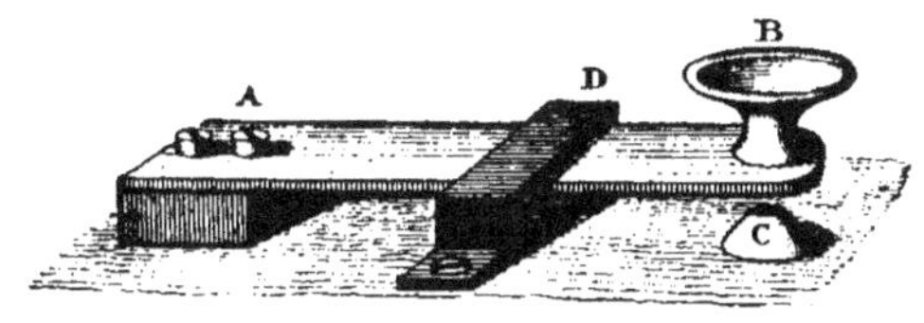

Fig. 75. — Clé d'appel du transmetteur Ader n° 1.

Le microphone Ader se compose d'une mince planchette en sapin, de forme rectangulaire, ayant 16 centimètres de longueur sur 11 de largeur. A cette planchette sont fixés par des vis, trois prismes de charbon *a*, *b*, *c* (*fig.* 76) parallèles et espacés d'environ 45 millimètres. Dans les trous pratiqués à l'intérieur de ces trois prismes, s'engagent des cylindres de charbon E E, dont la partie médiane a 8 millimètres de diamètre, tandis que les extrémités n'ont plus qu'un diamètre de 4 millimètres. Les trous des prismes sont plus grands que les bouts des cylindres, de sorte que ceux-ci s'y meuvent librement, tout en restant emprisonnés entre les trois prismes.

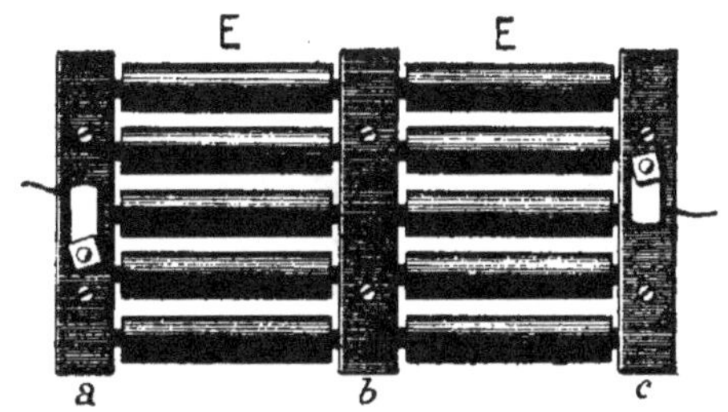

Fig. 76. — Microphone Ader.

Les cylindres de charbon sont au nombre de dix, formant deux rangées de cinq. Les deux prismes extrêmes portent chacun une petite languette de cuivre, fixée par un écrou, et à laquelle est soudé le fil de communication.

La planchette de sapin est collée sur une bandelette de caoutchouc adhérente elle-même au pupitre.

La bobine d'induction est retenue par deux vis qui traversent le bois; ces dernières maintiennent le noyau en fil de fer. Le conducteur du circuit primaire est habituellement recouvert de soie verte, celui du circuit secondaire est isolé avec de la soie noire. Le premier est constitué par un fil de cuivre dont le diamètre, non compris le revêtement de soie, est de 7/10 de millimètre (n° 12); sa résistance électrique est de 1 ohm; il y a quatre rangées de spires. Le second est fait en fil de cuivre de 7/100 de millimètre de diamètre (n° 32) (revêtement non compris) et a 150 ohms de résistance.

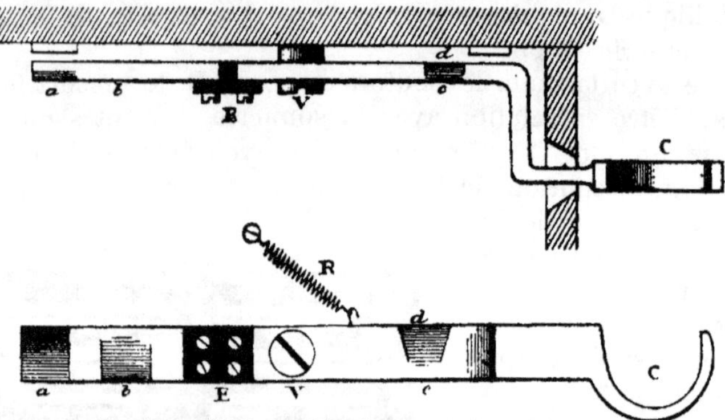

Fig. 77. — Crochet mobile du transmetteur Ader n° 1.

Le crochet mobile (*fig.* 77) pivote autour de la vis V et est relevé par un ressort antagoniste R. Il est divisé en deux parties par un T en ébonite E, qui, en isolant l'une de l'autre les deux extrémités, maintient également la rigidité du système.

Les faces latérales du levier sont taillées en biseau aux points *a*, *b*, *c*, *d*; c'est là que viennent s'appuyer les jeux de *paillettes* qui ferment les différents circuits suivant les positions du levier. Ces paillettes sont des lames de laiton faisant ressort.

Lorsqu'on suspend un récepteur au crochet C, le levier s'abaisse, et le circuit d'appel est établi; c'est la position d'attente, dans laquelle doivent normalement rester les postes correspondants.

Lorsqu'on décroche le récepteur, le levier se relève sous l'action du ressort antagoniste R; les circuits de transmission et de réception sont fermés; le poste est disposé pour communiquer.

Le socle du transmetteur porte huit bornes, quatre en haut et quatre en bas. Celles du haut sont marquées L, S; elles correspondent respectivement, en allant de gauche à droite, à la ligne, au fil de retour ou à la terre, à l'entrée et à la sortie de la sonnerie. Les bornes du bas sont marquées P M, P S; elles reçoivent, à gauche, les pôles de la pile du microphone: à droite, les pôles de la pile d'appel.

Les figures 78 et 79 montrent les dispositions des communications intérieures au moment de l'appel et pendant la conversation.

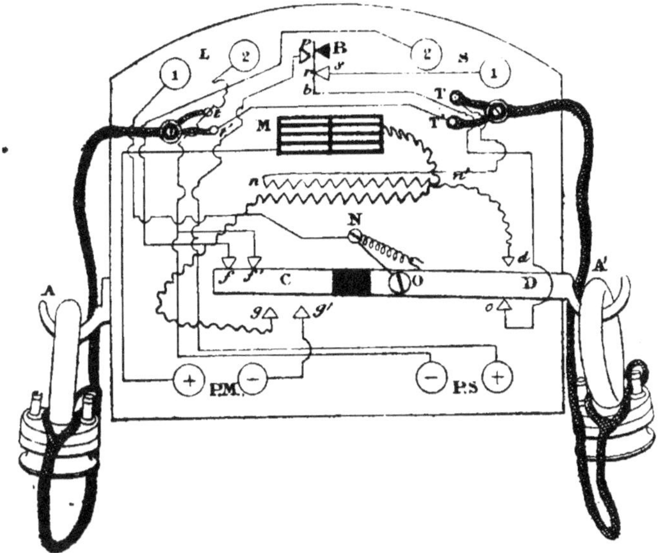

Fig. 78. — Communications du transmetteur Ader n° 1 (Position d'appel).

Les récepteurs étant suspendus aux crochets A A', la personne qui appelle appuie sur le bouton B de la clé, et met ainsi en contact avec le plot *p* le ressort *r* qui abandonne le plot *s*. Suivons la marche du courant en partant du pôle positif de la pile d'appel P S : le courant passe de + en *p*, *r*, *b* et arrive à la paillette *c* qui appuie sur la partie antérieure du levier D C. La vis pivot O de ce levier est reliée à la borne L_1 qui reçoit le fil de ligne. Le courant d'appel s'en va donc sur la ligne.

A la station d'arrivée, ce courant entre par la borne L_1, et suit un trajet à peu près inverse; il passe par l'axe O du levier D C, par la paillette *c* et le massif *b* de la clé. Mais à cette station la clé est au repos, et le ressort *r* appuie sur le contact s, relié à la borne S_1. A cette borne est réunie la borne *Ligne* de la sonnerie, tandis que la borne *Terre* de cet instrument communique avec la borne S_2. Le courant suivra donc cette direction, passera de *b* en *s* S_1, traversera la sonnerie et reviendra par S_2 jusqu'à la paillette *f*. Cette paillette *f*, ainsi que sa voisine *f'*, s'appuient sur la partie C du levier C D, isolée de la partie D. Par l'intermédiaire de la pièce C, les deux paillettes communiquent métalliquement; d'autre part, la paillette *f'* est greffée sur un fil qui relie à la borne L_2 le pôle négatif de la pile d'appel. Cette borne L_2 reçoit le fil de retour

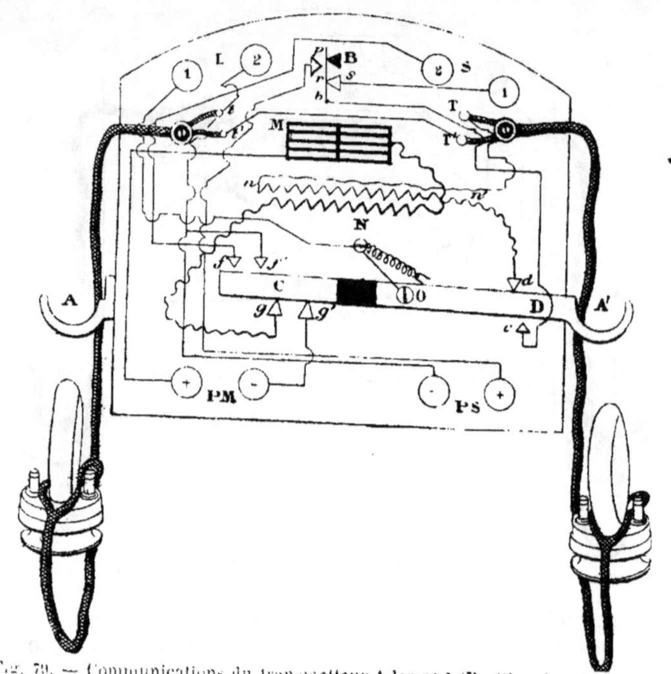

Fig. 79. — Communications du transmetteur Ader n° 1 (Position de conversation).

lorsque la ligne est à double fil; elle est reliée à la terre lorsque la ligne ne comporte qu'un seul conducteur. Dans l'un ou l'autre cas, le courant qui nous occupe passe de la paillette *f* à la paillette *f'*, arrive à la borne L_2 et rejoint le pôle négatif de la pile d'appel du poste de départ par le fil de retour ou par la terre.

Le poste appelé répond de la même manière, les deux interlocuteurs décrochent leurs récepteurs, et la conversation peut commencer. Les communications se trouvent automatiquement installées, comme le montre la figure 79.

X... parle devant la planchette du microphone : les paillettes $g\,g'$ s'appuient sur la partie métallique C du levier CD, la paillette d presse sur la partie D. Le pôle positif de la pile P M est réuni aux charbons du microphone M, ces charbons communiquent d'autre part avec le circuit primaire N de la bobine d'induction, en relation par son autre extrémité avec la paillette g ; la paillette g' est reliée au pôle négatif de la pile P M. On voit aisément que, dans ces conditions, le circuit de la pile P M est fermé en permanence. Les altérations, produites dans ce circuit, par les vibrations de la planchette microphonique devant laquelle on parle, réagissent sur le circuit secondaire $n\,n'$ de la bobine d'induction, et y développent des courants induits, dont nous allons suivre la marche, en partant de n' pour fixer les idées. Ces courants passent de n' en d, traversent la partie D du levier C D, s'échappent par O, la borne L_1, et arrivent sur la ligne. A la station d'arrivée, ils pénètrent dans le poste par la borne L_1, se dirigent vers O, d, parcourent de n' en n le circuit secondaire de la bobine d'induction, passent par les deux récepteurs en suivant le trajet T, T′, t', t, sortent par la borne L_2, reviennent par le fil de retour (ou la terre) au poste de départ où ils parcourent les deux récepteurs suivant la direction t, t', T′, T pour aboutir à la bobine d'induction $n\,n'$, leur point initial.

Il résulte de ce qui vient d'être dit, que la personne qui parle devant un microphone devrait elle-même percevoir, par les récepteurs placés à ses oreilles, les paroles qu'elle prononce ; il n'en est rien cependant. A quoi cela tient-il? à une action purement physiologique, pensons-nous, et nous déclinons toute compétence pour en donner l'explication. Ce qui est certain, c'est que les téléphones *parlent* aussi distinctement que ceux de la station d'arrivée ; le fait n'est pas douteux *à priori* ; le fût-il, l'expérience démontre ce que nous avançons.

Fig. 80. — Transmetteur Ader n° 3.

TRANSMETTEUR ADER N° 3. — Ce modèle (*fig.* 80) diffère des précédents par ses dimensions moins grandes, par sa clé d'appel, réduite à un bouton de sonnerie, et par quelques modifications dans les communications. Il est pourvu d'un paratonnerre à peigne.

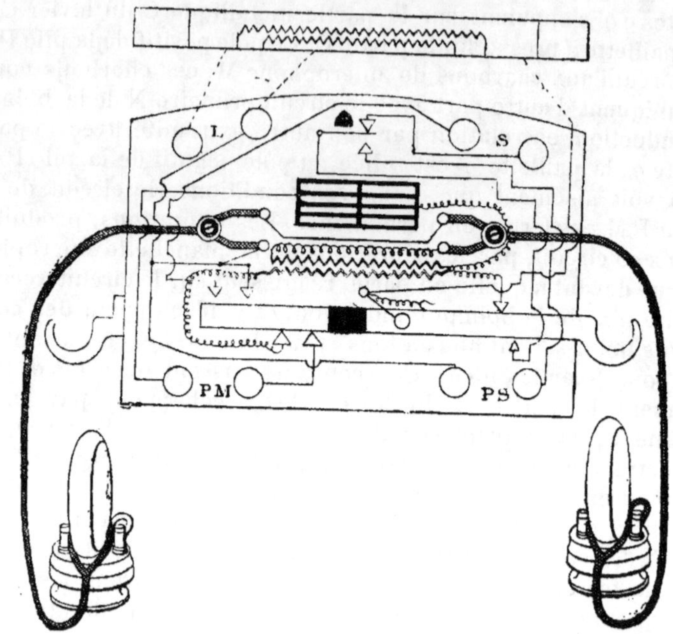

Fig. 81. — Communications du transmetteur Ader n° 3 (Position de conversation).

La marche des courants est facile à suivre sur la figure 81 qui représente les circuits de conversation.

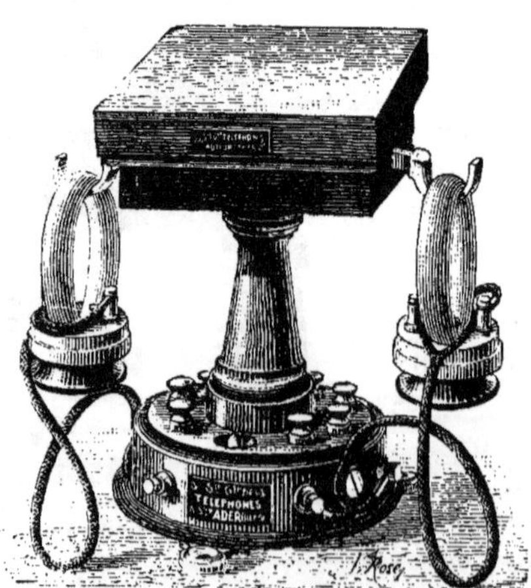

Fig. 82. — Transmetteur Ader n° 4.

La résistance du circuit primaire de la bobine d'induction est de 1,5 ohm; la résistance du circuit secondaire est de 150 ohms.

Transmetteur Ader n° 4. — Le transmetteur Ader n° 4 (*fig.* 82) est un appareil portatif monté sur colonne.

Le microphone, semblable à celui des types précédents, prend ses communications par pression.

Les prismes de charbon des deux extrémités sont reliés à des plaques en laiton, sur lesquelles viennent s'appuyer des ressorts métalliques, ainsi qu'on le voit sur la figure 83, représentant une coupe de la partie supérieure de l'instrument, tandis que le socle est dessiné en plan. La partie située au-dessus de la colonne renferme le microphone, le crochet

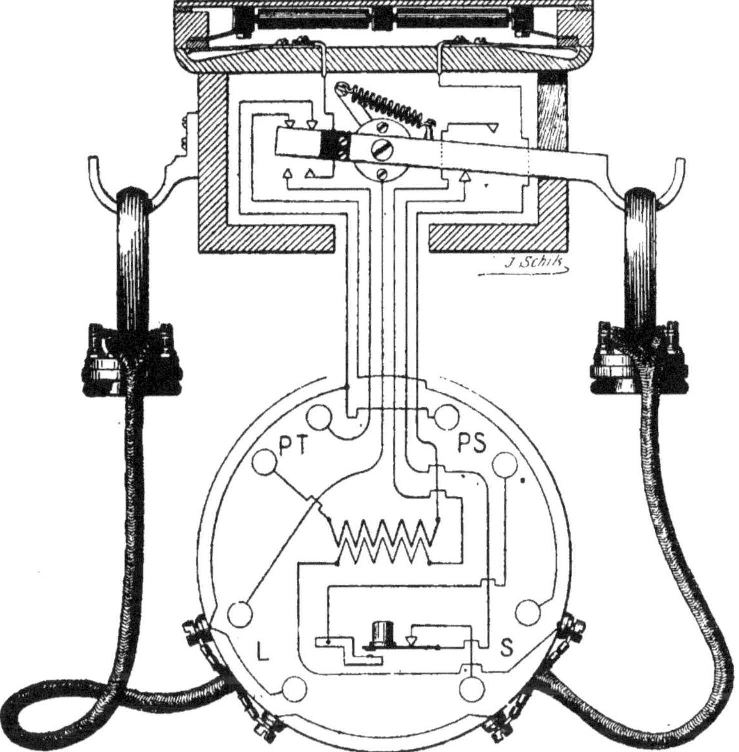

Fig. 83. — Communications du transmetteur Ader n° 1 (Position d'appel).

mobile et les jeux de paillettes. La bobine d'induction et le bouton d'appel sont logés dans le socle; c'est là aussi que se trouvent les bornes et les points d'attache des récepteurs.

Cette figure montre les communications. Celles-ci sont assurées par des fils recouverts de gutta-percha et de coton. Les fils sont de différentes couleurs et cachés à l'intérieur de la colonne.

Transmetteur Ader n° 7. — La forme de ce transmetteur s'éloigne notablement de celle des précédents; le principe du microphone est aussi différent. L'instrument, dont la figure 84 représente l'ensemble est une applique rectangulaire, que l'on fixe le long d'un mur.

Sur la planchette microphonique en sapin, sont vissés deux petits tasseaux en bois A A' (*fig.* 85). Deux prismes de

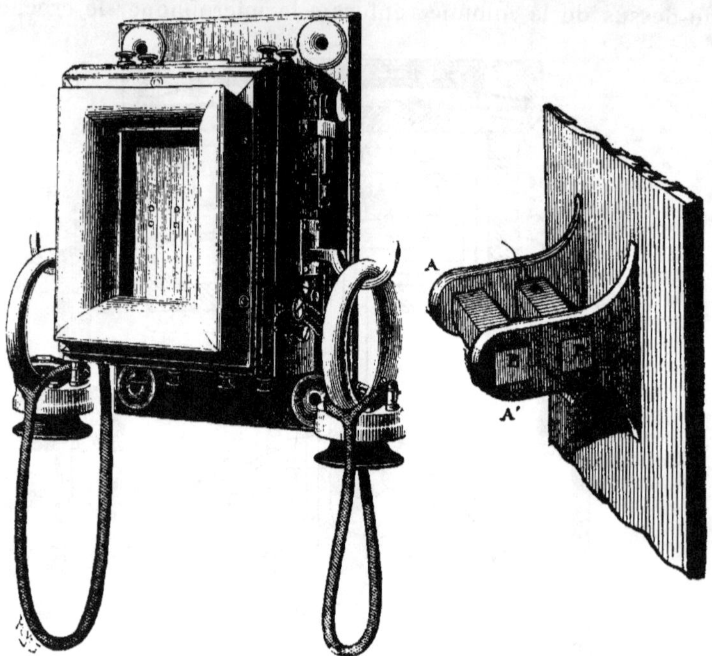

Fig. 84. — Transmetteur Ader n° 7.

Fig. 85. — Détails du transmetteur Ader n° 7.

charbon, à base carrée B, B', sont encastrés parallèlement entre les deux tasseaux, et n'ont entre eux aucune relation électrique. Sur chacun de ces tasseaux, un petit écrou métallique assujettit un fil conducteur, serré sous une plaque de laiton. C'est par là que le microphone communiquera avec la pile et le circuit primaire de la bobine d'induction.

Entre les deux prismes de charbon B, B', est placé le crochet d'un balancier métallique, dont les figures 86 et 87 représentent les détails. Un bloc de laiton D (*fig.* 86), portant un contre-poids *d*, est suspendu par les prolongements *e e* de son axe formant pivot. En avant, est un crochet métallique, que l'on voit, sur la figure 87, engagé entre les deux charbons. Le bloc D pèse 109 grammes et est soigneusement équilibré. La fourchette de suspension F est accrochée, en G, à une plaque métallique, que l'on aperçoit au-dessus de la boîte; une équerre H sert à limiter ses oscillations. Les vibrations de la planchette microphonique déterminent, sur le crochet du bloc D, une pression plus ou moins forte de l'un ou l'autre des charbons B, B'. Le crochet, obéissant à

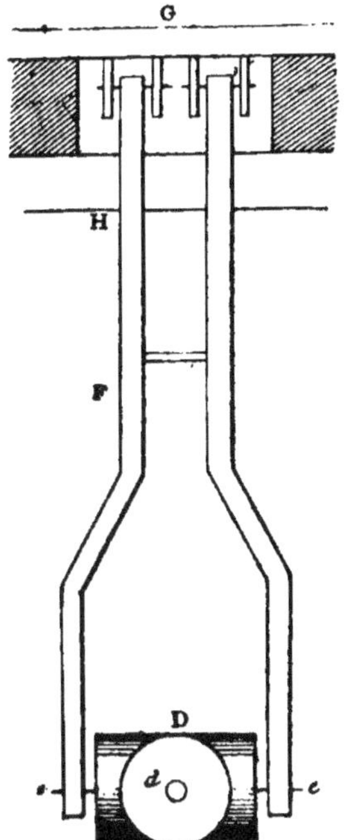

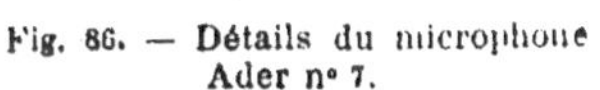
Fig. 86. — Détails du microphone Ader n° 7.

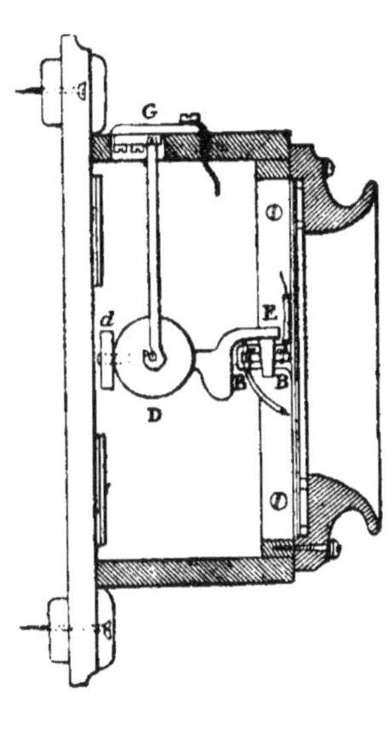

Fig. 87. — Détails du microphone Ader n° 7.

l'impulsion qu'il reçoit, oscille et remplit en quelque sorte l'office d'un vibrateur, augmentant alternativement la pression sur chacun des charbons, et la diminuant en même temps sur le charbon opposé. En analysant rigoureusement les choses, on serait peut être amené à conclure qu'il existe là une cessation de contacts, et par suite une interruption de courant, de très courte durée, entre chaque déplacement des charbons. La plupart des auteurs admettent cependant qu'il y a simplement augmentation ou diminution dans la pression. Quoi qu'il en soit, cette disposition a nécessité une modification dans l'enroulement du circuit primaire de la bobine d'induction. Ce circuit y est double, et, dans l'hypothèse du contact non interrompu, les deux hélices sont traversées en sen inverse par les courants; l'effet sur le circuit secondair serait nul si les variations étaient les mêmes dans les deu circuits primaires, mais, puisqu'elles sont diamétralemen opposées les unes aux autres, l'effet est doublé [1].

Il nous semble possible d'expliquer plus facilement ce qui se passe, en supposant une très courte interruption de contact à

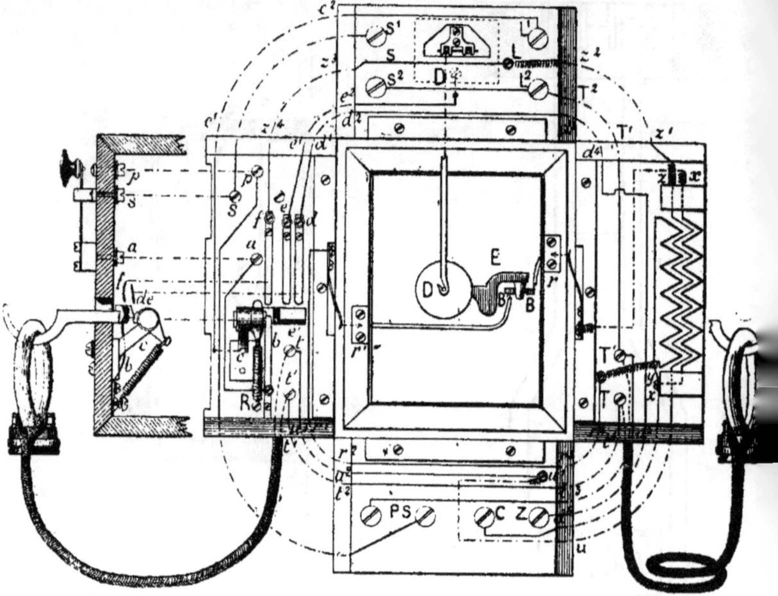

Fig. 88. — Communications du transmetteur Ader n° 7 (Position d'appel).

chaque mouvement du pendule métallique : L'un ou l'autre des circuits primaires est alors traversé par le courant, suivant que le crochet touche le charbon B ou le charbon B'.

Les figures 88 et 89 représentent le circuit d'appel et le circuit de conversation; les côtés de la boite ont été rabattus pour montrer les communications, et les lignes pointillées établissent la liaison entre les différents fils qui, en réalité, sont continus et recourbés à angle droit pour suivre les contours de la boite. P S sont les bornes de la pile de sonnerie, Z C celles de la pile du microphone, L les bornes *ligne*, S les bornes *sonnerie*.

Le massif de la clé d'appel se trouve en a, son ressort vient

1. Rothen, *Étude sur la téléphonie*. Berne, 1888.

buter habituellement contre le contact s relié à la borne S_1 et par elle à la sonnerie ; sous l'effort de la main, la clé peut s'appuyer sur le plot p en relation avec la pile d'appel. Suivons sur la figure 88 la marche du courant partant du pôle positif de cette pile : il passe de p en a par le ressort de la clé d'appel, traverse la paillette b appliquée contre le crochet mobile et s'en va par c, c_1, c_2 et L_1 sur la ligne. A la station d'arrivée, il

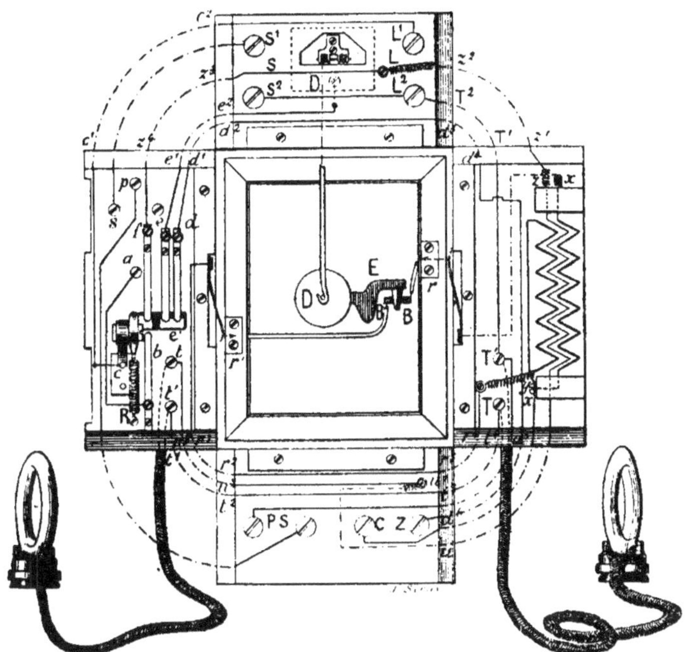

Fig. 89. — Communications du transmetteur Ader n° 7 (Position de conversation).

pénètre dans le poste par L_1 et suit le trajet c_2, c_1, c, b, a, s, S_1, *sonnerie*, S_2, L_2, *fil de retour* ou *terre*. Le circuit est donc fermé, soit qu'il existe un fil de retour, soit que la borne L_2, ainsi que le pôle négatif de la pile d'appel, soient à la terre.

Dans la figure 89, les récepteurs ne sont plus suspendus aux crochets, le crochet mobile s'est relevé sous l'effort du ressort antagoniste R, les paillettes d, e, f reposent sur les pièces métalliques e', f' isolées l'une de l'autre. X... parle devant la planchette microphonique : 1° la planchette fléchit, le charbon B s'appuie sur le crochet E.

Le circuit de la pile CZ est fermé : le courant partant de Z passe en d_6, d_5, d_4, d_3, d_2, d_1, d, e', e, e_1, e_2, D', D, E, B, r (ressort faisant communiquer le microphone avec la bobine d'induction). Il arrive au circuit primaire en x, en ressort par xy et retourne à la pile par la vis C.

2° La planchette se redresse, le charbon B' s'appuie sur le crochet E.

Le courant s'écoule de Z en d_6, d_5, d_4, d_3, d_2, d_1, d, e', e, e_1, e_2, D' D, E, B', r' (ressort reliant le microphone à la bobine d'induction). Il passe ensuite par r_1, r_2, r_3, r_4, arrive au circuit primaire en y, en ressort par xy et retourne à la pile par la vis C.

Ces alternances de courant provoquent dans le circuit secondaire les courants induits qui vont actionner les récepteurs. Prenons ces courants en z, à leur sortie de la bobine. Ils suivent le trajet z_1, z_2, z_3, z_4, f, c, c_1, c_2, L_1, *ligne*. A la station d'arrivée, ils passent de L_1 en c_2, c_1, c, f, z_4, z_3, z_2, z_1, z, parcourent le circuit secondaire de la bobine d'induction et continuent à suivre la direction u, u_1, u_2, u_3, t, *récepteur de droite* (à gauche dans la figure) t', t_1, t_2, t_3, t_4, T, *récepteur de gauche* (à droite dans la figure) T', T_1, T_2, L_2. Après avoir traversé le fil de retour, ils rentrent au poste de départ en suivant la route L_2, T_2, T_1, T', *récepteur de gauche* (à droite dans la figure) T, t_4, t_3, t_2, t_1, t', *récepteur de droite* (à gauche dans la figure) t, u_3, u_2, u_1, u, *circuit secondaire* et z que nous avons supposé être leur point du départ.

Fig. 90. — Transmetteur mural d'Arsonval et Paul Bert.

Chacun des circuits primaires de la bobine d'induction a une résistance inférieure à 1 ohm (0,275); la résistance du circuit secondaire est de 250 ohms.

Transmetteur d'Arsonval et Paul Bert. — Il existe deux modèles de transmetteurs d'Arsonval et Paul Bert, l'un mural, l'autre mobile.

Modèle mural (*fig.* 90). — Le microphone comprend quatre cylindres de charbon C (*fig.* 91) qui, au moyen de prismes de charbon A, B, forment deux groupes montés en dérivation et installés en série par l'intermédiaire du prisme D. Les trois prismes A, B, D sont boulonnés sur la planchette de sapin XY du microphone.

Chacun des cylindres de charbon porte un anneau de fer doux C. En arrière, sur une lame métallique E formant ressort et réglable, est assujetti un aimant en fer à cheval N S dont les pôles sont en face des quatre anneaux de fer doux. Cet aimant

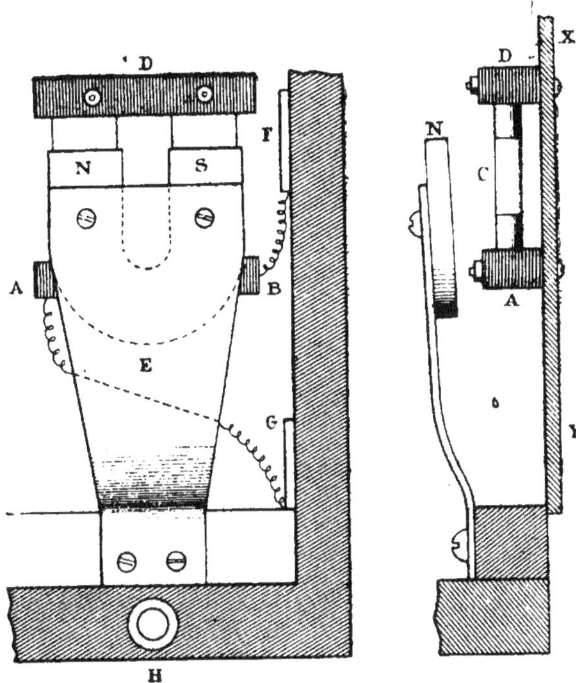

Fig. 91. — Détails du transmetteur mural d'Arsonval et Paul Bert.

sert à régler la sensibilité des charbons microphoniques. Des prismes A, B, partent les fils A G, B F, pincés sous les plaques métalliques F et G. Sur ces plaques, attenant au couvercle, s'appuient des ressorts qui établissent la liaison entre le microphone et le reste du système. En H, on aperçoit le bouton d'appel.

La figure 92 représente le circuit d'appel.

Sur la planchette murale, on voit huit bornes. En haut, les bornes de gauche reçoivent les fils de ligne, ou bien le fil de ligne et le fil de terre; les bornes de droite sont réunies à la sonnerie. En bas, les bornes de gauche reçoivent la pile du microphone, celles de droite la pile de la sonnerie.

Le circuit primaire de la bobine d'induction est en fil de cuivre de 6/10 de millimètre de diamètre; sa résistance est de 1 ohm. Le fil du circuit secondaire a 7/100 de millimètre de diamètre et une résistance électrique de 150 ohms.

Les téléphones sont au crochet, le poste appelle (*fig.* 92). Au poste de départ, le courant suit le trajet : *pile de sonnerie, p, r, b, c, ligne*. Au poste terminus, il arrive par *ligne, c, b, a, sonnerie*.

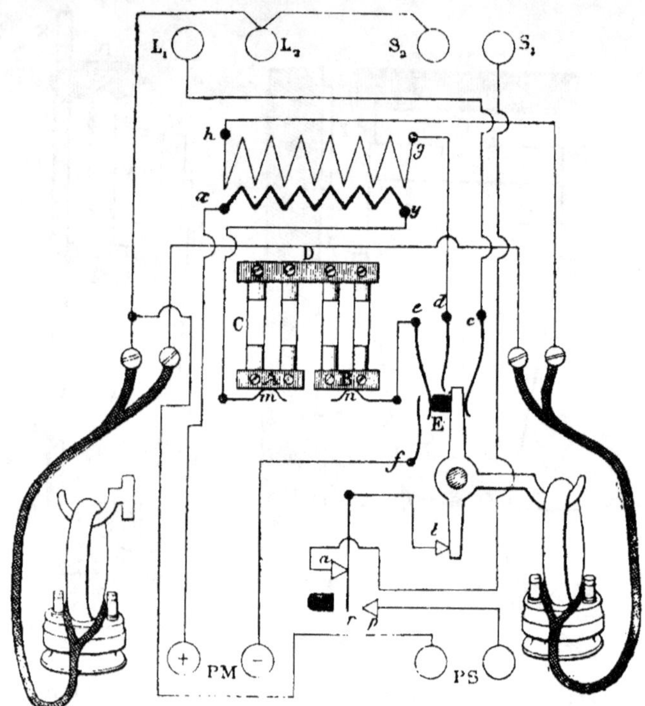

Fig. 92. — Communications du transmetteur mural d'Arsonval et P. Bert. (Position d'appel).

Pendant la conversation, les circuits sont organisés de la manière suivante.

Circuit microphonique : *pile*, P M +, *x*, *fil primaire*, *y*, *m*, *charbons du microphone*, *n*, *e*, *f*, P M —, *pile* (les ressorts e et f sont pressés l'un contre l'autre par la goupille isolante E dépendant du crochet mobile).

Circuit de réception : les courants induits, dans chacun des deux postes, circulent entre L_1 et L_2, en passant par *c*, *d*, *g*, *fil secondaire de la bobine*, *h*, *récepteur de droite*, *récepteur de gauche*, L_2; les deux fils de ligne, ou bien le fil unique de ligne et la terre, établissent la liaison.

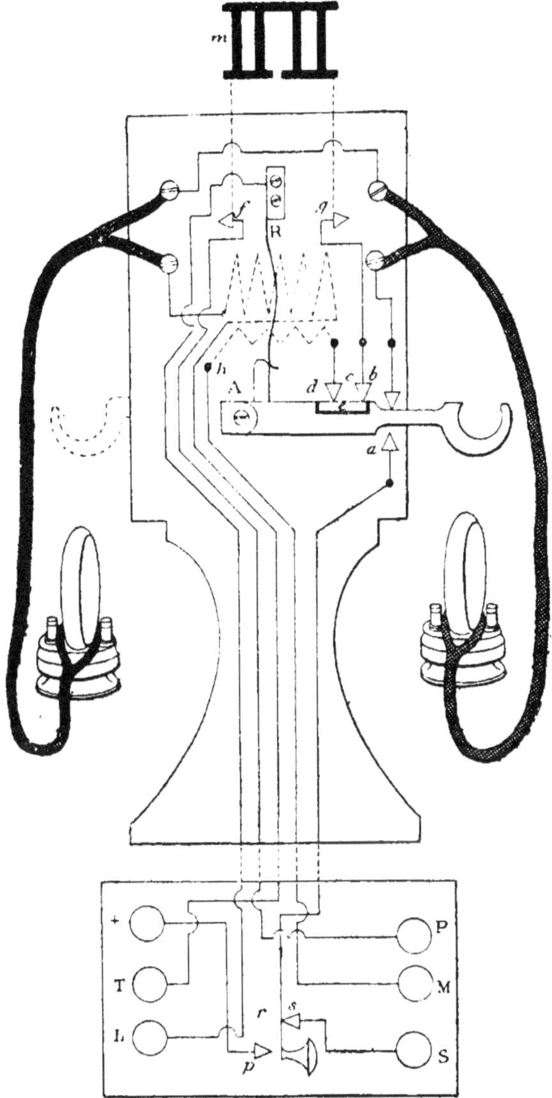

Fig. 93. — Communications du transmetteur à pied d'Arsonval et P. Bert (Position de conversation).

Modèle à pied (*fig.* 94). — Dans l'appareil mobile, la disposition du microphone ne diffère pas sensiblement de celle du modèle mural. L'aimant de réglage est seulement placé en sens inverse, et supporté par un ressort à deux branches.

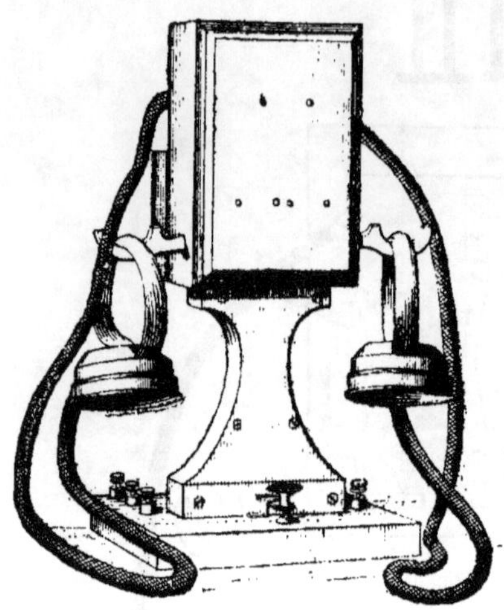

Fig. 94. — Transmetteur à pied d'Arsonval et P. Bert.

La bobine d'induction est placée derrière la planchette verticale et protégée par un couvercle à charnière. La clé d'appel est située sur le socle horizontal de l'instrument, auquel une plaque de plomb donne de la stabilité. Ce socle porte six bornes : trois à gauche, trois à droite; celles de gauche sont marquées L, T, +; celles de droite S, M. P (*fig.* 93).

Le crochet mobile s'appuie sur le contact a lorsque le récepteur est suspendu; le ressort antagoniste R ramène le crochet mobile contre le contact *b*, lorsque le récepteur est enlevé. D'autre part, la plaque métallique *e*, qui, en réalité, occupe toute la face postérieure du levier, en est isolée par une lame d'ivoire, représentée ici en noir. Sur cette plaque *e* s'appuie en permanence la paillette *d*, tandis que la paillette *c*, qui est plus courte, ne touche la plaque *e* que quand le levier est en contact avec la pièce *b*. A ce moment, les paillettes *d* et *c*, communiquent entre elles par l'intermédiaire de la plaque *e*. Les ressorts *f*, *g*, établissent la liaison avec le microphone *m*.

On voit que : au moment de l'appel, le courant partant de + passe en *p*, *r*, *a*, A, R, L, pour traverser la ligne et arriver au poste correspondant en L, R, A. *a*, *r*, *s*. S, et faire fonctionner la sonnerie.

La figure 93 montre le circuit du microphone et celui des récepteurs. Le premier comprend : la pile P M, le conducteur primaire de la bobine d'induction, le microphone; il est fermé par M, *h*, *d*, *e*, *c*, *g*, *m*, *f*, P, *pile*. Le second est constitué, dans les deux postes, par les communications *ligne*, L, R, A, *b*, *récepteur de droite*, *récepteur de gauche*, *fil secondaire de la bobine d'induction*. T, *fil de retour* ou *terre*.

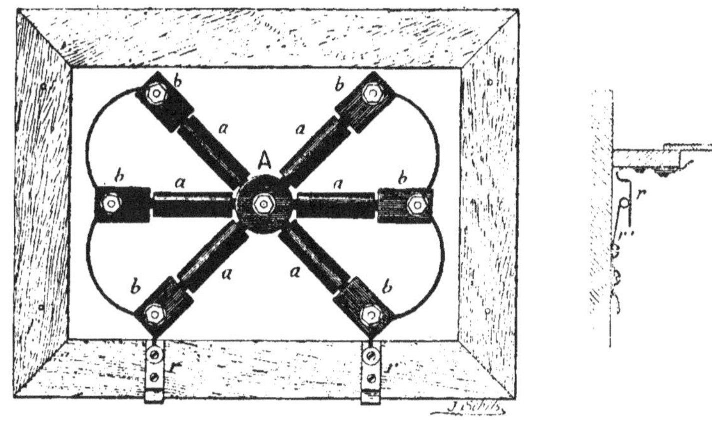

Fig. 95. — Détails du microphone Bancelin.

Transmetteur Bancelin. — Dans le poste microtéléphonique construit par M. Bancelin et représenté par la figure 96,

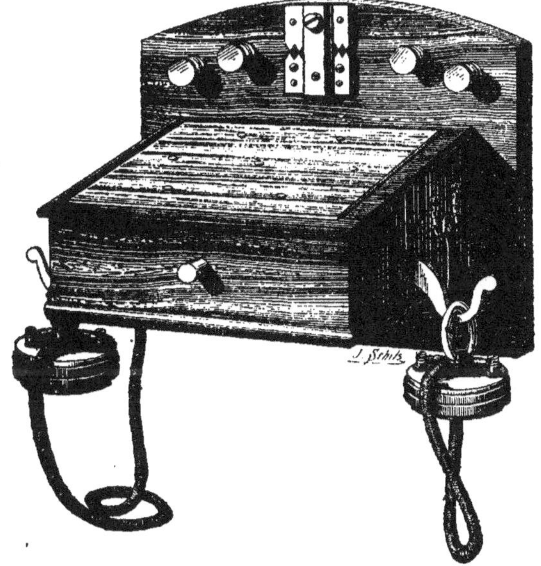

Fig. 96. — Transmetteur Bancelin.

les charbons sont disposés en étoile autour d'un noyau central A (*fig*. 95). Ces charbons, au nombre de six, *a*, *a*..... sont cylindriques et s'engagent dans des blocs prismatiques *b*, *b*.....

Des fils métalliques réunissent les trois blocs de gauche, d'autres les trois blocs de droite, de sorte que l'ensemble forme deux groupes, réunis en tension, et représentant chacun trois charbons montés en dérivation. Cet assemblage microphonique est boulonné sur une planchette en sapin. Les communications électriques sont assurées par des ressorts flexibles *r r'*, donnant un contact par friction.

La figure 97 montre la disposition du crochet mobile. Il pivote autour d'un axe *o*. La partie antérieure, que nous n'avons pas représentée, glisse entre deux ressorts et touche tantôt l'un, tantôt l'autre, suivant qu'elle est abaissée par le

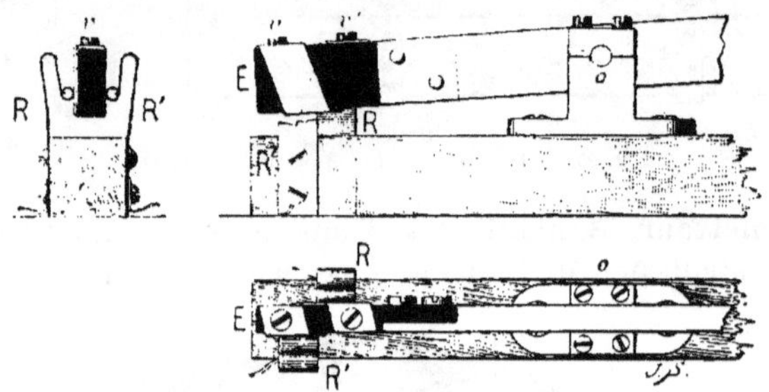

Fig. 97. — Détails du crochet mobile du transmetteur Bancelin.

poids du récepteur suspendu, ou relevée par un ressort antagoniste. La partie postérieure est formée par une pièce d'ébonite E, autour de laquelle est enroulée une bande métallique, fixée par les vis *c*, *c'*. Deux ressorts R, R', très flexibles, et dont notre dessin montre la forme, touchent la pièce métallique lorsque le levier est relevé, mais l'abandonnent lorsqu'il est abaissé.

Les circuits de la bobine d'induction ont pour résistances respectives 2,5 ohms et 150 ohms.

Le bouton d'appel ne présente aucune particularité.

L'appareil est complété par un parafoudre à peignes et à papier, que l'on aperçoit en F sur la figure 98. En haut, les bornes de gauche sont affectées à la ligne et à la terre si la ligne est simple, celles de droite à la sonnerie. En bas, les bornes de gauche reçoivent la pile du microphone, celles de droite la pile d'appel.

Les communications électriques sont les suivantes :

L avec le peigne inférieur du paratonnerre, F avec t^2 et *f*, c'est-à-dire avec le ressort antagoniste du crochet mobile, et par conséquent avec l'axe *o* de ce dernier;

T avec t, P S —, S et le peigne supérieur du paratonnerre;
S′ avec le plot de repos s de la clé d'appel;
P S + avec le plot de travail p de la clé d'appel;
P M + avec le ressort x et les charbons du microphone M,
P M — avec le ressort a;
Le ressort R de la clé d'appel avec le ressort e;
Le circuit primaire de la bobine d'induction avec le ressort b d'une part, avec le ressort y et les charbons microphoniques de l'autre;

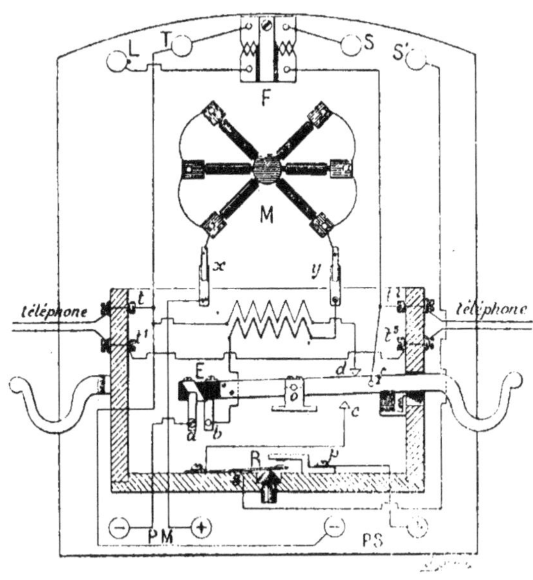

Fig. 98. — Communications du transmetteur Bancelin (Position de conversation).

Le circuit secondaire avec le ressort d et avec T; t^1 avec t^3.

Bien que représentant le circuit de réception, la figure 98 nous permet de suivre la marche des courants dans le circuit d'appel. Si nous supposons, en effet, que le crochet mobile touche le ressort c, les ressorts d, b, a restent isolés. Dans ces conditions, un courant partant du pôle positif, en P S +, passe de p en R, c; arrivé au crochet mobile, il va sur la ligne par f, F, L, mais il rencontre en route une dérivation à travers les deux récepteurs par les points t^2, t^3, t^1, t, T.

Le courant venant de la ligne passe par L, F, f, c, R, s, S′, sonnerie, S, T, terre ou fil de retour, mais il rencontre encore en t^2 la dérivation formée par les récepteurs, de telle sorte qu'au départ, comme à l'arrivée, on perçoit les appels dans les téléphones. Nous ignorons dans quel but l'inventeur a adopté cette disposition qui semble, *a priori*, ne présenter que des inconvénients au point de vue des appels.

Dans la position de réception, le crochet mobile est en contact avec le ressort *d* et les ressorts *b*, *a* sont réunis par la bande métallique qui entoure le bloc d'ébonite E.

Pendant la conversation, le circuit du microphone est fermé par : *pile*, P M +, *x*, *microphone*, *y*, *enroulement primaire de*

Fig. 99. — Transmetteur à pied Bancelin.

la bobine d'induction, *b*, *a*, P M —. Le circuit des téléphones se compose de : *Ligne*, L, F, t^2, *f*, *d*, *t* (les deux récepteurs étant compris entre t^2 et *t*), T, *fil de retour ou terre*, l'enroulement secondaire de la bobine d'induction restant en dérivation entre *d* et *t*.

M. Bancelin construit également un poste microtéléphonique à pied, dont le mécanisme est le même que celui du transmetteur mural. La figure 99 montre l'ensemble de cet appareil. Le paratonnerre occupe ici l'emplacement réservé au bouton d'appel dans le type mural. Le bouton d'appel est reporté sur le socle, ainsi que les bornes. Un cordon souple aboutit à une planchette de raccordement à 7 bornes, qui sert à établir la liaison avec les conducteurs extérieurs.

Transmetteurs Berthon. — Le microphone Berthon (*fig.* 100) se compose d'un boitier en ébonite A A, sur le fond duquel sont superposées : une rondelle de caoutchouc E, une plaque de charbon C, une seconde rondelle de caoutchouc F, une seconde plaque de charbon D, et enfin une troisième rondelle de caoutchouc G; le tout est assujetti par une bague nickelée H qui se visse à l'intérieur du boitier. La plaque C porte, en son milieu, un anneau en ébonite *c* qui fait saillie, et forme une sorte de cuvette, dans laquelle on place de la grenaille de charbon. Cette grenaille se meut librement entre les deux plaques de charbon, dans l'espace qui correspond à la cuvette.

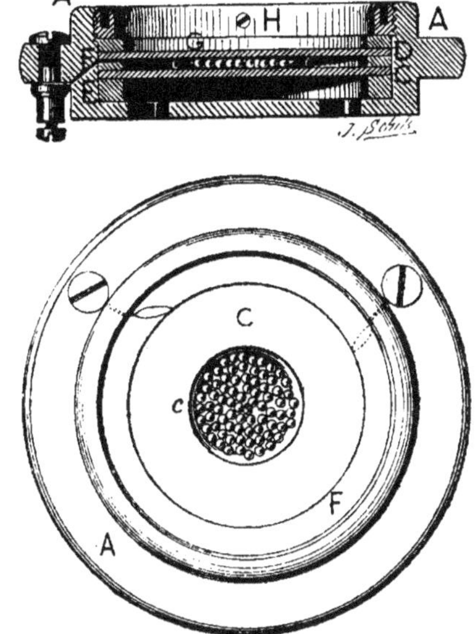

Fig. 100. — Détails du microphone Berthon.

La plaque supérieure communique avec l'un des pôles de la pile, la plaque inférieure avec l'autre.

La plaque supérieure est vernie extérieurement, et c'est devant elle que l'on parle. Les vibrations de cette plaque produisent des variations de contact entre les disques de charbon et la grenaille : de là les effets microphoniques.

Transmetteur Berthon, type n° 2. — Dans le transmetteur Berthon n° 2 (*fig.* 101) le microphone est placé au-dessus de la boite et incliné à 45 degrés. Il est supporté par deux montants métalliques qui assurent la communication.

Les récepteurs sont habituellement des Ader n° 3 qui ont été précédemment décrits.

Le devant de la boite est fixé par six vis; il porte extérieurement la clé d'appel et intérieurement des ressorts qui, s'appuyant sur des plots métalliques *a a a*... (*fig.* 102), établissent la liaison avec le reste du système.

A l'intérieur de la boite, on trouve, comme dans les systèmes déjà examinés, une bobine d'induction et un levier commutateur mobile qui, suivant sa position, ferme le circuit d'appel ou le circuit microphonique. La figure 102 représente le circuit d'appel; les communications établies, par l'intermédiaire des ressorts du couvercle et des plots métalliques de la boite, entre la clé d'appel, le microphone et les autres organes, sont indiquées par des lignes en traits et en points. Dans le circuit d'appel, le courant, arrivant par la borne L_1, traverse le paratonnerre P et l'axe du levier mobile O, dont les deux parties métalliques sont isolées l'une de l'autre en E; il s'échappe par le ressort *b*, passe par la clé C qui est au repos, fait fonctionner la sonnerie installée sur les bornes S, et se rend à la terre par les paillettes *d*, *e*, les plots *a a* de gauche et la borne L_2, reliée à la terre par la plaque T du paratonnerre.

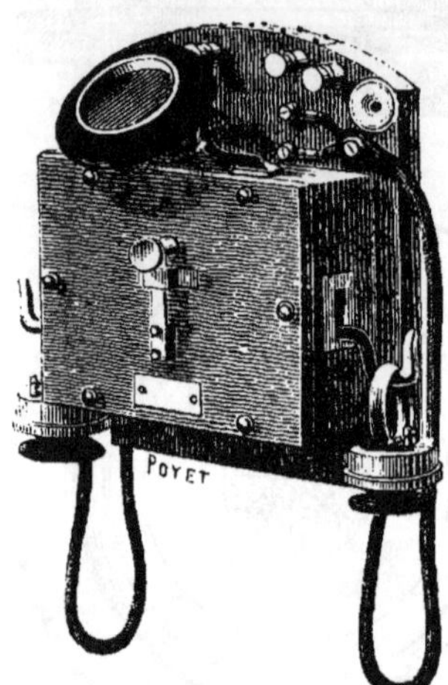

Fig. 101. — Transmetteur Berthon, type n° 2.

Lorsque le poste appelé presse le bouton de sa clé d'appel, le courant de la pile P S va sur la ligne par la paillette *b*, le levier O, la plaque P du paratonnerre et la borne L_1.

Si on décroche le téléphone de droite, le levier mobile se relève sous l'action du ressort antagoniste R; il est alors en contact avec les paillettes *c*, *f*, *g*, et le circuit de réception est fermé.

Le circuit microphonique comprend le microphone M, la pile P T, les paillettes *g*, *f*, la partie métallique du levier qui les réunit et le fil primaire de la bobine d'induction.

Le circuit des récepteurs se compose de : la ligne, la plaque P du paratonnerre, le levier O, la paillette *c*, les deux récepteurs, le fil secondaire de la bobine d'induction et la terre par la borne L_2.

Transmetteur Berthon a coulisse (*type n° 3*). — Lorsque, comme dans les cabines téléphoniques, les appareils sont affectés au service du public, il y a intérêt à ce que la hauteur de la plaque microphonique, au-dessus du sol, puisse être réglée suivant la taille de la personne qui s'en sert. C'est dans ce but que M. Berthon a imaginé son *transmetteur à coulisse* (*fig.* 103). Le mécanisme est le même que celui du transmetteur que nous venons de décrire : la boite est seulement surmontée d'une colonne métallique creuse, sur laquelle glisse un man-

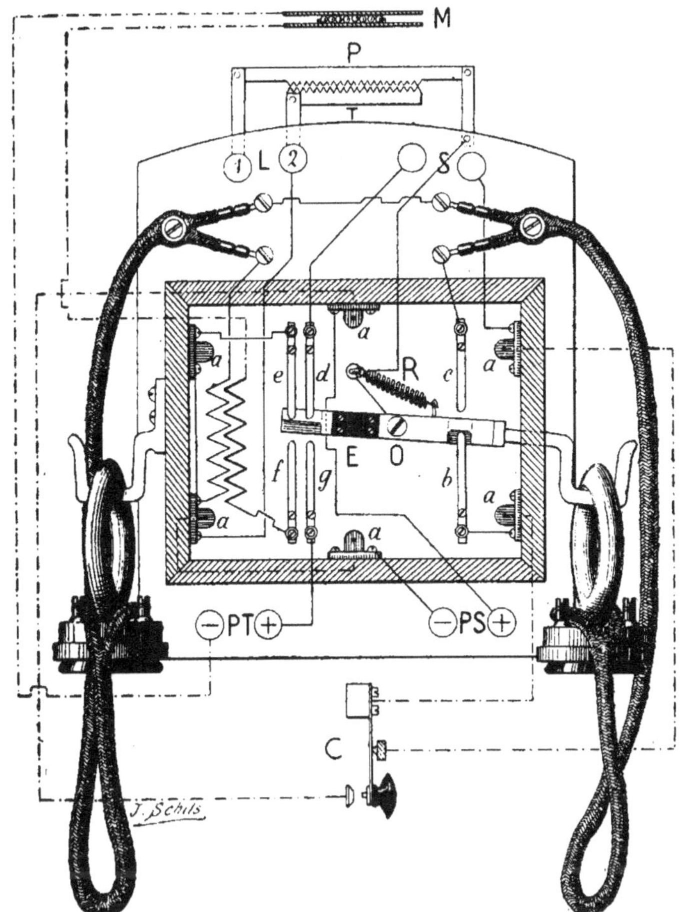

Fig. 102. — Communications du transmetteur Berthon, type n° 2 (Position d'appel).

chon supportant le microphone. Les communications sont établies à l'aide de fils souples, enroulés autour de la colonne.

La personne qui veut parler devant la plaque microphonique fait glisser le microphone le long de la colonne, jusqu'à ce qu'il soit à la hauteur qui lui convient.

Transmetteur Berthon, forme cartel. — Ce modèle n'est, en quelque sorte, au point de vue mécanique, qu'une simplification des précédents. Il peut se placer sur un bureau ou sur une table. Un cordon souple, à 7 conducteurs recouverts de soie, le raccorde avec les fils de ligne, de sonnerie et de pile.

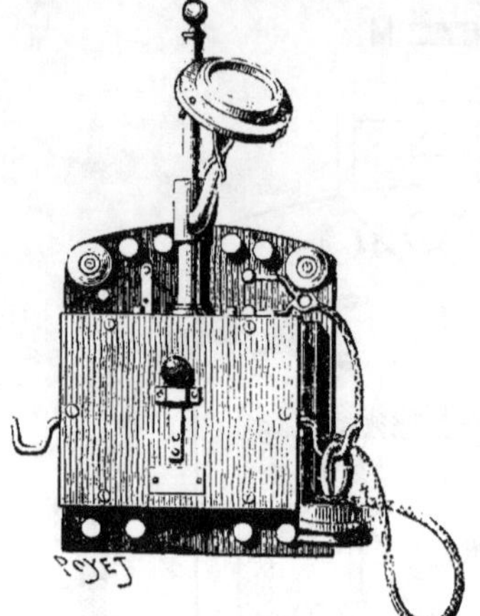

Fig. 103. — Transmetteur Berthon à coulisse.

La figure 104 montre l'aspect extérieur de l'instrument. Le microphone s'adapte à la face postérieure et, comme dans les types Berthon que nous connaissons déjà, communique avec les organes renfermés dans la boite par des ressorts appliqués sur des plots métalliques. Sur la tablette de dessus, on voit le bouton d'appel; en avant, le crochet commutateur, auquel est suspendu l'unique récepteur Ader nº 3 que comporte l'instrument.

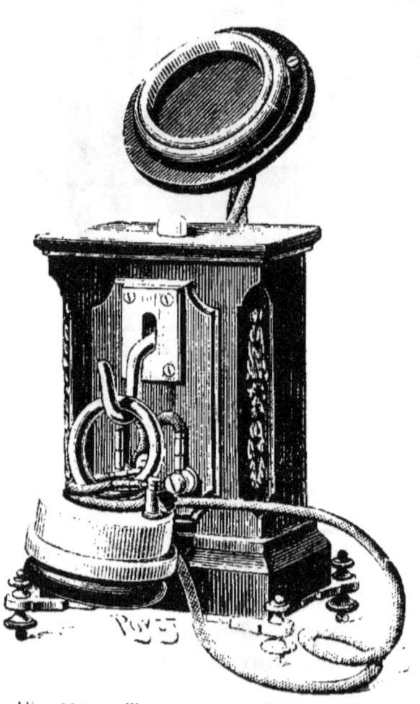

Fig. 104. — Transmetteur Berthon, forme cartel.

Les figures 105 et 106 montrent les détails du crochet commutateur et la disposition des circuits. A, A (*fig.* 106) sont les plots métalliques, en relation avec les plaques de charbon du microphone M. Ces communications, assurées par des cordons souples et par les ressorts dont nous avons parlé, sont représentées ici par des lignes en traits et en points; B, B, sont les vis qui reçoivent les cordons du récepteur: les courants passent donc de l'une à l'autre, comme l'indique la ligne pointillée, mais en traversant les bobines du téléphone. Les bornes L, S, C, Z ont leur affectation habituelle, seulement on remarquera que le pôle positif de la pile microphonique aboutit à la borne C M. le pôle positif de la pile d'appel à la borne C, et que les pôles négatifs de ces deux piles sont réunis sous la borne Z. Cette borne, reliée à l'une des bornes L, reçoit également l'une des extrémités des fils primaire et secondaire de la bobine d'induction. Cela posé, la figure 106 permet de suivre la marche des courants sans qu'il soit nécessaire d'insister davantage. Elle représente le circuit de conversation.

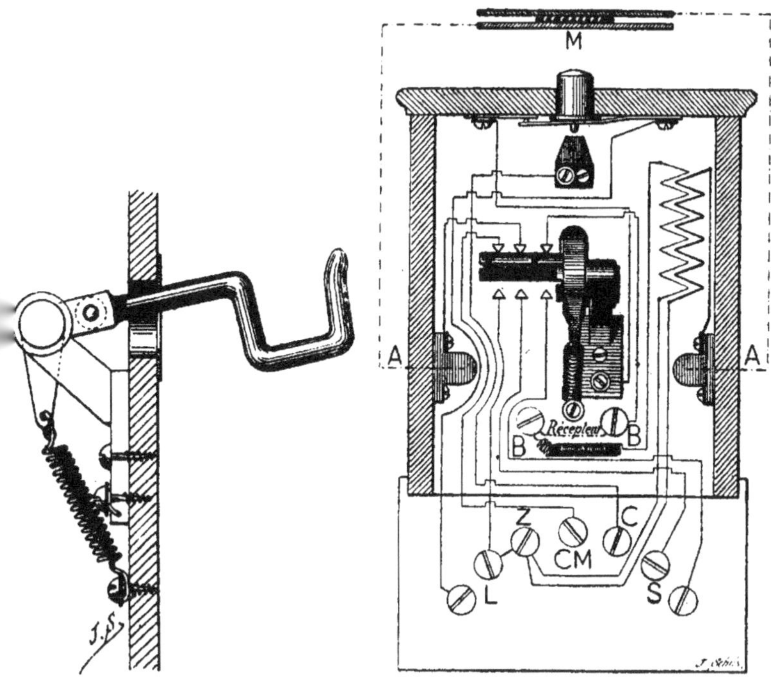

Fig. 105. — Détails du crochet du transmetteur Berthon, forme cartel.

Fig. 106. — Communications du transmetteur Berthon, forme cartel (Position de conversation).

Transmetteur Berthon (*type n° 8 bis*). — Ce modèle comporte une applique murale et un appareil portatif, connu sous le nom d'*appareil combiné Berthon-Ader*. L'appareil combiné Berthon-Ader, que l'on appelle aussi quelquefois *appareil d'opérateur*, est celui dont se servent les téléphonistes, dans beaucoup de bureaux centraux, pour correspondre avec les abonnés. Dans la figure 107, on le voit suspendu au crochet de l'applique murale. C'est un microphone Berthon, relié à un téléphone Ader n° 3 par une tige métallique. Le microphone étant placé en face de la bouche, la courbure de la barre d'assemblage est telle que le récepteur est à hauteur de l'oreille. D'ailleurs le téléphone Ader est monté sur une glissière, disposition qui permet de le rapprocher ou de l'éloigner à volonté. Un cordon souple, à quatre conducteurs, relie le transmetteur et le récepteur aux bornes de l'applique circulaire que l'on fixe sur le mur. Dans son trajet, le long de la tige métallique qui réunit le microphone au téléphone, le cordon souple est maintenu par une ligature en ficelle, qui donne aussi à l'appareil plus de stabilité dans la main.

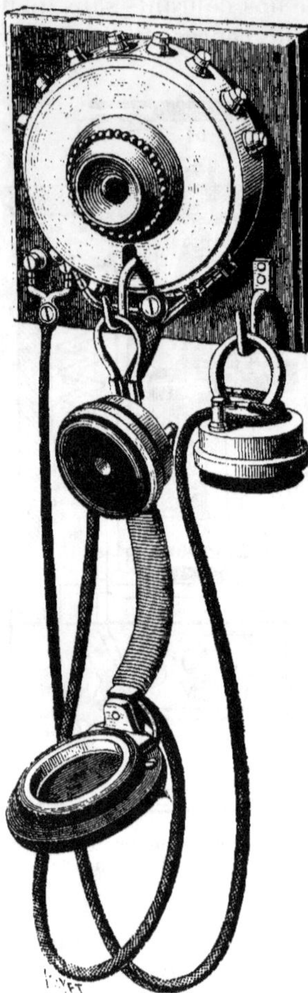

Fig. 107. — Transmetteur Berthon, type n° 8 bis.

L'applique murale renferme la bobine d'induction, le crochet commutateur et le bouton d'appel. Le mécanisme diffère peu de celui que nous avons décrit, en parlant du type forme cartel.

La figure 108 montre la disposition des circuits.

Transmetteur Berthon (*type n°* 10). — C'est en quelque sorte l'appareil précédent monté sur une colonne en bois. De mural qu'il était, il devient ainsi portatif (*fig.* 109). Il comporte un second récepteur Ader n° 3 qui se suspend à un crochet fixe, tandis que le crochet mobile reste affecté à l'appareil combiné.

Transmetteur Berthon (*type n°* 9). — L'appareil combiné Berthon-Ader peut s'adapter aussi au transmetteur Berthon, type n° 2, et s'y substituer au second récepteur Ader. Dans ce cas, bien entendu, le microphone, situé au-dessus de la boite, dans la figure 101, n'existe plus ; il est remplacé par le microphone de l'appareil combiné. Il en résulte de légères modifications dans les communications intérieures et un déplacement de quelques organes ; c'est ainsi que le crochet commutateur se trouve ici à gauche et la bobine d'induction

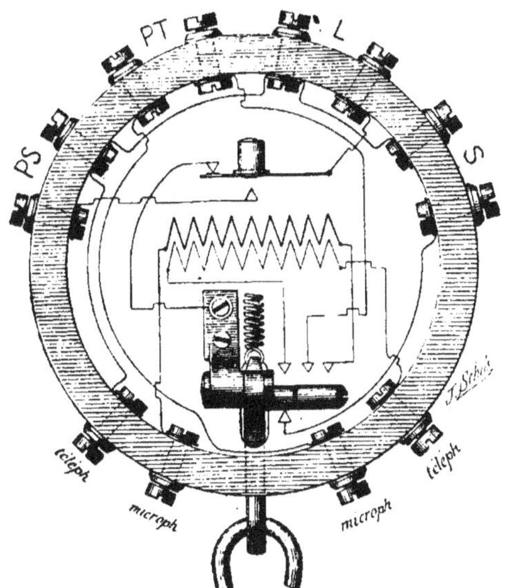

Fig. 108. — Communications du transmetteur Berthon, type n° 8 bis (Position d'appel).

à droite. L'appareil ainsi modifié est connu sous le nom de type n° 9. La figure 110 le représente dans son ensemble.

Transmetteur Bourdin. — Le microphone Bourdin, dont M. Dieudonné réclame la paternité, se distingue par son originalité. Sur la plaque en sapin P (*fig.* 111), quatre lames de charbon C, C, C, C sont isolées l'une de l'autre. Dans un évidement de la boite, et en regard de ces lames de charbon, deux blocs, également en charbon, sont vissés sur une planchette fixe. On voit en D D′ un plan de ces blocs, en D″ une coupe transversale. Chacun de ces blocs est percé de huit trous cylindriques, dont les axes sont inclinés sur l'horizon d'un angle supérieur à 45 degrés. Un

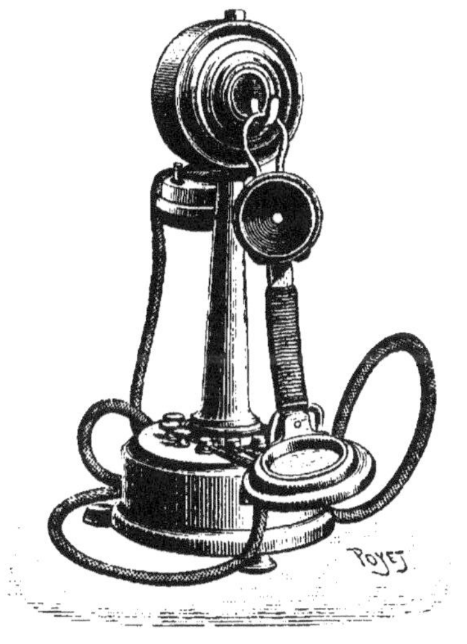

Fig. 109. — Transmetteur Berthon, type n° 10.

morceau de charbon cylindro-conique B est placé dans chaque trou; il s'y meut librement sans pouvoir en sortir, car il est

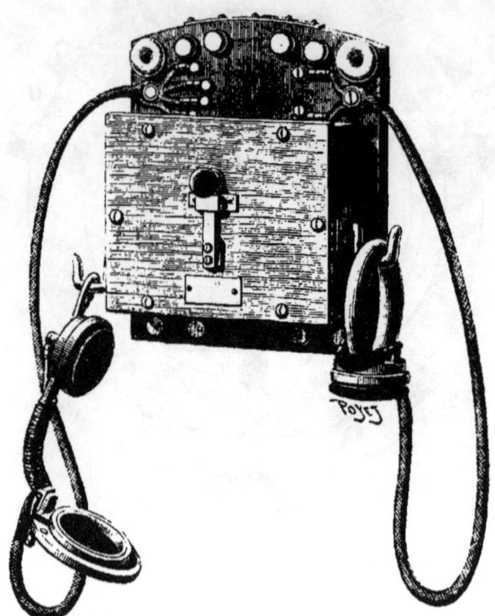

Fig. 110. — Transmetteur Berthon, type n° 9.

arrêté, d'un côté par la planchette sur laquelle sont vissés les

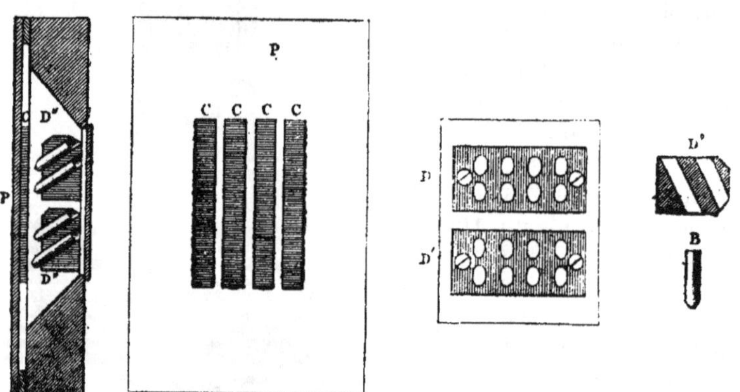

Fig. 111. — Détails du microphone Bourdin.

blocs de charbon, de l'autre par les lames de charbon collées sur la plaque microphonique.

Les charbons cylindro-coniques s'appuient par leur pointe sur les lames de charbon C, C. C. C : chaque lame en supporte quatre. Il résulte de la position inclinée de ces charbons, et de leur mobilité, que les poussières sont éliminées par l'action de la pesanteur.

Tout ce système fait partie du couvercle du transmetteur, monté à charnières, sur le corps même de l'appareil. Les deux blocs de charbon communiquent respectivement avec les deux charnières, et c'est par leur intermédiaire que le microphone est relié au mécanisme contenu dans la boite.

Fig. 112. — Transmetteur Bourdin, modèle mural.

La figure 112 représente l'ensemble de l'appareil. Nous n'insisterons pas sur le bouton d'appel, pas plus que sur le paratonnerre à peignes. Les deux circuits de la bobine d'induction ont respectivement des résistances de 3,5 et 310 ohms.

Le crochet commutateur est monté sur un ressort R, en acier (*fig.* 113). La chape qui le supporte est installée sur une plaque en ébonite qui l'isole de la boite de l'appareil. Quant au corps du crochet, il comprend deux parties : la portion principale C C est vissée sur le ressort R : une pièce *f*, en laiton, est rapportée, et montée sur l'équerre en ébonite *e* : la pièce métallique *f* est donc complètement isolée du reste du système.

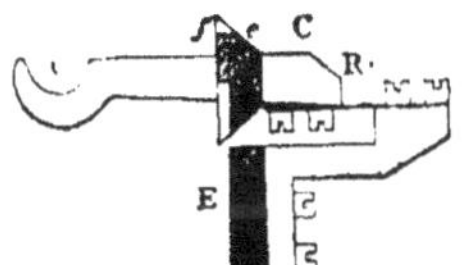

Fig. 113. — Crochet-commutateur du transmetteur Bourdin.

Lorsque le récepteur est suspendu au crochet, et que celui-ci est abaissé, la masse métallique C C touche la paillette c (*fig.* 114) seulement ; la paillette *d*, en raison de sa courbure, qu'il n'a pas été possible de représenter sur la figure, repose sur la partie en ébonite et est isolée. Dans cette position, le circuit d'appel est fermé. Quand le crochet est relevé, la pièce *f* met en communication les paillettes *a* et *b* : *d* communique avec le massif CC. c est isolé. C'est pour montrer cette disposition, et pour faire voir plus aisément les conducteurs intérieurs, que les côtés A, B, ainsi que le couvercle D de la boite, ont été rabattus dans la figure 114.

Un second modèle, présenté par la maison Mildé, a été admis sur les réseaux de l'État. C'est ce modèle que représente la figure 115. La planchette microphonique, presque verticale, est

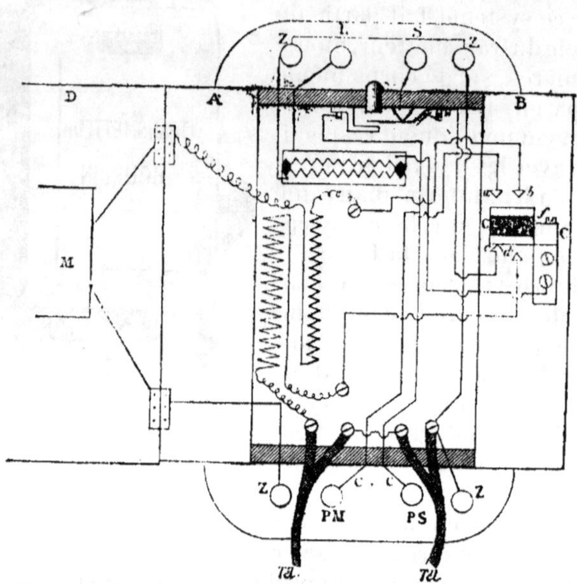

Fig. 114. — Communications du transmetteur mural Bourdin. (Position d'appel).

légèrement inclinée en avant. Le pupitre, qui renferme le mécanisme, sert d'appui pour prendre des notes ou pour transcrire la correspondance. Les organes essentiels sont les mêmes que ceux du modèle mural, sauf le crochet mobile qui est tout différent. Ce crochet, en métal nickelé, pivote autour d'un axe *o* (*fig.* 116); un ressort antagoniste R tend à relever l'extrémité D. L'extrémité opposée est en forme d'anneau; l'ouverture de cet anneau est bouchée par une rondelle en ivoire, traversée elle-même par une goupille métallique *ff*; la goupille *ff* est, par conséquent, isolée de tout le reste du système. Quand le crochet mobile occupe la position que représente la figure 116, c'est-à-dire, quand le récepteur est suspendu, la partie antérieure du levier appuie sur le ressort *a*; le circuit d'appel est fermé. Le courant venant de la ligne passe successivement par la borne L, la plaque inférieure du paratonnerre P, l'axe du levier o, le ressort a, la clé d'appel C, la borne S, la sonnerie et la terre, ou le fil de retour, par la borne T.

Si le crochet est relevé, sa partie antérieure presse le ressort *b*, tandis que la goupille *f f* réunit les deux ressorts *c*, *d*. Les courants venant de la ligne arrivent, comme précédemment, à l'axe *o* du levier, traversent le ressort *b*, le circuit

Fig. 115. — Transmetteur à pupitre Bourdin.

secondaire de la bobine d'induction, les deux récepteurs et sortent par la borne T. Le circuit microphonique est, de son côté, fermé par les ressorts *c*, *d* et la goupille *f f* qui les unit; ce circuit comprend, comme d'habitude, la pile, le microphone et le circuit primaire de la bobine d'induction.

Transmetteur Bourseul. — Après avoir nettement exposé, en 1854, la possibilité des communications téléphoniques, on serait porté à croire que M. Bourseul fut l'un des premiers à en tenter l'exploitation industrielle; il n'en est rien cependant. Le seul transmetteur téléphonique de cet inventeur (*fig*. 117) est de construction récente: c'est un microphone à grenaille, dont nous allons étudier les organes essentiels. B (*fig.* 119) est une barre de laiton, vissée sur le bloc de bois M N dont la partie centrale, évidée, forme un cylindre creux. La barre B porte en C un auget en laiton qui contient de la grenaille de charbon. Sur l'anneau de laiton D E repose une plaque de charbon F, de 10 centimètres de diamètre et de 2 millimètres d'épaisseur. Cette plaque est assez rapprochée de l'auget C pour que la grenaille ne puisse pas s'échapper;

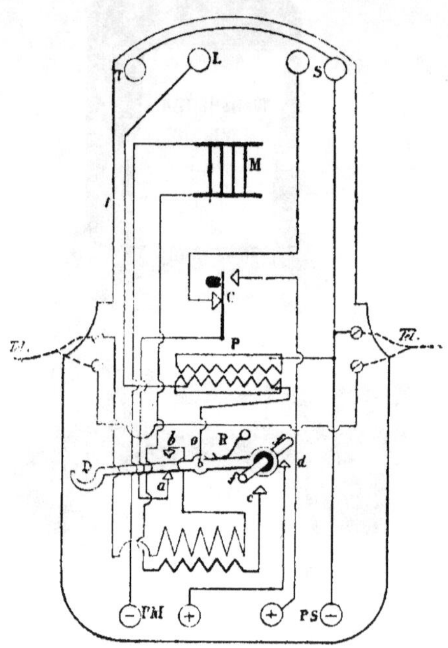

Fig. 116. — Communications du transmetteur à pupitre Bourdin. (Position d'appel).

elle en est assez éloignée pour ne pas toucher les parties métalliques, de sorte que l'on est en présence d'un contact microphonique *charbon-grenaille-métal*. Sur la plaque de charbon F, on place une rondelle de caoutchouc H H et, par-dessus, une planchette de sapin I, percée d'un trou circulaire; le tout est maintenu par une moulure en bois K; la planchette en sapin a d'ailleurs pour unique objet de protéger la plaque de charbon contre les chocs.

Les bornes *Ligne*, *Sonnerie*, sont disposées par paires en haut de la tablette sur laquelle tout le poste est monté; les

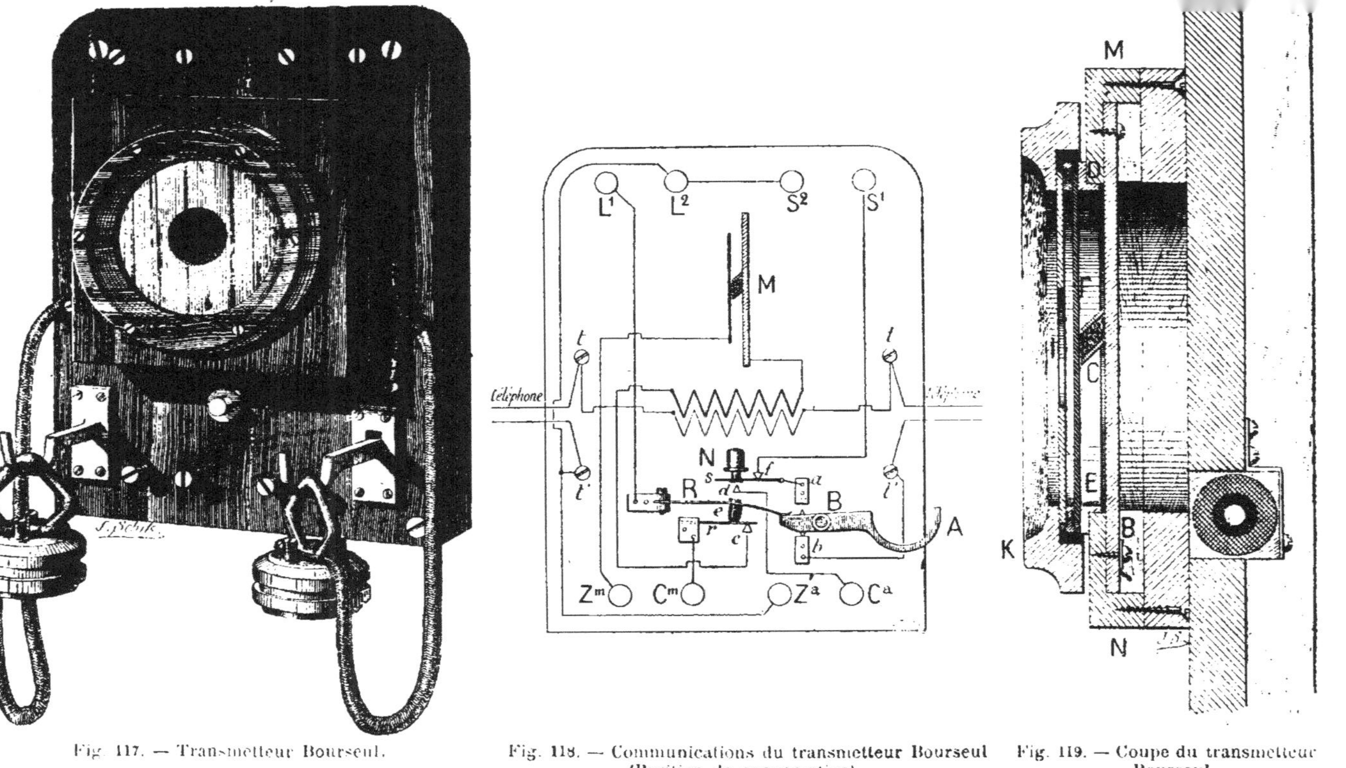

Fig. 117. — Transmetteur Bourseul.

Fig. 118. — Communications du transmetteur Bourseul (Position de conversation).

Fig. 119. — Coupe du transmetteur Bourseul.

bornes *pile de microphone*, *pile d'appel*, occupent la partie inférieure de cette tablette.

La figure 118 montre le mécanisme et les communications du transmetteur Bourseul.

Les deux circuits de la bobine d'induction ont respectivement 1 ohm et 150 ohms.

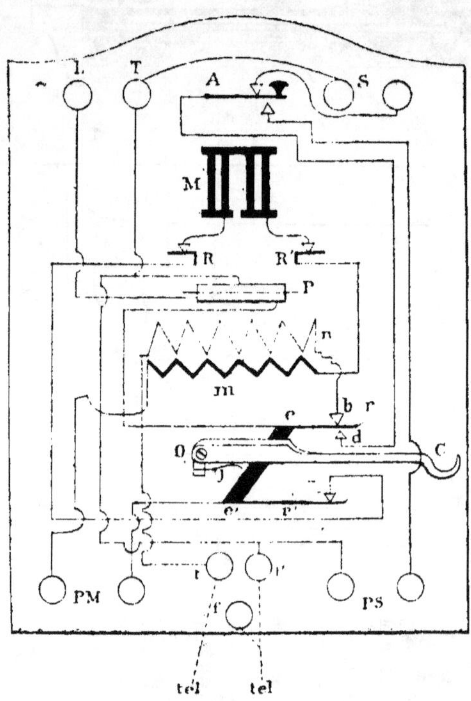

Fig. 120. — Communications du transmetteur mural Bréguet (Position de conversation).

Le crochet mobile A bascule autour du point B; le ressort R lui sert de ressort antagoniste, mais est aussi utilisé pour établir la liaison avec la ligne.

En suivant les fils de communication, on voit aisément comment se comportent les courants, soit pendant les appels, soit pendant les conversations. Au moment de l'appel, le crochet A est abaissé par le poids du récepteur qu'il supporte. La partie postérieure de ce crochet est appuyée sur le contact *a*, le contact *b* est isolé; le ressort R a été soulevé, ainsi

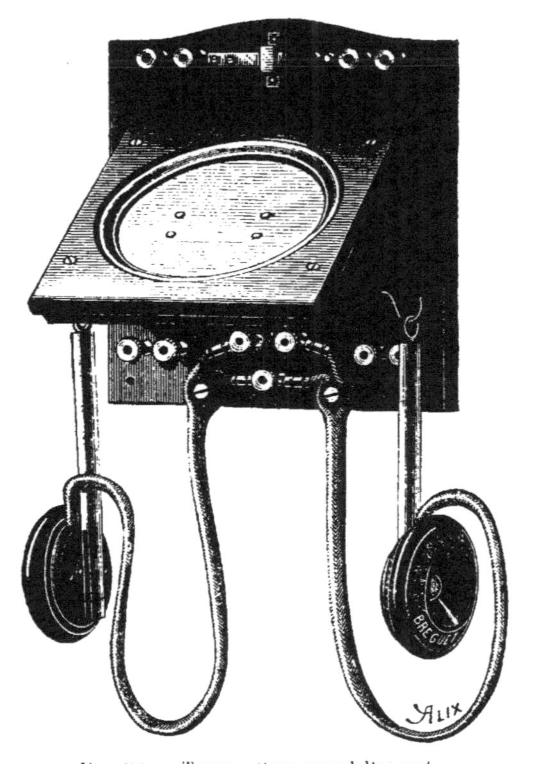

Fig 121. — Transmetteur mural Bréguet.

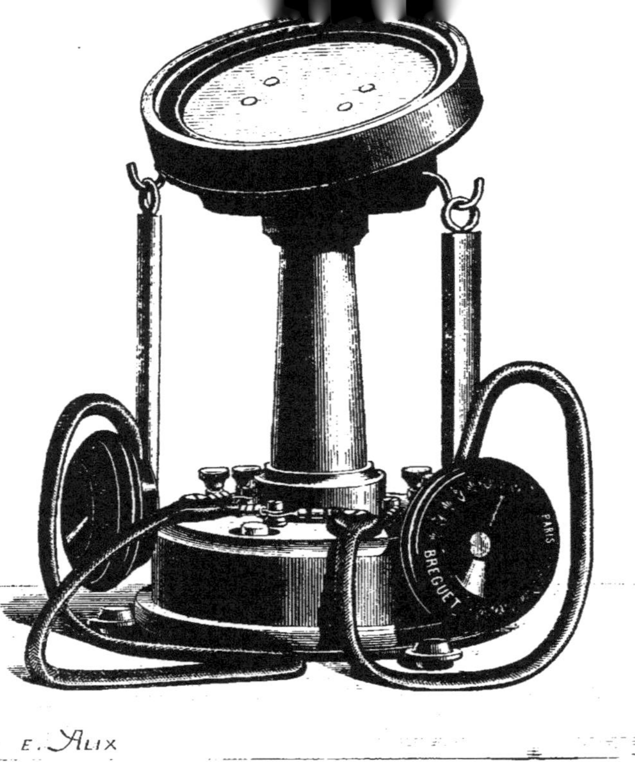

Fig 122. — Transmetteur portatif Bréguet.

que la goupille d'ébonite *e* qui lui est adhérente ; par suite, le ressort *r* s'est relevé et a abandonné le contact *c*.

Un courant pénétrant par la borne L^1 passe en R, *crochet* A B

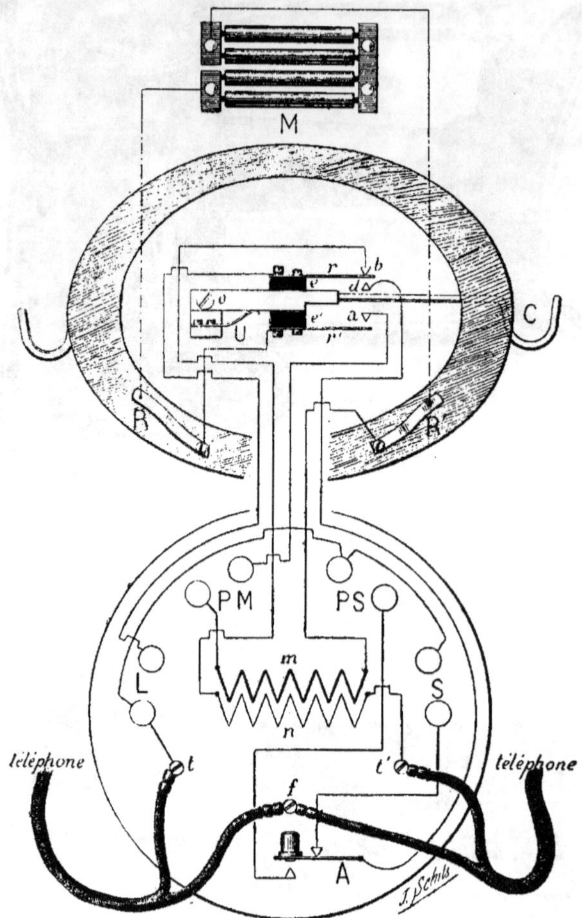

Fig. 123. — Communications du transmetteur portatif Bréguet (Position de conversation).

a, s, *f*, S^1, traverse la sonnerie et va à la terre ou sur la ligne de retour par les bornes S^2, L^2. En pressant sur le bouton d'appel N, on abaisse le ressort *s* qui abandonne le contact *f* pour s'appuyer sur *d*. Le courant de la pile C^2 passe en *d*, *s*, *a*, *crochet* A B, R, L^1, *ligne*, et va faire fonctionner la sonnerie du correspondant, le pôle Z^a étant à la terre ou sur la ligne de retour par la borne L^2.

Dans la position de conversation que nous avons figurée (*fig.* 118), le courant arrive par L^1, passe par R, *crochet* A B, *b*, *récepteur de droite*, *circuit secondaire de la bobine d'induction*, *récepteur de gauche*, *terre ou fil de retour*. En même temps, le circuit du microphone est fermé. En effet, lorsque le crochet A B est relevé, c'est-à-dire lorsque le récepteur est décroché, la goupille d'ébonite *e* appuie sur le ressort *r* et le maintient appliqué sur le contact *c*; alors, le courant de la pile microphonique passe de C^m en *r*, *c*, *circuit primaire de la bobine d'induction*, *microphone* M, *borne* Z^m.

Transmetteur Bréguet. — Cet instrument (*fig.* 121) est disposé en forme de pupitre. Sur la face déclive est collée une large planchette microphonique en sapin, sous laquelle sont boulonnés les charbons. Ce sont quatre charbons cylindriques, montés par deux en quantité, et mobiles entre trois blocs prismatiques, comme le montre la figure 120.

Les ressorts R, R' réunissent le microphone au reste du mécanisme. P représente le paratonnerre à papier, A la clé d'appel, *m*, *n* les circuits de la bobine d'induction. Le crochet mobile C pivote autour de la vis O; le ressort U tend à le soulever.

Les pièces en ébonite *e*, *e'*, fixées à la masse du crochet, supportent les ressorts flexibles *r*, *r'*. Lorsque le crochet est abaissé, ce qui arrive toutes les fois qu'un téléphone récepteur y est suspendu, le ressort *r* touche le contact *d*, le ressort *r'* abandonne le contact *a* et reste isolé; l'appareil est sur sonnerie. Si, par l'effet du ressort antagoniste U, le crochet se relève, le ressort *r* presse le contact *b*, le ressort *r'* s'appuie sur le contact *a*; les circuits de conversation sont fermés.

Les téléphones récepteurs se placent entre les bornes *t*, *t'*, *f*; leurs cordons souples sont tracés en pointillé sur la figure 120.

Le circuit primaire de la bobine d'induction a une résistance de 1,5 ohm; le circuit secondaire mesure 150 ohms.

La maison Bréguet a également construit un appareil portatif dont le microphone et le mécanisme sont exactement les mêmes que ceux du modèle précédent. La figure 122 représente cette dernière disposition et la figure 123 montre le circuit de conversation.

Transmetteur Crossley. — Le transmetteur Crossley (*fig.* 124), dont la forme générale n'est pas précisément élégante, renferme tous les organes d'un poste complet. Sur le devant, on voit la clé d'appel E; sur la droite le crochet du levier commutateur C; sur la gauche le timbre N d'une sonnerie X et le crochet fixe. Sur la face supérieure, inclinée comme un pupitre, se trouve la membrane microphonique en sapin A soutenant les charbons, cachés à l'intérieur de la boîte, ainsi que la bobine d'induction B et le mécanisme du commutateur D.

Les charbons microphoniques sont disposés en losange,

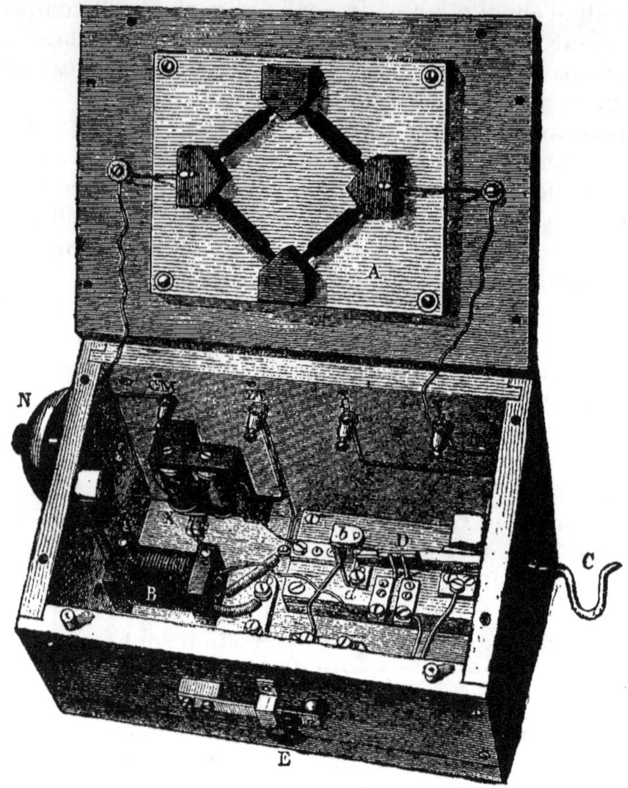

Fig. 124. — Transmetteur Crossley.

comme le montre la figure 125; aux angles, des blocs prismatiques reçoivent les extrémités des cylindres qui forment les côtés. Ces blocs prismatiques sont assujettis sur la planchette de sapin par des boulons à écrou. Les blocs situés aux angles aigus du losange sont garnis de ressorts qui, par pression, établissent la communication entre le microphone et les autres organes du transmetteur; ces ressorts R, R' s'appliquent en effet sur les ressorts *r*, *r*, comme l'indique la figure 126.

La clé d'appel n'offre rien de particulier.

La sonnerie est une trembleuse ordinaire dont les bobines ont 100 ohms de résistance.

Les deux circuits de la bobine d'induction mesurent respectivement 1 et 200 ohms.

Le crochet mobile, qui forme commutateur, pivote autour d'une vis à centre. Il est abaissé par le poids du récepteur et relevé par le ressort antagoniste U. L'extrémité postérieure du levier métallique A B porte une plaque en ébonite E qui isole complètement le bloc en laiton D. Les ressorts *a*, *b* sont en contact permanent avec cette partie du mécanisme. Lorsque le crochet est abaissé (*fig.* 126) les ressorts a, *b*, restent appliqués sur la plaque d'ébonite E, et sont isolés l'un de l'autre. Lorsque le crochet est relevé, les ressorts *a*, *b*, s'appuient sur le bloc métallique D et communiquent entre eux par son intermédiaire. Dans le premier cas, le ressort *c* touche une potence dont l'extrémité est représentée en *c'*, et le circuit d'appel est fermé; dans le second cas, le ressort *d* est en contact avec le plot métallique *d'*, et le levier A B communique avec les récepteurs.

Les bornes sont au nombre de quatre : L reçoit le fil de ligne; C, le pôle positif de la pile d'appel; C M, le pôle positif de la pile microphonique; Z T, les pôles négatifs de ces deux piles, ainsi que le fil de retour ou le fil de terre.

La figure 126 montre le circuit d'appel. Le courant venant de la ligne passe successivement par L, *m*, *n*, le pivot du levier, c, *c'*, traverse les bobines de la sonnerie dont le fil est en relation, par une de ses extrémités, avec l'armature, s'échappe par *g* et sort de l'appareil par la borne Z T. Lorsque le poste ainsi appelé répond, son courant va directement sur la ligne, de C en L, par le ressort abaissé de la clé d'appel.

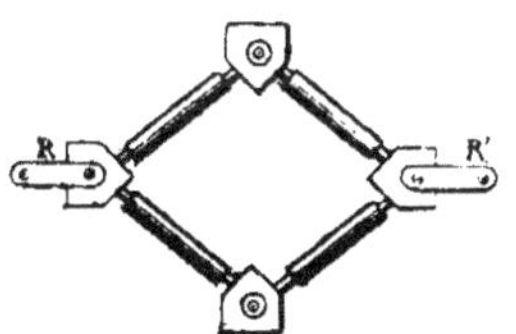

Fig. 125. — Charbons du transmetteur Crossley.

Dans le circuit de conversation, les courants arrivant par la borne L, vont, par *m* et *n* au pivot du levier, puis à *d*, *d'*, parcourent les deux récepteurs, le fil secondaire de la bobine d'induction et gagnent la terre ou le fil de retour par la borne Z T. Pendant ce temps, le système microphonique reste en activité; en effet, si on n'a pas perdu de vue que les pôles de la pile du microphone

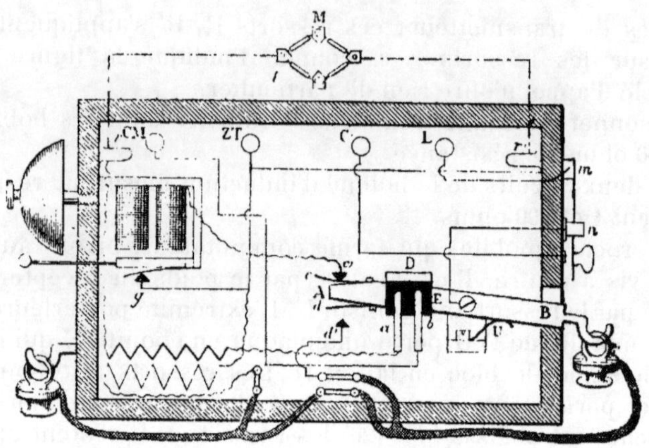

Fig. 126. — Communications du transmetteur Crossley (Position d'appel).

sont attachés aux bornes C M et Z T, il devient aisé de voir que le circuit est fermé. De C M, le courant va en *b*, D, *a*, *r* (à travers le fil primaire de la bobine d'induction), traverse le microphone M, le ressort *r'* et revient à la borne ZT.

Transmetteur Deckert, modèle réduit. — Dans l'appareil Deckert admis sur les réseaux aériens et souterrains, le transmetteur et le récepteur sont réunis et assemblés par un manche; le mécanisme et la bobine d'induction sont renfermés dans une applique murale (*fig.* 127) dont le crochet extérieur, faisant office de commutateur, sert à suspendre le transmetteur et le récepteur associés.

Fig. 127. — Transmetteur Deckert, modèle réduit.

Le microphone comprend une cuvette en ébonite, se séparant en trois parties vissées l'une sur l'autre, savoir :

1° Un couvercle A (*fig.* 128) ou embouchure analogue à celle du récepteur;

2° Un fond B;

3° Une partie intermédiaire C, réunie au récepteur et contenant les organes du microphone, ainsi que les communications. Les deux faces de la partie intermédiaire C sont représentées en plan, au bas de la coupe de l'appareil.

Au-dessous de l'embouchure A est une mince membrane de charbon, vernie du côté sur lequel on parle.

Lorsque la pièce A est vissée sur la pièce C, la membrane D touche les pointes des vis V, V', réunies toutes les deux à l'un des cordons souples établissant la communication avec la pile; de ce chef, la membrane microphonique D est en relation avec l'un des pôles de la pile, le pôle positif, par exemple.

Le fond de la cuvette en ébonite C, est garni d'un disque de charbon *m m'* réuni par la vis U à un second cordon souple, relié lui-même au pôle négatif de la pile. Ce disque *m m'* a une forme originale : c'est un cercle sur lequel s'élèvent seize troncs de pyramide à base carrée; les grandes bases font corps avec le disque de charbon, tandis que chacune des petites bases est recouverte d'un léger tampon de drap grossier. Une gorge *nn'*, creusée dans l'ébonite, circonscrit l'assemblage que nous venons de décrire; cette gorge circulaire est remplie par une matelassure de coton cardé. La partie qui sépare la membrane de charbon D du disque *mm'*, ainsi que les espaces laissés vides par l'ensemble des seize pyramides tronquées, sont remplis par de la grenaille de graphite. Cette grenaille se trouve en quelque sorte emprisonnée dans une chambre dont l'anneau de coton

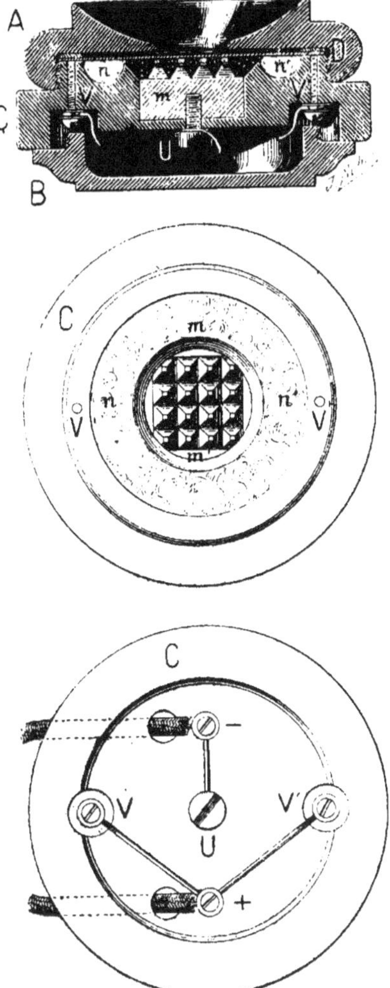

Fig. 128. — Détails du transmetteur Deckert.

cardé forme la paroi latérale. Les houppettes qui surmontent les troncs de pyramides composent un cloisonnement, dont le but est de diviser les parcelles de graphite et d'amortir les mouvements que leur impriment les déplacements de la plaque vibrante. Cette disposition a pour objet d'éviter les crachements qui constituent l'un des principaux écueils dans la construction des microphones.

Dans l'appareil Deckert que nous décrivons, le récepteur est placé à l'une des extrémités du manche, le transmetteur à l'autre; la position de ces deux organes est telle que si le microphone est en face de la bouche de la personne qui veut parler, le téléphone est à hauteur de son oreille.

L'applique murale renferme le crochet-commutateur et la bobine d'induction; les fils de liaison avec le transmetteur et avec le récepteur y aboutissent en *a*, *b*, *c*, *d* (*fig.* 130); les deux fils verts *a*, *b*, correspondent au récepteur; les fils rouges *c*, *d* vont au transmetteur microphonique. Les quatre bornes sont marquées des lettres T, L, S, M, en allant de gauche à droite. A l'intérieur de l'instrument, la borne T est reliée à l'axe du crochet-commutateur, la borne L à l'une des extrémités du circuit secondaire de la bobine d'induction, la borne S au ressort *e*, la borne M au cordon *d*. A l'extérieur, la borne T reçoit le fil de terre ou le fil de retour, la borne L le fil de ligne et un des fils de sonnerie, la borne S le second fil de sonnerie, la borne M l'un des pôles d'une pile dont l'autre pôle est à la terre. On voit que, de la sorte, la sonnerie est à cheval sur les bornes L, S. D'autre part, le cordon *a* est réuni au circuit secondaire de la bobine d'induction, le cordon *b* au ressort *f*, le cordon *c* au circuit primaire de la bobine d'induction, rattaché par son autre bout au ressort *g*; enfin, comme nous l'avons dit déjà, le cordon *d* communique avec la borne M.

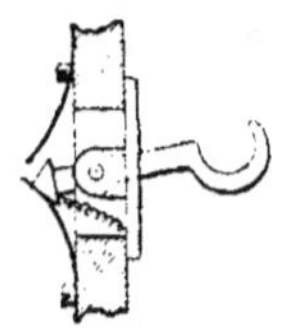

Fig. 129. — Crochet-commutateur du transmetteur Deckert, modèle réduit.

La figure 129 montre le mécanisme du crochet-commutateur dont la partie postérieure, taillée en prisme à base triangulaire, agit sur un jeu de ressorts. Il est aisé de voir, en examinant la figure 130, que les déplacements de ce crochet mobile ont pour effet de mettre la borne T en relation avec la sonnerie ou bien avec les deux circuits de la bobine d'induction, mesurant respectivement 2 ohms et 200 ohms. Examinons ce qui se passe dans l'un ou l'autre cas : si nous intercalons, sur le trajet du fil de ligne, une clé ou un bouton de sonnerie avec une pile, il est clair que, lorsque l'organe dont il s'agit fonctionnera, le courant ira directement sur la ligne, et que l'applique murale restera en dehors du circuit. Il est clair aussi que, la clé ou le bouton d'appel restant au repos, les courants venant de la ligne arriveront à la borne L. Si, à ce moment, le crochet-commutateur est abaissé et si, par conséquent, le prisme A (*fig.* 130) touche le ressort *e*, les courants pénétrant par la borne L traverseront la sonnerie interposée entre les bornes L, S, passeront par S, *e*, A, et gagneront la terre ou le fil de retour par la borne T; la sonnerie fonctionnera.

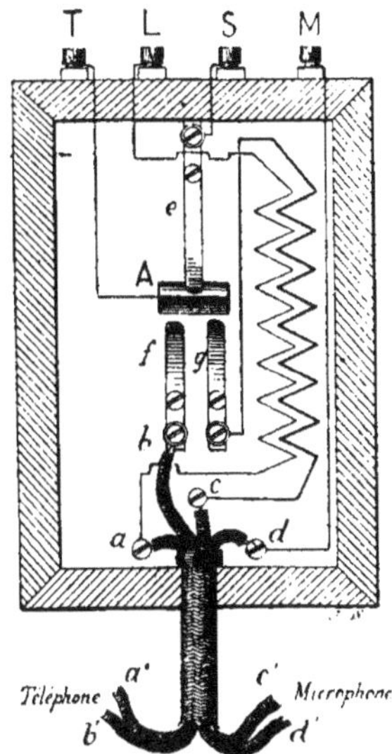

Fig. 130. — Communications du transmetteur Deckert, modèle réduit. (Position d'appel.)

Lorsque le crochet commutateur est relevé, le ressort *e* est isolé, les ressorts *f*, *g* touchent le massif métallique A. Les courants arrivant en L passent par le circuit secondaire de la bobine d'induction, le cordon *a a'*, le récepteur, le cordon *b'b*, le ressort *f*, le massif A, la borne T. Le circuit microphonique est également fermé; le courant de la pile M traverse le cordon *d d'*, le microphone, le cordon *c' c*, le circuit primaire de la bobine d'induction, le ressort *g*, le massif A et s'échappe par la borne T.

Transmetteur Deckert à appel électro-magnétique. — Un autre modèle d'appareil Deckert est admis seulement sur les réseaux aériens. La figure 131 représente une vue d'ensemble de cet instrument. Les organes essentiels sont les mêmes que ceux de l'appareil réduit admis sur les réseaux souterrains, leur arrangement seul diffère.

Le microphone, fixé sur le haut de la planchette antérieure, est pourvu d'une vaste embouchure en ébonite. Les deux plaques de charbon sont réunies, par des cordons souples, à des ressorts qui établissent la liaison électrique avec les parties internes de la boite.

Le récepteur est garni de cordons souples que l'on attache comme dans les installations ordinaires.

Le crochet-commutateur est identique à celui du modèle réduit.

La résistance de la bobine d'induction est de 1,3 ohm pour le circuit primaire et de 195 ohms pour le circuit secondaire.

Quant au système d'appel, il consiste en une petite machine magnéto-électrique actionnant une sonnerie polarisée.

La figure 132 montre comment sont disposées les communications. Les bornes Z, C reçoivent les fils de pile; la ligne et la terre s'attachent en L et T; bien entendu, il n'existe pas de pile d'appel.

Fig. 131. — Transmetteur Deckert à appel électro-magnétique.

Supposant le crochet C abaissé, comme dans la figure 132, l'appareil est disposé pour l'appel. Lorsqu'on met en mouvement la manivelle de l'appel électro-magnétique A, la bobine *a* tourne entre les pôles N, S des aimants en fer à cheval qui l'enveloppent. De cette rotation naissent des courants induits qui, vers la droite de la figure, marchent dans la direction de la sonnerie polarisée P et, par la borne L, vont sur la ligne. Le circuit est fermé, à gauche, par le ressort *f*, le crochet C, la borne T et la terre. Sous l'action de ces courants, le marteau de la sonnerie frappe alternativement sur les timbres *t*, *t'*, tant au poste de départ qu'au poste d'arrivée.

Lorsque le correspondant répond, les courants émis par son appel électro-magnétique traversent la borne L, la sonnerie P, la bobine *a*, le ressort *f*, le crochet C, et rejoignent la borne T qui communique avec la terre.

Dans la position de réception, le ressort *f* est isolé; les ressorts g, h, sont réunis ensemble et avec la terre par le crochet C. Les courants venant de la ligne traversent alors le circuit secondaire de la bobine d'induction, les deux récepteurs, et vont à la terre par le ressort h, le crochet C, la borne T. Le circuit microphonique est également fermé; en effet, la borne C est reliée à la borne T et, par suite, directement à la terre; la borne Z communique également avec la borne T, par l'intermédiaire du microphone M. du circuit primaire de la bobine d'induction, du ressort g et du crochet C.

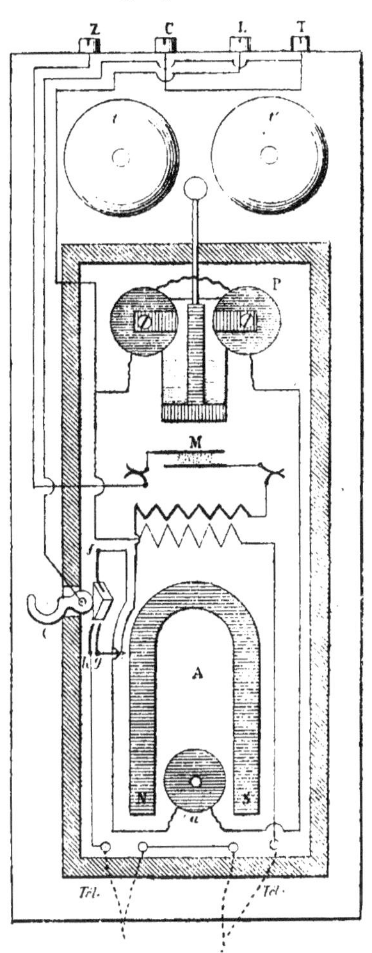

Fig. 132. — Communications du transmetteur Deckert à appel électro-magnétique. (Position d'appel.)

Transmetteur Degryse-Werbrouck. — La forme des charbons microphoniques est celle des Ader : quatre morceaux cylindriques, disposés verticalement, s'engagent dans des pièces prismatiques placées horizontalement et boulonnées sur la planchette vibrante en sapin, comme le montre la figure 133. Les charbons cylindriques sont d'ailleurs montés par deux en surface.

Ce qui caractérise le transmetteur Degryse-Werbrouck, c'est le mode de réglage du microphone. Ainsi qu'on peut le voir dans la figure 134 qui représente une coupe, les charbons verticaux sont légèrement comprimés par un tampon de coton cardé C. Le coton est collé sur une plaque de liège L, montée elle-même sur un ressort R qui tend à l'éloigner des charbons; mais une vis V, traversant le bâti de l'instrument, agit sur la plaque de liège et l'empêche au contraire de s'écarter des charbons. On conçoit qu'en combinant l'action de la vis avec celle du ressort, on puisse obtenir un

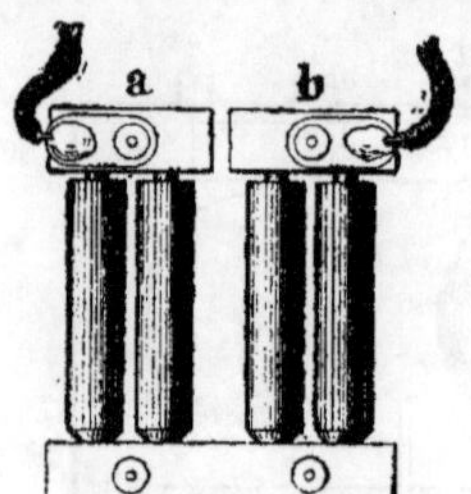

Fig. 133. — Charbons du transmetteur Degryse-Werbrouck.

réglage tel que les charbons conservent une certaine mobilité, sans que cependant ils puissent se déplacer brusquement. En résumé, le tampon de coton a pour objet d'éviter les crachements, d'adoucir les sons et de donner plus de netteté à la parole.

Les fils de communication sont attachés aux charbons rectangulaires supérieurs en a et *b*. Dans l'appareil original (*fig.* 135) les bornes, au nombre de cinq, sont disposées sur la partie supérieure d'une applique murale. Ces bornes sont marquées L, S, T Z, C S, C M. La borne L reçoit le fil de ligne, la borne S le fil de

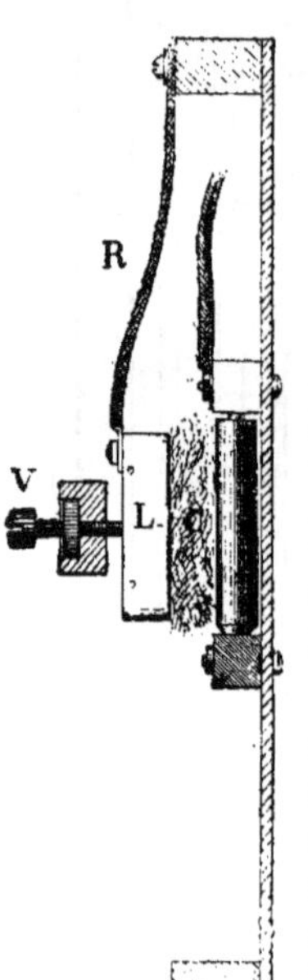

Fig. 134. — Détails du microphone Degryse-Werbrouck.

sonnerie, les bornes C S, C M les pôles positifs des piles d'appel et de microphone, la borne T Z enfin réunit sous son bouton les pôles négatifs des deux piles, le second fil de sonnerie et le fil de retour ou le fil de terre.

Le mécanisme intérieur est simple : le crochet-commutateur C (*fig.* 136) pivote autour d'un axe O, monté sur une plaque isolante E. Dans ses déplacements, le crochet bute contre le contact *b* ou contre le contact a. Si un téléphone récepteur est suspendu au crochet C, celui-ci s'abaisse jusqu'à ce qu'il rencontre le contact *b*; le circuit de la sonnerie est alors fermé.

Dès qu'on enlève le téléphone, le ressort antagoniste R relève le crochet C, et le maintient appliqué contre la pièce de contact *a*; c'est de la sorte qu'est fermé le circuit secondaire de la bobine d'induction, ainsi que celui des récepteurs. Par ce mouvement de bas en haut du crochet C, le circuit microphonique se trouve également fermé, tandis qu'il reste ouvert lorsque le crochet est abaissé. En effet, sur sa face latérale, le crochet C porte un

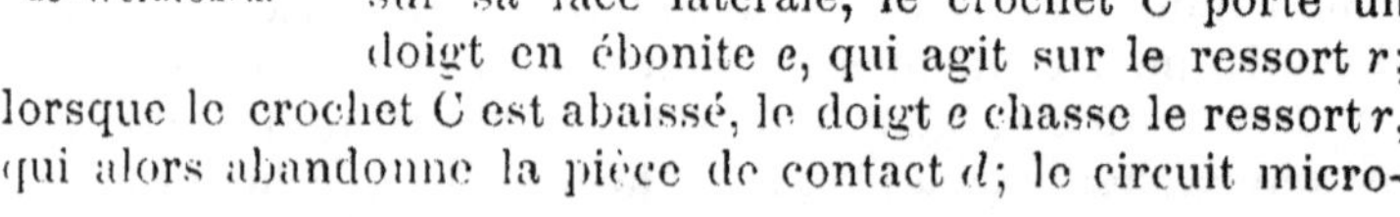

doigt en ébonite *e*, qui agit sur le ressort *r*; lorsque le crochet C est abaissé, le doigt *e* chasse le ressort *r*, qui alors abandonne la pièce de contact *d*; le circuit microphonique est ouvert; lorsque le crochet C est relevé, le ressort r s'appuie sur le contact d et le circuit microphonique est fermé.

Le fil de ligne aboutit à la masse du crochet C qui le permute entre le circuit d'appel et le circuit de conversation.

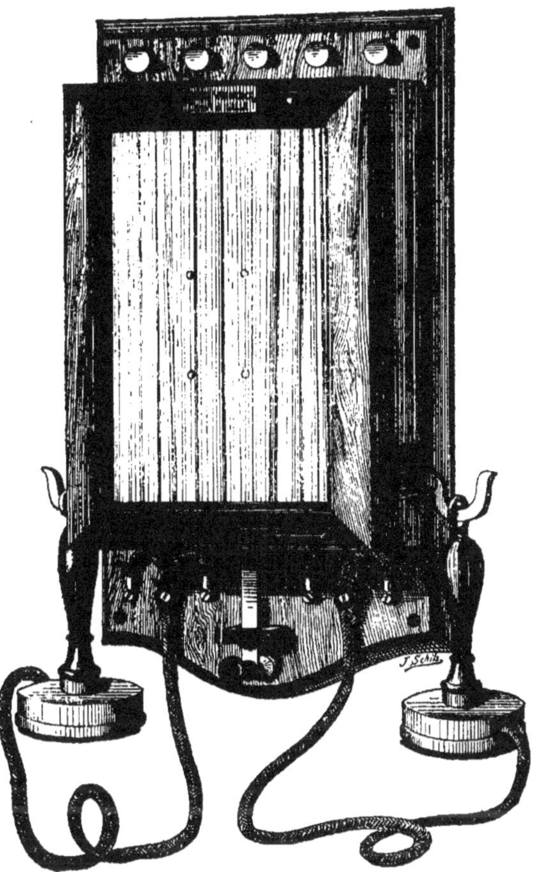

Fig. 135. — Transmetteur Degryse-Werbrouck.

La clé d'appel n'offre rien de particulier; quant à la bobine d'induction, la résistance de ses deux circuits est de 1,5 ohm et de 450 ohms. Depuis l'admission de cet appareil sur les réseaux aériens et souterrains, M. Degryse-Werbrouck a été invité par l'administration des Postes et des Télégraphes à changer la disposition des bornes de son transmetteur, de façon à la mettre complètement en harmonie avec les montages généralement usités. Le constructeur s'est d'ailleurs conformé à ce désir, et les appareils actuellement mis en vente portent au haut de la planchette les bornes *ligne* et *sonnerie*, tandis que les bornes *pile* sont reléguées vers le bas. Il en est résulté nécessairement quelques modifications de détail dans l'agencement des communications intérieures, mais aucun changement n'a été apporté au mécanisme proprement dit.

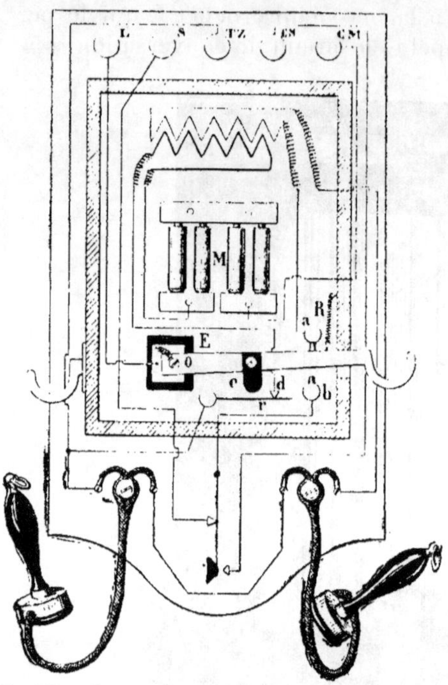

Fig. 136. — Communications du transmetteur Degryse-Werbrouck. (Position de transmission.)

Transmetteur Dejongh. — Il existe deux modèles de transmetteurs Dejongh qui ne diffèrent pas sensiblement sous le rapport du mécanisme. L'un (*fig.* 137) est une applique murale ; l'autre un appareil portatif (*fig.* 138). Chacun d'eux se compose d'un microphone, d'une bobine d'induction, d'un levier commutateur, d'un paratonnerre à peigne, d'une clé ou d'un bouton d'appel. La planchette microphonique (*fig.* 139), en sapin, porte deux rangées de blocs de charbon *a*, *a*... *b*, *b*... régulièrement espacés. Les charbons de chaque rangée sont liés ensemble par un fil de cuivre *f*, *f'* qui entoure chacun d'eux. En arrière de la planchette microphonique, et dans un plan parallèle, une autre planchette B porte deux séries de petits clous inclinés à 45 degrés et formant une sorte de râtelier dans lequel sont logés quatre crayons de charbon. La figure 139 fait voir de quelle façon les crayons reposent sur les blocs *a*, *a*... *b*, *b* lorsque les deux planchettes sont mises en place ; on voit que, tout en restant emprisonnés entre les clous qui les soutiennent, ils sont absolument indépendants et extrêmement

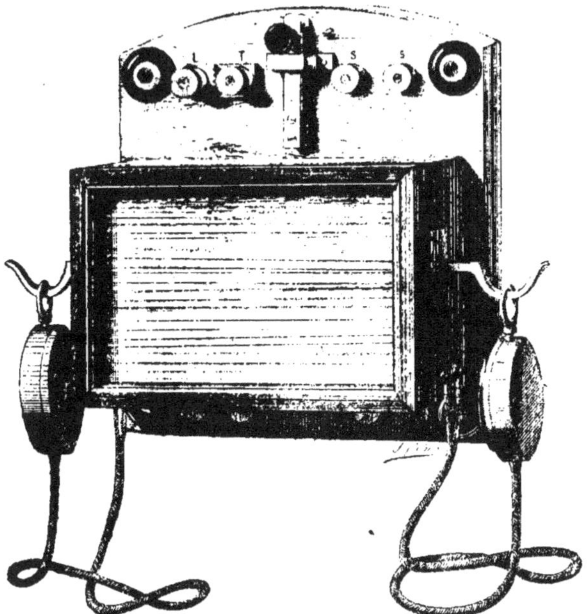

Fig. 137. — Transmetteur mural Dejongh.

Fig. 138. — Transmetteur portatif Dejongh.

mobiles. Les deux enroulements de la bobine d'induction ont respectivement des résistances de 0,2 ohm et 150 ohms.

La figure 140 montre la disposition du circuit d'appel dans le transmetteur mural; on en déduira aisément les connexions du circuit de réception. Les communications sont faciles à

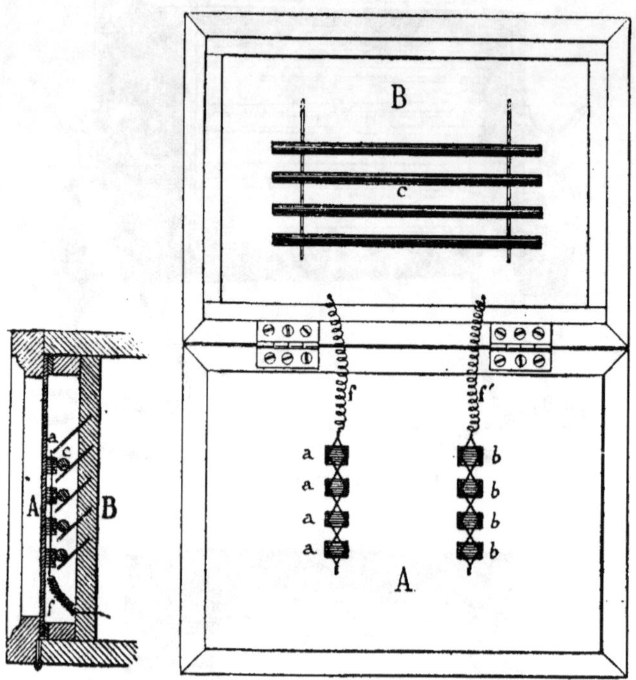

Fig. 139. — Détails du microphone Dejongh.

suivre. On voit que le levier-commutateur C réunit la ligne au ressort *a* ou bien au ressort *b*, suivant qu'il est abaissé ou relevé. Dans le premier cas, le circuit d'appel est fermé. Dans le second cas, la ligne est en communication avec les récepteurs, mais, en même temps, les ressorts *c* et *d* viennent s'appliquer sur la pièce métallique *e* qui les réunit, et qui, d'ailleurs, est isolée par un morceau d'ébonite et n'a aucune communication électrique avec le reste du levier C. Par l'intermédiaire de cette pièce, le circuit microphonique est fermé.

Dans la figure 141, nous avons représenté les circuits de conversation d'un transmetteur à pied Dejongh. Pour mieux faire voir le jeu des ressorts et du levier, la face latérale de l'instru-

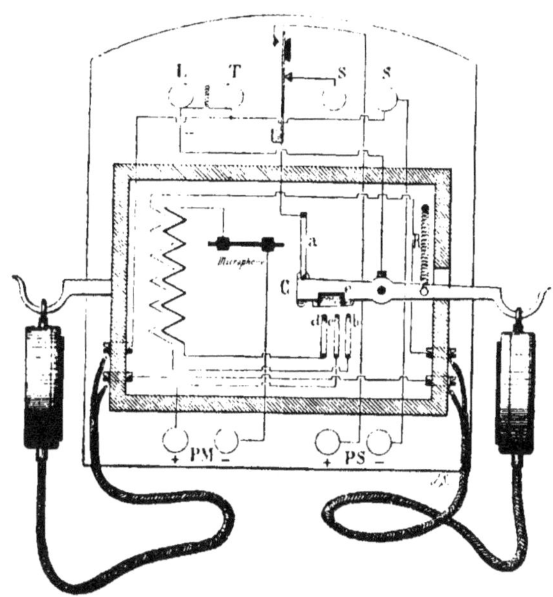

Fig. 140. — Communications du transmetteur mural Dejongh (Position d'appel).

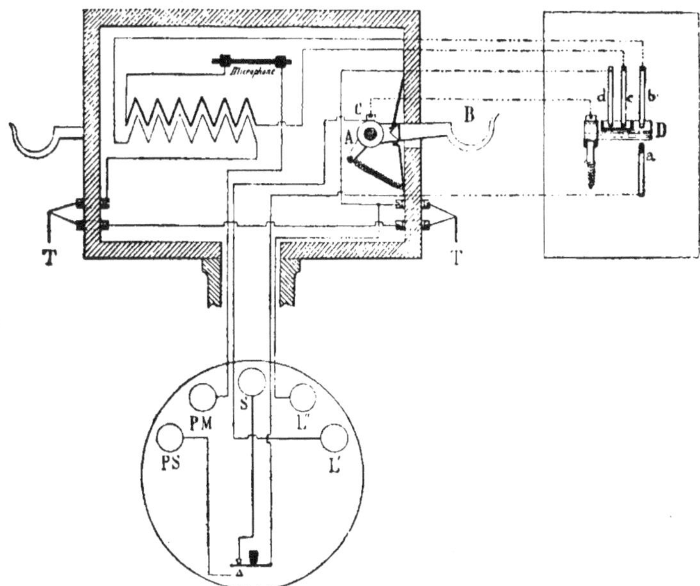

Fig. 141. — Communications du transmetteur à pied Dejongh (Position de conversation

ment a été rabattue sur la droite du dessin; le socle est vu en dessous.

Le crochet-commutateur est un levier coudé AB, pivotant autour d'un axe C. En avant de cet axe, il porte un prisme triangulaire D sur lequel reposent les ressorts *a*, *b*, *c*, *d*; les ressorts *c*, *d*, sont réunis par une pièce métallique, isolée du reste du système, et ferment le circuit du microphone. Lorsque le crochet B est abaissé, le prisme D abandonne les ressorts *b*, *c*, *d*, rencontre le ressort *a* et ferme le circuit d'appel. On voit que, sous une autre forme, c'est bien la disposition du transmetteur mural qui est reproduite ici.

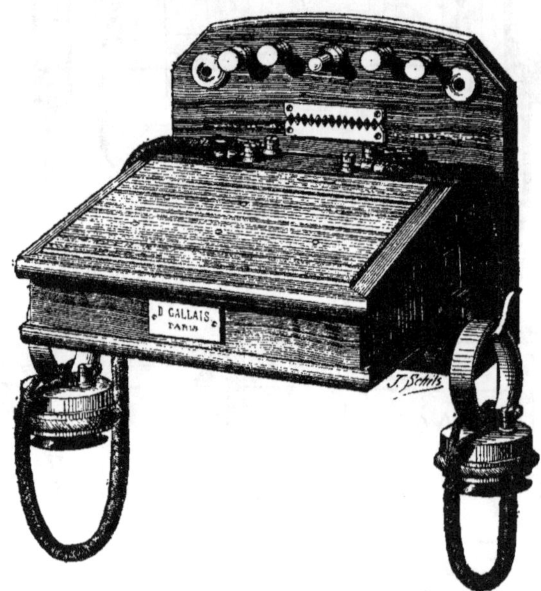

Fig. 142 — Transmetteur à pupitre Gallais.

Transmetteur à pupitre Gallais. — L'ensemble de l'appareil (*fig.* 142) rappelle, par sa forme, les transmetteurs Ader à pupitre; de même, le microphone, à 8 charbons (*fig.* 143), est disposé comme le microphone Ader.

Les circuits de la bobine d'induction ont des résistances de 2 et de 150 ohms. Il est assez difficile de représenter exactement le mécanisme du crochet-commutateur; aussi, outre notre dessin schématique (*fig.* 145), avons-nous reproduit (*fig.* 144) une vue perspective de ce levier avec les différents ressorts qu'il rencontre dans ses déplacements. En A, on voit le levier; en a, une goupille métallique appuyée sur le ressort S en relation avec la sonnerie. Comme la ligne aboutit au levier A, l'appareil se trouve sur sonnerie dans la position que nous avons figurée; en d'autres termes, le levier est abaissé. Lorsqu'il se relève, la goupille

Fig. 143. — Microphone Gallais.

a abandonne le ressort S, et la partie A rencontre bientôt le ressort R qu'elle entraine jusqu'à l'équerre B, tandis que cette partie A vient elle-même toucher l'équerre C; en effet, les équerres B et D sont dans le même plan, et l'équerre C se trouve plus en arrière; le jeu du ressort R n'est donc pas contrarié. De la sorte, le microphone est réuni au circuit primaire de la bobine

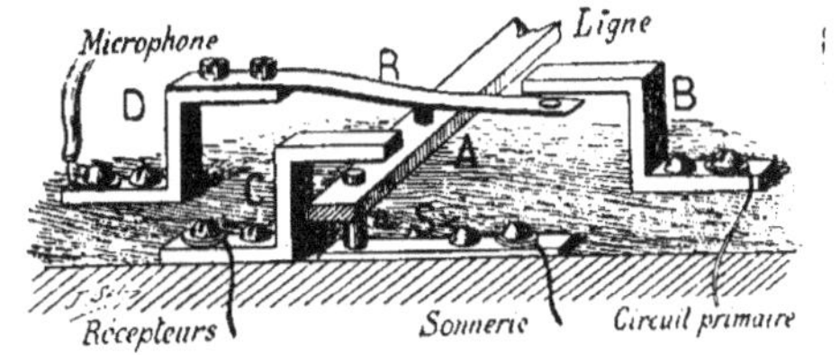

Fig. 144. — Détails du levier du transmetteur Gallais.

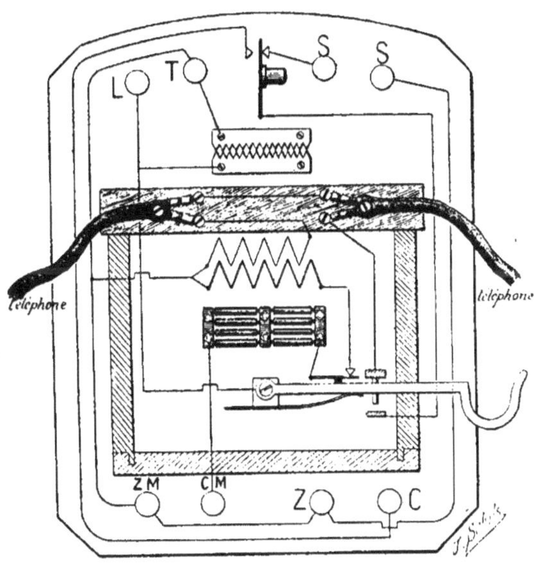

Fig. 145. — Communications du transmetteur à pupitre Gallais (Position de conversation).

d'induction, et la ligne aux récepteurs. En nous reportant à la figure schématique 145 qui représente le circuit d'appel et les circuits de conversation, nous pouvons, avec ces données, suivre aisément la marche des courants.

Transmetteur portatif Gallais. — La figure 146 représente une vue d'ensemble de cet appareil. La boite supérieure, rec-

Fig. 146. — Transmetteur portatif Gallais.

tangulaire, ne contient que le microphone, semblable à celui du transmetteur mural, Cette boite est montée à pivot sur une seconde boite contenant la bobine d'induction et le levier-commutateur. Au-dessous, une colonne creuse livre passage aux communications; plus bas, enfin, le socle garni de huit bornes et des vis d'attache des récepteurs.

La boite qui contient le microphone est articulée de telle sorte que deux personnes placées de part et d'autre d'une table de travail peuvent alternativement parler devant la planchette, sans qu'il soit nécessaire de déranger le pied du transmetteur. La boite dont il s'agit bascule en effet autour de ses pivots et peut être inclinée du côté de la personne qui désire parler. Dans la figure 147 qui montre une coupe du transmetteur, ainsi que la liaison des différents organes, on voit comment les deux boites sont articulées l'une sur l'autre.

Le microphone M, boulonné sur la planchette vibrante P, est réuni aux boules A A' : celles-ci sont en contact avec les boules B B', et les axes A B, A'B' assurent la liaison.

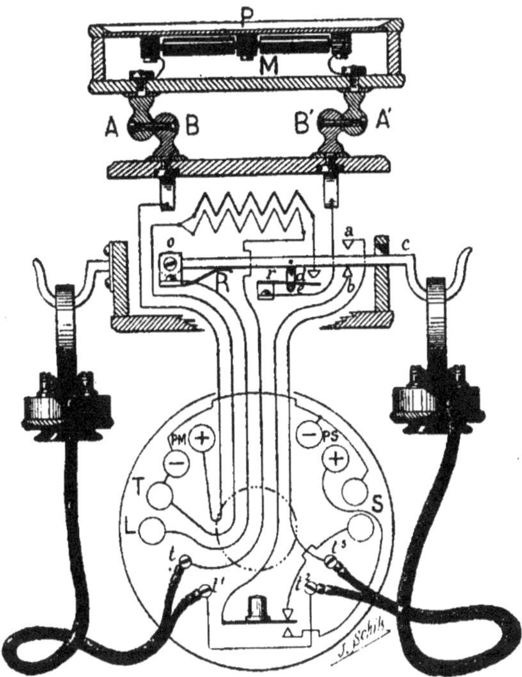

Fig. 147. — Communications du transmetteur à pied Gallais (Position d'appel).

La boule B communique avec la borne PM +, c'est-à-dire avec le pôle positif de la pile microphonique. La boule B' est en relation avec le ressort *r*.

Le levier-commutateur *o c*, pivotant en *o*, se déplace entre les contacts a, *b* sur lesquels il agit par friction, touchant l'un lorsqu'il abandonne l'autre. Ce levier porte en dessous un doigt qui se termine en équerre par une pièce *e* en matière isolante. La pièce *e* est située au-dessous du ressort *r* et l'appuie contre le contact *d* lorsque le levier est relevé : au contraire, le ressort *r* cesse de toucher le contact *d* lorsque le levier *o c* est abaissé.

Les autres communications sont les suivantes :

Borne L avec l'axe du levier-commutateur;

Borne T avec les deux bornes P M —, P S —, avec une des bornes S et avec la sortie de l'inducteur et de l'induit de la bobine;

L'entrée de l'inducteur avec le contact d;

L'entrée de l'induit avec la vis t;

t^3 avec a;

t^1 avec t^2;

Borne P S + avec le plot de travail de la clé d'appel;

Une des bornes S avec le plot de repos de la clé d'appel;

Le ressort de la clé d'appel avec le contact b.

La marche des courants se déduit facilement de ce qui précède.

Transmetteur Journaux pour réseaux aériens et souterrains. — Le microphone est renfermé dans un boîtier en

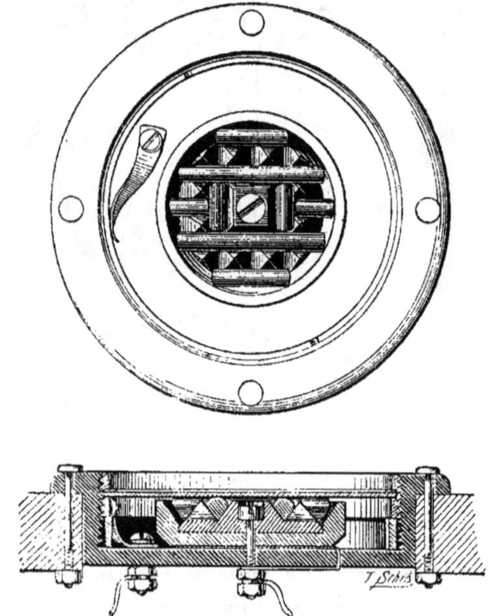

Fig. 148. — Microphone Journaux.

ébonite (*fig.* 148). Le fond est occupé par un disque de charbon dont la face supérieure est entaillée par de profondes rainures triangulaires qui se coupent à angle droit. On obtient de la sorte une série de pyramides à base carrée placées les unes à côté des autres. Dans les rainures, de petits crayons de charbon, taillés comme le montre notre dessin, sont disposés perpendiculairement les uns aux autres. Au-dessus de cet ensemble, un disque de charbon est maintenu par une bague de laiton vissée sur le boitier. C'est ce disque qui forme la membrane microphonique; un ressort qui s'appuie sur la

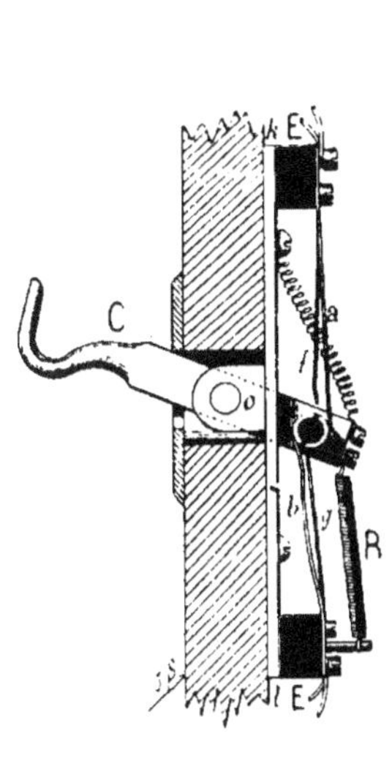

Fig. 149. — Détails du crochet du transmetteur Journaux.

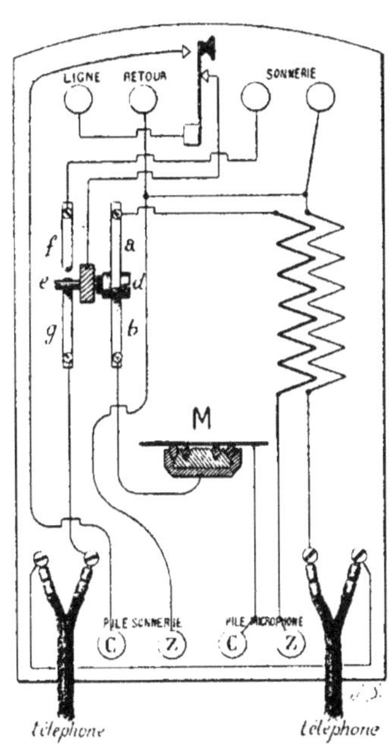

Fig. 150. — Communications du transmetteur Journaux (Position de conversation).

bague de laiton établit la communication avec le circuit primaire de la bobine d'induction, tandis que le disque de charbon est relié à la pile par un boulon à écrou qui sert également à le fixer sur le fond du boitier.

Comme dans tous les transmetteurs en usage, le transmetteur Journaux contient, outre le microphone, une bobine d'induction, une clé d'appel, un crochet-commutateur.

Le circuit primaire de la bobine d'induction a une résistance de 0,35 ohm; la résistance du circuit secondaire est de 100 ohms.

Le crochet-commutateur (*fig.* 149) pivote autour d'un axe *o* supporté par les flasques de la plaque en laiton *k l*. Vers sa partie postérieure, le crochet C est traversé par un cylindre en regard duquel sont placés les ressorts *a*, *b*, *f*, *g*; ce cylindre, entièrement métallique, est recouvert, dans la partie qui correspond aux ressorts *a*, *b*, par une chemise isolante, entourée elle-même d'une gaine métallique. D'autre part, les ressorts sont montés sur des pièces E, E en matière non conductrice. Il résulte de cette disposition que les ressorts *a*, *b* sont complètement indépendants des ressorts *f*, *g* et, quoique touchant simultanément le cylindre *e d* (*fig.* 150), les deux paires sont isolées l'une de l'autre. Lorsque le crochet C est abaissé, ou si l'on veut, lorsque le récepteur est suspendu, le cylindre *e d* est en contact seulement avec les ressorts *f* et *a*; le circuit d'appel est fermé : le courant venant de la ligne traverse la clé d'appel au repos et se rend à la sonnerie par l'intermédiaire de la portion *e* du cylindre *e d* et du ressort *f*. On voit qu'il n'y a aucun inconvénient à ce que le ressort *a* touche la portion *d* puisque celle-ci est isolée de *e*.

Lorsque le crochet est relevé par l'action du ressort antagoniste R, le cylindre *e d* est en contact avec les ressorts *g*, *a*, *b*, le ressort *f* restant isolé : le circuit de réception est fermé. Par le cylindre *e* et le ressort *g*, les courants de la ligne se rendent directement aux récepteurs, traversent ensuite le circuit secondaire de la bobine d'induction et sortent de l'appareil par la borne marquée *retour*. En même temps, les ressorts *a*, *b* pressent l'anneau métallique *d* et ferment de la sorte le circuit microphonique.

La figure 151 est la vue d'ensemble d'un téléphone Journaux pour réseaux aériens et souterrains.

Transmetteur Journaux pour réseaux aériens seulement. — Un second modèle de transmetteur Journaux (*fig.* 152) est admis seulement sur les réseaux aériens de l'administration française.

Le microphone est analogue à celui que nous avons décrit en parlant du transmetteur Bourdin; nous n'y reviendrons pas (voir *fig.* 122).

L'appareil contient, en outre : une clé d'appel, un paratonnerre à peignes, une bobine d'induction dont les circuits mesurent 0,35 et 100 ohms, un crochet-commutateur.

Les bornes marquées (nous ne comptons pas celles qui reçoivent les téléphones) sont au nombre de six. A la partie supérieure du socle, on trouve les bornes C, C M, affectées aux pôles positifs de la pile d'appel et de la pile du microphone; la borne L, qui reçoit le fil de ligne; la borne T Z, à laquelle sont reliés le fil de terre et les pôles négatifs des deux piles. En bas, on voit les deux bornes *sonnerie*.

Le crochet-commutateur est une longue tige de laiton nickelé, pivotant autour de la vis à centre V, et relevé par un ressort antagoniste R. Vers la gauche, ce crochet porte deux ressorts :

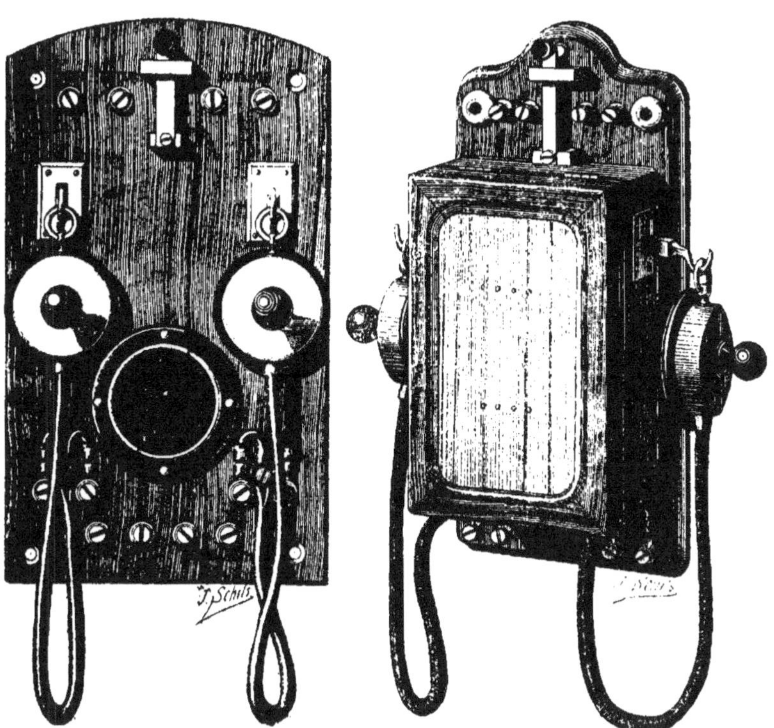

Fig. 151. — Transmetteur Journaux pour réseaux aériens et souterrains.

Fig. 152. — Transmetteur Journaux pour réseaux aériens.

l'un a, placé en dessus, l'autre *b*, situé en dessous et isolé du reste du levier.

Lorsque le crochet est abaissé, ce qui correspond à la fermeture du circuit d'appel, les ressorts a et *d* sont en contact, et le ressort *b*, qui a dépassé la pièce métallique *c*, est isolé; on voit, dès lors (*fig.* 153), que le courant venant de la ligne passe par la clé d'appel, le paratonnerre, le levier (entre V et a), le ressort *d* et la sonnerie.

Quand le crochet est relevé, ce qui correspond à la fermeture du circuit de réception, les ressorts a et *f* sont en contact.

le ressort *d* est isolé; enfin le ressort *b* s'appuie sur la pièce métallique *c*. Les courants venant de la ligne traversent la clé d'appel, le paratonnerre, le levier, de V en *a*, le ressort *f*, les récepteurs, le circuit secondaire de la bobine d'induction, et vont à la terre par la borne T Z. Nous voyons, d'autre part,

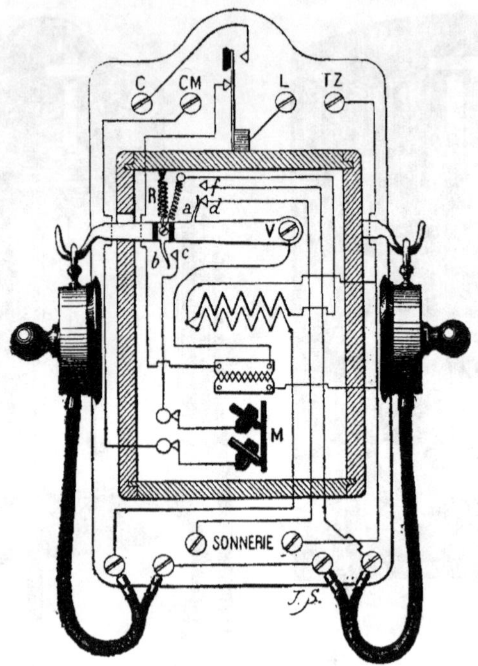

Fig. 153. — Communications du transmetteur Journaux pour réseaux aériens (Position d'appel).

que le courant de la pile microphonique suit le trajet C M, *microphone, c, b, circuit primaire de la bobine d'induction, borne* T Z.

Transmetteur mural Maiche. — La boite qui contient le mécanisme de cet instrument est supportée par un tube en laiton, recourbé en quart de cercle, à l'intérieur duquel passent les communications. Ce tube est fixé à une applique murale; la figure 154 montre l'ensemble de cette disposition.

Le microphone (*fig.* 155) est formé par trois rangées de charbons cylindriques, emprisonnés sous des bandes transversales, également en charbon. La charpente de ce système est formée par des tasseaux en bois, boulonnés sur la planchette de sapin qui, elle-même, est vissée sur la boite de l'appareil. Les tasseaux en bois sont au nombre de quatre;

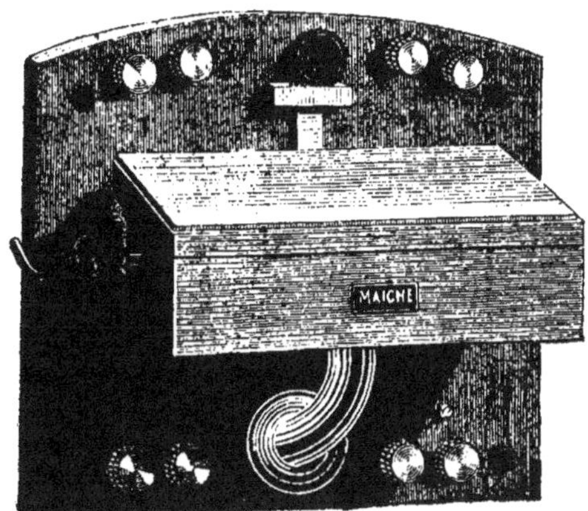

Fig. 154. — Transmetteur mural Maiche.

ceux qui sont placés aux extrémités supportent un prisme de charbon; les tasseaux intermédiaires en soutiennent deux. Il existe ainsi trois cases vides entre les prismes et la plan-

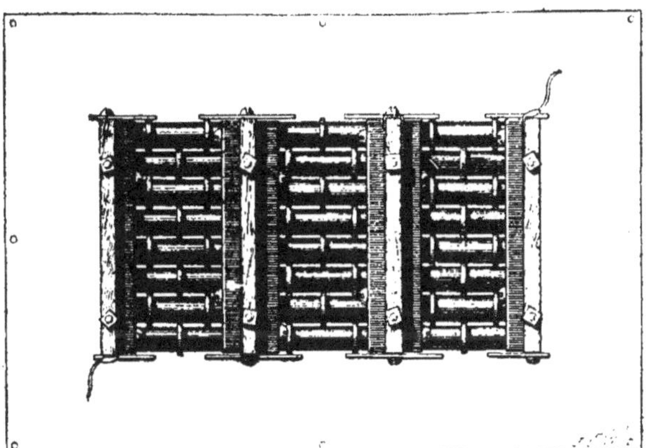

Fig. 155. — Microphone Maiche.

chette microphonique; cet espace sert de logement aux trois rangées de charbons cylindriques; ils sont maintenus latéralement par de petites cales en bois, vissées sur les côtés des tasseaux.

Les charbons cylindriques, au nombre de 24, sont séparés

les uns des autres par des bagues de caoutchouc; ces bagues sont placées sur le charbon lui-même; de deux en deux, les charbons portent deux bagues posées vers les extrémités : ce sont, par exemple, les charbons de rang pair; les charbons de rang impair ne sont garnis que d'une seule bague située au milieu.

Les communications sont attachées aux prismes de charbon des extrémités; elles se terminent par des ressorts qui, lorsque l'appareil est fermé, pressent sur d'autres ressorts donnant la communication avec la pile et avec la bobine d'induction.

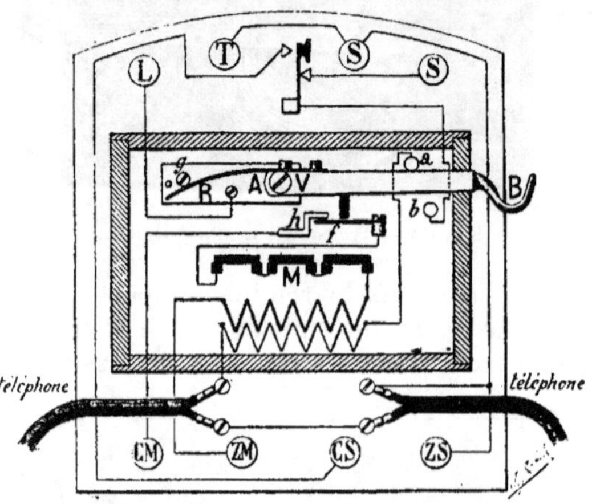

Fig. 156. — Communications du transmetteur mural Maiche (Position de conversation).

Le crochet-commutateur A B (*fig.* 156) pivote autour de la vis V. Le ressort antagoniste est formé par une lame d'acier R, fixée par deux vis sur le levier et tendue par la pression de la goupille *g*, au-dessous de laquelle elle passe.

La clé d'appel est du modèle courant.

Les circuits de la bobine d'induction ont respectivement 1,25 et 100 ohms de résistance.

En examinant la figure 156, on suit aisément la marche des courants à travers les circuits.

Lorsque le levier A B est en contact avec la goupille *b*, il presse également sur le ressort *f* et l'éloigne de l'équerre *h*. Il est facile de voir que le circuit de la sonnerie est disposé pour recevoir les appels du correspondant, tandis que les circuits du microphone et des récepteurs restent ouverts.

Au contraire, dans la position indiquée sur la figure 156,

la goupille *b* est isolée; la goupille *a* est reliée à la ligne par le levier A B; enfin, le ressort *f* appuyé sur l'équerre *h* ferme le circuit de la pile microphonique.

L'ensemble de ce mécanisme est très simple.

Transmetteur à pied Maiche. — Ce transmetteur (*fig.* 157) est monté sur une colonne nickelée, à l'intérieur de laquelle passent les fils de communication. Il ne diffère du précédent

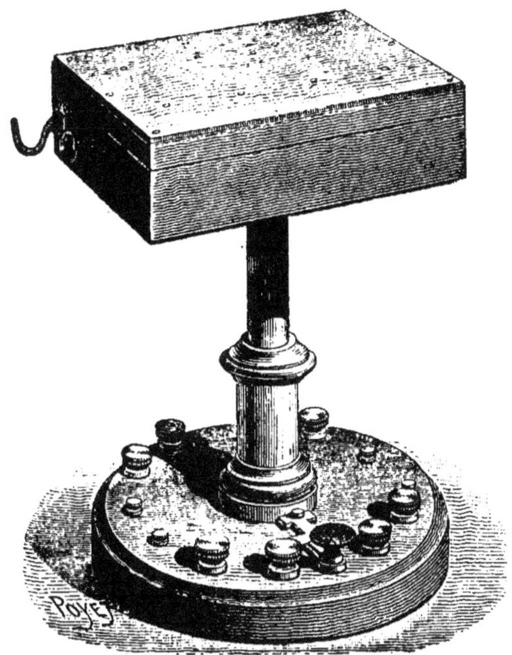

Fig. 157. — Transmetteur à pied Maiche.

que par l'aspect; il lui emprunte d'ailleurs tous ses organes, et il serait superflu d'en recommencer la description. Dans les deux appareils, le microphone forme le couvercle de la boite qui se ferme à clé et qui, lorsqu'elle est ouverte, laisse voir tous les détails du mécanisme.

Transmetteurs Mildé. — Les transmetteurs Mildé sont de deux types, l'applique murale, en forme de pupitre, le modèle portatif ou à pied.

Dans l'un comme dans l'autre, le microphone (*fig.* 158) se compose de deux cylindres de charbon, sertis dans les deux valves d'une boite métallique. Les charbons sont séparés du métal par une rondelle de papier. La boîte est remplie aux 5/6e environ de sa hauteur par des granules de coke tamisé; les deux parties sont ensuite réunies par une goutte de soudure. L'un des cylindres de charbon est collé derrière la plaque microphonique. Les fils métalliques, réunissant le microphone au circuit primaire de la bobine d'induction et à la pile, sont arrêtés dans une gorge pratiquée sur le pourtour de chacun des charbons. Quant aux faces des cylindres de charbon tournées du côté de la grenaille de coke, elles sont légèrement striées pour mieux assurer l'adhérence avec les granules.

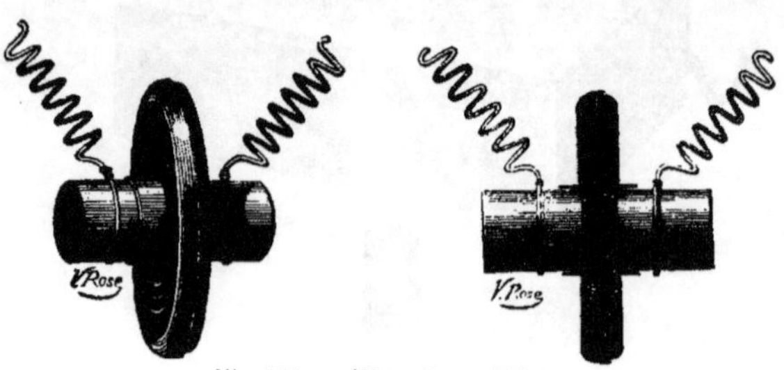

Fig. 158. — Microphone Mildé.

Voici, d'après M. Mildé, comment fonctionne ce microphone :

« Lorsque le récepteur est décroché, le courant passe en faible quantité par suite de la nature semi-conductrice des matières employées; mais que l'on vienne à parler, il se produira l'effet suivant :

« Les vibrations de l'air, engendrées par la parole, seront répercutées par la planchette en sapin qui entraînera dans son mouvement la pastille de charbon qui y est adhérente, ainsi que la paroi métallique dans laquelle cette dernière est sertie; il y aura recul. Par suite de la force d'inertie, la paroi postérieure de la boite vibrera avec moins d'intensité que la partie antérieure; il en résultera un aplatissement microscopique de la boite microphonique, une compression des poudres et par cela même une augmentation des surfaces de contact; le courant passera en plus grande quantité, s'en ira dans la ligne et attirera d'autant plus le diaphragme du récepteur du poste correspondant que la parole aura été plus sonore, la vibration plus aigüe et la compression plus énergique. »

Transmetteur mural, forme pupitre. — Dans le transmetteur mural (*fig.* 159), le microphone, assujetti par un morceau de liège sur la planchette vibrante, prend ses connexions par deux solides boulons garnis d'écrous; les fils de liaison entre les charbons et ces boulons sont recouverts de soie et entourés d'un tube protecteur en caoutchouc. Nous ne nous arrêterons pas à la description de la forme extérieure de l'appareil; la figure en donne une idée suffisante: on y voit la clé d'appel, le crochet du levier mobile, le paratonnerre à peignes. A l'intérieur, sous le pupitre, se trouvent la bobine d'induction B (*fig.* 160), les bornes d'attache des récepteurs t, t', t'' et le levier mobile A D formant commutateur.

Les deux circuits de la bobine ont 2,45 et 150 ohms de résistance.

Le levier A D, soutenu par le ressort antagoniste R qui agit de bas en haut et tend à le relever, pivote autour du point A; dans le voisinage de D, un étrier métallique, que nous n'avons pas figuré, limite ses oscillations. Une plaque d'ébonite a supporte deux lames métalliques b, d isolées l'une de l'autre; b est également isolée de la masse du levier A D, mais d reste en communication métallique avec lui au moyen de la vis qui sert à la fixer; il y a là une sorte de trompe-l'œil contre lequel nous devons prémunir le lecteur; c'est en effet sans utilité que la plaque d'ébonite a se prolonge au-dessous de d: cette dernière pièce fait corps avec le levier A D. Pour simplifier la figure, nous avons représenté ce dispositif sur l'arête du levier, tandis qu'en réalité il est placé sur le côté. Trois ressorts verticaux, en acier, c, f, g sont placés en regard des plaques b, d et ne sont en contact avec ces plaques que quand le levier A D est relevé. Un autre ressort h est situé horizontalement au-dessous du levier A D, mais c'est seulement quand ce levier est abaissé qu'il rencontre le ressort h.

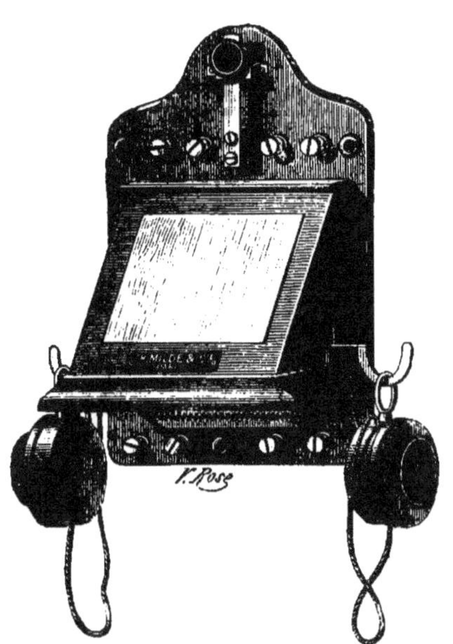

Fig. 159. — Transmetteur mural Milde.

Les bornes, disposées en quatre groupes, portent les indications suivantes :

En haut { groupe de ligne T, L.
groupe de sonnerie S, Z.

En bas { groupe P M (pile du microphone) Z, C.
groupe P S (pile de sonnerie) C, Z.

La borne T communique avec la borne Z du groupe de sonnerie, la vis d'attache t' des récepteurs, la borne Z du groupe P S, la plaque inférieure du paratonnerre P.

La borne L est réunie à la plaque supérieure du paratonnerre P qui, d'autre part, est en relation avec la masse du levier mobile AD.

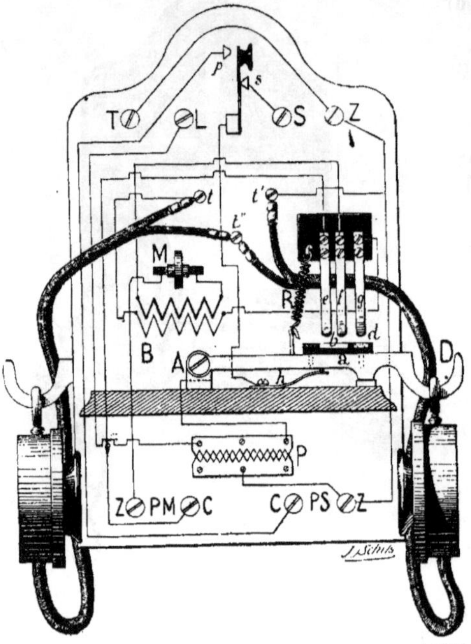

La borne S est reliée au plot de repos *s* de la clé d'appel.

Nous venons d'indiquer les connexions de la borne Z du groupe de sonnerie.

La borne Z du groupe P M est en communication avec l'un des charbons du microphone M; l'autre charbon est réuni au circuit primaire de la bobine d'induction, aboutissant lui-même au ressort *f*.

La borne C du groupe P M est réunie au ressort *e*.

Fig. 160. — Communications du transmetteur mural Mildé (Position d'appel).

La borne C du groupe P S amène le courant de la pile d'appel au plot de travail *p* de la clé, tandis que, comme nous l'avons vu, la borne Z est greffée sur le fil partant de T pour rejoindre la plaque inférieure du paratonnerre P.

Les deux extrémités du circuit secondaire de la bobine B sont reliées, l'une à la vis *t* servant d'attache à l'un des récepteurs, l'autre au ressort *g*. Enfin, le second cordon des deux récepteurs est réuni sous la vis t''.

Supposons, comme le montre la figure 160, que les récepteurs soient au crochet : le levier mobile est abaissé; il repose sur le ressort *h*, tandis que les ressorts *e*, *f*, *g* sont isolés. Le circuit d'appel est fermé. Si le poste installé de la sorte veut appeler, le courant de sa pile suit le trajet : C (de P S), *p*, *ressort de la clé d'appel*, *h*, a, A, *plaque supérieure du paratonnerre* P, L, *ligne*, *sonnerie du correspondant*, et *terre* ou bien *fil de retour* et, dans ce dernier cas, *borne* T et *pôle négatif de la pile* au poste d'appel. Le courant de réponse du correspondant arrive à la borne L, passe par le paratonnerre P, le

Fig. 161. — Transmetteur à pied Mildé.

levier A, le ressort *h*, la clé d'appel, le plot *s* et la sonnerie par les bornes S, Z, le circuit restant fermé par la terre ou par le fil de retour.

Lorsque le levier est relevé, le circuit de conversation est fermé. Les courants venant de la ligne suivent la direction L, P, A, *a*, *d*, *g*, *circuit secondaire de la bobine* B, *t*, *récepteurs*, *t'*, *terre* ou *fil de retour*; quant au circuit du microphone, il est aisé de voir que le contact de la plaque *b* avec les ressorts *e*, *f*, en assure la fermeture.

Transmetteur a pied. — Le mécanisme du transmetteur à pied (*fig.* 161) diffère assez notablement de celui du transmetteur mural; il est très simple, mais les communications sont difficiles à suivre par suite de leur passage à travers la colonne creuse qui sert de piédestal à l'instrument, et par suite aussi de l'absence de bornes sur le socle. Ces communications sont tressées en un cordon souple et aboutissent à une planchette de raccord sur laquelle sont disposées les bornes.

Dans la figure 162, nous avons numéroté les fils pour permettre de les suivre plus aisément.

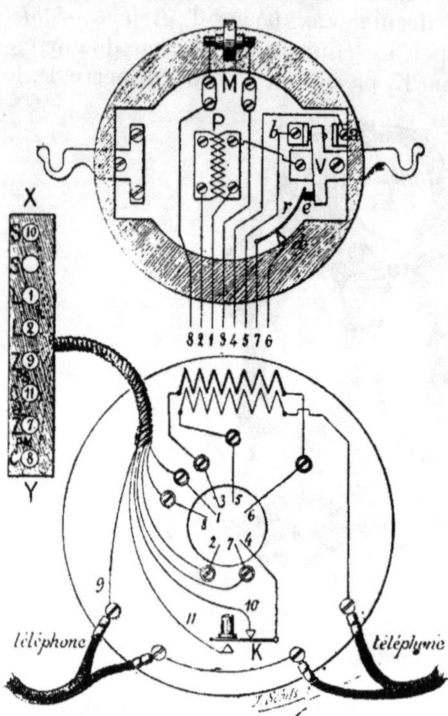

Fig. 162. — Communications du transmetteur portatif Mildé (Position de conversation).

La partie du transmetteur située au-dessus de la colonne contient le microphone, le paratonnerre, le crochet mobile; la bobine d'induction et la clé d'appel sont dissimulées sous le socle; on voit sur celui-ci le bouton d'appel et les bornes d'attache des récepteurs.

Le microphone, déjà décrit, est collé sous la planchette vibrante, légèrement inclinée; nous l'avons représenté en M. Le paratonnerre P est un paratonnerre à peignes.

Le crochet mobile est un levier coudé pivotant autour de la vis à centre V; il porte à sa partie supérieure deux gouttes platinées, et à sa partie inférieure un doigt *e* en ébonite. Le ressort *r* sert de ressort antagoniste au levier, mais est aussi destiné à établir une communication électrique. Lorsque le crochet est abaissé, sa partie supérieure rencontre la plaque métallique *a*, tandis que le doigt isolant *e* soulève le ressort *r* et le sépare du contact *d*.

Lorsque le crochet est relevé, sa partie supérieure rencontre la plaque métallique *b*, et le ressort *r* repose sur le contact *d*.

Dans le premier cas, l'appareil est sur sonnerie; dans le second, le circuit des récepteurs est fermé entre V et *b*, le circuit du microphone est fermé entre *r* et *d*.

En effet, si nous partons de la planchette mobile XY, nous trouvons les connexions suivantes :

Fil 1 (ligne) avec le paratonnerre P et l'axe V du crochet mobile ;

Fil 2 (terre ou fil de retour) avec les bornes Z S de la planchette X Y et avec la seconde plaque du paratonnerre P ;

Fil 3, réunit le microphone M au circuit primaire de la bobine d'induction (sortie) ;

Fil 4, relie le ressort de la clé d'appel au contact *a* ;

Fil 5, réunit le circuit secondaire de la bobine d'induction au contact *b* ;

Fil 6, relie le contact *d* au circuit primaire de la bobine d'induction (entrée) ;

Fil 7, établit la communication entre la borne Z de la planchette X Y et le ressort *r* ;

Fil 8, unit la borne C du groupe P M de la planchette X Y au microphone M ;

Fil 9, entre la borne Z et la sortie des récepteurs ;

Fil 10, relie la borne supérieure S de la planchette X Y au plot de repos de la clé d'appel K ;

Fil 11, va de la borne C du groupe P S de la planchette X Y au plot de travail de la clé d'appel K ;

En outre, la sortie du circuit secondaire de la bobine d'induction communique avec l'entrée des récepteurs dont les deux bornes intermédiaires sont réunies.

En suivant avec attention ces communications, coupées à dessein entre la partie supérieure du transmetteur et le socle, on se rend aisément compte du fonctionnement du transmetteur à colonne.

Transmetteur Mors-Abdank. — Par sa forme, le microphone Mors-Abdank rappelle le commutateur inverseur Bourseul; il n'y a là, il est vrai, qu'une concordance de forme qui n'enlève rien à l'originalité du système. A, B, C, D (*fig.* 163) sont quatre trapèzes de charbon, montés sur une plaque isolante E, et n'ayant entre eux aucune communication électrique. La plaque E E est assujettie à la plaque vibrante F F par le boulon coudé G G. Sur le pupitre qui supporte la membrane vibrante F F est fixé, par les lamelles a a, le disque d'ébonite H H. Dans ce disque sont percées cinq mortaises, l'une circulaire *b*, située au centre, les autres *e*, *e*, *e*, *e*, rectangulaires, placées sur deux diamètres se coupant à angle droit. La mortaise centrale *b* livre passage au boulon G G ; dans chacune des mortaises rectangulaires est logée une poulie en charbon I. Ces quatre poulies, dont l'une est représentée en pointillé sur la gauche de la figure 163, réunissent deux à deux les plaques trapézoïdales de charbon; elles ne reposent sur ces plaques que par leur propre poids et sont essentiellement mobiles dans les mortaises *e*, *e*, *e*, *e*. Si on remarque que la plaque E E est solidaire de la plaque vibrante F F, on conçoit que les vibrations de cette plaque produisent des altérations de contact entre les lames de charbon A, B, C, D, et les poulies I, I, I, I.

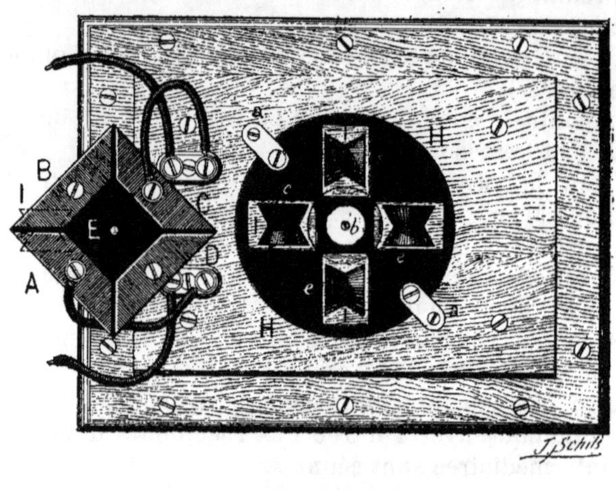

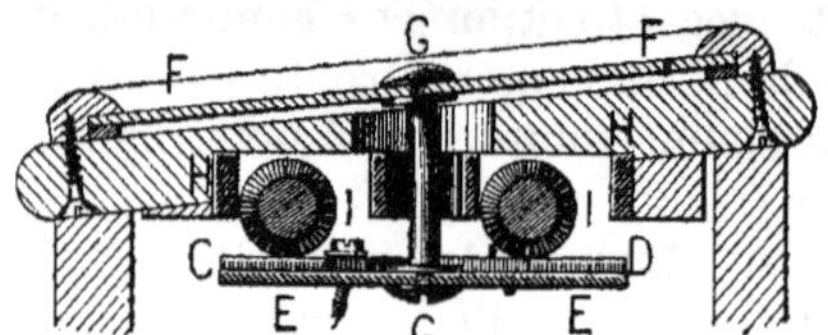

Fig. 163. — Microphone Mors-Abdank.

Il existe deux types de transmetteur Mors-Abdank, l'un mural (*fig.* 165), l'autre portatif (*fig.* 166); ils ne se distinguent que par des différences insignifiantes. Le microphone et le mécanisme sont renfermés dans une sorte de pupitre; de là, les communications, en cordon souple, sont enveloppées par un tube métallique. Dans le type mural, le tube est recourbé en col de cygne et fixé à une applique circulaire; dans le type portatif, le tube est vertical et repose sur une embase horizontale.

Le crochet-commutateur n'exécute plus, comme dans la plupart des autres types, un mouvement de bascule; il tourne autour de l'axe du cylindre qui le supporte. L'analyse de la figure 164 va nous permettre de préciser. En A, le commutateur est vu d'en haut, dans la position de réception avec les ressorts établissant la communication.

En B, les ressorts ont été enlevés, mais le levier-crochet reste toujours dans la position de réception.

En C, le récepteur est supposé suspendu au crochet, et le commutateur est dans la position d'appel.

Le crochet D tourillonne sur trois plaques de laiton *a*, *b*, *c*; un ressort à boudin *r* le maintient, tout en lui laissant une certaine élasticité. La lame d'ébonite *e e* assemble les flasques *b c*. La flasque *b* est garnie de deux goupilles *d*, *f*. D'autre part, l'axe du crochet porte une cheville *g* et quatre tétons *h*, *i*, *j*, *k*, disposés dans des plans différents. Ainsi, *i*, *j*, *k* sont dans le même plan, *h* est dans un plan perpendiculaire. De même, *h* et *i* font partie de la masse métallique du commutateur; *j*, *k*, montés sur un même bloc de métal, sont isolés du reste du système par une lame d'ébonite. Les quatre ressorts *m*, *n*, *p*, *q* sont montés sur le bloc isolant E E et reposent sur la lame d'ébonite *e e*. Suivant la position du crochet D, ces ressorts entrent en contact soit avec le téton *h*, soit avec *i*, *j*, *k*. Ces deux dispositions correspondent à la position d'appel et à la position de réception.

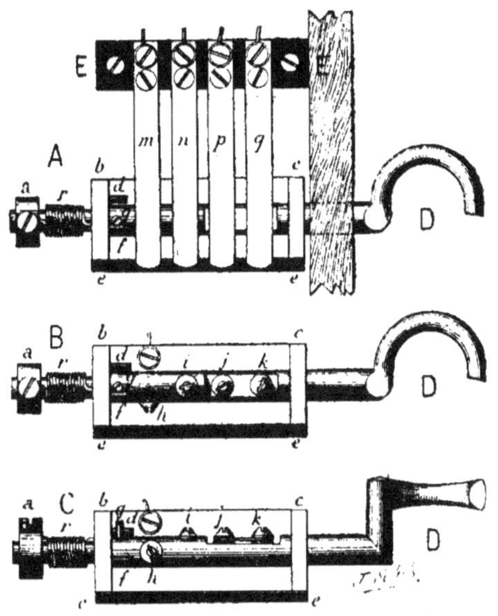

Fig. 164. — Détails du crochet du transmetteur Mors-Abdank.

Lorsque le crochet D occupe la position B, les tétons *i*, *j*, *k*, soulèvent les ressorts *n*, *p*, *q*; le ressort *m* reste appuyé sur la règle d'ébonite *e e* et est isolé; c'est la position de réception.

Si le crochet D est dans la situation C, le ressort *m* est soulevé par le téton *h*; les ressorts *n*, *p*, *q*, restent appliqués sur la lame d'ébonite *e e* et sont isolés; c'est la position d'appel

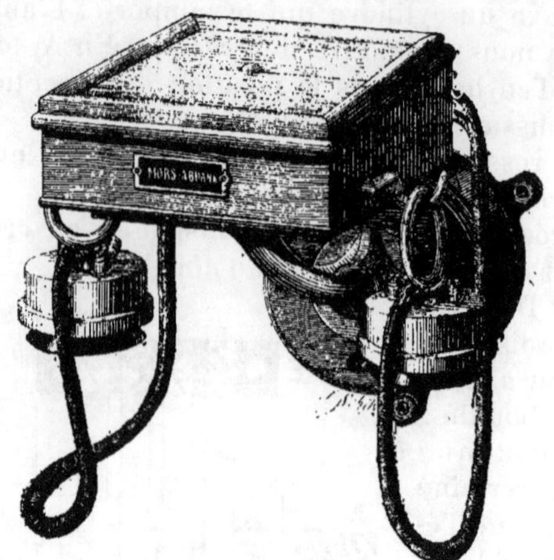

Fig. 165. — Transmetteur mural Mors-Abdank.

qui persiste tant qu'un récepteur est suspendu au crochet D. Dans le premier cas, la cheville g s'appuie sur la goupille f; dans

Fig. 166. — Transmetteur portatif Mors-Abdank.

le second, elle est en contact avec la goupille d; les deux goupilles f, d, ne servent d'ailleurs qu'à limiter la course du crochet.

Les bornes t^1, t^2, t^3, t^4 (*fig.* 167), disposées sur la boite, reçoivent les cordons souples des récepteurs ; aux bornes L, S, P M, P S, distribuées sur le socle, sont attachés les fils de ligne, de sonnerie et de pile.

Les communications intérieures de l'instrument sont installées de la manière suivante :

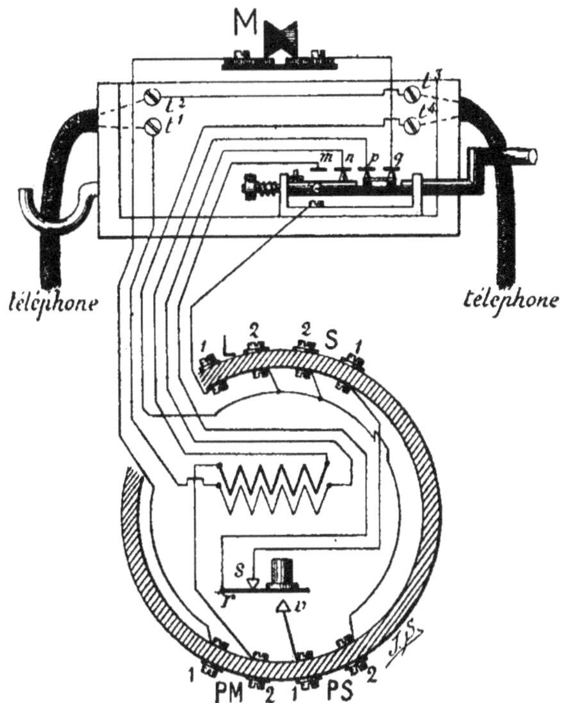

Fig. 167. — Communications du transmetteur portatif Mors-Abdank. (Position de conversation).

L_1 avec la masse métallique du crochet D,

L_2 avec t^4, S_2, P S^2,

S_1 avec *s*, plot de repos de la clé d'appel,

P S^2 avec *v*, plot de travail de la clé d'appel,

P M_2 avec le circuit primaire de la bobine d'induction.

P M_1 avec le microphone M,

t^2 avec t^3,

t^1 avec le circuit secondaire de la bobine d'induction,

Le ressort *m* avec le ressort *r* de la clé d'appel, *n* avec le circuit secondaire de la bobine d'induction,

p avec le circuit primaire de la bobine d'induction,
q avec le microphone M.

En rapprochant la figure 164 de la figure 167, on se rend compte de la marche des courants au moment de l'appel ou pendant la conversation. Dans le premier cas, un courant pénétrant par L_1 passe par *m*, *r*, s, S_1 et la sonnerie ; réciproquement, lorsque la clé d'appel est abaissée, le courant de la pile P S suit le trajet *v*, *r*, *m*, L_1, *Ligne*.

Quand le crochet D est dans la position de réception, les courants venant de la ligne prennent la direction L_1, *n*, *circuit secondaire de la bobine d'induction*, t^1, *récepteur de droite*, t^3, t^2, *récepteur de gauche*, t^1, L_2, *terre* ou *fil de retour* ; le circuit microphonique est fermé par P M_1, M, *q*, *p*, *circuit primaire de la bobine d'induction*, P M_2, *pile*.

La seule différence qui existe entre l'appareil mural et l'appareil portatif consiste dans la suppression des bornes du socle de ce dernier. Des plots de contact, disposés intérieurement, reçoivent un cordon souple à 8 conducteurs. Les différentes nuances de ce cordon ont les correspondances que voici :

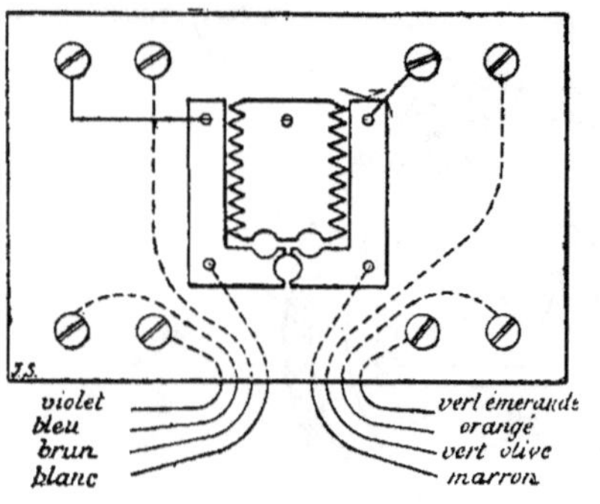

Fig. 168. — Planchette de raccordement du transmetteur portatif Mors-Abdank.

Fil vert émeraude. Fil orangé.	Pile d'appel.
Fil violet. Fil bleu.	Pile de microphone.
Fil blanc. Fil brun.	Ligne.
Fil vert olive. Fil marron.	Sonnerie.

Ces conducteurs aboutissent à une planchette à neuf bornes garnies d'un parafoudre (*fig.* 168) (1).

La résistance des conducteurs de la bobine d'induction, aussi bien dans le type mural que dans le type portatif, est de 0,85 ohm pour le circuit primaire et de 135 ohms pour le circuit secondaire.

Transmetteur mural Ochorowicz. — Le microphone se compose de sept charbons cylindriques mobiles entre quatre charbons prismatiques. La figure 169 montre cet arrangement.

1. La 9e borne est représentée par la petite vis qui assujettit la plaque interne du parafoudre ; elle communique avec la terre.

Ce microphone est boulonné derrière une planchette de sapin, supportée elle-même par une sorte de boite circulaire, située en avant de l'applique murale et légèrement inclinée par rapport à cette dernière. Les équerres métalliques qui soutiennent la boite microphonique servent aussi à établir les communications entre les charbons et le mécanisme de l'appareil ; la bobine d'induction, dont les deux circuits ont 1 et 170 ohms de résistance, est à découvert entre les deux équerres, sans aucune protection autre que celle de la boite qui enveloppe le microphone. La figure 170 est une vue d'ensemble du transmetteur mural Ochorowicz. Le crochet mobile C (*fig.* 169) porte en arrière un appendice métallique *c*, qui glisse entre deux ressorts a, *b*, touchant l'un ou l'autre, suivant sa position. Cet appendice *c* est ensuite recourbé à angle droit, et son extrémité est garnie d'un morceau d'ébonite E. Au-dessous de cette pièce isolante se trouvent les ressorts *f*, *d*. En *r*, on voit le ressort antagoniste du crochet.

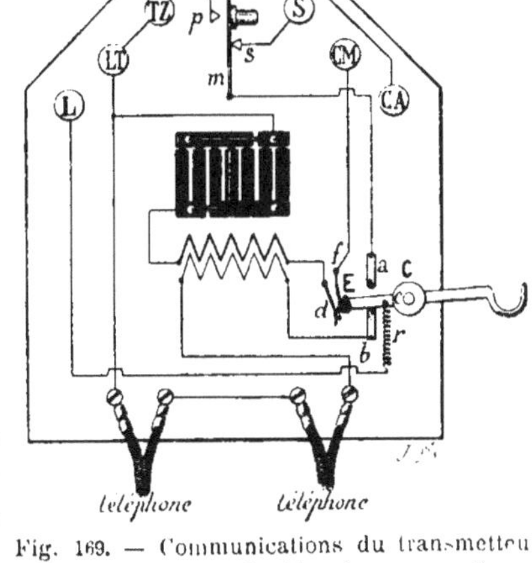

Fig. 169. — Communications du transmetteur mural Ochorowicz (Position de conversation).

Sur les deux pans coupés du haut de l'applique murale sont disposées six bornes : L, L T, T Z d'un côté, S, C M, C A de l'autre. Vers le bas, on aperçoit les quatre vis qui servent d'attache aux récepteurs.

Fig. 170. Transmetteur mural Ochorowicz.

La borne L est réunie à la masse du crochet C ; la borne L T à la borne T Z, aux charbons du microphone et à la vis d'attache des récepteurs située à gauche. La borne S est reliée avec le plot de repos *s* du bouton d'appel, la borne C A avec le plot de travail *p*, la borne C M avec le ressort *f*. Le circuit primaire de la bobine d'induction communique d'une part avec les charbons du microphone, de l'autre avec le ressort *d*. Le circuit secondaire est en relation avec le ressort *b* et avec la vis d'attache des récepteurs située à droite; les deux vis intermédiaires sont réunies ensemble; enfin, le ressort *m* du bouton d'appel est relié au ressort *a*.

Lorsque le récepteur est suspendu au crochet C, celui-ci abandonne le ressort *b* et rencontre le ressort *a*; la pièce E cesse d'appuyer sur les ressorts *f*, *d* qui se séparent par leur élasticité. Si on presse sur le bouton d'appel, le courant de la pile, attachée à la borne C A, passe par le contact *p*, les ressorts *m*, *a*, le crochet C, le ressort *r*, la borne L et la ligne; réciproquement, le courant venant de la ligne arrive en L et suit le trajet *r*, C, *a*, *m*, *s*, borne S, sonnerie, terre ou fil de retour.

Lorsque le crochet C, ne supportant aucun poids, est ramené à sa position naturelle par son ressort antagoniste *r*, il repose sur le ressort *b*, laissant le ressort *a* isolé; en même temps, la pièce d'ébonite E presse l'un contre l'autre les ressorts *f*, *d*. Le circuit primaire de la bobine d'induction est alors fermé par le microphone et les bornes L T, T Z, la pile, la borne C M et les ressorts *f*, *d* en contact. De même, le circuit secondaire comprend : la ligne, la borne L, le ressort *r*, le crochet C, le ressort *b*, le fil induit de la bobine, les deux récepteurs et la terre ou le fil de retour par la borne T Z.

Transmetteur portatif Ochorowicz. — Le transmetteur portatif (*fig.* 171) est un petit cartel au devant duquel est fixé le microphone, comme dans le modèle mural. Au-dessus du socle se trouve le bouton d'appel, à l'intérieur la bobine d'induction et le levier-commutateur; en avant, les quatre vis qui reçoivent les récepteurs. L'instrument est relié par un cordon souple à une planchette de raccordement.

De ce dispositif nous ne retiendrons que la forme du levier-commutateur; la figure 172 représente l'appareil ouvert et laisse voir les communications intérieures que l'on peut suivre aisément.

Le levier-commutateur, qui sert en même temps de crochet de suspension à l'un des récepteurs, est monté sur un ressort flexible, en acier, A B. Ce ressort est percé vers son milieu et reçoit le talon du crochet C qui est rivé par dessus. Les extrémités A et B sont vissées sur des plots d'exhaussement supportés eux-mêmes par la cloison de l'appareil. Le ressort AB est horizontal, et le crochet C le fait fléchir, le tord en quelque sorte, lorsque le téléphone suspendu ajoute son poids à celui du crochet lui-même: debarrassé de tout fardeau supplémentaire, le ressort ramène le crochet à sa position initiale.

Une plaque de garde D limite les mouvements du crochet.

Fig. 171 — Transmetteur portatif Ochorowicz.

En résumé, le ressort AB sert d'axe au crochet C. Sur le ressort AB, et en croix avec lui, sont montés; 1° un ressort en acier EF, 2° une tige rigide G terminée par une palette en ébonite H. Les extrémités du ressort EF sont placées en regard de deux plots de contact *e*, *f*; la palette en ébonite H est située au-dessus de deux ressorts I, J formant une sorte de V renversé, mais ne se touchant que si la pression de la palette les y oblige.

Comme dans les systèmes précédemment décrits, le fil de ligne aboutit au levier-commutateur, c'est-à-dire au crochet C. Lorsque ce crochet est abaissé (*fig.* 172) par le poids du récepteur suspendu, l'extrémité E du ressort EF est en contact avec le plot *e*; le plot *f*, les ressorts I, J sont isolés; le courant venant de la ligne arrive au crochet C, passe par E, *e*, le bouton d'appel, et va à la sonnerie. Réciproquement, si on appuie sur le bouton d'appel, le courant de la pile se rend de *e* en E et s'écoule sur la ligne.

Lorsque le crochet est au repos, le plot *e* est isolé, l'extrémité F du ressort EF appuie sur le plot *f*, la palette H presse l'un contre l'autre les ressorts I, J. Les courants venant de la ligne circulent par F, *f* à travers le circuit secondaire de la bobine d'induction et les récepteurs; quant au circuit primaire,

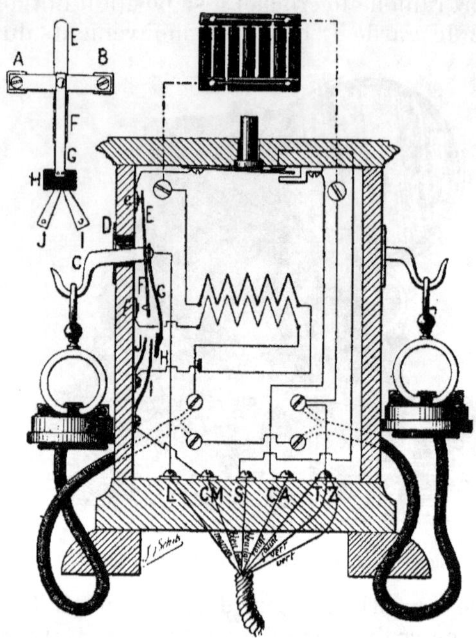

Fig. 172. — Communications du transmetteur portatif Ochorowicz (Position d'appel).

on voit qu'il est fermé sur la pile et le microphone par la juxtaposition des ressorts I, J.

Transmetteur mural Pasquet. — Les organes du transmetteur Pasquet sont ceux de tous les transmetteurs que nous connaissons, savoir : un microphone, une bobine d'induction, une clé d'appel, un levier-commutateur.

Le microphone comprend quatre charbons prismatiques montés par deux en quantité et par deux en tension; voici comment :

Sur la face postérieure de la planchette microphonique en sapin, sont collés huit petits prismes triangulaires en charbon *a'*, *b'*, *c'*, *d'* (*fig.* 173) disposés sur deux rangées parallèles. Les quatre prismes de la rangée de gauche sont réunis ensemble par un fil de cuivre qui les contourne; ceux de la rangée de droite sont unis de la même manière, mais forment deux roupes A′, B′, isolés l'un de l'autre; dans chaque groupe les harbons communiquent entre eux.

C'est aux charbons des groupes A′, B′ qu'aboutissent les fils 'entrée et de sortie du microphone.

Deux plaques de caoutchouc E, E′, collées sur la planchette, servent de pivots à une tige métallique qu'elles maintiennent erticale en agissant par pression, en raison de leur élasticité ropre. Au point de vue électrique, la tige métallique dont nous

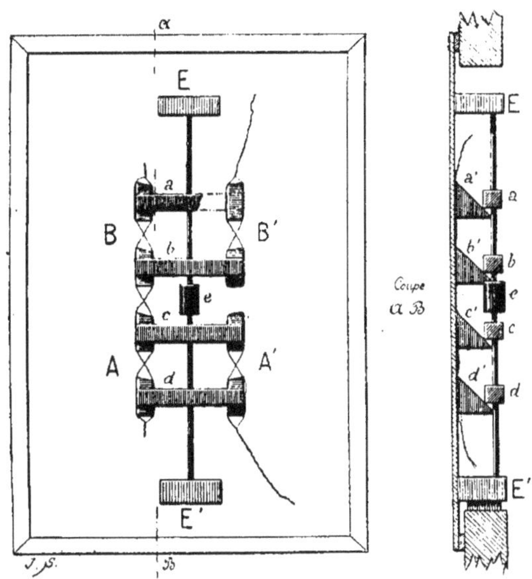

Fig. 173. — Détails du microphone Pasquet.

venons de parler est divisée en deux parties isolées l'une de l'autre et réunies mécaniquement par la rondelle d'ébonite *e*.

Le levier-commutateur (*fig.* 174) pivote autour d'un axe *o*; il est pourvu d'un ressort antagoniste *r* qu'une vis *u* maintient bandé. Le levier se déplace entre deux pièces de contact *a*, *b*; en outre, une goupille en ébonite *e* agit sur un ressort *f* et l'applique contre la pièce de contact *d* ou bien lui permet de s'en éloigner.

Le microphone et le levier-commutateur sont fixés au couvercle de l'appareil; les communications électriques de ces organes avec la bobine d'induction, la clé d'appel et les récepteurs placés sur le socle sont assurées par des ressorts qui viennent presser des équerres métalliques représentées en *g*,

g^1, g^2, g^3, g^4. Les circuits de la bobine d'induction ont des résistances de 2 et 165 ohms.

La clé d'appel est du modèle ordinaire.

Vers le haut de la planchette, quatre bornes L, T, S, S, vers le bas quatre autres bornes Z, C, Z, C réparties en deux groupes M, S; ces bornes communiquent : L avec l'axe du levier-commutateur; T avec S de gauche, avec le circuit secondaire de la bobine d'induction et avec Z du groupe S (en bas); S de droite (en haut), avec le plot de repos de la clé d'appel; Z

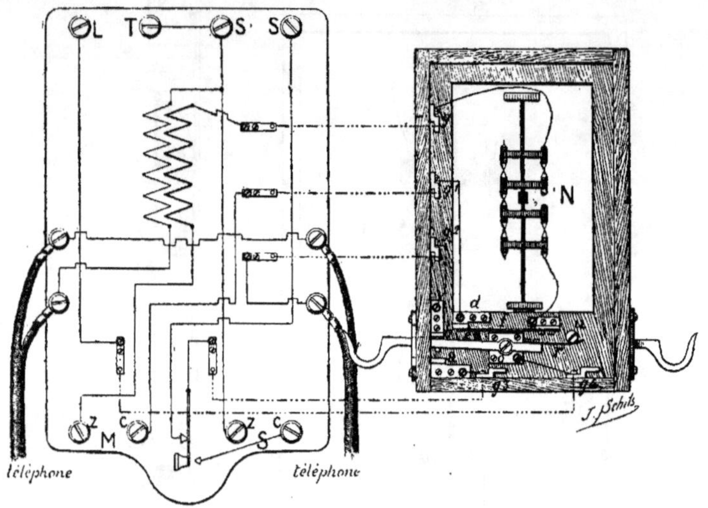

Fig. 174. — Communications du transmetteur mural Pasquet (Position de conversation).

du groupe M, avec le circuit primaire de la bobine; C du groupe M, avec les contacts g^1, d; C du groupe S (en bas) avec le plot de travail de la clé d'appel.

En outre, le contact a est relié au massif de la clé d'appel, le contact b à l'entrée des récepteurs, le contact d au microphone, uni lui-même au circuit primaire de la bobine; enfin, les deux récepteurs sont réunis ensemble et leur sortie est en relation avec le circuit secondaire de la bobine.

Lorsque les récepteurs sont au crochet, l'examen de la figure **174** montre que le levier-commutateur, appuyé sur le contact a, ferme le circuit d'appel à l'exclusion de tous autres; les contacts b, d restant isolés.

Au contraire, si le levier est relevé, il a abandonné le contact a, touche le contact b, et le ressort f est appliqué contre le contact *d*. De la sorte, le circuit primaire est fermé sur la pile et le microphone, tandis que le circuit secondaire est en relation avec la ligne et les récepteurs.

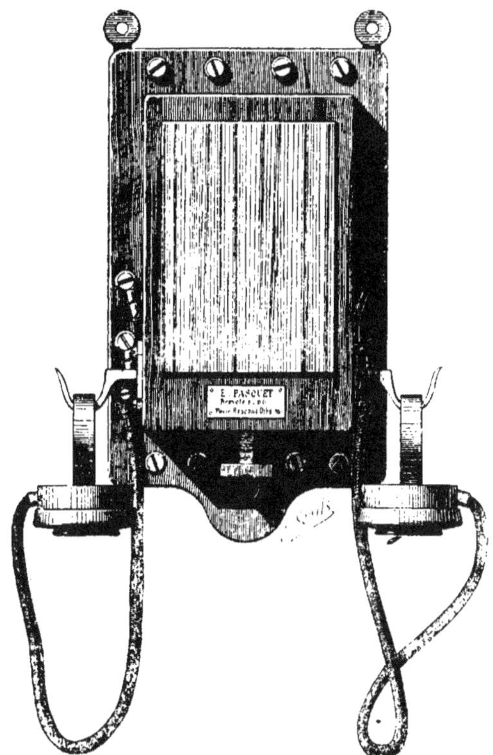

Fig. 175. — Transmetteur mural Pasquet.

La figure 175 montre une vue perspective du transmetteur mural de M. Pasquet.

Transmetteur portatif Pasquet. — Dans le transmetteur à pied, dont la figure 176 montre l'aspect, le microphone est du type primitif adopté par M. Pasquet; il ne diffère de celui que nous venons de décrire que par des dispositions de détail; mais, au point de vue du montage et du démontage de l'instrument, ces détails ont bien leur importance. Les blocs prismatiques de charbon sont agencés sur la planchette microphonique, comme dans le transmetteur mural. Les cylindres mobiles sont emprisonnés dans des augets en bois, cloisonnés latéralement par des feuilles de carton. Ces augets, disposés suivant des plans inclinés, permettent aux cylindres mobiles de tomber par leur propre poids sur les charbons fixes. Les communications du microphone avec le circuit primaire sont assurées par de minces fils de cuivre.

Le mécanisme du levier-commutateur est le même que celui de l'appareil mural; quant à la clé d'appel, elle est disposée perpendiculairement à la face antérieure de l'instrument, et son bouton émerge entre deux solides plots métalliques qui

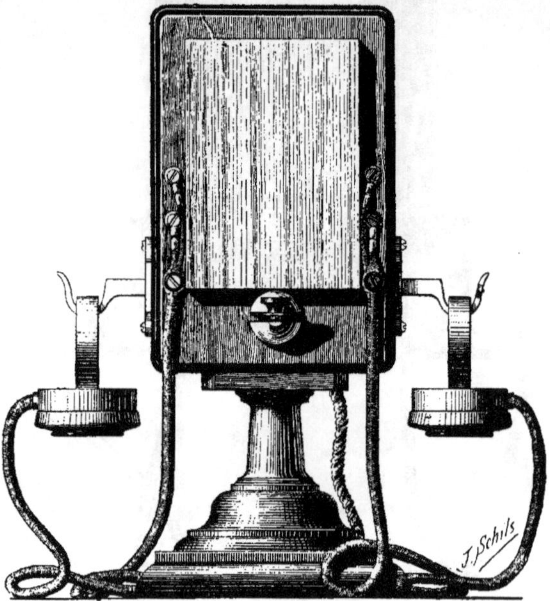

Fig. 176. — Transmetteur portatif Pasquet.

protègent le ressort. Ces deux blocs sont le plot de repos et le plot de travail. Le circuit d'appel est indiqué sur la figure 177. Un cordon souple à 5 conducteurs part des bornes CM, ZT, L, ZS, CS; le brin jaune est attaché à la borne CS, le brin bleu à la borne ZS, le brin vert à la borne L, le brin blanc à la borne ZT, le brin rouge à la borne CM. Ce cordon souple, tressé sur toute sa longueur, se divise de nouveau en arrivant à une planchette de liaison qui reçoit, d'autre part, les fils de ligne, de pile et de sonnerie.

Transmetteur Roulez. — Le système Roulez a fait assez de bruit dans le monde des abonnés de Paris pour que nous nous y arrêtions quelques instants.

Le microphone ne diffère des microphones à grenaille qu'en ce que les petits morceaux de charbon sont découpés dans des filaments très minces; la composition du charbon n'est d'ailleurs pas la même que celle de la grenaille ordinaire.

On commençait à parler du microphone Roulez à l'époque où la Société des Téléphones était déclarée, par un arrêt de la la Cour de Paris, propriétaire en France, à l'exclusion de tous autres, des applications de la bobine d'induction aux transmis-

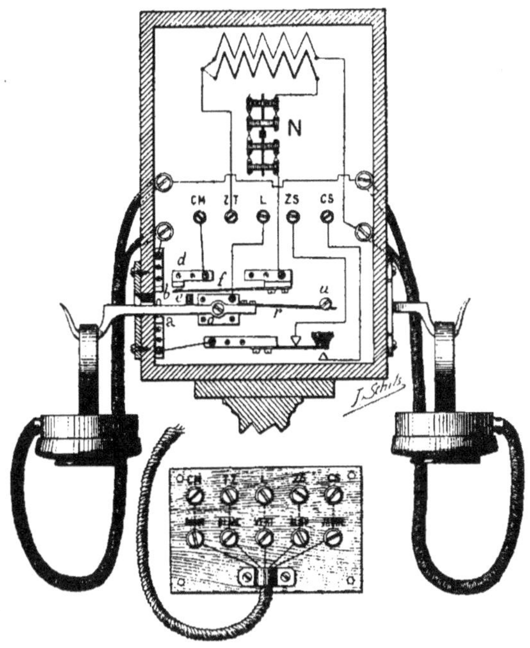

Fig. 177. — Communications du transmetteur portatif Pasquet (Position d'appel).

sions microtéléphoniques. Le microphone Roulez était alors pourvu d'une bobine d'induction. A la suite de pourparlers qui n'aboutirent pas, M. Roulez se décida à abandonner la bobine d'induction et à essayer d'un autre procédé, connu déjà depuis longtemps, mais resté sans application pratique, du moins pour l'usage auquel le destinait M. Roulez. A la bobine d'induction, il substitua une bobine de self-induction, dite *bobine amplificatrice*. Les résultats obtenus avec ce système ne sont pas aussi satisfaisants que ceux que fournit la bobine d'induction, mais, faute de mieux, il fallut bien s'en contenter. La

Société des Téléphones prétend, du reste, que l'emploi de la bobine amplificatrice est expressément réservé dans ses brevets. Quoi qu'il en soit, l'appareil de M. Roulez est admis sur les réseaux.

Le microphone (*fig.* 178) se compose d'une plaque de charbon A B, d'environ 10 centimètres de diamètre et de 0,92 millimètre d'épaisseur. Cette plaque est maintenue par un cercle nickelé, assujetti au couvercle de l'instrument par six boulons. Elle est protégée par le couvercle lui-même qui porte à son centre une ouverture circulaire O, d'environ 2 centimètres de diamètre, et devant laquelle on parle.

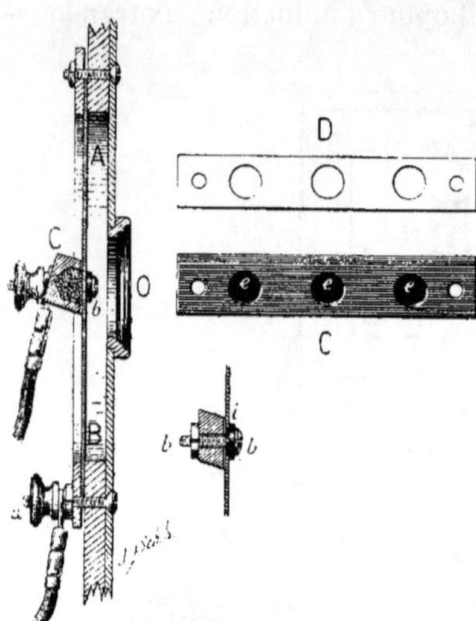

Fig. 178. — Détails du microphone Roulez.

L'un des boulons qui maintiennent le cercle nickelé porte une tête de borne *a* et sert à attacher un fil de communication.

En arrière de la plaque A B, un prisme de charbon C est placé transversalement. Il est maintenu par deux boulons *b* que des rondelles d'ivoire *i* isolent de la plaque A B. Le prisme C est en outre séparé de A B par une feuille de papier D. Trois excavations *e*, *e*, *e* ont été ménagées dans le bloc C pour recevoir la grenaille; des trous leur correspondent dans la feuille de papier D. La grenaille est formée de filaments de charbon de 122/100 de millimètre de diamètre et de 18/10 de millimètre de longueur. De la sorte, le prisme C et la plaque A B ne communiquent électriquement entre eux que par l'intermédiaire des filaments de charbon, dont les contacts se déplacent aux moindres vibrations de la plaque A B.

Les boulons d'attache du prisme C servent en même temps à relier le microphone au reste du système.

L'emploi de la bobine amplificatrice ne constitue qu'une période transitoire, M. Roulez étant revenu depuis à la bobine d'induction.

L'adoption de la bobine amplificatrice a nécessité des changements importants dans l'agencement des communications.

Cette bobine, dont la résistance électrique est de 0,706 ohm, est formée par un fil de 1,3 millimètre de diamètre, enroulé régulièrement autour d'une bobine en bois dont le noyau a 20 millimètres de diamètre et est composé d'un faisceau de fils de fer doux. Le fil conducteur a un développement de 22,30^{m}; il est disposé sur 5 rangées contenant chacune 44 spires.

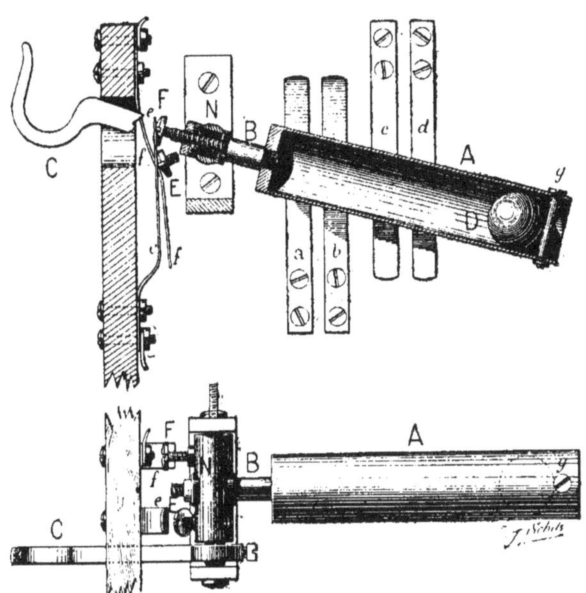

Fig. 179. — Crochet du transmetteur Roulez.

Le levier-commutateur (*fig.* 179) est simple et original; c'est un crochet mobile C auquel s'adapte un tube métallique A, isolé du crochet par une bague d'ébonite N; dans le tube A se meut une balle de plomb D. Le crochet mobile C pivote sur les extrémités de deux vis à centre. Le tube A, dans lequel se meut la balle de plomb D, est vissé en B, comme le montre la figure. La balle de plomb est emprisonnée dans le tube, fermé à l'un de ses bouts par l'écrou B, à l'autre par une goupille *g* qui empêche la balle de s'échapper; cette balle est toutefois très mobile à l'intérieur du tube.

Lorsque le récepteur est posé sur le crochet, son poids est suffisant pour soulever le bras de levier constitué par le tube A; la balle roule à l'intérieur et s'arrête du côté de la vis B; aussitôt le récepteur enlevé, le tube, par son poids, fait basculer le crochet en sens inverse; la balle roule jusque sur la goupille et maintient le crochet relevé. Dans ces deux mouvements en sens opposé, le tube A rencontre deux jeux de ressorts *a*, *b*, *c*, *d*, tandis que les vis F, E s'appuient sur les ressorts *f*, *e*. Ainsi, lorsque le récepteur est suspendu au crochet C, le tube A touche les ressorts *a*, *b*; la vis F est en contact avec le ressort *f*, et le ressort *e* est isolé; la balle D se trouve près de l'écrou B. Lorsque le récepteur est décroché, la balle D roule jusqu'à la goupille *g*, le crochet C est relevé, le tube A touche les ressorts *c*, *d*, la vis E presse le ressort *e*, et le ressort *f* est isolé.

La figure 180 montre la disposition schématique des circuits. Dans la position d'appel, le fil de ligne attaché en L, communique par la vis F et le ressort *f* avec le massif *r* de la clé d'appel, puis avec la sonnerie par *r*, s, S. A la sortie de la sonnerie intercalée entre les bornes S S, le courant suit le trajet *b*, a, T. Le pôle positif C S de la pile d'appel est réuni au contact *p*, le pôle négatif Z S à la borne S de droite et, par suite, à la borne T.

Dans le circuit de réception, le courant de ligne passe de L en E, *e*, *récepteur de gauche*, *récepteur de droite*, *microphone M*. Là il y a une dérivation : en effet, l'une des plaques du microphone est réunie au ressort *d* qui communique par le levier commutateur avec le ressort *c*, en relation lui-même avec le pôle positif de la pile microphonique C M. L'autre plaque du microphone est reliée d'une part au récepteur de droite, de l'autre à l'entrée du fil de la bobine amplificatrice. La sortie de cette bobine aboutit à la borne Z M (pôle négatif de la pile microphonique) et à la borne T. A l'arrivée, le courant se rend à la terre ou sur le fil de retour par la bobine B; au départ, il traverse la bobine B et le microphone pour se rendre sur la ligne.

La figure 181 est une vue d'ensemble du microphone Roulez; nous représentons aussi (*fig.* 182) les communications du type à bobine d'induction également admis, depuis peu, sur les réseaux. L'inducteur de la bobine est formé par 580 tours d'un fil de cuivre recouvert de soie de 0,6 millimètre de diamètre; l'induit comprend 4100 tours d'un conducteur dont le diamètre est de 0,17 millimètre. La résistance de l'inducteur est de 1,6 ohm; celle de l'induit est de 210 ohms.

Transmetteur Sieur. — Le microphone se compose de cinq cylindres de charbon parallèles, s'appuyant sur deux gouttières de même substance, disposées transversalement.

Fig. 180. — Communications du transmetteur Roulez à bobine amplificatrice (Position d'appel).

Fig. 181. — Transmetteur Roulez.

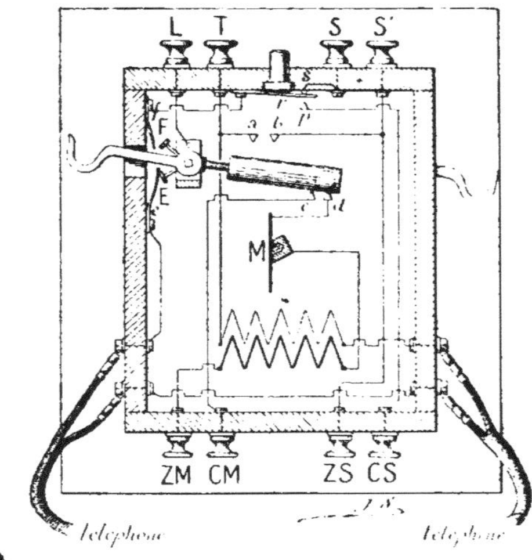

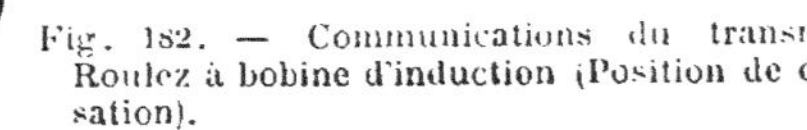

Fig. 182. — Communications du transmetteur Roulez à bobine d'induction (Position de conversation).

Les cylindres, et c'est là une des innovations de M. Sieur, sont suspendus par de petites boucles métalliques qui maintiennent leur indépendance, tout en assurant leur mobilité. Ces boucles, faites en fil, de la grosseur d'une épingle, entourent chacune des extrémités des cylindres et pivotent autour d'un clou planté dans la pièce de bois supportant les gouttières.

Cet ensemble est fixé par quatre boulons à la planchette en sapin devant laquelle on parle.

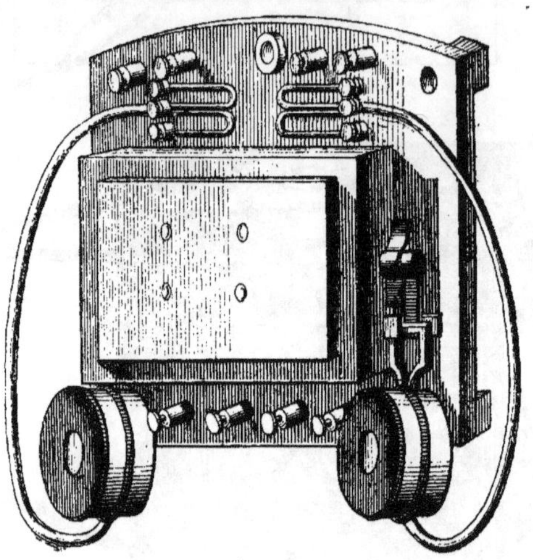

Fig. 183. — Transmetteur Sieur.

Des deux gouttières de charbon partent des conducteurs aboutissant à des plaques métalliques qui, lorsque le microphone est en place, donnent, par pression sur des ressorts, la communication avec le reste du dispositif.

La résistance du circuit primaire de la bobine d'induction est de 1 ohm, celle du circuit secondaire est de 150 ohms.

Le crochet de suspension de droite, en regardant l'appareil, sert de commutateur, mais son mode de fonctionnement présente une originalité qui lui est propre. Alors que, dans la plupart des postes microtéléphoniques, le levier-commutateur s'abaisse par le poids du récepteur, M. Sieur a pensé qu'il était préférable d'exercer une pression d'un autre genre; l'anneau de son récepteur forme cale entre un crochet fixe et un levier mobile, qui opère la permutation entre le circuit de la sonnerie et celui du microphone. Sur la planchette qui sert de support, les bornes du haut reçoivent, à gauche, la ligne et la terre ou bien la ligne et le fil de retour, à droite, la sonnerie; celles du bas sont affectées, à gauche, à la pile du microphone, à droite, à la pile de la sonnerie (*fig.* 183).

Le bouton d'appel ne présente aucune disposition nouvelle. Lorsqu'on appuie sur ce bouton, il met la pile de sonnerie en relation avec la ligne; au repos, c'est-à-dire lorsque le télé-

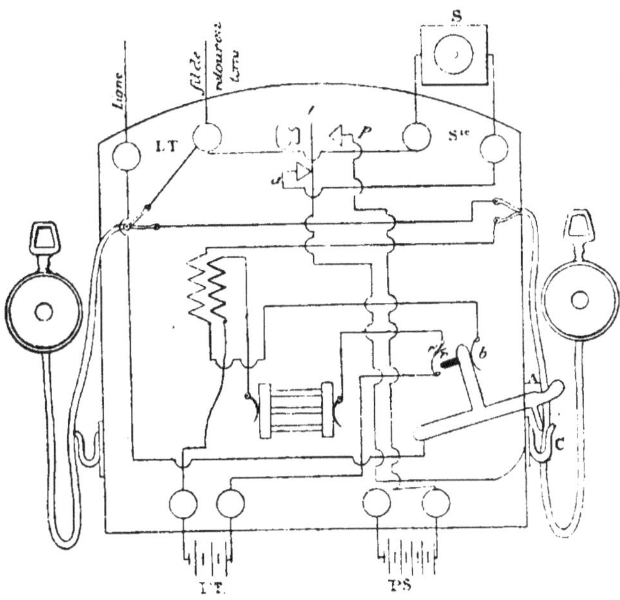

Fig. 184. — Communications du transmetteur Sieur (Position de conversation).

phone de droite est accroché, il établit au contraire la liaison entre la ligne et la sonnerie.

Examinons ce qui se passe lorsque les fils de ligne, la sonnerie, la pile de sonnerie, la pile du microphone sont réunis au poste, comme le montre la figure 184, qui représente le circuit de conversation. Le ressort *l* étant appuyé par la main de l'opérateur sur le contact *p*, le courant de la pile de sonnerie passe par le crochet C, relié au levier commutateur A par le récepteur suspendu à ce crochet, qui, ainsi que nous l'avons dit, forme comme une cale métallique entre C et A. Ce courant traverse la ligne et fait fonctionner la sonnerie du correspondant. Celui-ci répond par la même manœuvre. Son courant arrive en L, passe par le levier A, le crochet C, le ressort *l*, le contact *a*, la sonnerie, et sort par la borne T.

Les deux interlocuteurs portent leur téléphone à l'oreille et, de ce fait, le circuit microphonique se trouve fermé. Les courants arrivant en L, passent alors par le levier A, le ressort *b*, le circuit secondaire de la bobine d'induction, les récepteurs et par la borne T. Pendant ce temps, le circuit de la pile microphonique est fermé par les ressorts *r*, *r'* en contact, les charbons du microphone et le circuit primaire de la bobine d'induction; il en est de même lorsqu'on parle devant la planchette.

L'appareil se place verticalement le long d'un mur ou d'une cloison.

VI

LIGNES TÉLÉPHONIQUES

Lignes téléphoniques. — Conducteurs aériens. — Construction des lignes aériennes. — Appuis en bois. — Appuis métalliques. — Système André. — Herses. — Système Belz. — Dispositions particulières. — Sourdines. — Les entrées de poste dans les bureaux centraux. — Tourelles en bois. — Tourelles André. — Tourelles Belz. — Conducteurs souterrains, leur spécification. — Câble Fortin-Hermann. — Câble Patterson. — Procédés antiinducteurs. — Influence de la capacité. — Communications à grande distance.

Lignes téléphoniques. — Les lignes téléphoniques sont aériennes ou souterraines : les matériaux varient suivant que l'on adopte l'une ou l'autre forme. Pour les lignes aériennes, on fait usage de fils d'acier galvanisé, de fil de bronze ou de cuivre de haute conductibilité; pour les lignes souterraines, on emploie des câbles.

Conducteurs aériens. — Aux termes des cahiers des charges de l'Administration des postes et des télégraphes, les fils conducteurs servant à la construction du réseau doivent être fabriqués dans des usines françaises. Le fil d'acier a 2 millimètres de diamètre; il est galvanisé.

Sa résistance kilométrique à 15° centigrades, ramenée à ce qu'elle serait si le diamètre du fil était de 1 millimètre, ne doit pas dépasser 245 ohms.

Pour les corrections de température, on admet que le coefficient d'augmentation de résistance de l'acier est de 0,0063 par degré centigrade.

Le mètre courant de fil doit peser de 24 à 28 grammes.

Les lignes urbaines sont habituellement construites en fil de bronze de 11/10 de millimètre de diamètre. Le poids relativement faible de ce fil, sa résistance mécanique, sa grande conductibilité électrique, le rendent particulièrement propre à ce genre de construction où les appuis ont à soutenir un grand nombre de conducteurs, où la longueur des portées est fatalement très variable et où la pose des fils de gros diamètre serait non seulement gênante, mais quelquefois impossible.

Avant d'être acceptés et employés sur les lignes, les fils de bronze sont soumis à des épreuves très rigoureuses permettant de reconnaitre s'ils répondent bien aux conditions imposées aux fabricants.

C'est ainsi que la résistance électrique du fil de bronze de 11/10 de millimètre de diamètre, ramenée à la température de 0° centigrade et calculée pour un fil de 1 millimètre de diamètre, ne doit pas être supérieure à 58,5 ohms légaux par kilomètre.

On admet, pour les corrections, que le coefficient d'augmentation de résistance par degré centigrade est de 0,00152.

L'effort de rupture doit être d'au moins 70 kilogrammes et ne doit pas correspondre à un allongement supérieur à 1 0/0.

Les épreuves d'élasticité et de ténacité ne sont pas moins sérieuses : le fil doit pouvoir être plié dans un étau, alternativement dans un sens et dans l'autre, dix fois de suite sans se rompre.

Cette expérience se fait à l'aide de mâchoires à angles arrondis, de 6 millimètres de rayon. La première flexion, correspondant à un angle de 90°, s'obtient en plaçant le fil dans le prolongement du plan de serrage et en le courbant sur la face d'une des mâchoires. Les autres flexions, correspondant à des angles de 180°, sont comptées successivement à partir de la position occupée par le fil après la première flexion. Dans chaque flexion, le fil doit toucher, dans toutes ses parties, et notamment dans le voisinage du plan de serrage, la face de la mâchoire vers laquelle il est incliné.

Le poids d'un mètre de fil de 11/10 de millimètre de diamètre doit rester compris entre 8,2 gr. et 9,2 gr..

Ce fil est livré en couronnes, dont le diamètre intérieur est de 0,40m.

Les lignes interurbaines sont quelquefois les lignes télégraphiques ordinaires appropriées à leur nouvelle destination, ou bien elles sont construites, suivant l'étendue de leur parcours, en fils de cuivre de haute conductibilité de 2, 2,5 et 5 millimètres de diamètre.

Ces conducteurs doivent satisfaire aux conditions suivantes :

Sous le rapport de la flexion, les épreuves sont les mêmes que pour le fil de bronze de 11/10, mais le nombre des pliages n'est plus que de 8 pour le fil de 2 millimètres, de 7 pour le fil de 2 millimètres 1/2, et de 3 pour celui de 5 millimètres.

Le rayon de courbure des mâchoires est porté à 10 millimètres pour le fil de 5 millimètres de diamètre.

Le poids du mètre courant est de :

27 à 29,5 gr.	pour le fil de	2	millimètres.
42 à 46	»	2,5	»
170 à 182	»	5	»

L'effort de rupture, qui ne doit pas correspondre à un allongement de plus de 2 0/0, est de :

140 kilogr.	pour le fil de	2	millimètres.
215	»	2,5	»
750	»	5	»

La résistance électrique, ramenée à la température de 0°, et calculée pour un fil de 1 millimètre de diamètre, ne doit pas être supérieure à 21,16 ohms légaux par kilomètre. Le coefficient de correction pour l'augmentation de résistance par degré centigrade étant de 0,0039.

De même que le fil de bronze de 11/10, les fils de 2 et 2 millimètres 1/2 sont livrés en couronnes ayant 0,40m de diamètre intérieur. Les couronnes de fil de 5 millimètres ont un diamètre intérieur de 0,50m.

Les extrémités de chaque pièce doivent être aussi bonnes que le milieu.

Construction des lignes aériennes. — Les lignes téléphoniques à grande distance sont habituellement construites en fil de bronze de 3 millimètres de diamètre et au dessus. Les principes généraux, admis pour la construction des lignes télégraphiques en fil de fer galvanisé, sont applicables aux lignes téléphoniques. Seulement ici, pour éviter les phénomènes d'induction dont l'action se fait sentir avec une grande intensité dans les récepteurs, on fait usage de deux conducteurs pour une même ligne. De plus, on croise ces deux conducteurs, de kilomètre en kilomètre par exemple, ainsi que nous le verrons plus loin.

On sait que les lignes aériennes sont généralement installées sur poteaux de 8 mètres. Les isolateurs occupent deux faces opposées du poteau et constituent trois types de lignes suivant la position des isolateurs et la forme de leurs consoles.

Lorsqu'on n'emploie que des isolateurs à consoles courtes; on les espace de 0,50m en les alternant; on en place ordinairement 8 sur chaque poteau, et ils occupent un espace de 3,50m. En posant en face de chaque isolateur à console courte un isolateur à console longue, on obtient dans le même espace une ligne à 16 conducteurs disposés dans quatre plans verticaux. Enfin, en accouplant deux poteaux semblables, on constitue une ligne à 32 conducteurs.

Dans les courbes, les poteaux ne sont habituellement armés que d'un seul côté, et de telle sorte que si la poupée de l'isolateur vient à être brisée, le fil s'appuie contre le poteau et est soutenu par la console. D'ailleurs, dans les courbes, le poteau droit est soutenu par une jambe de force maintenue par un boulon sur la tête de l'appui à consolider, et plus bas par des entretoises. Cette disposition se prête mal à un armement uniforme des poteaux et cependant, au point de vue téléphonique, pour maintenir le parallélisme entre les deux conducteurs d'une même ligne, il y a intérêt à armer les appuis plantés dans les courbes, de la même manière que ceux qui suivent un tracé rectiligne. M. Barbarat, ingénieur des télégraphes français, a imaginé et expérimenté un mode d'accouplement, qui permet d'armer tous les appuis de la même manière[1]. Au lieu d'employer un boulon de tête pour les poteaux jumelés, il fait un accouplement à distance en se servant d'un croisillon en fer cornière, comme le montre la figure 185, ou en fer en U calculé suivant la résistance à obtenir. Avec ce dispositif, tous les appuis peuvent être armés de la même manière, qu'il s'agisse d'une ligne droite ou d'une courbe, d'une ou de deux rangées de poteaux.

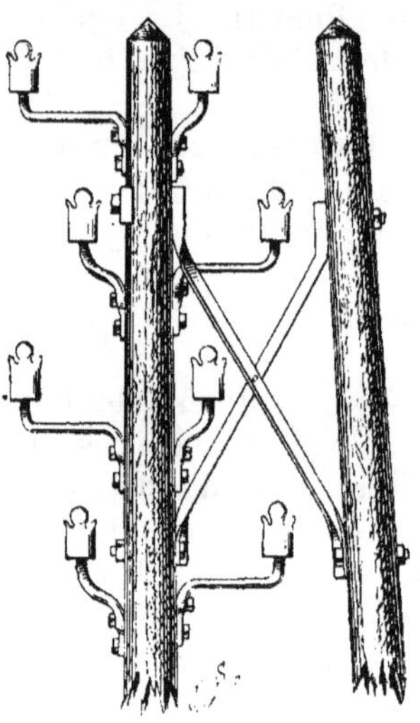

Fig. 185. — Poteaux jumelés, système Barbarat.

La tension à adopter pour les fils de bronze est égale au poids du kilomètre de conducteur; c'est 1/5 de la charge de rupture calculée à la température de 10 degrés centigrades.

M. Barbarat conseille, surtout pour les fils de bronze de petit diamètre, de ne pas arrêter le conducteur sur tous les appuis; un arrêtage à tous les 500 mètres est favorable au maintien du réglage de la ligne.

1. *Annales télégraphiques* (mars-avril 1890).

Sur les lignes urbaines aériennes ou sur les artères de peu d'étendue, on fait usage de fil de bronze de 11/10 de millimètre de diamètre.

Le déroulement des couronnes a lieu, soit à la main, soit au moyen d'un dévidoir. L'ouvrier chargé de l'opération doit veiller à ce que le fil ne subisse pas de torsion dans le sens de son axe et qu'il ne fasse pas de coques; c'est toujours au détriment de la solidité de la ligne que ces défauts se produisent. La couronne de fil, tenue à deux mains, est placée verticalement et, en marchant à reculons, l'ouvrier la fait tourner perpendiculairement à l'axe du fil qui se déroule.

Les raccords de couronne à couronne se font, comme pour toutes les lignes du réseau télégraphique français, à l'aide de manchons soudés; mais ici les manchons sont en bronze ou en cuivre, comme les conducteurs, et leurs dimensions sont proportionnées au diamètre des fils. En outre, on laisse dépasser, de chaque côté, une longueur de fil suffisante pour enrouler 6 spires sur le conducteur adjacent. Les manchons sont soudés comme ceux des conducteurs en fer galvanisé, mais la confection de la soudure nécessite certaines précautions, en raison de la nature même du métal sur lequel elle est appliquée. Il faut, en premier lieu, que la solution de chlorure de zinc, employée pour décaper le conducteur, soit suffisamment neutralisée pour que, à la longue, un excès d'acide ne puisse pas donner lieu à une action nuisible; d'autre part, un excès de chaleur ferait perdre au fil de bronze une partie de sa ténacité; il est donc indispensable d'opérer rapidement, de ne pas prolonger l'action du fer à souder et de faire usage d'un alliage fusible à une température peu élevée; on se sert habituellement de soudure composée de 2/3 d'étain et de 1/3 de plomb.

L'arrêt des fils sur les isolateurs se fait à l'aide de fil de bronze, au moyen d'une attache analogue à celle qui sert à fixer les fils télégraphiques.

Pour les lignes interurbaines, on continue à employer les isolateurs et les appuis d'un usage courant, mais il a fallu, sur les réseaux urbains, avoir recours à d'autres dispositions. Le faible diamètre des fils ne nécessite plus l'emploi de gros isolateurs; on a pu en réduire les dimensions sans modifier leur forme.

Lorsqu'il s'est agi des appuis, il n'a plus suffi, dans la généralité des cas, d'employer les moyens usités pour les lignes télégraphiques traversant des villes ou des villages. Le nombre des conducteurs s'est tellement multiplié qu'il a fallu imaginer des potelets spéciaux, dût-on, de temps à autre, avoir recours à un poteau de grande dimension.

On peut dire, d'une manière générale, que les réseaux téléphoniques urbains sont installés sur deux sortes d'appuis : des potelets, des herses; dans ces deux systèmes, on peut distinguer les appuis en bois, les appuis en fer et, dans cette dernière catégorie, considérer le système André, le système Belz et quelques autres dispositions particulières.

Appuis en bois. — Les herses en bois sont des échafaudages constitués à peu de frais par des traverses horizontales, boulonnées sur deux ou à trois montants. Elles sont placées sur la ligne de faite des toits et, à leur partie inférieure, une semelle sert à les y fixer. Suivant que la nappe des fils supportés par la herse est perpendiculaire ou parallèle à l'arête du toit, la herse est à deux ou à trois montants; dans le premier cas, la semelle est rectiligne et se fixe sur la pièce de faitage; dans le second, elle forme un angle et est boulonnée sur deux chevrons appartenant aux deux pentes de la toiture. Dans un cas comme dans l'autre, elle doit être consolidée par quatre haubans.

Sous les potelets ou sous les herses, on place des plaques de caoutchouc qui amortissent le bruit, souvent insupportable, provenant de la vibration des conducteurs; la portion dénudée du toit est recouverte par une feuille de zinc.

Les isolateurs sont placés sur les traverses à l'aide de consoles droites, filetées et maintenues par des écrous.

Appuis métalliques. — Les appuis métalliques sont, comme nous l'avons dit, du système André ou du système Belz, sauf quelques exceptions; ce sont des potelets ou des herses.

Système André. — Le but que s'est proposé M. André se résume dans les principes suivants [1] :

« Limiter au minimum possible le nombre des modèles.

« Rendre les pièces uniformes, de façon que sans aucun repérage elles puissent entrer dans la composition d'un support quelconque.

« Choisir les fers spéciaux, les plus légers, travaillant dans les meilleures conditions de résistance.

« Supprimer presque complètement le rivetage et assembler par des boulons. Cette disposition permet à la fois la

1. *Des progrès récents réalisés dans la construction des lignes télégraphiques et téléphoniques*, par H. Vivarez.

diminution du poids des *pièces unités* et rend la permutation beaucoup plus facile.

« Distinguer dans chaque montant (poteau, montants de herse) deux éléments.

« L'un, toujours pareil de forme, ne variant que par sa longueur, la *hampe*.

« L'autre, la partie terminale ou *éperon*, qui peut se placer de plusieurs façons et se modifier facilement pour chaque cas, l'une de ses branches restant constante, comme les hampes elles-mêmes, et l'autre pouvant subir toutes les transformations possibles.

« Permettre le réglage dans la ligne ou le plan vertical sans le contre-haubannage, souvent difficile, quelquefois impossible.

« Ne se servir des boulons que pour rapprocher les pièces, obtenir les jonctions et l'équerrage par une double encochure des fers.

« Rendre toujours possible l'addition d'isolateurs nouveaux, ou l'écartement des anciens en cas d'induction, en profitant de la disposition jumelée des poteaux et des traverses horizontales (jumelles). »

Les poteaux comprennent un *éperon*, une *hampe* et des consoles garnies d'isolateurs.

L'éperon est un patin en fer, recourbé suivant un angle convenable qui dépend de la façon dont il doit être posé (*fig.* 186); il porte à la fois une queue de carpe et des trous pour des tirefonds; il peut, par conséquent, être scellé dans une muraille ou bien boulonné sur une pièce de bois. L'éperon peut porter une tige supplémentaire faisant l'office de jambe de force.

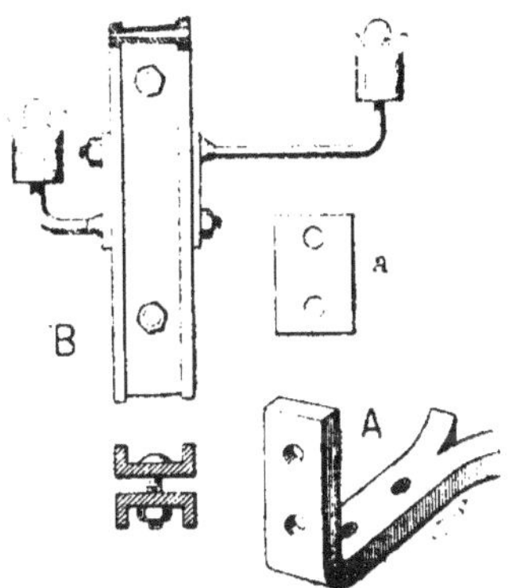

Fig. 186. — Détails des appuis métalliques André.

La hampe est composée de deux fers en U se tournant le dos et assemblés, d'espace en espace, par des boulons (B, *fig.* 186). Entre les deux fers en U, un espace de 2 centimètres environ est ménagé pour laisser passer les consoles des isolateurs; celles-ci traversent des plaques de plomb a faisant l'effet de sourdines et sont boulonnées sur ces plaques. Les consoles sont des tiges alternativement longues et courtes sur lesquelles sont scellés les isolateurs; on place ces consoles à 25 centimètres d'intervalle.

Herses. — Les traverses des herses ont la même contexture que les poteaux simples; ce sont, en un mot, des poteaux simples couchés horizontalement entre des montants verticaux (C, *fig*. 187). Evidemment, les isolateurs sont ici montés sur consoles droites, et tous placés sur la face supérieure de la traverse. Les montants sont formés par deux fers en U, opposés par leur creux et boulonnés sur les traverses, comme on le voit en D sur la figure 187.

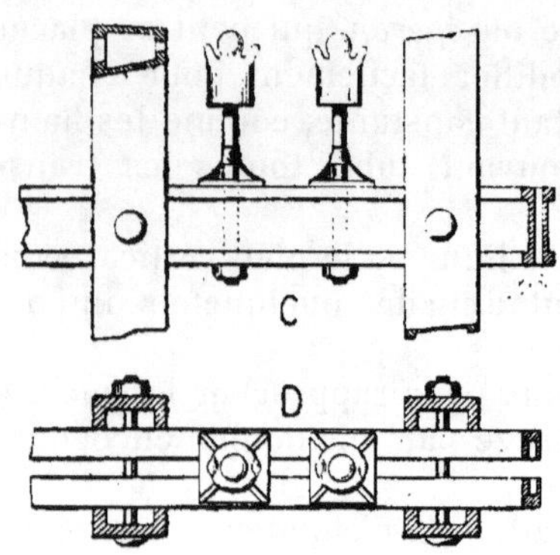

Fig. 187. — Herse système André.

Pour donner plus de solidité au système, on peut encocher les arêtes des fers.

Les poteaux simples peuvent supporter de 1 à 12 fils; on en met jusqu'à 40 sur les herses.

Pour consolider soit les poteaux, soit les herses, on fait usage de haubans rigides. Ce sont des tubes de fer taraudés à leurs deux extrémités, mais en sens inverse. En haut, un piton fileté est vissé dans le tube, et, à l'aide d'un boulon, est assujetti à la tête du poteau; en bas, un piton semblable s'engage dans la partie inférieure du tube et est scellé dans la muraille, à l'aide d'un patin analogue aux éperons précédemment décrits, ou bien vissé sur un chevron au moyen du même patin. La tension est réglée avec une clé.

Ce système de poteaux et de herses a été appliqué au réseau de Reims.

Système Belz. — On a reproché au système André de nécessiter l'emploi de consoles spéciales pour les isolateurs. Dans le but d'utiliser le matériel courant de l'administration des Postes et Télégraphes, M. Belz, ingénieur de cette administration, a appliqué au réseau de Nice le système suivant : La hampe des poteaux reste composée de deux fers en U, se tournant le dos et boulonnés, de distance en distance, avec interposition d'un fer plat. Deux consoles, une longue et une courte, sont placées en face l'une de l'autre et boulonnées ensemble, une plaque de caoutchouc séparant chacune d'elles de l'appui. Deux appuis semblables, séparés par une distance de 70 centimètres et unis par une traverse en fer plat, forment une herse; c'est plutôt, à proprement parler, une ligne double de poteaux, puisque les traverses ne portent pas d'isolateurs.

Les poteaux ou les montants des herses se fixent aux murs par des brides à scellement. Pour les assujettir aux boiseries, on les recourbe suivant un angle convenable et on les fixe à des chevrons au moyen de tire-fonds, en ayant soin toujours d'interposer des plaques de caoutchouc formant sourdines entre le fer et le bois. Les découverts faits aux toitures sont bouchés le mieux possible à l'aide de feuilles de zinc.

Les consolidations se font à l'aide de haubans.

Dispositions particulières. — Parmi les autres combinaisons mises à l'essai sur les lignes françaises, il faut citer le dispositif décrit par M. Voisenat dans les *Annales télégraphiques*, et qui a été appliqué aux réseaux de Besançon et de Dijon [1]. Les potelets sont droits, formés de deux fers en U, séparés par plusieurs fourrures et rivetés. Ces appuis sont placés sur les charpentes des toitures, mais mieux sur les pignons et les murs de refend. Des équerres et des pattes à scellement, scellées au plâtre ou au ciment, assujettissent la base du potelet. Une garniture de zinc déverse sur le toit les eaux pluviales coulant le long de la hampe.

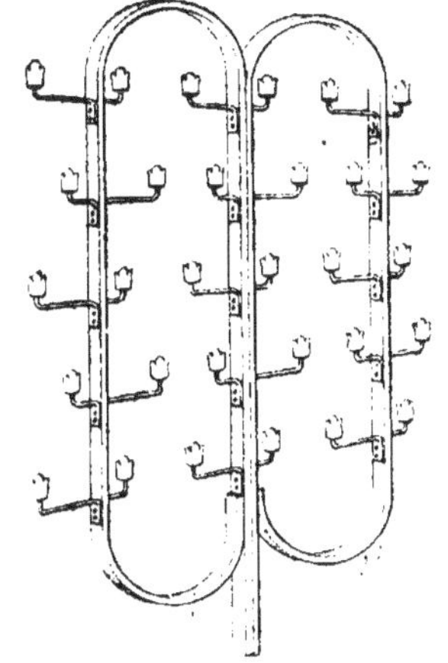

Fig. 188. — Potelet à oreilles.

Les appuis, de même que les équerres et les pattes à scellement, sont galvanisés; ils sont généralement pourvus de quatre haubans, formés d'un seul fil de fer de 5 millimètres, si le potelet à consolider ne dépasse pas 3,60m, composés de 3 brins de 4 millimètres pour les appuis plus élevés. Ces haubans sont fixés à l'aide de crochets scellés; ils sont réglés par des tendeurs.

Dans quelques cas particuliers, on a fait usage de potelets spéciaux, dits *potelets à oreilles* (*fig.* 188), qui peuvent soutenir jusqu'à 36 fils.

1. *Annales télégraphiques* (mars-avril 1891).

Pour poser le premier fil, on lance d'abord une ficelle de toit en toit. On a essayé d'employer des fusées pour cette opération, mais habituellement elle se fait à la main.

Au bout de la ficelle est attaché le premier conducteur. Lorsque l'extrémité de la ficelle parvient à portée de l'ouvrier placé au bout de la section à poser, soit à 4 ou 500 mètres du point initial, il la renvoie de toit en toit jusqu'au potelet de départ. Il existe alors sur tout le trajet deux brins parallèles, à l'aide desquels on peut organiser une transmission. A cet effet, les deux brins sont bouclés sur les gorges de poulies en fonte fixées aux deux potelets terminaux. Il ne reste plus, pour passer tous les conducteurs de la ligne, qu'à les attacher l'un après l'autre à la corde sans fin ainsi improvisée et à manœuvrer les manivelles dont les poulies sont garnies.

Sourdines. — Le bruit résultant des vibrations des fils, déjà fort gênant lorsqu'il s'agit de lignes télégraphiques, devient

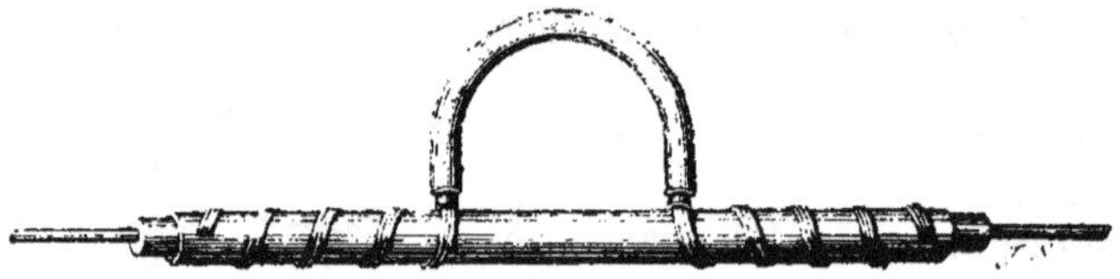

Fig. 189. — Sourdine Beau.

parfois insupportable pour les propriétaires et les locataires des immeubles qui supportent de vastes nappes de conducteurs téléphoniques. Aussi a-t-on été conduit à imaginer des *sourdines* destinées, sinon à étouffer complètement le bruit, du moins à l'atténuer dans une forte mesure.

La sourdine de M. Beau, inspecteur des Postes et des Télégraphes (*fig.* 189), est utilisée sur les lignes aériennes des réseaux annexes de Paris. C'est un petit instrument à bon marché que l'on confectionne sur place.

Sur une longueur de 20 à 30 centimètres, on enroule une couche de chanvre, sur le fil de ligne, dans le voisinage de chaque isolateur. Un tube de caoutchouc, épais de 15/10 de millimètre, fendu dans toute sa longueur, recouvre et protège la couche de chanvre dont l'épaisseur doit être à peu près égale au diamètre du fil. Enfin, on enroule par-dessus le tout une lame de plomb de 1 millimètre d'épaisseur, dont les spires se recouvrent en partie; les deux amorces de cet enroulement sont tournées vers le bas pour éviter les infiltrations de l'eau de pluie. Le câble de fils à ligatures, qui doit fixer le conducteur de ligne sur la poupée de l'isolateur, est enfilé dans un tube de caoutchouc recouvert par un tube de plomb; les extrémités libres sont enroulées, de part et d'autre de l'isolateur, sur le fil de ligne armé comme nous venons de l'indiquer.

Les entrées de poste dans les bureaux centraux. — Les entrées de poste se font à l'aide de tourelles correspondant aux divers systèmes que nous venons de décrire; elles sont en bois ou en fer. En principe, une tourelle est une cage charpentée à claire-voie, en bois ou en fer, polygonale ou ronde, pouvant recevoir des fils venant de tous les points de l'horizon. Installée sur une plate-forme, elle couronne en quelque sorte l'édifice où est installé le poste central. Ce peut être un dôme somptueux, comme dans quelques stations; elle peut se réduire à une simple carcasse de charpente; c'est affaire d'argent.

Tourelles en bois. — La tourelle du poste central de Limoges, installée pour 400 fils, va nous servir de modèle. Elle est à base carrée, chacun des côtés mesurant 4,18m. Des madriers de 15 centimètres sur chaque face occupent les quatre angles. La charpente de la cage est en outre renforcée par quatre montants de 0,15m de largeur sur 0,10m d'épaisseur. Sept traverses horizontales unissent les madriers verticaux sur chacune des façades de la tourelle. Ces traverses sont espacées de 50 centimètres et dépassent alternativement, de chaque côté, de 55 et de 15 centimètres. La dernière traverse est à 1,25m au-dessus de la plate-forme. Les isolateurs sont fixés sur les traverses horizontales et reçoivent les fils conducteurs de la ligne. De l'intérieur du bureau sortent des câbles sous plomb qui s'élèvent le long des madriers d'angle, et s'infléchissent dans la direction des traverses. Après avoir été dénudés, les conducteurs de ces câbles aboutissent aux différents isolateurs et sont soudés aux fils de ligne.

Tourelle André. — La tourelle du système André est ronde. Fidèle à son principe d'unification des matériaux, l'inventeur a constitué les montants de sa tourelle avec des hampes de poteaux simples. D'espace en espace, ces montants sont réunis par des cercles construits comme les traverses des herses, c'est-à-dire qu'ils sont formés par deux fers en U, dont les concavités se regardent. Les isolateurs sont fixés sur les montants, mais d'un seul côté seulement, du côté tourné vers l'extérieur. L'ensemble de la construction doit être d'autant mieux fixé à sa base que la traction peut être fort irrégulière, car la nappe des fils venant dans une direction fait rarement équilibre à celle des conducteurs arrivant dans la direction opposée. Il est souvent nécessaire d'assurer la stabilité par des haubans. La tourelle est recouverte d'un toit en zinc surmonté d'un paratonnerre. Les câbles sortant du bureau arrivent au sommet du toit et descendent le long des tubes en U pour se relier aux isolateurs.

Tourelles Belz. — M. Belz a complété l'installation du

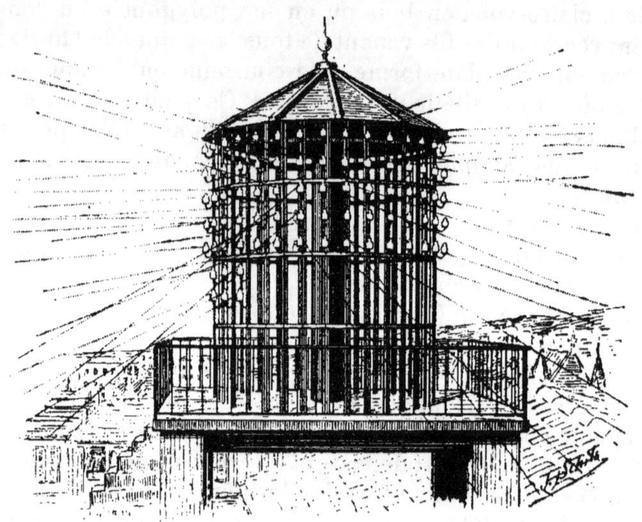

Fig. 190. — Tourelle système Belz.

réseau de Nice par une tourelle de 400 fils (*fig.* 190). Elle a 3,60m de hauteur, et sa base est un dodécagone, dont le cercle circonscrit a 3 mètres de diamètre.

Les montants sont semblables à ceux des herses du même système; ils sont boulonnés sur la plate-forme par l'intermédiaire de solides fers à T. Des cercles en fer plat les assemblent de distance en distance.

Les ceintures de fer plat sont au nombre de trois; la première est distante du sommet de la tourelle de 0,72m, la seconde éloignée de la première de 0,88m, la seconde de la troisième de 0,91m, et enfin 1,07m sépare la troisième de la base.

Chaque face du dodécagone comporte trois montants.

Au centre de la construction s'élève une colonne composée de trois fers en U, dont les creux sont tournés vers l'intérieur;

c'est au centre de cette espèce de tube que sont logés les câbles venant du bureau. Ces fers en U sont cerclés par des fers plats, reliés par des tirants à la charpente extérieure. Le tout est recouvert d'une toiture.

Conducteurs souterrains, leur spécification. — Les lignes souterraines sont à double fil; elles sont construites en câbles contenant des conducteurs en nombre pair. Les modèles généralement employés sont à 2 ou à 14 conducteurs, c'est-à-dire qu'ils contiennent une seule ligne ou bien sept lignes différentes.

Dans le câble à deux conducteurs, chaque âme est formée d'une corde de trois fils de cuivre de 0,5mm, recouverte de deux couches de gutta-percha, alternant avec deux couches de composition-chatterton, la première couche de cette composition étant appliquée directement sur le toron de cuivre, le tout formant un cylindre de 3,5mm de diamètre; elle est ensuite enveloppée d'un guipage de coton.

Les deux conducteurs, câblés ensemble et avec deux cordelettes de filin, sont recouverts d'un ruban de coton, puis introduits dans un tuyau en plomb de 1,25mm d'épaisseur.

La conductibilité électrique du cuivre employé doit être au moins les 95 centièmes de celle du cuivre pur. On admet que la résistance à zéro degré centigrade d'un kilomètre de cuivre pur de 1mm de diamètre est en ohms légaux de 20,343, et que le coefficient d'augmentation de résistance est de 0,0039 par degré centigrade.

La gutta-percha est de premier choix et bien homogène; la résistance qui représente l'isolement de chaque conducteur doit rester comprise entre 200 et 2000 mégohms par kilomètre, à la température de 24 degrés centigrades, après deux minutes d'électrisation, avec une pile équivalente à 200 éléments Daniell.

La capacité électrostatique, par kilomètre de câble, ne dépasse pas 26 centièmes de microfarad.

L'emploi du goudron est interdit dans la préparation des enveloppes.

La composition du câble à 14 conducteurs est la suivante : Chaque conducteur est composé de trois fils de cuivre de 0,5 mm recouverts de deux couches de gutta-percha, le tout formant un cylindre de 2,5mm de diamètre, puis d'un guipage de coton.

Deux conducteurs câblés forment le conducteur double.

Sept conducteurs doubles semblables, mais guipés de couleurs différentes, sont câblés ensemble, puis recouverts de deux rubans de coton enroulés en sens inverse et introduits ensuite dans un tuyau en plomb de 1,25mm d'épaisseur.

Les câbles sont fabriqués par bouts de 500 mètres et chaque bout est enroulé sur une bobine, au fur et à mesure de la fabrication. Tous les conducteurs d'une même section de câble doivent être sans soudure.

La fabrication est surveillée dans les usines de l'adjudicataire par les agents de l'administration. Les matières destinées à la confection des câbles leur sont présentées; ils peuvent, dans le cours des opérations, refuser celles qui ne leur paraissent pas de bonne qualité.

Les vérifications électriques des câbles comprennent deux séries d'expériences. La première série est faite sur les conducteurs recouverts de gutta-percha (âme) avant leur câblage et après qu'ils ont séjourné pendant vingt-quatre heures dans de l'eau maintenue, pendant toute la durée de l'immersion, à une température de 24 degrés centigrades. Les mêmes essais peuvent être répétés dans des conditions identiques, après immersion dans de l'eau à 14 degrés centigrades; dans ces nouveaux essais chaque fil doit donner un isolement de 4 à 6 fois supérieur à celui qu'il avait présenté dans les essais à 24 degrés.

La seconde série d'expériences est faite après le câblage des âmes et l'enroulement sur les bobines. Au moment des essais. les câbles doivent avoir séjourné depuis au moins 24 heures dans l'air humide à une température de 20 degrés centigrades. Dans ces derniers essais, la conductibilité et l'isolement ne doivent pas être inférieurs aux minima indiqués ci-dessus, en faisant la correction de température.

La capacité ne doit pas avoir augmenté.

Les conducteurs recouverts de gutta-percha sont présentés, pour la vérification de l'isolement, par longueurs de 510 mètres pour le modèle à un conducteur double, et 515 mètres pour le modèle à sept conducteurs doubles, ou par des longueurs qui soient des multiples exacts des premières.

Câble Fortin-Hermann. — Le câble Fortin-Hermann est particulièrement propre aux constructions téléphoniques, en raison de sa très faible capacité électrostatique.

Grâce à l'affabilité bien connue de M. Fortin, il nous a été permis de visiter les ateliers de construction du boulevard Montparnasse, ainsi que la vaste usine en construction sur le boulevard Brune, à Paris. Nous ne pouvons résister au désir de faire connaitre à nos lecteurs quelques intéressants détails de fabrication.

Le câble Fortin-Hermann doit sa faible capacité à son diélectrique qui, en résumé, est une couche d'air sec. Chaque conducteur est enfilé dans un chapelet de petites perles en bois qui se succèdent, tout du long, sans discontinuité. Deux conducteurs sont tordus ensemble et un nombre convenable de ces torons est mis sous plomb: cela dépend des dimensions du câble que l'on veut obtenir, et il en est qui contiennent jusqu'à 50 et même 100 conducteurs.

Le bois employé pour fabriquer les perles est du bouleau bien sec et bien sain. L'arbre est refendu en billes de 10 à 15 centimètres, débitées elles-mêmes à la serpe, dans le fil du bois, en planchettes de 1 centimètre d'épaisseur. Ces planchettes sont désciées en prismes à base carrée, au moyen d'une scie circulaire.

Chacun des petits prismes ainsi obtenus est présenté à un outil spécial qui, d'un seul coup, débite les perles; c'est un foret qui perce le trou central, tandis qu'une sorte d'emporte-pièce découpe la partie extérieure. La perle obtenue de la sorte est un tube cylindrique, long de 1 centimètre; son diamètre est de 3 millimètres. Les perles sont ensuite placées dans un polissoir. C'est un cylindre dont les deux bases sont grillagées et qui se meut autour d'une de ses diagonales. Pendant la rotation continue de ce cylindre, toutes les perles défectueuses sont rejetées au dehors. Une fois l'opération terminée, toutes les perles qui sortent du cylindre sont parfaitement polies et prêtes à être enfilées.

Entre temps, le conducteur a été embobiné, câblé à la machine, puis embobiné de nouveau. L'âme de chaque conducteur se compose de trois brins de cuivre de haute conductibilité de 5/10 de millimètre de diamètre. L'opération de l'enfilage est particulièrement intéressante. Les perles sont placées dans un cylindre où un balancier, par ses mouvements de va-et-vient, les oriente et les fait glisser, d'abord dans un entonnoir, puis dans un long tube. Elles s'engagent dans le tube, une à une, et dans le sens de leur longueur, de sorte que le trou dont elles sont percées coïncide avec le centre de l'orifice inférieur du tube. Sur le même axe est placée verticalement une aiguille d'acier, attachée au conducteur à *perler*, aussi les perles s'enfilent-elles tout naturellement; il n'y a plus qu'à les faire glisser le long du fil, opération qui s'exécute mécaniquement.

Les conducteurs sont préparés par bouts de 20 mètres. il s'agit de les souder : un petit manchon de cuivre, d'un diamètre juste suffisant pour laisser passer le conducteur, est placé à cheval sur les deux bouts à relier; le manchon est évidé en son milieu, de façon à laisser couler la soudure. Au-dessus de cet évidement on attache, avec du fil de cuivre fin, un petit morceau d'argent; la soudure ainsi préparée est décapée au pinceau, puis soumise au chalumeau. La fusion du morceau d'argent est très rapide; elle produit une soudure très solide, et il ne reste plus qu'à enlever les bavures et à faire glisser les perles qui doivent la recouvrir.

La mise sous plomb des conducteurs se fait, par les procédés ordinaires, au moyen d'une ficelle engagée dans les différents tubes. Des manchons de plomb servent à réunir les tubes; on rapproche autant que possible les deux tubes à réunir, on fait glisser le manchon par dessus, on soude à l'étain, et il ne reste plus qu'à embobiner le câble.

Au point de vue électrique, le câble Fortin-Hermann est caractérisé par les constantes suivantes :

Isolement kilométrique supérieur à 200 mégohms.
Capacité kilométrique : 0,05 microfarad.
Résistance kilométrique : 13 ohms.

L'épaisseur du tube en plomb est de 2 millimètres, et le diamètre total du câble à deux conducteurs, avec son revêtement, est de 11,5mm.

Câble Patterson. — Le câble Patterson, fabriqué par la *Western electric C°* de Chicago et mis récemment à l'essai sur le réseau de Paris, est remarquable par sa faible capacité. Il contient un grand nombre de conducteurs. Le modèle utilisé en France contient 52 lignes doubles, soit 104 fils. Chaque brin est formé d'un fil de cuivre de 1 millimètre de diamètre, entouré de deux couches superposées et enroulées, en sens inverse, de fil de coton paraffiné.

Le coton est blanc pour 52 fils et mêlé de rouge pour les 52 autres.

Les deux conducteurs, un blanc et un rouge, destinés à former une même ligne d'abonné, sont câblés ensemble avec un pas de spire de 10 centimètres. Trois de ces conducteurs doubles, réunis en faisceau et cordés, sont placés au milieu, puis serrés par une mince cordelette; ils forment en quelque sorte l'âme du câblage. Les autres fils doubles s'enroulent autour des premiers par couches successives. Le câble complet, formé par les 104 conducteurs, est de nouveau entouré d'une couche de fils de coton, plongé dans un bain de paraffine et glissé dans un tuyau de plomb de 5 millimètres d'épaisseur. Le diamètre du câble, y compris le tuyau de plomb, est de 55 millimètres. La longueur de chaque section enroulée sur une bobine varie entre 170 et 200 mètres.

Le mode de préparation que nous venons d'indiquer ne différencie pas d'une manière sensible le câble Patterson des câbles ordinaires; ce qui lui donne son caractère particulier, c'est la dernière manipulation qu'il doit subir après sa mise sous plomb. Les deux extrémités de chaque section sont mises en communication, par des tuyaux garnis de robinets, avec deux réservoirs. L'un de ces réservoirs sert à produire de l'acide carbonique sous pression, l'autre contient un bain de paraffine. Le câble est mis d'abord en relation avec le réservoir à acide carbonique, et ce gaz est injecté sous une pression de cinq à six atmosphères; les robinets communiquant avec le bain de paraffine sont ensuite ouverts, et cette substance est introduite dans le câble à une pression de sept à huit atmosphères. De cette double opération résulte une sorte de drainage : les conducteurs sont noyés dans une couche de paraffine, pour ainsi dire discontinue, emprisonnant des globules de gaz acide carbonique. Ce diélectrique d'un nouveau genre est tout à fait propre à diminuer la capacité électrostatique; en outre, il forme aux extrémités du câble une garniture parfaitement isolante et tout à fait hydrofuge.

Le raccordement des sections est moins délicat que celui des câbles isolés au moyen de la gutta-percha. Les fils de cuivre de chaque conducteur, blanc avec blanc et rouge avec rouge correspondant, sont réunis par une simple torsade et isolés à l'aide d'un petit manchon de fils de coton tressés très serré. Lorsque les 104 fils sont raccordés un à un, on coule de la paraffine chaude, et un manchon en plomb est soudé à l'étain sur le tuyau extérieur du câble [1].

Procédés antiinducteurs. — Nous ne voulons parler ici que des méthodes de construction et de l'association des conducteurs qui permettent de soustraire les fils téléphoniques aux effets d'induction des fils voisins, quelle que soit leur affectation. Nous nous réservons d'exposer plus loin les procédés tout différents employés pour faire servir les circuits à des usages multiples, tels que télégraphie et téléphonie simultanées. Les téléphones sont des instruments tellement sensibles que, lorsque deux fils téléphoniques suivent le même

1. *L'Électricien*, 2e série, t. I. n° 22, p. 373 (30 mai 1891).

parcours, on peut nettement percevoir sur l'un les conversations qui s'échangent sur l'autre. On entend également les signaux provenant des circuits télégraphiques voisins. Le phénomène se produit aussi bien sur les lignes aériennes que sur les lignes souterraines; il est seulement plus ou moins intense, suivant les circonstances.

Les imperfections des premiers réseaux téléphoniques tenaient à différentes causes : isolement imparfait de la ligne, induction électro-statique qui se manifeste surtout dans les câbles, induction électro-dynamique propre ou self-induction. Quelques exemples montreront à quel point ces influences étrangères, notamment la self-induction, peuvent étendre au loin leur action :

« L'induction réciproque se fait sentir à de grandes distances[1]. M. Preece a constaté différents cas extraordinaires. A Londres, à Grays Inn Road, un fil téléphonique aérien souffrait des courants électriques passant par un câble dans le sol à 25 mètres au-dessous du dit fil; à Newcastle, l'influence se faisait sentir à 920 mètres de distance. Pour mieux déterminer la distance de l'influence de l'induction, on choisit la ligne Durham-Darlington, de 29 kilomètres de longueur, et à l'est et à l'ouest deux lignes parallèles distantes de 8 et 16 kilomètres. Les signaux donnés sur la ligne Durham-Darlington étaient perceptibles dans les deux lignes latérales; on entendait même des signaux Morse qui ne pouvaient parvenir que d'une ligne distante de 65 kilomètres. Les expériences ont été étendues à deux lignes parallèles distantes l'une de l'autre de 65 kilomètres. L'une des deux lignes avait une longueur de 90 kilomètres et l'autre une longueur de 65 kilomètres. Des courants variés, qui produisaient un son plaintif dans le téléphone, ont été entendus distinctement d'une ligne à l'autre. »

L'isolement imparfait de la ligne peut amener des dérivations entre plusieurs fils posés sur les mêmes appuis. Une prise de terre imparfaite peut produire le même résultat; en prenant toutes les précautions d'usage, il est presque impossible d'éviter que les fils téléphoniques ne soient influencés par les conducteurs télégraphiques ayant une terre commune.

Aussitôt que la distance dépasse une dizaine de kilomètres, il n'est plus possible de conserver plusieurs lignes à simple fil sur les mêmes appuis.

L'emploi des circuits à double fil, sans prise de terre, est

1. Rothen, *Etude sur la Téléphonie*. Berne 1888.

une solution indiquée. Cependant, il faut bien reconnaitre que, sur les longues lignes, cette solution ne remédie pas au défaut d'isolement et que l'équidistance entre les fils du cir-

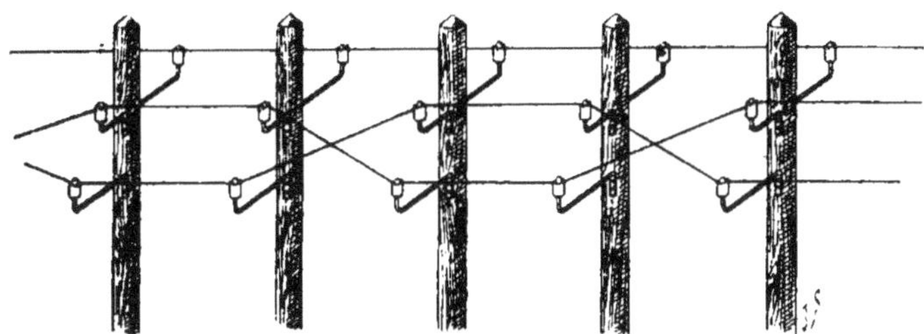

Fig. 191. — Ligne téléphonique posée sur les appuis d'une ligne télégraphique.

cuit et les autres conducteurs de la ligne ne saurait être mathématiquement maintenue. Pour deux circuits téléphoniques à double fil, reposant sur les mêmes appuis, le résultat le plus satisfaisant est obtenu lorsque le plan passant par les deux conducteurs du premier circuit coupe à angle droit le plan passant par les deux conducteurs du second; c'est cette disposition que l'on adopte aussi dans les câbles souterrains ou

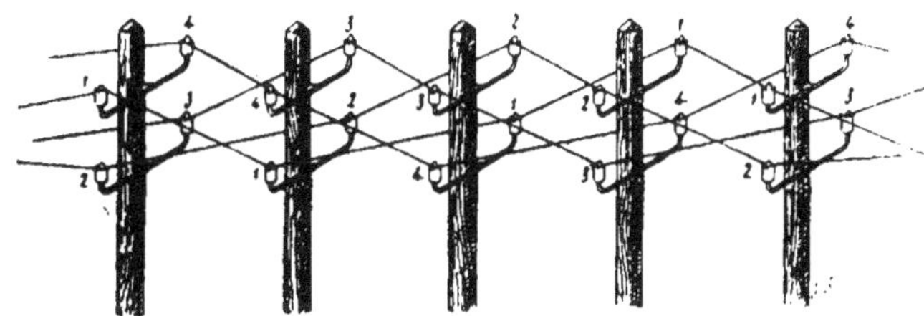

Fig. 192. — Croisement des fils dans le cas de deux circuits téléphoniques à double fil.

sous-marins à quatre conducteurs. Mais le câblage régulier des conducteurs souterrains ou sous-marins maintient entre les fils une équidistance moyenne sensiblement constante. Il n'en est pas de même sur les lignes aériennes où un défaut de réglage, l'inclinaison d'un poteau, peuvent amener, dans les différentes portées, des écarts relatifs variables entre la position des fils. On a été conduit à opérer pour ces conducteurs un câblage artificiel, à très longue spire, qui réalise les conditions de bon fonctionnement constatées sur les lignes souterraines. On atteint le but en croisant les fils de distance en distance, mais le résultat peut être obtenu par différentes méthodes.

En Angleterre, on opère comme le montre la figure 191 s'il s'agit d'un circuit téléphonique à proximité d'une ligne télégraphique, et comme le montre la figure 192 dans le cas de deux circuits téléphoniques voisins.

Ce système a le désavantage de donner prise aux mélanges, par suite du croisement des fils au milieu des portées. Ces mélanges, s'ils se produisent, sont difficiles à reconnaitre en raison de l'enchevêtrement des conducteurs qui, vus d'en bas, ont toujours l'air d'être mêlés, alors qu'ils ne le sont pas.

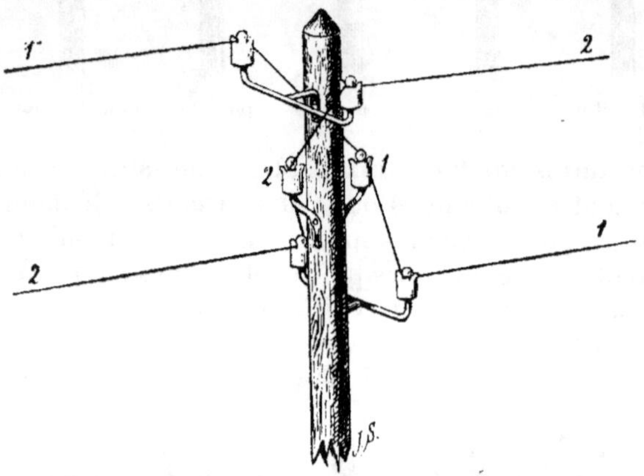

Fig. 193. — Croisement des fils téléphoniques sur les poteaux.

En France, on préfère opérer les croisements sur les poteaux mêmes; l'effet de cet assemblage, représenté par la figure 193, est moins disgracieux que les précédents; il dérange moins aussi l'ordre des fils sur les poteaux. On fait usage de consoles doubles et d'isolateurs auxiliaires placés dans un plan perpendiculaire.

Influence de la capacité. — Pour expliquer l'influence de la capacité sur les transmissions à grande distance par les câbles, M. Picou se sert d'une comparaison ingénieuse empruntée à la mécanique[1].

« Imaginons deux réservoirs d'eau réunis par un très long tube de caoutchouc. A l'aide d'un piston, dénivelons l'eau de l'un des réservoirs, qui sera le transmetteur. La compression se transmet dans le tube, mais l'élasticité de ses parois et l'inertie du liquide font qu'elle met un temps assez long à se

1. *Bulletin de la Société internationale des Electriciens*, t. VIII, mai 1891, n° 78, p. 193.

propager à l'extrémité opposée. Le caoutchouc s'est gonflé d'abord dans le voisinage du transmetteur sous l'action de l'onde qui s'est formée, et cette onde s'est avancée progressivement jusqu'au réservoir récepteur.

« Mais, au lieu d'une impulsion unique, si nous donnons au liquide une série de mouvements alternatifs rapides, nous verrons les parois du tube se distendre et se contracter d'une manière continuelle. Mais l'amplitude de ces mouvements ne sera pas la même tout le long du tube : très étendus près de leur source, ces mouvements vont en diminuant à mesure qu'on s'en éloigne et, si la longueur du tube est suffisante, il arrivera un moment auquel tout mouvement perceptible aura cessé. Le réservoir récepteur ne reçoit alors aucun effet des impulsions données par le transmetteur.

« Les deux comparaisons qui viennent d'être indiquées se rapportent exactement au cas de la transmission télégraphique et à celui de la transmission téléphonique. Dans le premier cas, l'impulsion unique se propage lentement, mais arrive toujours à se faire sentir au récepteur, quelle que soit la distance. Une seconde impulsion pourra même succéder à la première avant que celle-ci ait atteint le récepteur. Toutes deux seront reçues correctement par ce dernier, si l'on sait éviter les effets de reflux.

« Mais l'impulsion alternative rapide se dissipe tout entière dans la distension des parois du tube, et son effet s'affaiblit très vite, de sorte qu'à une distance donnée le récepteur devient insensible. »

Communications à grande distance. — Ce que nous avons dit au sujet de la construction des lignes téléphoniques peut ne pas paraitre suffisant pour faire comprendre ce que peut être l'agencement d'une communication à grande distance. Dans ces sortes de communications, on est obligé d'utiliser des éléments hétérogènes dont la combinaison doit répondre à certaines conditions. C'est ainsi, par exemple, que toutes les lignes interurbaines aboutissant à Paris ont un parcours souterrain assez étendu correspondant à la traversée de la ville.

La ligne téléphonique Paris-Reims, mise en service le 1er décembre 1885, est, croyons-nous, la première pour laquelle on ait emprunté une partie du réseau souterrain de Paris. Elle comprend, dans la traversée de Paris, un câble sous plomb dont la résistance d'isolement kilométrique est de 1283 mégohms, la capacité kilométrique 0.20 microfarad, la résistance kilométrique 31 ohms. Ce câble a une longueur de

6570 mètres; les quatre conducteurs qui forment le double circuit téléphonique y sont tordus deux à deux; les âmes sont isolées par de la gutta-percha. La ligne aérienne, d'un développement de 153 862 mètres, est formée par quatre fils de fer galvanisés, dont trois ont 4 millimètres de diamètre, le dernier 5 millimètres. A part la traversée d'un tunnel de 1400 mètres, la ligne reste aérienne jusqu'au bureau de Reims; seulement, à l'entrée de cette ville, et sur un parcours de 1900 mètres, les conducteurs sont en fil de bronze de 2 millimètres [1]. Ainsi, sur un développement de 164 kilomètres, nous trouvons un câble souterrain, une section en fil de fer, un câble sous tunnel, une ligne en fil de bronze. Ainsi que nous l'avons dit, les conducteurs sont tordus deux à deux dans les câbles; ils sont aussi parallèles et croisés d'espace en espace dans leur parcours aérien.

Les deux circuits de la ligne Paris-Reims sont affectés non seulement aux conversations téléphoniques, mais aussi aux communications télégraphiques; c'est la première application en France du système Van Rysselberghe de correspondance téléphonique et télégraphique simultanées sur les mêmes fils.

Lorsqu'on a songé à installer la ligne téléphonique Paris-Londres, un nouveau facteur est entré en jeu. Jusque-là, les câbles sous-marins étaient considérés comme un obstacle presque infranchissable pour la parole transmise par le téléphone.

A la suite d'expériences faites sur des câbles anglais, Preece établit la règle empirique suivante : *Pour que la conversation téléphonique soit possible, le produit de la capacité de la ligne par sa résistance doit être inférieur à* 15000.

Suivant le célèbre électricien anglais quand :

CR = 15000	la conversation	est	impossible.
= 12000	—	—	possible.
= 10000	—	—	bonne.
= 7500	—	—	très bonne.
= 5000	—	—	excellente.
= 2500	—	—	parfaite.

Il s'agissait donc de constituer entre Paris et Londres un circuit pour lequel la valeur de CR fût égale ou inférieure à 7500; nous allons voir comment on a atteint ce résultat.

La ligne entière contient quatre sections :

1. De la Touanne, *Annales télégraphiques*, janvier-février 1886.

1° Une section souterraine pour la traversée de Paris (7940 mètres);

2° Une section aérienne entre Paris et la côte française (333 kilomètres);

3° Un câble sous-marin entre Sangatte et Saint-Margaret bay (20,25 milles marins);

4° Une ligne aérienne entre la côte anglaise et le Post-office de Londres (135 kilomètres).

On a réduit, dans la mesure du possible, la capacité de la ligne souterraine de Paris, en faisant usage du câble Fortin-Hermann.

La capacité totale de chaque conducteur n'est que de 0,43 microfarad; la résistance totale est de 70 ohms.

La section aérienne française est en fil de cuivre de 5 millimètres de diamètre, dont la résistance kilométrique est inférieure à 1 ohm. La résistance totale de chaque conducteur est de 294 ohms. Les fils sont croisés sur les poteaux à peu près comme dans la figure 192; il en résulte une hélice continue dont le pas est de 5 à 600 mètres. Les fils sont placés sur les mêmes appuis que d'autres conducteurs affectés au service télégraphique, sans que l'influence de ceux-ci se fasse sentir sur les circuits téléphoniques.

La résistance et la capacité du câble sous-marin sont inférieures à celles des câbles télégraphiques immergés dans les mêmes conditions. Le poids du cuivre qui forme l'âme est de 72 kilogrammes par mille marin; celui de la gutta-percha est de 136 kilogrammes.

Le diamètre du toron du cuivre est de 2,35 mm.; il est porté à 9,6 mm. par le revêtement en gutta-percha. A 24° centigrades, la résistance par mille marin est de 7,56 ohms, la capacité de 0,273 microfarad.

Les âmes du câble, formant deux circuits téléphoniques, sont câblées ensemble, et les deux conducteurs opposés sont utilisés dans un même circuit.

L'ensemble des quatre conducteurs sous-marins est recouvert de fil de jute tanné, et d'une armature de 16 fils de fer de 7 millimètres de diamètre. Cet assemblage forme un câble dont le poids est de 13.7 tonnes par mille marin et dont le diamètre ne dépasse pas 55 millimètres.

La section anglaise est faite en fil de cuivre d'environ 4 millimètres de diamètre, dont la résistance par mille est de 2,25 ohms. Comme sur la section française, les conducteurs forment sur les appuis une hélice continue, mais les spires sont plus rapprochées et la disposition adoptée est celle de la figure 191.

Les points d'atterrissement du câble sous-marin sont situés près de Calais et près de Douvres; ce sont à peu près ceux du câble télégraphique qui, depuis de longues années, unit la France à l'Angleterre.

La ligne Paris-Londres fonctionne très régulièrement et on peut même dire que les résultats obtenus dépassent toutes les prévisions [1].

1. Les chiffres qui précèdent sont empruntés à une communication faite à la Société internationale des électriciens, par M. Thomas, ingénieur des Télégraphes (séance du 1er avril 1891).

VII

APPAREILS ACCESSOIRES

Organes d'appel.

Sources d'électricité. — Piles. — Appels électro-magnétiques : Modèle de la Société de matériel téléphonique Aboilard; Modèle de la Société générale des téléphones. — Clés d'appel : Clé simple double fil; Clé d'appel direct; Clés jumelles double fil; Clé d'appel double fil à inversion de courant; Clé à quatre touches. — Sonneries à trembleur. — Sonneries à voyant : Système Bailleux; Système Montillot; Système de Branville. — Sonneries polarisées. — Sonnerie à double enroulement. — Annonciateurs : Annonciateurs de la Société générale des téléphones, à disque à voyant; Annonciateur Sieur.

Sources d'électricité. — Piles. — Les sources d'électricité employées pour les appels en téléphonie sont de deux sortes :

Les piles primaires.

Les appels électro-magnétiques.

Évidemment, lorsqu'on fait usage de piles hydro-électriques, on pourrait adopter l'un quelconque des modèles affectés aux communications télégraphiques; il y a cependant intérêt à ne pas multiplier les types, et comme les éléments Leclanché et les éléments de Lalande et Chaperon sont presque partout utilisés pour les circuits microphoniques, leur emploi s'est trouvé tout indiqué pour les circuits d'appel.

Nous avons fait connaitre le montage et l'entretien de ces piles au sujet des piles microphoniques, nous n'y reviendrons pas. Il est bien entendu toutefois que le nombre des éléments qui servent aux appels doit être proportionné à la résistance de la ligne.

Dans les postes centraux, on fait quelquefois usage d'éléments Callaud grand modèle. Sur le réseau de Paris, chez les abonnés, on emploie 6 éléments Leclanché, associés en tension avec les trois éléments affectés au service du microphone, ce qui fait que la pile d'appel comprend 9 éléments.

Appels électro-magnétiques. — Les appels électro-magnétiques ont pour objet de remplacer les piles pour les appels entre les abonnés et les stations centrales. Ils ont l'avantage de ne pas exiger d'entretien. Ce sont de petites machines magnéto-électriques dont les courants actionnent les sonneries.

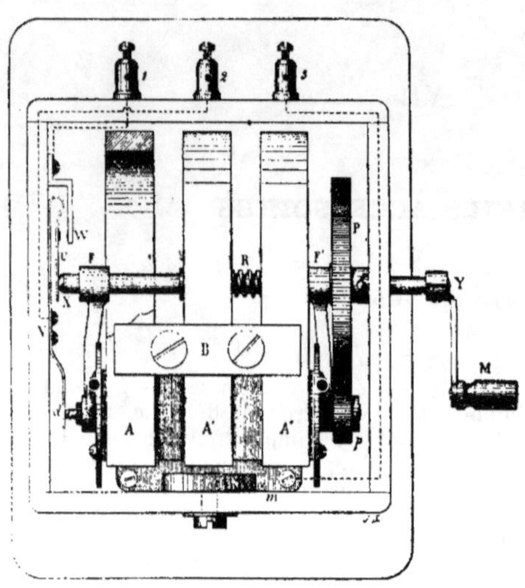

Fig. 194. — Appel électro-magnétique de la Société de matériel téléphonique Aboilard.

En principe, une bobine de fil fin, enroulée sur un noyau en fer, est mise en mouvement par une manivelle et tourne entre les pôles d'un aimant permanent. Les courants induits développés dans le fil de la bobine, chaque fois que le noyau s'approche ou s'éloigne des pôles de l'aimant, sont recueillis par un frotteur et, à la station d'arrivée, actionnent une sonnerie à trembleur ou une sonnerie polarisée.

Modèle de la Société de matériel téléphonique Aboilard. — Trois aimants en fer à cheval A, A', A'' (*fig.* 194), orientés suivant leurs pôles de même nom, sont maintenus parallèlement par une entretoise B. Entre les pôles de ces aimants, un massif de fonte soutient deux pièces polaires à proximité desquelles tourne l'induit. Des flasques en laiton, assujetties à ce système, livrent passage à l'axe de l'induit et à un second axe garni d'une manivelle. L'induit est formé par un noyau de fer BCDE que la figure 195 montre sur deux de ses faces; il doit tourner aussi près que possible des pièces polaires soigneusement alésées. Une bobine de fil fin, dont la résistance est de 490 ohms, recouvre ce noyau. Les extrémités de ce fil sont fixées à deux chevilles métalliques, dont l'une *a* communique directement avec le massif par une des flasques, tandis que l'autre *b* est réunie à une pièce *d*, rapportée dans l'axe, pièce qui elle-même est isolée de la flasque correspondante, ou pour mieux dire du massif, par une rondelle en ébonite *e*. Par conséquent, le fil induit communique d'un côté avec le massif, de l'autre avec la partie centrale *d* de l'axe, isolée du

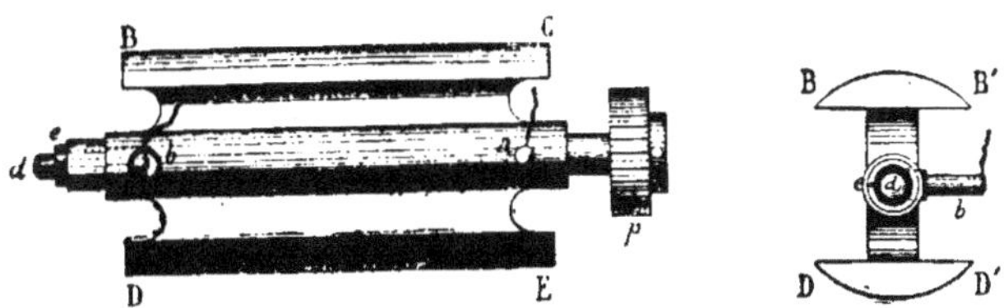

Fig. 195. — Détails du noyau de l'induit de l'appel électro-magnétique Aboilard.

massif. L'autre extrémité de l'axe porte un pignon *p*. La roue dentée P engrène ce pignon et est montée sur un second axe muni d'une manivelle M (*fig*. 196). L'axe XY tourillonne entre les flasques F F', et un ressort à boudin R tend à le pousser dans la direction de la flèche *f*. La roue P est folle sur l'axe XY;

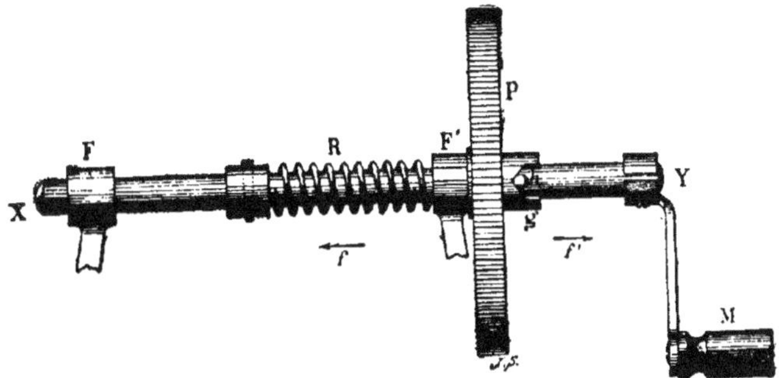

Fig. 196. — Détails de l'axe et de la manivelle de l'appel électro-magnétique Aboilard.

elle porte en *g*, sur son moyeu, une encoche dans laquelle s'engage le doigt *h*, appartenant à l'axe XY, et, sous l'effort du ressort R, ce doigt est poussé jusqu'au fond de l'encoche *g*; c'est la position de repos. Lorsqu'on tourne la manivelle, le doigt *h* avance sur la partie déclive de l'encoche *g*, sans ébranler la roue P, et c'est seulement lorsqu'il arrive vers le bord de l'encoche, sur la partie droite, que la roue P est entrainée. L'axe XY s'est alors déplacé, dans le sens de la flèche *f'*, d'une grandeur égale à la profondeur de l'encoche ; il est maintenu dans cette position pendant tout le temps de la rotation de la roue P. Dès qu'on lâche la manivelle M, le ressort R ramène le doigt *h* au fond de l'encoche *g*. Nous allons voir, en étudiant les communications électriques, quel est l'objet de cet arrangement.

L'extrémité de l'axe XY est appuyée au repos sur un ressort U (*fig.* 194) recourbé, fixé à la boite de l'instrument en V, et exerçant une pression permanente sur la tête *d* de l'axe de l'induit opposée au pignon *p*. Lorsque l'axe XY est entrainé vers la droite par le mouvement de la manivelle M, il abandonne le ressort U qui se détend et vient buter contre la pièce W, mais sans toutefois cesser de toucher en *d* l'axe de l'induit.

Trois bornes que nous désignerons par les chiffres 1, 2, 3 sont vissées sur la boite qui contient l'appareil, et qui ne laisse voir au dehors que l'extrémité de l'axe XY et la manivelle M. La borne 1 est reliée à la pièce W, la borne 2 au ressort U, la borne 3 au massif *m*.

Si on met la manivelle en marche, la roue P entraine le pignon *p* et fait tourner l'induit. Les courants développés dans la bobine par le passage du noyau devant les pôles des aimants ont pour issues : d'une part la borne 3, de l'autre les bornes 1 et 2 réunies par le contact de la pièce W avec le ressort U.

Si nous considérons la machine au repos, les courants venant de l'extérieur ne peuvent circuler qu'entre les bornes 2 et 3, à travers le massif, ou bien à travers l'induit restant en dérivation sur ce circuit.

Cette disposition a pour objet : 1° d'offrir un chemin sans résistance au courant à l'arrivée, et d'éviter qu'il traverse, en pure perte, la bobine de l'induit; 2° d'empêcher, pour une raison analogue, les courants d'appel d'actionner la sonnerie du poste de départ. Deux bornes, en effet, suffiraient pour assurer un fonctionnement régulier, mais alors les courants émis traverseraient à la fois la sonnerie du poste correspondant, la ligne et la sonnerie du poste appelé ; les deux sonneries fonctionneraient simultanément. Nous reviendrons sur ce point en nous occupant du montage des postes.

Modèle de la Société générale des Téléphones. — Le modèle d'appel électro-magnétique de la Société des Téléphones diffère du précédent par plusieurs détails de construction.

La résistance de la bobine de l'induit est de 530 ohms.

La disposition des aimants par rapport au noyau de l'induit est la même que celle que nous venons de décrire.

L'entrainement a lieu par friction, système préférable à celui des engrenages parce qu'il fait moins de bruit.

L'axe de la manivelle porte un plateau en laiton P (*fig.* 197) dont la tranche est engagée entre deux ressorts p, formant une sorte de roue à l'extrémité de l'arbre de l'induit. Ces deux ressorts pincent la tranche du plateau P qui les entraîne lorsqu'on tourne la manivelle M, déterminant ainsi la rotation de l'induit. Le ressort U est appuyé en permanence sur la tête isolée d de l'axe de la bobine. Sur l'axe d'entraînement est calé un manchon qui supporte le disque g et la manivelle M.

Une vis h, faisant corps avec l'axe et formant doigt d'arrêt,

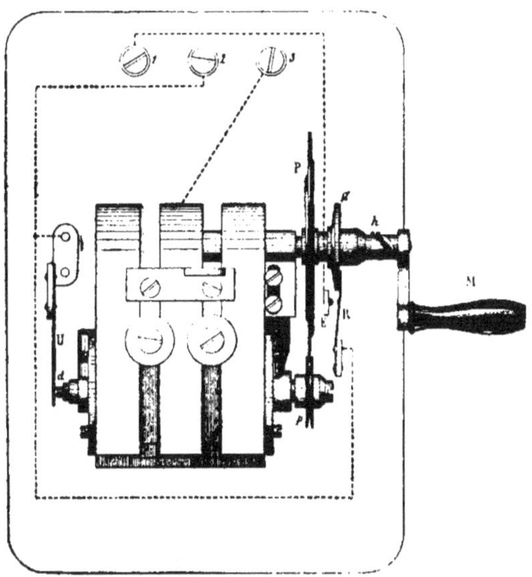

Fig. 197. — Appel électro-magnétique de la Société Générale des Téléphones.

peut glisser le long d'une rainure héliçoïdale, entaillée dans le manchon, dont l'intérieur est garni d'un ressort à boudin qui tend à éloigner le disque g du plateau P; de la sorte, le doigt h reste au fond de la gorge héliçoïdale. Si on tourne la manivelle, de gauche à droite, le manchon se déplace, guidé par le doigt h, mais c'est seulement lorsque celui-ci a atteint l'extrémité de la gorge que le plateau P est entraîné et communique son mouvement à la roue p.

Pendant le mouvement de la manivelle qui précède l'entraînement du plateau P (mouvement qui correspond à un quart de cercle), la gorge héliçoïdale a glissé le long du doigt h en bandant le ressort à boudin, et le disque g s'est rapproché du plateau P. Or, lorsque la machine est arrêtée, le ressort R, soulevé par le disque g, reste éloigné de l'équerre E. Lorsqu'au contraire la machine est mise en marche et que le disque *g* se rapproche du plateau P, le ressort R vient toucher l'équerre E.

Cela posé, examinons l'ensemble des communications. Les bornes, au nombre de trois, ont les connexions suivantes : 1 avec E, 2 avec U et avec R, 3 avec le massif.

L'appareil étant au repos, supposons un courant pénétrant par 1 : il est aisé de voir qu'il n'a pas d'issue, l'équerre E étant isolée. Pour un courant arrivant par 2 ou par 3, deux chemins se présentent : l'un par *borne* 2, U, *d*, *induit*, *massif*, *borne* 3, l'autre par *borne* 2, R, *g*, *massif*, *borne* 3. En conséquence, le courant dont il s'agit trouve un passage sans résistance à travers le massif, la bobine de l'induit restant en dérivation. La machine étant en marche, le courant trouve trois issues : la première par le massif et la borne 3, la seconde par *d*, U, *borne* 2, la troisième par *d*, U, R, E, *borne* 1.

En examinant, dans un autre chapitre, l'installation des appels magnétiques, nous verrons l'avantage de cette disposition.

Clé d'appel. — La clé d'appel (*fig.* 198) a pour objet de

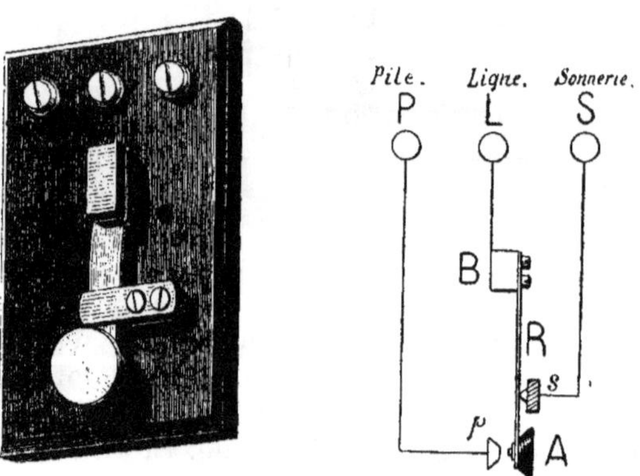

Fig. 198. — Clé d'appel.

mettre à volonté la ligne en relation avec la pile ou avec la sonnerie. Son agencement est très simple : un ressort R terminé par un bouton de corne A est fixé sur un massif B. La courbure du ressort est telle qu'au repos il est appuyé sur un pont représenté ici par un contact *s*. En regard du bouton A se trouve une enclume *p*. Trois bornes sont disposées sur le socle en bois de l'instrument.

La borne P reçoit le fil de pile et communique avec le

plot *p*; la borne L reçoit le fil de ligne et communique avec le ressort R; la borne S reçoit le fil de sonnerie et communique avec le pont *s*. Il est aisé de voir qu'au repos, le courant venant de la ligne va à la sonnerie, et que, si on met par la pression de la main, le ressort R en relation avec le plot *p*, le courant de la pile se dirige sur la ligne.

Clé simple, double fil. — On désigne par le nom de clé

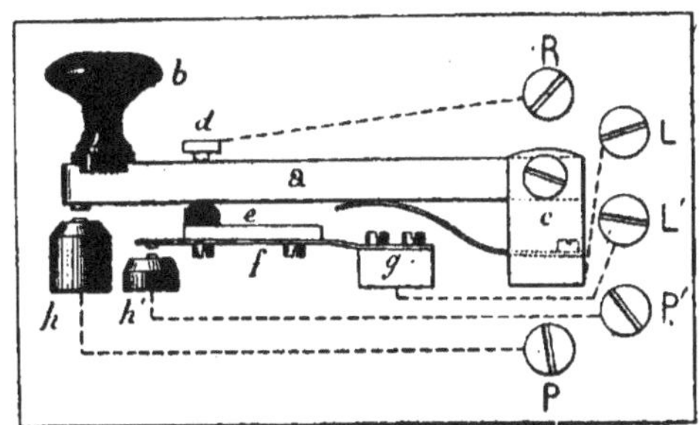

Fig. 199. — Clé simple, double fil.

simple celle qui, dans les bureaux centraux, sert à appeler les abonnés; la figure 199 en représente l'ensemble.

Elle se compose d'un levier de manipulateur *a*, articulé en *c* sur une vis à centre, et terminé en *b* par un bouton de corne. Au repos, le levier *a* est maintenu contre l'équerre *d* par un ressort fixé au bloc *c*. Au-dessous du levier *a*, un second bras *f* est monté sur un ressort assujetti lui-même sur le plot *g*. Une pièce, en ébonite ou en ivoire, isole les deux leviers *a*, *f* l'un de l'autre; néanmoins, le mouvement du levier *a* entraîne celui du levier *f*. Lorsqu'on appuie sur le bouton *b*, les deux leviers s'abaissent simultanément; lorsqu'ensuite le bouton *b* est abandonné à lui-même, les deux leviers se relèvent ensemble. Dans leur mouvement de haut en bas, ils rencontrent les enclumes *h*, *h'*. Le socle de l'instrument porte cinq bornes R, L, L', P', P. La borne R communique avec l'équerre *d*, L avec le levier a, L' avec le levier *f*, P' avec l'enclume *h'*, P avec l'enclume *h*. Les bornes P P' sont reliées aux pôles de la pile d'appel, les bornes L L' aux fils de ligne (ou bien au fil de ligne et à la terre lorsque la ligne est à simple fil), enfin la borne R est en relation avec le circuit secondaire du poste. De la sorte, la clé, au repos, permet de percevoir les conversa-

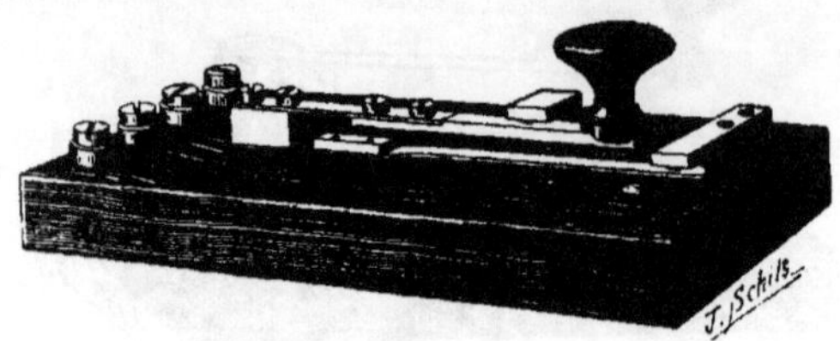

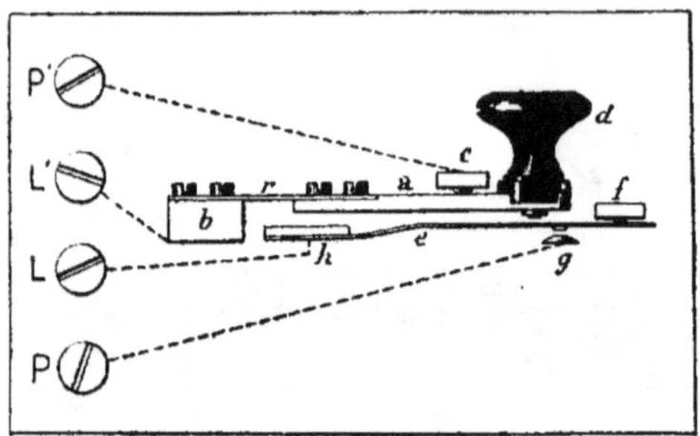

Fig. 200. — Clé d'appel direct.

tions, mais lorsqu'on appuie sur le bouton *d*, les leviers *a*, *f* viennent toucher les plots *h*, *h'* et la pile est mise en communication avec la ligne, P avec L et P' avec L'.

Clé d'appel direct. — La clé précédente a été légèrement modifiée pour le système d'appel direct; on l'appelle alors *clé d'appel direct*. Le levier a (*fig.* 200), monté sur ressort, est fixé au plot *b*. Le ressort *r* le maintient appuyé sur l'équerre *c*, le bouton en corne *d* sert à l'abaisser. Le plot *h* maintient le ressort *e* qui, normalement, reste appuyé contre l'équerre *f* dont l'unique fonction est d'empêcher a et *e* de se toucher quand la clé est au repos. En *g*, on voit l'enclume de travail à laquelle communique, par la borne P, le pôle positif d'une pile (habituellement 15 éléments Leclanché) dont le pôle négatif est à la terre. Les bornes L, L' reçoivent les fils de ligne: L est reliée à *h*, L' à *b* ; la borne P' est reliée au circuit secondaire du poste et à l'équerre *c*. Le but à atteindre est d'envoyer le courant de la pile à la fois sur les deux fils de ligne; c'est ce qui a lieu lorsqu'on abaisse le bouton *d* : le levier *a* serre le ressort *e* contre l'enclume *g*, de sorte que *g*, *e*, *a* ne forment plus qu'une masse métallique à travers laquelle le courant venant de P se partage pour sortir en L et L' sur les deux fils de ligne.

Clés jumelles double fil. — Les clés jumelles consistent en deux clés simples juxtaposées sur le même socle; l'installation mécanique est absolument la même que celle de la clé simple : la différence réside seulement dans les communications. Les deux leviers de chacune des clés accouplées sur le même socle sont en communication avec des bornes L_1 L'_1, L_2 L'_2 (*fig.* 201), qui reçoivent les fils de la ligne double. Les quatre plots de travail sont unis deux à deux sans croisement, c'est-à-dire que les mêmes plots des deux clés correspondent à la même borne; ils sont reliés aux bornes PP' qui reçoivent les pôles de la pile. Les deux plots de repos sont réunis ensemble et à la borne R conduisant au circuit secondaire du poste.

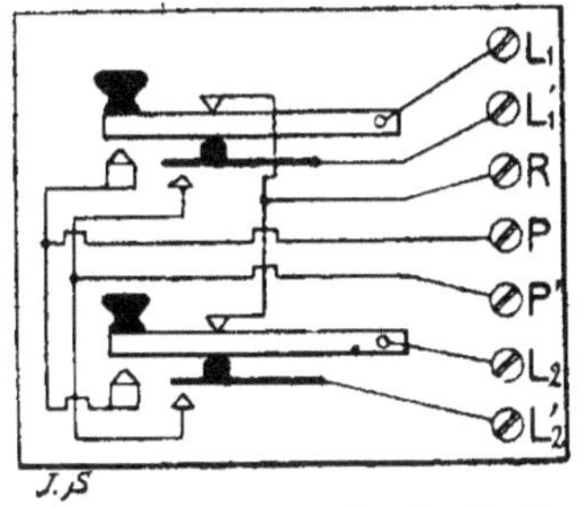

Fig. 201. — Clés jumelles double fil.

Clé d'appel double fil à inversion de courant. — La disposition mécanique est la même que celle de la clé précédente : deux clés simples sont placées côte à côte sur le même socle. Les bornes sont au nombre de cinq : T, L_1, L_2, Z, C (*fig.* 202). La ligne double est attachée aux bornes L_1, L_2, la pile aux bornes Z, C, la sonnerie à la borne T. Les connexions sont les suivantes : Borne T avec le plot *a* supérieur; borne L_1 avec le levier *m'*; borne L_2 avec les leviers *n*, *n'*; borne Z avec les plots *b'*, *c*; borne C avec les plots *c'*, *b*; plot *a* inférieur avec le levier *m*. L'envoi sur la ligne de courants de sens contraire, suivant qu'on abaisse la clé *m n* ou la clé *m' n'*, est la conséquence de cette disposition. Le bouton de la

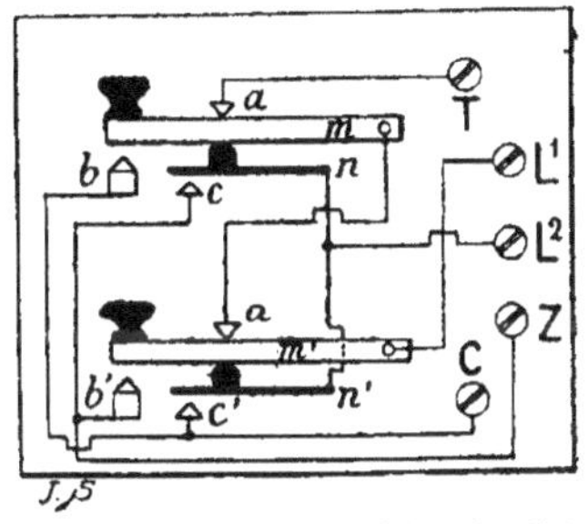

Fig. 202. — Clé d'appel double fil à inversion de courant.

clé $m\ n$ est entièrement noir; le bouton de la clé $m'\ n'$ est noir avec un disque rouge au milieu.

Lorsqu'on abaisse $m\ n$, C est en relation avec le fil de ligne L_1 par b, m, a inférieur, m'; Z communique avec le fil L_2 par n et n'.

Lorsqu'on abaisse $m'\ n'$, C est en relation avec le fil de ligne L_2 par n'; Z communique avec le fil L_1 par m'.

Il y a donc inversion de courant.

Clé à quatre touches. — La clé à quatre touches est destinée à envoyer, dans certains cas particuliers, sur l'un ou l'autre des conducteurs d'une ligne double, un courant positif ou un courant négatif, sans que l'opérateur ait à effectuer aucune permutation. La figure 203 est un diagramme de ce dispositif.

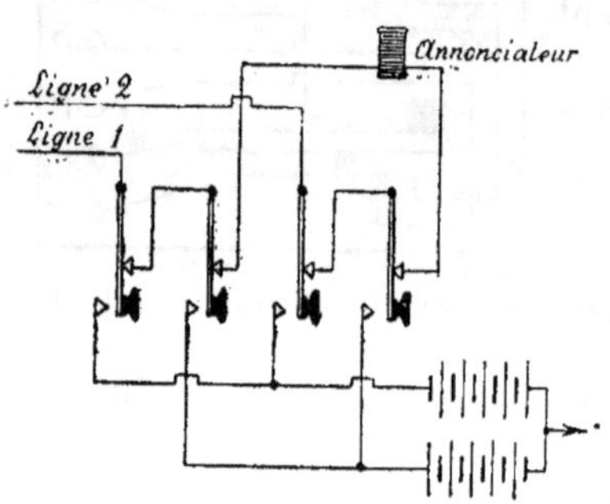

Fig. 203. — Clé à quatre touches.

La première touche est réunie à la ligne n° 1, la seconde touche au plot de repos de la première, la troisième touche à la ligne n° 2, la quatrième touche au plot de repos de la troisième. Les plots de repos des deuxième et quatrième touches sont reliés à un annonciateur.

Les plots de travail des touches 1 et 3 communiquent au pôle positif d'une pile dont le pôle négatif est à la terre. Les plots de travail des touches 2 et 4 communiquent avec le pôle négatif d'une pile dont le pôle positif est à la terre.

On voit facilement sur la figure que, lorsque la clé est au repos, tous les courants venant de la ligne traversent l'annonciateur. La touche n° 1 abaissée envoie un courant positif sur la ligne n° 1, la touche n° 2 distribue un courant négatif sur cette même ligne; de même un courant positif est envoyé par la touche n° 3 sur la ligne n° 2 et un courant négatif par la touche n° 4.

Sonnerie à trembleur. — En n'envisageant que les détails, on pourrait dire que les modèles de sonneries à trembleur varient à l'infini. Le principe reste le même : un courant traversant la sonnerie est interrompu, puis rétabli automatiquement, de façon à provoquer sur un timbre les coups intermittents et rhytmés d'un marteau.

La forme la plus généralement adoptée est la forme pendante (*fig.* 204); c'est avec elle que l'on obtient la plus grande sensibilité.

Sur une embase en métal E C B, vissée elle-même sur une planchette en bois, est fixé un électro-aimant à deux bobines *b b'*. L'armature *a* de cet électro-aimant est montée sur le ressort *r* qui se prolonge jusqu'en regard de la vis B, contre laquelle il bute. L'extrémité de l'armature, opposée au ressort *r* se termine par un marteau *t* qui peut battre contre un timbre métallique ou bien contre un timbre en bois de gaïac. Deux

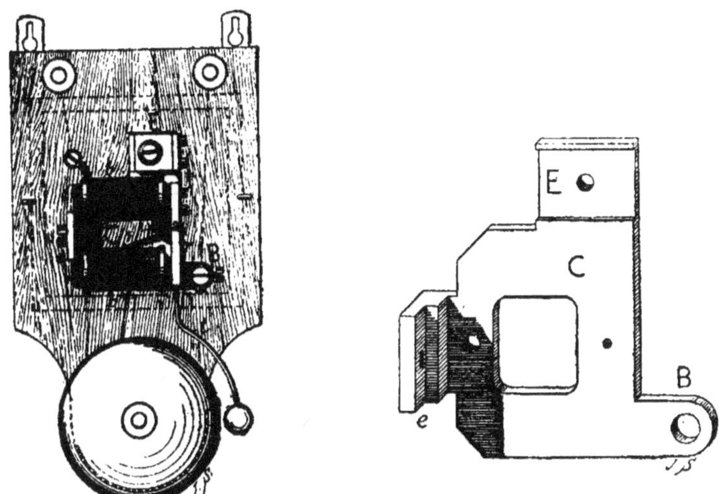

Fig. 204. — Sonnerie à trembleur, forme pendante.

bornes reçoivent le fil de ligne et le fil de terre. La borne de droite communique avec la vis B, isolée du massif E C B; l'armature a est reliée à l'entrée du fil des bobines, la sortie est réunie à la borne de gauche; les bobines, bien entendu, sont réunies ensemble par un boudin de sûreté.

Le courant arrivant de la ligne par la borne de droite suit le trajet B, *r*, a, E, *bobine b'*, *bobine b*, *borne de gauche*, *terre*. A ce moment les noyaux de l'électro-aimant sont aimantés, l'armature a est attirée, le marteau frappe le timbre; à ce moment aussi, le ressort *r* a abandonné la vis B, le circuit a été interrompu, les noyaux se sont désaimantés et l'armature *a*, entrainée par le ressort *r* est revenue toucher la vis B. Dans le circuit, de nouveau fermé, le courant agit comme précédemment, par conséquent, nouvelle attraction, nouveau coup de timbre, et ainsi de suite. Ces interruptions répétées du circuit produisent un mouvement de va-et-vient très rapide, une sorte de tremblement de l'armature, ce qui a fait donner à l'instrument le nom de *sonnerie à trembleur* ou de *trembleuse*. On fait également usage sur les réseaux téléphoniques d'une sonnerie à pied (*fig.* 205) dont le mécanisme ne diffère pas de celui de la sonnerie pendante. La tige du marteau est recourbée et le

Fig. 205. — Sonnerie, modèle à pied.

timbre est monté sur un socle horizontal; une boite en bois recouvre tout le système. La résistance des bobines des sonneries à trembleur est, suivant le cas, de 50 ou de 200 ohms.

Sonneries à voyant. — La sonnerie à trembleur ne fonctionne qu'au moment de l'appel, sans laisser trace de son fonctionnement. Pour les personnes qui ne stationnent pas continuellement dans la pièce où se trouve la sonnerie, il y a pourtant intérêt à savoir si, pendant une absence momentanée, on n'a pas appelé; on a imaginé dans ce but la sonnerie à voyant. Il en existe de plusieurs sortes, et l'imagination des inventeurs peut s'exercer à loisir dans cette branche si féconde des modifications.

Les uns mettent le voyant en prise avec l'armature de la

sonnerie : à la première attraction de l'armature, le voyant déclenche ; on diminue de la sorte la sensibilité de l'instrument, c'est un inconvénient. D'autres intercalent en dérivation dans le circuit une troisième bobine qui agit sur une armature auxiliaire commandant directement la chute du volet. D'autres enfin ont proposé un système de deux armatures, attirées dans des plans perpendiculaires, dont l'une agit sur le timbre, l'autre sur le voyant.

Système Bailleux. — C'est actuellement l'un des plus ré-

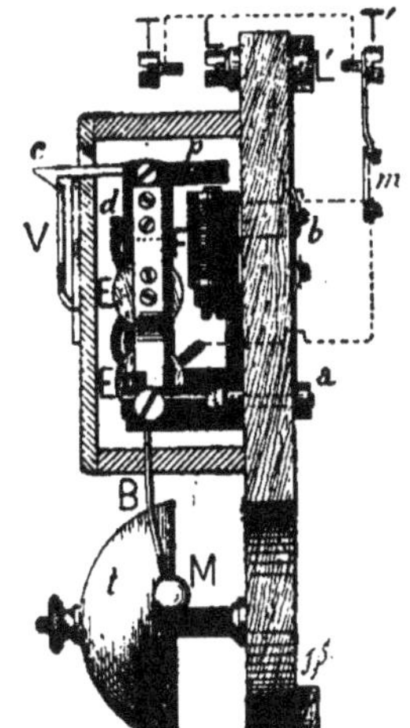

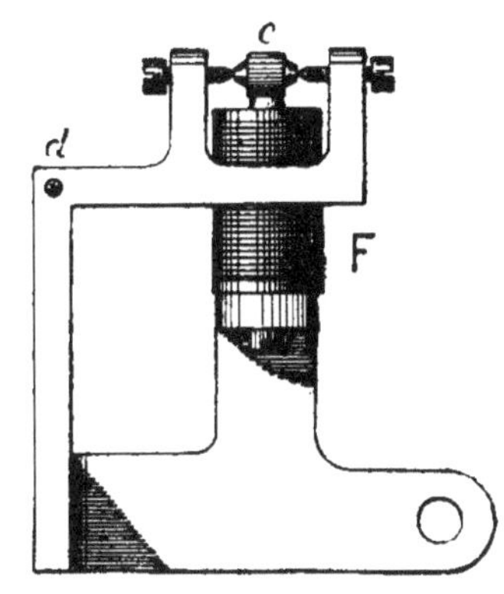

Fig. 206. — Détails de la sonnerie Bailleux.

pandus. La figure 206 en représente les détails. L'ensemble des bobine E E, de l'armature, du marteau M et du timbre *t* n'est autre chose qu'une sonnerie à trembleur ordinaire. Le courant de la ligne passe de L en L' et en a, suit la colonne métallique placée au-dessus de *a* et isolée du massif, traverse la vis B de l'interrupteur, l'armature, pénètre dans les bobines par la communication *d*, en ressort par *m*, passe en T' et gagne la terre par la borne T. Dans tout ceci, rien que de normal, mais en *b*, sur le parcours du courant de ligne, est greffé un électro-aimant F, de résistance égale à la résistance des deux bobines E E. L'entrée du fil de l'unique bobine de cet électro-aimant auxiliaire est en *b*, la sortie en *m*.

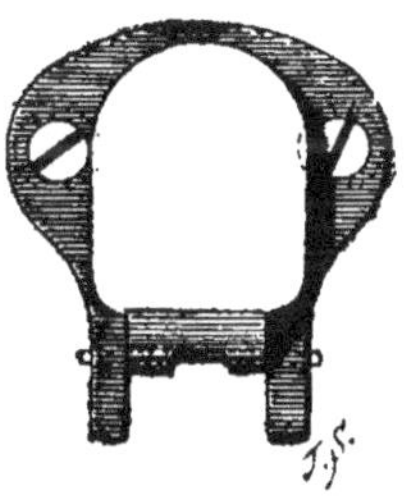

Fig. 207. — Volet de la sonnerie Bailleux.

Le courant de ligne se partage en parties égales entre les deux électro-aimants F et E E, eu égard à leur résistance identique. L'armature de l'électro-aimant F est une pièce de fer doux p, supportée par le levier $p\ c$ qui pivote sur les pointes de deux vis. Le crochet c qui termine ce levier soutient le volet V. Son poids d'ailleurs l'entraine dans le sens du volet, sans qu'il y ait besoin d'avoir recours à un ressort antagoniste.

Au moment du premier passage de courant, les deux armatures sont attirées simultanément, le volet V tombe, et la sonnerie continue à fonctionner comme si le voyant n'existait pas. La figure 207 réprésente, vu de face, le volet de cette sonnerie.

Système Montillot. — Ce système peut, par l'adjonction

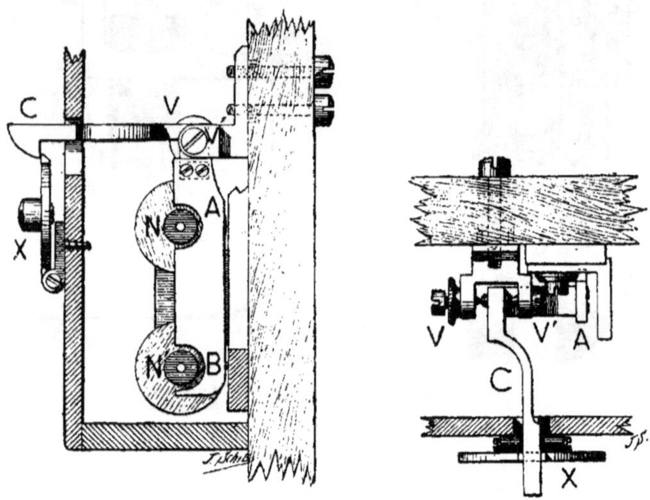

Fig. 208. — Détails de la sonnerie Montillot.

d'une seule pièce, s'adapter à toutes les sonneries pendantes et notamment à celles du modèle adopté par l'administration des Postes et des Télégraphes, dit *sonnerie d'appartement*. Les noyaux de l'électro-aimant N N' (*fig.* 208) ont, en dehors des bobines, une saillie d'environ 5 millimètres. La pièce additionnelle est représentée en élévation et en plan par la figure 208. Elle pivote sur les pointes des vis V V'. Le crochet C qui soutient le volet X est suffisamment pesant pour maintenir éloignée des noyaux N N' la palette de fer doux A B. Cette palette agit dans un plan perpendiculaire au plan d'attraction de l'armature ordinaire de la trembleuse; toutes les deux sont attirées à la fois dès la première émission de courant. Aussitôt que la palette A B s'approche des noyaux N N', le volet X tombe. La figure 209 montre l'aspect général de la sonnerie.

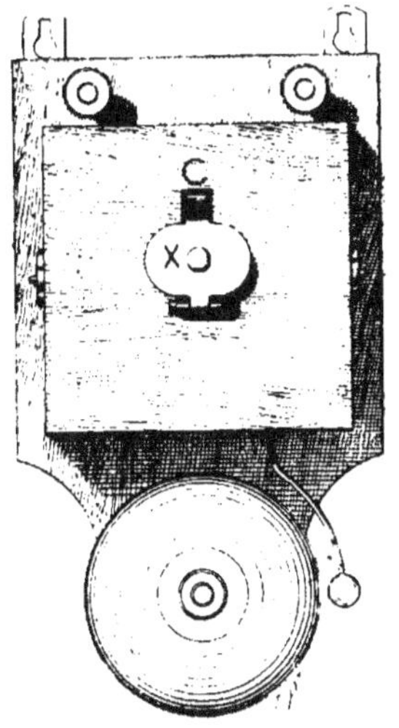

Fig. 209. — Sonnerie Montillot.

Système de Branville. — La sonnerie à voyant du modèle de M. de Branville comprend le corps d'une trembleuse ordinaire, auquel est ajouté un levier à disque, qui reste accroché à l'armature lorsqu'elle est au repos, et qui tombe dès qu'elle est attirée. La figure 210 montre une vue de face et une vue de profil de cette sonnerie. Les deux bobines E E sont traversées par un fer doux F recourbé en U. L'armature P est montée sur un ressort R, et commandée par le ressort *r*; c'est par ce dernier ressort que le courant, pénétrant par la borne L, arrive à l'armature P. De là, il passe à travers le massif M dans la bobine inférieure, puis dans la bobine supérieure, pour se rendre ensuite à la borne de sortie T.

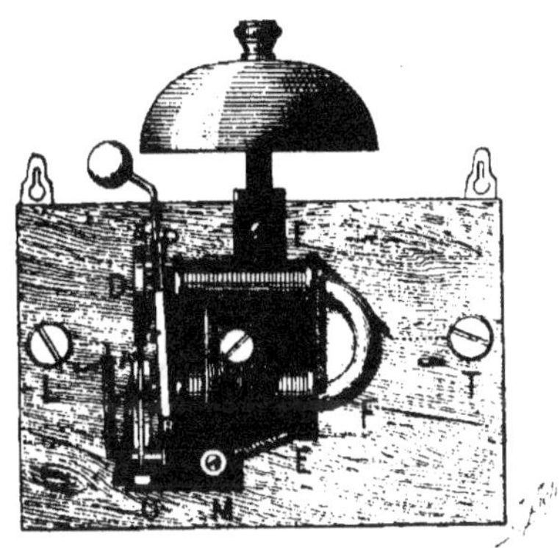

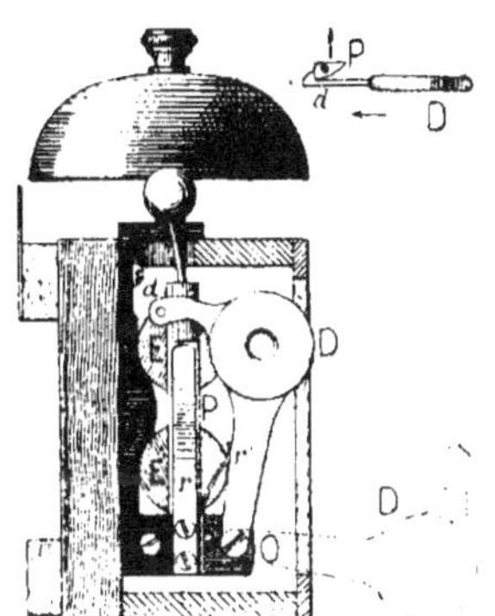

Fig. 210. — Sonnerie à voyant, système de Branville.

Lorsque la sonnerie est inactive, un disque D, mobile autour d'une vis pivot O, est arrêté derrière l'armature. Il porte en effet un doigt *d* qui, glissant sur la surface arrondie de l'armature, s'arrête en arrière de celle-ci. Un ressort antagoniste *r'* sollicite ce disque à tomber, mais il ne peut s'échapper que lorsque l'armature est attirée par l'électro-aimant. C'est ce qui se passe dès que le courant circule à travers les bobines. L'attraction de l'armature a lieu dans le sens de la flèche verticale, la remise au cran du disque D dans le sens de la flèche horizontale. L'attraction de l'armature dégage le doigt *d*; le disque D, poussé par le ressort *r'*, tombe et apparaît au dehors de la boite, comme le montre le tracé en pointillé de la figure 210. Il faut le relever à la main.

Sonneries polarisées. — Les sonneries polarisées sont peu employées en France; elles correspondent aux appels électro-magnétiques, bien que ceux-ci puissent être utilisés avec des trembleuses ordinaires. Leur construction résulte de la combinaison d'un électro-aimant et d'un aimant.

Fig. 211. — Sonnerie polarisée.

Une armature en fer doux est articulée sur l'un des pôles de l'aimant permanent; cette armature porte le marteau qui peut osciller, soit à l'intérieur d'un timbre unique, soit entre deux timbres disposés de part et d'autre (*fig.* 211). La partie de l'armature située entre les extrémités polaires de l'électro-aimant représente un des pôles de l'aimant permanent. Étant donné que les pôles déterminés en cet endroit de l'électro-aimant par le passage du courant sont de noms contraires, il en résulte que l'un attire toujours l'armature, tandis que l'autre la repousse; mais, comme les courants émis par l'appel électro-magnétique sont alternatifs, que le mouvement de l'armature, favorisé par l'action combinée d'attraction et de répulsion des pôles de l'électro-aimant, se fait alternativement vers la gauche ou vers la droite et que, par suite, le marteau frappe tantôt l'un des timbres, tantôt l'autre, ou bien, si le mouvement s'opère à l'intérieur d'un timbre unique, frappe la face gauche puis la face droite, et ainsi de suite, ces mouvements, répétés aussi fréquemment que les alternances de courant se succèdent, produisent un carillon dont la rapidité dépend de celle avec laquelle la personne qui appelle tourne la manivelle de la machine électro-magnétique.

Sonneries à double enroulement. — Les sonneries à double enroulement ne sont plus admises sur les réseaux; il subsiste encore cependant quelques installations de cette nature chez d'anciens abonnés. L'instrument ne diffère des trembleuses ordinaires que par le mode d'enroulement des bobines de l'électro-aimant. Deux fils de même diamètre y sont embobinés côte à côte. Chacun des deux fils, à son entrée dans les bobines, communique avec l'un des fils de la ligne; à leur sortie, ils sont réunis sur une prise de terre commune.

Si les deux pôles d'une pile sont reliés aux deux fils de ligne, la sonnerie ne fonctionne pas; le courant traversant les deux conducteurs en sens inverse, la polarité produite par l'un d'eux est annulée par la polarité inverse provenant de l'autre. Si, au contraire, l'un des pôles de la pile étant à la terre, l'autre pôle est en relation avec les deux fils de ligne et avec les deux circuits de la sonnerie, la résistance de ces circuits est réduite au quart. La sonnerie, dont l'ensemble des deux circuits à une résistance de 400 ohms, fonctionne alors comme une trembleuse à simple enroulement n'ayant qu'une résistance de 100 ohms. C'est de la sorte que se font, dans ce cas particulier, les appels directs.

Annonciateurs. — Les annonciateurs ont pour objet d'indiquer, dans un poste à plusieurs directions, quelle est la ligne qui a appelé. Souvent le signal indicateur consiste en un volet qui tombe et démasque le numéro d'ordre de la ligne; d'autres fois la chute du volet ferme le circuit d'une sonnerie dont le tintement se fait entendre.

Les annonciateurs sont habituellement réunis en plus ou moins grand nombre sur des *tableaux*; divers organes accessoires, dont nous parlerons à l'occasion, leur sont adjoints: nous nous proposons ici de décrire uniquement la disposition générale, la charpente en quelque sorte des annonciateurs les plus généralement employés.

Annonciateurs de la Société des Téléphones. — Les annonciateurs de la Société générale des Téléphones sont de deux types : l'annonciateur à disque, l'annonciateur à voyant.

Annonciateur à disque. — Sur un bâti A en laiton, venu de fonte (*fig.* 212), est vissé un électro-aimant à deux bobines EE'. Chaque bobine a une résistance de 100 ou de 200 ohms. L'armature P est suspendue par une vis V à un levier MN pivotant sur les pointes de deux vis O. La vis V maintient également un ressort R qui, pressé par une vis U appartenant au corps du tableau, remplit l'office de ressort antagoniste. L'extrémité M du levier se termine par un crochet.

Sur le devant du massif A est vissé un disque *a* sur lequel est inscrit le numéro de l'annonciateur. Le volet *b* est monté à charnière sur le disque *a*; il est habituellement retenu par le crochet M. Dès que l'armature est attirée par les noyaux de l'électro-aimant EE', le crochet M se relève, et le volet *b* tombe par son propre poids; il porte à son centre un bouton saillant et, dans sa chute, rencontre le ressort *d*. C'est ce ressort *d*

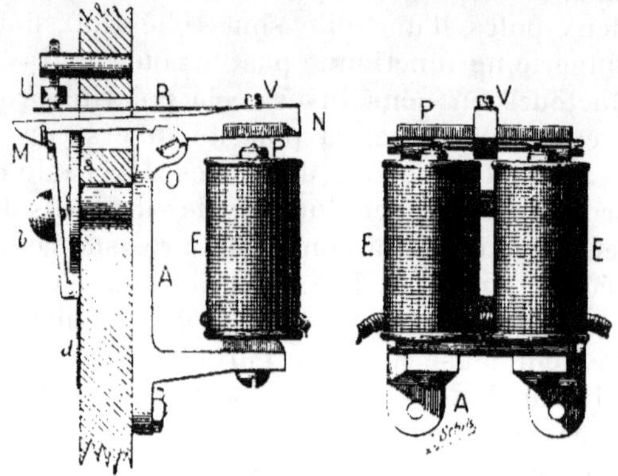

Fig. 212. — Annonciateur à disque.

qui, en touchant une pièce de contact située en regard, ferme, le cas échéant, le circuit de la sonnerie.

Annonciateur à voyant. — Parfois, plusieurs postes d'abonnés sont installés sur une même ligne; il est utile que la station centrale sache quel est l'abonné qui a appelé. On emploie à cet effet des annonciateurs à voyant, imaginés par M. Ducousso.

Le bâti qui supporte l'électro-aimant est à peu près de même forme que le bâti de l'annonciateur à disque.

La culasse d'un électro-aimant à deux bobines est fixée sur ce support. Chacune des bobines a une résistance de 100 ou de 200 ohms. Vers le haut, les noyaux dépassent les bobines d'environ 8 millimètres. L'armature P, supportée par le levier MN (*fig.* 213), pivote entre les pointes de deux vis O. Le ressort antagoniste R sert au réglage. Le volet V est monté et soutenu comme nous l'avons dit au paragraphe précédent. L'armature et le volet fonctionnent de la même manière que dans l'annonciateur à disque.

Supposons pour un instant l'armature enlevée, nous pourrons voir, sur la droite de la figure, un plan de la face supérieure des bobines et l'organe qui constitue toute l'originalité du système. Une colonne, fixée entre les deux bobines, supporte un aimant A auquel est attachée la tige B qui soutient le voyant C. Ce voyant est une lame de zinc portant deux raies rouges et deux raies blanches alternées. Le ressort *d* traverse et coupe en deux, en quelque sorte, la lunette sur laquelle le volet V est monté à charnière. Dans l'annonciateur à disque, le trou rond de cette lunette est garni par le numéro de l'abonné; on ne voit pas le ressort. Dans l'annonciateur à voyant, la lunette est vide et laisse voir le ressort.

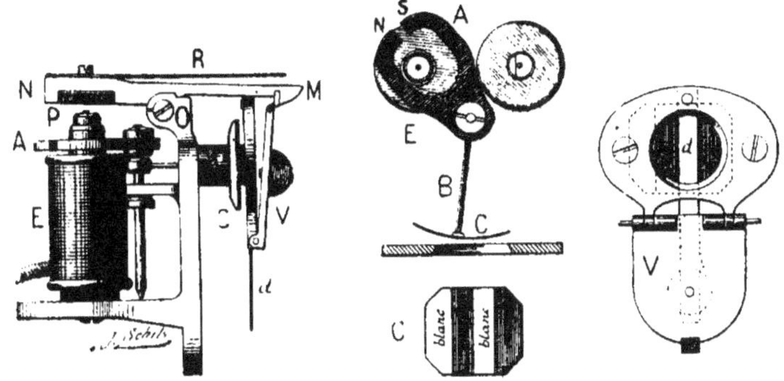

Fig. 213. — Annonciateur à voyant.

Les deux abonnés dont les postes sont greffés sur la même ligne appellent le poste central avec des courants de sens différent. Cela posé, considérons une position quelconque de l'aimant A par rapport au noyau de la bobine E qu'il enveloppe. Ce noyau est entouré d'un anneau de laiton pour que l'aimant n'arrive jamais au contact du fer du noyau. Admettons qu'un courant positif détermine dans ce noyau la formation d'un pôle nord : le pôle nord de l'aimant mobile sera repoussé, son pôle sud attiré, l'aimant sera dévié à gauche et la partie blanche du voyant apparaitra, la raie rouge intermédiaire se trouvant masquée par le ressort *d*. Si, au contraire, c'est un courant négatif qui traverse les bobines de l'électro-aimant, c'est un pôle sud qui se formera dans le noyau enveloppé par l'aimant; ce pôle sud repoussera le pôle sud de l'aimant mobile et attirera son pôle nord; l'aimant sera dévié à droite et la partie rouge du voyant apparaitra, la raie blanche intermédiaire restant cachée par le ressort *d*. Il suffit de convenir que le blanc désigne l'abonné qui appelle avec le courant positif et le rouge celui qui appelle avec le courant négatif pour distinguer les appels des deux abonnés.

Annonciateur Sieur. — Il se compose d'un électro-aimant horizontal E (*fig.* 214) dont le noyau, garni de pièces polaires, agit par ses deux pôles sur une armature fourchue AB, oscillant autour d'un axe O. Cette armature se prolonge en avant de la planche de bois qui soutient l'électro-aimant. Le poids de la partie B suffit pour maintenir la portion fourchue A éloignée des pôles de l'électro-aimant E. Un cran, pratiqué dans l'extrémité B, retient un volet D, monté sur charnière et qui, lorsqu'il est dégagé, retombe par son propre poids, laissant voir le numéro de la ligne desservie par l'annonciateur. En tombant, le volet D, qui est métallique, s'appuie sur la pointe d'une vis V, reliée à une pile locale, et ferme le circuit de cette pile à travers une sonnerie. C'est ce qui se passe lorsque, un courant traversant la bobine de l'électro-aimant, l'armature est attirée. L'appel est alors continu, et c'est ce que M. Sieur désigne sous le nom *d'appel par la portière;* la sonnerie fonctionne tant que l'opérateur n'a pas relevé le volet.

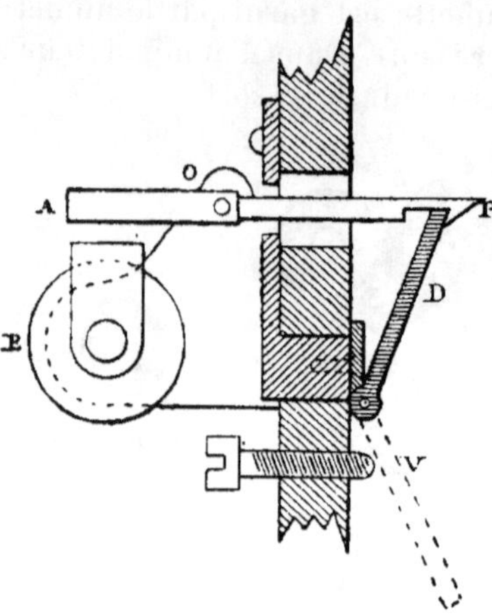

Fig. 214. — Annonciateur Sieur.

Dans un autre montage, l'appel se fait *par l'armature.* Chaque fois que cette armature est attirée, son prolongement B, qui soutient le volet, le laisse tomber et bute contre une vis reliée à la sonnerie; comme, d'autre part, le massif, et par suite l'armature de l'annonciateur, est relié à la pile locale, le contact entre la vis et l'armature ferme le circuit. Mais alors on conçoit que la sonnerie ne tinte qu'au moment de l'appel.

Nous n'insisterons pas sur les autres annonciateurs, leur description trouvera sa place lorsque nous parlerons des tableaux.

VIII

APPAREILS ACCESSOIRES

Organes de substitution : Relais Digney. — Relais de l'administration des Postes et des Télégraphes. — Relais d'appel direct. — Rappel par inversion de courant.

Organes de préservation : Paratonnerre Bertsch. — Paratonnerre à papier. — Paratonnerre à pointes multiples et à feuille de gutta-percha ou à lame de mica. — Paratonnerre à lame d'air. — Paratonnerre Maîche. — Commutateur de mise à la terre.

Organes de permutation : Commutateur rond. — Commutateurs de l'administration des Postes et des Télégraphes. — Commutateur à deux manettes. — Commutateur inverseur. — Commutateur Bréguet. — Touches. — Touches à deux lames. — Touches à trois lames.

Organes de substitution.

Dans certains cas, lorsqu'il s'agit notamment de lignes bifurquées, il est avantageux sinon indispensable de ne pas laisser le courant d'appel venant de la ligne agir directement sur la sonnerie. On fait alors usage d'organes de substitution qui portent le nom générique de *relais*. Les relais électriques peuvent être comparés aux relais de chevaux disposés sur le parcours de nos anciennes diligences; c'est peut-être de là que vient leur nom. La voiture effectuait tout le trajet mais, de place en place, les chevaux étaient changés; ici la voiture représente le fil conducteur, les chevaux sont comparables au courant électrique. Dans un relais, disposé sur le parcours d'un conducteur électrique, le courant qui agit sur le relais lui-même se perd à la terre, mais, par le fonctionnement même de l'instrument, un nouveau courant se substitue au premier; un courant *frais*, si l'on peut s'exprimer ainsi, remplace le courant *fatigué* pour actionner de nouveaux appareils.

Les relais sont généralement des rudiments de l'appareil télégraphique de Morse, ils en comportent les organes électriques essentiels sans en avoir le mécanisme compliqué.

Relais Digney. — Le relais Digney (*fig.* 215) se compose d'un électro-aimant à deux bobines EE', au-dessus desquelles est montée une armature ou palette *p*. La résistance de ces bobines est variable suivant l'usage auquel est destiné le relais. On emploie fréquemment des bobines de 200 ou de 400 ohms. La palette *p* pivote autour d'un axe O formé par les pointes de deux vis; elle est munie d'un ressort antagoniste R, commandé par la vis de réglage V; elle porte en *r* un ressort

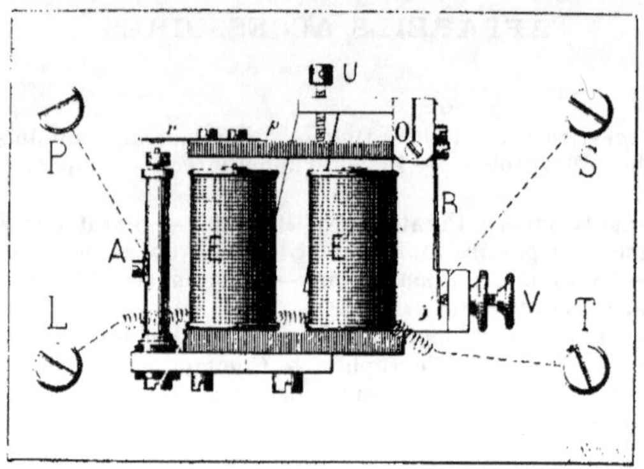

Fig. 215. — Relais Digney.

de contact. La vis U limite ses oscillations. La colonne A, isolée du massif, sert d'appui au ressort *r* lorsque la palette est attirée.

Les bornes L, T reçoivent le fil de ligne et le fil de terre; les bornes P, S, le fil de pile et le fil de sonnerie. La première est réunie au fil d'entrée des bobines, la seconde au fil de sortie, la troisième à la colonne A, la quatrième au massif par la vis V.

Le courant de la ligne, arrivant en L, traverse les bobines et ressort par T. La palette est attirée, le ressort *r* vient toucher la colonne A et ferme le circuit de la pile sur la sonnerie.

Relais de l'administration des Postes et des Télégraphes. — Le massif de ces relais (*fig.* 216 et 217) est un cadre métallique C assujetti sur un socle en bois rectangulaire. Aux quatre coins du socle sont des bornes marquées P, S en haut, L, T en bas. Deux agrafes permettent d'accrocher l'instrument le long de la muraille.

Sur le massif, une pièce en potence *c* supporte la culasse d'un électro-aimant à deux bobines E. Au-dessus des noyaux, une chape *f* laisse pivoter, entre les pointes de deux vis *v*, *v'* une armature A, qu'un ressort antagoniste *r* maintient éloignée de l'électro-aimant et dont une vis butoir b limite l'écartement. L'armature A est terminée par un ressort-lame l.

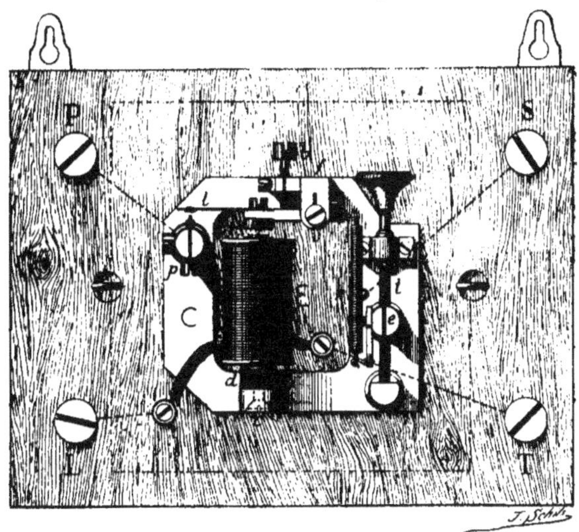

Fig. 216. — Relais de l'administration des Postes et des Télégraphes.

Lorsque l'armature A est attirée, le ressort-lame l prend contact avec la pointe d'une vis p, montée sur un plot isolé du massif. Une contre-vis assure la fixité du réglage. Le ressort antagoniste r est commandé par un écrou e, qui se meut le long d'une vis t, dont la tête est un bouton moleté.

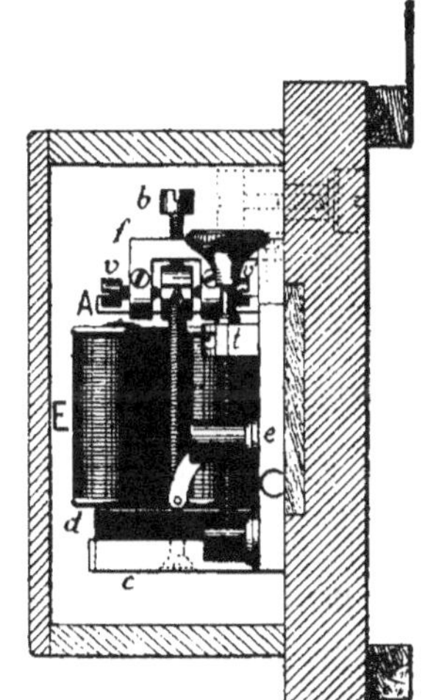

Fig. 217. — Relais de l'administration des Postes et des Télégraphes

Si le fil de ligne et le fil de terre sont attachés aux bornes L, T, si la borne P est reliée à une pile locale et la borne S à une sonnerie, on conçoit facilement ce qui se passe. Le courant de ligne traverse les bobines et se rend à la terre : l'armature A est attirée, le ressort l s'appuie sur la vis p, le courant de la pile locale passe de P en l et, à travers le massif C, arrive à la borne S pour faire fonctionner la sonnerie.

La resistance des bobines du relais est de 200 ohms.

Relais d'appel direct. — Le relais d'appel direct permet à un abonné d'appeler un autre abonné déterminé sans déranger le poste central. Ainsi, pour fixer les idées, prenons le cas de deux abonnés en constante relation d'affaires et ne communiquant que plus rarement avec d'autres abonnés du réseau; il est clair qu'il y aura intérêt pour ces deux abonnés à rester en communication permanente et à pouvoir s'appeler l'un l'autre sans que le bureau central ait à intervenir. Le bureau central y trouve lui-même son avantage, puisque cette disposition lui évite des manipulations fréquentes. Il faut cependant que chacun des abonnés intéressés puisse appeler le bureau central sans déranger l'autre abonné et que, de même, le bureau central puisse appeler l'un sans troubler l'autre.

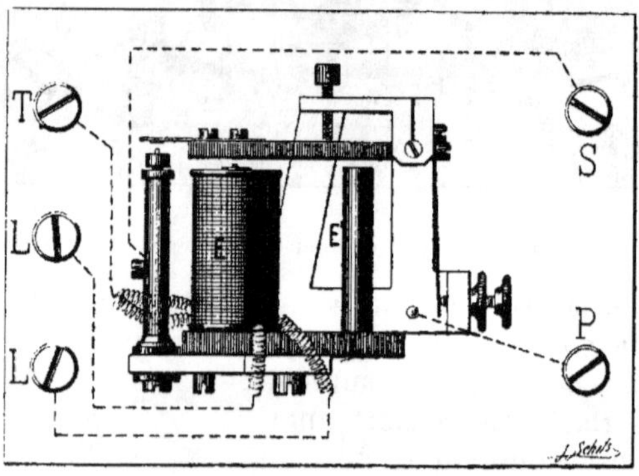

Fig. 218. — Relais d'appel direct.

Pour obtenir ce double résultat, il faut que le poste central soit muni d'une clé d'appel direct et d'une clé d'appel ordinaire; il faut aussi que chaque abonné possède un relais d'appel direct, une clé d'appel direct et une clé d'appel ordinaire. Habituellement, le relais et les deux clés sont montés sur le même tableau.

Les relais d'appel direct (*fig.* 218) se composent d'un électro-aimant boiteux E E', dont la bobine unique est à double enroulement. Les deux circuits sont d'égale résistance et mesurent chacun 200 ohms; ils se réunissent, à la sortie de la bobine, sur un fil de terre commun.

La partie mécanique de ce relais est semblable à celle du relais Digney que nous venons de décrire; mais le relais d'appel direct porte cinq bornes : les deux bornes L sont réunies à l'entrée des deux circuits dans la bobine, la borne T est reliée à la sortie commune. La borne P communique avec le massif, la borne S avec la colonne isolée contre laquelle vient buter l'armature pendant les appels. Lorsque les relais et les deux clés sont montés sur un même tableau, l'instrument présente l'aspect de la figure 219. La figure 220 est un diagramme de cette combinaison.

Le tableau porte quatre bornes en haut : deux bornes *ligne* et deux bornes *sonnerie*; deux bornes intermédiaires servant

Fig. 219. — Ensemble du relais d'appel direct.

à la liaison du relais avec les clés; huit bornes en bas : L, L, Z, C S, C, T, S, S.

Les deux bornes S. S d'en bas communiquent directement chacune avec l'entrée de l'un des circuits de la bobine du relais, c'est-à-dire avec les bornes L, L dudit relais : la borne T d'en bas communique avec la borne T du relais, c'est-à-dire avec la sortie commune des deux circuits de la bobine; elle communique également avec le massif du levier inférieur *a* de la clé d'appel direct.

Les autres connexions sont les suivantes :

Borne C avec l'un des plots de travail de chacune des clés;

Borne C S, avec la borne S du relais;

Borne Z, avec le second plot de travail des deux clés, et aussi avec la borne S de droite en haut. L L. avec les deux plots de repos de la clé ordinaire : les massifs des deux leviers de cette clé sont réunis aux deux plots de repos de la clé d'appel direct; les massifs des leviers *b c* de celle-ci sont réunis aux deux bornes L L d'en haut; par conséquent, les bornes L L d'en bas sont réunies aux bornes L L d'en haut par l'intermédiaire des deux clés. Enfin, la borne P du relais est reliée à la borne S de gauche en haut.

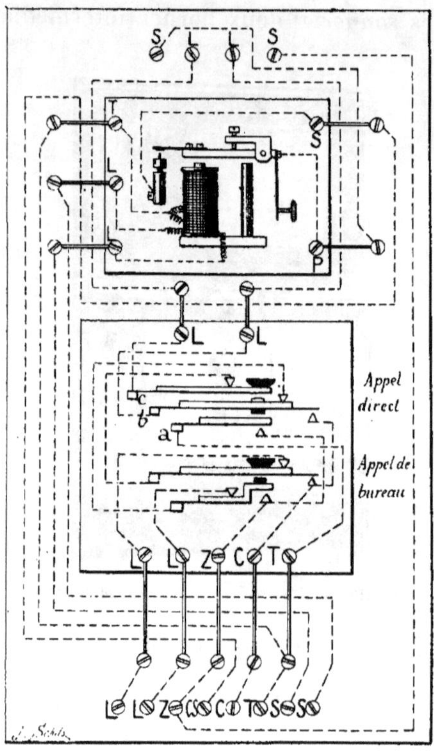

Fig. 220. — Diagramme du relais d'appel direct.

Rappel par inversion de courant. — Sur les lignes bifurquées, le poste central doit pouvoir appeler chacun des deux abonnés greffés sur la ligne sans déranger l'autre.

Chaque abonné doit pouvoir appeler le poste central sans déranger l'autre abonné. Le relais de sonnerie, connu sous le nom de *rappel par inversion de courant*, fournit une solution élégante de la question.

Un électro-aimant (*fig.* 221), garni de pièces polaires, est placé horizontalement sur une planchette en bois. Entre les deux pièces polaires, une palette en fer doux est montée sur un ressort en acier, fixé lui-même à un aimant permanent, recourbé comme un U dont on aurait coupé une branche. La palette n'est, par le fait, que le prolongement de l'aimant et jouit des mêmes propriétés. Cette palette, aimantée par influence, étant en présence de la masse de fer doux de l'électro-aimant, attire le noyau le plus voisin ; mais, ce noyau étant fixe et la palette mobile, c'est elle qui se déplace et se rapproche du noyau jusqu'à ce qu'elle rencontre une vis butoir qui est réglée de façon à empêcher le contact des deux masses de fer. Une seconde vis, disposée symétriquement par rapport à la palette, l'empêcherait également de toucher le noyau opposé, si elle se portait dans cette direction, de telle sorte

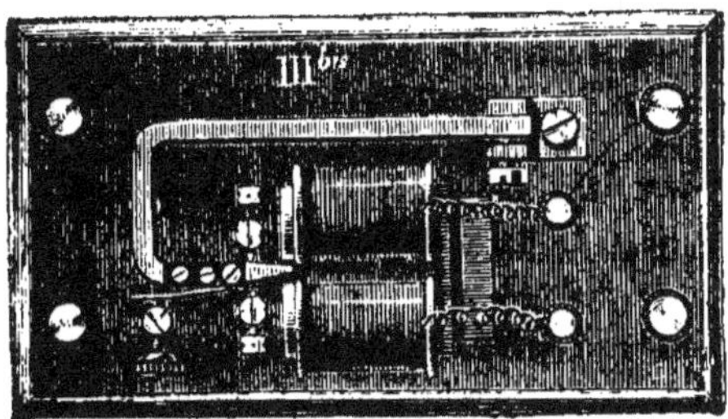

Fig. 221. — Rappel par inversion de courant.

que la palette peut se déplacer entre ces deux vis, sans jamais rencontrer les noyaux.

Quatre bornes occupent les angles du socle de l'instrument. Celle de gauche, en haut, est reliée à l'aimant permanent et reçoit le fil d'une sonnerie en relation, d'autre part, avec la terre ou bien avec le pôle négatif d'une pile locale. La borne de gauche, en bas, est réunie à la vis butoir supérieure dont nous avons parlé tout à l'heure ; elle reçoit, en outre, le pôle positif d'une pile locale, dont le pôle négatif communique avec la terre ou bien avec la sonnerie dont il vient d'être question. La borne de droite, en haut, est en relation avec le fil de ligne et avec le fil d'entrée des bobines de l'électro-aimant. La borne de droite, en bas, est en relation avec la terre et avec le fil de sortie des bobines de l'électro-aimant.

Le courant venant de la ligne traverse les bobines de l'électro-aimant et se rend à la terre. Les noyaux sont aimantés et acquièrent des polarités de noms contraires. D'autre part, l'un des pôles de l'aimant permanent, le pôle nord, par exemple, est situé dans la partie qui avoisine la culasse de l'électro-aimant; l'autre pôle, le pôle sud, a son siège à l'extrémité de la palette. Supposons, pour fixer les idées, qu'un courant positif venant de la ligne détermine dans le noyau supérieur de l'électro-aimant un pôle nord et dans le noyau inférieur un pôle sud : le pôle sud de la palette sera repoussé par le pôle sud du noyau inférieur et attiré par le pôle nord du noyau supérieur. Sous cette double impulsion, la palette fera fléchir le ressort qui la supporte et viendra s'appuyer sur la vis butoir supérieure. Le circuit de la pile sera fermé sur la sonnerie et celle-ci fonctionnera; il y aura appel pour la station ainsi montée.

Un courant négatif venant de la ligne produirait un effet tout différent : les pôles de l'aimant permanent restant les mêmes, il se formerait, dans le noyau supérieur de l'électro-aimant, un pôle sud, et un pôle nord dans le noyau inférieur. Ce pôle nord attirerait le pôle sud de la palette, repoussé d'ailleurs par le pôle de même nom du noyau supérieur, et la palette resterait appliquée contre la vis butoir inférieure. Le circuit de la pile ne serait pas fermé et, par conséquent, la sonnerie demeurerait isolée.

Pour que le poste central puisse appeler chacun des deux abonnés greffés sans déranger l'autre, il suffit que les postes de ces deux abonnés soient pourvus d'un rappel par inversion de courant, l'un fonctionnant sous l'action du courant positif, l'autre sous l'action du courant négatif; l'installation au poste central sera complétée par un commutateur inverseur.

Tous les rappels par inversion de courant sont montés de la même manière et fonctionnent sous l'action d'un courant positif, par exemple; pour obtenir le fonctionnement inverse, il suffit d'intervertir les connexions de la ligne et de la terre. Ainsi, le poste X possédera un rappel dans lequel la ligne sera attachée à la borne de droite en haut, et la terre à la borne de droite, en bas, on l'appellera avec le courant positif; le poste Y sera monté avec un rappel dans lequel la terre sera reliée à la borne de droite, en haut, et la ligne à la borne de droite, en bas; on l'appellera avec le courant négatif.

Chaque abonné doit pouvoir appeler le poste central sans déranger l'autre abonné. Pour réaliser cette seconde condition, il suffit que chaque abonné appelle le poste central avec le courant qui sert à l'appeler lui-même.

Si X voulait appeler directement Y sans l'intermédiaire du poste central, il devrait changer le sens de son courant d'appel et réciproquement.

Organes de préservation.

Sur les réseaux urbains établis, comme celui de Paris, en conducteurs souterrains, on n'a pas à redouter les accidents provenant des perturbations atmosphériques. Sur les lignes aériennes, quelque peu étendues qu'elles soient, les coups de foudre sont toujours à craindre. Plus le développement des fils est considérable, plus les accidents de cette nature deviennent probables. Sur les lignes de grande étendue, ce ne sont plus seulement les postes reliés directement aux lignes aériennes qui sont menacés, mais les décharges d'électricité atmosphérique peuvent aussi endommager les lignes souterraines reliées au réseau aérien et occasionner des dommages dans les postes extrêmes. De là, la nécessité de disposer des appareils protecteurs aux points de jonction et dans les bureaux.

Un certain nombre de transmetteurs admis sur les réseaux sont, il est vrai, pourvus de paratonnerres minuscules : ce sont là des *trompe-l'œil* sans efficacité et, suivant l'expression d'un regretté fonctionnaire des Télégraphes, autant vaudrait les peindre. Il est de toute nécessité, sur les réseaux de quelque étendue, d'avoir recours à des mesures préventives plus énergiques.

A la jonction des lignes aériennes avec les lignes souterraines, on doit appliquer les règles d'usage constant sur les réseaux télégraphiques.

Le paratonnerre Bertsch et le paratonnerre à stries sont employés couramment sur les lignes.

Dans les bureaux, on emploie le paratonnerre à papier sous différentes formes, ou bien le paratonnerre à pointes multiples et à lame de gutta-percha. Les paratonnerres à peignes restent localisés sur les transmetteurs.

Paratonnerre Bertsch. — Ce paratonnerre (*fig.* 222), qui se place généralement en dehors des postes, s'interpose tantôt entre une ligne souterraine et une ligne aérienne, tantôt entre une ligne quelle qu'elle soit et un poste.

Dans le premier cas, on le place sur le poteau ou dans la guérite de jonction ; dans le second cas, on le fixe contre le mur du local occupé par le poste à protéger.

Deux plaques en fonte, garnies d'un grand nombre de pointes, sont placées en regard l'une de l'autre. La première est intercalée entre la ligne aérienne et la ligne souterraine, ou bien entre la ligne et le poste; elle porte une ou deux bornes qui reçoivent les fils, et qui, ordinairement, sont recouvertes par des couvre-bornes en ébonite. La seconde plaque est reliée à la terre. Les deux plaques n'ont entre elles aucune communication électrique, et le système représente assez bien deux peignes à carder, séparés par une mince couche d'air. Des glaces latérales permettent de s'assurer que les pointes opposées ne se touchent pas.

Fig. 222. — Paratonnerre Bertsch.

Paratonnerre à papier. — L'expérience des cours de physique, connue sous le nom de *perce-carte*, semble avoir donné l'idée du paratonnerre à papier. Deux plaques de laiton, maintenues serrées par une planchette de bois et par deux vis de pression, sont séparées seulement par une feuille de papier paraffiné (*fig.* 223).

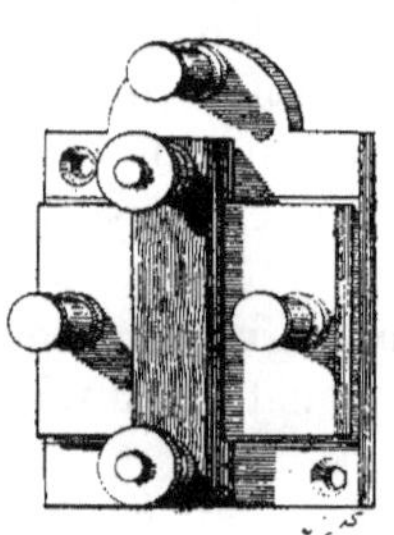

Fig. 223. — Paratonnerre à papier.

Cet appareil s'emploie dans l'intérieur des postes. La plaque supérieure reçoit le fil de ligne et celui qui se rend aux appareils; la plaque inférieure est en communication avec la terre.

Dans les conditions normales, le courant traverse la plaque supérieure et se rend à l'appareil téléphonique; une décharge d'électricité atmosphérique, au contraire, perce la feuille de papier, et le fluide, si on peut encore employer cette expression imagée, s'écoule dans le sol. En réalité, un paratonnerre à papier n'est qu'un paratonnerre à pointes multiples. Quelque polies qu'elles soient, les surfaces planes des deux plaques de laiton présentent toujours des parties saillantes comparables aux pointes, et la feuille de papier forme un diélectrique de séparation, analogue à la couche d'air interposée entre les pointes du paratonnerre Bertsch.

Un transport métallique, occasionné par l'étincelle électrique, établit parfois une communication entre les deux plaques; c'est une des causes de dérangements les plus fréquentes. On ne saurait donc trop recommander de vérifier avec soin, après les orages, les paratonnerres à papier. Cependant, de ce que la feuille de papier a été percée, même en plusieurs endroits, il ne faudrait pas conclure que le paratonnerre est devenu *forcément* inefficace; pour que cet instrument soit momentanément hors de service, il faut, non seulement que la feuille de papier ait été perforée, mais encore que les deux plaques métalliques communiquent entre elles. Dans ce cas, il suffit de remplacer la feuille de papier pour remettre le paratonnerre en bon état.

Paratonnerre à pointes multiples et à feuille de gutta-percha ou à lame de mica. — C'est encore un paratonnerre d'intérieur de poste, résultant de la combinaison du paratonnerre Bertsch et du paratonnerre à papier.

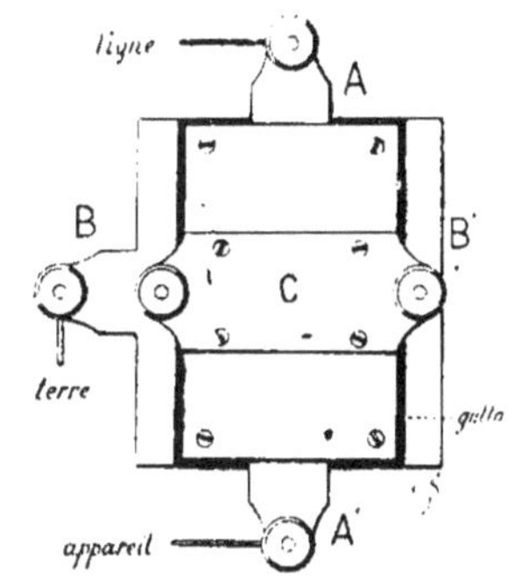

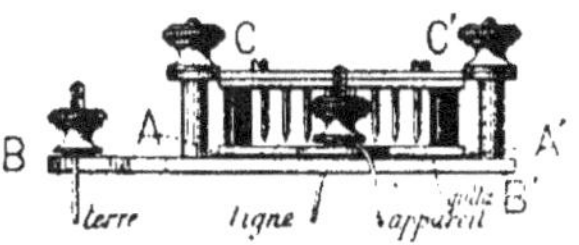

Fig. 224. — Paratonnerre à pointes multiples.

Une plaque de laiton AA' (*fig.* 224) reçoit le fil de ligne et celui qui conduit aux appareils. Une seconde plaque de laiton BB', séparée de la première par une mince feuille de gutta-percha ou de mica, communique avec la terre. Les colonnes C C' réunissent la plaque B B' à une autre plaque de laiton garnie de 288 pointes, dont la partie acérée est aussi rapprochée que possible de la plaque A A', sans cependant la toucher. Il résulte de cette disposition que la prise de terre entoure de toutes parts le fil de ligne, et que celui-ci est isolé seulement par la lame de mica ou de gutta-percha et par la couche d'air qui le sépare des pointes.

Le courant d'une pile ordinaire n'est pas assez énergique pour franchir la distance qui existe entre les pointes et la plaque AA', ni pour se frayer un passage à travers la lame de mica ou de gutta-percha; la foudre ou les charges à haut potentiel surmontent aisément ces obstacles, et déversent dans le sol le flux d'électricité accumulé sur la ligne.

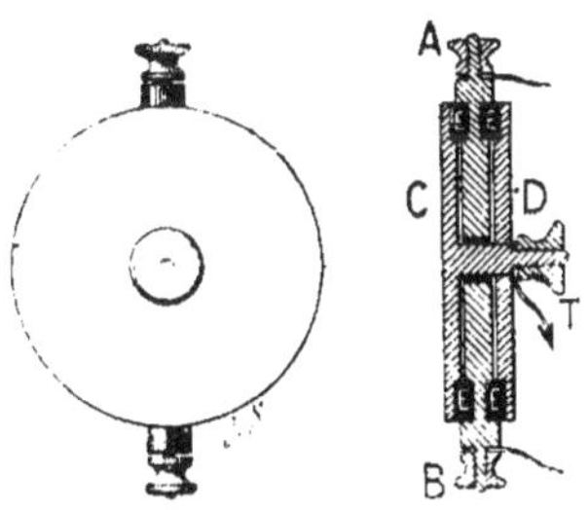

Fig. 225. — Paratonnerre à lame d'air.

Paratonnerre à lame d'air. — Le paratonnerre à lame d'air, installé sur les réseaux, se compose de trois disques métalliques superposés, et séparés par deux rondelles d'ébonite. Le disque central A B (*fig.* 225) est garni de deux bornes qui reçoivent le fil de ligne et celui qui conduit aux appareils téléphoniques; les disques C, D, sont en relation avec la terre par la borne T. Les bagues d'ébonite E E maintiennent l'isolement et laissent entre les disques C, D, et chaque face du disque central une chambre remplie d'air, dont l'épaisseur n'est que de quelques dixièmes de millimètres.

Paratonnerre Maiche. — Le modèle de paratonnerre que M. Maiche a construit pour les postes d'abonnés est à la fois à peigne et à papier. Le modèle que nous figurons est établi pour deux directions. Sur la planchette en bois A B C D (*fig.* 226) est appliquée une lame métallique *a*, *b*, *c*, *d*. Cette lame est percée d'orifices assez larges pour laisser passer des plots *n n'*, sans qu'il y ait contact métallique. Sous les têtes de ces plots, représentées par les boutons à vis M, M sont emprisonnés des disques métalliques *mm'*, taillés en dents de scie sur leur pourtour comme des molettes d'éperons. Entre la lame *a*, *b*, *c*, *d*, et les disques *m*, *m'*, sont interposées deux feuilles de papier paraffiné, représentées en noir sur notre dessin. Les bornes L_1 et L_2 qui reçoivent les fils de ligne communiquent avec les boutons M M; la borne T est reliée à la terre et à la lame *a*, *b*, *c*, *d*.

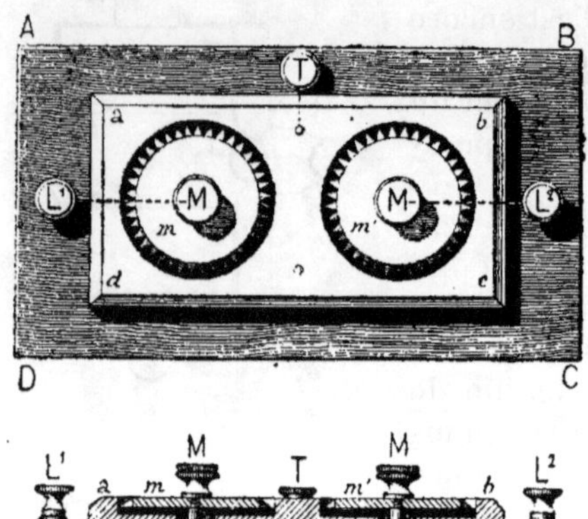

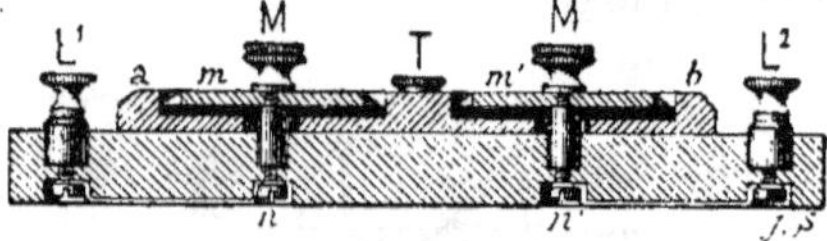

Fig. 226. — Paratonnerre Maiche.

Les fils conduisant aux appareils s'attachent sous les boutons M M.

En résumé, on voit que les molettes agissent par leurs pointes situées en regard de la lame *a*, *b*, *c*, *d*, et que les lignes sont en outre séparées de la plaque de terre par les deux rondelles de papier interposées.

Commutateur de mise à la terre. — Cet organe (*fig.* 227) se compose de deux plots métalliques dont l'un A est relié à la ligne, et dont l'autre B communique avec la terre. Ces deux plots sont isolés l'un de l'autre, et montés sur un socle en ébonite E. Une cheville métallique F, garnie d'une tête isolante D, peut être interposée entre les plots A et B. Une chaînette fixée en C est attachée à la cheville et l'empêche de se perdre.

Lorsqu'un orage menace d'éclater, soit dans le voisinage du poste, soit sur un point quelconque de la ligne, on en est averti par un fonctionnement anormal des annonciateurs ou des sonneries; il faut alors, pour conjurer tout danger, placer la cheville F entre les plots A et B. De la sorte, la ligne est mise à la terre et le poste est immobilisé; il ne faut donc pas oublier de retirer la cheville dès que l'orage s'est dissipé.

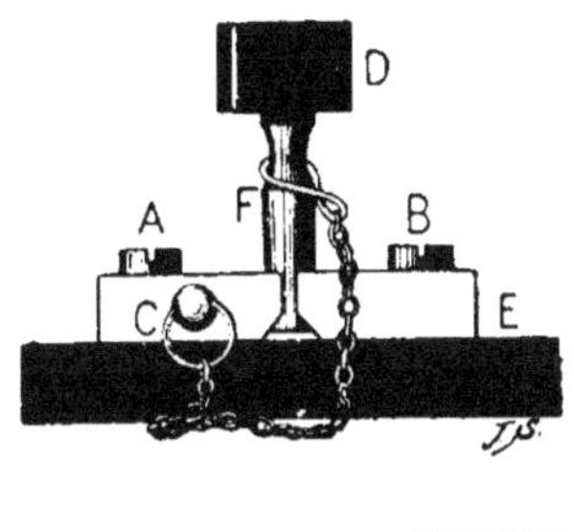

Fig. 227. — Commutateur de mise à la terre.

Organes de permutation.

Dans l'intérieur des postes, il est souvent utile de changer rapidement la direction d'un conducteur, de réunir un tronçon de ligne à tel ou tel autre tronçon, d'envoyer sur une ligne un courant positif ou un courant négatif, en un mot d'exécuter des permutations entre les différents circuits, sans pour cela déranger la disposition générale des fils dans le local; on y parvient à l'aide de *commutateurs*.

Au moment de la reprise des réseaux téléphoniques par l'État, un grand nombre de commutateurs de différents modèles étaient répartis dans les bureaux et chez les abonnés. Tout en se réservant la faculté d'unifier les types, l'administration des Postes et des Télégraphes a continué à admettre un certain nombre de modèles d'usage courant, se rapprochant d'ailleurs beaucoup de ceux qui, depuis de longues années, sont en service dans les bureaux télégraphiques; elle se borne à faire contrôler la solidité et la bonne construction des appareils présentés.

Commutateur rond. — Cet instrument très simple permet de donner à un conducteur 1, 2, 3... directions nouvelles; cela dépend de la construction de l'appareil.

Sur un disque en bois (*fig.* 228) sont incrustés une bande métallique, allant de la circonférence au centre, et un nombre facultatif des plots répartis sur la circonférence.

Ces différents blocs de métal sont noyés dans le socle en bois et, par conséquent, isolés les uns des autres. Au centre du disque, sur la bande métallique dont nous venons de parler, s'élève une petite colonne en laiton qui sert de pivot à une manette, également en laiton, terminée par un manche en corne. La manette est maintenue sur son axe par une vis de serrage et, pour donner plus d'élasticité au système, une rondelle d'acier, à surface gauche, est interposée entre la colonne et la manette. La partie métallique de celle-ci a été martelée à froid et forme ressort; d'ailleurs, pour assurer un meilleur contact, les différents plots sont légèrement en saillie sur le socle.

Fig. 228. — Commutateur rond.

Le fil à permuter s'attache à la vis de serrage de la bande métallique, et il suffit alors de placer la manette sur les plots 1, 2, 3... pour mettre ce fil en communication avec les conducteurs pincés sous les vis de ces différents plots.

Ce commutateur peut être employé pour les piles, pour les lignes à simple fil, etc.

Commutateurs de l'administration des Postes et des Télégraphes. — L'administration des Postes et des Télégraphes

Fig. 229. — Commutateur à six directions.

vient de déterminer les modèles de commutateurs qui seuls, depuis le 1er janvier 1892, sont admis sur les réseaux français.

Ces commutateurs sont à 2, 4 ou 6 directions. Ce sont des instruments robustes; leur socle est formé par deux plateaux de bois superposés, dont les fibres sont disposées en sens inverse pour empêcher les fentes et les déformations. La manette M (*fig.* 229), montée sur un axe, communique avec le conducteur à permuter; on peut la placer sur les différents plots *p*, *p'*, *p''*... qui garnissent le pourtour de l'appareil, mais, dans ses positions extrêmes, elle est arrêtée par de forts butoirs *b*, *b'*. Toutes les parties métalliques sont nickelées. Des étiquettes en os, *i*, *i'*, *i''* sont disposées en regard des différents plots, et indiquent les permutations que l'on obtient en plaçant la manette sur tel ou tel de ces plots. La figure 230 représente un commutateur à deux plots; la disposition des organes y est la même que dans le commutateur à 6 plots.

Fig. 230. — Commutateur à deux directions.

Commutateurs à deux manettes. — Cet appareil permet de renvoyer deux lignes à simple fil dans deux nouvelles directions, ou bien une ligne à double fil sur une nouvelle direction.

On construit aussi de ces instruments pour permuter trois lignes à simple fil ou bien pour changer de direction en même temps deux lignes à double fil; tout cela dépend du nombre des manettes accouplées et de la quantité de plots sur lesquels elles peuvent reposer. L'examen du commutateur à deux manettes permettra de comprendre le fonctionnement de tous les autres. La figure 231 montre la disposition et l'aspect de l'instrument, ainsi que l'ensemble des communications. Deux manettes en laiton *a a'*, *b b'* sont montées sur deux axes *c c'*; elles ont des directions parallèles et sont articulées en *a b* par un morceau d'ébonite qui porte la poignée de manœuvre et qui les isole l'une de l'autre. Les butoirs *d* et *d'* limitent leurs déplacements. Il est aisé de voir que lorsque les manettes sont appuyées sur le butoir *d*, les lignes 1 et 2 communiquent avec les lignes 5 et 6 (ou bien la ligne double 1, 2 communique avec la ligne double 5, 6); lorsque les manettes sont appuyées contre le butoir d', 1, 2 sont en relation avec 3, 4. Dans le modèle de l'administration des Postes et des Télégraphes (*fig.* 232 et 233)

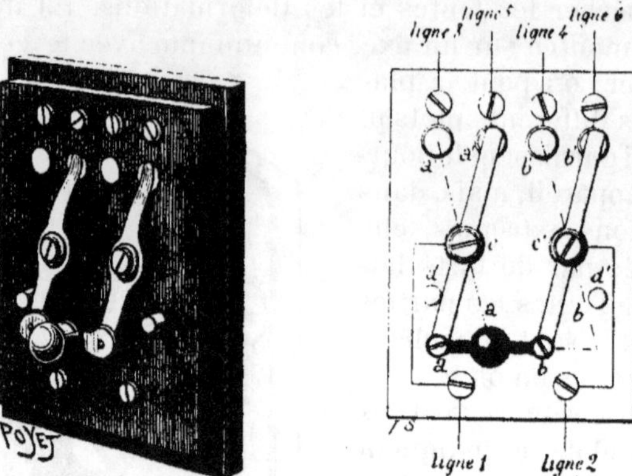

Fig. 231. — Commutateur à deux manettes.

deux manettes A B, C D, isolées l'une de l'autre, sont commandées par un centre de mouvement commun, et exécutent des déplacements angulaires de même grandeur.

Ces deux manettes sont montées sur l'axe E qui traverse le socle du commutateur. Un ressort R donne aux mouvements de l'axe E une certaine élasticité et assure un bon contact entre les manettes A B, C D et les plots F, H, M, N sur lesquels elles reposent. L'étendue des plots M, N de la base est telle que les extrémités A, C des manettes peuvent se déplacer entre les plots F, F', H, H' sans que les extrémités B, D abandonnent les plots M, N.

Fig. 232. — Commutateur à deux manettes, modèle des Postes et des Télégraphes.

On transformerait aisément l'appareil en commutateur inverseur, dans toute l'acception du mot, permettant de changer le sens du courant sur une ligne à double fil; il suffirait pour cela, au moment du montage, de réunir deux à deux les bornes extrêmes F H′ et les bornes

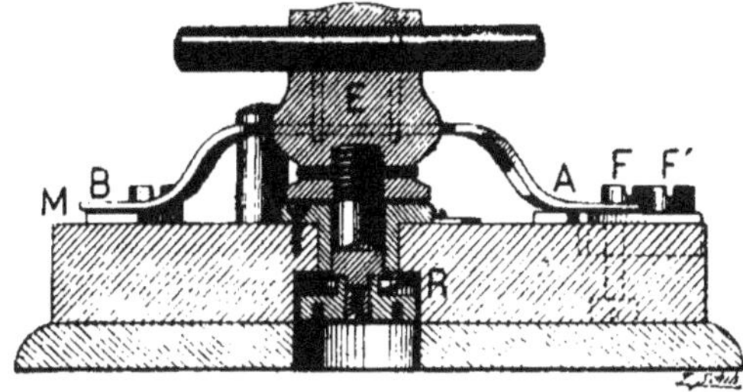

Fig. 233.
Coupe du commutateur à deux manettes, modèle des Postes et des Télégraphes.

intermédiaires F′, H; les deux pôles de la pile seraient attachés aux plots M, N.

Commutateur inverseur. — Le commutateur inverseur, dont le commutateur à deux manettes n'est qu'une modification, est spécialement affecté au service des piles. On s'en sert pour les appels sur les lignes bifurquées. Il se compose de deux manettes accouplées et isolées l'une de l'autre, exactement de la même manière que dans le commutateur que nous venons de décrire. La disposition des bornes et des communications sont seules changées, comme le montre la figure 234. Les pôles de la pile sont directement réunis aux deux manettes associées. Vers le haut, il existe deux bornes (*ligne*, *terre*) et trois contacts *a′ b′*, *a′ b′*; *a′* est relié à la borne *terre* et au contact *b′*, *b′ a′* est réuni à la borne *ligne*.

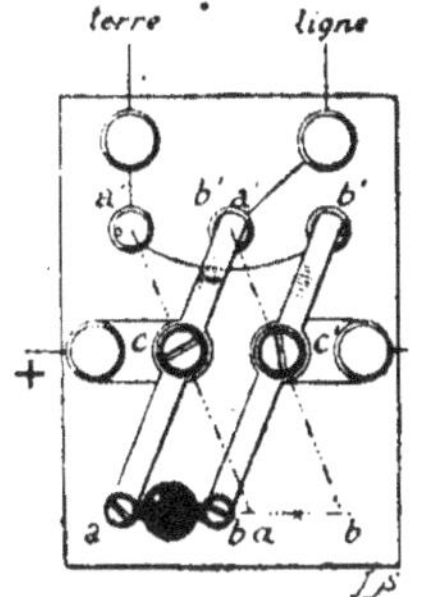

Fig. 234. — Commutateur inverseur.

Lorsque les manettes sont poussées du côté gauche, le pôle positif de la pile est sur la ligne, le pôle négatif à la terre; c'est le contraire qui arrive lorsque les manettes sont poussées vers la droite dans la direction indiquée en pointillé.

Commutateur Bréguet. — Le commutateur Bréguet, destiné aux postes centraux d'abonnés, sert à mettre la ligne principale en communication avec des lignes secondaires, en nombre indéterminé. La figure 235 représente un commutateur de ce genre construit pour deux lignes secondaires. Les plots métalliques L, L′ correspondent aux deux fils de la ligne principale, les plots 1, 1 sont reliés aux conducteurs de la première ligne secondaire, les plots 2, 2 aux conducteurs de la seconde. Une fiche double F est garnie de deux goujons métalliques *f*, *f* montés sur une pièce isolante E E. L'écartement des goujons *f*, *f* est le même que celui des trous 1, 1 ou 2, 2 de sorte que, suivant que l'on place la fiche dans les trous 1, 1 ou 2, 2 et elle ne saurait être placée d'une autre manière, la ligne secondaire correspondante est en relation avec la ligne principale L, L'.

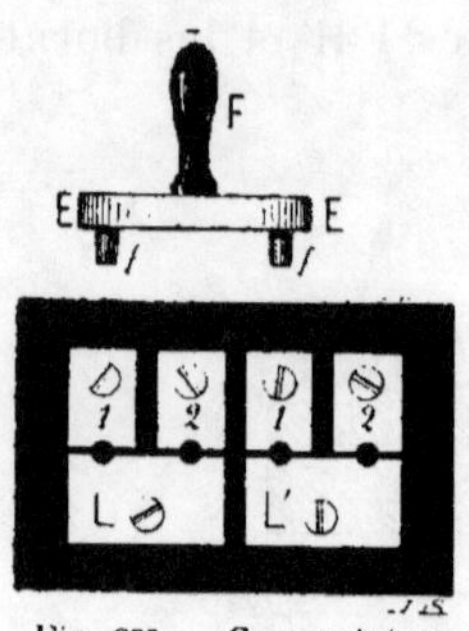

Fig. 235. — Commutateur Bréguet.

Touches. — Les touches employées dans les bureaux centraux sont des commutateurs, au même titre que les clés d'appel dont elles reproduisent les dispositions mécaniques. Mais, dans les clés d'appel, la permutation est subordonnée à la pression de la main; si la pression cesse, la clé se redresse. Avec les touches, la permutation se fait à l'aide d'un levier, et elle persiste tant qu'une nouvelle manœuvre n'a pas rétabli l'état primitif.

Touches a deux lames. — Deux lames en laiton R, S, faisant

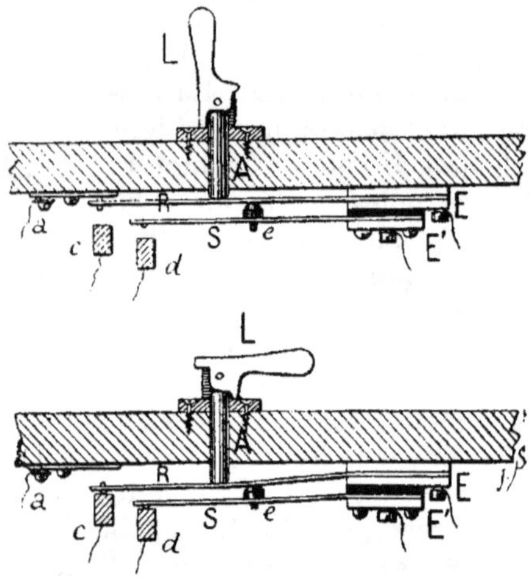

Fig. 236. — Touche à deux lames.

ressort (*fig.* 236) sont montées sur des blocs isolants E E', fixés sous la planchette de la table. Un cylindre en acier A, mobile à travers cette planchette, repose par son extrémité inférieure sur le ressort R, tandis que son extrémité supérieure reste appuyée sur le talon excentrique du levier L. Les mouvements des deux lames R, S sont simultanés; au repos, c'est-à-dire lorsque le levier L est vertical, R repose sur le plot *a*, S sur R, mais en est isolé par *e*. Lorsqu'on abaisse le levier L pour le placer dans la position horizontale, le cylindre A presse fortement la lame R qui abandonne le contact *a* pour s'appuyer sur le contact *c*; en même temps R agit par pression sur l'isolant *e* et entraine la lame S qui vient toucher *d*. Un simple mouvement du levier L suffit donc pour permuter les conducteurs reliés aux lames R, S; quand le levier L est horizontal, ces conducteurs sont en relation avec ceux qui sont attachés aux contacts c, *d*; quand le levier L est vertical, le fil réuni à S est isolé, celui de R communique avec le plot *a*.

Les touches à deux lames sont employées dans les bureaux centraux sur les *tableaux de groupes*, où elles servent à mettre ces tableaux en relation avec les *tableaux des lignes auxiliaires*. Sur chaque tableau de groupe, une seule touche, la touche noire, porte le contact *a*; toutes les autres en sont dépourvues; ce contact a est en relation avec un annonciateur; la touche noire correspond à la ligne locale du groupe; c'est par cette ligne que les autres groupes l'appellent. Chacune des autres touches sert à appeler un groupe différent et à recevoir ses réponses, sans toutefois pouvoir percevoir ses appels. Chacune de ces touches est, en effet, dépourvue d'annonciateur, et le rôle du levier consiste à mettre les deux fils de la ligne locale du tableau appelé en relation avec l'appareil d'opérateur du tableau appelant.

Touches a trois lames. — Les touches à trois lames (*fig.* 237) sont utilisées sur les tableaux de lignes auxiliaires. Il faut, en effet, avant d'utiliser une ligne auxiliaire, savoir si elle n'est pas occupée par un autre groupe. Qu'on se figure une touche semblable à la précédente; qu'on y ajoute une troisième lame isolée et on aura une touche à trois lames.

Au repos, les trois lames R, S, T sont isolées les unes des autres; R reste appuyé sur le contact *a* qui communique avec un annonciateur dont la bobine est également greffée sur la lame S. Les plots *c*, *d* sont en relation avec un commutateur inverseur, et par son intermédiaire avec un appareil d'opérateur. Les lames R, S correspondent à la ligne auxiliaire, la lame T est unie à un troisième fil sur lequel est intercalé un élément de pile.

Lorsque le levier L est horizontal, R, S, T sont entrainés vers le bas : R abandonne a et repose sur c; S s'appuie sur *d*.

sur R et sur T; entre R et S le bloc isolant *e* interrompt la communication électrique, la pièce métallique *b* établit au contraire la liaison entre S et T.

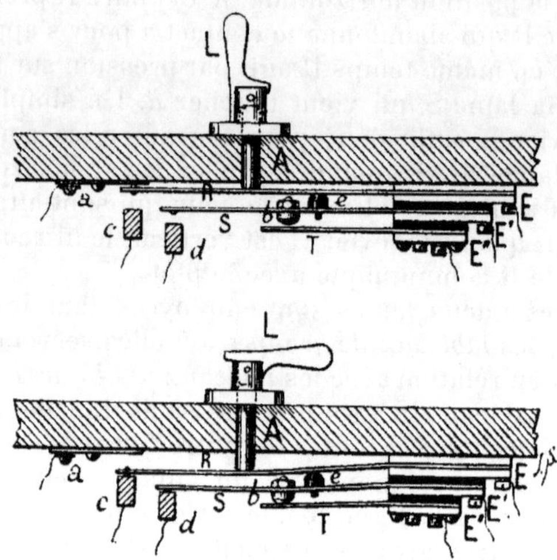

Fig. 237. — Touche à trois lames.

Nous verrons dans les installations de postes comment on utilise cette combinaison pour l'essai des lignes auxiliaires.

IX

APPAREILS ACCESSOIRES

Organes de liaison. — Tableaux.

Conjoncteur jack-knive simple fil. — Fiche et cordon souple pour conjoncteur J. K. simple fil. — Conjoncteur J. K. double fil. — Fiche et cordon souple pour conjoncteur J. K. double fil. — Conjoncteur pour lignes auxiliaires. — Mâchoires à quatre contacts. — Fiche à quatre lames. — Mâchoires à sept contacts. — Fiche à sept lames. — Fiches pour communications secrètes. — Conjoncteurs Sieur : conjoncteur et clé simple fil; — conjoncteur et clé double fil; — conjoncteur et clé quadruples. — Emploi des conjoncteurs. — Différents tableaux pour postes centraux d'abonnés. — Conjoncteur, annonciateur et tableau Maiche. — Tableau avec annonciateur à disque et sonnerie intermittente (modèle de la Société des Téléphones). — Tableau avec annonciateurs et commutateur I O C. — Tableau à annonciateur à disque, petit modèle, système Bailleux. — Tableaux à leviers commutateurs (Société des Téléphones). — Tableaux Sieur.

Organes de liaison. — Les organes de liaison consistent en *conjoncteurs* dans lesquels on introduit des *fiches* ou des *clés* réunies à des cordons conducteurs souples. Ces différents organes sont montés pour les lignes simples ou bien pour les lignes doubles.

Conjoncteur Jack-Knive simple fil. — Les conjoncteurs ordinaires sont des blocs de laiton percés en leur milieu d'un trou dans lequel pénètre une fiche métallique; ils sont fixés par deux vis à bois sur la planchette des tableaux. On a construit cependant un modèle plus compliqué qui permet de laisser à volonté un annonciateur en dérivation dans le circuit ou bien de l'en retirer; c'est le conjoncteur jack-knive.

Ce type est formé, comme le précédent, d'un bloc en laiton (*fig.* 238), mais ce bloc est percé de deux trous A, B, comme on le voit sur le dessin (à droite de la figure) qui représente une coupe suivant un plan diamétral. Des deux vis C, D, destinées à assujettir le conjoncteur, l'une C est isolée par un manchon d'ébonite, mais une goupille *a*, unie à cette vis, fait saillie à l'extérieur. Sur cette goupille repose la pointe d'un ressort R R, fixé d'autre part par une vis et un pied. A la hauteur du trou A, un goujon *r*, faisant partie du ressort R, pénètre librement dans le métal du conjoncteur et émerge légèrement à l'intérieur du trou A.

Soient deux lignes à simple fil X et Y qu'il s'agit de relier par l'intermédiaire du conjoncteur. Nous supposerons l'une attachée à une fiche métallique indépendante, l'autre fixée sous la vis D du conjoncteur; un annonciateur sera relié à la vis C. Cette vis est isolée, comme nous l'avons dit, du reste du conjoncteur; toutefois, au repos, le ressort R, en contact avec la goupille *a*. réunit l'annonciateur au conjoncteur. Si nous introduisons la fiche attachée à la ligne X dans le trou B

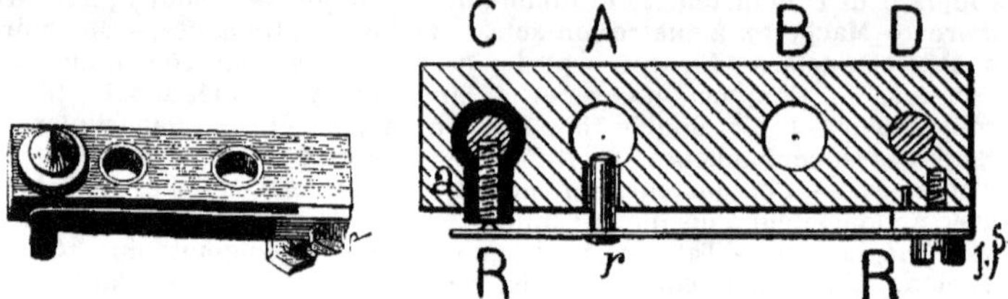

Fig. 238. — Conjoncteur Jack-Knive simple fil.

du conjoncteur, les lignes X et Y seront reliées, et l'annonciateur restera en dérivation sur les deux lignes; mais si nous plaçons la fiche dans le trou A, elle repoussera le goujon *r* en pénétrant dans le trou ; le ressort R abandonnera la goupille a. et la communication sera interrompue entre le conjoncteur et l'annonciateur qui restera isolé. On voit donc qu'en plaçant la fiche en B ou en A, l'annonciateur reste en dérivation ou bien est hors circuit.

Fiche et cordon souple pour conjoncteur J. K. simple fil. — Cette fiche est formée par un petit cylindre de laiton (*fig.* 239). La partie qui doit pénétrer dans le conjoncteur est fendue en quatre; elle a ainsi une certaine élasticité et prend bien le contact. L'extrémité qui reçoit le cordon souple est amincie et filetée; l'ensemble de cette pièce métallique A s'appelle *centre de fiche*. Le cordon souple se compose d'une âme en fil de laiton, contourné à spires serrées; c'est une sorte de ressort à boudin très souple. Cette âme est enroulée autour de la partie amincie du *centre de fiche*; elle est recouverte de deux enveloppes tressées, l'une en coton, l'autre en soie. Un manchon d'ébonite est vissé sur le tout, de façon que l'enveloppe de soie, pincée entre le cuivre et l'ébonite, supporte seule l'effort de traction. Afin d'augmenter la conductibilité des cordons,

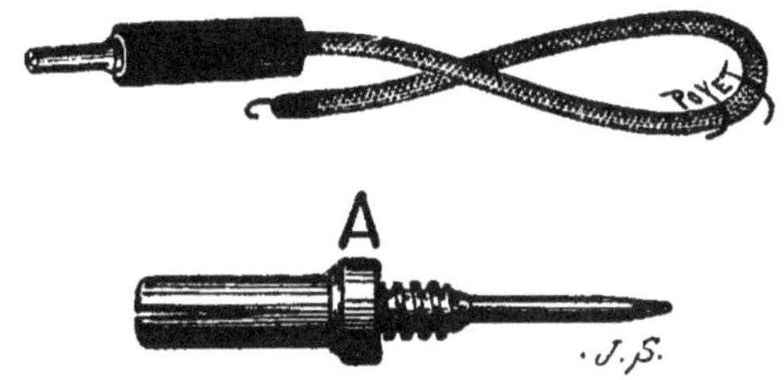

Fig. 239. — Fiche et cordon souple pour conjoncteur J. K. simple fil.

on a placé à l'intérieur de la spirale métallique une âme composée de trois brins de fil de cuivre de 0,20 millimètre.

Conjoncteur J. K. double fil. — Les conjoncteurs à double fil sont, comme les conjoncteurs à simple fil, construits sur deux modèles : le conjoncteur ordinaire, le conjoncteur jack-knive; ils peuvent être considérés comme la réunion de deux conjoncteurs simple fil superposés et séparés par une lame isolante.

Fig. 240. — Conjoncteur J. K. double fil.

Le trou réservé à la fiche est plus grand dans la plaque supérieure que dans la plaque inférieure. Pour éviter toute communication électrique entre les deux plaques, les vis d'attache sont noyées dans de l'ébonite aux endroits où elles traversent la plaque inférieure.

La disposition de la plaque supérieure du jack-knive est la même que celle du conjoncteur à simple fil; on y retrouve une goupille a (*fig.* 241) attenant à la vis située vers le haut de la figure 240 et le ressort R s'appuyant sur cette goupille, puis le goujon pénétrant dans le trou A, destiné à recevoir la fiche. En outre, sur les deux blocs de laiton formant le conjoncteur, on a vissé des ressorts de sûreté *m*, *m*, munis de goujons qui assurent un bon contact avec les fiches; ces ressorts sont placés sur la face opposée à celle qu'occupe le grand ressort R R'.

La lame d'ébonite E qui sépare les deux blocs de laiton est évidemment perforée pour laisser passer la fiche. L'un des fils de la ligne double s'attache au bloc supérieur, en V; l'autre au bloc inférieur, en U; l'annonciateur est en relation avec la vis qui porte la goupille a sur laquelle presse le grand ressort R R'.

Lorsque la fiche est mise en place, les choses se passent exactement comme s'il s'agissait d'un conjoncteur à simple fil. Si la fiche est placée dans le trou B, l'annonciateur reste en dérivation dans le circuit; si la fiche est enfoncée dans le

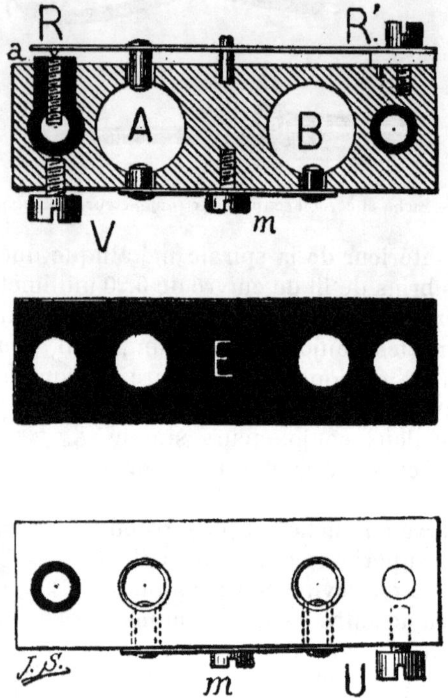

Fig. 241. — Détails du conjoncteur J. K. double fil.

trou A, l'annonciateur est hors circuit, par suite de l'écartement du grand ressort R qui ne touche plus la goupille a.

Fiche et cordon souple pour conjoncteur J.-K. double fil. — En principe, le cordon se compose de deux conducteurs juxtaposés, mais isolés l'un de l'autre, aboutissant à deux pièces métalliques concentriques, également isolées l'une de l'autre. Examinons comment, dans la pratique, cette disposition a été réalisée : le mode d'attache du conducteur de la fiche à simple fil se retrouve dans le conducteur central de la fiche à double fil; seulement ici, au lieu d'un cylindre fendu en quatre sur une partie de sa longueur, il existe un noyau plein recouvert par un tube fendu en deux; ce qu'on veut avoir, c'est de l'élasticité; le résultat est obtenu avec les deux systèmes. En résumé, le conducteur central, constitué par un fil de laiton contourné en spirale, auquel on ajoute souvent une âme de sûreté, s'enroule autour d'un noyau de laiton enve-

Fig. 242. — Fiche et cordon souple pour conjoncteur J. K. à double fil.

loppé par un tube de même métal; c'est ce téton qui pénétrera dans le bloc inférieur du conjoncteur.

Ce centre de fiche est vissé dans une bague en ébonite filetée à l'intérieur et à l'extérieur. A l'extérieur, elle reçoit un morceau de tube de laiton auquel est soudé le second conducteur du cordon souple. Ce tube, coupé en partie par deux fentes héliçoïdales, forme un appendice élastique qui s'applique convenablement dans le trou du bloc supérieur du conjoncteur. Afin de mieux assurer encore les contacts, les deux pièces métalliques dont nous venons de nous occuper, ou pour

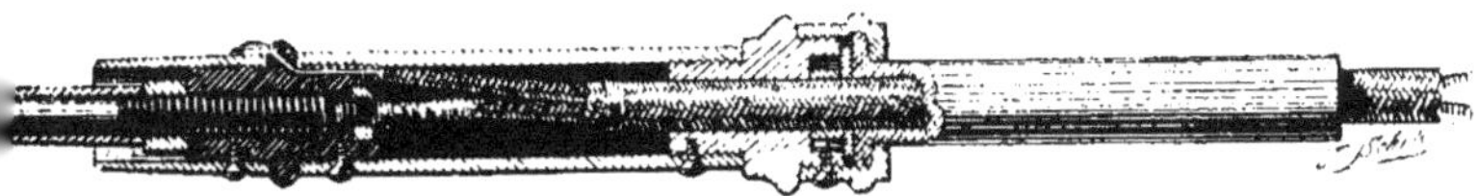

Fig. 243. — Coupe d'une fiche pour conjoncteur J. K. à double fil.

mieux dire les extrémités des deux conducteurs de la ligne sont légèrement coniques.

Sur la seconde portion de la bague en ébonite se visse un tube métallique. A travers ce tube, les deux conducteurs du cordon souple sont déjà recouverts chacun d'un revêtement de coton et réunis ensemble sous une tresse de soie. Une nouvelle bague, en métal, se visse sur le tube dont nous venons de parler; enfin, entre cette bague et un dernier anneau métallique est pincé un tube de caoutchouc qui enveloppe le double conducteur sur une longueur de 6 centimètres environ.

L'ensemble de ces dispositions, trop compliquées peut-être, a pour objet de faire supporter tout l'effort de traction au revêtement, et de protéger le cordon au sortir de sa gaine métallique.

Conjoncteur pour lignes auxiliaires. — Les lignes auxiliaires sont celles qui réunissent les bureaux entre eux; elles doivent être à la disposition de toutes les téléphonistes.

Suivant les systèmes, ces lignes sont réparties sur les tableaux d'abonnés ou bien elles y passent seulement et aboutissent à des tableaux spéciaux. La téléphoniste d'un tableau quelconque peut employer une ligne auxiliaire déterminée, mais, comme cette ligne peut être utilisée déjà par la téléphoniste d'un autre tableau, il est nécessaire qu'un moyen de vérification rapide puisse faire reconnaître que la ligne est libre ou occupée. Les conjoncteurs de lignes auxiliaires permettent d'atteindre ce but, en même temps qu'ils assurent leurs fonctions normales : jonction d'une ligne avec une autre.

Ces conjoncteurs sont composés de trois blocs A, B, C (*fig.* 244), superposés et séparés par des plaques d'ébonite E, E'. Le bloc antérieur A est percé d'un trou calibré pour rece-

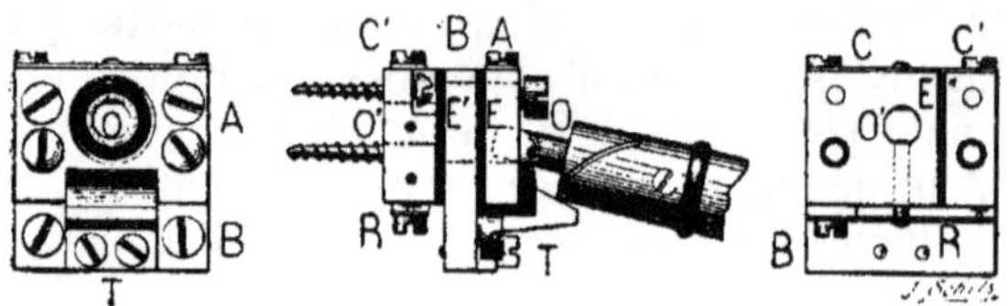

Fig. 244. — Conjoncteur pour lignes auxiliaires.

voir le gros cylindre d'une fiche à double fil. Il en est de même du bloc intermédiaire B, et les deux trous correspondent à travers la plaque d'ébonite E. Sur ce bloc B est vissé un talon T, dont la partie saillante est située en avant du bloc antérieur A, presque au niveau de l'orifice O destiné à recevoir la fiche. Le bloc postérieur C est formé de deux parties métalliques C, C', séparées par la lame d'ébonite E″; un ressort R fait communiquer électriquement les parties C, C'; mais si une fiche métallique est introduite dans l'orifice O', le goujon est chassé et écarte le ressort R ; il n'existe plus alors de communication électrique entre C et C'.

Les deux fils de ligne sont reliés aux blocs B, C ; à C' aboutit la bobine d'un annonciateur, de sorte que, lorsque la fiche est engagée dans le conjoncteur, la communication est coupée avec l'annonciateur, par suite de l'écartement du ressort R.

Le bloc antérieur A reçoit un fil dit *d'épreuve;* ce fil est commun à tous les conjoncteurs d'une même ligne; il est réuni aussi, comme nous le verrons bientôt, à la troisième lame des touches du tableau des lignes auxiliaires et au contact d'un ressort dont est muni l'annonciateur de ligne, le ressort lui-même communiquant avec le deuxième fil de ligne. Lorsque la ligne auxiliaire est occupée, elle peut avoir été prise ou sur un tableau de groupes, ou sur un tableau de lignes auxiliaires. Dans l'un ou l'autre cas, le fil de ligne attaché au bloc B est relié au fil d'épreuve. Si la ligne est occupée par un tableau de groupe, la liaison a lieu par le cylindre extérieur de la fiche. Si c'est un tableau de lignes auxiliaires qui en dispose, la communication est établie par les deuxième et troisième lames de la touche ou par le ressort de l'annonciateur.

Un élément de pile est intercalé dans le circuit téléphonique des tableaux de groupes, de telle sorte qu'en appliquant les deux parties de la fiche sur le bloc antérieur A et sur le talon du bloc B, on ferme le circuit de cette pile toutes les fois que les fils reliés à ces blocs sont réunis en quelque autre point, c'est-à-dire toutes les fois que la ligne est occupée. Un coup sec, perçu dans le téléphone, lorsqu'on le porte à l'oreille, indique que la ligne n'est pas disponible.

Mâchoire à quatre contacts. — La mâchoire à quatre contacts (*fig.* 245) est une plaque d'ébonite E E sous laquelle sont vissées quatre bandes de laiton, isolées les unes des autres. Des vis de serrage réunissent C, D aux pôles d'une pile; A, B aux deux fils d'une ligne ou bien à un fil de ligne et à un fil de terre.

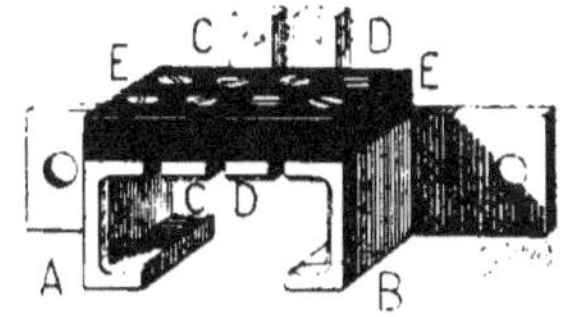

Fig. 245. — Mâchoire à quatre contacts.

Fiche à quatre lames. — La fiche qui s'introduit dans cette mâchoire est formée par une palette en ébonite sur laquelle sont vissés quatre ressorts en acier, isolés les uns des autres. Les deux ressorts extérieurs correspondent au circuit secondaire d'un appareil combiné Berthon-Ader; les deux ressorts intérieurs sont unis au circuit primaire.

Mâchoire à sept contacts. — On fabrique des mâchoires à sept contacts pour relier les appareils portatifs, tels que les appareils Ader n° 4, aux communications extérieures. Ces mâchoires, construites comme les précédentes, sont habituellement encastrées dans des macarons en bois. Deux lames correspondent à la ligne, deux autres à la sonnerie et les trois dernières aux piles d'appel et de microphone montées, comme nous l'avons dejà indiqué, avec un pôle négatif unique.

Fiche à sept lames. — Cette fiche est analogue à la fiche à quatre lames; elle porte cinq ressorts sur sa face supérieure et deux sur ses faces latérales; les sept ressorts communiquent avec les sept brins du cordon souple, rattachés d'autre part aux bornes de l'appareil portatif. Avec un certain nombre de mâchoires, disposées dans différentes pièces et unies sur un circuit commun, on peut transporter avec soi le transmetteur et les récepteurs, et les installer instantanément dans un

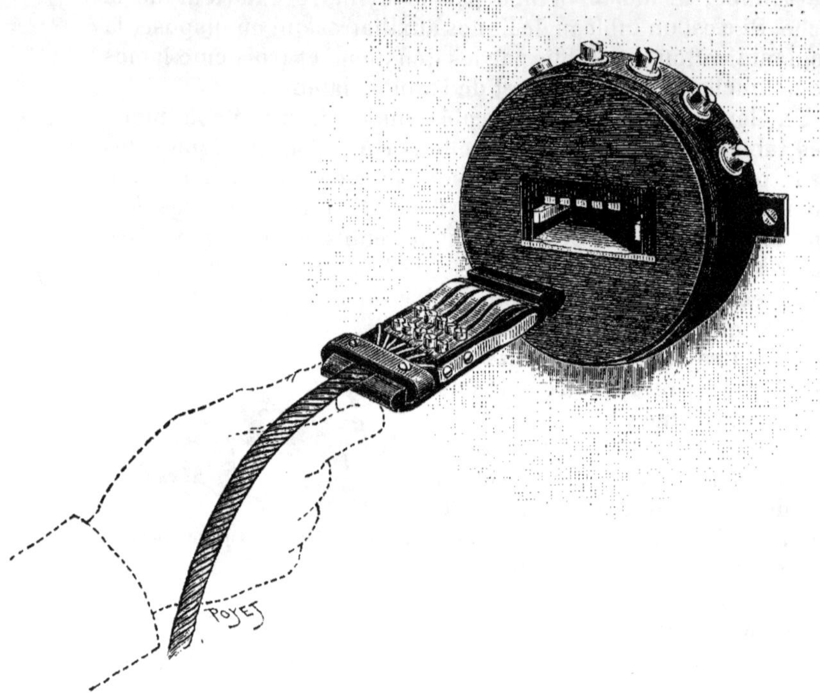

Fig. 246. — Fiche et mâchoire à sept contacts.

cabinet de travail, au salon, partout enfin où l'on se tient momentanément.

La figure 246 représente une fiche à sept lames et montre comment on l'introduit dans la mâchoire à sept contacts; cette figure peut s'appliquer à la manœuvre de la fiche à quatre lames.

Fiches pour communications secrètes. — Lorsque, dans une usine ou dans quelque grand établissement industriel, il existe un poste central, le directeur de l'exploitation ou le chef de la maison peut craindre qu'en le mettant en communication avec le réseau, quelque employé indiscret cherche à surprendre sa conversation en mettant l'appareil du poste central en dérivation; il y parviendrait aisément en introduisant une fiche dans le trou libre du conjoncteur. On empêche cet acte d'indélicatesse en faisant usage de *fiches pour*

Fig. 247. — Fiche pour communications secrètes.

communications secrètes. Ces fiches sont construites comme les fiches ordinaires, à cette différence près qu'elles sont garnies d'un large bourrelet en ébonite (*fig.* 247). Quel que soit le trou du conjoncteur dans lequel la fiche est enfoncée, le second trou est obstrué par le bourrelet d'ébonite, et il n'est plus possible d'y introduire une seconde fiche. Si donc, dans les bureaux centraux d'abonnés, on ne laisse à la disposition de l'agent chargé d'établir les communications, que des fiches pour communications secrètes, on lui enlève la possibilité de surprendre la correspondance par dérivation.

Conjoncteurs Sieur. — Le système de liaison, imaginé par M. Sieur, a quelque analogie avec le mode d'attelage des wagons de chemin de fer : une boucle métallique, fixée à l'un des conducteurs ou à l'une des lignes, prend contact avec un crochet auquel est attaché l'autre conducteur ou l'autre ligne.

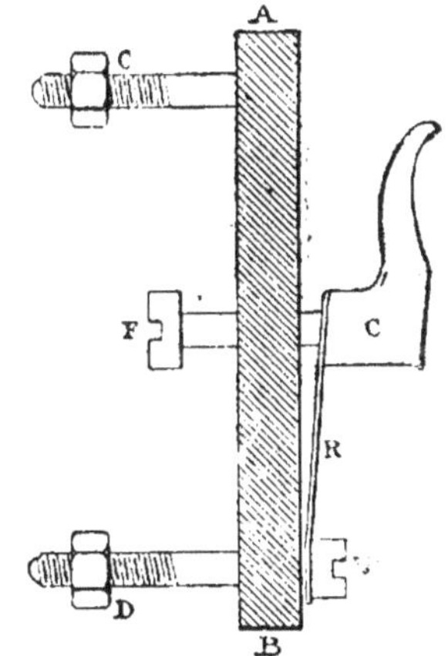

Fig. 248. — Conjoncteur Sieur, simple fil.

Conjoncteur et clé simple fil. — Ce conjoncteur se compose d'une plaque métallique A B (*fig.* 248) fixée sur une planchette en bois par des boulons. Un crochet C est monté sur un ressort R, assujetti d'autre part sur la plaque A B par une vis V. Une autre vis F, à laquelle le crochet C sert d'écrou, traverse librement la plaque A B sans que, cependant, sa tête puisse pénétrer dans l'ouverture qui lui livre passage. La tête de la vis F limite donc l'écart que peut prendre le crochet C en avant de la plaque A B. Il est clair que l'interposition entre C et A B d'un corps métallique forçant le crochet C à s'écarter, doit donner un bon contact; c'est le rôle dela clé.

Fig 249.
Clé et conjoncteur Sicur, simple fil.

La clé simple (*fig.* 249) est formée par une boucle métallique sur laquelle est vissé le conducteur d'un cordon souple recouvert d'une double enveloppe de coton et de soie. Un manchon d'ébonite protège le joint.

La figure 249 montre également comment la clé s'engage dans le conjoncteur.

Souvent le conjoncteur est en rapport avec un annonciateur. La vis V (*fig.* 250), fixée en arrière de la planchette d'attache du conjoncteur, reçoit le fil de cet annonciateur; elle est placée en regard de la vis butoir U du conjoncteur, de telle sorte que, quand le crochet du conjoncteur est au repos, les deux vis sont en contact et la ligne A communique avec l'annonciateur.

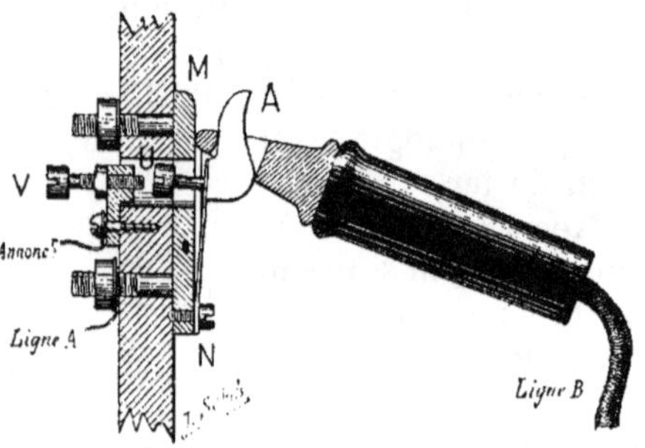

Fig. 250. — Conjoncteur Sicur, simple fil, avec sa clé.

Vient-on à interposer la clé entre le crochet A et la plaque M N, la vis U abandonne la vis V, et les lignes A et B sont en communication, laissant l'annonciateur en dehors du circuit.

Si on veut se réserver la faculté de laisser l'annonciateur en dérivation dans le circuit, on fait usage de deux crochets montés sur la même plaque métallique. Un seul, celui de gauche par exemple, prend communication avec l'annonciateur, de sorte que, si la clé est introduite entre la plaque et le crochet de droite, l'annonciateur reste en dérivation dans le circuit, tandis qu'au contraire il est isolé si la fiche est posée sur le crochet de gauche.

Conjoncteur et clé double fil. — Le conjoncteur pour ligne double est formé par la juxtaposition sur une même planchette de deux conjoncteurs simples; chacun des crochets correspond à l'un des fils de la ligne. Si on fait usage d'un annonciateur, il suffit qu'un seul des crochets soit monté comme l'indique la figure 250. Si on désire pouvoir laisser à volonté l'annonciateur en dérivation ou bien le retirer du circuit, on emploie trois crochets (*fig* 251), les deux extrêmes sont réunis et l'un d'eux est relié à l'annonciateur. Lorsqu'on veut laisser l'annonciateur en dérivation, on place la clé entre 1 et 2. Quand on préfère retirer l'annonciateur du circuit, on met la clé entre 2 et 3; le crochet 3 s'éloigne alors du contact 4.

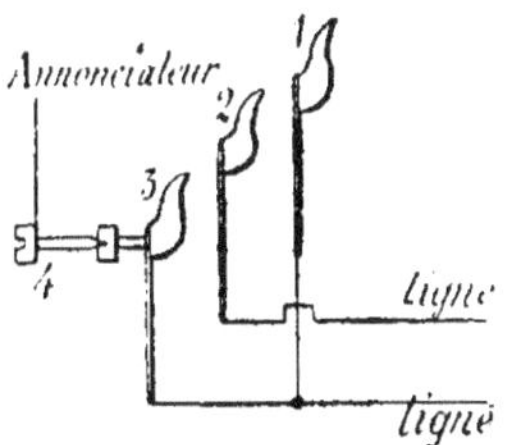

Fig. 251. — Conjoncteur Sieur, double fil.

A cet effet, la clé est formée par deux crochets métalliques *a*, *b* (*fig.* 252) isolés l'un de l'autre et communiquant chacun avec un des conducteurs d'un cordon souple à double fil. Les deux crochets *a*, *b* sont solidement maintenus entre deux plaques d'ébonite.

Conjoncteur et clé quadruples. — Avec les appareils doubles employés dans les postes centraux, tel que l'appareil combiné Paul Bert-d'Arsonval, on fait usage d'un conjoncteur et d'une clé quadruples.

Fig. 252. Clé Sieur, double fil.

Le conjoncteur est formé par quatre crochets (*fig.* 253) analogues à ceux que nous avons décrits. En allant de gauche à droite, le premier communique avec la pile microphonique; le second avec le circuit primaire de la bobine d'induction, en relation lui-même avec le second pôle de la pile; le troisième avec le circuit secondaire de la bobine d'induction, réuni à l'un des fils de ligne; le dernier avec le second fil de ligne.

La clé (*fig.* 254) est composée de quatre crochets isolés l'un de l'autre par deux plaques d'ébonite et correspondant : les deux de droite au récepteur de l'appareil combiné, les deux de gauche au transmetteur. Le cordon souple qui donne la communication est à quatre conducteurs.

Emploi des conjoncteurs. — Les conjoncteurs ne sont pas habituellement employés isolément; on les réunit sur des tableaux et là, ils sont mis en relation avec des annonciateurs qui, par la chute d'un volet, font connaître le numéro de l'abonné qui appelle; nous parlerons encore de quelques modèles d'annonciateurs, en étudiant les systèmes de tableaux auxquels ils sont adaptés; il en sera de même des conjonc-

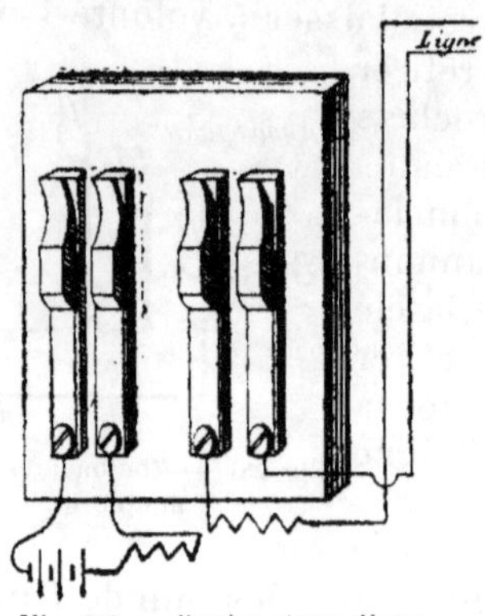

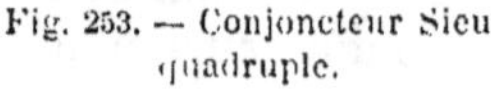

Fig. 253. — Conjoncteur Sieur quadruple.

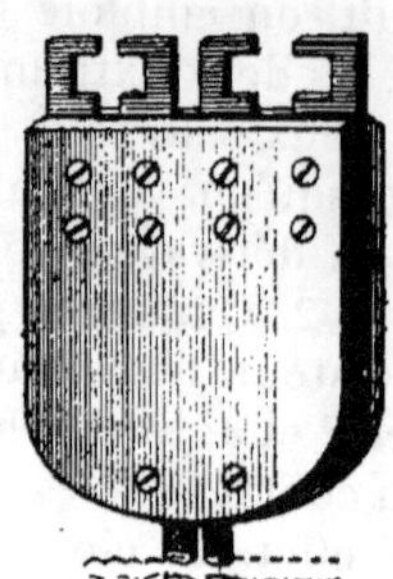

Fig. 254. — Clé Sieur quadruple.

teurs et des fiches affectés aux tableaux *standard*; ces modes de liaison n'ont reçu jusqu'ici d'application que dans les bureaux centraux de l'État, tandis que les organes précédemment décrits se rencontrent fréquemment dans les postes d'abonnés.

Différents tableaux pour postes centraux d'abonnés. — Les modèles peuvent évidemment varier à l'infini, aussi nous bornerons-nous à faire connaître quelques systèmes d'un usage courant tels que ceux de Maiche, de la Société des Téléphones, de Sieur. Nous avons choisi des exemples, aussi simples que possible, des tableaux à deux ou trois directions; les tableaux plus compliqués s'obtiennent par l'adjonction d'un nombre quelconque d'annonciateurs et de conjoncteurs.

Conjoncteur, annonciateur et tableau Maiche. — Le conjoncteur Maiche fait partie d'un poste central d'abonné agencé par le même inventeur. Prenons comme exemple un tableau à trois directions monté pour le double fil.

Ce tableau est renfermé dans une sorte de boite à serrure. Les organes sont disposés sur le couvercle et, au moment de la fermeture de la boite, des ressorts les mettent en communication avec les bornes et les cordons souples.

La fiche F (*fig.* 255) se compose d'un noyau central dont la tête fait saillie en *a*; un cylindre en ébonite *e* isole ce noyau du tube extérieur *b*. L'un des conducteurs du cordon souple C est attaché au noyau central *a*, l'autre au tube extérieur *b*. Le manche en ébonite A, adapté à la partie métallique de la fiche, livre passage au cordon souple qui, à sa sortie, est protégé par un tube de caoutchouc D. Le tube extérieur *b* porte un goujon *d* qui sert à assujettir la fiche dans le conjoncteur; elle y pénètre comme une clé dans une serrure.

La plaque de garde B du conjoncteur est entaillée pour permettre à la fiche d'entrer; une légère déviation à droite ou à gauche l'immobilise. Au-dessous de cette plaque, un tube de laiton G traverse la boiserie jusqu'à la plaque H qui maintient le tout. Un ressort R, monté sur la plaque *r*, repose sur la plaque H. En arrière est placée une équerre *h*. Lorsque la fiche est introduite dans le conjoncteur, la tête *a* de la fiche pousse le ressort R qui vient buter contre le contact *h*; le fil de ligne attaché à cette équerre est donc en communication avec le centre *a* de la fiche. Le tube extérieur *b* est en relation avec les plaques B, H et avec le tube G; il est de la sorte réuni au fil de retour relié à cet ensemble.

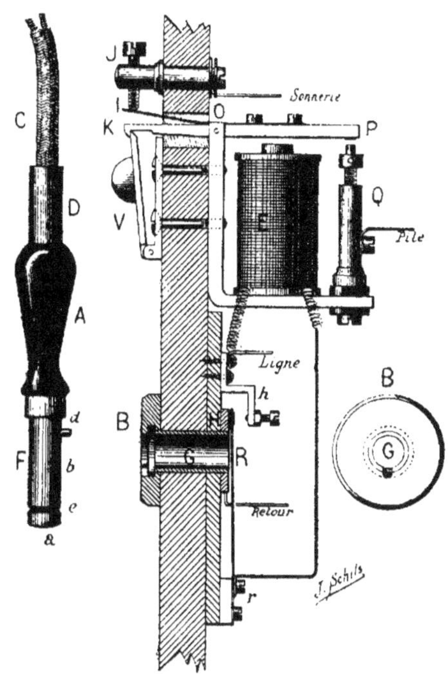

Fig. 255. — Détails du tableau Maiche.

L'annonciateur est un électro-aimant dont l'unique bobine E a une résistance de 100 ohms. Le noyau de cette bobine est monté sur une équerre qui supporte aussi l'armature P et une colonne Q isolée par une rondelle d'ébonite. Cette armature P, dont le centre d'oscillation se trouve en O, porte un ressort antagoniste I, commandé par la vis J; il se termine en crochet, et c'est ce crochet K qui soutient le volet V portant le numéro de la ligne. L'axe de l'armature P communique avec une sonnerie, la colonne Q avec une pile. Lorsqu'un courant traverse la bobine de l'annonciateur, l'armature attirée laisse tomber le volet V, prend contact avec la colonne Q et ferme le circuit de la pile sur la sonnerie. C'est à ce moment que le poste central appelé introduit sa fiche dans le conjoncteur situé au-dessous du volet tombé, et se met en relation avec l'abonné appelant. Les deux extrémités du fil de la bobine E sont attachées au ressort R et à l'équerre h, de telle sorte que, par le fait de l'introduction de la fiche dans le conjoncteur, les deux extrémités de la bobine sont réunies sur le fil de ligne; l'annonciateur est, en quelque sorte, en court circuit et ne fonctionne plus, même en fin de conversation; sa bobine se trouve annulée, comme celles des caisses de résistance, lorsqu'on interpose une cheville entre deux bobines consécutives. D'ailleurs, le fonctionnement de l'annonciateur n'aurait ici aucune utilité puisque l'abonné correspond directement avec le poste central et que tous deux sont juges du moment opportun pour remettre les choses en état. Il n'en est plus de même si deux abonnés ont été mis en communication directe par le poste central. Celui-ci doit savoir à quel moment les lignes redeviennent libres; il a donc fallu introduire dans ce circuit un électro-aimant spécial, auquel on a donné le nom d'électro-aimant de fin de conversation.

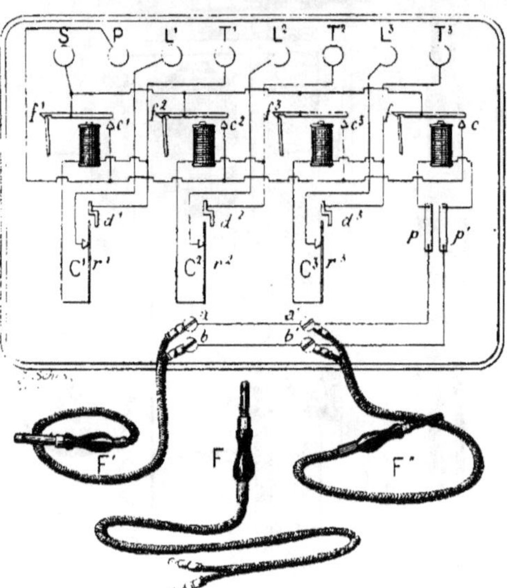

Fig. 256. — Communications du tableau Maiche.

Dans le tableau à trois directions (tous les autres sont construits d'une manière analogue), les annonciateurs de ligne sont rangés les uns à côté des autres; l'annonciateur de fin de conversation se trouve à l'extrémité de la rangée. Les deux bouts du fil de sa bobine sont reliés à deux plaques en relation avec les cordons d'une fiche double (*fig.* 256). Pour mieux dire, les cordons des deux fiches à conducteur double sont attachées en $a\ b$, $a'\ b'$. Les vis $a\ a'$ communiquent avec la plaque p, les vis $b\ b'$ avec la plaque p'. Les bornes sont au nombre de huit : S, P, L_1, T_1, L_2 T_2, L_3, T_3. La borne S, reliée extérieurement à la sonnerie, est, à l'intérieur du tableau, réunie à toutes les armatures f_1, f_2, f_3, f des annonciateurs. La borne P, qui reçoit le fil de pile, communique avec les colonnes c_1, c_2, c_3, c; voilà pour le circuit de la sonnerie.

Chacun des annonciateurs de ligne est en connexion avec son conjoncteur, comme le montre la figure 256.

Cela posé, l'abonné n° 1 appelle le poste central : celui-ci se met en relation avec lui, en plaçant la fiche F reliée à son appareil dans le conjoncteur C^1. Il reçoit la demande de communication avec l'abonné n° 3. Il retire la fiche F du conjoncteur C^1, y place la fiche F′ et introduit la fiche F″ dans le conjoncteur C^3, puis il relève le volet de l'annonciateur f^1. Les abonnés 1 et 3 sont en communication directe, mais l'annonciateur de fin de conversation reste en dérivation dans le circuit, et la chute de son volet indiquera que les lignes 1 et 3 sont libres. Suivons, en effet, le trajet d'un courant pénétrant par la borne L_1 : il arrive au tube extérieur de la fiche F′ introduite dans le conjoncteur C^1, passe en a, a', tube extérieur de la fiche F″ introduite dans le conjoncteur C^3, borne L_3, ligne 3, borne T_3, noyau de la fiche F″, b', b, noyau de la fiche F′, borne T_1; mais il est à remarquer qu'en a, a', b, b', le courant se dérive par p, p' à travers l'annonciateur de fin de conversation et, s'il s'agit d'un courant de pile, l'armature est attirée et le volet tombe.

Tableau avec annonciateur à disque et sonnerie intermittente (modèle de la Société des Téléphones). — Nous considérerons, pour abréger, un tableau à deux directions. Les deux annonciateurs placés sous le couvercle d'une boite à charnière sont du modèle que nous avons décrit (page 197); il en est de même des deux conjoncteurs de ligne (voir page 222). A droite et à gauche se trouvent deux autres conjoncteurs à un seul trou. En dessous est réservée une place pour un appareil Ader n° 3; plus bas encore, un grand crochet sert à suspendre les cordons, lorsqu'ils ne sont pas employés à établir les communications. Des ressorts établissent la liaison entre les annonciateurs et la planchette du fond qui supporte les bornes. La figure 257 montre quelles sont les connexions. Les bornes L, T de la ligne 1 aboutissent respectivement aux deux plaques du jack-knive C_1; il en est de même pour les bornes L, T de la ligne 2 qui sont réunies au jack-knive C_2. Les deux bouts du fil des bobines des annonciateurs sont reliés aux deux boulons du jack-knive correspondant. On peut déjà voir, si on se rappelle le mode de construction des jack-knive que, lorsqu'on introduit la fiche dans le trou de gauche, l'annonciateur reste en dérivation sur la ligne et que, au contraire, il est hors circuit quand on place la fiche dans le trou de droite.

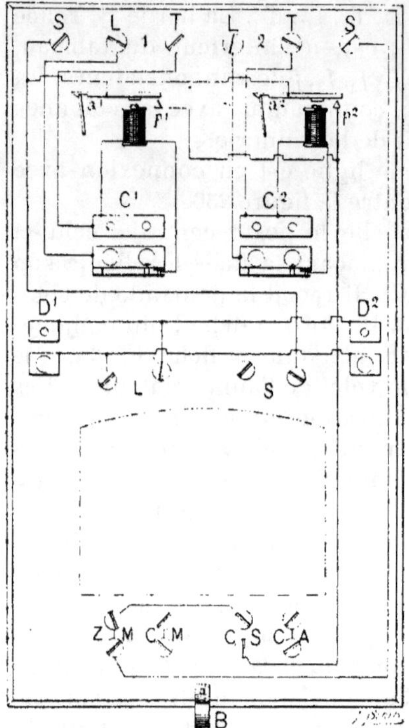

Fig. 257. — Tableau avec annonciateurs à disque et sonnerie intermittente.

Les massifs, et par conséquent les armatures a_1, a_2 des deux annonciateurs, sont reliés à la borne S de gauche, réunie elle-même à la borne *sonnerie* de l'appareil Ader n° 3. De même, les contacts p_1, p_2 sont reliés à la borne C S.

La plaque supérieure du conjoncteur D_1 communique avec l'une des bornes *Ligne* de l'appareil Ader et avec la plaque supérieure du conjoncteur D_2; la plaque inférieure du conjoncteur D_1 communique avec la seconde borne *Ligne* de l'appareil Ader et avec la plaque inférieure du conjoncteur D_2.

Le tableau est complété par un cordon souple à deux fiches, qui, lorsqu'on ne s'en sert pas, reste suspendu au crochet B.

Lorsque l'abonné n° 1 appelle, l'armature a_1 est attirée et vient buter contre le contact p_1. Le volet tombe et le circuit de la sonnerie reste fermé entre a_1 et p_1, tant que l'armature est attirée; la sonnerie est donc intermittente et se fait entendre à chaque appel. Pour se mettre en relation avec l'abonné n° 1, la personne qui possède le poste central introduit une des fiches du cordon souple dans le conjoncteur D_1 et l'autre dans le trou de gauche ou le trou de droite du conjoncteur C_1, suivant qu'elle désire laisser l'annonciateur dans le circuit (précaution inutile) ou bien l'en retirer. Le conjoncteur D_2 permet de la même manière de causer avec l'abonné n° 2.

Pour relier les lignes 1 et 2, il suffit de placer les deux fiches dans les conjoncteurs C_1, C_2, mais ici, il y a avantage à laisser un des annonciateurs en dérivation dans le circuit.

Tableau avec annonciateur et commutateur I O C. — Sauf en ce qui concerne le commutateur, le montage de ce tableau est identique à celui du précédent. Ce commutateur permet de percevoir les appels soit avec une sonnerie intermittente, soit sans sonnerie et par la simple chute de l'annonciateur, soit avec sonnerie continue; de là son nom I O C (intermittent, zéro, continu).

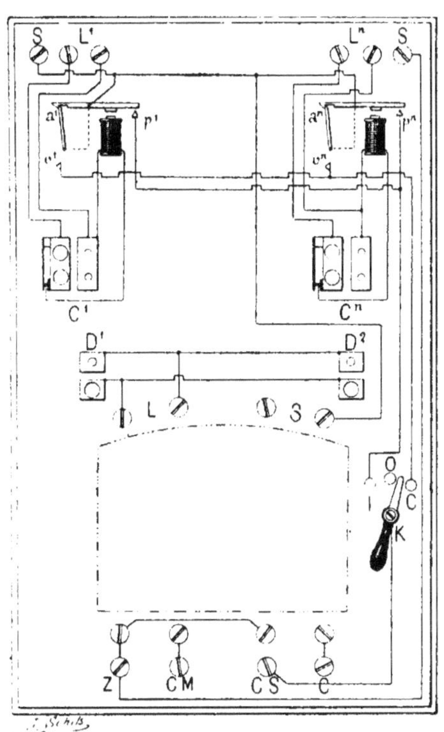

Fig. 258. — Tableau avec annonciateurs et commutateur I O C.

Dans la figure 258 C_1 ..., C_n sont les conjoncteurs de lignes; ils sont placés verticalement. Les conjoncteurs de liaison D_1, D_2 sont au nombre de deux.

Les connexions de tous ces organes ainsi que celles des annonciateurs sont absolument les mêmes que celles des organes similaires dans le tableau à sonnerie intermittente.

Les contacts p_1 ... p_n sur lesquels bute l'armature de l'annonciateur lorsqu'elle est attirée, sont tous réunis au plot I du commutateur; les contacts v_1 ... v_n contre lesquels repose le volet après sa chute, communiquent tous au plot C du commutateur; le plot O reste libre. L'axe K de la manette est relié au pôle positif de la pile par la borne C S; la borne S de droite est reliée au pôle négatif par la borne Z. Enfin la borne S de gauche est réunie aux massifs de tous les annonciateurs, c'est-à-dire aux palettes et aux volets.

Lorsque le commutateur est dans la position K I, la sonnerie est intermittente; elle ne fonctionne que lorsque l'armature est attirée et frappe le contact $p_1 \ldots p_n$.

Lorsque le commutateur est dans la position K O, le circuit de la pile d'appel reste ouvert et la sonnerie ne fonctionne pas. Lorsque le commutateur est dans la position K C, la sonnerie fonctionne sans arrêt, tant que le volet reste appuyé sur le contact $v_1 \ldots v_n$.

On construit ces tableaux avec place pour appareils ou sans place; dans ce dernier cas, on les raccorde habituellement avec des appareils portatifs.

Tableau à annonciateurs à disque, petit modèle, système Bailleux. — Ce poste central, dont la figure 259 représente les détails, se construit pour autant de directions que l'on veut; les modèles courants sont à 2, 3 et 4 directions.

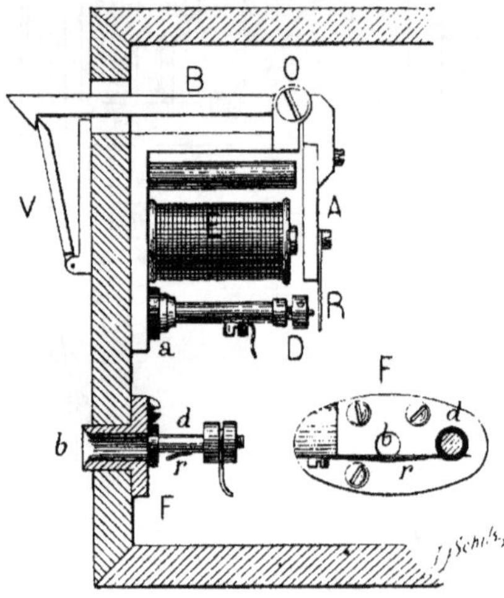

Fig. 259. — Tableau système Bailleux.

Chaque annonciateur se compose d'un électro-aimant boiteux E dont la bobine a une résistance de 100 ohms. L'armature A, suspendue en O entre les pointes de deux vis, est fixée au crochet B qui soutient le volet V; elle se termine de l'autre côté par un ressort R.

Lorsque l'armature est attirée, le crochet B est soulevé et le volet V tombe, laissant à découvert le numéro de l'abonné qui appelle. En même temps, le ressort R vient buter contre la colonne D, isolée par une rondelle d'ivoire a du massif de l'annonciateur. Si on convient que ce massif communique avec une sonnerie et la colonne D avec une pile, il est clair que, toutes les fois que l'armature sera attirée, la sonnerie fonctionnera; il sera donc facile de percevoir, et par l'œil et par l'oreille, les appels d'un abonné quelconque.

D'autre part, le but à atteindre est de mettre tout abonné appelant en relation avec le poste microtéléphonique du bureau central possesseur du tableau.

A cet effet, une des bornes de l'appareil est en relation avec ce poste microtéléphonique et reçoit également un cordon conducteur souple se terminant par une fiche métallique. En temps normal, la fiche est introduite dans un plot de repos, que l'on aperçoit sur la droite de la figure 261. Le conjoncteur F sert à établir la liaison avec l'abonné. C'est un bloc métallique (*fig*. 259 et 260) percé d'un trou *b*, dans lequel s'engage la cheville H. Le ressort *r* obstrue en partie le trou *b* et repose sur la colonne *d* isolée de la masse du conjoncteur. Cette communication forme habituellement le point de jonction entre la ligne de l'abonné et l'annonciateur, mais, lorsque la fiche H est introduite dans le canon *b*, le ressort *r* est chassé en arrière et abandonne la colonne *d*, tout en restant en relation avec la fiche; il en résulte que l'annonciateur est isolé et que la ligne d'abonné est reliée au poste microtéléphonique réuni lui-même au cordon de la fiche.

La liaison entre deux abonnés s'obtient par un cordon souple garni d'une fiche métallique à chaque extrémité.

La figure 260 montre les connexions des différents organes que nous venons de décrire pour un poste central à deux directions monté au simple fil.

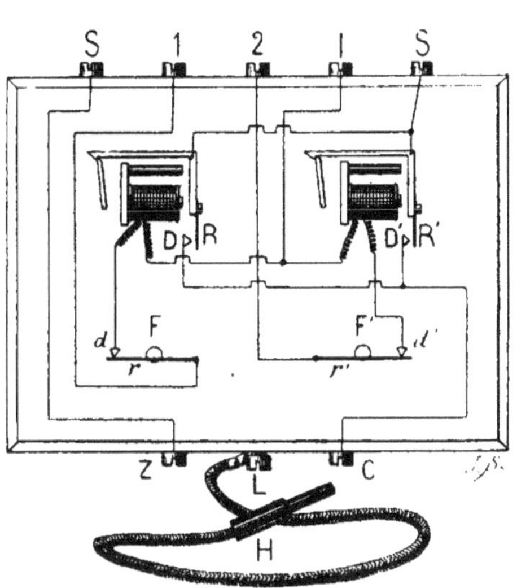

Fig. 260. — Communications du tableau Bailleux.

A la partie supérieure de la boîte, les bornes S, S sont reliées à une sonnerie, la borne T à la terre, les bornes 1, 2 aux lignes des abonnés X, Y. En bas, la borne L, garnie du cordon souple, est réunie au poste microtéléphonique; les bornes C, Z reçoivent les pôles de la pile.

A l'intérieur de l'instrument : la borne S de gauche communique avec la borne Z, la borne 1 avec le ressort *r* du conjoncteur de gauche, la borne 2 avec le ressort *r'* du conjoncteur de droite. La colonne *d* est réunie au fil d'entrée de la bobine de l'annonciateur n° 1, la colonne *d'* avec le fil d'entrée de la bobine de l'annonciateur n° 2. Les fils de sortie de ces deux bobines sont réunis ensemble et aussi à la borne T. La borne S de droite est reliée au massif, c'est-à-dire aux armatures des deux annonciateurs; enfin, la borne C communique avec les colonnes D, D'.

Fig. 261. — Tableau Bailleux avec applique murale.

Il est facile de voir que le courant venant par la borne 1 passe en *r*, *d*, traverse la bobine de l'annonciateur n° 1 et sort par la borne T. L'armature est attirée, le volet tombe, le ressort R rencontre la colonne D, le courant de la pile interposée entre les bornes Z, C passe de D en R et fait fonctionner la sonnerie réunie aux bornes S, S.

Il est nécessaire ici d'attirer l'attention sur l'importance d'une bonne prise de terre à la borne T. Si la terre était défectueuse en ce point, l'appel de l'abonné n° 1 aurait pour effet d'actionner la sonnerie de l'abonné n° 2.

Aussitôt l'appel reçu, la fiche H est introduite dans le conjoncteur; le ressort *r*, chassé en arrière, abandonne la colonne *d*, l'annonciateur reste isolé et la ligne n° 1 est en relation avec le poste téléphonique relié à la borne L.

On construit de ces tableaux sur lesquels une place est réservée pour l'appareil; c'est généralement un transmetteur Berthon-Ader avec applique murale, type 8. La figure 261 représente un de ces tableaux à trois directions.

Les tableaux pour lignes doubles ne diffèrent des précédents qu'en ce que la borne *terre* est supprimée et que chaque ligne correspond à deux bornes.

Tableaux à leviers-commutateurs (Société des téléphones). — Les tableaux à leviers-commutateurs ont donné lieu aux combinaisons les plus variées. Dans le chapitre VIII,

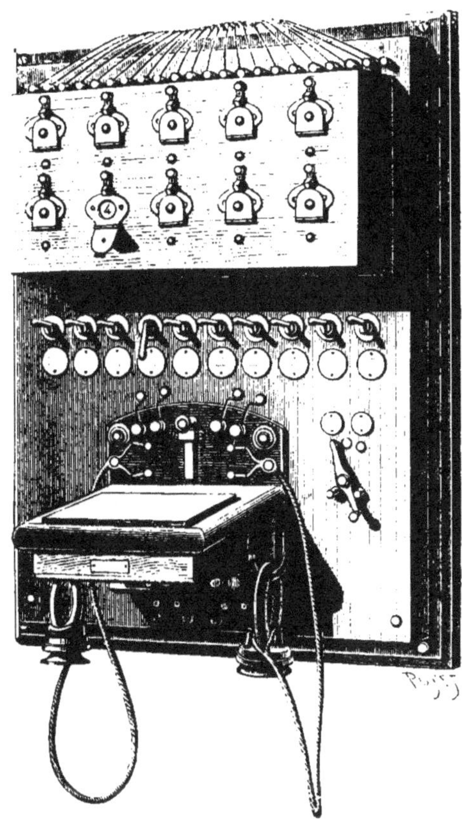

Fig. 262. — Tableau à leviers-commutateurs, modèle mural.

en traitant des organes de permutation, nous avons décrit (p. 218) les leviers-commutateurs sous le nom de *touches à deux lames*. Ces leviers sont parfois associés à des annonciateurs sur les tableaux destinés aux postes centraux d'abonnés; d'autres fois les annonciateurs font défaut. Souvent le tableau est vertical et appliqué contre la muraille (*fig.* 262), pour répondre à d'autres besoins on lui donne la forme d'un pupitre (*fig.* 263); il est alors monté sur un pied en fonte et devient portatif. Quel que soit le modèle que l'on envisage, il est toujours possible de ramener le diagramme des communications à la forme de la figure 264 qui, pour un poste à deux directions, permet de réaliser les combinaisons les plus complexes.

Le transmetteur et les récepteurs du poste central sont installés entre les bornes L^1, L^2, S^1, S^2, et les bornes Z, CM, CS, C situées au bas de la planchette. Les bornes *Ligne* du transmetteur sont reliées à L^1, L^2, les bornes *sonnerie* à S^1, S^2, les bornes *pile* à Z, CM, CS, C dans l'ordre habituel.

Fig. 263. — Tableau à leviers-commutateurs, modèle à pied.

Le haut du tableau est garni de dix bornes; S, S sont aux deux extrémités et reçoivent les fils de sonnerie; les bornes intermédiaires 1, 2 sont affectées aux deux lignes doubles; Z (1), C M, C S, C, reçoivent les fils de pile. Les piles sont disposées en trois groupes représentant la pile microphonique, celle des annonciateurs et enfin celle qui est réservée aux appels du poste central. Ces piles ont un pôle négatif commun pincé sous la borne Z, les trois pôles positifs sont répartis sous les bornes C M, C S, C.

La borne S de gauche est réunie aux armatures a, a', a'' des trois annonciateurs A, A', A''; les bornes 1 aux deux lames m, m' du levier-commutateur B; les bornes 2 aux deux lames n, n' du levier-commutateur B'. La borne Z d'en haut est reliée d'une part à la borne S de droite, de l'autre à la borne Z d'en bas, unie elle-même à la borne C S d'en bas. Les deux bornes C M, ainsi que les deux bornes C, communiquent deux à deux. La borne C S d'en haut est rattachée au massif M du commutateur à manette, dit commutateur I O C. Le bloc I de ce commutateur est en relation avec les plots e, e', e''; le bloc C avec les plots d, d', d''; le bloc O est isolé.

1 Cette borne est la sixième, en haut, en allant de gauche à droite; la lettre Z a été omise sur la figure.

Les bobines de l'annonciateur A sont réunies aux contacts *f*, *f'* du levier B; les bobines de l'annonciateur A' aux plots *g*, *g'* du levier B'. Les annonciateurs B, B' sont les annonciateurs de ligne; ce sont eux dont les volets tombent lorsque la ligne 1 ou la ligne 2 appelle le poste central. L'annonciateur A'' est un *annonciateur de fin de conversation*; ses bobines sont reliées aux bornes S¹, S² et par suite aux bornes sonnerie du transmetteur.

Les plots *h*, *h'*, *i*, *i'* des leviers-commutateurs communiquent ensemble deux à deux et aussi avec les bornes L¹, L² (bornes *Ligne* du transmetteur).

Cela posé, il est aisé de déduire le fonctionnement du tableau. Si la ligne 1 appelle le poste central, le volet de l'annonciateur A tombe. Suivant que la manette M du commutateur est sur le bloc I, sur le bloc C, ou sur le bloc O, la sonnerie est intermittente, continue ou bien reste muette; cette position est réglée à la volonté de l'opérateur. Pour entrer en relation avec la ligne 1, il suffit d'abaisser le levier *b* du commutateur B; les deux lames abandonnent les contacts *f*, *f'* pour s'appuyer sur *h*, *h'*; la ligne 1 communique alors avec le transmetteur par les bornes L¹, et L² l'annonciateur A'' reste en dérivation toutes les fois que les récepteurs du poste sont au crochet; il est donc possible de percevoir le signal de fin de conversation, précaution superflue d'ailleurs puisque c'est le poste central qui s'entretient avec la ligne 1. Pendant toute la durée de la conversation, la ligne 2 reste sur l'annonciateur et peut appeler sans rien déranger. Ce que nous venons de dire

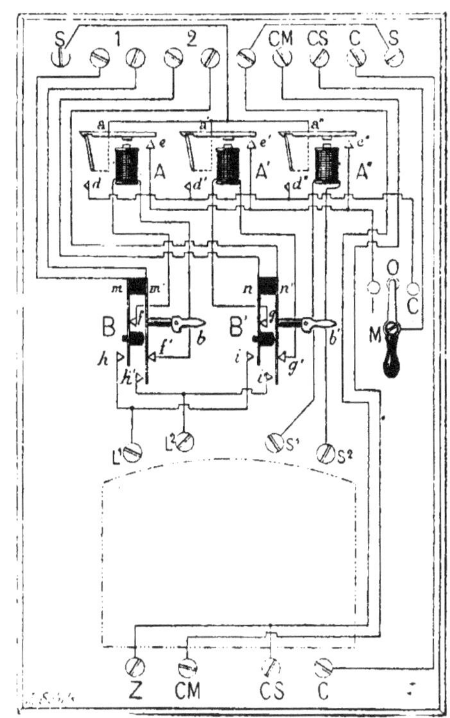

Fig. 264. — Communications du tableau à leviers-commutateurs.

pour la ligne 1 s'applique à la ligne 2 qui appelle par l'annonciateur A′ et entre en relation avec le poste central par le levier-commutateur B′.

En abaissant simultanément les leviers B, B′, le poste central met 1 et 2 en communication, l'annonciateur A″ restant en dérivation : c'est dans cette circonstance que cet annonciateur est véritablement utile, car il permet au poste central d'interrompre la communication dès que la conversation entre 1 et 2 est terminée.

Tableaux Sieur. — Ces tableaux se font avec place pour appareil ou sans place ; on les construit aussi pour ligne simple ou pour ligne à double fil.

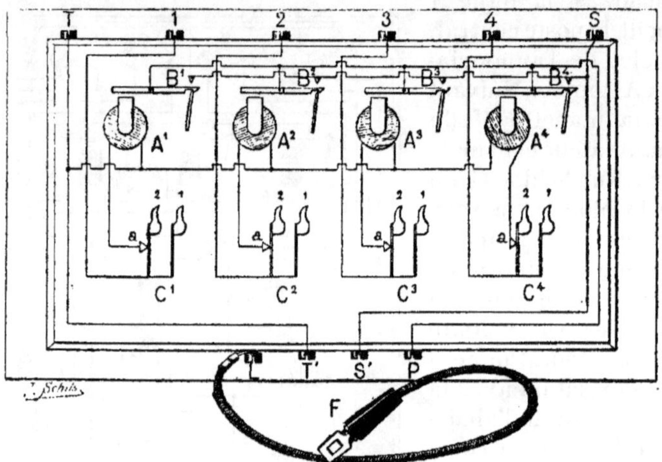

Fig. 265. — Communications du tableau Sieur simple fil.

La figure 265 représente le diagramme des communications d'un tableau à quatre directions, pour ligne simple, sans place pour l'appareil. On y voit en A_1, A_2, A_3, A_4 les annonciateurs, en C_1, C_2, C_3, C_4 les conjoncteurs.

A la partie supérieure de l'appareil, on aperçoit six bornes. Celles qui sont marquées 1, 2, 3, 4, reçoivent les quatre fils de ligne, T et S sont reliées à la sonnerie. Les quatre bornes de la partie inférieure ont les connexions suivantes : L avec la borne *ligne* d'un transmetteur et avec une clé à simple fil F : T′ avec la seconde borne *ligne* du transmetteur et avec la borne T du tableau ; S′ avec la borne *sonnerie* du transmetteur et avec la borne S du tableau ; P avec le pôle positif d'une pile dont le pôle négatif est à la terre et aussi avec les armatures des quatre annonciateurs.

D'autre part, les contacts B_1, B_2, B_3, B_4 contre lesquels viennent respectivement buter les armatures des annonciateurs A_1, A_2, A_3, A_4 lorsqu'elles sont attirées, sont réunis à la borne S du tableau. Sans aller plus loin, il est facile de voir que lorsque l'une quelconque de ces armatures touche le contact correspondant, le volet tombe et le circuit de la sonnerie est fermé. Le fait se produit lorsqu'un courant d'appel traverse la bobine de l'annonciateur.

Les conjoncteurs C_1, C_2, C_3, C_4 sont à deux crochets. Les deux crochets de chaque paire sont réunis à l'une des lignes : C_1 à la ligne 1, C_2 à la ligne 2, etc... En outre, le crochet 2 bute au repos contre la vis a réunie au fil d'entrée de l'annonciateur correspondant. Les fils de sortie ont une liaison commune avec la terre par la borne T.

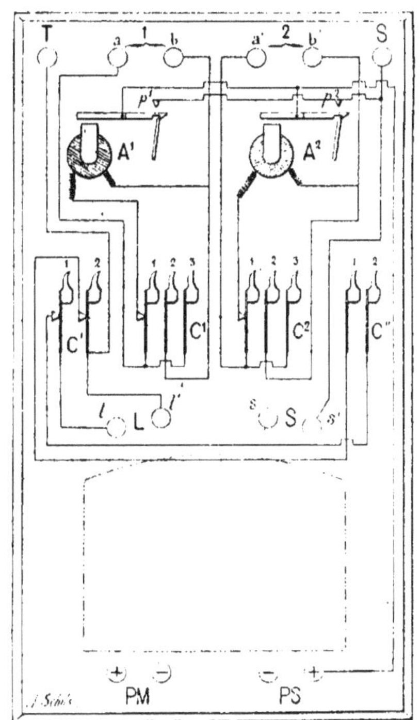

Fig. 266. — Communications du tableau Sieur, double fil.

Il résulte de cette disposition que, pour mettre une ligne quelconque en communication avec le transmetteur, il suffit de placer la clé sur le conjoncteur de cette ligne, mais l'opération peut avoir lieu de deux manières : en plaçant la clé F sur le crochet 1 du conjoncteur, on laisse l'annonciateur en dérivation; au contraire, en utilisant le crochet 2, l'annonciateur est hors circuit.

La figure 266 montre les communications d'un tableau à deux directions, pour ligne double, avec place pour l'appareil téléphonique.

Les annonciateurs A_1, A_2 sont les mêmes que ceux du tableau précédent. Les conjoncteurs sont à trois crochets; mais, de chaque côté du tableau, on remarque un conjoncteur à deux crochets seulement.

Les deux groupes de bornes situés au bas du tableau, PM,

P S. correspondent à la pile microphonique et à la pile d'appel; ces quatre bornes sont réunies aux bornes homologues du transmetteur, mais la borne P S de droite communique en outre avec les armatures de tous les annonciateurs. Au-dessus du transmetteur, quatre bornes existent également, qui sont rattachées aux bornes *ligne* et *sonnerie* de l'appareil; ces bornes sont désignées, sur notre figure, par les lettres L *l l'*, S *s s'*. Dans le groupe L, *l* est attaché au ressort 1 du crochet C', *l'* au ressort 2 du même crochet C': le ressort 2 est également réuni à la borne T du tableau.

Les crochets C' 1 et 2 butent, au repos, contre des contacts qui les unissent aux crochets C'' 1 et 2.

Dans les conjoncteurs de ligne C_1 C_2, les crochets 1 et 3 sont reliés à l'un des fils conducteurs, le crochet 2 à l'autre fil; l'annonciateur est en dérivation entre les crochets 1 et 2. Lorsqu'on place la clé sur les crochets 1, 2, l'annonciateur est hors circuit; lorsqu'on la met sur les crochets 2, 3, l'annonciateur reste en dérivation.

Lorsqu'une ligne appelle, la ligne 1, par exemple, le courant passe par *a*, crochet C_1 1, A_1, *b*; l'armature de A_1 est attirée, le volet tombe; en même temps, l'armature vient toucher le contact p_1, et le circuit de la sonnerie est fermé par P S +, armature de A_1, p_1, borne S, sonnerie; la borne P S — est, en effet, en relation avec la borne T, à travers le transmetteur, par la borne *l'* et le crochet C' 2; la sonnerie est également unie à la borne T.

En temps normal, un cordon souple, à deux conducteurs, garni à chacune de ses extrémités d'une clé à deux contacts, est placé sur les conjoncteurs C' C'', l'une des clés engagée sous les crochets l'autre sous les crochets C' C''. Pour établir la liaison entre le poste du tableau et l'un des postes reliés aux lignes 1 ou 2, on fait usage indifféremment de l'une ou de l'autre clé et on emploie généralement celle qui est la plus rapprochée du conjoncteur à relier; c'est ce qui justifie l'intercommunication des conjoncteurs C' C''.

Dans un tableau à 4 ou à 5 directions, qu'il s'agisse, par exemple, de relier le poste du tableau à la ligne 1, on prendra tout naturellement la clé de gauche, plus rapprochée de ce conjoncteur, tout en laissant la clé de droite engagée sous le conjoncteur C''. Au contraire, si on veut relier le poste aux lignes 4 ou 5, quand il s'agit d'un tableau à 4 ou à 5 directions, on est naturellement porté à employer la clé de droite que l'on dégage du conjoncteur C'', tout en laissant la clé de gauche sous le conjoncteur C′. La clé dont on fait usage est placée sous le conjoncteur de la ligne à relier et on voit que, dans l'un ou l'autre cas, la liaison est établie avec le poste du tableau.

Lorsque le poste muni du tableau veut appeler la ligne 2, par exemple, il décroche la clé engagée sous le conjoncteur C″ 1 et 2 et la place sur le conjoncteur C^2 1 et 2. Quand l'opérateur presse sur son bouton d'appel, le courant est lancé sur la

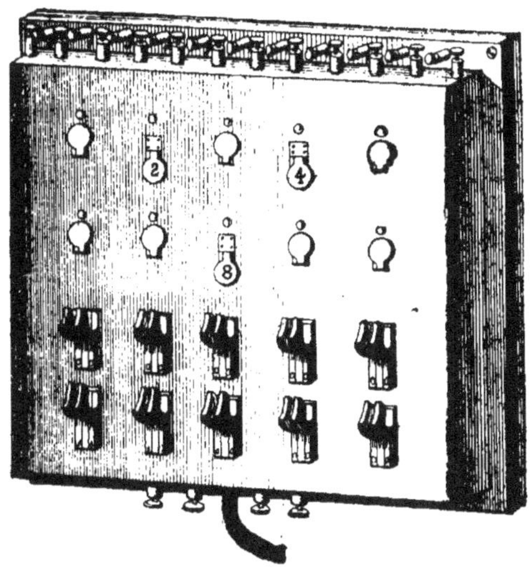

Fig. 267. — Tableau Sieur à 10 directions.

ligne 2. La réponse de la ligne 2 parvient par *a′*, crochet C^2 1, clé, cordon souple, crochet C″ 1, borne *l*, transmetteur, borne *s′*, borne S, sonnerie, borne T, crochet C″ 2, clé et cordon souple, crochet C^2 2, *b′* et ligne 2.

L'établissement d'une communication directe entre les lignes 1 et 2 se fait tout naturellement, en plaçant les deux clés sur les crochets C^1 et C^2; pour conserver un annonciateur en dérivation, l'une des clés est placée sur les crochets 1, 2, l'autre sur les crochets 2, 3.

La figure 267 représente, en perspective, un tableau pour ligne double, sans place pour appareil, à 10 directions.

X

APPAREILS ACCESSOIRES

Dispositions particulières aux lignes bifurquées.

Lignes bifurquées. — Tableau Ducousso. — Système Ader, avec relais polarisés. — Système de la pendule. — Station automatique Sieur.

Lignes bifurquées. — Pour ne pas multiplier outre mesure les fils du réseau, et dans le but aussi de réduire le taux des abonnements en diminuant les frais d'installation, on a été conduit à affecter, dans bien des cas, une ligne unique à deux ou à plusieurs abonnés. Cette ligne part d'un bureau central et reçoit, sur son parcours, d'autres tronçons de lignes *greffés*, qui forment autant de ramifications qu'il y a d'abonnés à desservir.

Cette disposition peut être indifféremment appliquée à des abonnés habitant un même immeuble, ou bien à ceux qui demeurent dans des maisons voisines. Dans l'une ou l'autre hypothèse, des appareils spéciaux doivent entrer en jeu; ils consistent habituellement en relais polarisés satisfaisant à des conditions déterminées; mais, quelquefois aussi, on fait usage de dispositions mécaniques particulières. Évidemment la solution du problème entraine un agencement assez compliqué de communications électriques.

Il faut, en effet, que la station centrale puisse appeler chacun des abonnés sans déranger les autres.

Réciproquement, chaque abonné doit pouvoir appeler la station centrale sans déranger les autres abonnés.

Deux abonnés quelconques du groupe doivent pouvoir causer ensemble.

Enfin, lorsque deux abonnés sont en communication entre eux ou avec la station centrale, aucun autre abonné ne doit pouvoir interrompre ni surprendre la conversation.

Quand les abonnés à desservir habitent la même maison, il n'y a pas grand inconvénient à multiplier les fils de liaison entre les différents postes; il n'en est plus ainsi lorsque ce réseau greffé s'étend à des habitations assez éloignées. Dans ce dernier cas, il peut devenir avantageux d'installer une *station automatique*, manœuvrée à distance par le poste central, et établissant les communications avec les abonnés sans que ceux-ci aient à exécuter aucune manœuvre, qu'il serait d'ailleurs difficile et même imprudent d'exiger.

Tableau Ducousso. — Le tableau de M. Ducousso, employé très fréquemment sur le réseau de Paris, donne une solution élégante de la question des lignes bifurquées pour deux abonnés. Son emploi nécessite une clé double à la station centrale, permettant d'envoyer sur la ligne le courant dans les deux sens, suivant qu'il s'agit d'appeler l'un ou l'autre des deux abonnés installés sur les mêmes conducteurs. Chez les deux abonnés, on place un poste microtéléphonique ordinaire et un tableau Ducousso. Tous les tableaux Ducousso sont polarisés dans le même sens; la façon de les monter en dérivation sur la ligne diffère seule. Si, dans l'un, on a attaché la ligne à la borne L et le fil de retour ou la terre à la borne L_1, il faudra faire l'inverse dans l'autre poste.

L'appareil se compose essentiellement de deux relais, dont l'un est polarisé, et d'un commutateur à chevilles. La Société des téléphones en construit plusieurs modèles auxquels sont adjoints quelques appareils accessoires, mais ils sont caractérisés par deux types principaux : celui sur lequel une place est réservée pour recevoir un appareil Ader à pupitre, celui sur lequel il n'est pas réservé de place; ce dernier est plus spécialement affecté aux appareils portatifs auxquels il est relié par des cordons souples.

Le relais polarisé (*fig.* 268) se compose d'un fort aimant recourbé dont les pôles surmontés de plaques de fer doux sont situés en N et en S. En regard de ces pôles, une bobine B, dont la résistance électrique est de 50 ohms, est suspendue en O par un axe à pivot. La bobine B se trouve en regard des pôles N, S de l'aimant, s'y maintient dans une position d'équilibre et est attirée vers la droite ou vers la gauche suivant le sens du courant qui la traverse. Elle vient alors, par son contact *b*, s'appuyer sur le butoir *d'* ou sur le butoir *d* et ferme de la sorte un circuit ou un autre, comme nous le verrons en examinant l'ensemble du poste. Le fil de la bobine est soudé sur les joues en *a* et en *a'*; les deux joues sont séparées par une rondelle d'ébonite e et c'est la joue a qui supporte le contact b : f et f sont des boudins de sûreté qui rendent plus intime

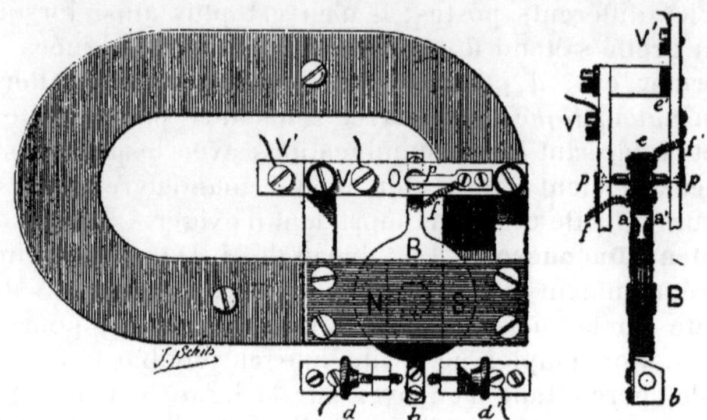

Fig. 268. — Relais polarisé du tableau Ducousso.

la liaison électrique de la bobine B avec les communications qui aboutissent aux vis V V' et qui sont isolées l'une de l'autre.

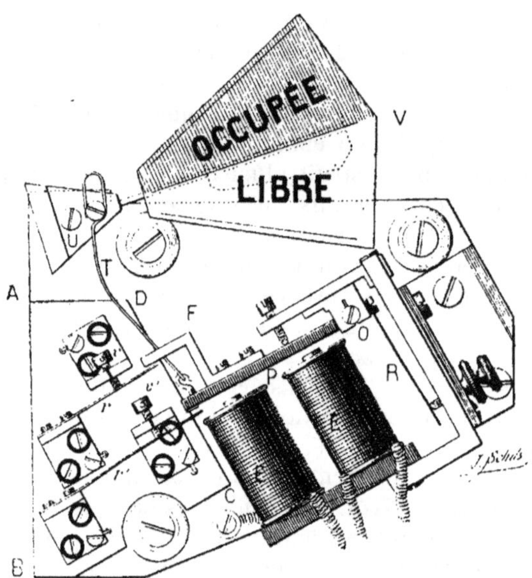

Fig. 269. — Relais à voyant du tableau Ducousso.

Le second relais (*fig.* 269) est formé par deux bobines indépendantes E E dont les noyaux sont calés sur la même culasse et qui ont une armature commune P. Cette armature pivotant en O, soumise à l'action d'un ressort antagoniste R, commande un voyant V qui porte les mots « occupée », « libre ». Ce voyant, mobile autour d'une vis à centre U, est manœuvré par la tringle T, articulée sur la palette P. Une plaque d'ébonite A B C D supporte deux ressorts r, r' qui, au repos, restent appuyés sur deux contacts v, v'. Lorsque la palette P est attirée, elle rencontre les deux ressorts r, r', les entraine et les éloigne des contacts v, v'; le crochet en ébonite F abaisse r, et il n'en résulte aucune nouvelle communication électrique, mais P, en rencontrant r', ouvre un chemin nouveau au courant.

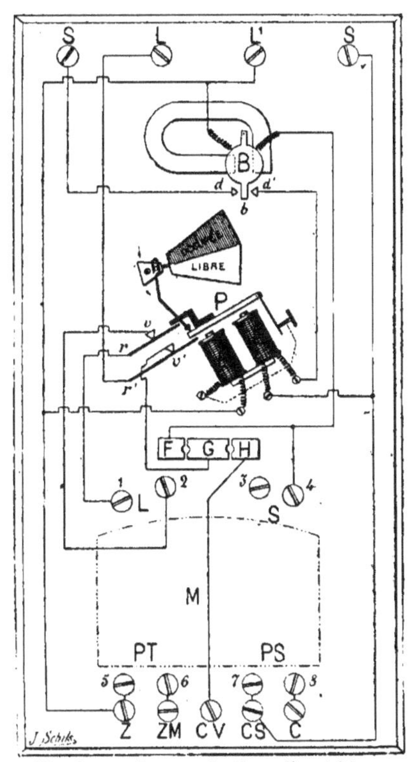

Fig. 270. — Communications d'un tableau Ducousso, avec place pour appareil.

La bobine de droite du relais, celle qui est recouverte en fil vert, est de faible résistance (de 12 à 15 ohms); la bobine de gauche, recouverte en noir, mesure 250 ohms.

Le commutateur à cheville est formé par trois blocs F, G, H (*fig.* 270), isolés les uns des autres; l'interposition d'une cheville métallique entre F et G ou entre G et H réunit le bloc central à l'un des blocs extrêmes.

Les bornes, de 1 à 8, reçoivent les griffes métalliques aboutissant aux bornes d'un poste microtéléphonique M. Aux bornes L, L_1 s'attachent les fils de ligne ou bien le fil de ligne et le fil de terre; les bornes S S sont en relation avec une sonnerie.

Les bornes Z, Z M, C V, C S, C, reçoivent les fils de pile disposés comme nous l'indiquerons en étudiant l'installation des postes.

Il est facile de suivre sur la figure 270 les connexions des différents organes du tableau.

Lorsque le tableau ne comporte pas de place pour l'appareil, ses dimensions sont un peu réduites. Les bornes de 1 à 6 (*fig.* 271) reçoivent les fils souples qui aboutissent aux bornes d'un appareil portatif tel que l'Ader n° 4.

Enfin, la figure 272 représente une vue d'ensemble d'un tableau sans place pour appareil.

Système Ader avec relais polarisé. — Cette méthode n'est

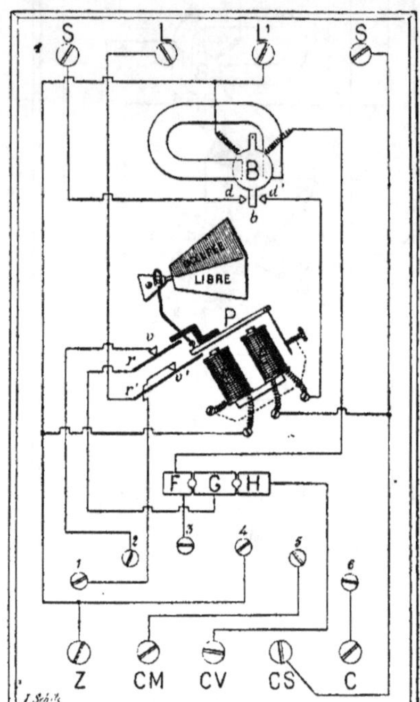

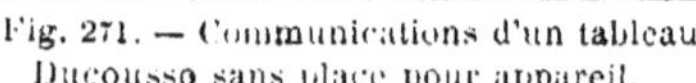
Fig. 271. — Communications d'un tableau Ducousso sans place pour appareil.

Fig. 272. — Tableau Ducousso sans place pour appareil.

applicable qu'aux lignes à double fil. Elle permet de desservir quatre abonnés, placés sur la même ligne, à raison de deux sur chacun des conducteurs.

Supposons les postes 1 et 2 placés sur le conducteur n° 1, les postes 3 et 4 sur le conducteur n° 2. Dans chaque poste, il existe un relais polarisé analogue à celui que représente la figure 267; les relais des postes 1 et 3 fonctionnent sous l'action du courant positif; les relais des postes 2 et 4 sous l'action du courant négatif. Lorsque les quatre postes sont sur sonnerie, la ligne double est bouclée, entre les postes 2 et 4, sur un relais spécial qui la met à la terre.

Au poste central, une clé à quatre touches est en relation avec la ligne. Lorsque les quatre touches sont relevées, leurs plots de repos, réunis ensemble, bouclent les deux fils de ligne sur le récepteur du poste central (poste d'opérateur). En pressant sur l'une des touches, on envoie sur la ligne un courant positif ou un courant négatif, suivant la touche que l'on a abaissée.

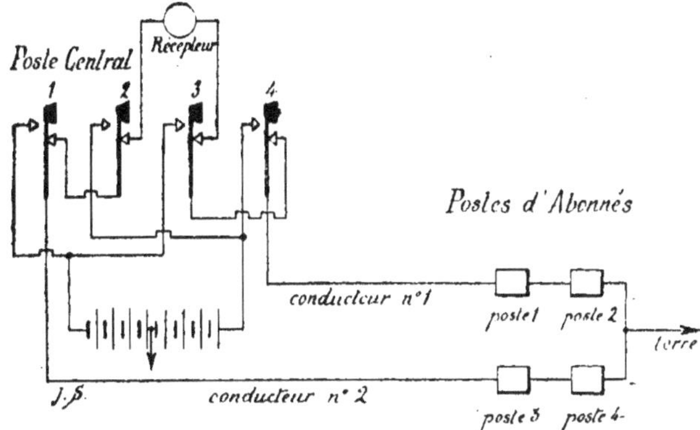

Fig. 273. — Communications de l'installation Ader avec relais polarisé.

Admettons que les touches 3 et 4 soient affectées aux appels des postes 1 et 2 : la première enverra sur le conducteur n° 1 un courant positif, la seconde un courant négatif; il en sera de même des touches 1 et 2, qui agiront seulement sur les postes 3 et 4 du conducteur n° 2. A cet effet, la pile d'appel du poste central est à la terre par son élément du milieu; elle a son pôle positif relié aux plots de travail des touches 1 et 3, son pôle négatif aux plots de travail des touches 2 et 4.

La figure 273 est un diagramme de cette disposition. On voit que, pendant les appels du poste central, les deux conducteurs de la ligne fonctionnent comme deux lignes distinctes à simple fil, avec deux postes munis de relais polarisés; c'est une installation analogue à celle des rappels par inversion de courant. Pour répondre au poste central ou pour l'appeler, les quatre postes disposent d'une même pile que chacun d'eux met dans le circuit en pressant sur son bouton d'appel. Ces appels se font dans les conditions ordinaires, mais, lorsque le volet de l'annonciateur du bureau central tombe, celui-ci ne sait pas quel est le poste qui l'a appelé; il doit lui demander son nom et celui du correspondant auquel il désire être relié.

Les conversations s'échangent également dans les conditions ordinaires, mais dès qu'un des postes a décroché son récepteur, un voyant, portant la mention « occupée », apparait dans tous les autres postes, et reste démasqué tant que les récepteurs ne sont pas remis au crochet. Dans ce but, les transmetteurs sont munis de deux paillettes supplémentaires que le levier commutateur réunit en se relevant. Le contact de ces paillettes, dont le levier commutateur reste isolé, ferme un circuit local qui actionne l'électro-aimant du voyant, mais qui, aussi, supprime la prise de terre de la ligne bouclée, de sorte que les conducteurs nos 1 et 2, séparés pour les appels, se trouvent, pendant les conversations, dans les conditions d'une ligne à double fil ordinaire.

En résumé : 1° le poste central peut appeler l'un quelconque des quatre postes sans déranger les trois autres ;

2° L'un quelconque des quatre postes peut appeler le poste central sans déranger les trois autres ;

3° Quand l'un des postes cause, les trois autres en sont avisés par l'apparition d'un voyant portant la mention « occupée »; ils ne peuvent ni communiquer entre eux ni surprendre la conversation.

Système de la pendule. — Cet arrangement a pour objet de desservir un nombre quelconque de postes greffés sur une même ligne.

Deux pendules, réglées synchroniquement, sont disposées sur le parcours de la ligne : l'une au poste central, l'autre dans le voisinage du point de greffe, de telle sorte que toutes les deux soient intercalées entre la clé d'appel du poste central et les postes greffés. Ces deux pendules sont des instruments spéciaux dont la marche doit être identique pour que le fonctionnement du réseau soit assuré. Leur cadran est divisé en autant de secteurs qu'il y a de postes greffés sur la ligne, chaque secteur étant affecté à l'appel de l'un des postes.

Deux émissions de courant sont nécessaires pour produire un appel : la première, qu'elle émane du poste central ou de l'un des postes greffés, a pour unique résultat de mettre en marche les deux pendules, arrêtées en temps normal; la seconde émission doit avoir lieu pendant que l'aiguille parcourt le secteur correspondant au poste qui appelle le poste central ou que le poste central appelle. Ainsi, par exemple, le poste central veut appeler le poste n° 3 : il appuie une première fois sur sa clé d'appel, le courant lancé de la sorte sur la ligne déclenche les deux pendules et les met en marche; pendant que l'aiguille de la pendule du poste central parcourt le secteur n° 3, le téléphoniste appuie de nouveau sur sa clé d'appel, et le courant ainsi émis fait tinter la sonnerie du poste n° 3; un appel fait un peu plus tôt ou un peu plus tard aurait eu pour effet d'appeler le poste n° 2 ou le poste n° 4. On voit donc, sans aller plus loin, qu'il peut y avoir erreur si les deux pendules ne marchent pas à la même vitesse, l'aiguille de l'une pouvant être déjà sur le secteur n° 4, tandis que celle de l'autre n'est pas encore sortie du secteur n° 3. Si nous admettons que les pendules soient bien réglées, le poste appelé entend, par le tintement de sa sonnerie, les appels qui lui sont destinés; à ce moment, la communication est rompue avec les sonneries des autres postes. Le poste appelé répond de la même façon; les deux interlocuteurs saisissent les récepteurs et commencent la conversation. Le levier-commutateur du poste d'abonné se relève au moment même où les récepteurs sont décrochés, et, par ce fait, la communication avec les autres postes greffés est coupée. Ces postes ne peuvent donc pas surprendre les conversations; leurs appels aussi restent infructueux, mais la disposition demeurerait incomplète s'ils n'étaient pas avertis que la ligne est occupée. A cet effet, un galvanomètre est disposé dans chaque poste. Lorsqu'à un poste on presse sur le bouton de la clé d'appel, l'aiguille du galvanomètre dévie si la ligne est libre et si les appels peuvent être perçus; elle reste immobile, au contraire, quand la ligne est occupée.

Ces diverses combinaisons sont obtenues par un jeu de ressorts placé dans la pendule voisine des postes greffés. Ces ressorts sont branchés sur les différents postes, et une came, mue par le mouvement d'horlogerie, coupe successivement leur communication avec la station centrale ou bien les laisse en relation avec elle.

En résumé, à l'aide de cette disposition :

1° le poste central peut appeler chacun des postes de la ligne sans déranger les autres, et réciproquement;

2° Les postes non appelés peuvent reconnaitre que la ligne est libre ou occupée, mais ils ne peuvent surprendre les communications qui ne leur sont pas adressées.

Il nous a semblé superflu de donner ici des détails plus précis sur le système de la pendule dont on trouve encore quelques spécimens dans le réseau de Paris, mais qui tend à disparaître.

Station automatique Sieur. — Plusieurs inventeurs ont cherché le moyen de grouper un nombre relativement considérable d'abonnés sur une seule ligne, et de desservir automatiquement ce petit réseau, sans que l'abonné qui veut entrer en relation avec la station centrale ou avec un autre abonné, ait à exécuter des manœuvres compliquées ou délicates.

La *station automatique* pour ligne à double fil, de M. Sieur, fournit une solution élégante et en même temps très simple de la question. Le but à atteindre consiste : 1° à permettre au poste central d'appeler chaque poste greffé sans déranger les autres; 2° à permettre à chaque poste greffé d'appeler le poste central sans déranger les autres postes. En outre, chaque poste greffé doit pouvoir s'assurer que la ligne est libre ou occupée; un dispositif peu compliqué remplit cet objet.

Le poste central possède une clé à quatre contacts, placée sur la ligne principale: cette dernière aboutit à la *station automatique*. De là partent tous les fils des abonnés. Dans chaque poste d'abonné, un commutateur à deux directions est intercalé sur les fils de ligne, en avant du transmetteur. La manœuvre de ce commutateur n'offre rien de particulier; c'est la seule opération nouvelle que l'abonné ait à exécuter, et les indications tracées sur le socle de l'instrument font connaitre dans quel cas il faut porter les deux manettes à droite ou à gauche.

La station automatique en elle-même comprend deux sortes d'organes : des *relais polarisés*, des *électro-commutateurs*. Dans les stations pour deux abonnés, il existe un seul relais polarisé et deux électro-commutateurs: pour trois abonnés, on emploie deux relais polarisés et trois électro-commutateurs; pour quatre abonnés, la planchette comporte deux relais polarisés et quatre électro-commutateurs, et ainsi de suite.

Le relais polarisé (*fig.* 274) comprend un électro-aimant en fer à cheval A, posé à plat sur le socle de l'instrument. Les pièces polaires N, S, pincées sous des vis qui permettent de les régler, s'élèvent verticalement. Une bobine B est montée sur une carcasse tubulaire E F, à l'intérieur de laquelle se trouve l'armature de fer doux D, supportée par le ressort R. L'extrémité *d* de l'armature D passe entre les deux pièces polaires N S; ses déplacements sont limités par les plots de contact *a*,*b* .

En temps normal, l'armature D, soutenue par le ressort R, se trouve dans une position indifférente entre les pièces polaires

N, S. Dès qu'un courant traverse la bobine B, l'armature D acquiert une polarité qui dépend du sens du courant circulant à travers le fil de B. Si, par exemple, c'est un courant positif, son passage déterminera en *d* un pôle sud; l'armature D sera attirée par la pièce polaire N, repoussée par la pièce polaire S; cette double action donne au relais une grande sensibilité. L'extrémité de l'armature *d* viendra buter contre le contact a, et si, comme dans notre figure, l'armature est reliée au pôle négatif d'une pile ayant son pôle positif à la terre, un courant négatif prendra la direction *d a*. Si le courant qui traverse

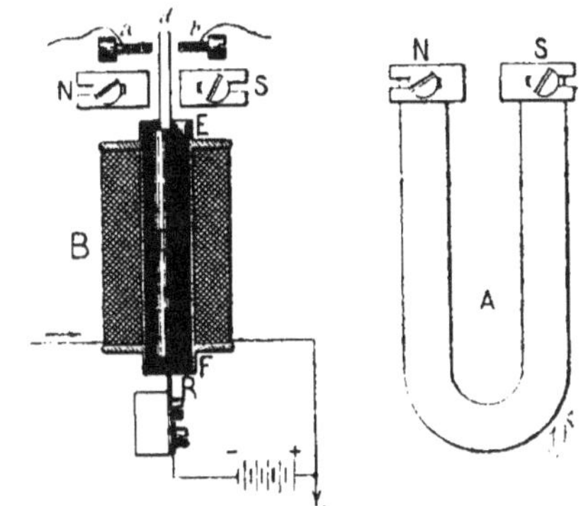

Fig. 274. — Relais polarisé de la station automatique Sieur.

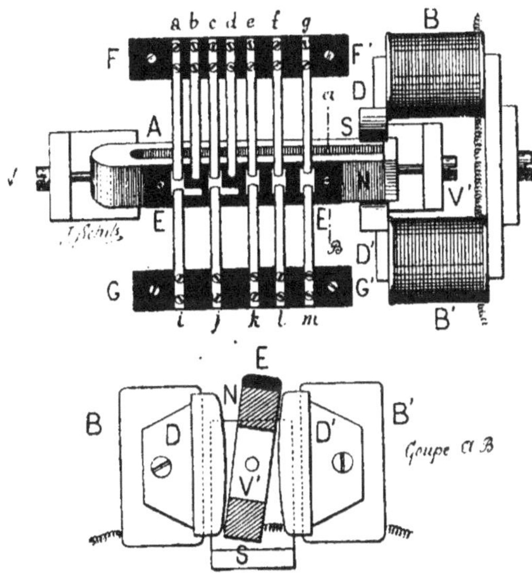

Fig. 275. — Electro-commutateur de la station automatique Sieur.

la bobine B est négatif, son passage développera un pôle nord en *d* et l'armature viendra rencontrer le contact *b* sous la double impulsion des pièces polaires N, S; le courant négatif de la pile s'échappera donc cette fois dans la direction de *b*.

Chacun des électro-commutateurs se compose d'un aimant en fer à cheval N A S (*fig.* 275), pivotant sur les vis V V' soutenues par des équerres en laiton. Un électro-aimant B B', dont les bobines sont aplaties, a ses pièces polaires D D' situées en regard des pôles N, S de l'aimant en fer à cheval. Sur la face supérieure de cet aimant est fixée une règlette en ébonite E E, dans laquelle sont incrustés des contacts métalliques, dont le nombre dépend de la quantité de lignes d'abonnés greffés sur la ligne principale. Ces contacts sont figurés en blanc sur notre dessin. Les deux premiers, vers la gauche, sont en forme d'équerres, les autres sont droits. Deux jeux de ressorts sont fixés sur des bandes isolantes F, F', G, G'. Les ressorts de la bande F F' sont situés en face des ressorts de la bande G G', *a* en regard de *i*, *c* en regard de *j*, *e* en regard de *k*, etc.; seuls les ressorts *b*, *d* n'ont pas leurs homologues sur la bande G G'; *b* forme paire avec *a*, *d* avec *c*.

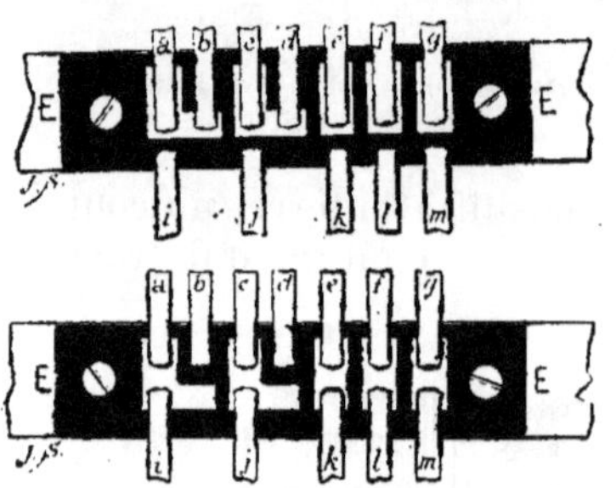

Fig. 276. — Détails de l'électro-commutateur.

Lorsqu'un courant traverse les bobines de l'électro-aimant B B', les pièces polaires deviennent le siège de pôles magnétiques puissants; sous l'action d'un courant positif, par exemple, D devient un pôle nord, D' un pôle sud; c'est le contraire qui se produit si le courant, lancé à travers les bobines de B B', est négatif. Quel que soit le sens de ce courant, l'aimantation des pièces polaires D D' détermine l'orientation de l'aimant N A S. Si le courant est positif, D attire S et repousse N, alors que D' attire N et repousse S; l'aimant N A S bascule autour de son axe V V' et les contacts métalliques incrustés dans la règlette E E se déplacent au-dessous des ressorts vissés sur F F' et sur G G'. Le mouvement inverse se produit lorsque le courant est négatif.

L'orientation de l'aimant N A S produit, par le déplacement de la règlette E E, deux systèmes de communications représentés par la figure 276.

Dans la position supérieure, *a* communique avec *b*, *c* avec *d*; *e*, *f*, *g*, *i*, *j*, *k*, *l*, *m*, sont isolés. Dans la position inférieure, *a* communique avec *i*, mais *b* reste isolé; *c* communique avec *j*.

mais *d* reste isolé, enfin *e* est en relation avec *k*, *f* avec *l*, *g* avec *m*.

Avant d'examiner les communications intérieures de la station centrale, et pour mieux les comprendre, il y a intérêt à connaitre le commutateur à deux manettes employé dans les postes d'abonnés. Il n'y a pas à revenir sur la clé à quatre contacts de la station centrale; nous en avons déjà donné la description.

Vu en dessus (*fig.* 277), ce commutateur a l'apparence d'un commutateur ordinaire à deux directions: on y trouve deux manettes M, M', rendues solidaires par un assemblage en ébonite E E' qui sert à les manœuvrer. Deux bornes, en haut, sont marquées L, L; celles du bas, au nombre de quatre, portent

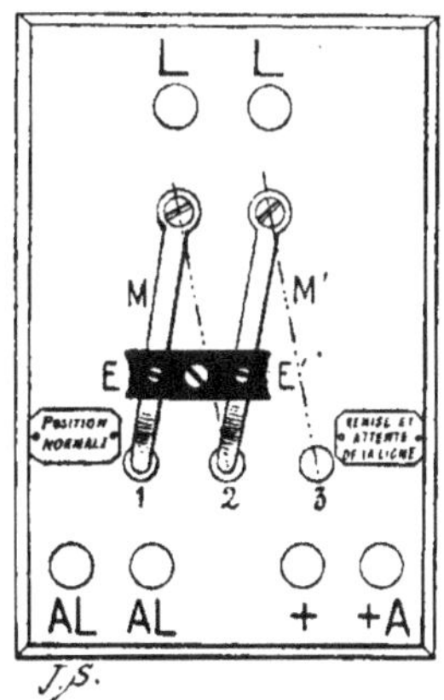

Fig. 277. — Commutateur Sieur, vu en dessus.

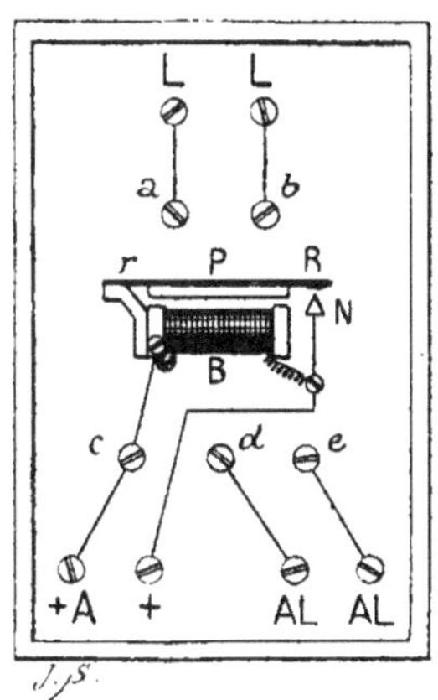

Fig. 278. — Commutateur Sieur, vu en dessous.

les indications A L, A L, +, + A. Les manettes se déplacent au-dessus de trois plots de contact. Tournées vers la gauche, les manettes M, M' reposent sur les contacts 1 et 2; poussées vers la droite, elles sont appuyées sur les plots 2 et 3. Ainsi que l'indiquent les étiquettes fixées au socle, la première position correspond à « position normale », la seconde « à remise et attente de la ligne ».

Au-dessous de la planchette qui porte les deux manettes, on trouve un vibrateur. La figure 278 représente la planchette retournée, par conséquent l'ordre des bornes est renversé.

Sur la culasse de la bobine B est montée, par le ressort *r*, une armature P, terminée par le ressort de contact R. Le ressort *r* est réglé de façon à maintenir l'armature P éloignée du contact N, lorsque aucun courant ne traverse la bobine B. Si,

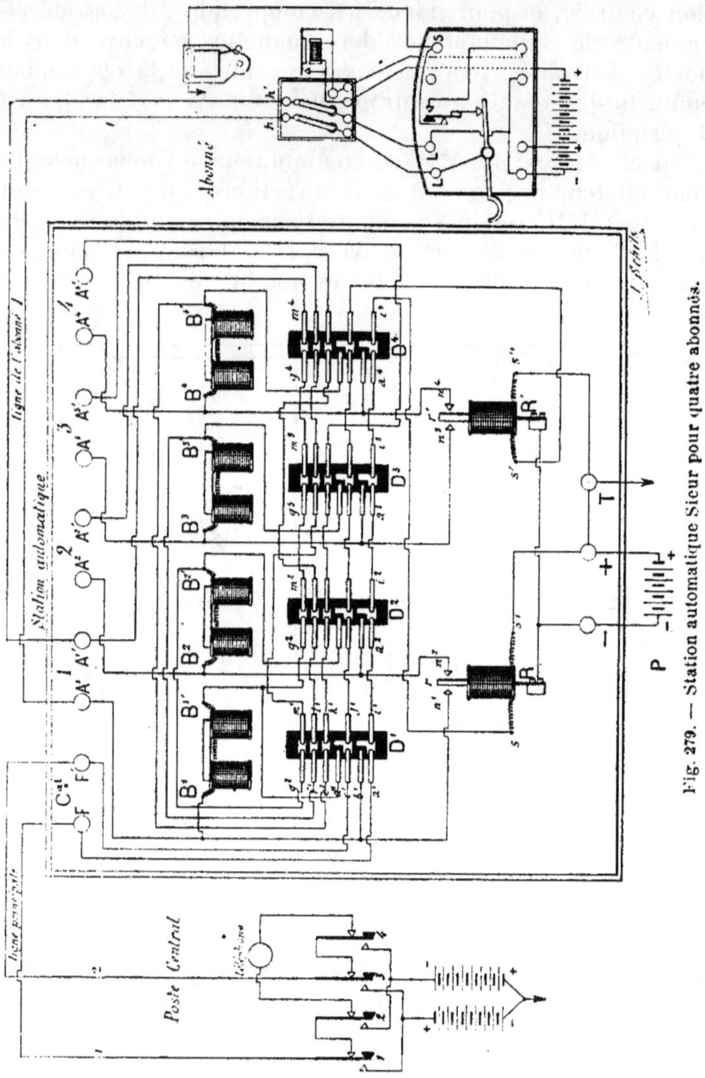

Fig. 279. — Station automatique Sieur pour quatre abonnés.

au contraire, l'armature P est attirée, le ressort R vient reposer sur le contact N. Il suffit de suivre les communications pour voir que le passage d'un courant dans le fil de la bobine B détermine dans l'armature P des vibrations rapides, analogues à celles des sonneries à trembleur; seulement, ici, il n'y a pas interruption de courant. Le courant de la pile est d'abord forcé de passer par le fil de la bobine B; il en résulte une attraction de l'armature P qui rencontre le contact N; il se forme alors un court circuit par : *borne* +, N, R, P, *r*, *e*, *borne* + A, et le courant prend cette direction. La palette cesse d'être attirée et se redresse, le courant traverse de nouveau la bobine B, et ainsi de suite.

Les vibrations de l'armature P peuvent, par un réglage convenable, produire un son assez intense pour attirer l'attention et servir de signal d'avertissement; c'est là tout ce qu'a cherché l'inventeur.

Les axes des manettes du commutateur sont en *a* et en *b*; les pointes de ces manettes sont posées sur les contacts *c*, *d* ou *d*, *e*.

L'utilité et le mode d'emploi du vibrateur vont résulter de l'agencement général du système que nous allons examiner sur la figure 279. Cette figure montre une station automatique montée pour quatre abonnés; on voit, sur la droite, l'installation d'un poste d'abonné (ils sont tous semblables), sur la gauche les connexions de la clé d'appel du poste central.

Le poste central dispose de quatre signaux distincts pour appeler les quatre bureaux correspondants :

En appuyant sur la clé 1, il lance sur le fil n° 1 de la ligne principale un courant positif et appelle l'abonné n° 1;

En appuyant sur la clé 2, il lance sur le fil n° 1 de la ligne principale un courant négatif et appelle l'abonné n° 2;

En appuyant sur la clé 3, il lance sur le fil n° 2 de la ligne principale un courant positif et appelle l'abonné n° 3;

En appuyant sur la clé 4, il lance sur le fil n° 2 de la ligne principale un courant négatif et appelle l'abonné n° 4;

Dans la position normale, aucune des lignes d'abonnés ne communique avec la ligne principale, mais chacune d'elles est reliée aux deux extrémités du fil des bobines d'un électro-commutateur. C'est par l'orientation des relais polarisés et des électro-commutateurs que la liaison des différentes lignes a lieu et que les appels se produisent. Ainsi le bureau central appelle l'abonné n° 1 :

L'opérateur abaisse la clé 1 et envoie sur le fil n° 1 de la ligne principale un courant négatif. Ce courant arrive à la station automatique en F et suit la direction F, a_1, i_1, a_2, i_2, a_3, i_3, a_4, i_4 s, s_1 (à travers la bobine du relais polarisé R) T, *terre*.

Le passage du courant dans le relais R a aimanté l'armature *r* et lui a donné une polarité telle qu'elle est attirée par le pôle n_1 de l'aimant permanent et repoussée par le pôle n_2; cette armature s'incline vers la gauche et rencontre le contact n_1. La pile locale P a son pôle positif à la terre en T et son pôle négatif relié à l'armature *r* du relais R. Le courant de cette pile passe de *r* en n_1, A^1, suit le conducteur n° 1 de la ligne de l'abonné 1, arrive en *h*, L, traverse le transmetteur et la sonnerie et se perd à la terre dans le poste de l'abonné n° 1; cet abonné a été appelé.

Aussitôt que le courant du poste central cesse d'actionner le relais polarisé R, celui-ci reprend sa position initiale, laissant ouvert le circuit de la pile locale P.

Pour répondre au poste central, l'abonné n° 1 presse sur son bouton d'appel, comme à l'ordinaire. Le courant de sa pile est puisé à la borne inférieure de droite du transmetteur, mais on remarquera que le pôle positif de cette pile est directement attaché à la borne + du commutateur inverseur; le fil qui réunit le pôle positif de la pile d'appel à la borne inférieure de droite du transmetteur passe donc par le vibrateur. Lorsque la clé d'appel est abaissée, le courant passe par : *pôle positif, vibrateur, clé d'appel, borne* L, *h*, *fil* 1, A^1, B^1, *bobines de l'électro-commutateur* D^1, $B^{1'}$, g_2, m_2, g_3, m_3, g_4, m_4, $A^{1'}$, *fil* 2, *h'*, L, *pôle négatif*. Le circuit est fermé et la ligne est libre; c'est ce qu'indique le bruit du vibrateur.

En traversant les bobines de l'électro-commutateur, le courant a donné au noyau de ces bobines une polarité telle que l'aimant D^1 a basculé vers la gauche; il en est résulté un changement complet dans l'état des communications. Les pièces de contact ont glissé sous les ressorts et, m_1, l_1, k_1, j_1, i_1, sont maintenant isolées; au contraire, d_1 est reliée à c_1 et b_1 à a_1. On voit dès à présent que les abonnés n°s 2, 3 et 4 ne peuvent pas gêner les opérations de l'abonné n° 1 puisque leurs communications sont coupées en m_1, l_1, k_1; c'est en vain qu'ils appelleraient et d'ailleurs, le silence de leur vibrateur leur ferait connaître que la ligne est occupée.

Les choses resteront ainsi tant que l'électro-commutateur sera orienté comme nous l'avons indiqué. L'appel du poste n° 1 se prolongeant, le courant venu par le fil n° 1 suivra la route b_1, a_1, F, *fil n° 1 de la ligne principale, clé d'appel et annonciateur du bureau central, fil n° 2 de la ligne principale*, F', c_1, d_1, $B^{1'}$, g_2, m_2, g_3, m_3, g_4, m_4, $A^{1'}$, *fil n° 2 de la ligne d'abonné*, *h'*, L et *transmetteur* (à travers lequel le circuit est fermé entre L et L').

L'appel des postes 2, 3, 4 a lieu de la même manière, les électro-commutateurs D^2, D^3, D^4 intervenant respectivement pour chacun de ces postes.

Lorsque le poste central appelle le poste d'abonné n° 2, l'armature du relais polarisé R s'incline vers la droite et s'appuie sur le contact n_2; c'est le relais R' qui entre en jeu pour les appels des postes 3 et 4; il fonctionne d'ailleurs de la même manière que le relais R.

La conversation entre le poste central et l'un quelconque des postes d'abonnés greffés sur la station automatique, a lieu dans les conditions habituelles des communications téléphoniques, et le poste central peut relier l'abonné appelant à tout autre abonné du réseau général; mais alors, lorsque la conversation est terminée, l'abonné greffé doit, non seulement donner le signal de fin de conversation, mais aussi redresser l'électro-commutateur de la station automatique.

Cette double opération s'exécute en portant les manettes du commutateur sur les plots « remise et attente de ligne » et en les ramenant aussitôt à la « position normale ».

Dès que le commutateur est sur « remise et attente de ligne », le circuit de la pile d'appel est fermé par : *borne* +, *vibrateur*, *manette de droite*, h', *fil n° 2*, $A^{1'}$, m_4, g_4, m_3, g_3, m_2, g_2, $B^{1'}$, d_1, c_1, F', *fil n° 2 de la ligne principale*, *annonciateur du poste central*, *fil n° 1 de la ligne principale*, F, a_1, b_1, A^1, *fil n° 1 de la ligne d'abonné* h, L, *transmetteur*. Mais à ce moment, une dérivation a traversé les bobines de l'électro-commutateur; or, il est à remarquer qu'au moment de l'appel, le pôle positif de la pile était en relation avec le fil n° 1, tandis que quand on envoie le signal de fin de conversation, ce même pôle communique avec le fil n° 2; le courant qui traverse les bobines B^1 $B^{1'}$, dans ce dernier cas, est donc de sens inverse à celui qui a déterminé l'orientation de l'aimant D^1 vers la gauche; par conséquent il aura pour effet de redresser l'électro-commutateur, c'est-à-dire de ramener les contacts de l'aimant D^1 sous les ressorts m_1, l_1, k_1, j_1, i_1, et de rétablir les communications $g_1 - m_1$, $f_1 - l_1$, $e_1 - k_1$, $c_1 - j_1$, $a_1 - i_1$, en laissant les ressorts d_1, b_1 isolés.

Supposons que le poste n° 3 ait appelé pendant la conversation du poste n° 1 avec le bureau central : le poste n° 3 aura été averti que la ligne est occupée, car son vibrateur n'aura pas fonctionné au moment de l'appel, le circuit étant coupé en l_4 à la station automatique; ce poste a cependant intérêt à connaître le moment auquel la ligne deviendra libre et à savoir quand il pourra en disposer; pour recevoir cet avertissement, il lui suffit de pousser son commutateur dans la position « remise et attente de ligne ». Dès que le signal de fin de conversation du poste n° 1 a redressé l'électro-commutateur D^1, le vibrateur du poste 3 se fait entendre et ce poste peut appeler. En effet, le circuit est fermé par la pile d'appel, le vibrateur, la ligne n° 3 et la station automatique. A l'intérieur de la station automatique, le courant arrive par $A^{3'}$, traverse la troisième paire de lames de l'électro-commutateur D^2, l_1, f_1, B^3, les bobines de l'électro-commutateur D^3, B^3, A^3.

XI

INSTALLATION DES POSTES

Postes simples d'abonnés.

Entrées de postes : lignes aériennes, lignes souterraines. — Installation des communications intérieures. — Postes simples. — Installation des paratonnerres. — Prises de terre. — Appareils muraux. — Appareils portatifs. — Installation d'un poste combiné Berthon-Ader avec applique murale, type 8. — Installation d'un poste portatif Paul Bert-d'Arsonval. — Installation d'un poste Crossley. — Installation d'un appareil Deckert (modèle réduit). — Installation de l'appareil Deckert à appel magnétique. — Installation de l'appareil Degryse-Werbrouck (ancien modèle). — Installation de l'appareil Dejongh portatif. — Installation d'un appareil Journaux pour lignes souterraines. — Installation d'un appareil Journaux pour lignes aériennes seulement. — Installation d'un appareil portatif Mildé. — Installation d'un poste mural Mors-Abdank. — Installation d'un poste portatif Mors-Abdank. — Installation d'un poste mural Ochorowicz. — Installation d'un poste portatif Ochorowicz. — Installation d'un appareil portatif Pasquet. — Installation des appels électro-magnétiques.

Entrées de postes : lignes aériennes, lignes souterraines. — Les lignes desservant les postes d'abonnés sont aériennes ou souterraines, c'est-à-dire en fil nu ou en câble; elles peuvent être aussi à simple ou à double fil. Dans l'un comme dans l'autre cas, il faut assurer, dans les meilleures conditions, leur jonction avec les conducteurs qui doivent, à l'intérieur de l'immeuble, les rattacher aux appareils téléphoniques.

Lorsqu'il s'agit de lignes aériennes, chaque conducteur est solidement arrêté sur un isolateur au dernier appui de la ligne, consolidé en conséquence, pour faire équilibre à la traction que les fils exercent d'un seul côté.

De chacun des isolateurs du dernier appui part un fil de cuivre, soudé au conducteur, et aboutissant à un petit isolateur, scellé dans la muraille de l'immeuble destiné à recevoir les appareils. Cet isolateur se nomme isolateur d'entrée de poste. Au-dessous de tous ces isolateurs d'entrée de poste recevant les fils qui viennent de l'extérieur, un trou est percé à travers le mur; un câble recouvert de plomb, contenant un nombre de conducteurs égal ou supérieur à celui des fils de ligne, est engagé dans ce trou et déborde de part et d'autre. Les fils qui composent ces sortes de câbles sont recouverts de gutta-percha et d'un revêtement de coton. La coloration du coton varie avec chaque conducteur ou chaque paire de conducteurs, de sorte qu'il est aisé de les reconnaitre, quelle que soit l'extrémité du câble à laquelle on ait affaire.

Du côté de l'extérieur, le revêtement de plomb est enlevé, les fils sont séparés, puis dénudés. Chacun d'eux est relié par une ligature et par un grain de soudure à un des conducteurs de la ligne. Cette opération terminée, l'ouverture pratiquée dans le mur est hermétiquement close autour du câble avec du plâtre.

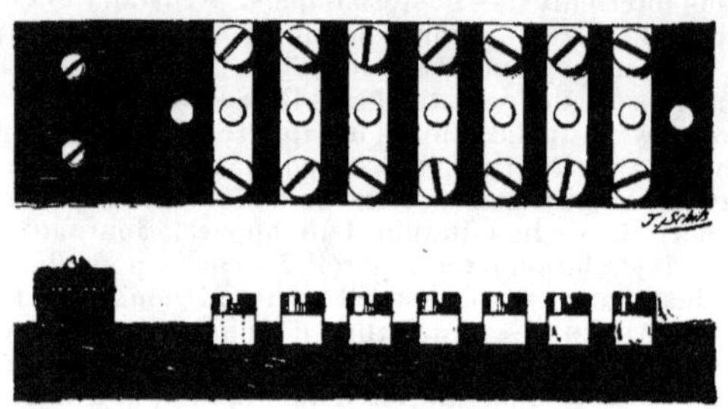

Fig. 280. — Planchette à 14 bornes.

A l'intérieur du poste, les conducteurs, préalablement dénudés, sont amenés à des planchettes de raccordement.

Ces planchettes de raccordement sont des plaques d'ébonite ou de bois dans lesquelles sont incrustées ou, plus simplement, sur lesquelles sont fixées des traverses en cuivre, disposées parallèlement et portant une vis de serrage à chaque bout (*fig.* 280).

On les construit évidemment de la dimension que l'on veut; les modèles courants portent de 1 à 10 traverses. Ces planchettes employées depuis longtemps par la Société générale des Téléphones, sont désignées comme suit :

Planchette à une traverse : *contact simple fil.*
— deux traverses : *contact double fil.*
— trois traverses : *planchette à six bornes.*
— dix traverses : *planchette à vingt bornes.*

La planchette de raccordement est fixée sur le mur, près de l'entrée du câble sous plomb. Les conducteurs de celui-ci,

·éalablement séparés et dénudés à leur extrémité, sont res-·ctivement arrêtés sous les bornes supérieures de la plan-·ette; les bornes inférieures reçoivent les conducteurs de ·ntérieur du poste. Ceux-ci sont des fils recouverts de gutta-·ercha et de coton.

Souvent, lorsque les fils de ligne sont nombreux, on amène câble sous-plomb jusqu'à la planchette de raccordement; on ·ite ainsi de développer les conducteurs en une nappe qui ·ccuperait sur la muraille un espace relativement considé-·able. Les fils sont simplement dénudés dans le voisinage des ·ornes supérieures de la planchette.

Installation des communications intérieures. — A l'in-·rieur des appartements, pour diriger les fils le long des ·urs, les séparer et les tendre, on fait usage d'isolateurs ·n bois. Ce sont de petits blocs de bois durs, tels ·ue le hêtre, le chêne, le noyer, percés, dans un ·ns, de trous dont le nombre varie suivant la ·ngueur de l'isolateur; ces trous reçoivent les ·s ou les clous servant à le fixer. Dans une ·rection perpendiculaire, les trous destinés au ·assage des fils sont aussi en nombre variable, ·uivant la quantité de fils que doit supporter l'iso-·ateur (*fig.* 281). On en fabrique depuis un trou ·usqu'à cinquante et même plus. Le diamètre des ·rous destinés au passage des fils est suffisant ·our laisser pénétrer deux fois le même fil; c'est ·ur ce dispositif qu'est basé le système d'arrêt.

Fig. 281. — Isolateur en bois.

En effet, tout fil conducteur traversant un iso-·ateur du genre de ceux que nous venons de ·écrire, fait un tour complet sur cet isolateur. ·Que le fil vienne d'en haut, comme dans la ·igure 282, ou bien d'en bas, il passe dans le trou ·e l'isolateur, est tendu, recourbé, engagé de ·ouveau dans le même trou, et, finalement, con-·inue son trajet après avoir fait une boucle autour ·e la partie antérieure de l'isolateur. Les fils ·énudés sont pincés sous les boutons des bornes, ·nais comme la manœuvre de ces boutons peut ·mener une rupture du fil conducteur, il est utile de se ménager ·ne réserve permettant, sans faire de raccord, d'engager sous ·a borne un nouveau morceau de fil. Au lieu d'amener le fil ·endu directement sous la borne, on en forme une spirale, ·dont les spires peu serrées forment en quelque sorte une

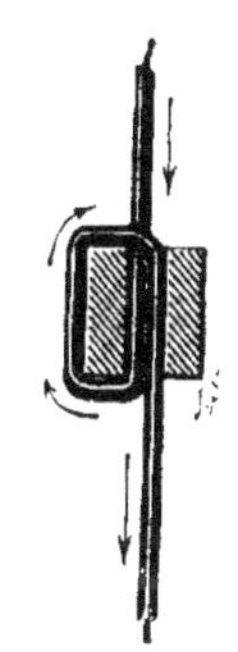

Fig. 282. — Passage du fil dans les isolateurs.

réserve toujours prête à parer à une éventualité. Ces spirale sont connues sous le nom de *boudins*; on les fabrique ave un outil très simple. C'est un gros fil de fer ou d'acier (*fig.* 283)

Fig. 283. — Outil à faire les boudins de fil.

dont le diamètre est approprié à celui du boudin que l'on veut faire. Il est enfoncé dans un manche en bois, et son extrémité libre est fendue. Le fil à boudiner est engagé dans la fente, et, tandis que de la main droite on fait tourner l'outil, de la gauche on guide les spires qui viennent se juxtaposer le long de la tige. Lorsque la quantité de fil voulue a été enroulée de la sorte, il suffit de dégager l'extrémité placée dans la fente et de retirer l'outil pour obtenir un boudin absolument souple.

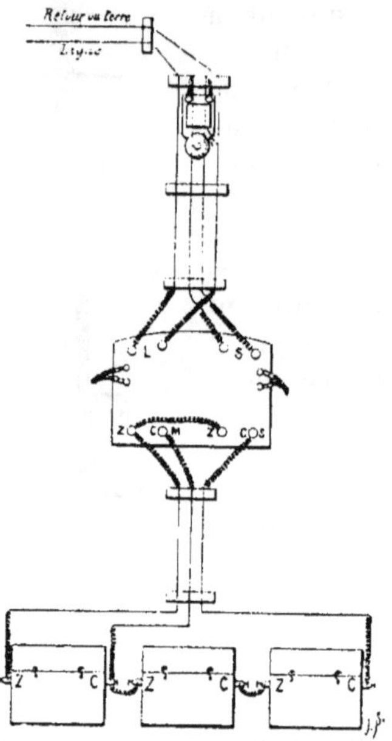

Fig. 284. — Installation d'un poste simple (Ader à pupitre).

Postes simples. — Connaissant les procédés élémentaires, examinons, comme le fait M. Bernheim, à qui nous avons beaucoup emprunté [1], l'installation dans un poste simple d'abonné, d'un poste Ader, avec pile et sonnerie. Tout dépend un peu de la forme du local, mais il est presque toujours possible de réaliser le montage que nous choisissons comme type, et que la figure 284 représente dans son ensemble.

Les piles sont en boîtes de trois éléments; celle de gauche est affectée au microphone; les deux autres, réunies en tension avec la première, constituent la pile d'appel.

Deux isolateurs à trois trous, plus s'il est nécessaire, sont interposés entre l'appareil et la pile : l'un à quelques centimètres au-dessous du transmetteur,

1. Instruction pour la pose des appareils et accessoires. (Société générale des Téléphones.)

autre à quelques centimètres au-dessus des boites à pile. Ces isolateurs sont évidemment placés dans l'axe des appareils.

On prépare un boudin de 10 à 15 centimètres, dont on assujettit l'extrémité dénudée sous la borne de gauche, en bas, du transmetteur. Le conducteur est ensuite engagé dans le premier trou de l'isolateur supérieur, recourbé, passé de nouveau dans le même trou, tendu et introduit dans le trou correspondant de l'isolateur inférieur. Là, il est arrêté de la même manière, puis contourné en boudin sur une longueur de 20 à 30 centimètres et fixé sous la borne Z de la pile de gauche.

Le second fil, posé par les mêmes procédés, part de la seconde borne du transmetteur pour aboutir à la borne C de la pile de gauche; quant au troisième, placé toujours dans des conditions identiques, il part de la quatrième borne du transmetteur, pour arriver, à travers les deux isolateurs, à la borne C de la pile de droite.

Sur le transmetteur, un boudin réunit la première borne de gauche à la troisième; de même, la borne C de la pile de gauche est reliée à la borne Z de la pile du milieu, et la borne C de cette dernière à la borne Z de la pile de droite.

Il est aisé de voir que les trois éléments de la pile de gauche correspondent aux bornes 1 et 2 de gauche, tandis que la pile entière de neuf éléments, ou plutôt l'ensemble des trois piles, est installé sur les bornes 3 et 4 de droite.

Au-dessus de l'appareil, un isolateur à quatre trous livre passage aux fils venant des bornes L et S. Un second isolateur à quatre trous est placé à quelques centimètres au-dessus de la sonnerie. La figure 283 nous montre que les fils de ligne sont placés à l'extérieur, les fils de sonnerie à l'intérieur. Ceux-ci, après avoir franchi le dernier isolateur, redescendent en boudins pour rejoindre les bornes de la sonnerie; les fils de ligne continuent leur trajet à travers des isolateurs à deux trous jusqu'à la planchette de raccordement.

Installation des paratonnerres. — En se reportant à ce que nous avons dit au sujet des appareils de préservation (p. 209), et en le complétant par ce qui va suivre, au sujet des prises de terre, on aura une idée très suffisante de l'installation des paratonnerres à l'entrée des postes téléphoniques ou bien à leur intérieur.

Prises de terre. — Dans les postes installés au double fil, il n'est question de prises de terre que pour l'installation des paratonnerres. Pour les lignes à simple fil, il faut un fil de terre dans chaque poste.

Que le fil de terre soit d'ailleurs affecté à un appareil préservateur ou bien qu'il devienne le complément indispensable du circuit principal, il n'en doit pas moins être établi dans des conditions de conductibilité exceptionnellement favorables.

Dans l'installation des fils de terre des postes d'abonnés on s'est longtemps inspiré des questions d'économie, et on est allé, pour ainsi dire, au plus près, tout en faisant consciencieusement les choses. On s'est raccordé aux conduites de gaz et aux conduites d'eau, et nous trouvons, dans les instructions de la Société générale des Téléphones, les indications suivantes[1] :

« Dans les endroits où se trouvent les conduites d'eau ou de gaz en plomb, on se sert de ces conduites pour prendre la terre. Dans ce cas, le fil conducteur venant, soit de l'appareil ligne au simple fil, soit du paratonnerre, est généralement un petit câble composé de trois fils de cuivre nu, tressés ensemble.

« On enroule plusieurs fois ce conducteur autour de la conduite d'eau ou de la conduite de gaz, après avoir eu soin de décaper la conduite à l'endroit où vient s'enrouler le petit câble. Lorsque le fil de terre est ainsi enroulé, on le fixe solidement sur la conduite à l'aide d'une soudure à l'étain. Il faut avoir soin de bien serrer les spires d'enroulement, ce qui se fait d'ailleurs sur une longueur de conduite d'environ 10 centimètres. Si on veut souder sur une conduite d'eau, il faut avoir soin de la vider, sans quoi la soudure devient impossible. Si on ne peut la vider, on remplace la soudure par un fort serrage du fil autour de la conduite.

« Si on a à sa disposition une conduite d'eau et une conduite de gaz, il y a intérêt à prendre deux terres, une sur l'eau et une sur le gaz.

« Si on n'a à sa disposition qu'une conduite d'eau, en fer on desserre un boulon de la conduite, on le nettoie sérieusement et on vient y insérer l'extrémité du fil de terre. On resserre fortement le boulon.

« Si on est dans un endroit où il n'y a ni conduite d'eau ni conduite de gaz, on opère ainsi :

1° Si on est à proximité d'un cours d'eau, on vient y plonger l'extrémité du fil de terre, en laissant au fond de l'eau une longueur d'environ 2 ou 3 mètres de ce fil. Mais il est nécessaire que la partie immergée soit toujours dans l'eau.

1. Instruction pour la pose des appareils et accessoires (Société générale des téléphones).

2° Si on n'a pas de cours d'eau, on creuse un puits et, si on encontre une couche de terre humide, on y place une plaque e cuivre rouge, d'environ 1 mètre de long sur 50 centimètres e large, sur 1 ou 2 m/m d'épaisseur. On soude l'extrémité du l de terre après la plaque et on comble le puits, autant que ossible avec de la terre humide.

3° Si on n'a pas de terrain humide à sa disposition, on nfonce en terre une barre de fer appointée d'environ 1m.50 de ongueur sur 6 à 10 centimètres carrés de section. Si la section st ronde, un diamètre de 3 centimètres est suffisant; si elle st carrée, chaque côté doit avoir environ 3 centimètres. On nroule le fil autour de cette barre et on l'y soude, après avoir réalablement étamé la partie de la barre de fer devant recevoir la soudure. Il est bon d'arroser, de temps à autre, l'enroit où cette barre est enfoncée.

« *En résumé, on ne saurait prendre trop de précautions pour ssurer le contact intime du fil de terre avec le sol.*

« Il faut également bien faire attention de fixer le fil de cuivre ervant à prendre la terre, de façon à ne pas risquer de rupure de ce fil. Généralement on le fait descendre le long d'un nur où il est fixé à l'aide de crochets à gaz. »

Aujourd'hui que l'État a pris possession de tous les réseaux rançais, nous pensons qu'il convient d'appliquer, tant aux ostes d'abonnés qu'aux bureaux centraux, les dispositions dmises en matière de constructions télégraphiques.

Ces dispositions ont été réglées par une circulaire administrative dont voici les prescriptions les plus importantes :

« Employer un toron de fils dont la conductibilité soit au moins égale à celle de l'ensemble de tous les fils de ligne qui aboutissent à la station.

« Veiller à ce qu'il soit bien soudé en tous ses raccords et qu'il communique avec le sol au moyen d'une plaque de fer galvanisé, à large surface, variable suivant l'importance du bureau et plongeant dans un puits, une nappe d'eau ou un cours d'eau intarissable.

« Utiliser, le cas échéant, les conduites d'eau dont les tuyaux sont en fer ou fonte avec joints métalliques.

« A défaut de ces prises de terre, creuser dans le sol un trou d'une profondeur suffisante pour atteindre, sinon une nappe d'eau, du moins un terrain qui conserve l'humidité.

« Établir le fil de terre, et même les fils de ligne, aussi loin que possible de toute conduite de gaz en plomb.

« Restreindre autant que possible l'emploi des tuyaux de

gaz comme point d'attache du fil de terre, et, en cas d'absolue nécessité, aller chercher pour s'y raccorder la conduite maitresse en fonte. »

Appareils muraux. — L'installation des appareils dont les noms suivent se rapporte à un type unique représenté par la figure 283 :

Poste Ader n° 1.
— — n° 2.
— — n° 3.
— — n° 7.
— Berthon n° 2.
— — n° 3 (à coulisse).
— — n° 9.
— Paul Bert — d'Arsonval (mural).
— Bourdin (mural).
— — (pupitre).
— Bourseul.
— Bréguet (mural).
— Degryse (type à 4 bornes).
— Dejongh (mural).
— Gallais (mural).
— Maiche (mural).
— Mildé (mural).
— Sieur.

Les dispositions de détail varient évidemment suivant les locaux, mais il est presque toujours possible de ramener l'installation au type précité.

Trois ou quatre vis, traversant des champignons en caoutchouc, servent à fixer l'appareil à la muraille et, si l'appartement est humide, il est bon, au point de vue de la conservation et d'un fonctionnement régulier, d'interposer entre le mur et l'appareil une planche de bois.

Les piles sont livrées en boîtes par l'administration.

La liaison des divers organes a lieu par l'intermédiaire de fils de cuivre recouverts de gutta-percha et de coton.

Les deux fils de ligne, ou bien le fil de ligne et le fil de terre, sont amenés aux bornes L placées en haut et à gauche du transmetteur. Si la ligne est à double fil, les lignes sont placées indifféremment sous les deux bornes; pour les lignes à simple fil, on réserve la première borne de gauche à la ligne, la seconde à la terre.

Les deux bornes de la sonnerie sont réunies de la même manière aux bornes S, en haut et à droite de l'appareil.

La pile se subdivise en *pile de microphone* et *pile d'appel*. La pile de microphone contient toujours trois éléments, ni plus ni moins; c'est une pile locale; elle est renfermée dans la boite de gauche. La puissance de la pile d'appel doit varier suivant la distance à franchir: elle se compose d'un certain nombre de boites, associées en tension, et comprenant la boite de pile du microphone. Sur les réseaux urbains, six ou neuf éléments suffisent généralement pour la pile d'appel; on ne fait donc usage que de deux ou de trois boites en tout.

Le premier zinc de la pile est mis en relation avec la première borne de gauche, en bas du transmetteur, le troisième charbon avec la seconde borne; les trois premiers éléments de pile sont, de la sorte, insérés entre les deux bornes de gauche; c'est la pile du microphone.

Par un boudin, la première borne de gauche du transmetteur est unie à la première borne de droite; disons plutôt, pour éviter toute erreur, que la première borne, en allant de gauche à droite, est unie à la troisième. Enfin, la dernière borne, en allant vers la droite, reçoit le dernier charbon de la pile, quel que soit le nombre des boites associées en tension.

Il en résulte que la pile microphonique est localisée entre les deux bornes de gauche, tandis que la pile totale correspond aux deux bornes de droite et aussi aux bornes extrêmes, la première à gauche, la dernière à droite.

Appareils portatifs. — Un second type d'installation *fig.* 285 se rapporte aux appareils portatifs à pied. Les postes suivants rentrent dans cette catégorie :

Ader n° 4.
Berthon-Ader n° 10.
— — forme cartel.
Bréguet portatif.
Gallais —
Maiche —

L'installation de ces appareils, montés sur une colonne ou sur un piédestal, a lieu au moyen d'une planchette de raccordement à 14 bornes et d'un cordon souple à 7 conducteurs diversement colorés.

Les cordons de la Société des Téléphones contiennent un fil bleu, un fil rouge, un fil marron, un fil jaune, un fil noir, un fil blanc, un fil vert.

18

Le fil de ligne arrive à la traverse n° 1 de la planchette à 14 bornes, le fil de retour ou le fil de terre à la traverse n° 2; les fils de sonnerie aboutissent aux traverses n°s 3 et 4. Le premier zinc de la pile est attaché à la traverse n° 5, le troisième charbon à la traverse n° 6, le dernier charbon à la traverse n° 7. Tous ces conducteurs sont pincés sous les bornes supérieures. Des bornes inférieures partent les conducteurs du cordon souple, savoir :

Traverse n° 1 fil bleu.
— n° 2 — rouge.
— n° 3 — marron.
— n° 4 — jaune.
— n° 5 — noir.
— n° 6 — blanc.
— n° 7 — vert.

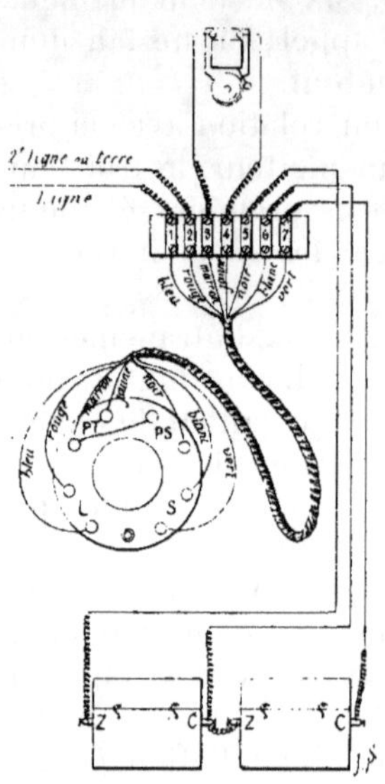

Fig. 285. — Installation d'un appareil portatif (Ader n° 4).

On voit sur la figure 285 les connexions de ces fils avec les bornes réparties par paires sur le pourtour du socle du transmetteur. Le bouton d'appel étant placé au bas de la figure, les bornes L reçoivent le fil bleu et le fil rouge, les bornes P T, le fil marron et le fil jaune; la première borne du groupe P S ne reçoit aucun fil, mais est reliée métalliquement à la première borne du groupe P T; à la seconde borne du groupe P S aboutit le fil noir, enfin le blanc et le vert sont attachés aux bornes S.

Il nous reste maintenant à examiner quelques cas particuliers.

Installation d'un poste combiné Berthon-Ader avec applique murale, type 8. — Deux vis passées dans les oreilles que l'on aperçoit sur les côtés de l'applique (*fig.* 286) fixent l'instrument au mur. Les bornes sont divisées en deux groupes ; nous les supposerons numérotées de gauche à droite.

On fait usage, comme dans les installations précédentes, d'isolateurs en bois et de boudins.

Les bornes 1 et 2 sont réunies à la sonnerie, les bornes 3 et 4 au fil de ligne, au fil de retour ou à la terre. La borne 5 reçoit le premier zinc de la pile du microphone et est reliée à la borne 7. La borne 6 reçoit le dernier charbon de la pile du microphone, la borne 8 le dernier charbon de la pile totale. On voit que, comme précédemment, trois éléments sont intercalés entre les bornes 5 et 6, tandis que la pile totale correspond aux bornes 5 et 8 et aussi aux bornes 7 et 8, le nombre des éléments variant d'ailleurs avec la longueur de la ligne.

Installation d'un poste portatif Paul Bert-d'Arsonval. — Un cordon à six conducteurs (*fig.* 287) s'attache aux six bornes du transmetteur, savoir : le fil jaune à la borne L, le fil blanc à la borne T, le fil marron à la borne +,

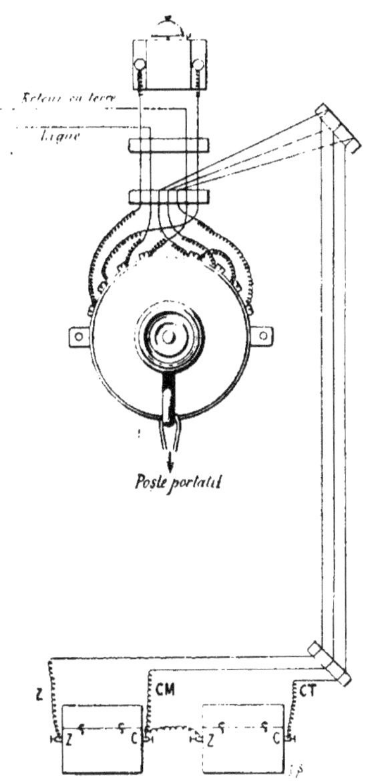

Fig. 286. — Installation d'un poste combiné Berthon-Ader, type n° 8.

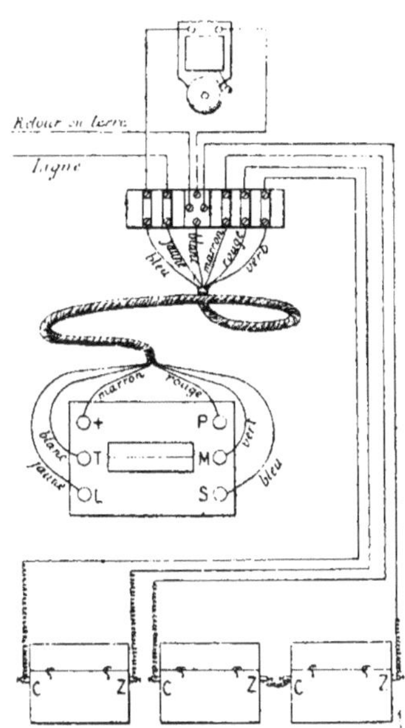

Fig. 287. — Installation d'un poste portatif Paul Bert-d'Arsonval.

le fil rouge à la borne P, le fil vert à la borne M, le fil bleu à la borne S.

La planchette de raccordement est à six lames, dont l'une, située vers le milieu, est plus large que les autres. La première lame reçoit le fil bleu et est réunie à une des bornes de la sonnerie, la seconde borne de celle-ci communiquant avec la troisième lame. La seconde lame reçoit le fil jaune et le fil de ligne; la troisième lame reçoit le fil blanc, le fil de retour ou la terre, le pôle négatif de la pile d'appel et, ainsi que nous venons de le dire, le second fil de sonnerie. La quatrième borne reçoit le fil marron et le pôle positif de la pile de sonnerie, la cinquième lame reçoit le fil rouge et le pôle négatif de la pile du microphone, la sixième lame reçoit le fil vert et le pôle positif de la pile du microphone.

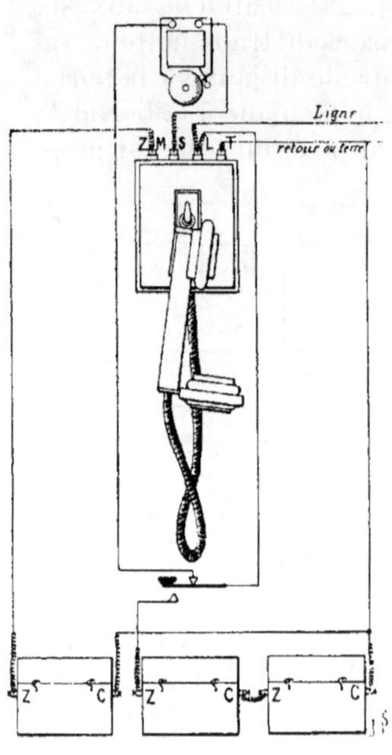

Fig. 288. — Installation d'un appareil Deckert, modèle réduit.

Installation d'un poste Crossley. — Dans le poste Crossley, dont l'usage d'ailleurs est à peu près abandonné en France, la sonnerie est enfermée dans la boite du transmetteur. L'instrument porte quatre bornes L, C, Z T, C M. A la borne L, on attache le fil de ligne, à la borne T le fil de retour ou le fil de terre et le pôle négatif de la pile totale servant aux appels. Le pôle positif de cette pile est relié à la borne C. Pour le service du microphone, on prélève trois éléments qu'on réunit à la borne C M; en d'autres termes, la pile microphonique comprend trois éléments localisés entre le premier zinc réuni à la borne Z T et le troisième charbon réuni à la borne C M.

Installation d'un appareil Deckert (modèle réduit). — On se rappelle que l'appareil Deckert, modèle réduit, ne porte que quatre bornes et que le bouton d'appel est indépendant: en résumé, l'applique murale ne contient que le crochet commutateur et la bobine d'induction: le récepteur et le microphone composent un appareil double réuni à l'applique par un cordon souple. Ce dispositif nécessite une installation particulière représentée par la figure 288.

Installation de l'appareil Deckert à appel magnétique. — L'appel magnétique et la sonnerie font corps avec le transmetteur dont les bornes se trouvent réduites à quatre : Z, K, L, E, c'est-à-dire : zinc, cuivre, ligne, terre. Dans ces conditions, l'installation devient des plus simples. Il suffit d'attacher le pôle négatif de la pile du microphone à la borne Z, le pôle positif à la borne K, le fil de ligne à la borne L, le fil de terre ou le fil de retour à la borne E.

Installation de l'appareil Degryse-Werbrouck, ancien modèle. — Le transmetteur Degryse modifié se monte comme l'appareil Ader n° 1 (type d'installation de la figure 284), mais dans l'ancien modèle il existe cinq bornes placées en haut du socle et marquées : L, S, Z T, C S, C M.

Le fil de ligne s'attache à la borne L, le fil allant à la sonnerie à la borne S. Le fil revenant de la sonnerie, le fil de terre ou le fil de retour et le pôle négatif de la pile sont pincés sous la borne Z T. Pour le service du microphone, on prélève trois éléments sur la pile totale ; à cet effet, le troisième charbon est attaché à la borne C M, tandis que le dernier aboutit à la borne C S (voir *fig.* 135).

Installation de l'appareil portatif Dejongh. — Ce transmetteur est garni de cinq bornes L, T, S, P M, P S auxquelles aboutit un cordon souple dont les cinq conducteurs ont une coloration uniforme (marron).

Ces conducteurs aboutissent à une planchette de raccordement à cinq lames, dont l'une est plus large que les autres (*fig.* 289).

Le fil de ligne est attaché à la première lame de gauche ; la seconde reçoit le fil de retour ou le fil de terre, le fil de retour de la sonnerie et le pôle négatif de la pile. Le fil de sonnerie est relié à la troisième lame ; le charbon du troisième élément de la pile à la quatrième lame, et le dernier charbon à la cinquième lame.

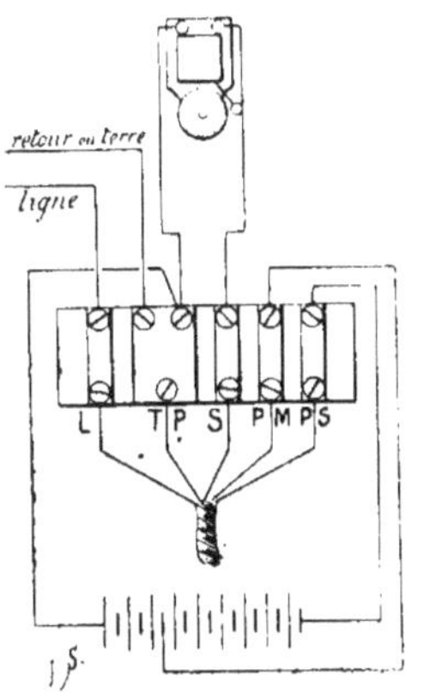

Fig. 289. — Installation de l'appareil portatif Dejongh.

Installation d'un appareil Journaux pour lignes aériennes et souterraines. — Dans ce transmetteur on trouve huit bornes : quatre en haut, quatre en bas. Les bornes du haut, disposées par paires, sont marquées « LIGNE, RETOUR » pour la première paire, « SONNERIE » pour la seconde. De ce chef, le montage est tout indiqué. En bas, les bornes correspondent à deux piles distinctes pour le microphone et pour les appels ; les deux groupes de bornes sont marqués :

« CHARBON ZINC »	« CHARBON ZINC »
PILE D'APPEL	PILE MICROPHONE

il n'y a donc pas d'hésitation à avoir (voir *fig.* 151).

Installation d'un appareil Journaux pour réseaux aériens seulement. — Les bornes T Z, L, C M, C, en allant de droite à gauche, reçoivent respectivement : la première, le pôle négatif de la pile et le fil de retour ou le fil de terre ; la seconde, le fil de ligne ; la troisième, un conducteur venant du troisième charbon de la pile ; la quatrième, le dernier charbon ; la pile du microphone (3 éléments) se trouve ainsi comprise entre les bornes T Z, C M, et la pile totale servant aux appels entre les bornes T Z et C. Les deux fils de sonnerie sont attachés aux bornes marquées « SONNERIE », et situées au bas de l'applique murale.

Installation d'un appareil portatif Mildé. — Le socle de l'appareil ne porte pas de bornes. Le cordon souple à sept conducteurs est attaché à l'intérieur du piédestal ; il comprend :

1 brin orangé ;
1 brin bleu ;
1 brin violet ;
1 brin vert ;
1 brin marron ;
1 brin rouge brun ;
1 brin noir.

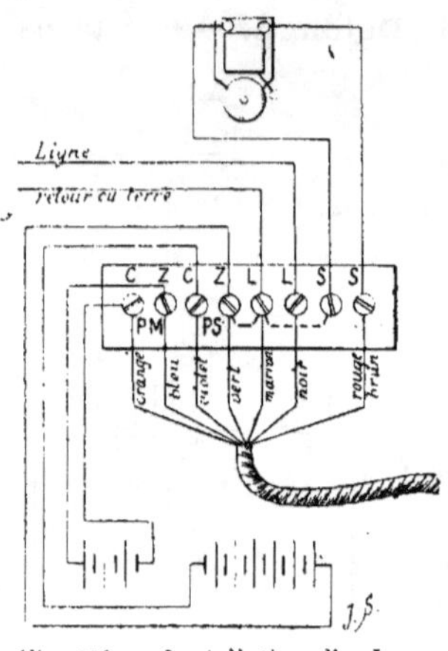

Fig. 290. — Installation d'un appareil portatif Mildé.

La planchette de raccordement est à huit bornes. Les 2ᵉ, 4ᵉ et 5ᵉ, en partant de la droite, sont réunies ensemble.

La figure 290 indique suffisamment les dispositions à adopter pour le montage.

Installation d'un poste mural Mors-Abdank. — L'applique porte quatre paires de bornes : en haut, L, S ; en bas, P M, P S. On peut adopter la disposition de la figure 291, ou bien réaliser une installation analogue à celle du poste Berthon-Ader avec applique murale, type n° 8 (voir *fig.* 286).

Installation d'un poste portatif Mors-Abdank. — Le socle de ce transmetteur ne porte pas de bornes ; le cordon souple est directement attaché aux communications intérieures.

Ce cordon souple est bleu, violet, blanc, marron foncé, marron clair, vert olive, vert émeraude, orangé ; en tout, huit conducteurs.

La planchette de raccordement est garnie de neuf bornes ; au milieu du rectangle se trouve un paratonnerre à peignes. Trois crous, *a*, *b*, *c*, (*fig*. 292) permettent, par l'interposition d'une cheville métallique, de mettre la ligne à la terre en laissant le

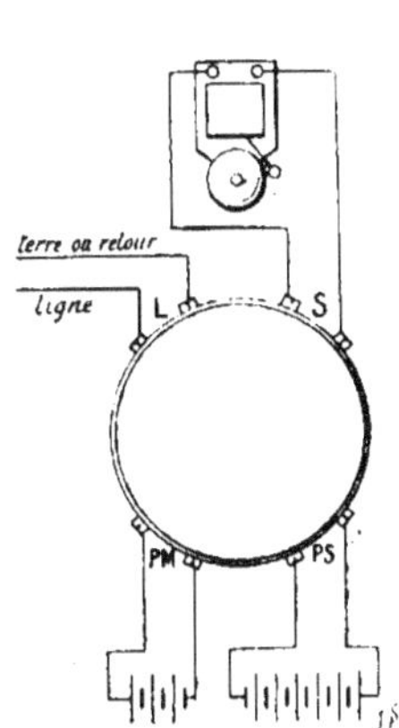

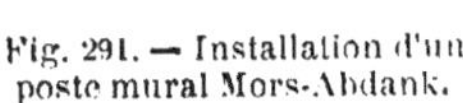
Fig. 291. — Installation d'un poste mural Mors-Abdank.

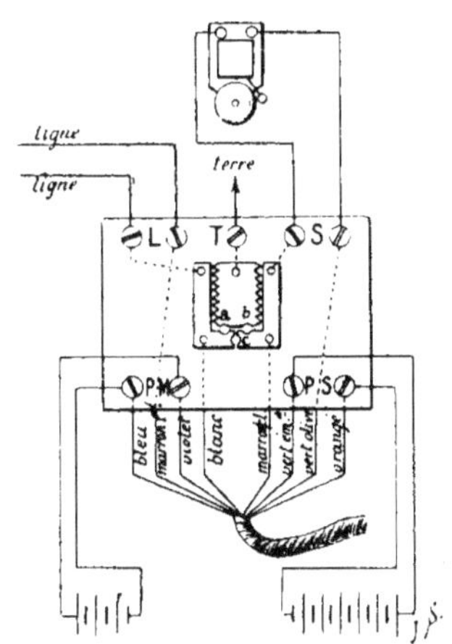

Fig. 292. — Installation d'un poste portatif Mors-Abdank.

poste hors circuit, ou bien de réunir directement la ligne à la sonnerie.

Installation d'un poste mural Ochorowicz. — Le transmetteur mural Ochorowicz, admis sur les réseaux aériens seulement, est garni de six bornes réparties par groupes de trois le long des pans coupés de l'applique murale; à gauche, L, L T, T Z; à droite, S, C M, C A.

On attache la ligne à la borne L, le fil de retour ou la terre à la borne L T, le fil de terre de la sonnerie et le pôle négatif de la pile à la borne T Z, le fil de sonnerie à la borne S, le troisième charbon de la pile à la borne C M, et le dernier charbon à la borne C A. (Voir *fig*. 170.)

Installation d'un poste portatif Ochorowicz. — Comme dans plusieurs des appareils dont nous avons précédemment examiné le montage, le cordon souple à sept conducteurs est relié à l'intérieur du transmetteur Ochorowicz, sans qu'aucune borne apparaisse à l'extérieur. Les fils de ce cordon sont : jaunâtre, marron, rouge brun, bleu clair, bleu foncé; les deux derniers sont d'un vert de nuance uniforme. A l'intérieur de l'appareil, ces fils ont les connexions suivantes (voir *fig*. 172) : le fil marron correspond au massif du levier-commutateur; le fil bleu foncé au circuit primaire de la bobine d'induction; le fil bleu clair au plot de repos du bouton d'appel; le fil rouge-brun au plot de travail de la clé d'appel; le fil jaunâtre et les deux fils verts à une même vis en relation avec le récepteur (du côté du crochet fixe) et avec le microphone. MM. Chateau père et fils, constructeurs de ces appareils, n'ont pas fait adopter par l'Administration des Postes et des Télégraphes un modèle spécial de planchette de raccordement, il est donc permis d'admettre qu'en utilisant une planchette à quatorze bornes, du type de la Société des Téléphones, l'installation aura lieu de la façon suivante (*fig.* 293).

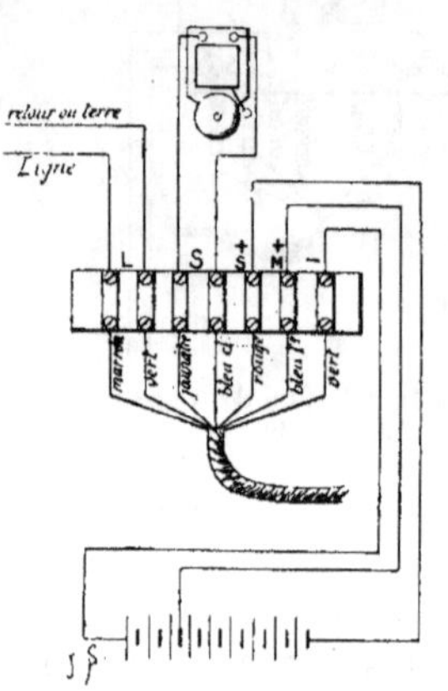

Fig. 293. — Installation d'un poste portatif Ochorowicz.

A la première lame, on attachera le fil marron et la ligne, à la seconde un des fils verts et le fil de retour ou la terre, à la troisième le fil jaunâtre et le fil de retour de la sonnerie, à la quatrième le fil bleu clair et le fil de sonnerie, à la cinquième le fil rouge et le dernier charbon de la pile (pile d'appel), à la sixième le fil bleu foncé et le troisième charbon de la pile (pile de microphone), à la septième, le second fil vert et le zinc commun aux deux piles.

Installation d'un appareil portatif Pasquet. — Cette installation se fait à l'aide d'un cordon souple et d'une planchette de raccordement. Le cordon souple est à 5 conducteurs et les 5 brins sont de couleurs différentes (rouge, blanc, vert, bleu, jaune).

La planchette de raccordement porte dix bornes communiquant deux à deux. Les bornes de l'une des rangées sont marquées C M, T Z, L, Z S, C S; elles reçoivent les fils venant de la pile, de la ligne et de la sonnerie. Les bornes de l'autre rangée sont marquées R, B, V, B, J, lettres qui indiquent la coloration des fils à y adapter, et qui, d'ailleurs, sont peintes de la même couleur que le fil :

R (rouge) communique avec C M.
B (blanc) » avec T Z.
V (vert) » avec L.
B (bleu) » avec Z S.
J (jaune) » avec C S.

A l'intérieur de l'appareil, les fils sont reliés de la manière suivante :

Le fil rouge avec le contact de fermeture du circuit primaire (*fig.* 177).

Le fil blanc avec la sortie des circuits primaire et secondaire.

Le fil vert avec l'axe du levier-commutateur.

Le fil bleu avec le plot de repos de la clé d'appel.

Le fil jaune avec le plot de travail de la clé d'appel.

Installation des appels électro-magnétiques. — Qu'il s'agisse du modèle de la Société de matériel téléphonique ou de celui de la Société générale des Téléphones, l'installation est identiquement la même.

Les figures 295, 296, 297 et 298 montrent cette installation appliquée à un poste Ader. Pour ne pas compliquer les dessins, nous avons éliminé les communications sans utilité pour le cas qui nous occupe. Dans les figures 295 et 297, on voit l'appel électro-magnétique au repos; dans les figures 296 et 298, il est supposé en marche.

La borne 1 de l'appel magnétique est reliée à la borne de gauche du groupe P S du transmetteur, la borne de droite restant libre. La borne 2 est en relation avec la sonnerie communiquant d'autre part avec la borne S_L du transmetteur; la borne 3 est réunie à la borne S_2.

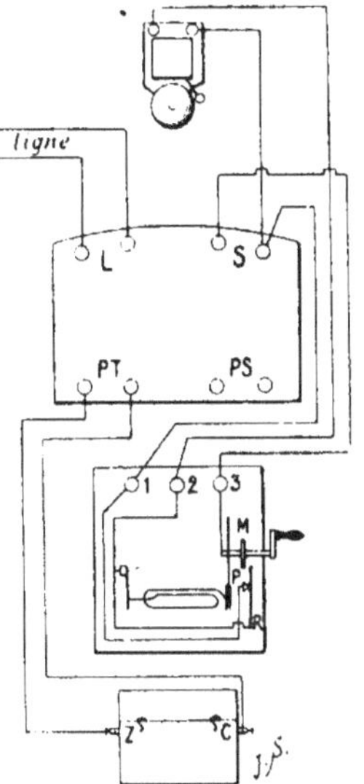

Fig. 294. — Installation d'un appel électro-magnétique (variante).

En examinant la figure 295, on voit que les courants arrivant par la ligne suivent le trajet L_1, *a*, *b*, *s*, S_2, 3, *m*, *n*, 2, S, S_1, *c*, *d*, L_2, retour ou terre. Sur ce trajet, il existe deux dérivations, la première entre *m* et *n* par l'induit de l'appel magnétique, la seconde entre L_2 et *d* par les bornes P S, 1, et le ressort *r*. La première n'est pas traversée par le courant à cause de la résistance de l'induit, la seconde est isolée en *r*.

Lorsque le poste appelle (*fig.* 296), le courant partant de *m* s'achemine vers les bornes 3 et S_2, prend la direction *s*, *b*, a, L_1, ligne, sonnerie du poste d'arrivée, retour ou terre. Le circuit est fermé par l'induit du poste de départ, le ressort U appuyé sur le contact *r*, les bornes 1, P S de gauche, L_2, retour ou terre. La dérivation U, 2, S, S_1, *c*, *d*, L_2 n'est pas traversée par le courant, en raison de la résistance de la sonnerie S.

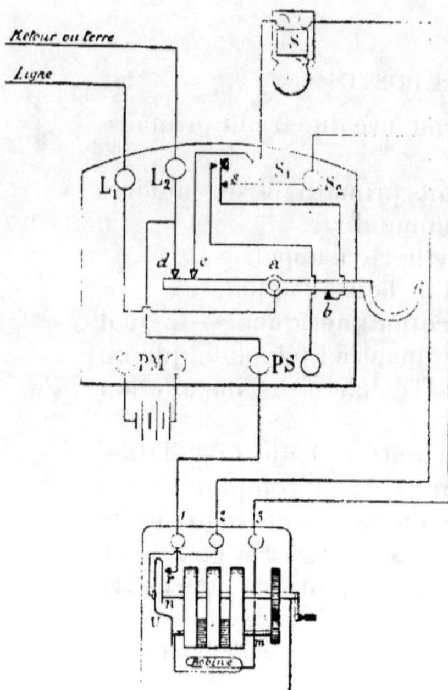

Fig. 295. — Installation d'un appel électro-magnétique (modèle de la Société de matériel téléphonique). Position de repos.

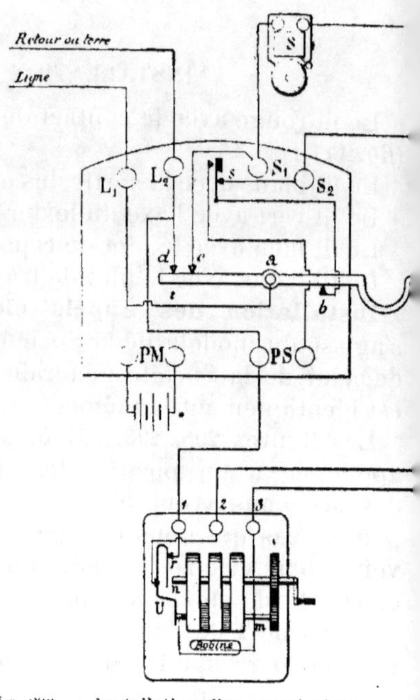

Fig. 296. — Installation d'un appel électro-magnétique (modèle de la Société de matériel téléphonique). Position de marche.

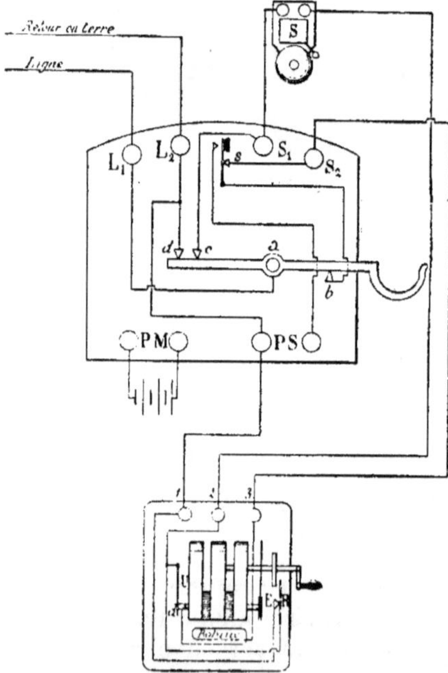

Fig. 297. — Installation d'un appel électro-magnétique (modèle de la Société générale des téléphones). Position de repos.

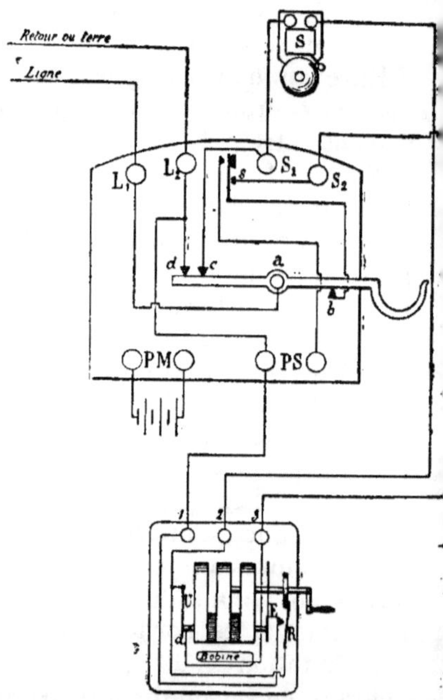

Fig. 298. — Installation d'un appel électro-magnétique (modèle de la Société générale des téléphones). Position de marche.

Ce qui précède s'applique au modèle d'appel de la Société de matériel téléphonique. Dans les figures 297 et 298, nous reproduisons des croquis se rapportant au modèle de la Société générale des Téléphones. On voit que les connexions entre les appareils magnétiques et les transmetteurs sont absolument les mêmes; il est d'ailleurs facile de suivre la marche des courants à travers les circuits, le but à atteindre restant constant, savoir : 1° soustraire la sonnerie du poste de départ à l'action des courants distribués sur la ligne par ce poste; 2° offrir au courant venant de la ligne un parcours sans résistance, permettant d'éviter l'affaiblissement qui résulterait d'un passage dans la bobine de l'induit. Ce double but est atteint par le dispositif de l'appareil.

La figure 294 représente une variante des dispositions précédentes.

XII

INSTALLATION DES POSTES

Postes centraux d'abonnés.

Installation d'un tableau annonciateur à disque, grand modèle, avec place pour appareil. — Installation d'un tableau annonciateur à disque, grand modèle, sans place pour appareil. — Installation d'un tableau annonciateur à disque, petit modèle (système Bailleux). — Installation d'un poste pour l'appel direct. — Installation d'un poste avec sonnerie à double enroulement. — Installation des postes avec le rappel par inversion de courant. — Installation d'un poste central d'abonné avec un appareil Paul Bert-d'Arsonval ou tout autre appareil ayant les bornes semblablement placées et un tableau Sieur (ligne à simple fil). — Installation d'une ligne bifurquée avec des postes Ducousso. — Installation d'une station automatique Sieur.

Installation d'un tableau annonciateur à disque, grand modèle, avec place pour appareil. — Soit un tableau à trois directions pour lignes simples :

Ce tableau permet : 1° de communiquer avec tous les postes qui lui sont reliés; 2° de faire communiquer entre eux ces différents postes.

Il comprend :

1° Autant d'annonciateurs qu'il y a de lignes.

2° Autant de conjoncteurs à simple fil qu'il y a de lignes;

3° Deux conjoncteurs repos de fiche et un cordon souple à deux fiches ou bien un seul repos de fiche et un cordon souple à une fiche (*fig.* 209);

4° Un nombre suffisant de cordons souples à deux fiches pour établir la liaison entre les lignes (ce nombre dépend du nombre des lignes à relier et, par conséquent, du nombre des conjoncteurs du tableau);

5° Un crochet de suspension pour ces cordons;

6° Un transmetteur Ader avec ses récepteurs.

L'installation du poste est complétée par une sonnerie et un nombre de boites à piles qui dépend de la longueur des lignes.

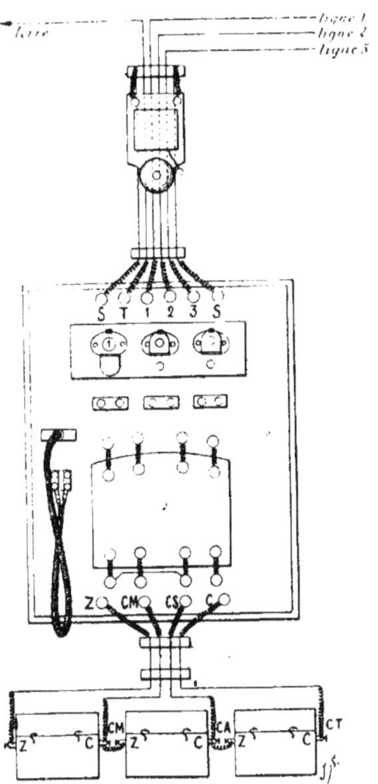

Fig. 299. — Communications d'un tableau annonciateur à disque, grand modèle, avec place pour appareil.

La figure 299 montre dans quel ordre les différents conducteurs sont rattachés au tableau.

La pile de microphone est intercalée entre les bornes Z et C M, la pile locale du tableau entre les bornes Z et CS, et enfin la pile totale destinée aux appels de bureaux entre les bornes Z et C.

Au repos, les fiches de l'un des cordons à deux fiches sont engagées dans les conjoncteurs repos de fiche, ou bien, si le tableau comporte un cordon rouge à une fiche, comme dans la figure 299, la fiche de ce cordon est placée dans le repos de fiche unique. Les autres cordons sont suspendus au crochet.

Un poste appelle le poste central, le poste n° 1 par exemple : le volet de l'annonciateur n° 1 tombe. L'opérateur du poste central relève le volet, retire une des fiches du repos de fiche (ou bien la fiche unique du cordon rouge) et l'introduit dans le conjoncteur n° 1; cette fiche est placée dans le trou de droite si le conjoncteur est horizontal, dans le trou inférieur si le conjoncteur est vertical. L'opérateur appuie ensuite sur la clé d'appel du transmetteur, décroche les récepteurs et peut entamer la conversation avec le poste n° 1. La conversation terminée, il raccroche les téléphones, retire la fiche du conjoncteur n° 1 et la replace dans le repos de fiche.

Réciproquement, si le poste central veut appeler un des

postes auxquels il est relié, il retire une fiche du repos de fiche, la place dans le trou de droite ou dans le trou inférieur du conjoncteur correspondant à la ligne qui dessert le poste à appeler et presse sur la clé d'appel. Dès que le bruit de la sonnerie a annoncé la réponse du correspondant, il décroche les récepteurs et parle. A la fin de la conversation, les choses sont remises en l'état comme précédemment.

La mise en communication de deux postes est provoquée par l'appel de l'un d'eux, la première partie de l'opération rentre donc dans le cas que nous avons examiné lorsqu'un poste appelle le poste central, soit le poste n° 2. Le poste central ayant répondu à l'appel du poste n° 2, et s'étant mis en relation avec lui, reçoit sa demande de communication, avec le poste n° 3 par exemple.

Le poste central retire la fiche qu'il a engagée dans le conjoncteur n° 2 pour parler à l'abonné n° 2, et la place dans le conjoncteur n° 3; il appelle ce dernier poste et lui dit : communiquez avec n° 2.

L'opération de liaison entre les deux postes dépend de la forme du tableau.

1° Le tableau a deux repos de fiche. L'une des fiches est déjà engagée dans le trou de droite ou dans le trou inférieur du conjoncteur n° 3; on retire du repos de fiche la fiche restée libre et on la place dans le trou de gauche ou dans le trou supérieur du conjoncteur n° 2.

2° Le tableau n'a qu'un seul repos de fiche et un cordon rouge à une fiche qui se trouve engagée dans le conjoncteur n° 3.

L'opérateur retire cette fiche, prend au crochet un cordon vert à deux fiches, introduit l'une dans le trou de droite ou inférieur du conjoncteur n° 3, et l'autre dans le trou de gauche ou supérieur du conjoncteur n° 2.

La communication est établie de la sorte, et l'annonciateur n° 2 reste en dérivation dans le circuit.

La conversation terminée, les récepteurs sont remis aux crochets dans les deux postes, et le poste qui a demandé la communication presse sur la clé d'appel de son appareil. Cette manœuvre a pour effet de faire tomber le volet de l'annonciateur correspondant du poste central.

L'opérateur de ce poste relève l'annonciateur, retire les fiches des conjoncteurs et rétablit les choses dans leur état primitif.

L'installation d'un tableau pour ligne double a lieu de la

même manière, seulement, au lieu d'une seule borne pour chaque ligne, le tableau en comporte deux, auxquelles on attache les deux conducteurs. Ces bornes sont numérotées par paire, 1, 2. 3... en allant de gauche à droite.

L'installation des tableaux pourvus de commutateurs I O C n'est pas différente, seulement, ici, la manœuvre du commutateur permet au poste central de placer la sonnerie hors circuit, de la rendre intermittente, c'est-à-dire de ne la mettre en marche que lorsque l'armature de l'annonciateur est attirée, ou bien d'obtenir un tintement continu tant que le volet de l'annonciateur n'est pas relevé. Dans le premier cas, la manette du commutateur est placée sur le plot O, dans le second sur le plot I, dans le troisième sur le plot C.

Installation d'un tableau à annonciateurs à disque. grand modèle sans place pour appareil. — Ces appareils,

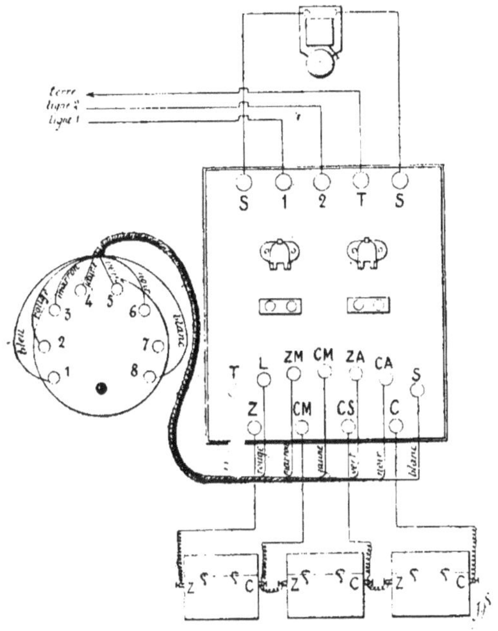

Fig. 300. — Installation d'un tableau à annonciateurs à disque, grand modèle, sans place pour appareil.

destinés à être reliés à un transmetteur Ader n° 1 ou à un Berthon-Ader n° 10. comprennent :

1° Autant d'annonciateurs et autant de conjoncteurs **jack-knives** qu'il y a de lignes à desservir:

2° Deux repos de fiche ou bien un cordon rouge et un seul repos de fiche:

3° Des cordons à deux fiches indépendants.

Les fils de sonnerie, de ligne et de terre sont amenés aux bornes supérieures du tableau marquées S, S, T et **1, 2, 3...** pour les différentes lignes. Les bornes du bas Z, CM, CS, C reçoivent : la première le pôle négatif de la pile, la seconde le 3e charbon, la troisième le 6e charbon. la quatrième le dernier charbon.

La rangée de 7 bornes, formant un arc de cercle, est affectée aux communications avec le transmetteur. Cette communication est établie à l'aide d'un cordon souple à 7 conducteurs, pincé d'abord sous un cavalier en ébonite sur le bord du tableau, et dont les brins s'épanouissent ensuite dans la direction des bornes.

Ces différents brins sont reliés de la façon suivante (*fig.* **300**) :

	Au tableau	*Au transmetteur*
	—	—
Fil bleu. . .	Borne T. . .	Borne 1
rouge. . .	L. . .	2
marron. .	ZM. . .	3
jaune. . .	CM . .	4
vert. . .	ZA. . .	5
noir. . .	CA. . .	6
blanc. . .	S. . .	8

La borne n° 7 du transmetteur ne reçoit pas de fil.

Que le tableau soit destiné à des lignes à conducteur unique ou à des lignes à double fil, le montage ne diffère pas; dans le cas des lignes à deux conducteurs, la borne T est supprimée et chaque ligne correspond à deux bornes; c'est là toute la différence.

Installation d'un tableau à annonciateurs à disque, petit modèle (système Bailleux). — Ces tableaux (*fig.* 301), qu'ils aient une place pour l'appareil ou qu'ils n'en aient pas, ne diffèrent pas sensiblement dans leur installation des tableaux que nous connaissons déjà. Ils sont généralement destinés, lorsque la place est réservée pour l'appareil, à recevoir un Ader n° 3 ou bien un Berthon-Ader n° 8; lorsqu'il n'existe pas de place pour l'appareil, on peut les rattacher à un appareil portatif.

Le nombre des annonciateurs et celui de conjoncteurs est égal à celui des lignes, mais ces conjoncteurs sont à un seul trou.

Un cordon rouge à une fiche, un repos de fiche, un crochet de suspension et des cordons à 2 fiches indépendants complètent le tableau.

Ces cordons sont garnis d'une fiche longue et d'une fiche courte.

Les appels et les réponses de poste à poste ont lieu comme nous l'avons indiqué pour les tableaux précédents; quant aux intercommunications, elles ont lieu par les fiches longues et courtes. La fiche longue met hors circuit l'annonciateur du conjoncteur dans lequel elle est engagée; la fiche courte laisse dans le circuit l'annonciateur; c'est donc celui-ci qui fait l'office d'annonciateur de fin de conversation.

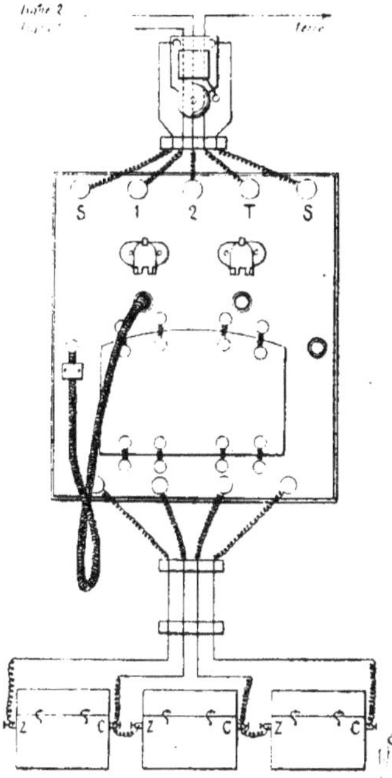

Fig. 301. — Installation d'un tableau à annonciateurs à disque, petit modèle (système Bailleux).

Installation des postes pour l'appel direct. — Ainsi que nous avons eu l'occasion de le dire en décrivant les appareils d'appel et de liaison, certains abonnés possèdent deux établissements entre lesquels s'échange la plus grande partie de leur correspondance. Il y a intérêt à ce que les postes installés dans ces établissements restent normalement en communication, mais il faut aussi que chacun d'eux puisse correspondre avec les abonnés du réseau.

Les postes ainsi organisés sont réunis au bureau central et pourvus d'appareils d'appel direct. Ils peuvent, de la sorte, communiquer entre eux sans déranger le bureau central, mais aussi appeler celui-ci lorsqu'ils désirent être reliés à un abonné du réseau.

Les deux postes sont purement et simplement reliés au bureau central dans les conditions ordinaires mais, à ce bureau, un cordon à deux fiches réunit les deux conjoncteurs de ligne tout en laissant un des annonciateurs en dérivation dans le circuit: dans chacun des postes extrêmes, on place deux clés d'appel (l'une pour l'appel du bureau central, l'autre pour l'appel direct du poste extrême opposé), un relais à double enroulement et une sonnerie actionnée par celui-ci.

Il est à remarquer, en effet, que, dans le cas de l'appel direct, la distance est souvent presque doublée.

Les appareils dont nous venons de parler sont, généralement, réunis sur une même planchette (sauf la sonnerie) qui porte aussi le transmetteur et les récepteurs; il existe cependant un modèle dans lequel le transmetteur est indépendant. Nous avons déjà figuré et décrit ce dernier appareil (*fig.* 219 et 220) et, pour ne pas compliquer, nous ne représenterons ici que ses organes essentiels : les clés d'appel et les relais (*fig.* 302).

Au poste central, les lignes 1 et 2 aboutissent respectivement aux conjoncteurs J_1, J_2; elles sont reliées entre elles par un cordon souple à deux fiches engagées dans les deux conjoncteurs, de telle sorte que l'un des annonciateurs, A_2, par exemple, reste en dérivation dans le circuit. Normalement, les postes 1 et 2 sont en communication directe, au poste central, par l'intermédiaire de ce cordon souple.

Les clés d'appel direct, placées au-dessous des conjoncteurs J_1 et J_2, servent à appeler les postes 1 ou 2 lorsqu'un autre poste, desservi par le bureau central, désire communiquer avec l'un d'eux. L'emploi de ces clés est nécessité par la présence du relais à double enroulement dans les postes 1 et 2.

Dans chacun de ces postes, l'installation du transmetteur et du récepteur ne présente rien de particulier. Les fils partant des bornes S du transmetteur aboutissent aux circuits du relais à double enroulement (R_1 ou R_2) en relation avec la terre d'autre part. On voit aisément sur la figure 302 comment ce relais ferme le circuit de la sonnerie lorsque son armature est attirée. Les bornes L du transmetteur sont reliées aux plots de repos de la clé d'appel de bureau; les massifs de cette clé communiquent avec les plots de repos de la clé d'appel direct. Celle-ci est montée à trois ressorts : les deux supérieurs sont en relation avec la ligne, et, par là, avec leurs homologues du bureau central; le ressort inférieur est à la terre. Les plots de travail sont réunis aux pôles de la pile.

On se rappelle que, dans la clé d'appel direct, les trois leviers, simultanément abaissés, établissent les communications suivantes : le levier supérieur communique électriquement avec le levier du milieu et avec un des pôles de la pile,

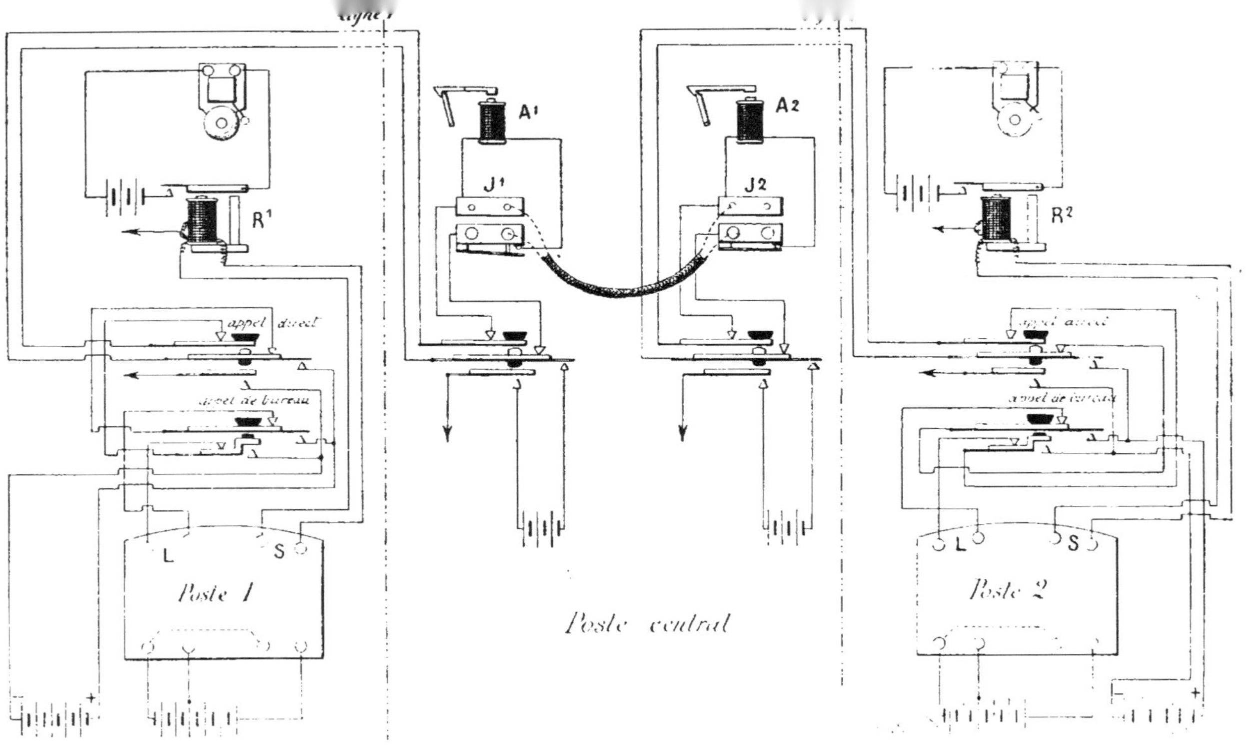

Fig. 302. — Installation des postes pour l'appel direct.

mis ainsi en relation avec les deux fils de ligne; le ressort inférieur prend contact avec le second pôle de la pile et le met à la terre, mais ce ressort est isolé des deux autres.

Dans la clé d'appel de bureau, les deux ressorts sont isolés l'un de l'autre, et chacun d'eux puise à l'un des pôles de la pile. Il est facile maintenant de voir ce qui se passera dans les différents cas qui peuvent se présenter.

A. — Le poste 1 appelle le poste 2 ou réciproquement. — Le poste 1 appuie sur la clé d'appel direct : le pôle négatif de la pile est mis à la terre; le flux d'électricité provenant du pôle positif forme, en quelque sorte, deux courants égaux et de même sens qui traversent la clé d'appel direct du bureau central, le conjoncteur J_1, le cordon souple, le conjoncteur J_2, la ligne 2, la seconde clé d'appel direct du bureau central, les deux clés et le transmetteur du poste 2, le relais R_2. Là, ces deux courants parcourent les deux circuits du relais dans le même sens: l'armature est attirée, la sonnerie fonctionne. En traversant le conjoncteur J_2, les deux courants dont nous suivons la marche ont rencontré la dérivation formée par l'annonciateur A_2; en traversant cette dérivation, ils ont parcouru les bobines de l'annonciateur en sens contraire et sont restés sans action sur lui.

Le poste 1 a donc appelé le poste 2 sans déranger le bureau central; il en aurait été de même si le poste 2 eût appelé le poste 1.

B. — Le poste 1 (ou le poste 2) appelle le bureau central. — Le poste 1 appuie sur la clé d'appel de bureau : les deux pôles de la pile sont mis en relation avec les deux fils de ligne. Le circuit est le même que précédemment, à cette différence près que le courant traverse la clé d'appel direct du bureau d'appel; mais l'annonciateur A_2, dont les bobines sont parcourues par un courant unique, est actionné, tandis que le relais R_2 du poste 2, dont les deux circuits sont traversés en sens inverse par le même courant, reste inerte.

Donc, le poste central est appelé sans que le poste n° 2 soit dérangé.

C. — Le poste central appelle les postes 1 ou 2. — La communication étant rompue entre les conjoncteurs J_1 et J_2, l'appel se fait dans les conditions ordinaires, seulement il est nécessaire de faire usage d'une clé d'appel direct pour actionner le relais à double enroulement du poste appelé.

La figure 303 montre une combinaison plus complète d'un poste à appel direct; c'est un tableau à deux directions, dont une des lignes est montée pour l'appel direct, l'autre pour l'appel ordinaire. Le commutateur I O C permet en outre de recevoir les appels, soit dans une sonnerie ne fonctionnant que lorsque l'armature de l'annonciateur est attirée, ne fonctionnant en aucun cas, ou bien marchant d'une façon continue tant que le volet de l'annonciateur n'est pas relevé.

L'annonciateur de gauche est constitué par un électro-aimant boiteux, à double enroulement, dont chacun des circuits a une résistance de 200 ohms. L'annonciateur de droite a deux bobines de 100 ohms chacune : c'est l'annonciateur ordinaire.

Le conjoncteur de gauche est à un seul trou ; il sert à relier la ligne 1 avec le poste ; cette jonction se fait à l'aide d'un cordon souple à deux fiches, l'une est introduite dans ce conjoncteur, l'autre dans le conjoncteur carré, également situé à gauche et à un seul trou.

Le conjoncteur long de droite est à deux trous et permet, par conséquent, de laisser l'annonciateur correspondant en dérivation dans le circuit. Ce conjoncteur sert avec le conjoncteur carré placé au-dessous à relier au poste la ligne 2. Les deux conjoncteurs carrés sont réunis ensemble et aussi aux bornes L de la boite rectangulaire qui contient une clé d'appel direct et une clé d'appel de bureau.

Le commutateur I O C donne l'appel intermittent de sonnerie, pas d'appel de sonnerie ou l'appel continu suivant que la manette est placée sur l'un ou l'autre des trois plots.

Les bornes *ligne* du transmetteur sont réunies aux bornes L' L' de la boite à clés ; les bornes *sonnerie* restent libres ainsi que les bornes de la pile d'appel, tandis que les bornes de la pile microphonique sont réunies, comme à l'ordinaire, aux trois éléments de cette pile.

Si nous considérons maintenant les bornes du tableau, nous voyons que les connexions de ces bornes sont les suivantes :

S de gauche avec Z du tableau et avec Z de la boite à clés ;
1 avec le conjoncteur long de gauche ;
T avec le double circuit de l'annonciateur de gauche, et avec T de la boite à clés ;
2 avec le conjoncteur long de droite ;
S de droite avec les masses des deux annonciateurs ;
C M avec C M du transmetteur ;
C S avec l'axe de la manette du commutateur I O C.
C avec C de la boite à clés.

Enfin, les fils des bobines des annonciateurs sont respectivement reliés aux conjoncteurs longs, tandis que les plots *pile* de ces annonciateurs aboutissent aux contacts de droite et de gauche du commutateur.

A l'extérieur, les bornes S S sont reliées à la sonnerie; les bornes 1, 2 au double fil des deux lignes, la borne T à la terre. La pile est montée comme dans les installations ordinaires,

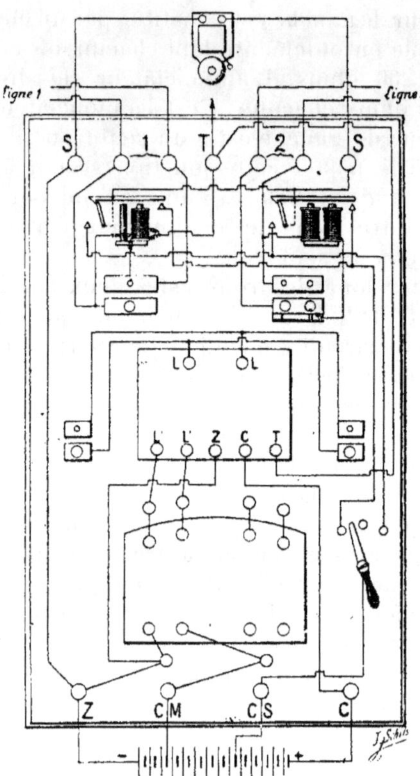

Fig. 303. — Installation d'un poste à deux directions, avec appel direct et appel ordinaire.

seulement le nombre des éléments est gradué suivant les distances à franchir. c'est-à-dire que le 1er zinc est réuni à la borne Z. le 3e charbon à la borne C M, le 6e ou le 9e charbon à la borne C S, le dernier charbon à la borne C. Il en résulte que trois éléments sont compris entre les bornes Z et C M, six ou neuf entre les bornes Z et C S. la pile totale entre les bornes Z et C.

Installation d'un poste avec sonnerie à double enroulement. — L'emploi des sonneries à double enroulement n'est plus admis pour les nouveaux abonnés, mais comme il en existe encore un certain nombre sur les anciens réseaux à double fil, et notamment sur le réseau de Paris, nous ne pouvons nous dispenser de dire quelques mots sur ce mode d'installation.

La manœuvre de la clé d'appel ordinaire a pour effet de mettre chacun des fils de la ligne en relation avec un des pôles de la pile, le circuit de celle-ci étant fermé par les bobines de la sonnerie du poste appelé. Il en résulte que le circuit total comprend la résistance de la pile d'appel, celle de la sonnerie mise en marche et celle des deux fils de ligne qui s'ajoutent. Ce mode d'appel n'a pas d'inconvénient lorsque la ligne est courte, mais lorsque la distance à franchir est considérable, la résistance additionnée des deux fils de ligne devient très importante. On a songé à la réduire au moyen d'un artifice : En faisant usage de la clé *d'appel direct*, on réunit en quelque sorte les deux fils de ligne et on les met en rapport avec l'un des pôles d'une pile dont l'autre est à la terre; la résistance totale de la double ligne se trouve de la sorte réduite au quart de ce qu'elle était lorsque les fils se trouvaient, pour ainsi dire, bout à bout dans le circuit.

A la station d'arrivée, les bobines de la sonnerie sont composées de deux conducteurs enroulés côte à côte et dont chacun a une résistance de 200 ohms. Ces deux conducteurs, à l'entrée des bobines, correspondent chacun à un des fils de ligne; à la sortie, ils sont réunis sur un fil de terre commun.

Cette disposition permet de ne pas augmenter le nombre des éléments de la pile d'appel en proportion de la distance à parcourir. Si nous nous reportons à la figure 78 (circuit de sonnerie du transmetteur Ader n° 1), nous voyons que l'emploi des paillettes *f*, *f'* est justifié par l'usage de la sonnerie à double enroulement. Le levier-commutateur, abaissé par le poids du transmetteur suspendu au crochet, réunit les ressorts *f*, *f'* et par conséquent la borne L_2 à la borne S_2. Il eût été plus simple de relier ces deux bornes directement, et c'est ce qui existait dans les anciens appareils, mais alors, même lorsque le circuit de conversation était fermé, la ligne L_2 se trouvait à la terre par les bobines de la sonnerie à double enroulement, et cet inconvénient prenait un caractère exceptionnel de gravité s'il existait une autre perte sur la ligne qui devenait alors comparable à une ligne à simple fil et sujette aux mêmes causes de perturbation provenant de l'induction des fils voisins.

Installation des postes avec le rappel par inversion de courant. — Ce dispositif est employé pour éviter des demandes de communication, lorsque trois postes, deux extrêmes, un intermédiaire, sont installés sur une même ligne.

Le problème consiste en ceci : l'un des postes doit pouvoir

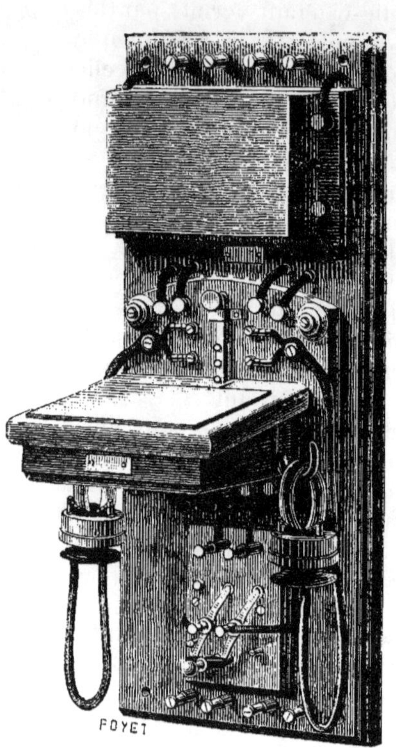

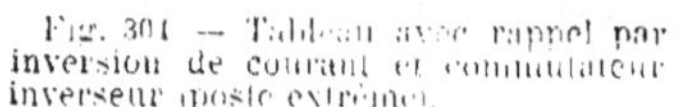

Fig. 304. — Tableau avec rappel par inversion de courant et commutateur inverseur (poste extrême).

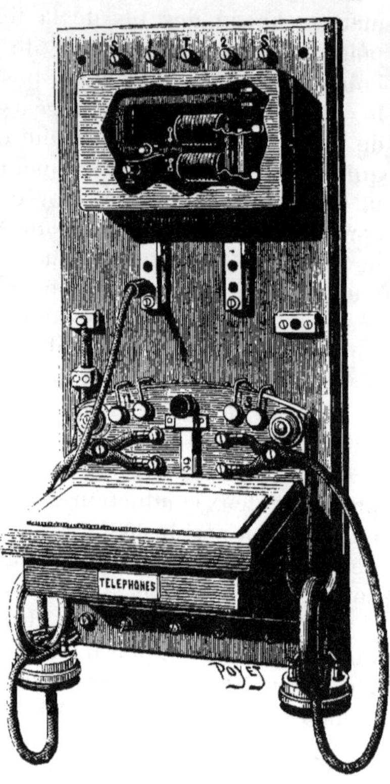

Fig. 305. — Tableau avec rappel par inversion de courant (poste intermédiaire).

appeler chacun des deux autres sans déranger celui auquel il n'a pas affaire; le poste appelé doit pouvoir répondre dans les mêmes conditions.

Dans chaque poste extrême, on pose un rappel par inversion de courant, un commutateur inverseur et l'appareil téléphonique ordinaire. Au poste intermédiaire, on place un rappel par inversion de courant, deux conjoncteurs jack-knives et deux conjoncteurs repos de fiche, ou bien un cordon à une fiche fixée à demeure d'un côté.

La figure 304 montre le modèle de tableau construit par la Société générale des téléphones pour les postes extrêmes : on voit, sur la figure 305, le type destiné aux postes intermédiaires.

Supposons, pour simplifier, qu'il s'agisse d'une ligne à simple fil : soient A, B, C, les trois postes installés sur la ligne unique (*fig.* 306).

Dans les postes extrêmes A, C, le tableau porte quatre bornes en haut et quatre en bas. Les bornes de sonnerie qui sont les bornes extrêmes du haut sont reliées aux deux bornes de la sonnerie, en faisant usage d'un ou de plusieurs isolateurs en bois, s'il y a lieu. Les bornes intermédiaires sont affectées : celle de gauche à la ligne, celle de droite à la terre. En bas, la première borne de gauche reçoit le premier zinc de la pile, la deuxième borne reçoit le troisième charbon ; c'est la pile microphonique ; la troisième borne est reliée au sixième charbon ; c'est cette pile de 6 éléments, comprise entre la première et la troisième borne, qui forme la pile locale agissant sur le rappel par inversion de courant et sur la sonnerie. La quatrième borne reçoit le dernier charbon. La pile totale, dont le nombre d'éléments est proportionné à la longueur et à la résistance de la ligne, est affectée à l'appel des postes voisins.

L'installation du poste intermédiaire B ne diffère de celle des postes extrêmes que par la présence de cinq bornes à la partie supérieure du tableau. Les bornes extérieures reçoivent les fils de sonnerie ; la borne du milieu, le fil de terre et les bornes intermédiaires, les conducteurs se dirigeant vers A et vers C.

Les postes montés de la sorte sont habituellement pourvus de paratonnerres installés dans les conditions ordinaires.

Les postes extrêmes A, C sont appelés avec un courant positif, le poste intermédiaire B avec un courant négatif.

Lorsque A veut appeler B, il place son commutateur inverseur dans la position indiquée par la figure 306, c'est-à-dire le bouton de la manette dirigé vers la gauche, c'est d'ailleurs la position de repos du commutateur ; il presse sur le bouton d'appel, et un courant négatif est envoyé sur la ligne ; ce courant actionne le rappel de B et reste sans effet sur celui de C. Dès que la réponse est parvenue, A décroche ses récepteurs et parle comme dans un poste ordinaire.

Lorsque A veut appeler C, il tourne le bouton de la manette de son commutateur vers la droite et opère comme précédemment. Le courant positif envoyé sur la ligne reste sans action sur le rappel de B, mais fait fonctionner celui de C.

Reste à examiner comment B appelle A et C ou leur répond :

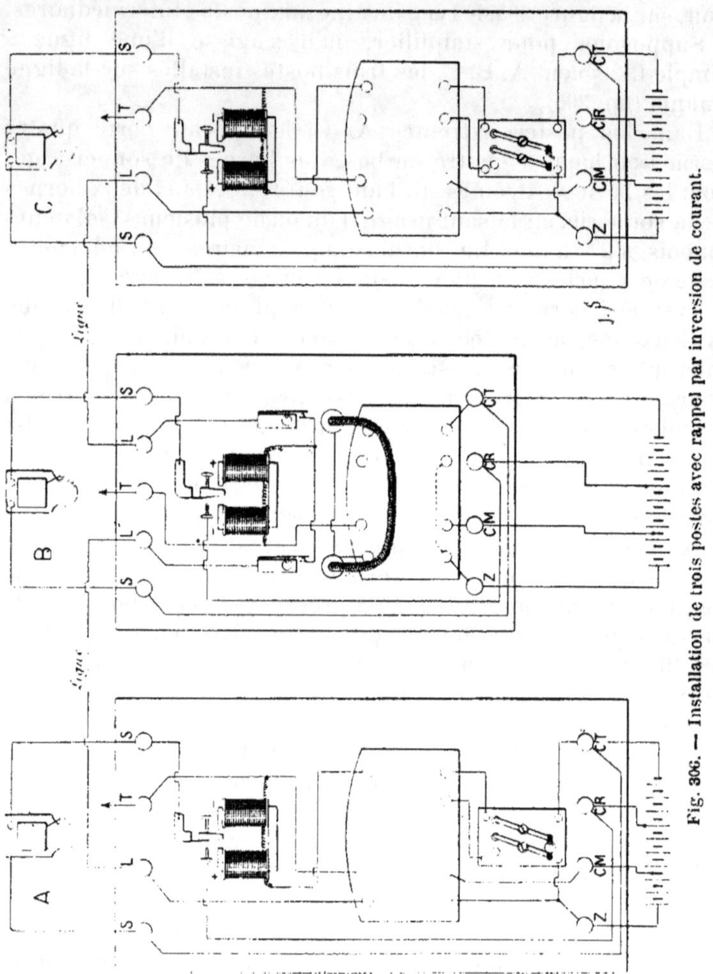

Fig. 306. — Installation de trois postes avec rappel par inversion de courant.

en temps normal, les fiches du cordon souple de B sont engagées dans les repos de fiche. Pour appeler A, B dégage la fiche de droite et la place dans le conjoncteur de gauche, tout en laissant en place la fiche de gauche : il presse alors sur le bouton d'appel.

Pour appeler C, B dégage la fiche de gauche et la place dans le conjoncteur de droite, tout en laissant en place la fiche de droite; il presse alors sur le bouton d'appel.

Il est à remarquer que chacun des postes reçoit indistinctement les appels des deux autres, sans savoir d'où ils lui viennent; pour éviter toute confusion, il a fallu établir une convention de sonnerie qui est la suivante :

A appelle B par un contact prolongé; B répond de même.

A appelle C par un contact prolongé suivi d'un contact bref: C répond de même.

C appelle B par un contact bref suivi d'un contact prolongé; B répond de même.

On peut cependant éviter la convention de sonnerie, mais pour retomber dans un autre inconvénient. Si en effet, le poste intermédiaire est pourvu de conjoncteurs à deux trous, il lui suffit de placer sa fiche dans le trou supérieur, mais tout en s'entretenant avec le poste qui a appelé, il laisse en dérivation le troisième poste qui peut surprendre la conversation.

Dans certains tableaux, il n'existe qu'un seul repos de fiche au poste intermédiaire B; le cordon souple est alors à une seule fiche et son extrémité libre est fixée à un plot en communication avec la borne ligne du transmetteur.

Pour répondre aux appels de A ou de C, B place alors sa fiche unique dans le conjoncteur de gauche ou dans celui de droite.

Installation d'un poste central d'abonné avec un appareil Paul Bert-d'Arsonval ou tout autre appareil ayant les bornes semblablement placées et un tableau Sieur (ligne à simple fil). — La figure 307 représente l'installation d'un poste central correspondant avec cinq lignes à simple fil. En haut, on voit la sonnerie, puis le tableau annonciateur avec ses cordons et ses clés de jonction; plus bas se trouve le transmetteur garni de deux récepteurs qui n'ont pas été figurés; enfin on aperçoit en dessous la pile divisée en deux groupes et formée d'éléments de Lalande et Chaperon à fermeture hermétique. Notre dessin montre, sans qu'il soit besoin d'insister davantage, comment les communications sont établies; ce qu'il importe de connaître, ce sont les manœuvres à exécuter :

1° Pour qu'une conversation puisse s'échanger entre le bureau central et un quelconque de ses cinq correspondants et réciproquement;

2° Pour que deux quelconques des postes reliés au bureau

central puissent correspondre directement entre eux, le bureau central étant avisé du moment où la conversation est terminée

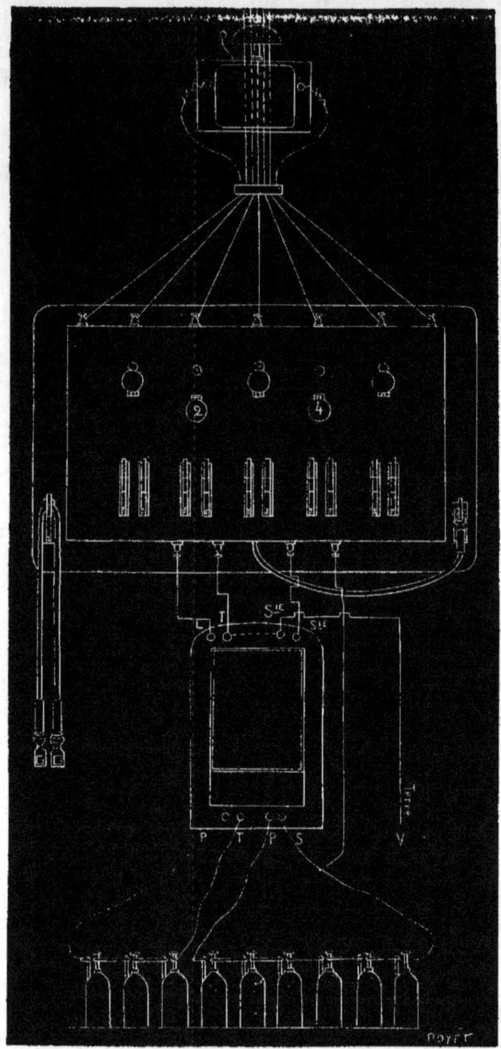

Fig. 307. — Installation d'un poste central d'abonné avec un appareil Paul Bert-d'Arsonval et un tableau Sieur.

et, par conséquent, du moment où il peut couper la communication.

Ces manœuvres sont très simples :

Le poste n° 2, par exemple, appelle ; le volet de l'annonciateur n° 2 du poste central tombe et, en même temps, la sonnerie se fait entendre.

La personne chargée de desservir le poste central introduit la clé, reliée à ce tableau et placée au crochet de repos, sous le crochet de gauche du conjoncteur n° 2 : elle relève le volet de l'annonciateur pour faire cesser le tintement de la sonnerie, presse sur le bouton d'appel du transmetteur, décroche les téléphones et les porte aux oreilles en maintenant la bouche à proximité de la planchette du microphone ; la conversation peut alors commencer. Dès qu'elle est terminée, les téléphones sont accrochés et la clé, retirée du conjoncteur n° 2, est replacée à son cran de repos.

Si le poste central désire communiquer avec un des postes du réseau, le n° 1 par exemple, il place la clé du tableau sous le crochet de gauche du conjoncteur n° 1, presse sur le bouton d'appel du transmetteur et attend que sa sonnerie indique la réponse du correspondant ; il ne s'agit plus alors pour entrer en relation que de décrocher les récepteurs, de les porter aux oreilles et de parler devant le microphone.

S'agit-il de mettre en relation deux quelconques des postes du réseau ?

Le poste n° 2 appelle, le volet de l'annonciateur n° 2 tombe ; le poste central répond comme nous l'avons vu précédemment et se met en relation avec le poste n° 2 ; celui-ci demande la communication directe avec le poste n° 4.

Le poste central aura à appeler le poste n° 4 et à établir la liaison. Des cordons souples portant une clé à chaque extrémité servent à cet usage ; on en voit un suspendu au crochet de repos sur la gauche de la figure.

Dès que le poste central a reçu l'appel du poste n° 2, il retire sa clé du crochet, suspend ses téléphones, et engage sous le crochet de droite du conjoncteur n° 2 une des clés du cordon souple à deux clés ; reprenant ensuite le cordon souple du tableau, il en introduit la clé sous le crochet de gauche du conjoncteur n° 4, presse sur le bouton d'appel et invite le n° 4 à répondre au poste n° 2. Ceci fait, il retire la clé du tableau et lui substitue la clé restée libre du cordon à double clé ; la communication directe est établie entre les postes 2 et 4.

Pour que le poste central soit averti que la conversation est terminée et qu'il doit couper la communication, il faut qu'il puisse recevoir un signal d'appel de l'un des deux postes reliés directement. C'est généralement au poste appelant qu'incombe cette mission; c'est lui qui a provoqué la communication, c'est lui qui doit la faire rompre. En plaçant la première clé du cordon souple à double clé sous le crochet de droite du conjoncteur n° 2, on a laissé l'annonciateur n° 2 en dérivation dans le circuit; le volet de cet annonciateur en tombant annonce que la communication peut être coupée.

Si les deux clés du cordon avaient été placées sous les crochets de gauche des annonciateurs 2 et 4, le poste central n'aurait pu être prévenu, les deux annonciateurs se trouvant hors circuit.

Si les deux clés avaient été placées sous les crochets de droite, les deux annonciateurs se seraient trouvés dans le circuit, précaution inutile et nuisible, puisque la résistance de l'un d'eux aurait été introduite en pure perte et au détriment de la netteté de la parole.

Un seul annonciateur suffit, et c'est pour cela qu'on place une des clés sous le crochet de droite, l'autre sous le crochet de gauche. On peut d'ailleurs, sans inconvénient, inverser la disposition que nous avons admise et engager les clés sous le crochet de gauche de l'annonciateur n° 2 et sous le crochet de droite de l'annonciateur n° 4.

Nous avons choisi pour exemple un poste à simple fil; c'est le cas le plus général des réseaux de province.

Le montage des tableaux à double fil se déduit aisément de celui des tableaux à simple fil. Chaque ligne aboutit à deux bornes, l'une pour le fil d'aller, l'autre pour le fil de retour. En outre, les conjoncteurs sont à trois crochets, comme celui que nous avons représenté (*fig.* 251). Les cordons souples sont à double conducteur et, par suite, les clés sont à deux contacts. Les manœuvres sont, d'ailleurs, absolument les mêmes que s'il s'agissait d'un tableau à simple fil.

Installation d'une ligne bifurquée avec des postes Ducousso. — Trois postes sont installés sur la même ligne : l'un intermédiaire, dit poste central, les deux autres extrêmes (*fig.* 308).

A chacun des postes extrêmes se trouve un tableau du système imaginé par M. Ducousso. Sur ce tableau, outre les relais qui en constituent la partie principale, est également installé le transmetteur; d'autres tableaux ne comportent pas de place pour l'appareil et sont destinés à être reliés à des appareils portatifs.

Au bureau central, on trouve un annonciateur à voyant

blanc et rouge, et deux clés, l'une à bouton noir, l'autre à bouton rouge; ces deux clés font l'office de commutateur inverseur, l'une envoie le courant positif, l'autre le courant négatif.

Que l'on fasse usage, dans les postes extrêmes, de l'un ou de l'autre des tableaux dont nous venons de parler, les conditions du problème restent les mêmes et sont résolues de la même façon :

1° A la suite de l'appel du poste central ou des postes extrêmes, la sonnerie du poste appelé fonctionne seule; dans l'autre poste, le voyant indique que la ligne est occupée;

2° La conversation entre deux postes ne peut être surprise par le troisième; en décrochant ses récepteurs, il coupe la communication;

3° Les deux postes extrêmes peuvent cependant communiquer entre eux par l'intermédiaire du poste central et en manœuvrant convenablement les chevilles de leurs conjoncteurs. Au poste A, la ligne est reliée à la borne L du tableau et la terre ou le fil de retour à la borne L_1; au poste C, c'est le contraire qui a lieu.

Habituellement, une pile de 9 éléments suffit aux besoins des trois postes groupés sur la ligne. Le zinc commun est réuni à la borne Z, le 3ᵉ charbon à la borne CM, le dernier charbon aux bornes CV, CS, C réunies ensemble. Il peut arriver cependant que les deux postes A, C, quoique rapprochés l'un de l'autre, soient fort éloignés du poste central B, qu'en un mot, ils soient placés à l'extrémité d'une longue ligne; le nombre des éléments de la pile d'appel est, dans ce cas, supérieur à 9; alors, on attache le zinc commun à la borne Z, le 3ᵉ charbon à la borne CM, le 9ᵉ aux bornes CV, CS réunies, le dernier à la borne C. Si les trois postes sont très éloignés l'un de l'autre, on relie le zinc commun à la borne Z, le 3ᵉ charbon à la borne CM, le 9ᵉ à la borne CS et le dernier aux bornes CV, C réunies.

La vis de réglage *a* du relais doit être à 1 millimètre environ du contact de la bobine librement suspendue; la vis *b* en reste éloignée de 4 à 5 millimètres.

La fiche du commutateur est normalement placée en *f*, c'est-à-dire dans le trou de droite, le trou de gauche *g* restant ouvert: alors, quand, dans un des deux postes pourvus de tableaux, on décroche le téléphone, le voyant portant la mention *occupée* doit apparaitre dans l'autre poste.

Pour qu'il puisse y avoir conversation entre les postes A et

C, il faut qu'il y ait au préalable appel au poste central; ce dernier ayant donné la communication, le poste appelant et le poste appelé doivent placer la cheville de leur commutateur dans le trou *g*. La conversation terminée la cheville est replacée en *f*.

L'installation du poste central comporte un annonciateur rouge et blanc, dont le voyant se déplace suivant le sens du courant qui traverse les bobines. On se rappelle que l'une des bobines porte une armature spéciale formée par un aimant en fer à cheval; suivant le sens du courant, l'un ou l'autre des pôles est attiré, ce qui détermine, au moment ou le volet tombe, l'apparition du voyant blanc ou du voyant rouge.

Le conjoncteur, suivant la position d'une fiche dans le trou de gauche ou dans celui de droite, permet de laisser l'annonciateur dans le circuit ou de l'en retirer.

Une double clé portant sur un de ses ressorts un bouton rouge, sur l'autre un bouton noir ou blanc, correspond aux deux couleurs de l'annonciateur. La clé rouge est en relation avec une pile émettant un courant négatif; elle sert à répondre au poste dont l'appel se fait par le voyant rouge; la clé blanche répond au voyant blanc. Pour plus de précaution, on peut disposer au-dessus du conjoncteur une étiquette mi-partie rouge, mi-partie blanche; sur la partie rouge, on inscrit le nom du poste dont l'appel fait apparaitre cette couleur, il en est de même pour la partie blanche.

L'installation à simple fil se fait de la même manière, à cette différence près que toutes les communications avec le fil de retour sont remplacées par des communications avec la terre.

Examinons ce qui se passe lorsque l'un ou l'autre des trois postes appelle : soit le poste central B appelant A. La fiche de B étant placée dans le conjoncteur *m* (c'est sa position normale) le téléphoniste appuie sur la clé à bouton rouge M. Le courant passe par la fiche, le conjoncteur, et arrive sur la ligne aux points de bifurcation *x y*; là il se divise en deux parties et se rend simultanément aux deux postes A, C. Suivons-le d'abord dans la direction A : dans ce poste, il arrive aux bornes L, L_1. De L il passe par le ressort *r* et sa vis de contact, arrive à la borne *l* du transmetteur, en ressort par la borne *s*, parcourt la bobine du relais polarisé de *c* en *d* et revient à la borne L_1.

Dans le poste C les choses se passent de la même manière, seulement le courant y circule en sens inverse, puisque la ligne *y* attachée à L dans le poste A est reliée à L_1 dans le

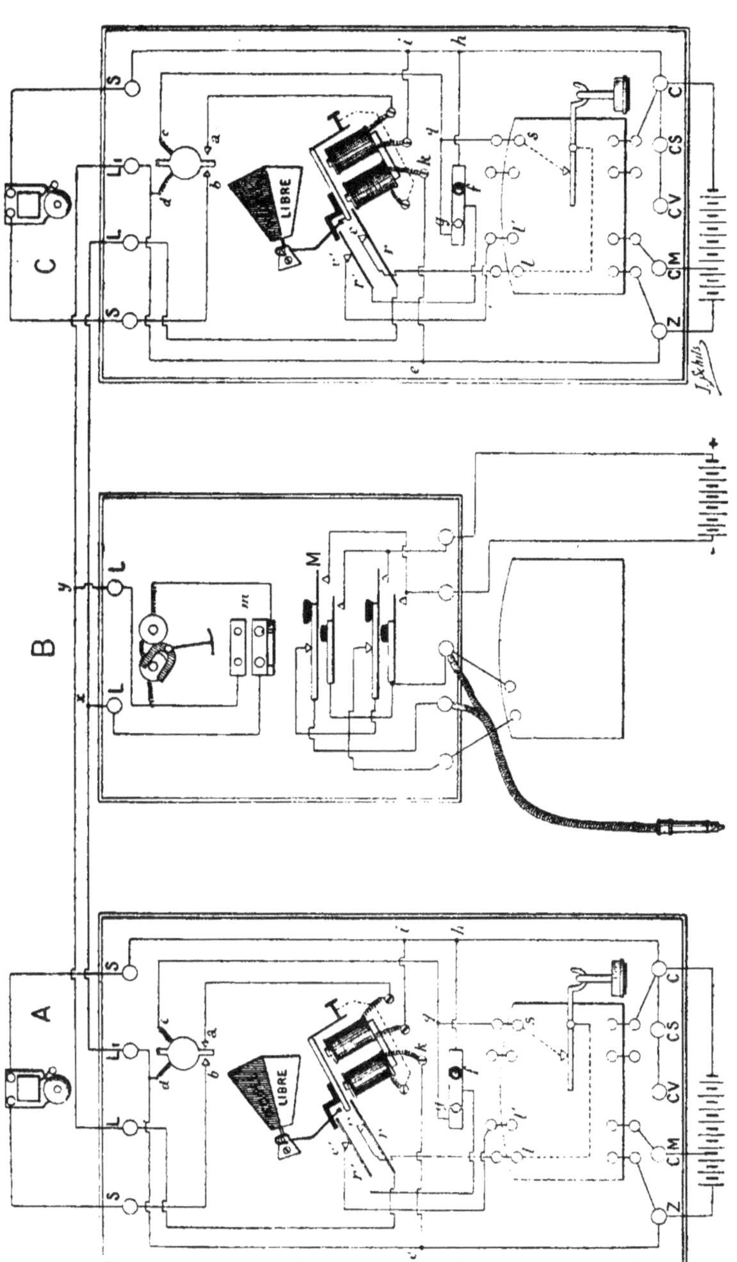

Fig. 306 — Installation d'une ligne bifurquée avec des postes Ducousso.

poste C ; il en résulte que les relais polarisés *c d* de ces deux postes sont parcourus par des courants de sens contraires qui ont pour effet de les orienter différemment.

La conséquence de cette orientation est, dans chaque poste, la fermeture d'un circuit différent :

Dans le poste A, la bobine mobile du relais polarisé est attirée vers la gauche et vient buter contre la vis *b :* le circuit de la sonnerie se trouve fermé par *borne* Z, *e*, *d*, *b*, S, *sonnerie*, S, *h*, *borne* C, *pile d'appel*; le poste A est appelé.

Dans le poste C, la bobine du relais polarisé est attirée vers la droite et vient buter contre la vis *a :* le circuit du relais qui porte le voyant se trouve fermé par *borne* Z, *e*, *d*, *a*, *bobine de droite du relais*, *i*, *h*, *borne* C, *pile d'appel*. L'armature du relais est attirée et entraine le voyant qui laisse voir la partie rouge et la mention : OCCUPÉE.

Si nous suivons à partir de *y* le courant venant de la ligne, nous voyons qu'il a pénétré dans le poste C par la borne L_1, a suivi le trajet L_1, *d*, *c*, bornes *s* et *l* du transmetteur, *v*, *r*, borne L. Au moment où l'armature est attirée, le ressort *r* est abaissé et séparé de sa vis de contact *v*; le circuit est rompu en ce point et le relais polarisé reprend sa position de repos; mais alors le courant de ligne prend une autre route. De L_1 il passe en *k*, traverse la bobine de gauche du relais inférieur, arrive à la vis de réglage, à l'armature en contact avec le ressort *r* et gagne par là la borne L. L'armature reste donc attirée par la bobine de gauche, et, par conséquent, le voyant montre toujours la mention OCCUPÉE.

Voilà ce qui se passe au moment de l'appel.

Dès que le poste appelé a répondu (le poste A dans notre hypothèse les récepteurs sont décrochés dans ce poste, ainsi qu'au bureau central, et la conversation commence.

Par le fait du décrochage des récepteurs et du relèvement des leviers-commutateurs, un courant permanent est envoyé sur la ligne, courant qui, en traversant le relais du poste C, maintient l'armature abaissée et le voyant dans la position de ligne OCCUPÉE. Ce courant persiste tant que dure la conversation entre le poste A et le poste central, en d'autres termes, tant que les récepteurs ne sont pas remis aux crochets.

En suivant ce courant à partir du pôle C de la pile du poste A, nous le voyons prendre la direction C *h f r' v' l'*; dans le transmetteur du poste A, il passe à travers les récepteurs, le circuit secondaire de la bobine d'induction, le levier-commutateur, puis, sortant par la borne *l*, il va sur la ligne par le chemin

$v\ r$ L. De L il arrive par y en L_1 du poste C, parcourt le fil de la bobine de gauche du relais, entrant par h sortant par r L et revenant au poste A à travers la ligne x pour aboutir par la borne L_1 et le point e à la borne Z.

La remise des téléphones au crochet supprimant ce courant, l'armature du relais de C n'est plus attirée et le voyant reprend sa position initiale, laissant apparaître la mention LIBRE.

Il est facile de voir que, lorsque le voyant du poste C indique que la ligne est occupée, c'est-à-dire lorsque l'armature du relais est attirée, la communication entre la ligne et les récepteurs de ce poste est coupée. En effet, les ressorts r, r' ont abandonné les contacts v, v'. Il n'est donc pas possible au poste immobilisé de surprendre la correspondance, puisque son appareil est hors circuit.

Ce que nous venons de dire au sujet des communications entre A et B s'applique aux communications entre B et C.

Les réponses ou les appels de A ou de C s'adressant à B se traduisent dans ce poste par le déplacement du voyant rouge et blanc; la couleur qui apparait au moment de la chute du volet de l'annonciateur fait connaître le poste qui a appelé. Les noms des postes qui font apparaître le rouge ou le blanc sont inscrits au poste central.

Reste à examiner le cas où A et C veulent communiquer entre eux.

Les deux postes extrêmes ne peuvent communiquer entre eux que par l'intermédiaire du poste central. A, par exemple, appelle B qui sonne C. En même temps le poste central B invite les postes A et C à placer les fiches de leur commutateur dans le trou de gauche g. La communication est dès lors établie et le circuit de conversation se trouve constitué de la sorte :

Aller : poste A : $l\ v\ r$ L.
ligne : L y L_1
poste C : $L_1\ d\ e\ q\ g$, plot $g\ f$, $r'\ v\ l'$,
transmetteur et récepteurs, $l\ v\ r$ L.

Retour : ligne : L x L_1
poste A : $L_1\ d\ e\ q\ g$, plot $g\ f$, $r'\ v'\ l'$
transmetteur et récepteurs $l\ v\ r$ L.

Les deux circuits microphoniques sont fermés dans les transmetteurs, comme d'habitude, par la position du levier commutateur.

En disposant convenablement, comme le montre la figure 309, un jack-knive pour chaque ligne, on peut supprimer la clé spéciale au bureau central. Les jack-knives sont alors croisés, la portion inférieure de l'un étant réunie à la portion supérieure de l'autre.

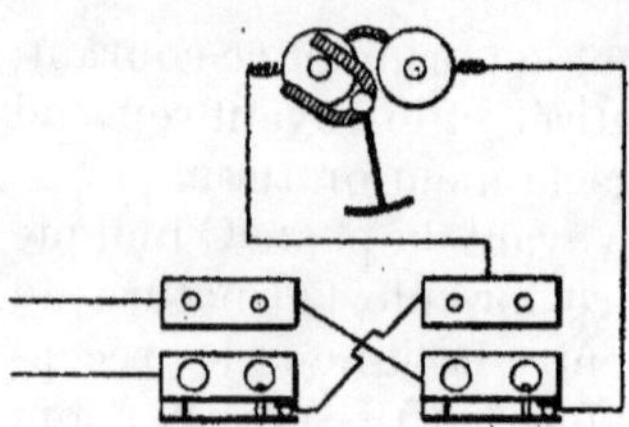

Fig. 309. — Disposition avec jack-knives pour chaque ligne.

L'installation pour ligne simple ne présente pas de difficulté; le fil de retour est remplacé par la terre. Au poste central on fait usage de deux clés simples, dont l'une correspond au pôle positif d'une pile, l'autre au pôle négatif d'une seconde pile, le pôle resté libre dans chacune de ces piles étant à la terre.

Les tableaux Ducousso sans place pour appareil fonctionnent comme les précédents: ils sont reliés au transmetteur par un cordon souple dont la figure 310 montre les connexions.

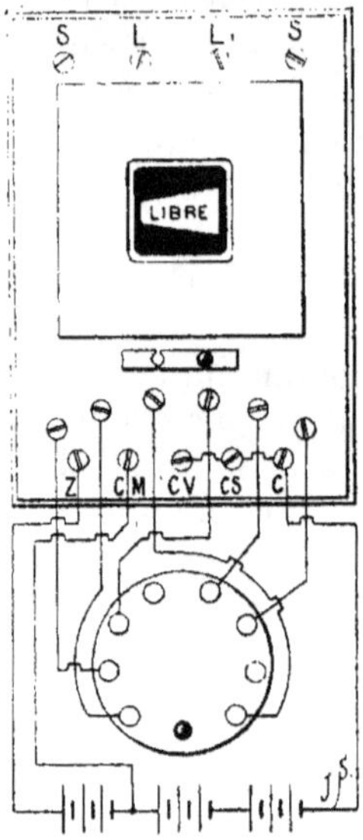

Fig. 310. — Communications du tableau Ducousso sans place pour appareil.

Installation d'une station automatique Sieur. — L'installation d'une station automatique du système Sieur pour ligne double ne présente aucune difficulté. La planchette sur laquelle sont rangés les différents organes porte, en haut, autant de paires de bornes qu'il y a d'abonnés à desservir plus une paire pour la ligne principale; en bas, trois bornes sont affectées à la pile et à la terre.

Les deux conducteurs de la ligne principale sont attachés aux deux bornes de gauche (*fig.* 311), les lignes d'abonnés sont successivement amenées aux paires de bornes suivantes, la ligne n° 1 aux bornes 1, la ligne n° 2 aux bornes 2, et ainsi de suite.

Le pôle négatif de la pile est réuni à la borne inférieure de gauche, le pôle positif à la borne du milieu; la borne de droite communique avec la terre.

Dans chaque poste d'abonné (*fig.* 312) le commutateur spécial à deux manettes, muni du vibrateur, est intercalé entre la ligne et le transmetteur. Les deux fils de ligne sont attachés aux bornes L L'; les bornes A L, A L' sont reliées aux bornes

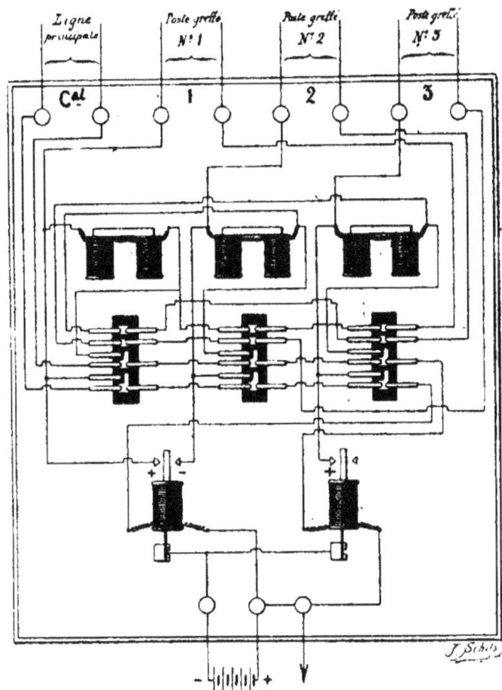

Fig. 311. — Installation d'une station automatique Sieur.

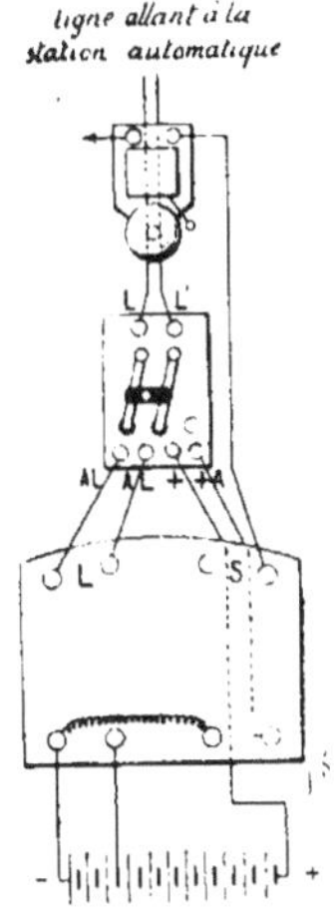

Fig. 312. — Communications d'un poste d'abonné relié à une station automatique Sieur.

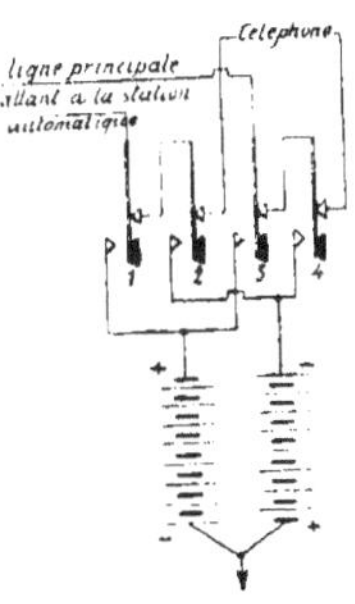

Fig. 313. — Clé à quatre contacts du poste central.

ligne du transmetteur, la borne + au pôle positif de la pile d'appel, la borne +A à la borne inférieure de droite du transmetteur.

Quant au poste central (*fig.* 313), une clé à quatre contacts distribue sur chacune des deux lignes le courant positif ou le courant négatif d'une pile, suivant la touche que l'on abaisse.

XIII

INSTALLATION DES POSTES

Postes centraux de l'État. — Petits réseaux et réseaux moyens.

Postes centraux de l'État. — Tableaux de bureaux centraux (modèle de la Société des Téléphones). — Installation avec les tableaux Sieur. — Appareil d'opérateur Paul Bert-d'Arsonval. — Emploi des tableaux Standard. — Modèle de la Société de matériel téléphonique Aboilard. — Modèle de la Société générale des Téléphones. — Système Mandroux.

Postes centraux de l'État. — On peut classer les réseaux, suivant le nombre des abonnés, en *grands*, *moyens* et *petits*. Les abonnés d'un même réseau sont desservis par un ou plusieurs *postes centraux*.

Dans les réseaux petits ou moyens, les lignes des abonnés aboutissent toutes à un poste central unique. Dans les grands réseaux, comme celui de Paris, on a eu recours jusqu'ici à plusieurs postes centraux autour desquels viennent se grouper les abonnés d'un ou de plusieurs quartiers. Les bureaux centraux d'une même localité sont réunis entre eux par un nombre convenable de *lignes auxiliaires*.

Un personnel spécial est chargé d'installer les communications au fur et à mesure des demandes et de les interrompre dès que les conversations sont terminées, d'indiquer que la correspondance ne peut être établie par suite de l'occupation de la ligne, en un mot, de rester à la disposition des abonnés du réseau pour donner satisfaction à leurs exigences le plus rapidement possible. Il en résulte des opérations multiples et variées dont il convient de réduire le nombre et la durée.

A l'appel de l'abonné, la téléphoniste répond et se met en relation avec lui; elle prend sa commande, si l'on peut s'exprimer ainsi, sonne l'abonné demandé, soit directement, soit par l'intermédiaire d'un autre bureau central et établit la communication. Au besoin, elle avertit l'abonné appelant que la ligne est occupée. La chute d'un annonciateur indique que la conversation est terminée; la communication est aussitôt rompue.

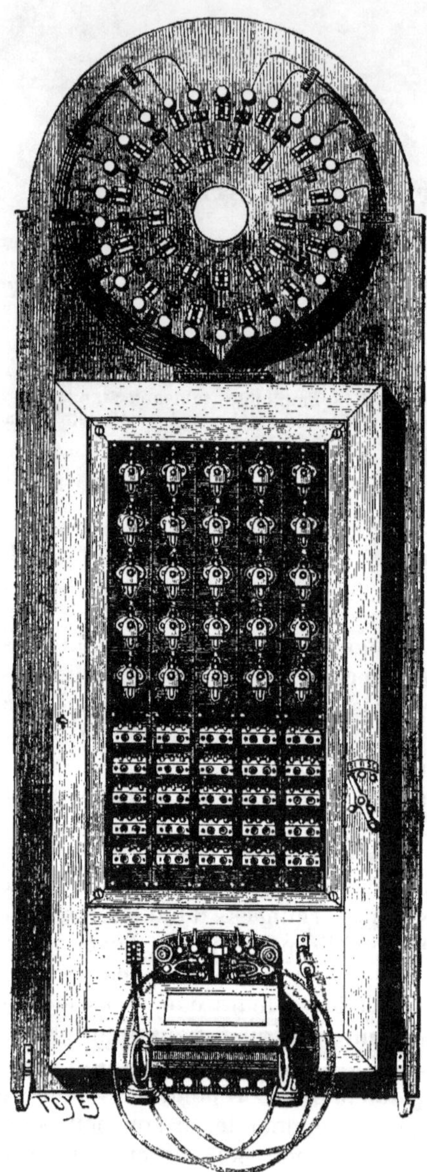

Fig. 314. — Tableau de bureau central, modèle de la Société générale des Téléphones.

Pour permettre au personnel d'exécuter avec rapidité les manœuvres qui lui incombent, on a imaginé plusieurs dispositifs.

Tableaux de bureaux centraux, modèle de la Société des Téléphones. — Dans les postes centraux de peu d'importance, sur les petits réseaux, on peut faire usage de tableaux à 25 directions, sur lesquels on a placé une *rosace* de distribution (*fig.* 314). Les fils de ligne pénètrent par le centre de la rosace et sont attachés à des plots de raccordement qui reçoivent, d'autre part, les conducteurs aboutissant aux conjoncteurs du tableau. Les annonciateurs et les conjoncteurs sont semblables à ceux que nous avons décrits (p. 197 et 221); enfin, vers le bas du tableau, un poste microtéléphonique est fixé à demeure.

Installation avec les tableaux Sieur. — Les tableaux Sieur pour ligne simple, employés dans les bureaux, sont habituellement à 25 numéros. Ce sont des panneaux mesurant environ 80 centimètres de hauteur sur 40 de largeur. Les 25 annonciateurs (*fig.* 315), disposés par rangées de cinq, occupent le haut du tableau; 25 conjoncteurs à deux crochets sont placés au dessous. Des cordons souples à deux clés simples servent à établir les communications.

En traitant des appareils accessoires, nous avons décrit les annonciateurs et les conjoncteurs. Dans les annonciateurs, l'appel se fait par la chute du volet qui, en tombant, ferme le circuit d'une pile locale sur une sonnerie.

Dans les conjoncteurs, le crochet de gauche communique, par pression, avec l'annonciateur correspondant; il est, en outre, réuni au crochet de droite. Si on engage la clé sous le crochet de droite, l'annonciateur reste en dérivation; il est, au contraire, hors circuit, quand la clé est enfoncée sous le crochet de gauche.

Les connexions des divers organes, représentées par la figure 316, sont très simples. Cette figure est une vue de la face postérieure du tableau, de sorte que les crochets y sont représentés à l'envers et que c'est le crochet tourné vers la droite qui est relié à l'annonciateur.

Les plots A_1, A_2,..... A_{25}, sont respectivement réunis à l'entrée de la bobine des annonciateurs B_1, B_2..... B_{25}. Les fils de sortie de toutes les bobines sont rattachés ensemble. A cet effet, une bande métallique verticale E F est fixée à proximité des annonciateurs et, sur cette bande, des lames horizontales sont greffées en M_1, M_2,... M_5. Tous les fils de sortie des annonciateurs sont assujettis à ces lames sur lesquelles sont également vissés les volets. Les contacts D_1, D_2..... D_{25}, sur lesquels les volets viennent buter en tombant, sont aussi réunis ensemble; ils communiquent, en outre, à la bande verticale G H. Les fils de ligne sont attachés aux massifs des crochets C_1, C_2..... C_{25}.

Le tableau porte deux bornes I, K. A l'une, on fixe une sonnerie S reliée, d'autre part, à l'un des pôles d'une pile locale P; le second pôle de la pile P est réuni à la borne K restée libre et cette dernière est mise à la terre.

Supposons que la ligne 3 appelle : le courant venant de cette ligne passe de C_3 en A_3, B_3, M_1, K et se perd à la terre. L'armature de l'annonciateur B_3 est attirée, le volet tombe et rencontre le contact D_3. Le circuit de la pile P est alors fermé à travers la sonnerie S qui fonctionne; ce circuit comprend : pile P, sonnerie S, borne I, D_3, volet n° 3, M_1, K, terre

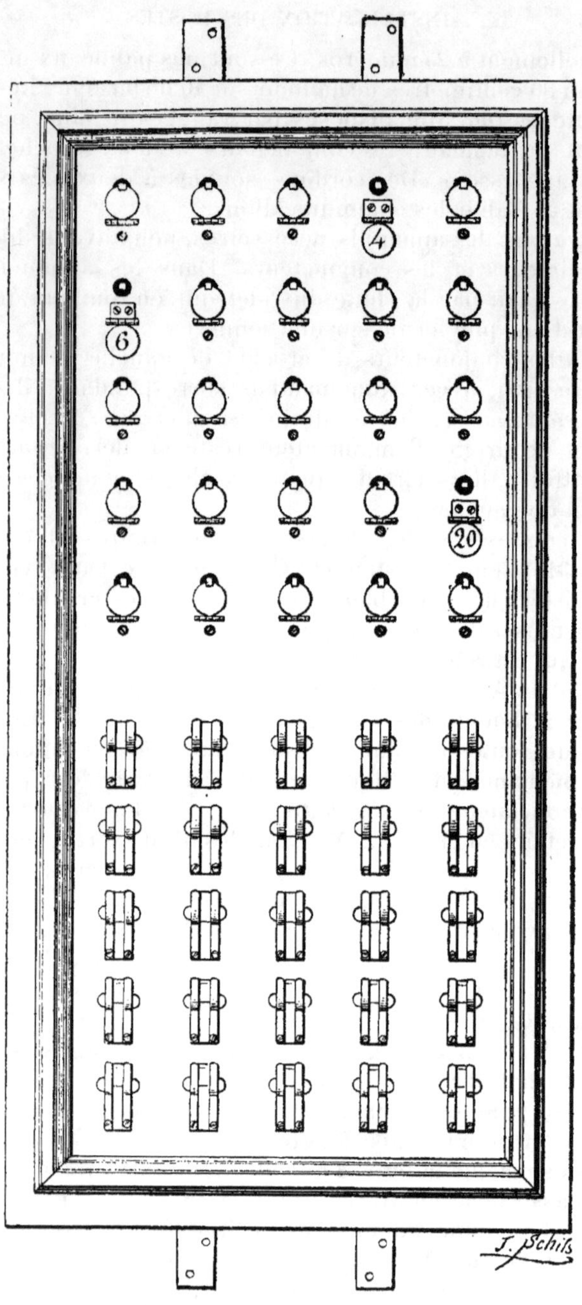

Fig. 315. — Tableau Sieur, face antérieure.

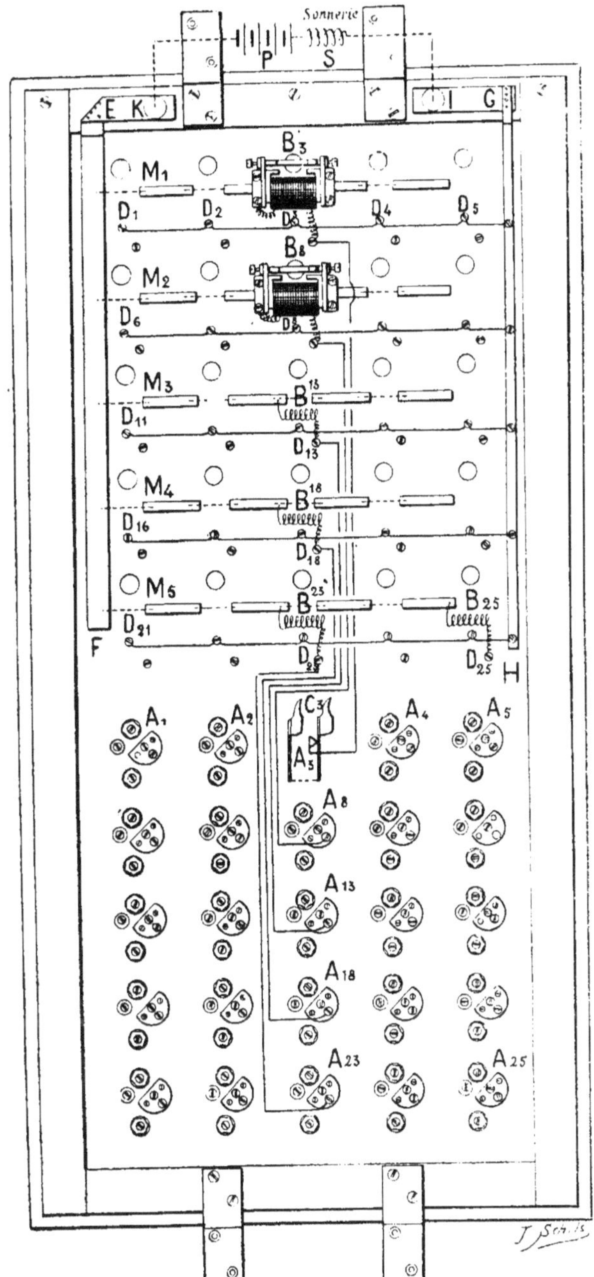

Fig. 316. — Tableau Sieur, face postérieure.

La téléphoniste se met en relation avec l'abonné appelant au moyen de l'appareil d'opérateur que nous allons décrire; l'abonné n° 3 demande l'abonné n° 25. L'une des clés du cordon souple est introduite sous le crochet de gauche du conjoncteur C_3 et l'autre clé sous le crochet de droite du conjoncteur C_{25}; l'annonciateur B_3 reste ainsi en dérivation. Les postes centraux, auxquels aboutissent des lignes à double fil, sont montés, dans le système Sieur, avec des tableaux à 5, 10, 15 20 directions. Nous avons représenté (*fig.* 280) la vue perspective d'un tableau à 10 directions; nous allons donner ici l'ensemble de ses communications. Elles sont dessinées comme

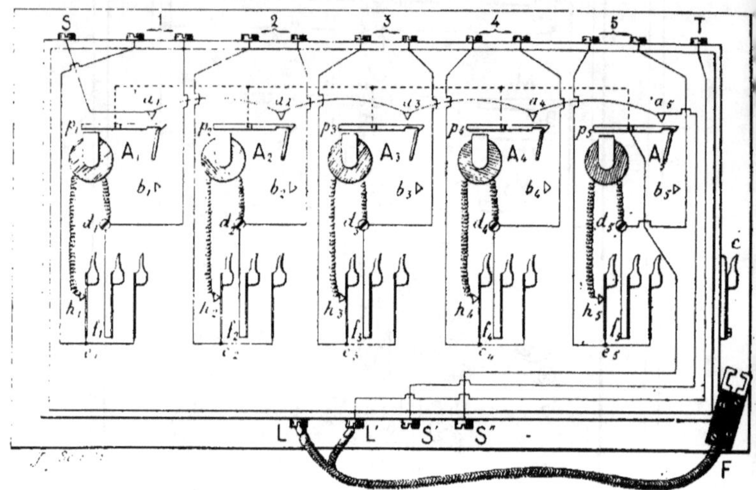

Fig. 317. — Communications d'un tableau Sieur à 10 directions, pour lignes doubles.

si on les apercevait par transparence à travers la planchette du tableau; par conséquent, les bornes sont placées dans leur ordre naturel : la borne S vers la gauche, la borne T vers la droite.

Le tableau (*fig.* 317) porte 12 bornes à la partie supérieure. Les bornes T, S sont placées aux extrémités; les bornes intermédiaires, disposées par paires, correspondent aux deux fils de chaque ligne.

A la partie inférieure se trouvent quatre bornes L, L', S', S", qui permettent de relier le tableau, soit à un transmetteur ordinaire, soit à un appareil d'opérateur. Dans le premier cas, le tableau porte, comme le montre la figure, un cordon souple attaché aux bornes L, L′ et terminé par la clé double F. Celle-ci reste habituellement engagée sur le conjoncteur de repos C dont les crochets n'ont aucune communication électrique. Lorsqu'on veut relier une des lignes au transmetteur, on dégage la clé F et on la place sur le conjoncteur de la ligne à relier, soit sur les crochets de gauche pour retirer l'annonciateur du circuit, soit sur les crochets de droite pour les laisser en dérivation.

Si on emploie l'appareil d'opérateur, il faut faire usage du conjoncteur à quatre crochets (*fig.* 318) auquel on relie le bornes L, L′ et les circuits d'une bobine d'induction.

A l'intérieur du tableau, les connexions sont les suivantes :

Le fil de gauche de chaque ligne est réuni aux crochets extrêmes des conjoncteurs en e_1, e_2, e_3, e_4, e_5 ; le fil de droite est réuni en d_1, d_2, d_3, d_4, d_5, à la sortie de la bobine de l'annonciateur, et en f_1, f_2, f_3, f_4, f_5, au crochet du milieu. L'entrée du fil de la bobine aboutit aux contacts h_1, h_2, h_3, h_4, h_5. Les massifs, et par conséquent les armatures de tous les annonciateurs, sont réunis ensemble et aussi à la borne S″; les vis butoirs de ces armatures a_1, a_2, a_3, a_4, a_5, communiquent toutes avec la borne S. Les contacts b_1, b_2, b_3, b_4, b_5, sur lesquels tombent les volets, sont isolés. Ici, en effet, l'appel de sonnerie ne se fait plus par la chute du volet, mais par le contact de l'armature avec la vis butoir située au dessus. La borne L′ est en relation avec la borne T : la borne S′, avec les vis butoirs a_1, a_2,... ; la borne S″, avec les armatures p_1, p_2...

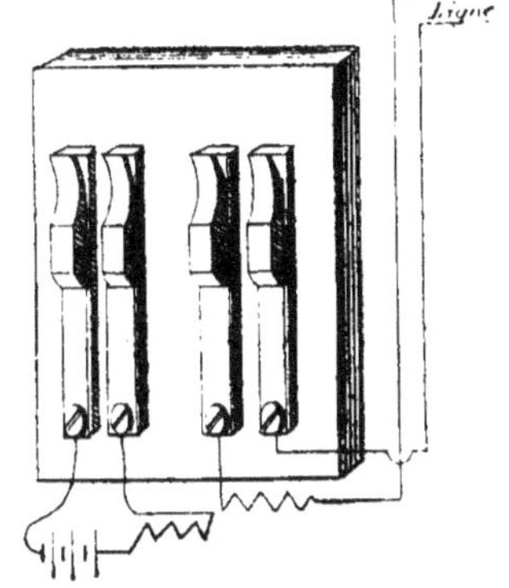

Fig. 318. — Conjoncteur Sieur à quatre crochets.

Lorsqu'on utilise l'appareil d'opérateur, la clé F est remplacée par des cordons souples, garnis à chaque bout d'une clé double; c'est à l'aide de ces fils volants que l'on établit la liaison entre les différentes lignes, tandis que la téléphoniste se met en relation avec les abonnés à l'aide d'une clé à quatre contacts fixée à demeure à l'appareil d'opérateur.

Appareil d'opérateur Paul Bert-d'Arsonval. — L'appareil d'opérateur, généralement employé avec les tableaux Sieur, est l'appareil combiné Paul Bert-d'Arsonval. Il comprend un transmetteur et un récepteur unis par un tube recourbé qui livre passage aux cordons souples assurant les communications. Nous connaissons déjà le récepteur, nous n'y reviendrons pas; on l'aperçoit en A sur la figure 319. Le transmetteur est un modèle réduit du transmetteur d'Arsonval

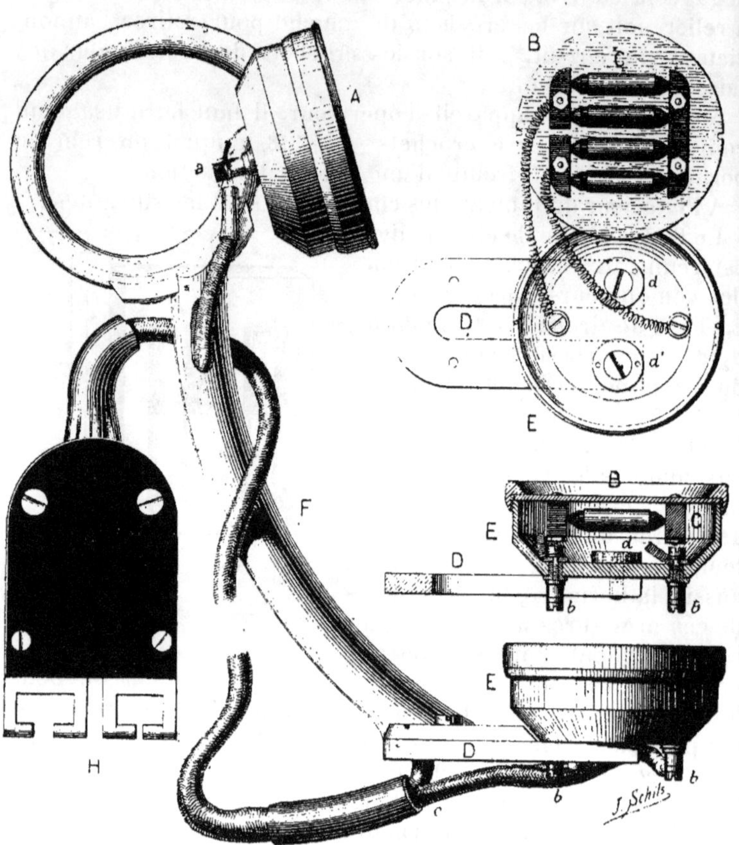

Fig. 319. — Appareil d'opérateur Paul Bert-d'Arsonval.

précédemment décrit. Sur une planchette vibrante en sapin B est boulonné le dispositif C composé de trois charbons rectangulaires dans lesquels s'engagent quatre charbons cylindriques; ces derniers sont entourés de manchons de fer doux. Au-dessous de ce système, l'aimant régleur D est vissé sur la cuvette métallique E qui clôt le microphone.

Le cordon à quatre conducteurs, qui établit les communications, se compose de deux brins verts et de deux brins rouges.

Les brins verts sont attachés au récepteur par des bornes *a*, dont une seule est visible sur notre figure; ils traversent le tube métallique F et se réunissent en *e* aux deux brins rouges sous une même enveloppe de soie, tout en restant parfaitement isolés. Les brins rouges sont reliés en *b*, *b* au microphone. Le cordon souple est terminé par une clé à quatre contacts H; c'est cette clé que l'on engage sous les conjoncteurs; l'espacement des griffes qui correspondent à chacun des fils du cordon souple est telle qu'elle ne peut pénétrer que dans un sens déterminé sous les crochets du conjoncteur; il n'est donc pas possible d'établir de fausses communications.

Emploi des tableaux Standard. — Les tableaux *Standard* ont pour principal objet de réunir, dans un petit espace, un grand nombre de lignes et, par conséquent, de permettre à une même téléphoniste de desservir une quantité plus considérable d'abonnés. Comme compensation de ce surcroît de travail, la personne chargée d'établir les communications peut travailler assise, ce qui constitue un précieux avantage pour le personnel astreint à rester constamment debout avec la plupart des systèmes en usage.

Tableau Standard, modèle de la Société de matériel téléphonique. — Les tableaux standard mis à l'essai sur différents points du réseau français sont construits sur trois modèles : le premier à 25 numéros, le second à 50, le troisième à 100. Les types à 50 et à 100 numéros sont les plus répandus. Chacun de ces modèles peut être établi pour des lignes à simple fil ou pour des lignes à double fil, mais il est à remarquer que les standard, montés pour lignes bifilaires, peuvent être utilisés pour les lignes à fil unique sans qu'il en résulte d'autre inconvénient qu'une augmentation de dépense.

Qu'il s'agisse de standard montés pour lignes simples ou pour lignes doubles, la forme du meuble est la même; c'est un panneau vertical (*fig.* 320) surmonté par un chapiteau, avec une tablette horizontale élevée au-dessus du sol de 75 centimètres. Le tout est supporté par deux pieds qui, en réalité, ne sont que les prolongements des faces latérales du meuble.

Les organes des standard consistent en : annonciateurs d'appel, annonciateurs de fin de conversation, conjoncteurs de ligne, conjoncteurs d'intercommunication, fiches de liaison, cordons souples, contrepoids, commutateurs, clés d'appel.

Plusieurs de ces organes sont identiques dans les standard pour ligne simple et dans les standard pour ligne double; d'autres organes, semblables quant à la forme, diffèrent sous le rapport de la construction et du montage suivant qu'il s'agit d'une ligne à fil unique ou d'une communication comportant un fil de retour.

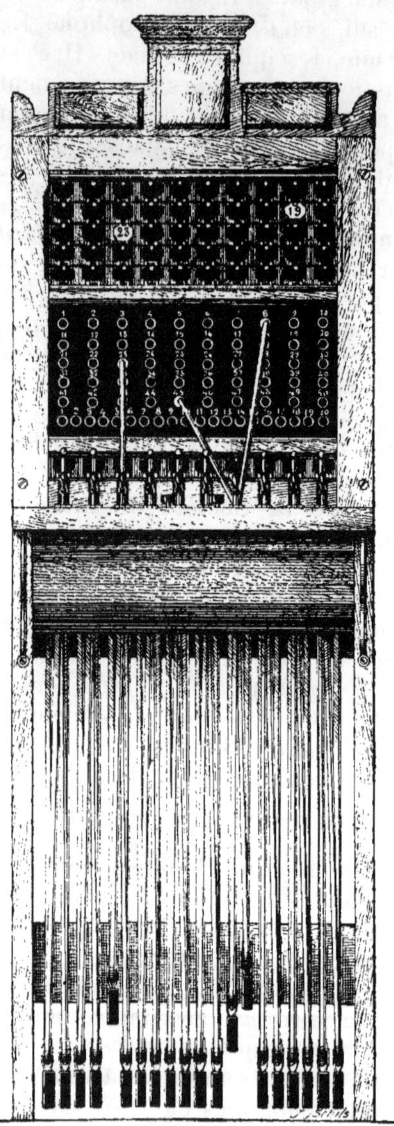

Fig. 320. — Tableau standard, modèle de la société de matériel téléphonique.

Les annonciateurs d'appel sont placés par rangées de 5 ou de 10 en haut du panneau vertical; au dessous, les conjoncteurs de ligne sont disposés de la même manière : par rangées de 5 sur les tableaux à 25 numéros, par rangées de 10 sur les tableaux à 50 numéros, par rangées de 20 sur les tableaux à 100 numéros. Les conjoncteurs d'intercommunication, au nombre de 20, viennent ensuite sur un seul rang; enfin, la ligne inférieure est réservée aux annonciateurs de fin de conversation. Toutefois, dans les standard de construction récente, les annonciateurs de fin de conversation ont été reportés immédiatement au-dessous des annonciateurs de ligne, sans que d'ailleurs ce changement ait entraîné la moindre modification dans l'agencement des communications.

Sur la tablette horizontale, les fiches se tiennent debout dans des godets; elles y sont disposées sur deux rangs et doivent leur position verticale à des contrepoids soutenus par les cordons souples.

Dans les standard montés pour ligne à fil unique, la fiche A B, dont la figure 321 montre le profil et la coupe, est un cylindre en laiton, échancré vers son milieu pour loger la vis V. Sous cette vis est pincé le fil conducteur. Celui-ci occupe la partie centrale du cordon souple. La portion du cylindre AB comprise entre A et V est taraudée et livre passage au cordon souple, dont la tresse extérieure est vissée à force dans le tube ainsi constitué. Une gaine isolante E, assujettie par une vis, recouvre la partie de la fiche que l'on saisit avec

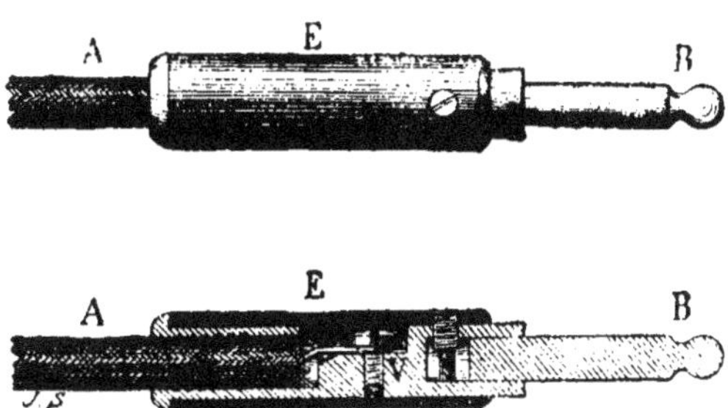

Fig. 321. — Fiche de tableau standard simple fil.

la main, et protège en même temps le fil conducteur attaché à la vis V. En A, le métal de la fiche fait saillie sur l'isolant; l'extrémité B a la forme d'un tronc de cône, surmonté d'une sphère.

Le fond du godet dans lequel la fiche se tient debout est percé pour laisser passer le cordon souple, mais il est garni d'une bague métallique D (*fig.* 322) en relation avec la terre Par conséquent, toutes les fiches et, par suite, tous les cordons, sont à la terre dans la position de repos. Naturellement, le fait de soulever une fiche rompt, pour celle-ci, la communication avec la terre, puisque cette communication n'a lieu que par le contact du talon A de la fiche avec le fond D du godet.

Le cordon souple pend au-dessous de la planchette et passe sur la gorge de la poulie P à laquelle est supendu le contrepoids C. C'est un bloc de plomb dans lequel est noyée la chape en laiton de la poulie.

De là, le cordon remonte vers la table; il y est attaché d'une manière particulièrement ingénieuse. Une équerre E est vissée sur le bois; d'autre part, la tresse T du cordon est solidement pincée sous un cavalier; quant au conducteur lui-même, constitué par un fil contourné en spires serrées, il est simplement engagé deux fois dans les trous ménagés à cet effet au milieu de l'équerre E. Ce conducteur, formant ressort, donne un contact suffisant; l'effort de traction est supporté par la tresse T, et il n'est pas besoin de soudure pour parfaire la liaison.

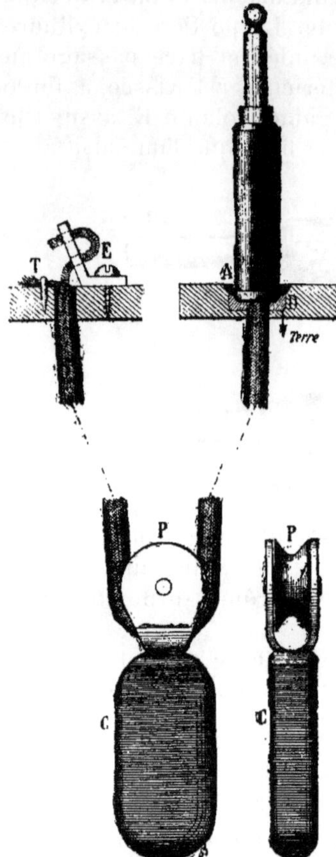

Fig. 322. — Fiche, cordon souple et contrepoids de tableau standard.

Les fiches et les cordons sont groupés par paires. On sait que dans les systèmes de tableaux les plus répandus, la communication entre deux abonnés est établie par un cordon conducteur portant une fiche à chaque extrémité, chacune de ces fiches pénétrant dans un conjoncteur rattaché à la ligne de l'abonné. Les choses se passent à peu près de la même manière avec le tableau standard. En effet, les deux fiches appartenant à une même paire peuvent être considérées comme réunies par un cordon unique, mais ce cordon est coupé en deux, et entre les deux sections, on peut introduire à volonté un poste d'opérateur ou un annonciateur de fin de conversation.

La fiche est destinée à pénétrer dans un conjoncteur. Ce conjoncteur se compose d'un canon A (*fig.* 323) dont le trou seul est apparent sur le panneau. Le canon A supporte deux lames a, a' servant de châssis à une lame centrale *b* et à deux ressorts latéraux *c*, *c'*. Chacun de ces organes métalliques est isolé des autres par une bande d'ébonite figurée en noir. La liaison mécanique a lieu par la vis V, entourée d'un manchon d'ébonite, et par son écrou E. Ainsi *a*, a', appartiennent à la masse métallique du conjoncteur; *b*, *c*, *c'* sont indépendants; toutefois, lorsque la fiche n'est pas introduite dans le canon A du conjoncteur, *c* et *c'* sont en contact avec *b*, comme le montre la figure 324 (position 1); lorsqu'au contraire la fiche est engagée à refus dans le canon A, elle écarte les ressorts c, c' et prend contact avec eux; la lame b reste alors isolée (*fig.* 324, position 2).

Le fil de ligne est attaché au ressort c, l'annonciateur d'appel est relié à la lame b.

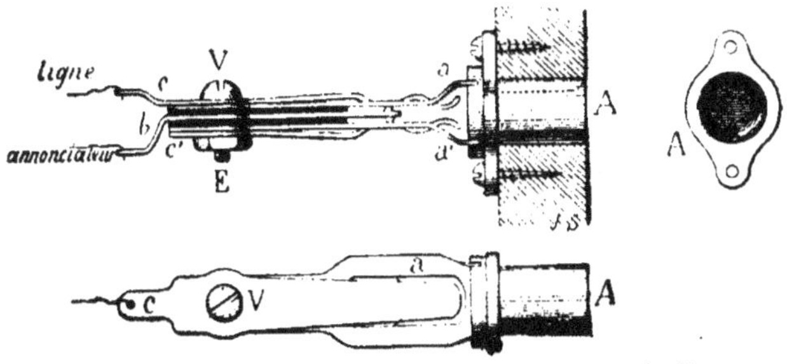

Fig. 323. — Conjoncteur pour tableau standard simple fil.

Les annonciateurs d'appel (*fig.* 325) sont des électro-aimants à deux bobines E E dont l'armature P, garnie d'un crochet C, soutient un volet V masquant un numéro. La résistance des bobines est habituellement de 100 ohms. Chaque tableau porte 25, 50 ou 100 annonciateurs correspondant à autant de lignes d'abonnés.

Lorsqu'un abonné appelle, l'armature de l'annonciateur cor-

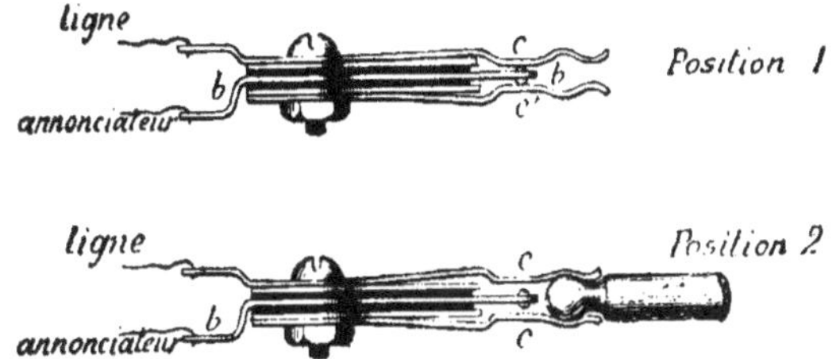

Fig. 324. — Communications du conjoncteur pour tableau standard simple fil.

respondant est attirée; le volet, monté à charnière, tombe et laisse voir le numéro. Dans sa chute, le volet presse un ressort qui prend contact avec une goupille g en relation, si on le désire, avec une sonnerie et avec une pile, comme le montre la figure 326. Là se borne le rôle de l'annonciateur d'appel. On voit d'ailleurs, sur la figure 326, que la ligne n'arrive pas directement à l'électro-aimant; elle passe par le conjoncteur, est attachée au ressort c, appuyé sur la lame b, et c'est cette dernière qui est réunie au fil des bobines de l'électro-aimant.

L'interposition de la fiche entre *c* et *c'* rompt la communication avec la lame *b* et met l'annonciateur hors circuit.

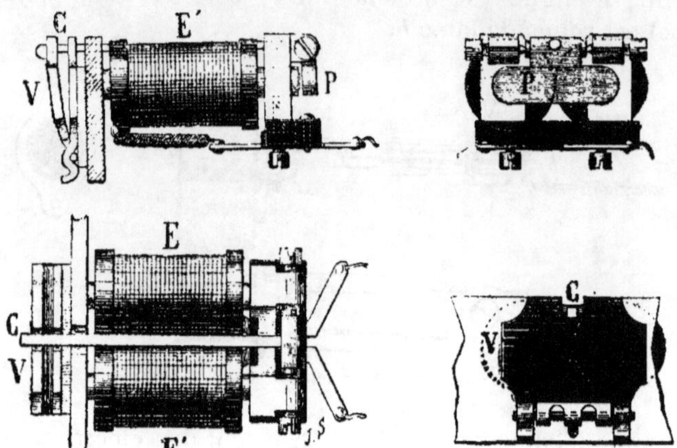

Fig. 325. — Annonciateur d'appel pour tableau standard.

Les conjoncteurs d'intercommunication sont semblables aux conjoncteurs d'appel.

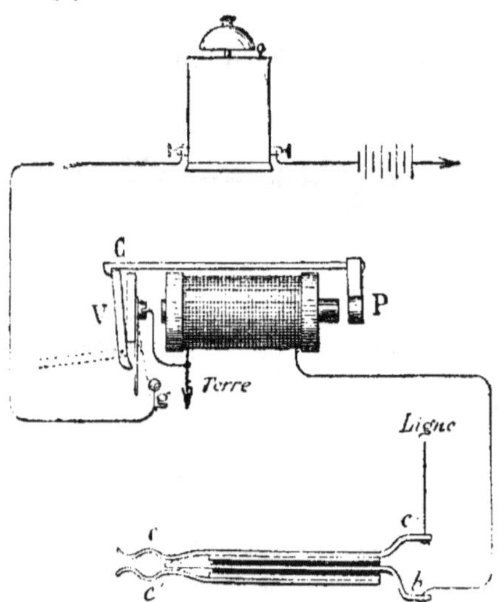

Fig. 326. — Communications des annonciateurs d'appel.

Les annonciateurs de fin de conversation sont formés par des électro-aimants tubulaires dont la bobine a une résistance de 600 ohms. Le noyau de fer doux (*fig.* 327) qui supporte la bobine est vissé sur le fond F du tube de fer F F, assujetti lui-même sur une règle *f* commune à tous les annonciateurs. Le volet est articulé de la même manière que dans les annonciateurs d'appel. L'armature, réglée très près du noyau, en raison de la longueur du crochet C qui soutient le volet, est un disque de fer P, suspendu sur les pointes des vis V, V'. Les extrémités du fil de la bobine passent au travers de trous

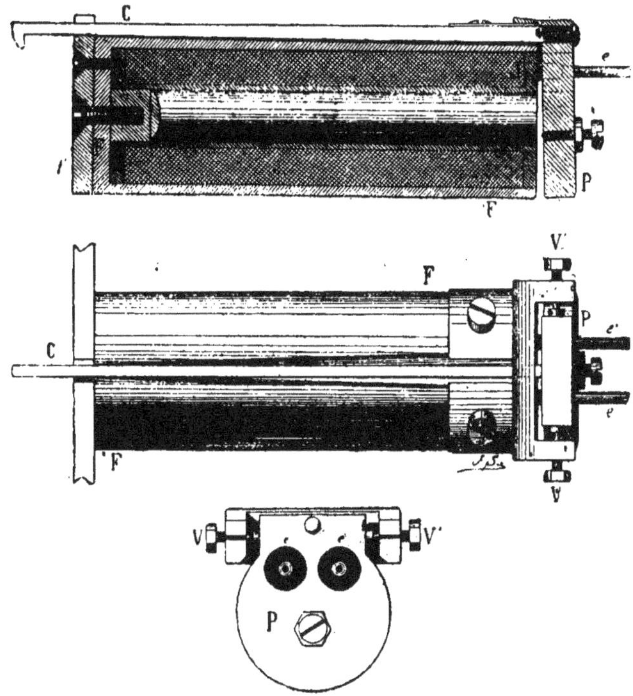

Fig. 327. — Annonciateur de fin de conversation pour tableau standard.

ménagés à cet effet dans l'armature et sont soudés à des languettes métalliques *e e'*, fixées elles-mêmes à une barre transversale d'ébonite. Chaque annonciateur de fin de conversation est introduit dans le circuit au moyen d'un commutateur spécial ou *clé d'écoute* (*fig.* 328). Considéré dans son ensemble, c'est un bras de levier A B qui rapproche ou qui éloigne deux ressorts *a a'* et les fait buter contre une paire de contacts *c* ou contre une autre *b*; nous allons étudier cet intéressant organe dans tous ses détails.

Deux blocs d'ébonite E, E' sont assemblés par les vis

V, V'. Le premier bloc E, porte sur une de ses faces latérales un long ressort $a\,a'$, fixé par deux vis en a, mobile en a'. L'extrémité a' est engagée entre deux pièces de contact b, c; elle passe en arrière de b et en avant de c. Une disposition identique existe sur la face opposée.

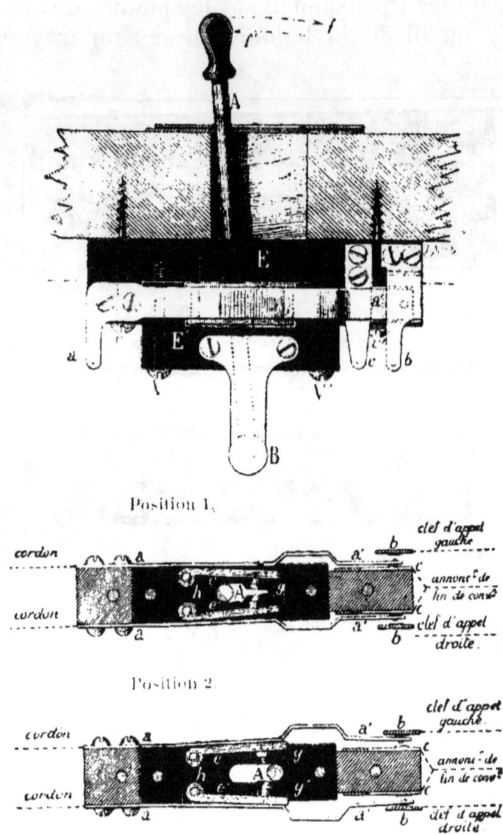

Fig. 328. — Clé d'écoute de tableau standard.

La pièce E' sert de support : 1° à un bras de levier A B, pouvant se déplacer dans le sens des deux flèches f, f; un libre passage est réservé à ce levier à travers la pièce E; 2° une paire de coussinets mobiles. Chacun de ces coussinets est formé par une lame de laiton montée à charnière sur l'axe h, encastré dans les blocs E, E'. Chacun d'eux porte aussi une pastille en ébonite e. dont la partie saillante est tournée vers l'intérieur.

Lorsque le levier A B est incliné dans le sens de la flèche f (position 1), les coussinets $g\,g'$ sont rapprochés et n'exercent aucune pression sur les ressorts $a\,a'$; ceux-ci restent appliqués sur les contacts c, c.

Lorsque le levier A B est incliné dans le sens de la flèche f (position 2), il s'engage entre les pastilles d'ébonite $e\,e'$, écarte les coussinets $g\,g'$, ceux-ci pressent sur les ressorts $a\,a'$ et les éloignent des contacts c pour les appliquer sur les contacts $b\,b$.

L'une des extrémités du fil de la bobine de l'annonciateur de fin de conversation est attachée aux contacts $c\,c$, l'autre extrémité est à la terre. Les contacts b, placés sur la gauche des commutateurs, communiquent tous ensemble et aussi à une clé d'appel située à gauche. Il en est de même pour les contacts b placés sur la droite des commutateurs; ils sont tous reliés ensemble et avec une clé d'appel située à droite. Par l'intermédiaire de ces clés d'appel, les contacts b sont réunis au circuit secondaire du poste d'opérateur. Ce poste d'opérateur peut d'ailleurs être un appareil Berthon-Ader, un Paul Bert-d'Arsonval, voire même un poste microtéléphonique d'un système quelconque. Les ressorts $a\,a'$ communiquent directement avec les cordons souples des fiches, les deux ressorts d'un même commutateur étant reliés aux deux cordons d'une même paire de fiches.

Les deux clés d'appel sont disposées sous la tablette horizontale du tableau. Deux chevilles métalliques (*fig.* 329), garnies de têtes isolantes, servent à les manœuvrer. Elles ne diffèrent pas des clés d'appel ordinaires. Dans chacune d'elles, un ressort constitue le massif de la clé. Le massif de la clé de gauche communique avec tous les plots extérieurs de gauche des commutateurs. Le massif de la clé de droite communique, de la même manière, avec tous les plots extérieurs de droite des commutateurs. Les plots de repos des deux clés sont reliés au circuit secondaire du poste d'opérateur, comprenant le téléphone récepteur; les plots de travail sont réunis ensemble et avec le pôle positif de la pile d'appel, dont le pôle négatif est à la terre.

Les différents organes étant connus, il nous reste à examiner le montage général du tableau. Nous nous bornerons à figurer les annonciateurs et les conjoncteurs situés aux extrémités de chaque rangée, la même disposition se répétant pour tous les intermédiaires.

Le fil de ligne n° 1 (*fig.* 329) aboutit à la lame a du conjonc-

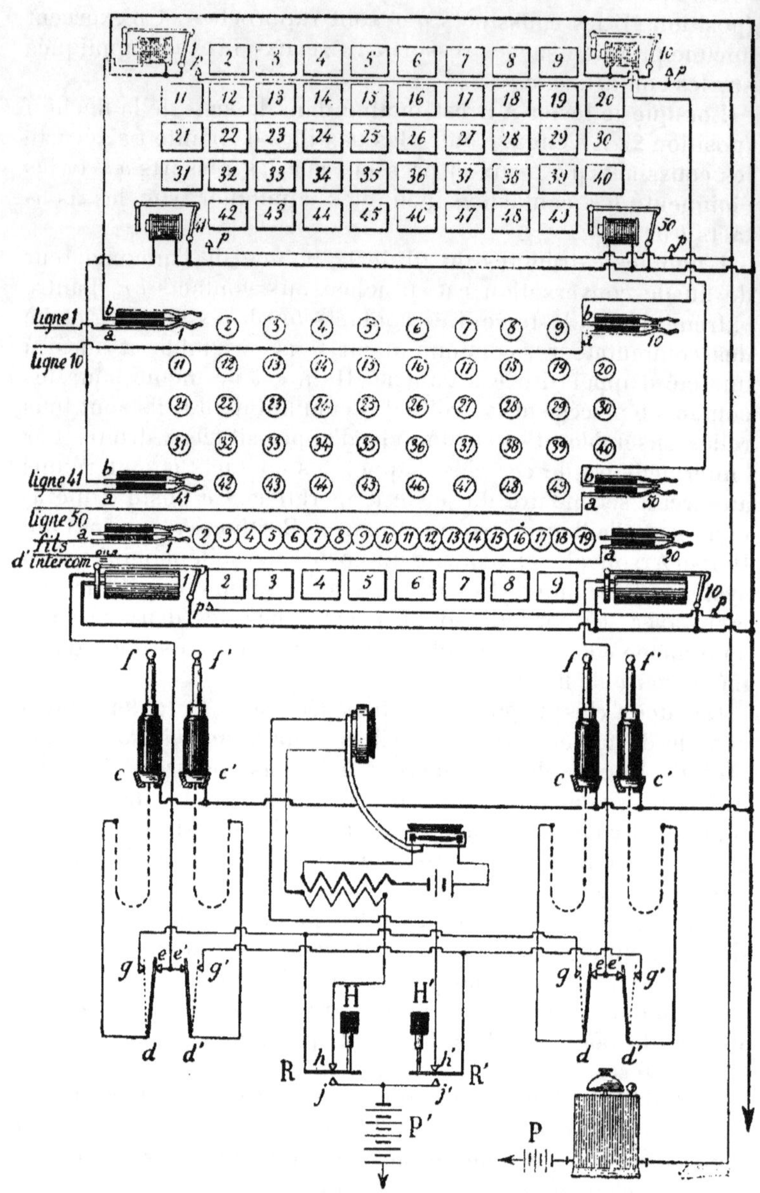

Fig. 329. — Communications d'un tableau standard simple fil à 50 directions.

teur de ligne n° 1; la lame *b* est reliée à l'entrée des bobines de l'annonciateur d'appel n° 1, la sortie est à la terre, ainsi que l'axe du volet. La goupille *p* de chacun des annonciateurs est réunie à l'une des bornes d'une sonnerie, dont l'autre borne communique avec l'un des pôles d'une pile P, cette dernière ayant son autre pôle à la terre.

Les conjoncteurs d'intercommunication reçoivent en *a* les lignes les reliant à d'autres tableaux.

Les bagues métalliques *c c'* qui garnissent le fond des godets de repos des fiches sont à la terre.

Le fil souple de la fiche *f* est réuni au ressort *d* du commutateur situé en regard; le fil souple de la fiche *f'*, appartenant à la même paire, est réuni au ressort *d'* du même commutateur.

Les contacts *g* sont tous reliés ensemble et avec le ressort R de la clé d'appel H; les contacts *g'* sont également tous reliés ensemble, et aussi avec le ressort R' de la clé d'appel H'. Le contact de repos *h* de la clé d'appel H communique avec le circuit secondaire de la bobine d'induction du poste d'opérateur, l'autre extrémité de ce circuit étant réunie au téléphone récepteur; le contact *h'* de la clé d'appel H' est relié à la borne libre du téléphone récepteur. Le circuit primaire du poste est constitué, comme d'habitude, par une pile, un microphone et le gros fil de la bobine d'induction. Enfin, les contacts de travail *j*, *j'* des deux clés d'appel sont en relation avec le pôle positif d'une pile P' dont le pôle négatif est à la terre.

Supposons que l'abonné n° 41 appelle : le courant qu'il envoie sur la ligne arrive au tableau par le conjoncteur n° 41, passe par les bobines de l'annonciateur n° 41 et se perd à la terre. L'armature de l'annonciateur est attirée, le volet tombe en laissant voir le numéro de l'abonné appelant. Dans sa chute, le volet rencontre la goupille *p*, met cette goupille en relation avec la terre et ferme ainsi le circuit de la sonnerie, si on a jugé à propos d'en faire usage.

La téléphoniste de service se met aussitôt en relation avec l'abonné appelant; pour cela, elle introduit la fiche *f* dans le conjoncteur n° 41 et tire à elle le levier de la clé d'écoute située en face de la fiche utilisée. Cette double opération a pour résultat de mettre l'annonciateur d'appel hors du circuit et d'y introduire le poste d'opérateur, ainsi que la clé d'appel.

Si l'opération a été conduite vivement, il est inutile de rappeler l'abonné, et comme, dans l'intérêt même du service, les conversations doivent être aussi courtes que possible, la téléphoniste se contente de dire à l'abonné appelant : « quel numéro? » celui-ci devra répondre par la simple indication du numéro de l'abonné auquel il désire parler, le n° 10 par exemple.

Si un certain laps de temps s'est écoulé entre la chute du volet de l'annonciateur n° 41 et l'introduction de la fiche dans le conjoncteur, il faut bien admettre que l'abonné n'aura pas conservé le téléphone à l'oreille, et la téléphoniste devra le rappeler. Pour cela, elle appuiera sur la clé de gauche H. Il est aisé de voir que le courant de la pile d'appel P′ se rendra sur la ligne par le commutateur, la fiche et le conjoncteur n° 41.

Dès que le numéro de l'abonné appelé (n° 10) est connu, la seconde fiche (de la même paire) *f′* est introduite dans le conjoncteur n° 10. La téléphoniste presse sur la clé de droite H′ et appelle de la sorte l'abonné n° 10; elle n'a plus alors qu'à relever le volet de l'annonciateur d'appel n° 41, puis à se retirer pour laisser causer les deux abonnés et vaquer à d'autres occupations; à cet effet, elle repousse le levier du commutateur; les ressorts *d d′* viennent presser les contacts *e e′*, et l'annonciateur de fin de conversation, situé en regard de la paire de fiches employée, se trouve en dérivation sur les lignes n°s 10 et 41 réunies. La chute du volet de cet annonciateur indique que la conversation est terminée; il ne reste plus qu'à enlever les fiches et à relever le volet.

Ainsi que nous l'avons dit, plusieurs organes du standard pour lignes bifilaires sont identiques à ceux des tableaux pour lignes simples, d'autres, peu différents quant à la forme, sont cependant montés tout autrement.

En abrégeant autant que possible, nous allons reprendre notre étude dans le même ordre que lorsqu'il s'est agi du standard à simple fil.

La charpente de la fiche (*fig.* 330) est un cylindre de laiton, creusé dans toute son étendue. Une pièce en fer, isolée par de l'ébonite, traverse toute la partie de la fiche qui doit s'engager dans le conjoncteur; cette pièce se termine par un bouton en laiton; elle reçoit un des fils de ligne. Le second fil de ligne s'attache au cylindre de laiton. Un évidement est ménagé vers le milieu de ce cylindre pour permettre de serrer les vis qui maintiennent les deux fils de ligne. Comme dans la fiche à simple fil, la partie dans laquelle sont introduits les fils est taraudée et le cordon souple, à deux conducteurs, se visse à l'intérieur; les extrémités de ces conducteurs sont dénudées et arrêtées sous des vis. Un manchon isolant recouvre la portion de fiche que la téléphoniste doit tenir à la main. La forme de cette fiche est la même que celle de la fiche à simple fil, seulement ici l'un des conducteurs aboutit à la tige et l'autre au bouton; une rondelle d'ébonite les isole l'un de l'autre.

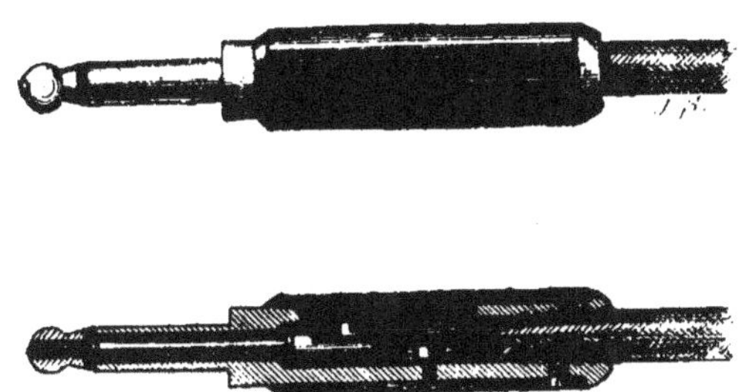

Fig. 330. — Fiche de tableau standard double fil.

Le fond du godet de repos de la fiche n'est plus garnie d'une bague métallique; l'introduction de la fiche dans ce godet ne donne lieu à aucune communication électrique.

Le cordon souple est suspendu et attaché, comme le montre la figure 322 (page 322), mais chacun des conducteurs a, bien entendu, un point d'attache distinct, n'ayant pas de relation électrique avec son voisin.

Les conjoncteurs ne diffèrent de ceux de la figure 323

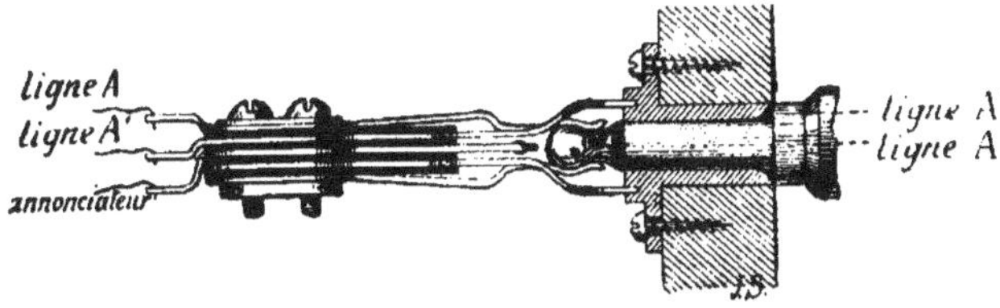

Fig. 331. — Communications du conjoncteur pour tableau standard double fil.

(page 323) que par l'adjonction d'une queue à la tige *a*: cette queue reçoit l'un des fils de ligne, tandis que l'autre est attaché au ressort *c*, l'annonciateur d'appel restant relié à la lame *b*. On voit que, de la sorte, l'un des fils de ligne communique avec le canon A du conjoncteur et l'autre avec le ressort *c*. La figure 331 montre, d'ailleurs, comment les communications de la ligne double sont installées lorsque la fiche est enfoncée dans le conjoncteur.

Les annonciateurs d'appel, les annonciateurs de fin de conversation, les clés d'écoute, sont pareils à ceux des tableaux à simple fil; les conjoncteurs d'intercommunication ne diffèrent pas de ceux que nous venons de décrire.

Les clés d'appel sont disposées par paires, et il y en a autant de paires que de commutateurs, c'est-à-dire dix pour chaque tableau; c'est du moins ce qui existe sur les premiers tableaux installés sur le réseau.

La cheville B (*fig.* 332), traverse non seulement la planchette du tableau, mais aussi le bloc d'ébonite A, et repose sur le ressort *b*. Au-dessus du bloc, une lame a pénètre dans l'ébonite et fait saillie en *a'*, c'est le contact de repos, le ressort *b* vient le toucher tant que la cheville B n'est pas abaissée. Au-dessous du ressort *b*, une réglette en laiton *c* court tout le

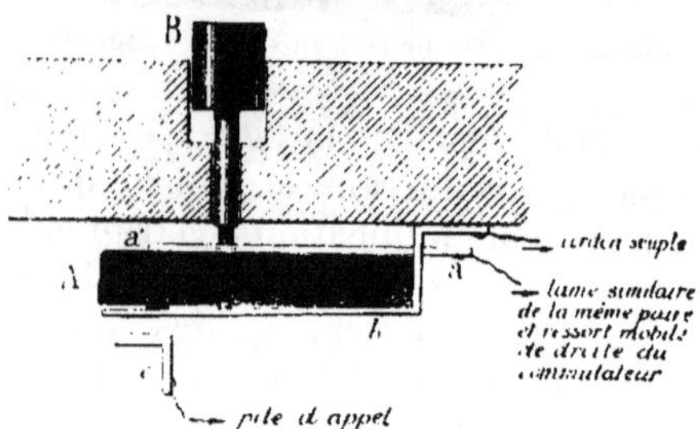

Fig. 332. — Clé d'appel de tableau standard.

long de la table; c'est le contact de travail commun à toutes les clés et auquel aboutit le fil de pile. Dans chaque paire de clés, les deux lames *aa'* sont reliées ensemble. Le ressort *b* communique avec l'un des conducteurs du cordon souple d'une fiche.

Le montage général des tableaux à double fil (*fig.* 333) ne diffère guère de celui des tableaux à simple fil que dans les dispositions spéciales imposées par la substitution du fil de retour au fil de terre, et notamment dans l'emploi d'un nombre de clés d'appel égal à celui des clés d'écoute.

Le ressort *a* de chaque conjoncteur reçoit le fil de ligne; à la lame *b* est attaché le fil de retour, avec dérivation sur l'annonciateur d'appel; la sortie des bobines du dit annonciateur est reliée à la lame centrale *c*.

Lorsque la fiche est introduite dans le conjoncteur, elle prend communication : 1° avec la ligne principale par le ressort a du conjoncteur et par le conducteur central de la fiche; 2° avec le fil de retour par la lame *b*, le canon du conjoncteur et le conducteur latéral de la fiche; la séparation du ressort a,

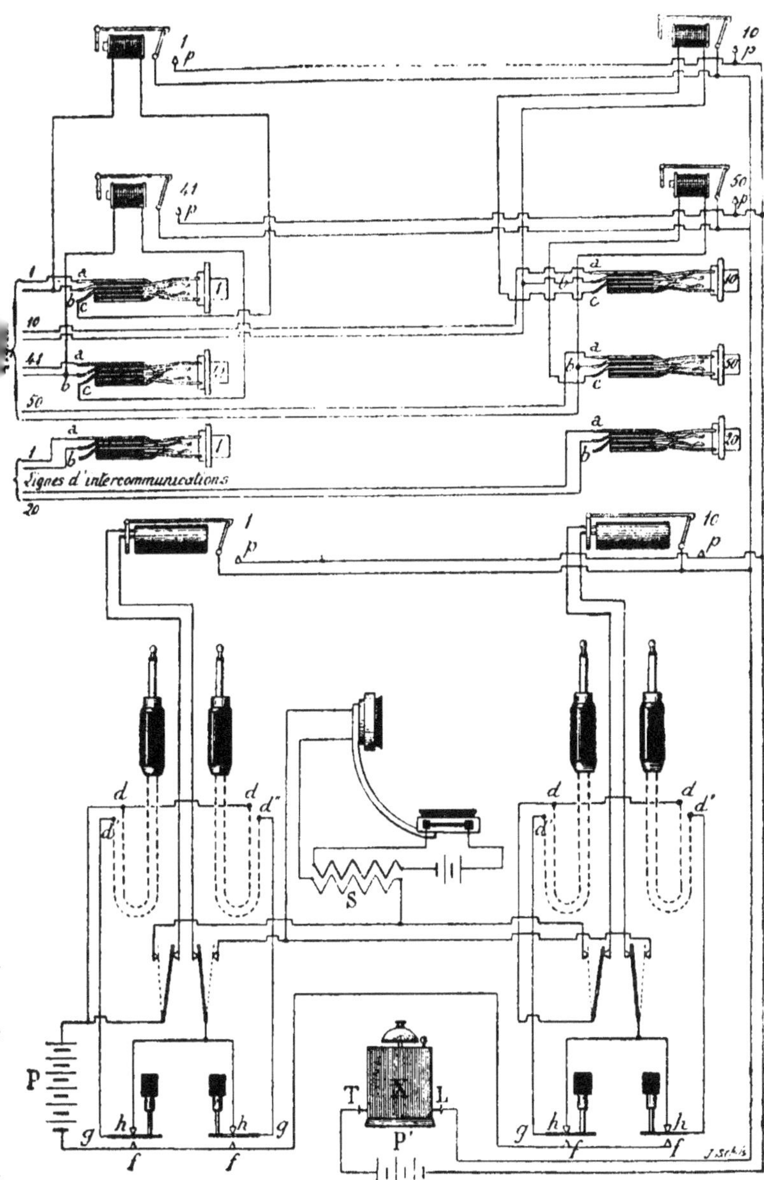

Fig. 333. — Communications d'un tableau standard double fil à 50 directions.

et de la lame *b* entraine la mise hors du circuit de l'annonciateur d'appel.

Dans cette position, le fil de ligne est relié au conducteur *d* du cordon souple, le fil de retour au conducteur *d'*. Le conducteur *d* correspond avec le ressort mobile de gauche du commutateur et aussi avec le pôle négatif de la pile d'appel, dont le pôle positif aboutit à la réglette métallique représentée dans notre figure par les contacts *f*, *f*, *f*.....; en outre, dans chaque paire de fiches, les conducteurs *d* sont reliés ensemble. Les conducteurs *d' d''* sont respectivement unis aux ressorts *g g* des clés d'appel. Les contacts de repos *h h* de ces clés, reliés ensemble, sont rattachés au ressort mobile de droite du commutateur correspondant. Les deux contacts intérieurs de la clé d'écoute sont réunis au fil de la bobine de l'annonciateur de fin de conversation. Les deux contacts extérieurs sont tous réunis au circuit secondaire S du poste d'opérateur, et le téléphone récepteur est interposé dans ce circuit. Enfin tous les volets des annonciateurs sont reliés à la borne L de la sonnerie X, tandis que toutes les goupilles *p* sont rattachées au pôle positif d'une pile P', dont le pôle négatif est réuni à la borne T de la sonnerie.

La téléphoniste de service établit les communications entre abonnés comme s'il s'agissait d'un tableau pour ligne simple. L'abonné 10 appelle : le volet de son annonciateur tombe; une fiche est introduite dans le conjoncteur 10; le levier de la clé d'écoute, placée en regard de cette fiche, est porté en avant; l'opérateur est en relation avec l'abonné, et l'annonciateur 10 est hors circuit.

L'abonné 10 demande l'abonné 50 : la seconde fiche de la même paire est introduite dans le conjoncteur n° 50, un coup de clé avertit l'abonné appelé, le levier de la clé d'écoute est rejeté en arrière, et les deux correspondants sont en communication directe; un annonciateur de fin de conversation est embroché entre les deux lignes; la chute du volet de cet annonciateur, provoquée par l'envoi d'un courant par l'un ou l'autre des abonnés, indiquera que la conversation est terminée et que la ligne est libre. Les fiches seront alors retirées des conjoncteurs et le volet de l'annonciateur relevé.

Il est presque superflu de dire qu'avec les tableaux standard la source d'électricité servant aux appels peut être tout aussi bien une petite machine magnéto-électrique qu'une pile.

Sur la face postérieure du tableau, une série de petites équerres permettent de souder les fils de ligne et toutes les autres communications extérieures; il n'y a, d'ailleurs, pas d'erreur possible, car des indications précises font connaître que tel conducteur doit être soudé à telle ou telle équerre.

Dans les tableaux standard à double fil de construction récente, on a ramené à deux le nombre des clés d'appel. Cette réduction a conduit à des modifications assez importantes dans les communications et dans l'ensemble du montage.

Rien n'est changé aux conjoncteurs ni aux annonciateurs.

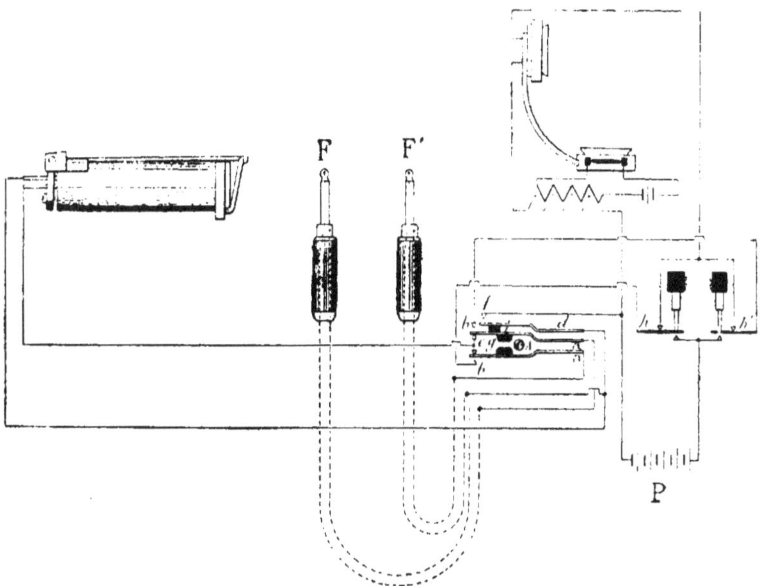

Fig. 334. — Nouvelle disposition donnée aux clés d'écoute des tableaux standard.

Dans les clés d'écoute, un ressort et un contact supplémentaires ont été ajoutés; la figure 334 montre cette nouvelle disposition.

Le ressort additionnel *d* est isolé des ressorts par une lame d'ébonite *g*; mais, dans les déplacements du levier A, il est entraîné et, lorsque les ressorts *a a* butent contre les contacts *b*, *b*, le ressort *d* rencontre le contact *f*.

Le ressort inférieur *a* est relié à un des conducteurs du cordon souple de la fiche F'; le ressort supérieur *a* est réuni à l'un des conducteurs du cordon souple de la fiche F. Les conducteurs restés libres dans les cordons des fiches F F' sont reliés tous les deux au ressort *d* qui communique aussi avec

Fig. 335. — Tableau standard, modèle de la Société générale des Téléphones.

l'annonciateur de fin de conversation. L'un des bouts du fil de la bobine de cet annonciateur est, en effet, attaché au ressort *d*, tandis que l'autre bout correspond aux contacts *c*.

Les contacts inférieurs *b* de tous les commutateurs sont réunis au massif *h* de la clé de gauche; les contacts supérieurs *b* sont tous réunis au massif *h'* de la clé de droite. Les plots de repos des deux clés sont reliés au circuit secondaire de l'appareil d'opérateur, circuit qui aboutit au contact *f*. Les plots de travail des deux clés sont reliés au pôle positif de la pile d'appel P, dont le pôle négatif est relié au contact *f*. Le circuit primaire de l'appareil d'opérateur est constitué comme à l'ordinaire.

On voit aisément sur la figure 334 que toutes les clés d'écoute réunies aux fiches, sont normalement en relation avec les annonciateurs de fin de conversation, et que les clés d'appel sont isolées.

Lorsqu'on déplace le levier A de l'une des clés d'écoute, les trois ressorts s'écartent et rencontrent les contacts extérieurs *b*, *b*, *f*; l'annonciateur de fin de conversation est alors isolé en *c*, et les clés d'appel, ainsi que le poste d'opérateur, sont en relation avec la clé d'écoute manœuvrée, toutes les autres clés d'écoute restant en dehors du circuit d'appel. En appuyant sur l'une ou l'autre des clés d'appel, on envoie le courant sur la ligne reliée à la fiche F ou bien sur celle qui aboutit à la fiche F', en admettant, bien entendu, que ces fiches soient engagées dans des conjoncteurs de ligne.

Tableau standard, modèle de la Société générale des Téléphones. — Le modèle de tableau standard, construit par la Société générale des Téléphones, comprend les organes suivants : des fiches et leurs accessoires, des conjoncteurs, des annonciateurs, des commutateurs, une clé d'appel double. Nous choisirons, comme type, le tableau à 50 numéros pour ligne double, dont la figure 335 représente une vue d'ensemble.

La partie centrale de la fiche (*fig.* 336) est formée par une tige de fer A terminée par un bouton; l'un des conducteurs du cordon souple est vissé sur cette tige. Un manchon isolant B sépare la tige A du tube en laiton C qui reçoit en D le second conducteur du cordon. Un manchon d'ébonite E recouvre et protège les points de liaison des conducteurs; le tout enfin est immobilisé par la douille métallique F qui se visse sur le tube C.

La figure 337 représente le contrepoids qui maintient le cordon souple tendu : c'est une poulie en laiton A sur la gorge de laquelle passe le cordon ; la chape B de cette poulie est noyée dans un bloc de plomb P.

Le cordon souple est fixé à la tablette de l'instrument par une sorte d'étrier A (*fig.* 338, vissé dans le bois et pinçant for-

Fig. 336. — Fiche pour tableau standard, modèle de la Société des Téléphones.

tement le cordon; celui-ci fait une boucle, ses brins sont séparés, et chacun d'eux est attaché à un plot de raccordement en laiton B B'; l'un de ces plots communique avec l'annonciateur de fin de conversation, l'autre avec le commutateur.

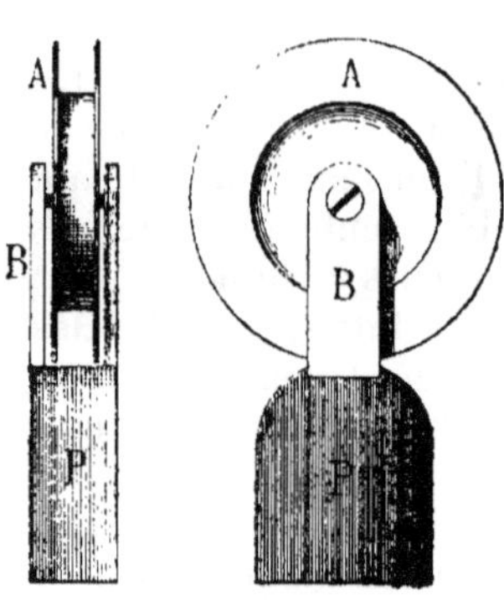

Fig. 337. — Contrepoids de tableau standard.

Les conjoncteurs de ligne, semblables aux conjoncteurs d'intercommunication, sont disposés par rangées de dix sur des règlettes en ébonite. Les cinq rangées de règlettes sont facilement démontables dans le tableau à 50 numéros, mais les dix conjoncteurs de chaque rangée restent solidaires. Chacun d'eux se compose d'un canon métallique A (*fig.* 339) auquel correspond un ressort latéral B. Un autre ressort C, en forme de crochet, reste appuyé, dans la position de repos, sur un boulon qui sert à fixer un troisième ressort ou plutôt une lame métallique D. Les ressorts C et D sont montés sur un massif isolant; ils n'ont aucune communication électrique avec le ressort B et ne conservent de relation entre eux que lorsque C est appuyé sur le boulon. Si la fiche, précédemment décrite, est introduite dans le conjoncteur, elle soulève le ressort C qui cesse de toucher le boulon. Par sa tête, la fiche prend contact avec le ressort C du conjoncteur; par sa partie cylindrique, elle adhère au canon A du conjoncteur. Si donc, le canon A du conjoncteur est en relation avec un des fils de ligne, si le ressort C est réuni au second fil de ligne, ces deux conducteurs

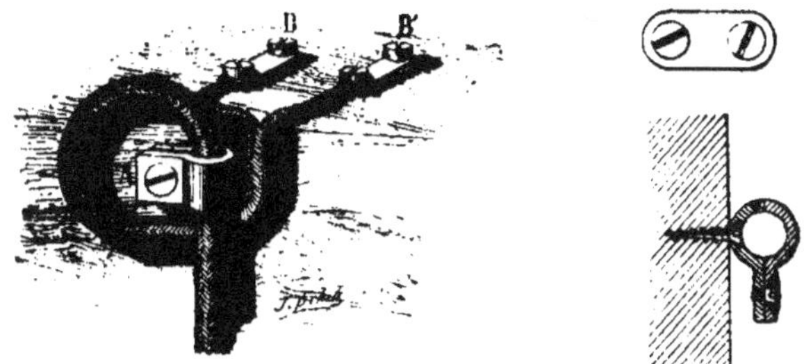

Fig. 338. — Mode d'attache des cordons souples de tableau standard.

sont reliés aux deux conducteurs du cordon souple de la fiche lorsque celle-ci est introduite dans le conjoncteur; en outre, si la lame D est réunie à l'annonciateur de ligne, celui-ci est

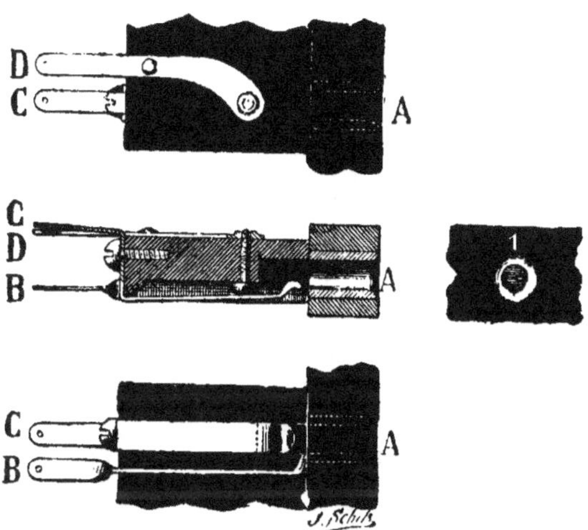

Fig. 339. — Conjoncteur de tableau standard, modèle de la Société des Téléphones.

mis hors circuit par le fait de l'introduction de la fiche dans le conjoncteur, puisque cette opération rompt la communication entre le ressort C et le boulon.

Les annonciateurs d'appel sont identiques aux annonciateurs de fin de conversation quant à la forme; seule, la résistance des bobines varie; elle est de 100 ohms pour les premiers, de 600 ohms pour les seconds. Ces annonciateurs se composent d'une bobine unique B (*fig.* 340) montée sur une équerre en laiton qui supporte l'armature P pivotant entre les pointes des vis *v v'*. Sur cette armature est fixé le crochet *c* qui

Fig. 340. — Annonciateur d'appel pour tableau standard, modèle de la Société des Téléphones.

soutient le volet E. Celui-ci tombe dès que le crochet *c* se relève par suite de l'attraction de la palette P. Dans sa chute, le volet rencontre le ressort *r*, le fait fléchir et l'applique contre

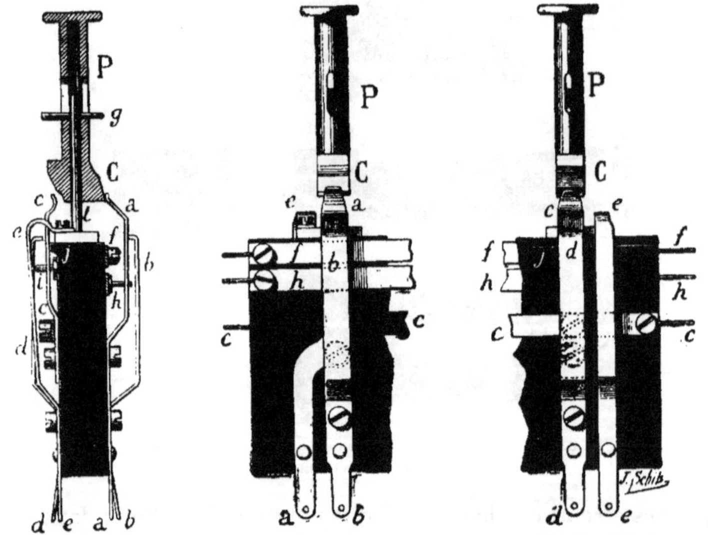

Fig. 341. — Commutateur de tableau standard, modèle de la Société des Téléphones.

la vis F. On conçoit que si le volet E communique avec une sonnerie, la vis F avec une pile, ou réciproquement, la sonnerie fonctionne dès que le volet tombe.

Les commutateurs, au nombre de 5, autant d'ailleurs qu'il y

a de paires de fiches, sont des pistons métalliques commandant un jeu de ressorts.

La tête du piston P (*fig.* 341) est creuse; elle glisse le long d'une tige métallique *t* et est guidée par la goupille *g*; elle porte à sa base une sorte de came en acier C qui agit sur les ressorts placés en regard; ces ressorts sont au nombre de quatre se commandant deux à deux; une cinquième communication métallique est réunie à la tige *t*.

Suivant que le piston P est abaissé ou relevé, le commutateur présente l'aspect de la figure 342 ou celui de la figure 343.

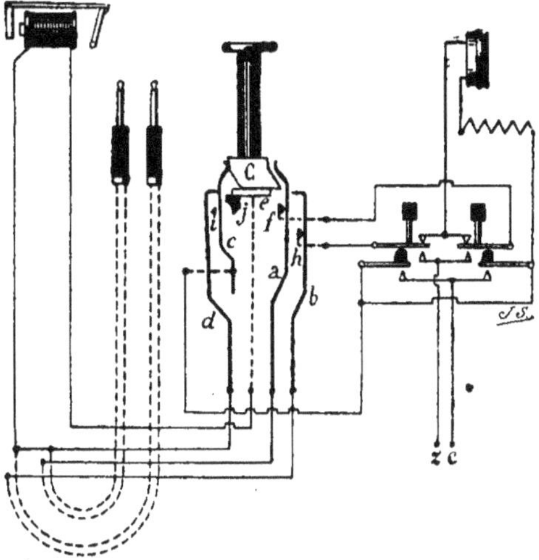

Fig. 342. — Communications du commutateur lorsque le piston est abaissé.

Dans la position indiquée par la figure 342 le ressort *a* appuie sur la goupille *f*, le ressort *b* sur la goupille *h*, cette dernière traverse le ressort *a* sans le toucher; le ressort *c* est en contact avec la came C et par conséquent avec la lame *e*; il touche également le ressort *d* qui n'est plus en rapport avec la goupille *i*.

Dans la position représentée par la figure 343, le ressort *a* touche le ressort *b*, la came C et communique par conséquent avec la lame *e*; les goupilles *f*, *h* sont isolées; le ressort *c* est soutenu par le bourrelet en ébonite *j* qui le sépare de la came C, il est également séparé du ressort *d*, arrêté par la goupille *i*.

Dans la figure 342 le commutateur met la clé d'appel et l'appareil d'opérateur en communication avec la paire de fiches correspondante.

Dans la figure 343 le commutateur est en relation avec les fiches; l'annonciateur de fin de conversation reste dans le circuit, mais la clé d'appel et l'appareil d'opérateur en sont exclus.

La clé d'appel a beaucoup d'analogie avec les clés doubles que la Société des Téléphones construit pour les bureaux centraux et que nous avons décrites.

Elle est formée de deux parties symétriques par rapport à un axe vertical et correspondant respectivement aux fiches d'une même paire par l'intermédiaire du commutateur. Cha-

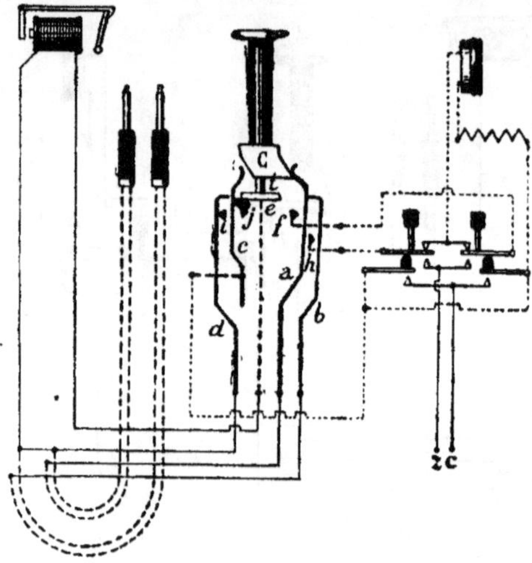

Fig. 343. — Communications du commutateur lorsque le piston est relevé.

cune des portions de la clé double (*fig.* 344) est composée d'une manière identique; on pourrait désigner ces deux portions par les expressions : *clé de gauche*, *clé de droite*; la partie centrale est commune aux deux clés.

Les chevilles A, A' servent à abaisser les clés; elles reposent sur les ressorts *a*, *a'* en contact, au repos, avec les plots *d*, *d'* réunis ensemble. Les ressorts *b*, *b'* communiquent entre eux; ils sont séparés des ressorts *a*, *a'*, à leur base, par les blocs isolants E E', dans leur partie flexible par les champignons d'ébonite *e e'*. Une pièce en laiton *m* est disposée au-dessous des ressorts *a a'*, une autre pièce métallique *n* est située au-dessous des ressorts *b*, *b'*; les deux pièces *m*, *n* sont isolées l'une de l'autre par la lame *f f'*. Ces deux pièces *m*, *n* représentent les plots de travail de la clé; m correspond en z au pôle négatif de la pile d'appel, n en e au pôle positif (*fig.* 345).

Lorsque la clé est au repos, les conducteurs $h\, h'$ communiquent avec le conducteur i, le conducteur g est isolé. Lorsque la cheville A est abaissée, le pôle positif de la pile est en relation avec le fil g, le pôle négatif avec le fil h. Lorsque la cheville A' est abaissée, c'est le conducteur h' qui est réuni au pôle négatif de la pile.

Dans le montage général de l'appareil, i et g aboutissent au circuit secondaire de l'appareil d'opérateur, g étant en outre réuni au commutateur.

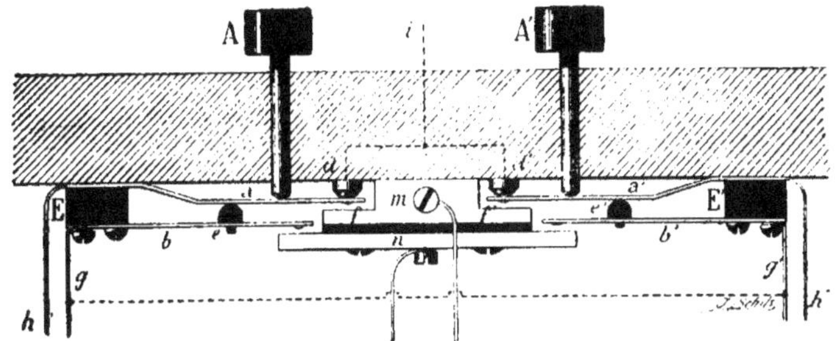

Fig. 344. — Clé d'appel de tableau standard, modèle de la Société des Téléphones.

Les fils de ligne et, en général, toutes les communications extérieures au tableau arrivent à des plots de raccordement sous lesquels elles sont vissées. La figure 345 montre le diagramme des connexions intérieures d'un tableau à 50 numéros.

Les lignes arrivent aux plots de raccordement a, b; b communique avec le canon e du conjoncteur et avec la bobine de l'annonciateur d'appel f, en relation d'autre part avec le contact d; a est relié au ressort r. Tous les fils de ligne sont installés de la même manière, de sorte que les annonciateurs d'appel ferment le circuit du double conducteur de la ligne. Si la ligne 1 appelle, le courant traverse la bobine de l'annonciateur, l'armature est attirée, le volet tombe. Si on introduit alors une fiche dans le conjoncteur n° 1, le ressort r abandonne le contact d sous la pression de la fiche; la communication est rompue avec l'annonciateur.

Chaque paire de fiches est reliée à un commutateur; l'un des conducteurs du cordon souple de la fiche 1 est réuni au ressort a; l'un des conducteurs du cordon souple de la fiche 2 est réuni au ressort b, les deux conducteurs libres sont unis ensemble, au ressort d et à la bobine de l'annonciateur de fin de conversation communiquant d'autre part à la lame e et à la tige du commutateur.

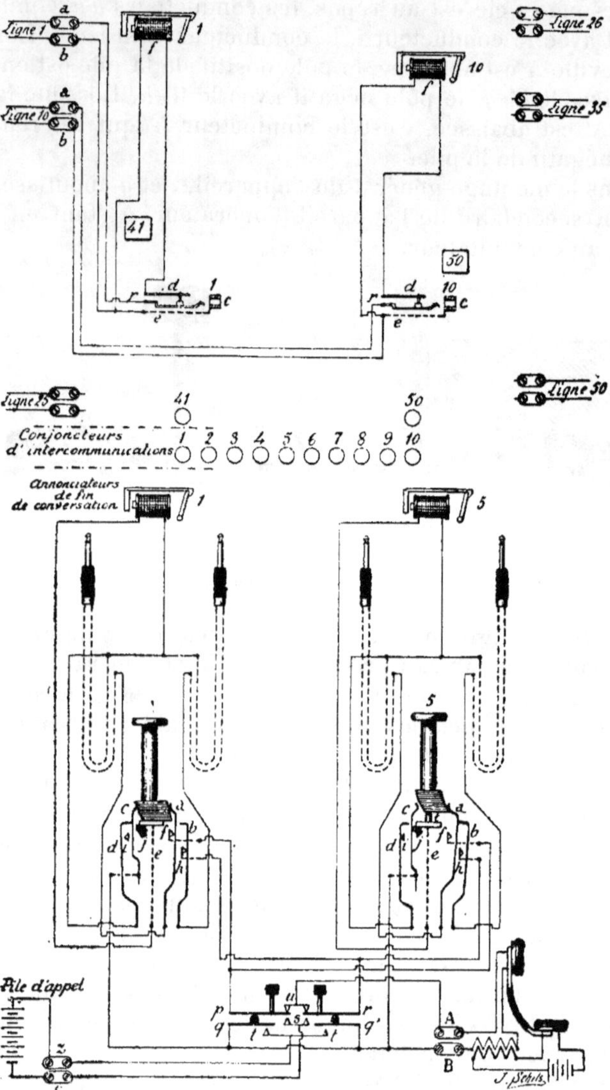

Fig. 345. — Communications d'un tableau standard à 50 directions (modèle de la Société des Téléphones).

Tous les ressorts *c* des commutateurs sont reliés ensemble et avec les ressorts *q q'* de la clé d'appel. Toutes les goupilles *f* sont reliées ensemble et avec le ressort *p* de la clé d'appel. Toutes les goupilles *h* sont reliées ensemble et au ressort *r* de la clé d'appel.

Les deux plots de travail *s*, réunis, communiquent avec le plot de raccordement *c*; les deux plots de travail *t*, *t* réunis communiquent avec le plot de raccordement *z*; la pile d'appel est intercalée entre les plots *c z*.

Les plots de repos *u* sont greffés sur un fil qui aboutit au plot de raccordement A, de même un embranchement métallique unit le plot B aux ressorts *q q'* et, par conséquent, aux ressorts *c* de tous les commutateurs.

Le poste d'opérateur est réuni aux plots de raccordement A, B.

La manœuvre et le fonctionnement des tableaux de la Société générale des Téléphones ne diffèrent pas sensiblement des opérations similaires que nous avons décrites au sujet des standards fournis par M. Aboilard : il nous semble superflu de répéter ici les opérations de détail à exécuter pour installer les communications entre les abonnés.

Tableau système Mandroux. — Le tableau téléphonique de M. Mandroux dessert 60 abonnés, chiffre qui, d'après l'inventeur, correspond au travail que peut fournir une habile téléphoniste sur un réseau dont toutes les lignes sont en pleine activité. C'est un petit meuble élégant, une sorte de bureau devant lequel s'assied l'employée. Le premier modèle a été construit pour des lignes à simple fil.

Chacun des 60 groupes ou unités qui correspondent aux 60 lignes simples se compose de :

Un conjoncteur,
Une fiche de jonction,
Un plot de repos pour cette fiche,
Un annonciateur,
Un bouton de prise de contact.

Une règlette métallique mobile et un poste complet d'opérateur forment les organes communs à toutes les unités.

Les conjoncteurs (*fig.* 346) sont formés par deux blocs de laiton A, B, isolés l'un de l'autre par une lame d'ébonite E. Le bloc supérieur est percé d'un trou C, destiné à recevoir la fiche de jonction. Un ressort d'acier R est maintenu sur la face latérale du conjoncteur par une vis *v*, qui mord dans le bloc A. La pièce de contact *r'*, qui termine le ressort R, appuie sur le bloc B et, par conséquent, établit, en temps normal, la liaison électrique entre les blocs A et B.

Vers la partie médiane du ressort R, une goupille *r* traverse librement le bloc A et fait saillie à l'intérieur du trou C.

Il est facile de voir que si, dans le trou C, on introduit une fiche métallique de calibre convenable, la goupille *r* est repoussée; par suite, le ressort R est chassé en arrière, le con-

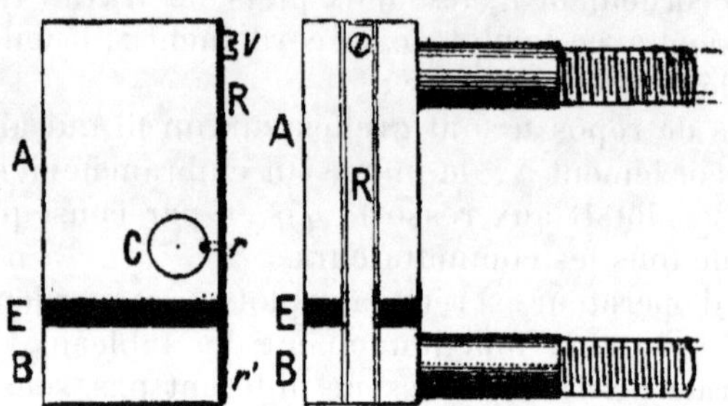

Fig. 346. — Conjoncteur système Mandroux.

tact *r* abandonne la pièce B et celle-ci se trouve isolée du reste du système.

La fiche de jonction (*fig.* 347) est en laiton avec un manche en ébonite; son diamètre est le même que celui du trou C du conjoncteur. Un cordon conducteur souple est attaché, d'une part à la fiche, de l'autre à un plot fixé sur la face postérieure du tableau. A ce plot aboutit le fil de ligne, dérivé comme nous le verrons plus loin.

Les cordons souples sont toujours tendus par un contre-

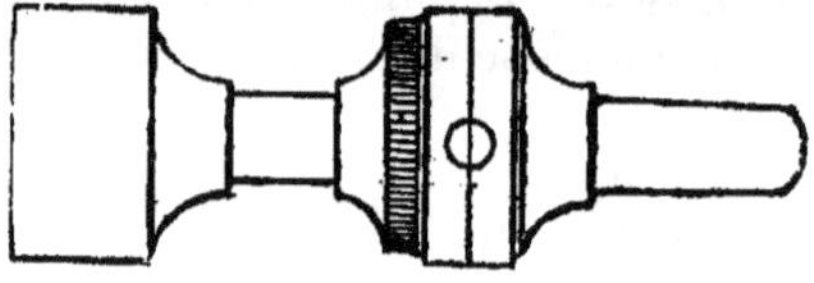

Fig. 347. — Fiche de jonction système Mandroux.

poids mobile (la figure 348 montre cette disposition ainsi qu'une vue d'ensemble du tableau); sans cela, la manœuvre des fiches deviendrait difficile. Ce contre-poids est un bloc de plomb surmonté d'une poulie sur la gorge de laquelle passe le cordon, qui d'ailleurs est guidé par une poulie de renvoi. La longueur des cordons est telle qu'on peut introduire la fiche dans tous les conjoncteurs du tableau et même dans ceux de tableaux voisins.

Les plots de repos sont de simples douilles en laiton dans lesquelles on enfonce les fiches lorsqu'on n'en fait pas usage.

La disposition de l'annonciateur (*fig.* 349) n'offre rien de particulier; c'est un électro-aimant dont l'armature retient un volet. Chaque annonciateur porte le numéro de la ligne de l'abonné et ce numéro est masqué lorsque le volet est retenu par l'armature. Quand celle-ci est attirée, le volet tombe par son propre poids et découvre le numéro.

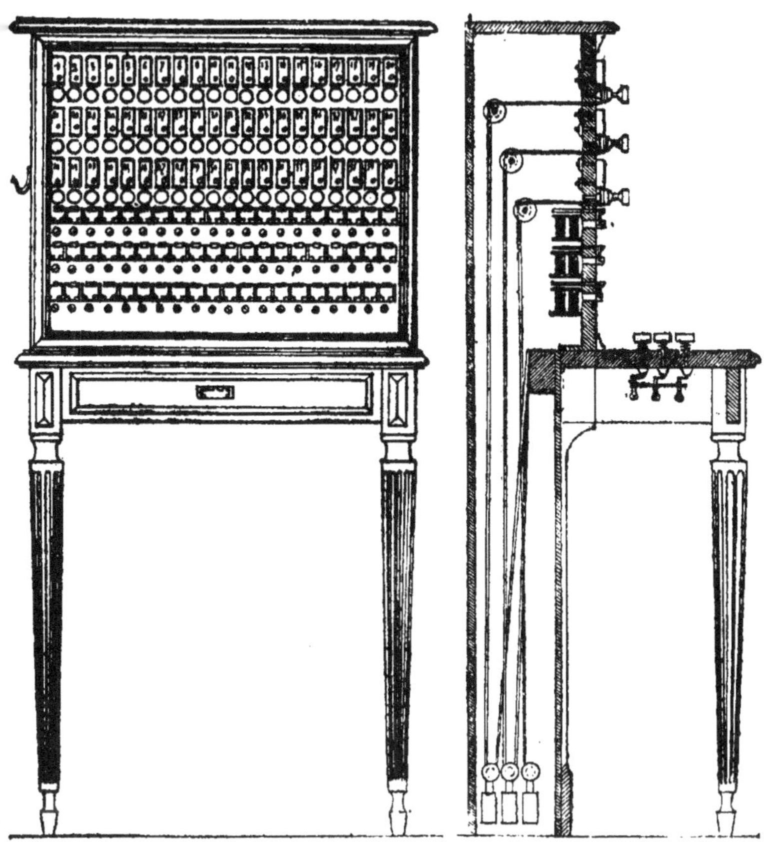

Fig. 348. — Tableau système Mandroux.

Les boutons de prise de contact sont des organes purement mécaniques destinés à relier instantanément l'une quelconque des lignes aboutissant au tableau avec l'appareil de la téléphoniste. Le tableau comporte 60 boutons pour les 60 lignes et un bouton supplémentaire servant à ramener le mécanisme au repos. Le tout forme un clavier placé sur la tablette horizontale du petit meuble.

Chaque bouton est indépendant.

C'est un piston soulevé par un ressort à boudin et traversant la tablette. La tige de ce piston est terminée par deux surfaces coniques, opposées par leur base, ainsi qu'on peut le voir dans le bas de la figure 350. Au-dessous de chacun des pistons b_1, b_2, b_3, b_4 est un ressort l appuyé sur une vis v.

Relevé, le piston ne touche pas le ressort l; abaissé, il le chasse, prend contact avec lui et le sépare de la vis v. Au dessous de tous les pistons court une règlette métallique. Cet agencement est le point original du système.

La règlette est montée sur une glissière et peut se déplacer latéralement suivant un plan horizontal. Un ressort à boudin r

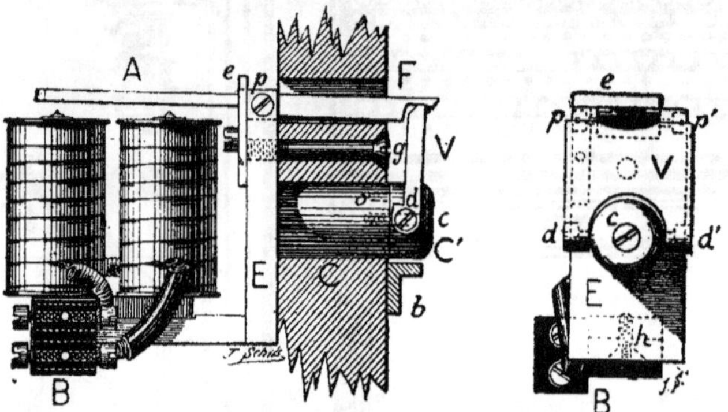

Fig. 349. — Annonciateur système Mandroux.

la maintient dans sa position initiale et l'y ramène le cas échéant. Les déplacements de la règlette n'ont lieu que par la pression des pistons. A cet effet, en regard de chaque piston, est une lame en acier C_1, C_2, C_3, C_4 taillée suivant un plan incliné et formant comme un crochet.

La règlette est en communication permanente avec le poste d'opérateur de la téléphoniste.

Cela posé, appuyons sur un des boutons : les surfaces biseautées du piston et de la règlette sont mises en contact, la première chasse la seconde et la règlette est refoulée vers la droite. Mais, dès que la grande base de la surface conique du piston a été dépassée, la règlette revient vers la gauche, poussée par le ressort à boudin r, et le crochet embraye la tige du piston qui reste abaissé. A ce moment la pointe du cône du piston presse le ressort l, et la communication est rompue avec la vis v.

Le double mouvement de la réglette, mouvement provoqué

par l'abaissement de l'un quelconque des pistons, a pour effet d'embrayer celui-ci et de dégager tout autre piston préalablement embrayé. De la sorte, à un moment donné, il ne peut y avoir qu'une seule ligne en communication avec l'appareil d'opérateur de la téléphoniste.

Le 61ᵉ bouton dont nous avons parlé ne correspond à aucune ligne; c'est un bouton neutre ou de *rappel au blanc* qui reste normalement embrayé sur la réglette.

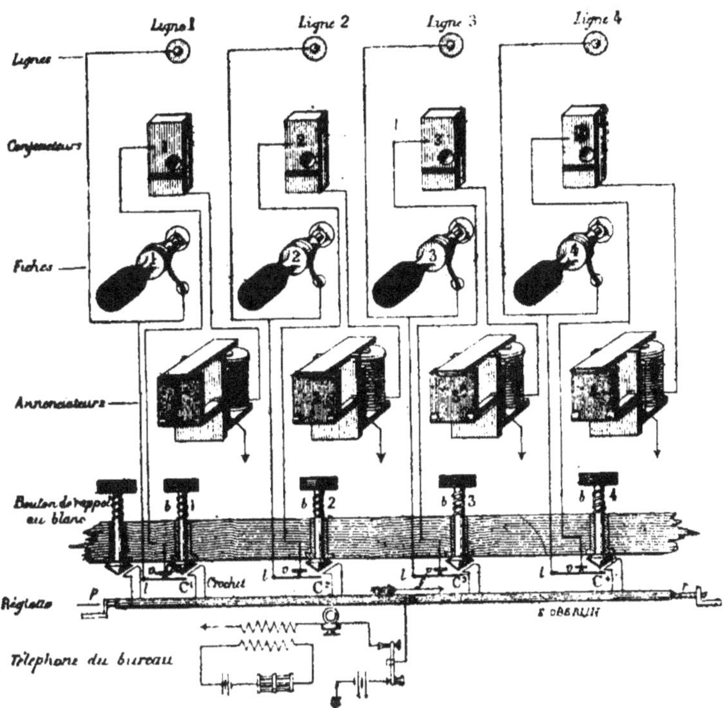

Fig. 350. — Communications du tableau Mandroux.

Le poste d'opérateur comprend un manipulateur, une pile d'appel et un appareil combiné Berthon-Ader, dont la fiche s'enfonce dans une mâchoire à 4 contacts, encastrée dans le châssis de la table.

Les communications sont les suivantes :

La ligne aboutit au plot du cordon souple et, par conséquent, à la portion métallique de la fiche de jonction : une dérivation de cette ligne arrive au ressort *l*. La vis *v* est réunie à la partie supérieure du conjoncteur : la partie inférieure de cet organe est reliée à l'entrée des bobines de l'annonciateur, la sortie de ces bobines est à la terre.

La réglette est unie au massif du manipulateur dont l'enclume de repos communique avec le circuit secondaire du poste d'opérateur et, par conséquent, avec le téléphone récepteur. L'enclume de travail reçoit l'un des pôles de la pile d'appel, l'autre pôle étant à la terre. Le circuit microphonique, enfin, est constitué comme à l'ordinaire.

Supposons la téléphoniste assise devant le tableau garni de ses 60 lignes, dont quatre seulement sont représentées sur notre dessin.

L'abonné n° 3 appelle, le volet de l'annonciateur n° 3 tombe; la téléphoniste presse sur le bouton b_3 : elle est en communication avec l'abonné n° 3. Celui-ci demande à communiquer avec l'abonné n° 1. La téléphoniste abaisse le bouton b_1; par cette manœuvre elle coupe sa communication avec le n° 3, mais se trouve en relation avec le n° 1. D'un coup de manipulateur elle appelle cet abonné et, dès qu'il a répondu, introduit la fiche n° 3 dans le conjoncteur n° 1 : les deux abonnés communiquent entre eux.

La téléphoniste appuie sur le bouton de rappel au blanc et dégage ainsi le bouton n° 1, puis elle relève le volet de l'annonciateur n° 3 et attend qu'en tombant de nouveau il indique la fin de la conversation. La fiche n° 3 est alors remise dans le plot de repos.

Il est facile de voir, en examinant notre croquis, que l'annonciateur n° 3 est resté en dérivation pendant toute la durée de l'entretien, tandis que l'annonciateur n° 1 était hors circuit. La combinaison inverse aurait eu lieu si, en établissant la liaison entre les deux abonnés, la téléphoniste avait fait usage de la fiche n° 1 et l'avait placée dans le conjoncteur n° 3. La téléphoniste peut d'ailleurs toujours intervenir en substituant son appareil à l'annonciateur laissé en dérivation, et cela par une simple pression sur le bouton qui porte le même numéro.

On voit d'après ce qui précède combien la manœuvre du tableau de M. Mandroux est simple; une seule fiche suffit pour relier deux abonnés.

Le nombre des abonnés desservis par un même bureau est fort souvent supérieur à 60; on peut alors faire usage de tableaux placés les uns à côté des autres, et les cordons sont encore assez longs pour que la communication puisse être donnée directement aux abonnés de deux tableaux adjacents.

Lorsque le nombre des lignes dépasse 180, on est obligé d'avoir recours à des fils d'intercommunication.

Voici la disposition que propose M. Mandroux :

Prenons comme exemple un réseau de 300 abonnés, répartis sur 6 tableaux (*fig.* 351).

Les tables A, C, D, F, desservent chacune 60 abonnés, les tables B, E n'en desservent que 30, et les 30 conjoncteurs libres de B sont reliés aux 30 conjoncteurs libres de E par des fils d'intercommunication au nombre de 30.

Pendant les heures d'activité, chaque table est desservie par une téléphoniste, soit 6 téléphonistes pour 300 abonnés; aux autres heures, 4 téléphonistes suffisent et on peut supprimer celles des tables B et E.

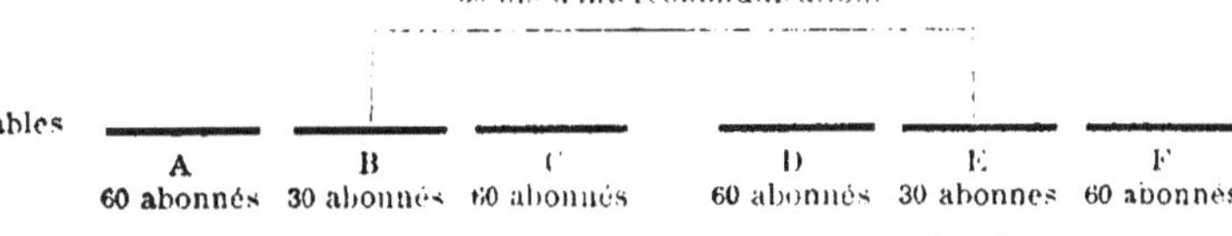

Fig. 351. — Intercommunication de plusieurs tableaux Mandroux.

Avec cette disposition, si un abonné de la table A, par exemple, veut parler à un abonné de la table D, la téléphoniste de la table A appelle par le clavier de B la téléphoniste de la table E, et elle relie la ligne de A avec l'un des conjoncteurs de B réservés à l'intercommunication. La téléphoniste de E relie la ligne de l'abonné appelé avec le conjoncteur situé au-dessus de l'annonciateur par lequel la téléphoniste de A l'a appelée.

Cette installation par groupement de tables serait, au dire de l'inventeur, très pratique, lorsque le nombre des abonnés ne dépasse pas 600; c'est le cas de beaucoup de réseaux de province.

On a déjà remarqué que la communication entre deux abonnés placés, soit sur la même table, soit sur des tables différentes, est toujours donnée avec un seul cordon; ainsi, sur deux cordons reliés à deux lignes différentes, un seul établit la jonction entre ces deux lignes; on peut utiliser l'autre cordon comme un branchement et relier ainsi non seulement deux abonnés, comme dans les montages actuels, mais en relier trois, quatre, etc., et cela sans introduire d'autres dérivations que celles des postes d'abonnés eux-mêmes.

Cette faculté trouverait une application utile dans certains cas et serait très probablement appréciée avec faveur par les abonnés qui pourraient ainsi s'entretenir comme s'ils étaient autour d'une table de travail.

Les tableaux pour ligne double empruntent la plus grande partie de leurs organes aux tableaux pour lignes simples; M. Mandroux a cependant introduit dans leur construction plusieurs améliorations intéressantes, dont bénéficieront aussi les tableaux pour ligne simple que l'on construira dans l'avenir.

Comme aspect général, le tableau Mandroux pour ligne double représente un panneau vertical relié à une planchette horizontale par un plan incliné. Ce petit meuble est supporté par un châssis en fer cornière et en fer méplat. La hauteur de ce châssis est telle que la téléphoniste peut travailler debout ou bien assise sur une chaise surélevée, comme celles dont on fait usage pour les appareils Hughes.

L'annonciateur pour ligne double ne diffère pas sensiblement de celui que nous avons décrit à propos du tableau pour ligne simple (*fig.* 349) : nous n'y reviendrons pas.

Le conjoncteur de ligne (*fig.* 352) se compose de trois blocs en laiton D, F, H, isolés les uns des autres par une plaque en ébonite E. Un trou traverse de part en part les blocs D et F, ainsi que la plaque d'ébonite E. Il est calibré de façon à recevoir une fiche qui y pénètre à frottement. Des ressorts en acier r, r' sont vissés sur les plots D, F; ces ressorts, logés dans des rainures, ont leur face inférieure arrondie et font légèrement saillie à l'intérieur du trou. Le ressort r est en outre garni d'un contact platiné et repose sur un contact semblable soudé à la pièce H. En temps normal, la pièce D est en communication avec la pièce H par le ressort r. Lorsqu'une fiche est enfoncée dans le trou, le ressort r est écarté, et la pièce H reste isolée des pièces D et F.

Deux boulons d, h traversent le panneau du tableau et servent à assujettir le conjoncteur au moyen de forts écrous. Le boulon d est vissé dans le bloc D, mais est isolé du bloc F par un champignon en ivoire; le boulon h communique de la même manière avec le plot H; enfin le boulon f est relié directement au bloc F. Les deux fils de ligne aboutissent aux boulons d, f; le fil de l'annonciateur est pincé sous la vis h.

La fiche pour ligne double a la même forme que la fiche pour ligne simple; son agencement est nécessairement plus compliqué.

Le canon métallique central A^2 (*fig.* 352) est en relation avec l'un des fils de ligne, la gaine extérieure A^1 avec l'autre, nous

allons voir comment : sur la tige cylindrique VA² terminée par **le téton A²**, s'enfilent successivement une rondelle d'ébonite I, **un manchon** de même matière, une gaine métallique A¹, le

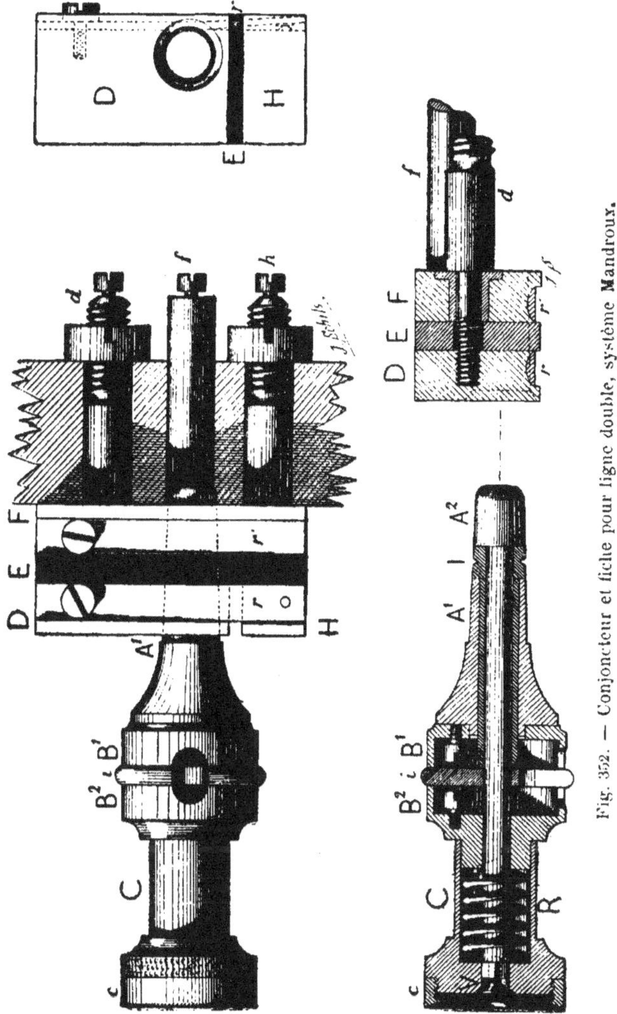

Fig. 352. — Conjoncteur et fiche pour ligne double, système **Mandroux**.

premier compartiment d'une boite en laiton B¹, une bague isolante *i*, un couvercle métallique B², un tube également métallique C, une tête *c*; tout ce système est assemblé en V par une vis à tête fraisée. Un ressort à boudin R, emprisonné dans le tube C, assure une certaine élasticité aux parties mobiles et permet notamment aux boitiers B^2 B^1 et à la rondelle i de tourner autour de VA^2 qui leur sert d'axe. Sous la vis de B^2 est pincé le conducteur de ligne qui aboutit à la tige VA^2 ; le second fil de la ligne est pincé sous la vis de B^1 et se trouve, par conséquent, relié au manchon A^1. On comprend facilement que lorsque la fiche est enfoncée dans l'orifice du conjoncteur (*fig.* 352), la tige VA^2 est en relation avec le bloc F, et le manchon A^1 avec le bloc D de ce conjoncteur. Les parties $B^2 i B^1$ de la fiche étant mobiles, les conducteurs attachés aux vis ne subissent aucune torsion pendant les manœuvres de la fiche.

La tête c est recouverte par une étiquette ou un jeton en os qui porte le numéro de la ligne à laquelle la fiche est affectée.

Les commutateurs qui mettent la ligne en relation avec le poste d'opérateur sont des touches qui forment un clavier. Dans le tableau à soixante numéros, ces touches sont réparties sur trois rangées de vingt, montées en échelon, une rangée de touches noires séparant deux rangées de touches blanches. Les unes ne diffèrent des autres que par la grandeur des bras de levier; elles sont numérotées comme les lignes auxquelles elles correspondent.

Toutes les touches communiquent avec l'appareil d'opérateur, et chaque touche correspond à une ligne différente : en abaissant la touche A, par exemple, correspondant à la ligne A, on met cette ligne en relation avec l'appareil d'opérateur, mais si on abaisse ensuite la touche B, on coupe automatiquement la communication de la ligne A pour lui substituer la ligne B. De la sorte, il ne peut jamais y avoir qu'une seule ligne reliée au poste d'opérateur, la mise en communication d'une ligne interrompant l'autre.

La figure 353 représente le mécanisme de l'une des touches du clavier.

A B est un levier qui porte en A le numéro de la clé; il pivote autour de l'axe F. Un second levier coudé C G D repose sur le premier. Ce levier, dont l'axe est en G, porte un ressort M; il s'appuie, d'autre part, sur un autre ressort N, mais en est isolé par la goupille d'ébonite E. La partie avancée C, qui repose sur le bout B de la touche, porte un appendice biseauté a. En regard, la pièce J H, montée sur un axe indépendant H, est également biseautée; le ressort P, fixé au massif en bois de l'appareil, la maintient dans la position que nous représentons. Le ressort N est monté sur la pièce Q; I, L, K sont des plots de contact servant d'appui aux ressorts M, N dans leurs différentes positions et assurant leurs communications électriques.

Dans la figure 353, la clé est au repos. Si on appuie sur la partie A, le bras du levier B soulève C, la pièce biseautée a glisse sur la pièce J et la rejette en arrière. Dès que a a dépassé J dans son mouvement de bas en haut, J, poussé par le ressort

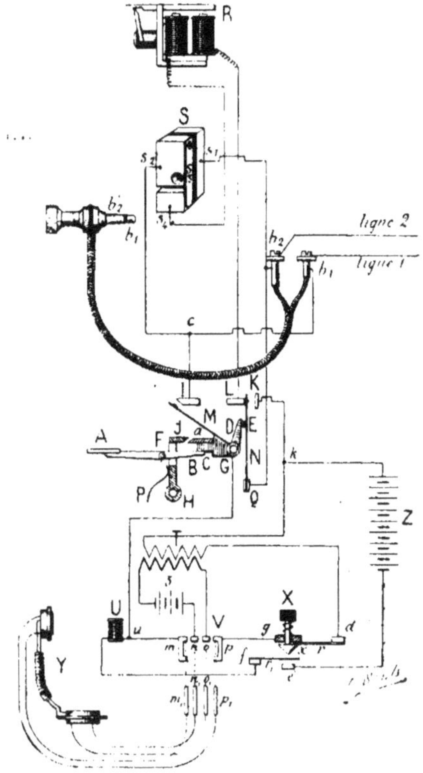

Fig. 353. — Communications du tableau Mandroux pour lignes doubles.

P, se porte vers la droite, passe au-dessous de a, et le levier C G D reste accroché sur J. A ce moment, le ressort N a abandonné L pour s'appuyer sur K; le ressort M a pris contact avec I. Les choses restent en cet état jusqu'à ce qu'une nouvelle touche soit abaissée, l'enclenchement de celle-ci provoquant le déclenchement de celle-là, parce que la pièce J est une réglette commune à toutes les touches.

La figure 353 est un diagramme des communications du

tableau. Il y a, bien entendu, autant d'annonciateurs, autant de conjoncteurs, autant de fiches, autant de touches qu'il y y a de lignes doubles aboutissant au tableau, mais il n'existe qu'un seul bouton d'appel, une seule bobine d'induction, une seule bobine de dérivation, une seule mâchoire et un seul appareil d'opérateur.

Sans indiquer la liaison des organes que l'on peut suivre sur la figure, nous allons suivre la marche du courant pendant les différentes opérations. Ces opérations sont les suivantes :

I. — L'abonné appelle;

II. — La téléphoniste se met en relation avec lui, le sonne au besoin, prend sa commande;

III. — La téléphoniste sonne l'abonné demandé et établit la communication.

I. — Lorsque l'abonné appelle, le courant suit le trajet : ligne 1, b_1, c, s_2, s_3, s_4, R, L, N, Q, b_2, ligne 2. Le volet de l'annonciateur tombe.

II. — La téléphoniste abaisse la touche A qui porte le même numéro que celui de l'annonciateur tombé. Par suite de l'abaissement de cette touche, a est accroché sur J, M est appuyé sur I, N sur K; L reste isolé. La fiche à quatre lames m_1, n_1, o_1, p_1 de l'appareil d'opérateur Y est enfoncée dans la mâchoire V.

Si l'abonné est resté à l'appareil, la téléphoniste lui parle : le circuit microphonique est fermé par o, fil primaire de la bobine d'induction, pile z, n, n_1, microphone o_1; le circuit du récepteur comprend : ligne 1, b_1, c, I, M, G, u, m, m_1, récepteur, p_1, p, g, r, d, circuit secondaire de la bobine d'induction, k, K, N, Q, b_2, ligne 2.

Si l'abonné n'est pas resté à l'appareil et que la téléphoniste soit obligée de le rappeler, elle presse le bouton X. Il est à remarquer à ce sujet que, au repos, le ressort r est maintenu contre la pièce g par la saillie x du bouton d'appel X, ce bouton obéissant lui-même à l'action du ressort à boudin placé entre g et X; mais, quand le bouton est abaissé, le ressort r, en raison de son élasticité propre, s'éloigne de la pièce g. Ainsi, quand le bouton est relevé, d communique avec g, f est isolé de e; quand le bouton est abaissé, d est isolé de g, f communique avec e. Cela posé, nous disions que la téléphoniste presse le bouton X : le courant de la pile d'appel Z passe de e en r_1, x, g, p, p_1, récepteur, m_1, m, u, G, M, I, c, b_1, ligne 1, poste de l'abonné, ligne 2, b_2, Q, N, K, k, pile Z. Le courant traverse donc le récepteur de l'appareil d'opérateur; c'est un moyen de contrôle qui permet de constater l'efficacité des appels (en admettant que la ligne soit en bon état), mais ce courant produirait un bruit fatigant dans le récepteur si l'inventeur n'avait pris la précaution d'en dériver la plus grande partie à travers une bobine U de faible résistance (2 ou 3 ohms). La portion principale du courant suit en effet le trajet : e, r_1, f, U, u, G, M, I, c, b_1, ligne 1, etc... et ce n'est que la plus minime partie qui traverse le récepteur Y.

La téléphoniste du tableau se trouve en relation avec l'abonné appelant par : ligne 1, b_1, c, I, M, G, u, m, m_1, récepteur, p_1, p, g, r, d, fil secondaire de la bobine d'induction k, K, N, Q, b_2, ligne 2. Elle prend son ordre verbal.

III. — Pour exécuter cet ordre, elle abaisse la touche de l'abonné demandé, le sonne comme nous venons de l'indiquer, et, dès qu'il a répondu, enfonce la fiche de l'abonné appelant dans le conjoncteur de l'abonné appelé. L'annonciateur de l'abonné appelant dont le volet a été relevé reste dans le circuit et tient lieu d'annonciateur de fin de conversation.

On voit que les opérations manuelles de la téléphoniste du tableau se réduisent à abaisser deux touches, presser une fois ou au plus deux fois sur un bouton d'appel, enfoncer une fiche dans un conjoncteur et relever deux volets.

XIV

INSTALLATION DES POSTES

Postes centraux de l'État (grands réseaux).

Postes centraux des grands réseaux. — Entrées de postes. — Rosaces. — Têtes de câble. — A. Tableaux de bureaux centraux, modèle de la Société des Téléphones; appareil d'opérateur. — B. Système semi-multiple. — C. Commutateurs multiples. — D. Multiples dicordes; poste d'opérateur; ensemble des communications; modèle de la Société des Téléphones. — E. Multiples monocordes. — Cabines téléphoniques.

Postes centraux des grands réseaux. — Les postes centraux des grands réseaux ne sont pas tous montés de la même manière et, il faut bien le reconnaitre, on n'est pas encore complètement sorti de la période des essais. Nous désignerons ici par les lettres A, B, C, ..., les différents types que nous allons étudier.

A. — Dans un premier dispositif, les abonnés dont les relations sont les plus fréquentes sont groupés sur des tableaux. Les lignes auxiliaires unissant le bureau aux bureaux voisins sont réparties sur ces tableaux. Les lignes d'intercommunication de tableau à tableau arrivent à des conjoncteurs situés au-dessous des tableaux.

B. — Dans un second agencement connu sous le nom de *semi-multiple*, les lignes auxiliaires, destinées aux appels des autres bureaux, sont réunies sur des tableaux spéciaux; il existe alors des tableaux d'abonnés ou de *groupes* et des tableaux de lignes auxiliaires.

C. — Les *commutateurs multiples* sont de vastes tableaux divisés en sections dont le nombre varie avec l'importance du bureau.

Les lignes d'abonnés sont réparties entre les différentes sections; ainsi les lignes d'abonnés numérotées de 1 à 100 forment la première section, celles de 101 à 200 la seconde, et ainsi de suite. Dans la section qui lui est propre, la ligne est pourvue d'un annonciateur, mais elle traverse toutes les autres sections et dans chacune d'elles est reliée à un conjoncteur qui porte son numéro. De la sorte, la ligne 25, par exemple, a dans la première section un annonciateur et un conjoncteur portant le numéro 25, mais dans les sections 2, 3, ..., etc., elle traverse un conjoncteur portant également le n° 25. Il en résulte que la téléphoniste chargée du service d'une section quelconque peut relier, à elle seule et sans intervention, une ligne aboutissant à sa section avec l'une quelconque des autres lignes rattachées au bureau. En résumé une téléphoniste répond aux appels d'un certain nombre d'abonnés formant une section, et les lignes de tous les autres abonnés sont également à sa portée.

Les commutateurs multiples sont construits pour lignes à simple fil ou pour lignes à double fil; on les distingue aussi en *multiples dicordes* et *multiples monocordes*.

D. — Avec les commutateurs multiples dicordes, deux fiches et deux cordons sont nécessaires pour établir les communications.

E. — L'emploi des commutateurs multiples monocordes simplifient encore les opérations, car à l'aide d'une seule fiche et d'un seul cordon on parvient à relier deux abonnés.

Entrées de postes. — Lorsque les lignes sont aériennes, elles entrent dans le bureau par une tourelle, comme nous l'avons vu (p. 167), et là sont réunies aux fils recouverts venant de l'intérieur.

Les câbles des lignes souterraines pénètrent directement dans l'immeuble par le sous-sol.

Rosaces. — Dans la généralité des cas, les lignes, aériennes ou souterraines, aboutissent à une *rosace* circulaire dont les dimensions dépendent de l'importance du réseau. Cette disposition laisse aux conducteurs, pénétrant par le centre et aboutissant à la circonférence, une longueur uniforme qui permet de les changer de place pour les grouper de la façon la plus favorable.

Les câbles arrivent par un caniveau aboutissant à l'égout. Dépourvus de leur enveloppe de plomb dans le voisinage de la rosace, les différents brins traversent un anneau en fer supporté par quatre bras vissés sur la boiserie circulaire. Ils s'épanouissent ensuite sur le pourtour de cette boiserie et sur les deux faces s'il est nécessaire. Là, chacun des deux fils qui composent une ligne d'abonné traverse une boule de caoutchouc, est attaché à un plot de raccordement et, par l'intermédiaire de cet organe, relié aux fils intérieurs du bureau qui sont habituellement des fils sous gutta-percha et sous coton paraffiné.

Les plots de raccordement sont analogues à ceux des postes d'abonnés précédemment décrits; ce sont deux lames métalliques parallèles, garnies de vis de pression à leurs deux bouts, et noyées dans une masse isolante telle que bois, ébonite, etc.; ces plots de raccordement sont fixes par des vis sur le bandeau de la rosace.

Dans l'intervalle des plots de raccordement, les conducteurs sont étiquetés au moyen de jetons en os portant les indications nécessaires.

Toutes les fois que la chose semble utile, les conducteurs traversent des *contacts de rosace avec parafoudre* qui ne sont autres que de petits paratonnerres à papier. Le conducteur venant de l'extérieur est pincé sous la vis V (*fig.* 354); le conducteur allant à l'intérieur du bureau est serré sous la vis V'; le fil de terre est engagé sous la vis T. On voit sur la figure que la vis T est isolée des vis V, V' par un cylindre d'ébonite *e e* et par une rondelle de papier *p p*. Cette rondelle de papier remplit l'office de parafoudre; elle est perforée lorsque la ligne atteint une tension suffisante pour provoquer une décharge et le flux d'électricité se perd à la terre.

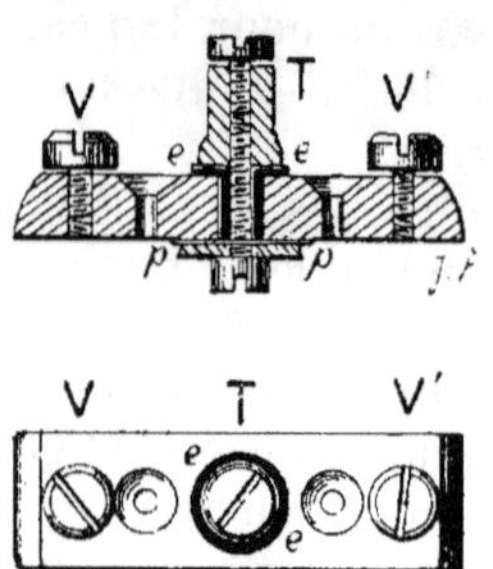

Fig. 354. — Contact de rosace avec parafoudre.

Sur le trajet des conducteurs, on dispose, comme nous l'avons dit, les étiquettes destinées à les faire reconnaitre et, pour ménager la place, on alterne, de deux en deux, les plots de raccordement; les plots impairs forment une rangée, les plots pairs une seconde ligne.

La figure 355 montre une grande rosace en coupe et vue de face. Lorsque l'abondance des conducteurs l'exige, quatre panneaux semblables forment un prisme à base carrée par le milieu duquel pénètrent les fils de ligne.

Têtes de câble. — Lorsqu'on fait usage de câbles à nombreux conducteurs, tels que le câble Patterson qui en comporte 104, on remplace la rosace par une *tête de câble.* C'est une boite en fonte rectangulaire (*fig.* 356) fixée à un madrier. Le câble arrive à la partie inférieure, l'enveloppe de plomb est enlevée et les conducteurs, séparés, puis décapés, sont serrés sous des écrous. Ces écrous font partie de boulons qui traversent le couvercle en fonte et en sont isolés. La *tête de câble* est vissée sur le madrier après que le couvercle a été déboulonné.

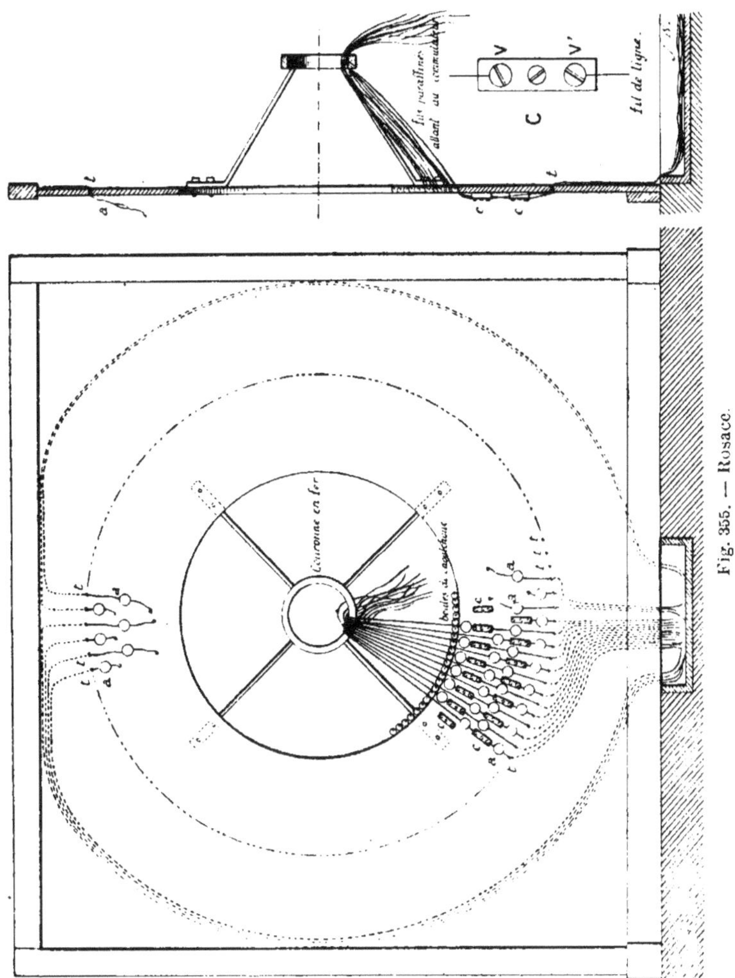

Fig. 355. — Rosace.

Le double conducteur de chaque ligne est pincé sous les écrous de la face postérieure du couvercle; 1, 2 reçoivent les fils de la ligne 1; 3, 4 les fils de la ligne 2; etc. Le couvercle est ensuite remis en place. Les bornes qui ont reçu les fils de ligne traversent le couvercle et, sur sa face extérieure, portent aussi des écrous. C'est sous ces écrous que l'on serre les fils paraffinés qui amènent les conducteurs de la ligne aux tableaux de distribution, quel que soit leur système.

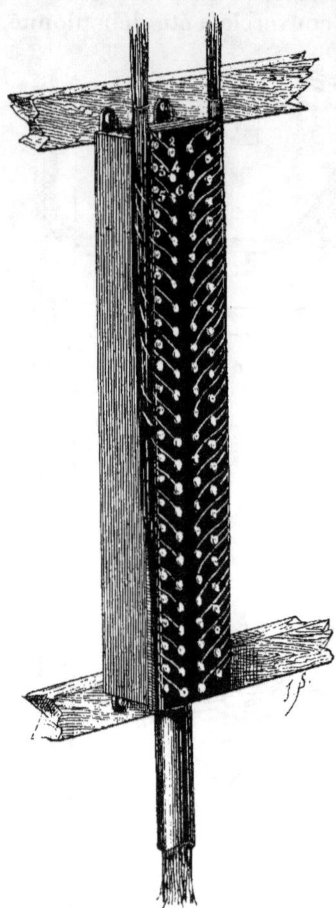

Fig. 356. — Tête de câble.

Au-delà des têtes de câble il n'existe pas de rosace; les fils paraffinés sont distribués par nappes sur des consoles et derrière des cimaises jusqu'à ce que, réunis par groupes, ils soient répartis dans les différentes sections du bureau.

A. — Tableaux de bureaux centraux, modèle de la Société des Téléphones. — Ces tableaux, dont les figures 357 et 358 représentent un spécimen, vu par devant et par derrière, comprennent les annonciateurs et les conjoncteurs de ligne. On voit sur la figure 357 le cordon souple établissant la communication entre deux abonnés; sur la droite du panneau sont placées une clé d'appel et la mâchoire mettant l'appareil d'opérateur en relation avec le réseau.

Sur la face postérieure du tableau (*fig.* 358), on aperçoit les fils de communication. Les conducteurs de ligne aboutissent aux plots situés à la partie inférieure du dessin et correspondant aux conjoncteurs. Chaque conjoncteur est en relation avec un annonciateur, l'un des fils de ligne étant attaché à l'entrée des bobines, l'autre à la sortie. Tous les massifs des annonciateurs sont réunis ensemble et aussi avec l'un des pôles d'une pile locale; l'autre pôle de cette pile est relié à tous les plots contre lesquels viennent buter, en tombant, les volets des annonciateurs. Dans ce circuit local est intercalée la sonnerie de nuit, de telle sorte que cette sonnerie fonctionne lorsque l'un quelconque des volets tombe.

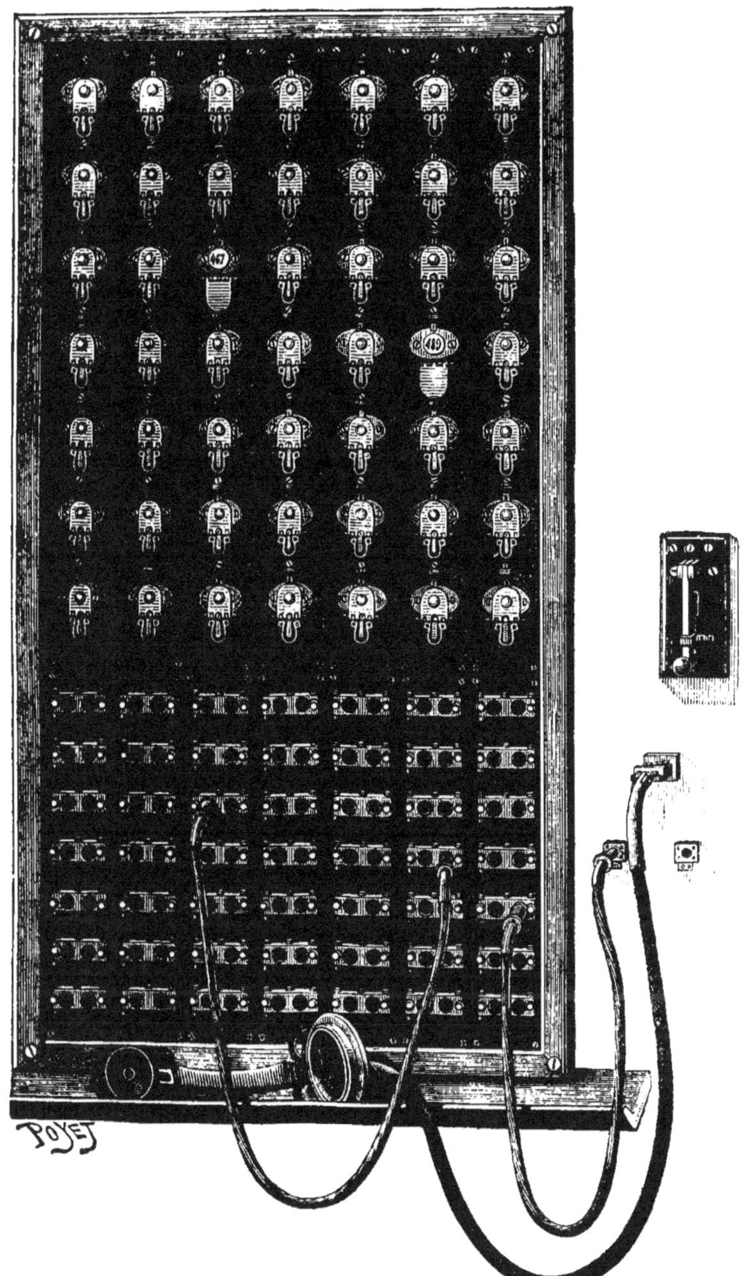

Fig. 357. — Tableau de bureau central, modèle de la Société générale des Téléphones. Vue de la face antérieure.

Le tableau que nous avons figuré est à quarante-neuf nu-

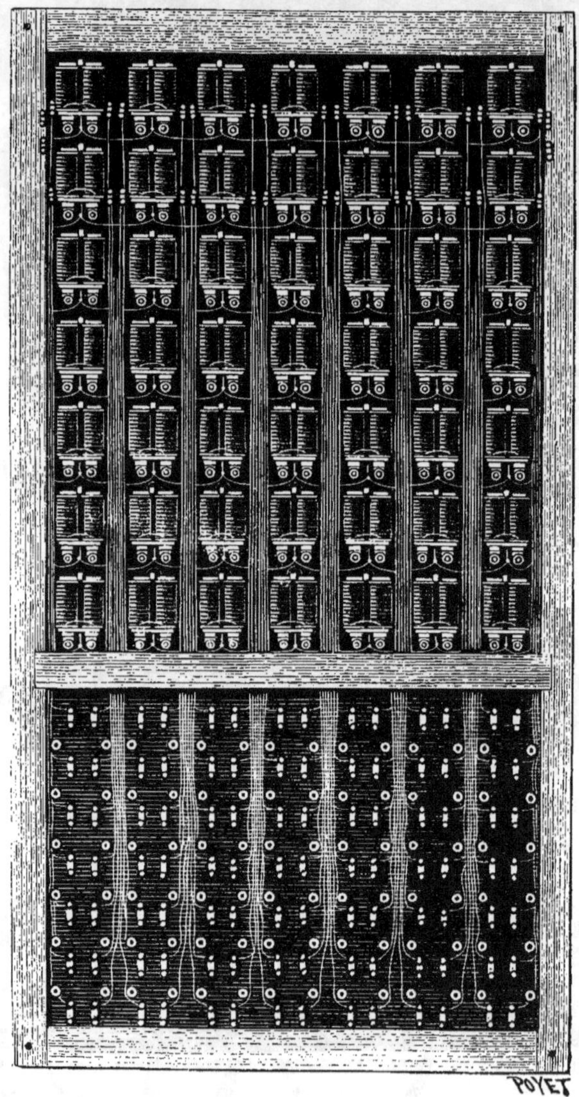

Fig. 358. — Tableau de bureau central, modèle de la Société générale des Téléphones. Vue de la face postérieure.

méros, mais on en fait à vingt-cinq numéros pour les bureaux les moins importants, installés avec l'ancien système que nous avons désigné par la lettre A; il en existe encore un certain nombre dans le réseau de Paris; les tableaux à quarante-neuf numéros sont plus particulièrement affectés au système semi-multiple que nous avons désigné par la lettre B dans l'énumération des différents dispositifs.

APPAREIL D'OPÉRATEUR. — Dans les postes installés sur le modèle de la Société des Téléphones, l'appareil d'opérateur est du système Berthon-Ader combiné.

Cet appareil, dont nous avons eu déjà l'occasion de parler en traitant des transmetteurs, résulte de la combinaison d'un microphone Berthon et d'un récepteur Ader n° 3. La liaison a lieu par une tige métallique disposée de telle sorte que le récepteur est à l'oreille lorsque le transmetteur est en face de la bouche (*fig.* 359).

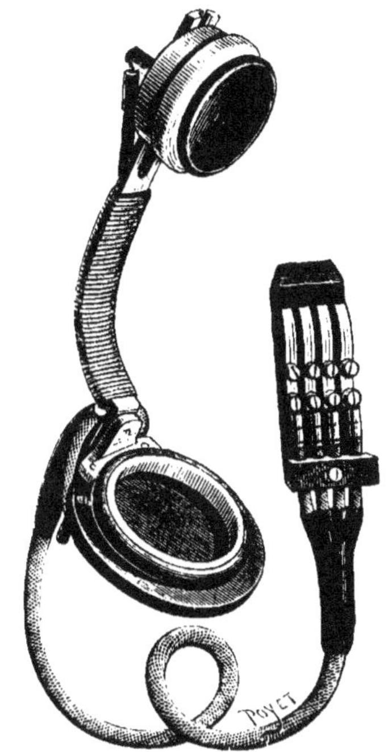

Fig. 359. — Appareil d'opérateur Berthon-Ader.

Ici, l'appareil microtéléphonique n'est plus relié à demeure avec un poste; chaque téléphoniste possède un appareil qu'elle transporte avec elle et qu'elle doit pouvoir adapter à l'une quelconque des lignes d'abonnés. A cet effet, les extrémités du cordon souple à quatre conducteurs aboutissant au transmetteur et au récepteur se terminent par une fiche à quatre lames. Les deux cordons verts qui correspondent au récepteur sont en relation avec le premier et le quatrième ressort de la fiche; les deux cordons rouges sont réunis aux deuxième et troisième ressorts.

Une mâchoire à quatre contacts, enchâssée dans un panneau de boiserie, est disposée de telle sorte que, lorsque la fiche est introduite, les quatre ressorts communiquent avec les quatre plaques de laiton. Les deux plaques intermédiaires sont rectilignes, les deux plaques extrêmes sont recourbées deux fois à angle droit. Souvent la mâchoire est encastrée dans un macaron de bois, comme le montre la figure 360; cette pièce porte alors quatre bornes de serrage. Quoi qu'il en soit, les connexions des quatre lames de laiton sont les suivantes :

La lame *a* communique avec le circuit secondaire de la bobine d'induction, en relation lui-même avec l'un des fils de ligne; la lame *b* est attachée directement au second fil de ligne ou à la terre. La lame *c* est reliée au circuit primaire de la bobine d'induction, qui est réuni par son autre extrémité à l'un des pôles de la pile microphonique; le second pôle aboutit directement à la lame *d*. Il résulte de cet arrangement qu'il suffit d'enfoncer la fiche dans la mâchoire pour que l'appareil d'opérateur soit prêt à fonctionner. Le microphone reçoit, en effet, le courant de la pile, et le récepteur est relié à la ligne par l'intermédiaire du circuit secondaire de la bobine d'induction.

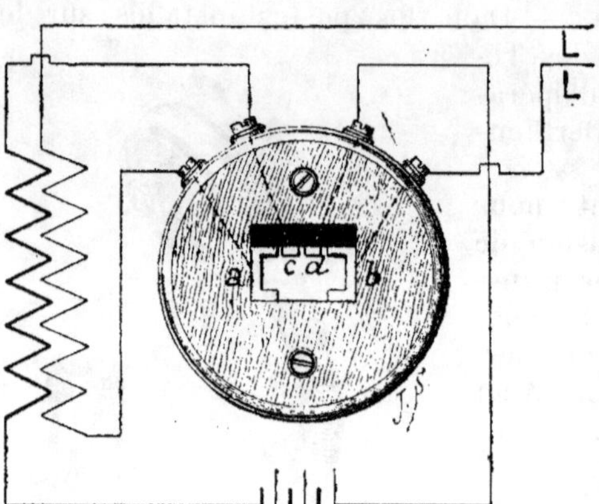

Fig. 360. — Mâchoire à quatre contacts pour appareil d'opérateur Berthon-Ader.

Cela posé, et maintenant que nous connaissons les principaux organes, examinons le fonctionnement de l'agencement que, par une désignation absolument arbitraire, nous avons appelé type A. Ce type est encore celui de quelques bureaux de Paris.

Les lignes auxiliaires servent, nous le savons, aux communications de bureau à bureau; les lignes d'intercommunication ne sortent pas du bureau; elles établissent la liaison à l'intérieur du poste, entre les lignes d'abonnés réparties en différents groupes.

Chaque groupe d'abonnés comprend deux tableaux de 25 numéros. A chaque numéro est affecté un annonciateur et un conjoncteur. Les lignes auxiliaires sont distribuées sur les groupes comme les lignes d'abonnés; un conjoncteur et un annonciateur sont réservés à la ligne locale du groupe pour ses relations avec les autres groupes.

PLANCHE I.

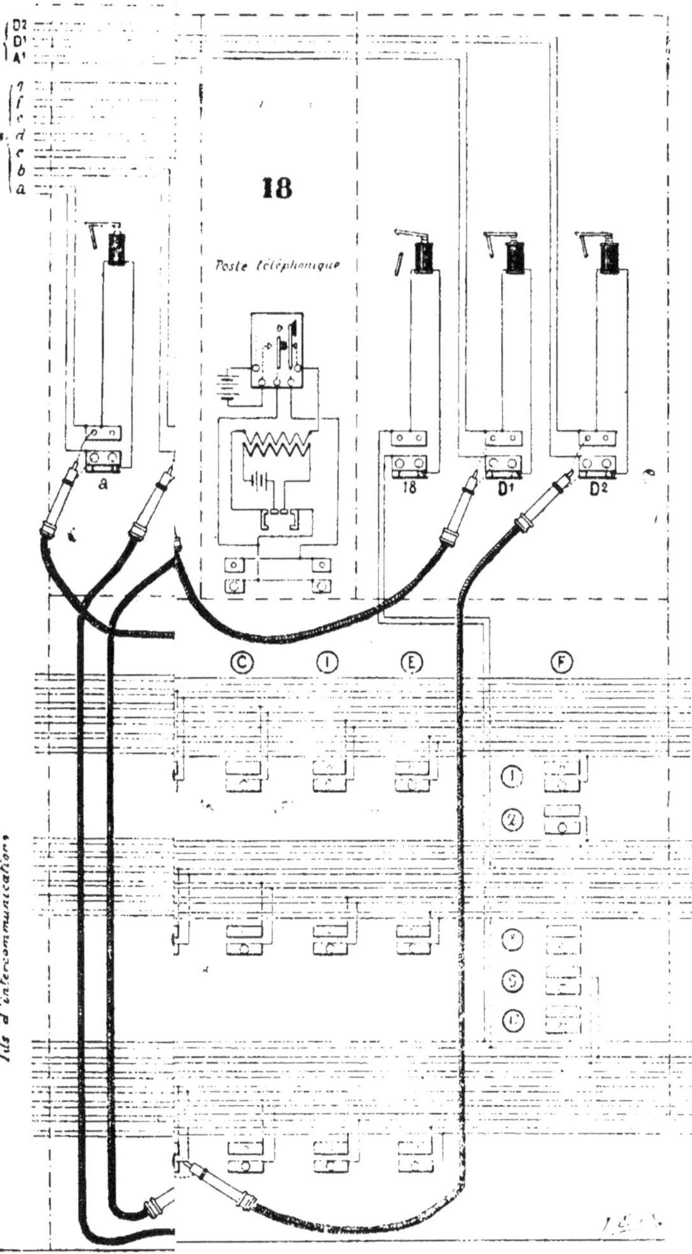

… des Téléphones)

PLANCHE I.

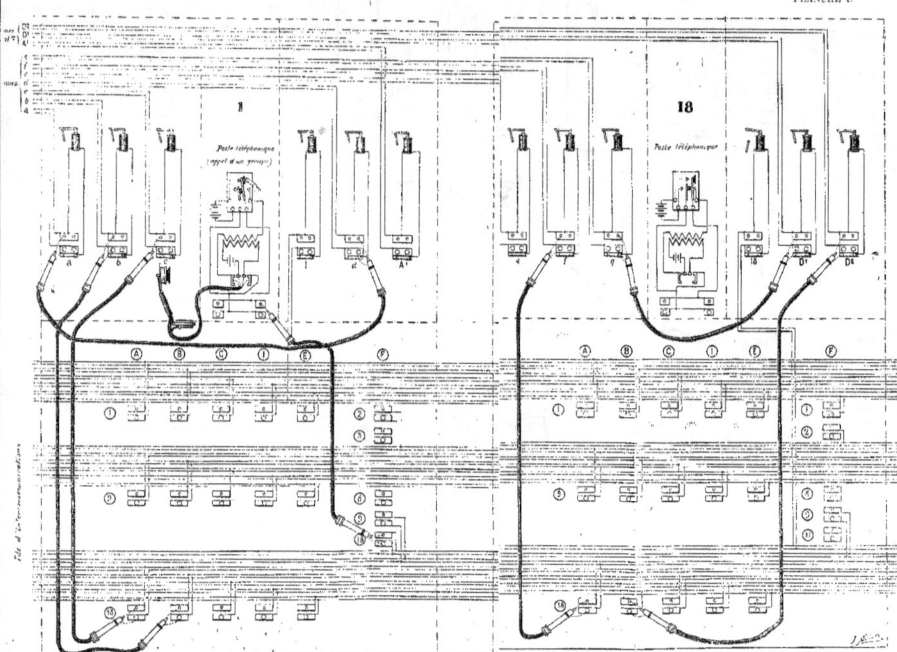

Fig. 381. — Diagramme des communications d'un tableau de poste central (modèle de la Société Générale des Téléphones).

Nous empruntons à un mémoire de M. Schils une figure schématique (*fig.* 361) qui fait bien comprendre le mécanisme du système.

Si nous considérons les groupes 1 et 18 qui y sont représentés, on voit que les lignes auxiliaires A_1, D_1, D_2 aboutissent aux conjoncteurs des tableaux; il en est de même des lignes d'abonnés *a*, *b*, *c*, *d* qui arrivent au groupe 1 et *e*, *f*, *g* qui se terminent au groupe 18. Les lignes locales sont marquées par les chiffres 1 et 18 dessinés au trait; enfin, au centre des deux groupes représentés, on voit la clé d'appel, la bobine d'induction, les piles, la mâchoire à 4 contacts, le conjoncteur de liaison qui permet de greffer l'appareil d'opérateur sur telle ou telle ligne que désire la téléphoniste.

Au-dessous des panneaux d'annonciateurs se trouvent d'autres groupes de conjoncteurs répartis par séries de 5, marquées des lettres A, B, C, D, E; le nombre de ces séries est égal à celui des groupes, elles sont unies aux fils d'intercommunication et leurs conjoncteurs prennent le nom de conjoncteurs d'intercommunication.

Un conjoncteur, marqué de la lettre F, communique à la ligne locale et à l'annonciateur local de chacun des autres groupes; chaque tableau porte donc 17 de ces conjoncteurs, si le nombre des groupes est de 18 comme nous l'avons supposé; le 1er groupe correspond par ces conjoncteurs avec les groupes 2, 3, 4... 18, le second avec les groupes 1, 3, 4... 18, et ainsi de suite.

Sur le dessin que nous reproduisons (*fig.* 361, *planche* I), les différentes combinaisons qui peuvent se présenter sont indiquées.

1° Communication entre deux abonnés appartenant à un même groupe : a et *d* sont en relation par un cordon souple à deux fiches sur le groupe 1.

L'abonné *a* a appelé le poste central, l'annonciateur *a* du groupe 1 auquel aboutit sa ligne est tombé, la téléphoniste a introduit la fiche de son appareil d'opérateur dans la mâchoire à 4 contacts et, en même temps, s'est reliée à la ligne a en enfonçant les deux fiches d'un cordon souple dans le conjoncteur a et dans le conjoncteur de liaison affecté à son appareil. En pressant sur la clé d'appel, elle a répondu à l'abonné *a*, a pris ses ordres et, retirant la fiche du conjoncteur a, l'a placée dans le conjoncteur de l'abonné *d*, demandé par a. Après avoir appelé l'abonné *d* et avoir reçu sa réponse, elle lui dit : « communiquez », retire sa fiche du conjoncteur *d* et, saisissant un cordon souple disponible, en introduit les deux fiches dans les conjoncteurs *d* et *a*. La liaison entre les deux abonnés est un fait accompli, mais il faut que le bureau central soit avisé de la fin de la conversation pour pouvoir couper la ligne et l'utiliser le cas échéant. Pour cela, l'un des annonciateurs doit être laissé en dérivation. Ce peut être l'un ou l'autre, tous les deux même, mais, dans ce dernier cas, on introduirait dans le circuit une résistance nuisible; on ne laisse donc habituellement qu'un seul annonciateur dans le circuit, c'est celui de l'abonné qui a appelé; c'est à lui qu'incombe le soin de prévenir la station centrale que la conversation est terminée. A cet effet, la téléphoniste a introduit la fiche dans le trou de gauche du conjoncteur a et, par ce fait, a laissé l'annonciateur en dérivation; au contraire, la seconde fiche a été placée dans le trou de droite du conjoncteur *d*, et l'annonciateur correspondant a été éliminé du circuit.

Dès que la liaison entre les deux abonnés est établie, la téléphoniste du bureau central relève les volets des annonciateurs *a* et *d*. La conversation terminée, l'abonné a appuie sur sa clé d'appel, envoie, de la sorte, un courant au poste central, le volet a tombe; la téléphoniste retire alors les fiches des conjoncteurs *a* et *d*, puis relève le volet a : la communication entre les abonnés a et *d* est rompue.

2° Communication entre deux abonnés appartenant à des groupes différents.

L'abonné *f* du groupe 18 a demandé la communication avec l'abonné *c*; cet abonné appartient au groupe 1. La téléphoniste du groupe 18 appelle sa collègue du groupe 1 en pressant sur sa clé d'appel, en plaçant la fiche à quatre lames de son appareil dans la mâchoire et en installant les fiches d'un cordon souple dans son conjoncteur de liaison et dans le conjoncteur F-1 relié au groupe 1; le volet de l'annonciateur local de ce groupe tombe, la téléphoniste du groupe 1 place la fiche dans le conjoncteur situé au-dessous du volet tombé et répond. La téléphoniste du groupe 18 lui dit : donnez c par 18 A. Dans le groupe 1, les fiches d'un cordon souple disponible sont introduites dans les conjoncteurs *c* et 18 A.

Dans le groupe 18, la téléphoniste retire la fiche du conjoncteur F 1, la place dans le conjoncteur 18 A, sonne l'abonné c et, dès que celui-ci a répondu, après lui avoir dit : « Communiquez », elle retire sa fiche du conjoncteur 18 A, lui substitue la fiche d'un cordon souple disponible et introduit l'autre fiche dans le trou de gauche du conjoncteur *f*; les abonnés *f*, c sont en relation par la ligne d'intercommunication 18 A ; l'annonciateur *f* reste en dérivation.

Dans le cas où la ligne de l'abonné *c* aurait déjà été reliée à une autre ligne d'abonné, la téléphoniste du groupe 18 en aurait averti l'abonné *f*.

3° Un abonné du bureau D demande à communiquer avec l'abonné *b*. Cet abonné appartient au groupe 1, tandis que l'appel du bureau D est reçu par le groupe 18. Ici, il y a appel de bureau à bureau, puis appel de groupe à groupe.

Le bureau D a été appelé par le fil auxiliaire D2 du groupe 18. La téléphoniste de ce groupe a répondu en introduisant la fiche libre de son conjoncteur de liaison dans le conjoncteur D 2. Le bureau D a demandé l'abonné *b*; cet abonné appartenant au groupe 1, le groupe 18 appelle le groupe 1 par le fil d'intercommunication F 1; les choses se passent dès lors comme dans le cas précédent, et la communication est établie par le fil d'intercommunication 18 B.

S'il s'était agi d'un abonné situé dans le groupe 18, les opérations auraient été simplifiées, car ce groupe aurait établi directement la liaison; c'est ce que l'on voit entre D1 et *g*, le bureau D ayant demandé l'abonné *g* par le fil auxilaire D 1.

Notre dessin montre enfin le groupe 1 appelant le groupe 18, opération que nous avons décrite plus haut.

B. Système semi-multiple. — Dans les bureaux montés sur le type B, autrement dit avec le système semi-multiple (*fig.* 362, *planche* II), les lignes auxiliaires destinées aux appels des autres bureaux sont réunies sur des tableaux spéciaux; il existe par conséquent, dans ces postes centraux, des tableaux d'abonnés que l'on appelle les *tableaux de groupes*, et des *tableaux de lignes auxiliaires*.

Ces tableaux sont à 49 numéros et du modèle que nous avons représenté (*fig.* 357).

Chaque tableau de groupe comprend :

1° 49 conjoncteurs réunis à 49 annonciateurs.

Souvent tous ces conjoncteurs ne sont pas occupés par des lignes d'abonnés, et quelques-uns sont réservés pour les *communications en attente*, c'est-à-dire pour les demandes auxquelles il ne peut être donné suite immédiatement, parce que la ligne sollicitée est occupée;

2° Autant de touches qu'il y a de tableaux dans le bureau. La dernière touche (noire) de chacun des groupes est affectée à ce groupe même; c'est la *touche locale*; elle communique avec un annonciateur spécial. Chacune des autres communique avec la touche locale du groupe qui porte le même numéro;

3° Des conjoncteurs de lignes auxiliaires.

Ces lignes sont séparées par impaires et paires et reliées, les premières aux tableaux 1, 3, 5..., les secondes aux tableaux 2, 4, 6... Deux téléphonistes voisines ont ainsi à leur disposition la totalité des lignes auxiliaires;

4° Des conjoncteurs d'intercommunication groupés par séries de quatre et désignés non plus par des lettres A, B, C, D, E, comme dans les anciens bureaux, mais par des couleurs différentes (noir, rouge, bleu, marron). Il existe autant de séries de 4 conjoncteurs auxiliaires qu'il existe de tableaux de groupes dans le bureau; les conjoncteurs de même couleur de tous les groupes sont reliés ensemble.

5° Un poste d'opérateur comprenant une clé d'appel, une bobine d'induction, deux conjoncteurs, une mâchoire à 4 contacts, un appareil Berthon-Ader avec fiche à 4 lames.

Après avoir traversé les tableaux de groupes, les lignes auxiliaires sont réparties sur leurs tableaux spéciaux numérotés 1, 3, 5... pour les lignes impaires, 2, 4, 6... pour les lignes paires.

On remarque sur ces tableaux :

1° Des touches reliées à des annonciateurs et aux lignes auxiliaires; ces touches sont à trois lames (voir page 219); la dernière, cependant, est à deux lames; elle correspond, ainsi que son annonciateur, à la ligne locale du tableau; c'est la touche noire. On voit, sur notre dessin, cette série de touches représentée au groupe 16 en X, Z, 16;

2° Une seconde série de touches à deux lames (voir page 218), réunies à chacun des tableaux de groupes;

3° Un poste d'opérateur comprenant une clé d'appel, une bobine d'induction, une mâchoire à quatre contacts, un appareil combiné Berthon-Ader avec fiche à quatre lames, enfin un commutateur inverseur, dont les manettes peuvent être mises en relation avec les touches des lignes auxiliaires, ou bien avec les touches de groupes.

Plusieurs cas se présentent dans la manœuvre des tableaux, mais, lorsqu'il s'agit de l'appel d'un abonné, la première phase de l'opération est toujours la même : la téléphoniste se met en relation avec l'abonné appelant. Pour cela, dès que le volet de l'abonné tombe, elle introduit la fiche à quatre lames dans la mâchoire, place la fiche d'un cordon souple dans son conjoncteur de liaison et l'autre fiche dans le trou de

PLANCHE I I.

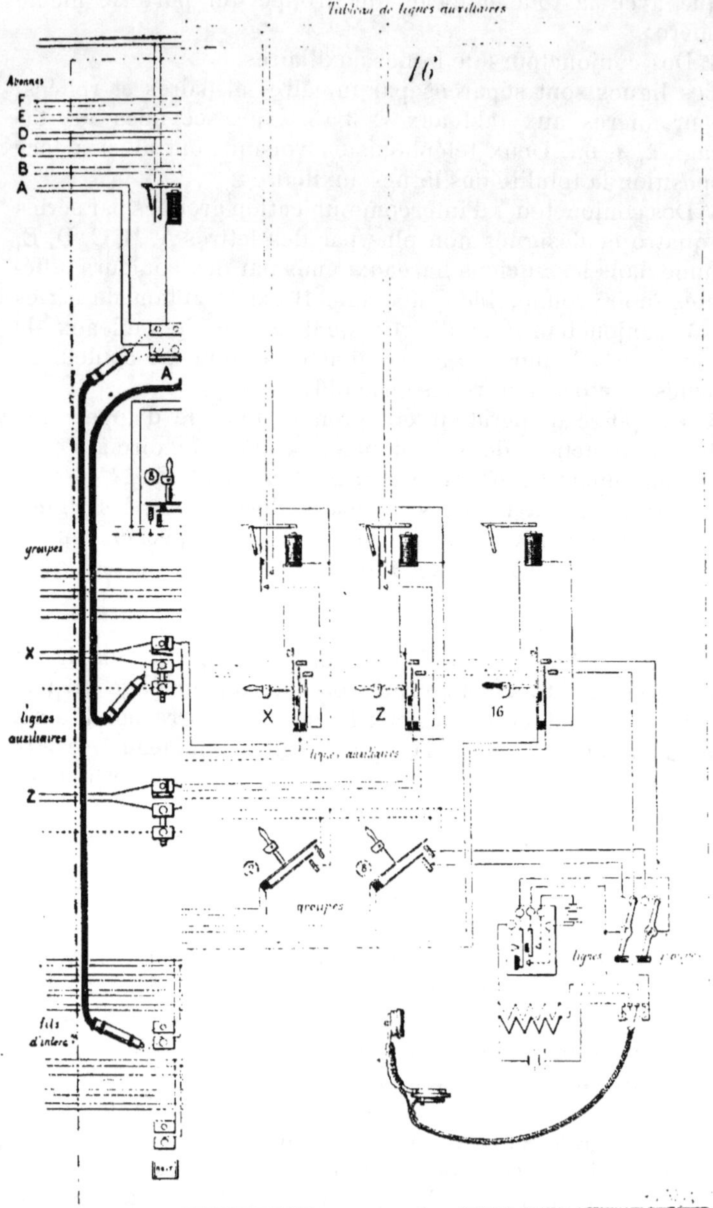

ple.

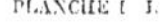

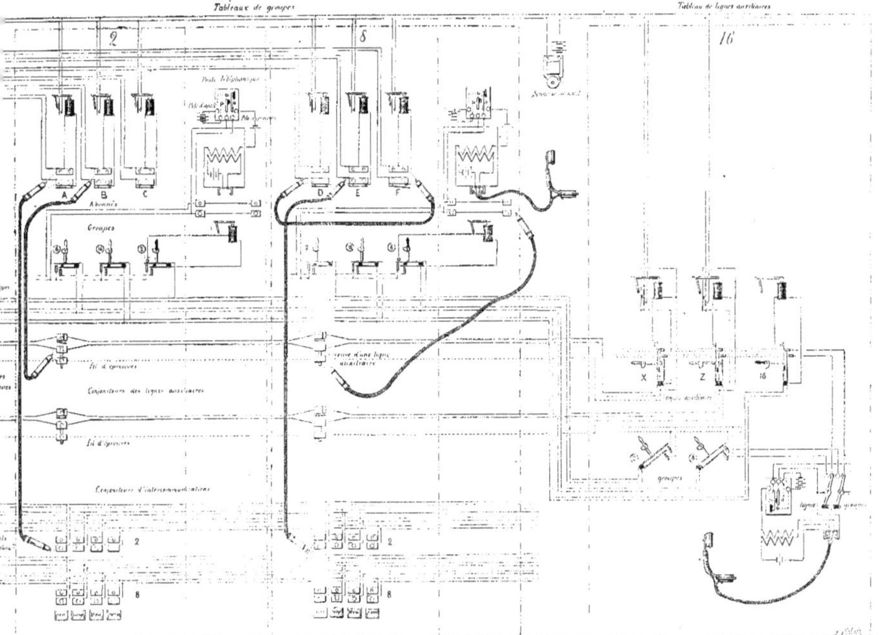

Fig. 302. — Diagramme des communications d'un poste central, système semi-multiple.

droite du conjoncteur de l'abonné appelant, D par exemple.

A partir de ce moment, on peut distinguer trois cas :

L'abonné appelant demande la communication avec :

I — un abonné du même groupe;

II — un abonné d'un groupe différent, mais du même bureau;

III — un abonné appartenant à un autre bureau.

I. — F (tableau 8) demande D (tableau 8) : la téléphoniste met sa fiche dans le conjoncteur D et appelle; lorsque la réponse lui est parvenue, elle prend un cordon à deux fiches disponible et réunit directement les conjoncteurs D, F en plaçant une fiche dans le trou de gauche du conjoncteur D, l'autre dans le trou de droite du conjoncteur F; de la sorte, l'annonciateur de l'abonné appelant (abonné F) reste en dérivation dans le circuit, et cet abonné peut ainsi annoncer, en pressant son bouton d'appel, que la conversation est terminée.

Les conjoncteurs D, F, une fois reliés par le cordon souple, la téléphoniste dit « communiquez » et retire la fiche qui réunissait son appareil portatif au réseau. Dès que la chute de l'annonciateur F indique que la conversation est terminée, les deux fiches qui unissaient D à F sont retirées et le cordon souple est replacé au crochet de repos.

II. — A (tableau 2) demande E (tableau 8). La téléphoniste du tableau 2 abaisse la touche correspondant au tableau 8, appelle sa collègue et, dès qu'elle a reçu sa réponse, lui dit : « Reliez E par 2 noir (rouge, bleu ou marron). » Il est à remarquer ici que la téléphoniste du tableau 2 aurait pu dire aussi bien à sa collègue du tableau 8 : « Reliez E par 8 noir (rouge, bleu ou marron) », mais il est admis en principe que la téléphoniste qui donne l'ordre d'intercommunication ne doit se servir que du groupe de conjoncteurs portant le numéro de son propre tableau. La téléphoniste du tableau n° 2 a dit : « Reliez E par 2 noir (rouge, bleu ou marron). » Si la demande d'intercommunication était venue du tableau 8, la téléphoniste de ce tableau aurait dit : « Reliez A par 8 noir (rouge, bleu ou marron). »

L'abonné E est aussitôt appelé par la téléphoniste du tableau 8 et, dès qu'il a répondu, la liaison est établie sur le tableau 8 par un cordon souple entre le conjoncteur E et le conjoncteur 2 noir; sur le tableau 2 par un autre cordon souple entre le conjoncteur A et le conjoncteur 2 noir.

Dans les conjoncteurs A et E, les fiches ont été introduites dans les trous de droite et les deux annonciateurs restent en dérivation.

III. — B (tableau 2) demande un abonné du bureau X.

Ici, les opérations se compliquent un peu; il faut faire intervenir les tableaux de lignes auxiliaires.

La téléphoniste du tableau 2 essaie une des lignes auxiliaires allant au bureau X pour voir si elle n'est pas occupée; cet essai a lieu en appuyant les deux conducteurs de la fiche sur le plot antérieur du conjoncteur et le talon du plot intermédiaire. Si la ligne est occupée par un autre groupe, la téléphoniste reçoit dans son téléphone un contact provenant de la fermeture du circuit de la pile (voir page 226). La téléphoniste, après avoir trouvé une ligne libre, appelle le bureau X.

L'appel parvient à un tableau de lignes auxiliaires du bureau X. La téléphoniste de ce tableau enfonce la fiche à 4 lames de son appareil portatif dans la mâchoire à 4 contacts, place son commutateur inverseur dans la direction « lignes », abaisse la touche qui correspond à l'annonciateur tombé et répond. C'est cette position qui est figurée dans le groupe 16 de notre dessin où des lignes pointillées indiquent que tous les plots de travail des touches de lignes auxiliaires sont reliés aux plots « lignes » du commutateur inverseur.

Dès que la téléphoniste du tableau 2 a reçu la réponse du bureau X, elle lui demande l'abonné sollicité par B. La téléphoniste du tableau de lignes auxiliaires de X s'adresse alors au groupe auquel appartient l'abonné réclamé; pour cela, elle relève la touche primitivement abaissée, mais, pour garder la ligne, laisse le volet de l'annonciateur tombé. Elle met son commutateur inverseur en relation avec les touches des groupes dont tous les plots de travail sont réunis aux mêmes plots du commutateur, abaisse la touche du groupe auquel appartient l'abonné demandé et appelle. Elle indique alors au groupe le numéro de la ligne auxiliaire par laquelle il donnera la communication lorsque l'abonné lui aura répondu. Pour éviter que la ligne soit prise pendant que la téléphoniste du groupe appelle son abonné, elle place la fiche d'un cordon souple dans le conjoncteur de la ligne auxiliaire indiquée et l'autre fiche dans un de ses conjoncteurs d'attente (tout autre groupe essayant la ligne reconnaîtra qu'elle est occupée). Par conséquent, la téléphoniste de groupe s'est assuré la possession de la ligne jusqu'à ce que son abonné ait répondu.

La téléphoniste du tableau des lignes auxiliaires, dont les fonctions sont terminées, relève le volet de l'annonciateur tombé.

Lorsque la téléphoniste du bureau auquel appartient l'a-

phones.

PLANCHE III

Fig. 343. — Poste central pour 200 abonnés, système semi-multiple (modèle de la Société Générale des Téléphones).

bonné B (abonné appelant) a reçu la réponse du bureau X, deux cas peuvent se présenter : 1° l'abonné appelé est libre et la communication peut être établie; 2° l'abonné appelé est occupé.

Si l'abonné est libre, elle relie le conjoncteur B au conjoncteur X (les deux abonnés peuvent correspondre).

Si l'abonné est occupé, elle conserve la ligne comme au bureau X, en reliant le conjoncteur de la ligne auxiliaire à un de ses conjoncteurs d'attente.

La figure 363 (*planche* III) représente, en perspective, un panneau pour 200 abonnés, monté d'après ce système.

C. — Commutateurs multiples. — Plusieurs postes centraux sont installés avec des commutateurs multiples; nous les rapporterons à la classification que nous avons faite au commencement de ce chapitre, savoir : D, postes à multiples dicordes; E, postes à multiples monocordes.

D. — Multiples dicordes. — Nous choisirons comme exemple le grand tableau récemment monté pour le réseau de Paris par M. Aboilard. Ce vaste commutateur emprunte la plupart de ses organes aux tableaux standard de la Société de matériel téléphonique; nous n'y reviendrons que pour constater les dissemblances qui pourraient se rencontrer dans le cours de notre description. La différence capitale qui existe entre le multiple et le standard réside dans le montage. Nous emploierons ici quelques termes spéciaux consacrés par l'usage pour désigner des organes identiques lorsqu'ils ont des affectations différentes.

Le tableau qui nous occupe se compose de 6 grandes tables ou *sections* et de deux autres plus petites placées aux deux bouts.

Chaque section comprend :

1° Le tableau des *jacks* (c'est ainsi que l'on désigne par abréviation les conjoncteurs);

2° Le *siège* des fiches;

3° Le tableau des annonciateurs;

4° La tablette.

Dans le tableau des jacks on distingue :

a) Les *jacks généraux* des abonnés;

b) Les *jacks généraux* des lignes auxiliaires de départ;

c) Les *jacks de service*;

d) Les *jacks locaux*;

a) Les jacks généraux des abonnés, groupés par centaines et numérotés dans chaque centaine, se répètent de section en section, occupant toujours la même place dans chaque section et conservant toujours le même numéro. C'est ce qui constitue le *multiplage* permettant, dans une section quelconque, de prendre communication sur une ligne donnée.

b) Les lignes auxiliaires de départ sont les lignes au moyen desquelles le bureau appelle les autres bureaux centraux du réseau. Les jacks généraux de ces lignes forment une seule rangée de numéros dans la largeur de la section et sont *multiplés* de section en section.

c) 20 jacks de service *multiplés* de section en section sont rangés en une seule ligne sur le cinquième panneau.

d) Les jacks locaux affectés aux appels des abonnés sont localisés dans chaque section ; ils communiquent avec les annonciateurs et occupent la partie inférieure du tableau, rangés sur une ou deux lignes.

Sur le *siège des fiches*, les deux fiches qui terminent les cordons sont disposées par paires, et dans la même paire, placées l'une devant l'autre. Elles forment cinq groupes de vingt fiches.

Le tableau des annonciateurs renferme cinq rangs d'annonciateurs d'appel. Chacun d'eux est réuni à un jack local, et porte le même numéro. Les annonciateurs de fin de conversation forment une rangée horizontale. On les distingue des annonciateurs d'appel, tant par leur position que par la coloration rouge ou blanche de leur volet ; ils communiquent aux cordons souples et aux fiches.

Tous ces organes, jacks, fiches, cordons, annonciateurs d'appel et de fin de conversation, sont exactement semblables aux conjoncteurs et aux annonciateurs des tableaux standard ; il en est de même des commutateurs que nous appellerons ici *clés d'écoute*.

Ces clés, ainsi que les *boutons de sonnerie* (homologues des clés d'appel des standard) sont rangés sur la tablette. Ils y sont répartis en cinq groupes. Chaque clé d'écoute et la paire de boutons qui lui fait face sont reliées à la paire de fiches située en regard.

La tablette porte en outre, dans chaque section, trois prises de contact sur lesquelles s'amorcent les récepteurs que les téléphonistes ont constamment à l'oreille ; ce sont des mâchoires à trois contacts. En avant du tableau, un microphone suspendu à des cordons et équilibré par des contre-poids se trouve à la hauteur de la bouche de la téléphoniste ; il en existe trois par section. L'ensemble du transmetteur et du récepteur forme l'appareil d'opérateur que nous décrirons en détail un peu plus loin ; les organes accessoires, bobine d'induction, etc., sont placés en arrière du tableau.

Il résulte de cet ensemble de dispositions que chaque téléphoniste a les deux mains libres (le récepteur est maintenu sur sa tête par un ressort) et que, sans quitter sa place, elle a sous les yeux et à portée de la main :

1° Les jacks généraux de tous les abonnés (sauf cependant ceux dont les postes ont un montage particulier, ces derniers étant localisés sur une section à part);

2° Les jacks généraux de toutes les lignes auxiliaires de départ;

3° Les jacks de service;

4° 80 jacks locaux avec leurs annonciateurs d'appel;

5° Les fiches, cordons, clés d'écoute, boutons de sonnerie, annonciateurs de fin de conversation destinés à effectuer les appels et à établir les communications.

Ainsi que nous l'avons dit, les lignes d'abonnés pourvues d'installations spéciales forment une section particulière; elles sont localisées sur l'une des deux petites tables.

Enfin l'une des grandes sections est affectée aux lignes *auxiliaires d'arrivée*, c'est-à-dire à celles qui reçoivent les appels des autres bureaux. Toutes les autres sections restent affectées aux abonnés reliés directement au bureau.

Poste d'opérateur. — Le poste d'opérateur comprend un transmetteur et un récepteur indépendants, du moins au point de vue mécanique.

Le microphone (*fig.* 364) est du type des transmetteurs à grenaille; il porte une embouchure A devant laquelle on parle et est suspendu à deux cordons souples glissant sur des poulies, et garnis de contre-poids qui permettent de régler la hauteur au-dessus de la table.

Deux contacts métalliques B, C sont séparés par un bloc de charbon D, entouré d'un manchon de feutre E, et par de la poussière de charbon. Le bloc de charbon est cylindrique et porte des excavations dans lesquelles se loge la poussière de charbon; il est traversé par la tige métallique C et, en regard, est placée la plaque vibrante B, également en métal; mais, les deux pièces B, C sont séparées par la couche de poussière de charbon que maintient le manchon de feutre E.

Le circuit primaire de la bobine d'induction et la pile sont reliés *en permanence* au microphone par les bornes M N ; l'une

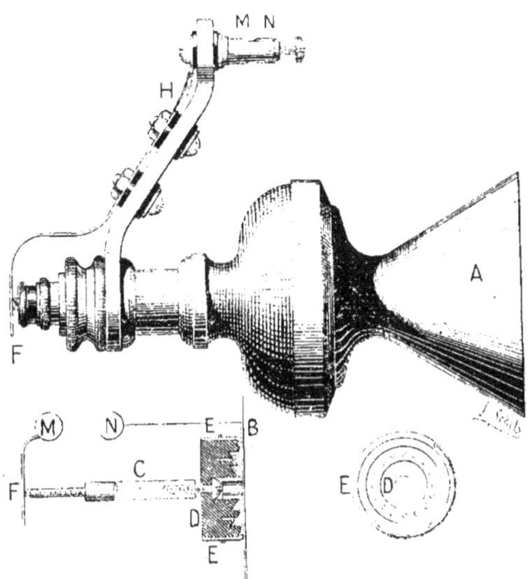

Fig. 364. — Transmetteur de l'appareil d'opérateur des multiples dicordes de la Société de matériel téléphonique.

est attachée directement au massif de l'instrument et prend contact avec la plaque vibrante B, l'autre est réunie à la pièce F qui s'appuie sur la tige C et est isolée du massif par la plaque d'ébonite H.

Le circuit de la pile est constamment fermé sur le microphone et c'est un inconvénient sérieux.

Le récepteur (*fig.* 365) est garni d'un cordon souple à trois conducteurs terminé par une triple fiche qui, enfoncée dans une mâchoire faisant corps avec la tablette du multiple, lui assure sa communication. Ce récepteur se compose d'un aimant recourbé A sur lequel sont calées deux bobines aplaties B B′ qui sont à *double enroulement; le fil d'une pile d'essai y aboutit.*

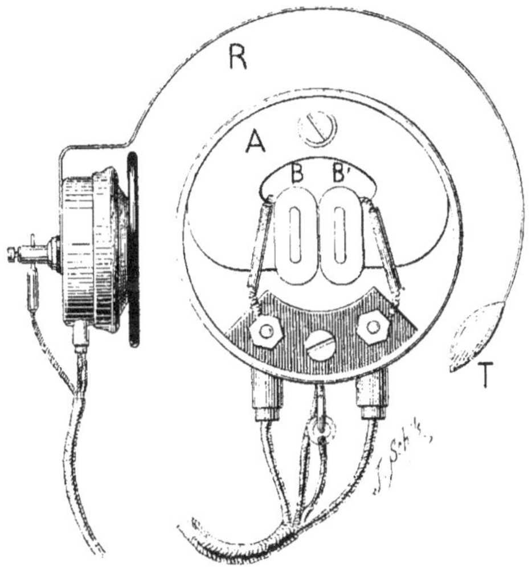

Fig. 365. — Récepteur de l'appareil d'opérateur des multiples dicordes de la Société de matériel téléphonique.

Un ressort R est fixé au boitier et emboite la tête de la téléphoniste; il a pour objet de maintenir constamment le pavillon du récepteur appliqué sur l'oreille tandis qu'un tampon rembourré T peut, à la volonté de l'opérateur, boucher l'autre oreille et atténuer dans une large mesure l'influence des bruits extérieurs.

Ensemble des communications. — Considérons une ligne d'abonné à double fil L L' (*fig.* 366). Le conducteur L est relié, de section en section, aux jacks généraux qui lui sont propres, pour aboutir à son jack local ; il en est de même du conducteur L', et ces deux conducteurs sont bouclés sur l'annonciateur d'appel A. Ainsi, l'annonciateur d'appel et le jack local de la ligne L L' se trouvant dans la section n : le fil L est réuni à la lame a_1 du jack général de la section 1 ; la lame b_1 est reliée à la lame a_2 du jack général de la section 2 ; la lame b_2 communique à la lame a_3 du jack général de la section 3, et ainsi de suite jusqu'à la section n où le fil L aboutit à la lame a^1 du jack local et à l'annonciateur A. Le fil L' est en relation avec les canons c_1, c_2, c_3 .. de tous les jacks généraux des sections 1, 2, 3..., et avec le canon c^1 du jack local de la section n ainsi qu'avec les bobines de l'annonciateur d'appel.

Toutes les lignes d'abonnés sont montées de la même manière, traversent leur jack général dans toutes les sections et sont bouclées sur le jack local et sur l'annonciateur d'appel dans la section qui leur est propre, le jack local de la ligne 1 se trouvant dans la section 1, celui de la ligne 103 dans la section 2, etc.

Une disposition spéciale distingue le montage des fiches, des clés d'écoute et des boutons de sonnerie. Le *multiplage* nécessite en effet un essai préalable de la ligne avant d'installer la communication. L'abonné L L' de la section n demande à communiquer avec l'abonné x de la section 4 : la téléphoniste de la section n voit parfaitement que le jack général de x est libre dans sa section, mais elle ne sait pas s'il n'est pas occupé dans une autre section ; il lui faut donc essayer la ligne ; tel est l'objet du dispositif qui occupe le bas de la figure 366. Ce dispositif comprend :

1° Une bobine *retardatrice* de 600 ohms ;

2° Une pile d'essai ;

3° Un condensateur.

D'autre part, le récepteur du poste d'opérateur est à double enroulement ; il en est de même de l'induit de la bobine d'induction.

La pile d'essai, la bobine retardatrice et le condensateur sont communs à toute une section, c'est-à-dire qu'ils commu-

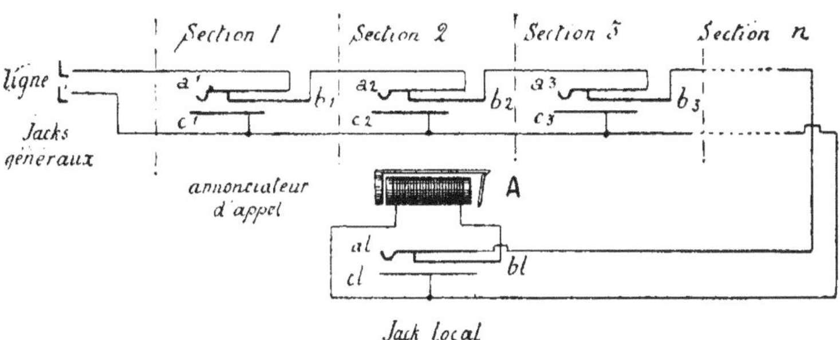

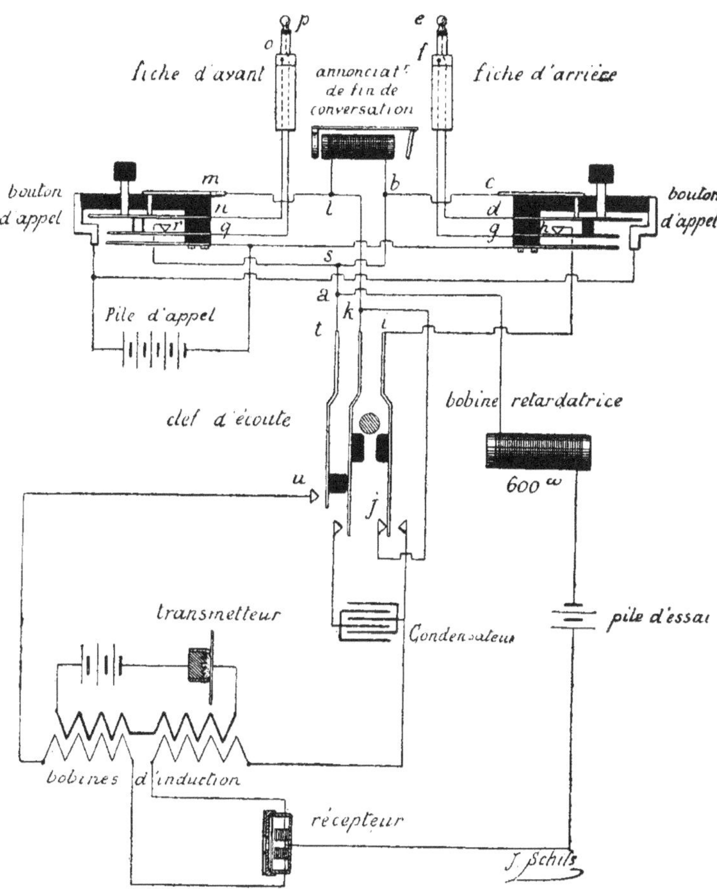

Fig. 366. — Communications d'un tableau multiple dicorde de la Société de matériel téléphonique.

niquent, comme le montre la figure 366, avec les leviers et les contacts des clés d'écoute, ainsi qu'avec les différentes paires de fiches.

Voici comment procède la téléphoniste pour faire l'essai de la ligne :

Dès que le volet d'un annonciateur d'appel tombe, la téléphoniste saisit d'une main la fiche *d'arrière* d'un de ses cordons souples et l'enfonce à fond dans le jack local de l'abonné (il porte le même numéro que celui du volet tombé); en même temps, elle abat la clé d'écoute du cordon employé. Elle est ainsi en relation avec l'abonné, l'interroge aussi brièvement que possible et le sonne par son bouton de gauche s'il ne répond pas immédiatement. Dès qu'elle a pris son ordre, elle replace la clé d'écoute au repos.

L'abonné indique le numéro de *l'abonné* qu'il désire entretenir, ou le désigne seulement par son nom; dans ce dernier cas, une aide recherche le numéro sur un répertoire *ad hoc.* Il peut se présenter ici plusieurs éventualités; quoi qu'il en soit, le numéro une fois connu, la téléphoniste fait l'essai de la ligne, c'est ce qui nous intéresse.

Pour cela, la téléphoniste prend la fiche d'*avant* de la paire dont la fiche d'arrière est enfoncée dans le jack local de l'abonné appelant et, après avoir abattu la clé d'écoute correspondant à cette paire de fiches, touche, avec la pointe de la fiche qu'elle tient à la main, le canon du jack général de la ligne à éprouver. Si la ligne est occupée, elle perçoit un bruit sec par le récepteur qu'elle a à l'oreille; si la ligne est libre, elle n'entend aucun bruit et peut alors enfoncer la fiche à fond, la communication est établie. S'il résulte de l'essai que la ligne est occupée, l'abonné appelant en est avisé.

Lorsque la téléphoniste a perçu, par son récepteur, le bruit dont nous venons de parler, voici ce qui s'est passé :

La ligne est occupée et, par conséquent, une fiche d'avant est enfoncée dans l'un des jacks généraux de cette ligne, tandis que la fiche d'arrière est placée dans un jack local quelconque. Le pôle positif de la pile d'essai est en relation avec tous les canons des jacks de la ligne occupée; en effet, ce pôle est, en quelque sorte, prolongé par les conducteurs suivants : bobine retardatrice a, b, c, d, e, a^1 du jack local... b_3, a_3, b_2, a_2, b_1, a_1, ligne L, poste de l'abonné, ligne L′, c_1, c_2, c_3,... c^1, f, g, h, i, j (la clé d'écoute est au repos), k, l, m, n, o, canons de tous les jacks généraux de la ligne essayée. Lorsqu'on touche l'un de ces canons avec la pointe de la fiche d'essai, le circuit est fermé par : p, q, r, s, t, u (la clé de la fiche d'essai est abaissée), circuit secondaire de la bobine d'induction, récepteur par un de ses enroulements, pôle négatif de la pile d'essai. Le passage du courant dans le récepteur fait *claquer* la plaque vibrante.

Lorsque la ligne est libre, le circuit est ouvert, puisque le prolongement du pôle positif de la pile d'essai ne s'étend pas au-delà du point e, la fiche d'arrière étant au repos sur la tablette.

Nous avons abandonné la téléphoniste dans l'alternative de donner la communication avec un poste simple (c'est le cas que nous avons envisagé), avec un abonné relié à un autre bureau, ou bien avec un abonné pourvu d'une installation spéciale, telle que poste Ducousso, pendules, etc.

Lorsqu'il s'agit d'une communication à établir avec un autre bureau, la téléphoniste essaie successivement les lignes auxiliaires en promenant sa fiche d'épreuve sur les canons des jacks de ces lignes, jusqu'à ce qu'elle en ait trouvé une libre. Elle enfonce alors sa fiche dans le jack de la ligne disponible.

Dans le cas d'un poste à installation spéciale, les manœuvres présentent une légère variante. Les lignes qui aboutissent à ces postes sont réunies sur un panneau spécial. C'est ici que les lignes de service interviennent. La téléphoniste qui a reçu l'appel, se met en relation avec une ligne de service et, dès qu'elle en a trouvé une libre, appelle la téléphoniste des postes spéciaux. Lorsque celle-ci a répondu, elle lui transmet les noms de l'appelant et de l'appelé, puis se retire.

La téléphoniste du tableau spécial appelle son abonné une première fois pour faire déclencher la pendule, s'il s'agit de ce système, et une seconde fois, *en temps opportun*, pour provoquer l'appel. Quand il s'agit de postes montés avec le système Ducousso, en même temps que la téléphoniste pousse le bouton de sonnerie, elle doit appuyer sur la clé d'inversion de courant convenable. Des indications précises font connaitre les abonnés qui doivent être sonnés *en positif* ou *en négatif*.

Lorsque le volet d'un annonciateur de fin de conversation tombe, la téléphoniste abaisse la clé d'écoute et surveille un instant la ligne sans rien dire. Si elle n'entend rien, elle replace la clé d'écoute au repos et retire les fiches.

La même opération a lieu si la communication se prolonge au point de laisser supposer que les abonnés ont omis de donner le signal de fin de conversation.

Modèle de la Société des Téléphones. — Les principaux or-

PLANCHE IV.

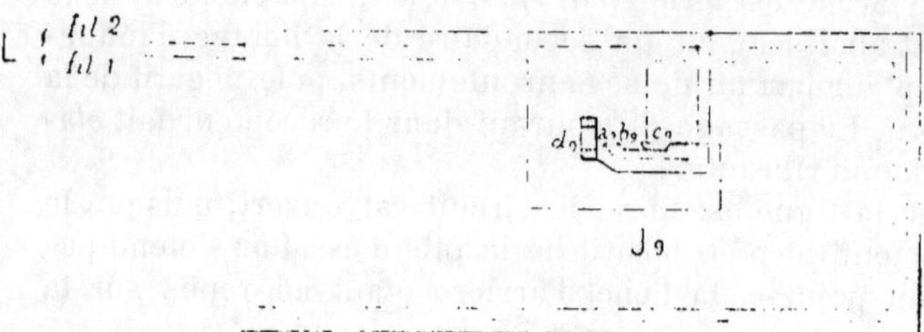

M

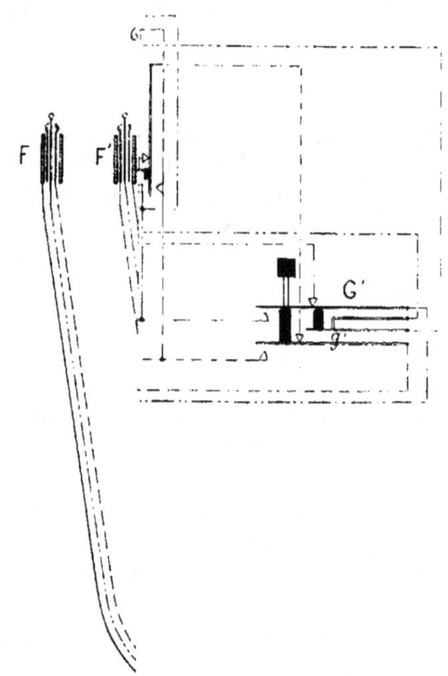

: Générale des Téléphones.

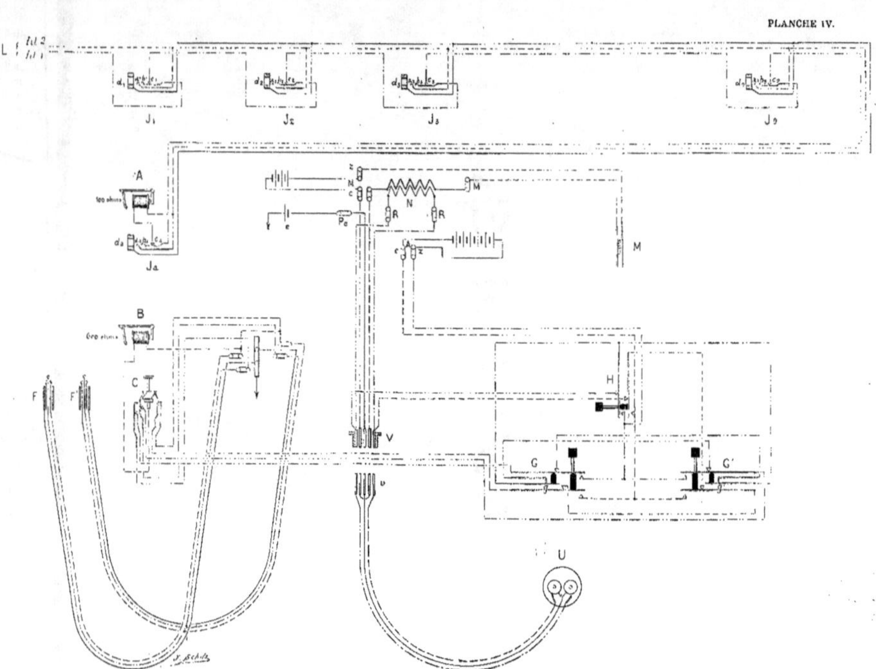

Fig. 367. — Diagramme des communications d'un poste central, système multiple dicorde (modèle de la Société Générale des Téléphones).

ganes de ces commutateurs multiples sont empruntés aux tableaux standard dont la Société générale des Téléphones a établi un modèle pour ligne à simple fil et un autre pour ligne à double fil.

On y trouve des annonciateurs d'appel, des annonciateurs de fin de conversation, des conjoncteurs qui, bien que d'une construction uniforme, sont divisés en jacks généraux et en jacks locaux, des poussoirs ou clés d'écoute.

Les fiches, les boutons d'appel, les appareils d'opérateurs ont subi certaines modifications que l'on distinguera aisément sur le diagramme de la figure 367. Ainsi, les fiches sont à trois conducteurs; les boutons d'appel, au nombre de deux, sont à quatre lames; chacun d'eux émet le courant dans la direction de l'une des fiches, mais on leur adjoint un troisième bouton destiné à envoyer le courant à travers les deux fiches; ce troisième bouton est à deux lames seulement. L'appareil d'opérateur forme deux pièces distinctes. Le microphone est du système Berthon; il est suspendu en avant du tableau par deux cordons, glissant sur des poulies et équilibré par un contrepoids. Le récepteur est un Ader attaché à un ressort courbé qui enveloppe le dessus de la tête et applique l'instrument sur l'oreille. Ce récepteur est à double enroulement; son cordon souple est à trois conducteurs et se termine par une fiche à cinq lames pouvant elle-même s'emboiter dans une mâchoire à cinq contacts. Les ressorts extrêmes et le ressort du milieu de la fiche sont réunis respectivement aux trois conducteurs du cordon souple; les deux ressorts intermédiaires sont reliés ensemble; ce sont eux qui fermeront le circuit du microphone lorsque la fiche sera introduite dans la mâchoire à cinq contacts. On a évité de la sorte un circuit fermé en permanence sur le microphone, ce qui aurait constitué un grave inconvénient.

La tableau que nous décrivons a été construit pour deux mille abonnés montés en circuit métallique, c'est-à-dire à double fil. Il comprend neuf sections. La figure 368 représente une coupe du tableau et montre comment sont disposés les différents organes. On voit en A les annonciateurs d'appel, en B les jacks locaux, en C les jacks de service, en D les jacks généraux des lignes auxiliaires et des lignes d'abonnés, en E les annonciateurs de fin de conversation, en F les fiches, en G les poussoirs, en H les boutons d'appel, en I le microphone, en J J la coupe des conducteurs réunis en faisceaux. Nous allons suivre, sur la figure 367, l'ensemble de l'installation.

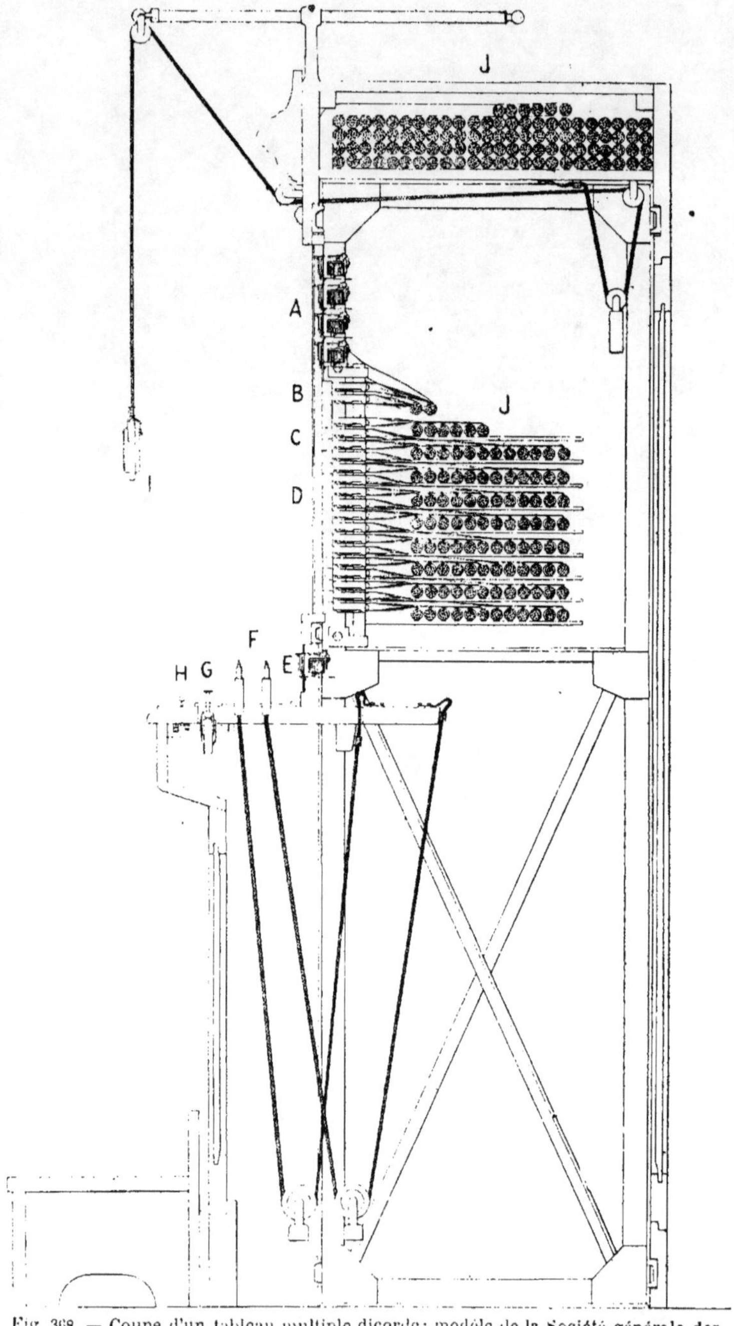

Fig. 368. — Coupe d'un tableau multiple dicorde; modèle de la Société générale des Téléphones.

Les jacks généraux d'une même ligne, dans les neuf sections du bureau, communiquent entre eux de la manière suivante : le fil 1 arrive au ressort b_1 du jack J_1 (1re section), celui-ci, au repos, est appuyé sur le contact c_1 qui est relié au ressort b_2 du jack J_2 (2e section) ; ce ressort touche le contact c_2, et ainsi de suite jusqu'au jack général J_9, le contact c_9 est en relation avec le ressort b_a du jack local J_a; le contact c_a est réuni à l'entrée du fil de la bobine de l'annonciateur d'appel A, la sortie aboutissant au ressort a_a qui communique avec les ressorts a_9... a_1 de tous les jacks généraux et avec le fil de ligne numéro 2. Les canons d_1, d_2... d_9 d_a des jacks généraux et du jack local sont unis par un conducteur commun. Tout appel de la ligne L fait tomber le volet de l'annonciateur A. En somme, les deux fils de ligne traversent tous les jacks généraux et sont bouclés sur l'annonciateur du Jack local; tous les canons sont réunis par un troisième conducteur qui est un fil d'essai. La coloration de ces différents fils les fait reconnaître.

Les fiches FF' forment une paire et servent à relier deux abonnés. La fiche *d'avant* F se place dans le jack local de l'abonné appelant; la fiche *d'arrière* F' est introduite dans le jack général de l'abonné appelé. Le cordon souple qui unit les deux fiches est à trois conducteurs : le premier est attaché à la partie centrale des fiches, il correspond à leur *bec*; le second est réuni au tube enveloppant. Ces deux conducteurs sont les fils de ligne ou plutôt les fils qui réuniront deux lignes lorsque les fiches seront enfoncées dans les jacks. Le troisième conducteur, en relation avec la terre, aboutit à l'enveloppe extérieure des fiches, à ce qu'on pourrait appeler leur massif.

L'annonciateur de fin de conversation B (600 ohms) correspond à la paire de fiches FF' et au poussoir C comme dans les tableaux standard. A l'état de repos, le poussoir C est enfoncé et les fiches FF' sont isolées de l'annonciateur de fin de conversation B; par contre, elles sont en relation avec l'appareil d'opérateur. Lorsque la téléphoniste relie deux abonnés, elle soulève le poussoir correspondant aux fiches employées, et, par ce fait, elle isole l'appareil d'opérateur, tandis qu'elle intercale l'annonciateur de fin de conversation en dérivation dans le circuit des deux fils de ligne. Le mécanisme des boutons d'appel G, G', H est facile à comprendre, et on voit aisément que, si l'on appuie sur les boutons, les ressorts abandonnent les plots de repos pour s'appliquer sur les plots de travail; mais, dans les clés G, G', le ressort intermédiaire cesse de toucher en g, g' la pièce qui le réunit à la clé opposée.

L'introduction de la fiche à cinq lames dans la mâchoire à cinq contacts établit les connexions suivantes :

1° Liaison des deux enroulements du récepteur avec le circuit secondaire de la bobine d'induction;

2° Fermeture du circuit microphonique par la pile et le circuit primaire de la bobine d'induction;

3° Réunion du fil de jonction des deux enroulements du récepteur avec le pôle positif de la pile d'essai dont le pôle négatif est à la terre;

4° Communication du récepteur avec les deux fiches par l'intermédiaire des trois boutons d'appel, le contact de gauche de la mâchoire V correspondant au bec des fiches, le contact de droite au cylindre enveloppant.

De ce qui précède il résulte que, si tous les jacks d'une ligne sont inoccupés, si, par conséquent, la ligne est libre, tous les canons de ces jacks sont isolés. Dès qu'on introduit une fiche dans l'un d'eux, tous les canons des jacks de la ligne sont mis à la terre par le massif de la fiche, car on n'a pas oublié que ce massif est relié à la terre et que tous les canons des jacks d'une même ligne communiquent entre eux. C'est ce qui va permettre, par un simple attouchement, de constater si la ligne est libre ou occupée.

X demande la communication avec Y : la fiche d'avant est introduite à fond dans le jack local de X; la fiche *v* étant placée dans la mâchoire V, la téléphoniste est en relation avec X et prend son ordre; il s'agit de savoir si la ligne demandée Y est libre. Avec le bec de la fiche d'arrière la téléphoniste touche le canon du Jack général de Y dans sa section, tout en conservant son récepteur à l'oreille; s'il se produit un claquement dans son téléphone, la ligne est occupée; si elle n'entend aucun bruit, la ligne est libre et elle peut pousser à fond sa fiche pour établir la communication.

Dans le premier cas (ligne occupée), le canon essayé est à la terre par la fiche introduite dans un quelconque des jacks de la ligne; d'autre part le bec de la fiche d'épreuve est réuni à la pile d'essai par le poussoir, les boutons d'appel, la mâchoire à 5 contacts (contact de gauche), la fiche à 5 lames (lame de gauche), un des enroulements du récepteur, la lame du milieu de la fiche à 5 lames et le contact du milieu de la mâchoire; le circuit de la pile d'essai est donc fermé et la plaque vibrante du récepteur s'infléchit en craquant lorsque le bec de la fiche d'épreuve touche le canon du jack Y. Si le canon de ce jack est isolé, ce qui correspond à « ligne libre », le circuit est ouvert en ce point et il ne se produit aucun bruit dans le récepteur.

E. — Multiples monocordes. — Les multiples monocordes n'ont pas, que nous sachions, reçu encore d'application en France. Dans ce genre d'installations, un seul cordon souple et une seule fiche sont employés pour relier deux abonnés, c'est-à-dire que chaque ligne d'abonné est réunie à une fiche qui lui est propre et qui, introduite dans un jack général d'une autre ligne, établit la liaison.

On construit des multiples monocordes pour lignes simples et pour lignes doubles; dans ces derniers, contrairement à ce qui se passe avec les multiples dicordes, le bruit que l'on perçoit dans le récepteur au moment de l'essai indique que la ligne est libre.

Cabines téléphoniques. — Les cabines téléphoniques sont de petites cellules silencieuses réparties dans les bureaux centraux, dans les bureaux de poste et de télégraphe et dans quelques autres établissements publics. Moyennant le payement d'une taxe de conversation ou bien en contractant un abonnement spécial, et sur le vu d'une carte d'identité, le public y est admis à correspondre avec les abonnés du réseau.

La cabine est une loge en bois de chêne, capitonnée à l'intérieur et éclairée par le haut au moyen d'une forte glace. De l'extérieur, on ne distingue pas ce qui se dit à l'intérieur. Un poste téléphonique est disposé à hauteur convenable au fond de la cabine. Ce poste est généralement, du moins dans le réseau de Paris, du système Ader ou du système d'Arsonval et Paul Bert. La personne qui entre dans une cabine téléphonique appelle en pressant sur le bouton de la clé; cet appel correspond à la station centrale adjacente et, dès que la surveillante a constaté que la cotisation a été versée ou que la personne a le droit de correspondre, la communication est établie avec l'abonné demandé. C'est à partir de ce moment que compte la durée de la conversation. Les choses se passent alors comme si deux abonnés du réseau causaient entre eux par l'intermédiaire d'un poste central; seulement, ici, après chaque période de 5 minutes de conversation, il y a perception d'une nouvelle taxe; la séance ne peut d'ailleurs se prolonger au-delà de 10 minutes s'il y a d'autres personnes en instance.

XV

COMMUNICATIONS INTERURBAINES

Application du système Van Rysselberghe. — Appel phonique. — Système Pierre Picard. — Dispositif d'appel P. Picard.

Application du système Van Rysselberghe. — Tout le monde sait aujourd'hui que M. Van Rysselberghe, ingénieur des Télégraphes belges, est l'inventeur d'un système qui permet d'utiliser les fils du réseau télégraphique pour les conversations téléphoniques, tout en conservant à ces conducteurs leur affectation propre. Les brevets Van Rysselberghe datent du commencement de l'année 1882. La plupart des lignes belges sont disposées pour les transmissions télégraphiques et téléphoniques simultanées; plusieurs artères du réseau français ont été organisées de la même manière.

Toute variation brusque dans l'état électrique d'un circuit téléphonique est répercutée dans les téléphones récepteurs. Si, par exemple, on embroche un téléphone sur le parcours d'un fil desservant des appareils télégraphiques, toute émission ou toute interruption de courant donneront lieu à un bruit sec dans le téléphone, à une sorte de craquement très accentué. Si les appareils télégraphiques dont on fait usage sont des appareils Morse, il sera possible, avec un peu d'habitude, de percevoir dans le téléphone les signaux échangés, de lire au son. Il n'est même pas besoin, pour obtenir ce résultat, que le téléphone soit placé sur le conducteur traversé par les courants télégraphiques; installé sur un conducteur voisin, souvent même assez éloigné, il reste sensible aux brusques émissions ou interruptions de courant produites sur les fils qui suivent le même parcours, bien qu'il ne soit influencé que par induction. Il semblait bien difficile, dans ces conditions, de placer des fils téléphoniques sur les mêmes appuis que des conducteurs télégraphiques, et bien plus encore d'installer des téléphones et des télégraphes sur le même fil.

Cependant, on avait remarqué que, si au lieu d'être brusque, la variation dans le courant qui influence le téléphone a lieu graduellement, celui-ci reste muet et insensible à la perturbation. C'est dans cette voie que M. Van Rysselberghe dirigea ses recherches. Il pensa que si les courants télégraphiques se produisaient graduellement et s'éteignaient de même, leur influence ne se ferait plus sentir sur les circuits téléphoniques avoisinants.

Il s'agissait d'obtenir ce résultat sans nuire à la régularité de la correspondance télégraphique; M. Van Rysselberghe y parvint en faisant traverser des résistances artificielles par les courants émis sur les lignes.

« L'expérience lui a démontré que pour combattre l'induction produite au départ, une résistance de 1000 unités était nécessaire, mais que pour conjurer l'induction à l'arrivée, 500 unités suffisaient. Alors, pour ne pas augmenter la résistance de la ligne dans des proportions trop considérables, tout en restant dans les conditions que lui imposait la pratique, il a eu recours à un artifice[1]. »

M. Van Rysselberghe appelle *électro-aimants graduateurs* des bobines ayant une résistance de 500 ohms et pourvues d'un noyau de fer doux; il les dispose de la manière suivante (*fig.* 369) : l'une des bobines est intercalée entre la pile et le plot de travail du manipulateur, l'autre entre le massif du manipulateur et la ligne.

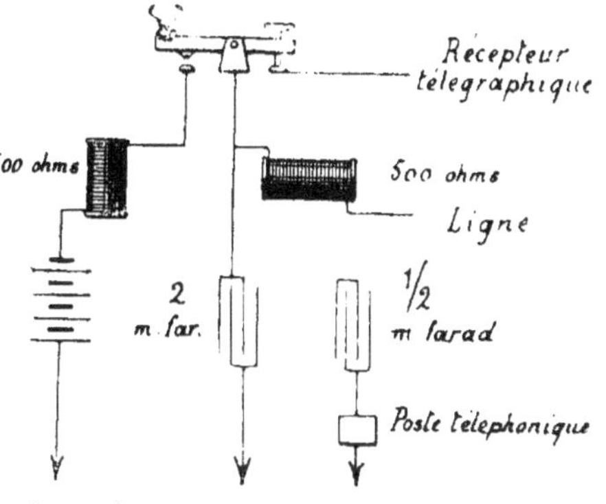

Fig. 369. — Système anti-inducteur Van Rysselberghe.

C'est ainsi que les choses sont agencées lorsqu'il s'agit du Morse; pour le Hughes, on a imaginé une disposition complémentaire.

De la sorte, le courant de la pile se rendant sur la ligne traverse les deux bobines, soit 1000 ohms, le courant venant

1. Montillot, *la Télégraphie actuelle*, J. B. Baillière et Cie, éditeurs.

de la ligne ne traverse qu'une seule bobine, de 500 ohms.

« On sait que, par suite des phénomènes d'induction propre dont un électro-aimant est le siège, lorsqu'une variation se produit dans l'intensité d'un courant qui le parcourt, la durée de la période variable d'un courant de ligne est accrue quand il traverse un instrument de ce genre. Pour rendre silencieux et insensible aux courants télégraphiques le téléphone dont nous parlions tout à l'heure, on placera donc entre le manipulateur et la ligne un électro-aimant convenablement choisi. Mais si une pareille précaution atténue et fait pratiquement disparaître le son correspondant à l'émission de courant, elle est inefficace en ce qui concerne la fin de celui-ci; au moment, en effet, où le manipulateur quitte le contact de pile, alors même qu'il n'est pas encore revenu sur le butoir de repos, une force électromotrice considérable prend naissance dans l'électro-aimant par suite de la cessation brusque du courant et amène dans le téléphone la production d'un bruit sec très perceptible et assez intense. Pour obvier à cet inconvénient et prolonger l'émission, on ajoute entre l'électro-aimant et le manipulateur un condensateur dont une armature est mise en dérivation sur le circuit, l'autre armature étant à la terre.

« Le condensateur, pendant que le manipulateur est sur contact de pile, se charge, puis quand on relève le levier, se décharge à travers l'électro-aimant lui-même et la ligne; on prévient ainsi la production de l'extra-courant de rupture[1]. »

Le condensateur dont nous venons de préconiser l'emploi a généralement une capacité de deux microfarads.

En combinant ainsi l'emploi des électro-aimants graduateurs et du condensateur, tous les bruits provenant tant de l'induction que de la transmission directe, sont absolument annulés dans les téléphones, et on pourrait impunément placer un de ces instruments en dérivation sur un fil ainsi armé, sans qu'il soit influencé. Il est évident que si, sur les lignes armées du système anti-inducteur Van Rysselberghe, il n'y a pas d'inconvénient au point de vue téléphonique à placer un téléphone en dérivation, il n'en est plus de même au point de vue télégraphique, et qu'un tel dispositif aurait pour effet de donner une communication avec la terre, qui nuirait à la régularité des correspondances télégraphiques. Il a donc fallu trouver un nouveau dispositif permettant d'éviter toute perte d'électricité dans le sol. Cette nouvelle combinaison

1. De la Touanne, *Annales télégraphiques*, 1886.

consiste à introduire un condensateur entre le téléphone récepteur et le fil de ligne. Ce condensateur que l'on appelle *condensateur-séparateur* a une faible capacité (1/2 microfarad ; une de ses armatures est réunie au fil de ligne, l'autre à un des cordons du téléphone récepteur, le second cordon étant à la terre.

En résumé, les installations pourvues du système Van Rysselberghe comprennent, comme le montre la figure 373 : 1° un électro-aimant entre la pile et le manipulateur; 2° un autre électro-aimant entre le manipulateur et la ligne; 3° un condensateur-graduateur entre le manipulateur et le second électro-aimant; 4° un condensateur-séparateur entre la ligne et le récepteur téléphonique.

Les deux postes correspondants sont installés de la même manière.

Lorsque la ligne comporte deux conducteurs, chacun d'eux est armé comme nous venons de l'indiquer, mais le téléphone récepteur, au lieu de communiquer avec la terre, est réuni au condensateur disposé sur le fil de retour.

D'ailleurs, tous les fils qui suivent le même parcours que les fils téléphoniques sont armés de la même façon.

Ainsi, l'économie du système Van Rysselberghe consiste à installer les postes téléphoniques sur des fils télégraphiques déjà existants qui continuent à servir aux relations télégraphiques. Ces fils sont préalablement armés, ainsi que les fils voisins, d'un dispositif spécial évitant que l'exploitation des télégraphes puisse nuire aux téléphones et réciproquement.

Sur la ligne téléphonique de Paris à Reims installée avec le système Van Rysselberghe, on utilise quatre conducteurs télégraphiques, formant deux circuits téléphoniques à double fil.

D'abord souterrains pendant la traversée de Paris, ces conducteurs deviennent aériens et sont alors constitués par des fils de fer galvanisé de 4 millimètres de diamètre, un seul a 5 millimètres; une petite section de câble sert à la traversée d'un tunnel; enfin, de la gare de Reims au bureau central, la ligne est en fil de bronze de 2 millimètres. L'ensemble de la ligne a un développement de 164 kilomètres.

Les électro-aimants graduateurs ont une résistance de 500 ohms; lorsque les lignes télégraphiques sont desservies par des appareils Morse, on emploie deux de ces électro-aimants; lorsqu'on fait usage du Hughes, on en ajoute un troisième, de 250 ohms seulement, placé sur la dérivation à la terre. Dans ces électro-aimants « le fil est enroulé sur un noyau de fer plein de 72 millimètres de long et 14 millimètres de diamètre; la partie sur laquelle se fait l'enroulement est longue de 35 millimètres; deux joues en fer de 13 millimètres d'épaisseur, recouvrant des joues en bois, laissent affleurer vers l'extérieur les extrémités du noyau plein; un cylindre creux en fer de même épaisseur à peu près les rejoint et recouvre l'ensemble qui offre l'aspect d'un cylindre plein de 40 millimètres de diamètre. On voit que la masse de fer est considérable et que le circuit magnétique est fermé [1]. »

Les condensateurs sont renfermés dans des boîtes en fonte et noyés dans la paraffine. On place généralement dans la même boîte l'électro-aimant de ligne et le condensateur; cet ensemble prend le nom d'*anti-inducteur*. On lui adjoint un paratonnerre à lame d'air, dans lequel les deux plaques métalliques sont séparées par de minces feuilles de papier paraffiné, que l'on découpe à l'emporte-pièce, et qui laissent passer entre les deux plaques une petite couche d'air.

Les électro-aimants graduateurs interposés entre la pile, la terre et les appareils sont installés dans les bureaux, mais les *anti-inducteurs* (électro-aimant et condensateurs) sont répartis sur différents points de la ligne, notamment aux points où un conducteur porté sur les mêmes appuis que la ligne téléphonique abandonne celle-ci, et aussi aux points de raccordement des tronçons urbains avec la ligne de pleine voie.

Ainsi que nous l'avons dit, les appareils téléphoniques sont isolés de la ligne par des condensateurs-séparateurs. « Les fils des circuits téléphoniques aboutissent à une des armatures d'un condensateur, l'autre armature étant mise en communication avec le conducteur télégraphique. Cette dernière jonction a lieu, par rapport à l'électro-aimant de ligne, du côté du poste correspondant : c'est là une précaution indispensable et à l'observation de laquelle on est immédiatement rappelé en cas d'oubli, la conversation devenant impossible dès que les interlocuteurs sont séparés par un électro-aimant graduateur [2]. »

Les condensateurs-séparateurs, munis de paratonnerres, ont une capacité de 1/2 microfarad.

L'indépendance des circuits télégraphiques est assurée par les condensateurs-séparateurs; il s'agit de boucler le circuit

1. De la Touanne (*Annales télégraphiques*).
2. De la Touanne (*loc. cit.*).

téléphonique; on y parvient avec de nouvelles bobines auxquelles on a donné le nom de *translateurs phoniques*. Ces bobines se composent de trois circuits. Sur les bobines creuses A, A_1 (*fig.* 370) sont enroulés les deux premiers circuits; chacun d'eux communique avec l'armature d'un condensateur-séparateur, les deux circuits ont une terre commune T. A l'intérieur des deux bobines creuses est placée une troisième bobine B B dont l'enroulement est fermé sur le téléphone *t*. L'installation est la même dans les deux postes téléphoniques. On voit que le circuit à double fil, affecté au service téléphonique, forme un vaste rectangle dont les deux fils de ligne représentent les grands côtés et les translateurs les

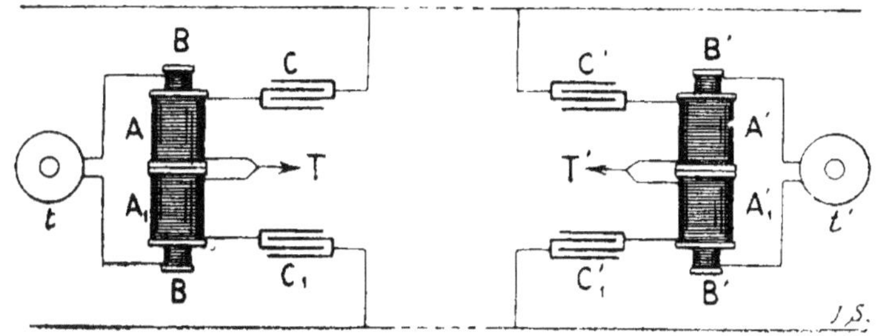

Fig. 370. — Translateur phonique.

petits côtés; les condensateurs-séparateurs sont placés aux angles.

Le circuit des téléphones est purement local; les courants développés par les vibrations de la membrane traversent la bobine B B et induisent dans les bobines A, A_1 d'autres courants qui chargent les condensateurs C, C_1; ces condensateurs se déchargent sur la double ligne, et l'effet inverse se produit à la station d'arrivée où les courants chargent les condensateurs C', C'_1 qui se déchargent à travers les bobines A', A'_1, réagissant elles-mêmes sur la bobine B' B' dont le circuit est fermé sur le téléphone *t'*.

Depuis les premières installations du système Van Rysselberghe, les bobines translatrices ont été modifiées plusieurs fois; on a procédé par tâtonnements, et nous ne croyons pas qu'il y ait encore de type bien arrêté.

Appel phonique. — Les appels entre les postes centraux ne peuvent avoir lieu par les procédés ordinaires, puisque les téléphones sont séparés de la ligne principale par des condensateurs; ne le fussent-ils pas, l'emploi de piles et de sonneries installées comme elles le sont habituellement troublerait à chaque instant les transmissions télégraphiques. Il a fallu imaginer un relais sans effet sur les appareils télégraphiques et agissant efficacement sur les téléphones à travers les condensateurs. L'idée de ce relais, connu sous le nom d'*appel phonique*, est due à M. Sieur.

C'est un boitier de récepteur Sieur (*fig.* 371) sur la membrane duquel repose la pointe d'un levier AB convenablement équilibré.

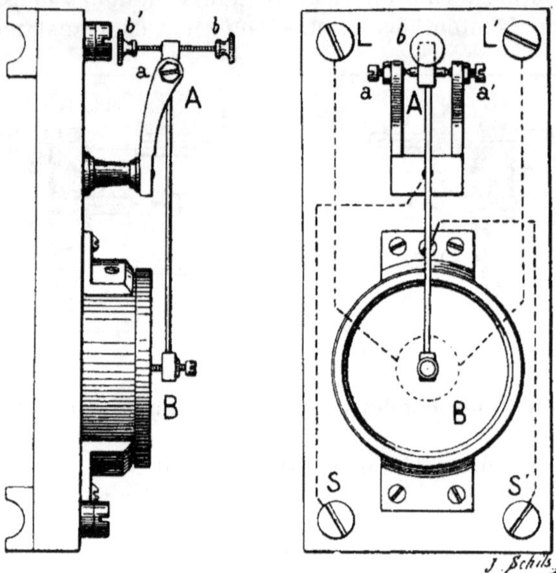

Fig. 371. — Appel phonique.

Le levier AB est suspendu entre les pointes des vis *a a'* sur lesquelles il pivote librement; les vis *b b'* servent à régler sa sensibilité.

Les bornes L, L' communiquent avec les deux extrémités du fil de la bobine du récepteur, renfermée dans le boîtier; la borne S est reliée à la chape qui supporte le levier AB, la borne S' à la plaque vibrante par l'intermédiaire du boîtier. A l'extérieur, L L' reçoivent les deux fils de ligne, S S' les deux fils d'une sonnerie à trembleur dans le circuit de laquelle est intercalée en permanence une pile locale, comme le montre la figure 372.

L'appel phonique étant placé verticalement, la pointe du

levier AB reste appuyée par son propre poids sur la plaque vibrante du récepteur. Il en résulte une dérivation sans résistance à travers laquelle circule la plus grande partie du courant de la pile locale P; la fraction de ce courant qui traverse encore les bobines de la sonnerie à trembleur S est insuffisante pour la faire fonctionner; mais si la membrane téléphonique est mise en vibration par des courants pénétrant par les bornes L L′, le contact entre la plaque vibrante et le levier AB est altéré; la résistance est notablement augmentée en ce point et la majeure partie du courant de la pile locale traverse les bobines de la sonnerie à trembleur qui alors fonctionne régulièrement. L'appel phonique n'est,

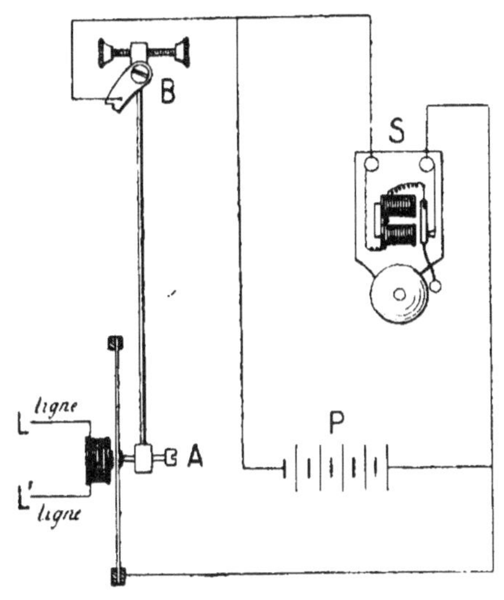

Fig. 372. — Installation de l'appel phonique.

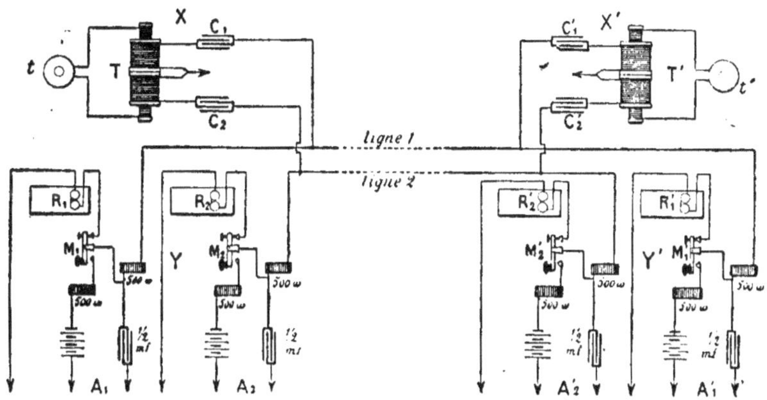

Fig. 373. — Ensemble d'une installation pour ligne double, avec le système Van Rysselberghe.

en résumé, qu'un relais de sonnerie qui entre en jeu au moment des appels; au repos, il absorbe en quelque sorte le courant local qui, sans cela, agirait constamment sur la sonnerie; en activité, il restitue le courant local à la sonnerie; c'est un bief de dérivation dont la vanne est normalement ouverte et ne se ferme qu'au moment où la sonnerie doit se faire entendre.

La figure 373 représente l'ensemble d'une installation pour ligne double avec le système Van Rysselberghe.

X, X' sont les deux stations téléphoniques qui peuvent être dans le même local que le service télégraphique ou dans des locaux indépendants.

Y, Y' sont les bureaux télégraphiques où quatre appareils Morse desservent les deux fils de ligne.

C_1, C_2, C'_1, C'_2 condensateurs-séparateurs,
T, T' translateurs phoniques,
t, *t'* postes téléphoniques,
R_1, R_2, R'_1, R'_2 récepteurs Morse,
M_1, M_2, M'_1, M'_2 manipulateurs Morse,
A_1, A_2, A'_1, A'_2 anti-inducteurs.

Système Pierre Picard. — Le 20 janvier 1891, M. Pierre Picard, employé de l'administration française des Postes et des Télégraphes, a fait breveter un nouveau système de télégraphie et de téléphonie simultanées.

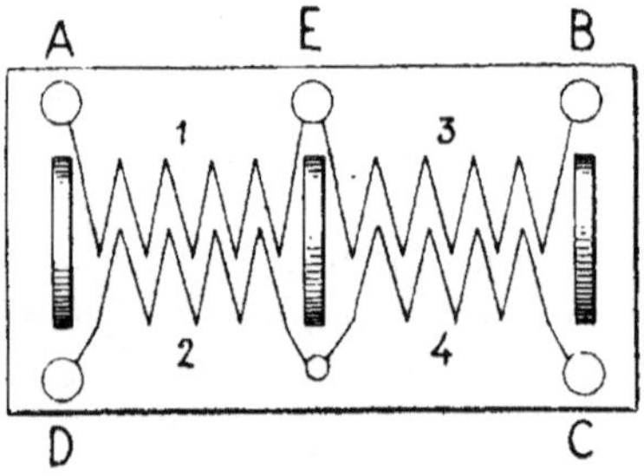

Fig. 374. — Transformateur différentiel.

Le procédé de M. Picard, mis à l'essai sur la ligne Paris-Lyon, est remarquable par son extrême simplicité; il consiste dans l'emploi d'une bobine à quatre circuits égaux, à laquelle l'inventeur a donné le nom de *transformateur différentiel*.

Cette bobine, dont la figure 374 montre le diagramme, se compose de quatre fils d'égal diamètre, enroulés parallèlement sur un noyau en fil de fer doux. Tous les conducteurs font un nombre de tours égal autour du noyau; il en résulte que, pris deux à deux, leur résistance électrique diffère un peu, mais elle est la même pour deux circuits associés. La carcasse de la bobine, formée par trois joues en bois, deux extrêmes, une intermédiaire, est montée sur un socle en bois garni de cinq bornes A, B, C, D, E. Les circuits 1 et 3 sont attachés aux bornes A, B, et réunis bout à bout sous la borne E; les circuits 2 et 4 sont reliés ensemble et assujettis sous les bornes C, D.

Quant à l'installation de l'appareil, on peut considérer différents cas :

I. — Installer la communication sur une ligne continue;

II. — Installer la communication simultanée sur une ligne continue pour le service téléphonique, sectionnée pour le service télégraphique;

III. — Installer la communication simultanée sur une ligne continue pour le service télégraphique, sectionnée pour le service téléphonique.

I. — Les circuits *a*, *b* (*fig.* 375) sont reliés aux deux fils

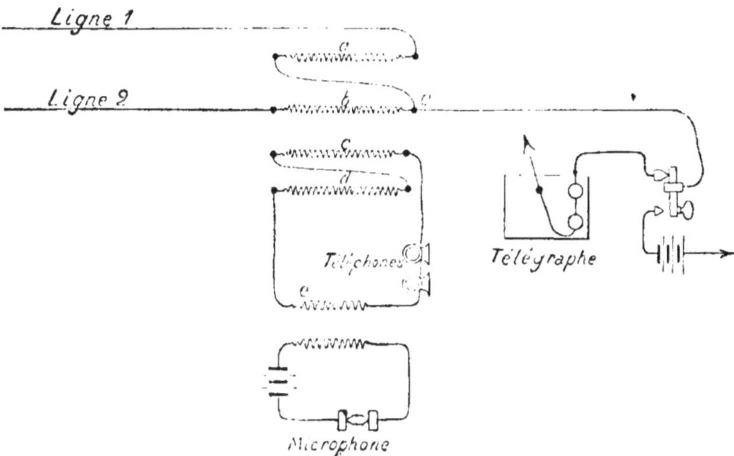

Fig. 375. — Installation du système P. Picard sur une ligne continue.

de ligne et au poste télégraphique. Ainsi, si on se reporte à la figure 374, la borne A sera réunie à la ligne n° 1, la borne B à la ligne n° 2 et la borne E au massif du manipulateur du poste télégraphique. Les circuits bouclés *c*, *d* sont en communication avec le circuit secondaire du poste téléphonique; en d'autres termes, les bornes C et D de la bobine (*fig.* 374) sont en relation avec les bornes *ligne* du poste micro-téléphonique.

Par suite de cet arrangement, les conducteurs *a*, *b* sont interposés sur la ligne bouclée en O; les conducteurs *c*, *d* appartiennent au circuit téléphonique local.

Examinons les différents cas qui peuvent se présenter, soit que le poste télégraphique transmette ou reçoive, soit que l'on parle ou que l'on écoute à la station téléphonique.

a. — Le poste télégraphique transmet : les courants émis par ce poste arrivent en O et se bifurquent sur les deux lignes bouclées en passant par *b* et par *a*; mais ces courants qui vont circuler sur les lignes 1 et 2, dans le même sens et par fractions égales, parcourent en sens inverses les conducteurs *a* et *b* du transformateur; ces courants exercent des actions inductrices opposées et égales qui s'annulent et n'influencent pas les conducteurs *c*, *d* affectés au circuit local téléphonique.

Donc, le téléphone ne saurait être influencé par les courants télégraphiques de départ.

b. — Le poste télégraphique reçoit : les courants arrivant par les lignes 1 et 2 sont égaux et de même sens; ils traversent les conducteurs *a*, *b* en sens inverse et se réunissent en O pour actionner le poste télégraphique.

Comme dans le cas précédent, l'induction de *a b* sur *c d* est nulle.

Donc, le téléphone ne saurait être influencé par les courants télégraphiques d'arrivée.

c. — Le poste téléphonique transmet : Lorsque le poste téléphonique transmet, les courants induits provoqués dans le circuit *c* de la bobine d'induction par les vibrations microphoniques, traversent dans le même sens les circuits *c*, *d* du transformateur différentiel; ils induisent dans les conducteurs *b*, *a* et dans les lignes 1 et 2 de nouveaux courants qui vont actionner le poste téléphonique récepteur. Ces courants, d'ailleurs, en raison de leur faible énergie, ne sauraient impressionner les stations télégraphiques.

Donc, le poste téléphonique peut transmettre sans que le poste télégraphique soit influencé.

d. — Le poste téléphonique reçoit : A la station d'arrivée, les courants induits circulent dans le même sens à travers *a* et *b*; ils induisent de nouveaux courants dans le circuit *c*, *d*, *e*, qui contient les récepteurs téléphoniques, et ces derniers fonctionnent.

Il est clair que, pas plus que dans le cas précédent, le poste télégraphique n'est influencé.

Donc, le poste téléphonique peut recevoir sans déranger le poste télégraphique.

Ainsi, dans le cas que nous venons d'étudier, les lignes 1 et 2 forment une ligne à double fil pour le service téléphonique; pour le service télégraphique ils constituent une ligne à deux conducteurs parallèles et assemblés en quantité.

II. — La ligne téléphonique est continue, la ligne télégraphique est coupée à un poste intermédiaire, soient deux postes extrêmes A, B et un poste intermédiaire C. Deux appareils télégraphiques sont installés en C et correspondent l'un avec A, l'autre avec B. Dans chaque direction la ligne est formée par deux conducteurs parallèles, comme dans les circuits téléphoniques à double fil. L'installation des postes extrêmes A, B est celle que représente la figure 375. Au poste intermédiaire C sont disposées deux cabines ou deux postes téléphoniques et deux transformateurs différentiels (*fig.* 376). En résumé, on se trouve en présence, au bureau intermédiaire, de deux postes juxtaposés, tels que celui que nous avons décrit plus haut (§ I). Cependant, un jeu de commutateurs O O' permet de mettre

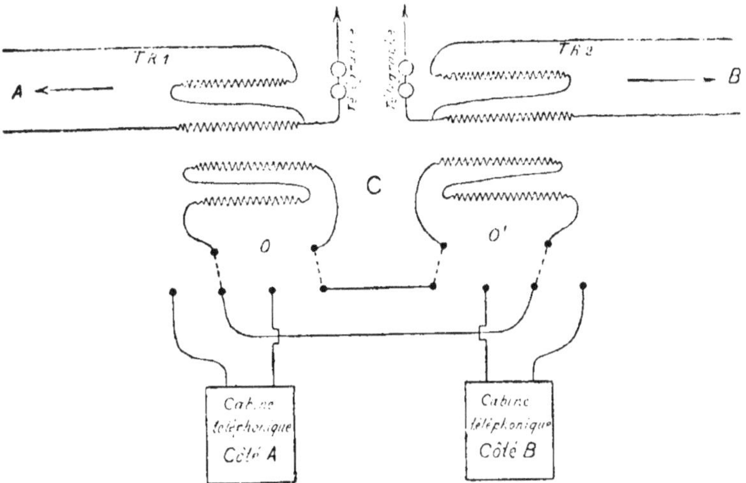

Fig. 376. — Installation du système P. Picard sur une ligne téléphonique continue et une ligne télégraphique sectionnée.

hors circuit les deux cabines ou les deux postes téléphoniques, de façon à mettre en *relation téléphonique directe* les stations A et B. En se reportant à ce que nous avons dit précédemment, on comprend facilement comment les transformateurs fonctionnent.

De l'ensemble de ces dispositions il résulte que les combinaisons suivantes peuvent être réalisées :

x { Circuit télégraphique : A avec C, B avec C;
Circuit téléphonique : A avec C, B avec C;

y { Circuit télégraphique : A avec C, B avec C;
Circuit téléphonique : A avec B.

III. — La ligne téléphonique est scindée, la ligne télégraphique est continue.

Cette troisième manière d'envisager les choses a conduit M. Picard à réaliser une solution très élégante de la question.

Comme dans le cas précédent on emploie deux transformateurs différentiels (*fig.* 377). « Les lignes, au lieu d'être bouclées de chaque côté à la station intermédiaire C, la traversent sans solution de continuité, ou plutôt sont reliées une à une à leur sortie des transformateurs; mais, entre ceux-ci, elles sont réunies par un conducteur O O', sans résistance appréciable, auquel l'inventeur a donné le nom de *pont téléphonique.* »

« Ce pont téléphonique ne peut en rien modifier la condition de la ligne télégraphique puisque celle-ci comprend les deux

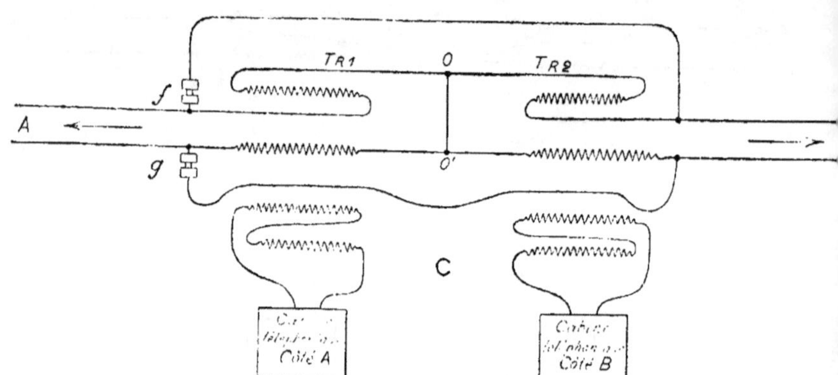

Fig. 377. — Installation du système P. Picard sur une ligne télégraphique continue et une ligne téléphonique sectionnée.

conducteurs parallèles, assemblés en quantité; mais il n'en est pas de même pour les deux lignes téléphoniques qui doivent être constituées, à droite et à gauche, par les deux conducteurs bouclés. C'est précisément le pont O O' qui fait l'office de boucle commune. Cette jonction, formant un *court circuit*, sert de passage aux courants téléphoniques de A vers C et de B vers C, ou inversement, sans que ces courants puissent s'influencer réciproquement en raison de la résistance pratiquement nulle du pont qu'ils ont à parcourir. Il est donc possible, comme dans le cas précédent, de téléphoner simultanément de la station intermédiaire C avec chacune des stations extrêmes A et B, sans que les conversations se mélangent. »

« Pour établir la communication directe de A en B, il suffit de supprimer le pont O O' et, à l'aide des conjoncteurs *f* et *g*, de mettre hors circuit la résistance des deux transformateurs pour laisser à la voix toute son intensité [1]. »

Le système Picard est installé sur la ligne Paris-Troyes où il donne de bons résultats; on est en train de l'installer sur d'autres réseaux et il est probable que son emploi se généralisera si, comme il y a lieu de le prévoir, les essais continuent à être satisfaisants.

Dispositif d'appel P. Picard. — Le système d'appel phonique de M. Sicur a été l'objet de plusieurs modifications, notamment lorsqu'on a substitué à la sonnerie un annonciateur ordinaire dont le volet tombe au moment de l'appel. On songea alors à faire usage pour l'annonciateur de bobines différentielles qu'il est toujours facile de substituer aux bobines à enroulement unique. Cette combinaison, qui a été adoptée, est représentée par la figure 378.

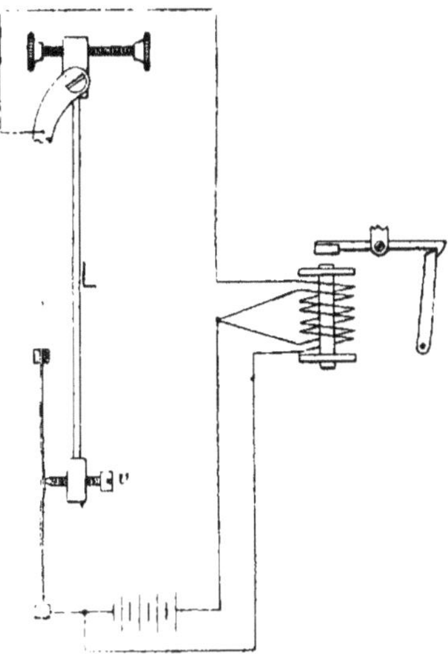

Fig. 378. — Système d'appel P. Picard avec annonciateur différentiel.

De chaque pôle de la pile partent deux fils qui s'enroulent en sens inverse sur les bobines de l'annonciateur. L'un de ces fils est relié directement à la bobine, l'autre passe par la plaque vibrante et le marteau de l'appel phonique. Les deux circuits sont d'égale résistance, et des courants de sens contraire les traversent continuellement lorsque l'appareil est au repos; ces courants sont par conséquent sans effets sur les noyaux de l'annonciateur dont l'armature n'est pas attirée.

Lorsque l'appel phonique entre en jeu, le circuit qui contient la plaque vibrante devient, par intermittences, plus résistant que l'autre; l'action de ce dernier sur les noyaux de l'annonciateur devient prédominante, les noyaux s'aimantent, attirent l'armature, et le volet tombe.

Pour l'installation entre Arcachon et Bordeaux de son système de communications simultanées téléphoniques et

1. A. Michaut, l'*Électricien*, n° 35 du 20 août 1891, page 147.

télégraphiques, M. P. Picard a récemment imaginé une combinaison fort ingénieuse qui donne des résultats aussi satisfaisants que la précédente et qui a l'avantage de ne nécessiter aucun organe nouveau, pas même une bobine différentielle. Ce dispositif s'adapte indifféremment à une sonnerie ou à un annonciateur, comme on le voit dans les figures 379 et 380.

Dans la figure 379, l'un des pôles de la pile est relié au fil de jonction des deux bobines de l'annonciateur; l'autre pôle est réuni directement à la sortie de la bobine de droite, et indirectement à la sortie de la bobine de gauche par l'intermédiaire de la plaque vibrante et du marteau de l'appel phonique. Quand le système est au repos, le courant circule par fractions égales

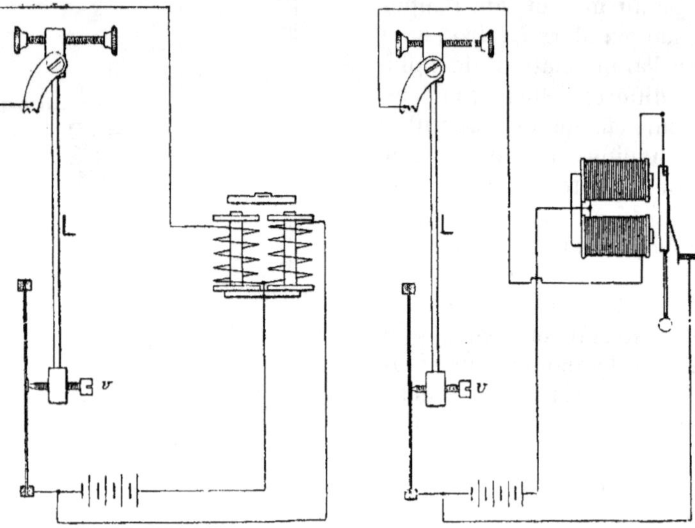

Fig. 379. — Système d'appel P. Picard avec un annonciateur.

Fig. 380. — Système d'appel P. Picard avec une sonnerie.

en sens contraire dans les deux bobines; il n'en résulte aucune aimantation et l'électro-aimant reste sans effet sur l'armature. Si l'appel phonique vibre, l'équilibre est rompu, l'action de la bobine de droite devient prépondérante, l'armature est attirée et le volet tombe.

Dans la figure 380 l'un des pôles de la pile est relié au fil de jonction des bobines de la sonnerie; l'autre pôle correspond, par l'appel phonique, à la sortie de la bobine inférieure, et aussi à la vis de réglage de la sonnerie, à l'armature et à la sortie de la bobine supérieure.

On voit que, dans ce circuit, il existe deux trembleurs, l'un constitué par l'appel phonique, l'autre par la sonnerie.

Le système étant en repos, l'armature de la sonnerie est attirée par la bobine inférieure; le circuit de la bobine supérieure est alors ouvert entre le ressort d'armature et la vis de réglage. Si l'appel phonique vibre, le courant est interrompu dans ce circuit autant de fois que le marteau de l'appel phonique abandonne sa plaque vibrante. Dès la première interruption, l'armature de la sonnerie cesse d'être attirée et ferme le circuit de la bobine supérieure par la vis de réglage et le ressort d'armature et, dès lors, elle fonctionne comme toutes les trembleuses sous l'action de la bobine supérieure seule.

Cette solution est à la fois simple et ingénieuse.

XVI

DÉRANGEMENTS

Dérangements. — Vérification d'un poste. — Dérangements de lignes. — Dérangements dans les postes d'abonnés. — Dérangements dans les postes centraux.

Dérangements. — Les dérangements qui peuvent affecter les réseaux téléphoniques forment deux catégories bien distinctes : *dérangements de lignes*, *dérangements de postes.*

Lorsqu'une perturbation se produit, le premier soin des agents de l'administration des Postes et des Télégraphes doit être de la localiser. Il s'agit tout d'abord de savoir si on a affaire à un dérangement de ligne ou à un dérangement de poste. La vérification des postes permet d'atteindre aisément ce but; c'est par là qu'il faut commencer. L'opération ne présente pas de difficulté et est exécutée rapidement lorsqu'il s'agit de postes de l'État reliés directement soit par des lignes auxiliaires, si l'on opère sur un réseau urbain, soit par les fils du réseau dans le cas de communications interurbaines. Les deux bureaux en relation sont vérifiés avec soin et, de cette vérification, on conclut que le dérangement est sur la ligne ou à l'intérieur du bureau.

Lorsque le défaut se produit entre un poste central et un poste d'abonné on ne peut plus le localiser aussi rapidement; il n'est pas possible, en effet, d'exiger des abonnés une connaissance parfaite des appareils, ni de leur imposer la tâche de vérifier leur poste. Le poste central s'assure que le dérangement n'est pas chez lui, mais il ne saurait affirmer que la ligne est en mauvais état ou que le poste de l'abonné est défectueux; il faut pour cela envoyer un agent au domicile de l'abonné. Cet agent procède à la vérification du poste et le répare au besoin.

Vérification d'un poste. — Pour vérifier un poste, et nous entendons ici par poste l'ensemble du transmetteur, des récepteurs, de la sonnerie et des piles, pour vérifier un poste, on commence par l'isoler de la ligne; à cet effet, on détache des bornes *ligne* le fil de ligne et le fil de terre ou le fil de retour suivant que la ligne est à simple ou à double conducteur.

Les récepteurs restant au crochet, on attache à la borne L de gauche un fil d'essai et, avec l'extrémité libre de ce fil, on touche le plot de travail de la clé d'appel; si la sonnerie fonctionne on en conclut que le circuit d'appel est en bon état. Si la sonnerie ne fonctionne pas, on détache le fil qui la réunit à la borne S de droite du transmetteur et, avec le bout de ce fil, on touche le plot de travail de la clé d'appel. Pendant cette nouvelle expérience, la sonnerie fonctionne ou ne fonctionne pas : si la sonnerie fonctionne, la partie du circuit comprise entre la borne L de gauche et la borne S de droite est interrompue quelque part. Ce dérangement peut provenir de l'oxydation des bornes, de la rupture d'un conducteur, du mauvais fonctionnement des paillettes, d'un contact défectueux de la clé d'appel. Si la sonnerie ne fonctionne pas, le dérangement a son siège dans la sonnerie elle-même ou dans la pile d'appel.

Pour vérifier les circuits de transmission et de réception, on relie les deux bornes *ligne* (groupe de gauche) par un fil conducteur. On décroche le récepteur suspendu au levier-commutateur et on le porte à l'oreille, puis, avec la main libre, on frappe sur la planchette microphonique de petits coups qui doivent être nettement perçus dans le récepteur. On peut également placer une montre sur la planchette et en écouter le bruit en appliquant les deux récepteurs sur les oreilles. Si le poste est défectueux les téléphones restent muets.

Dans ce cas, le mauvais fonctionnement du poste peut être attribué à plusieurs causes :

« 1° Dérangement dans la pile du microphone ou dans les fils qui relient celle-ci aux bornes de l'appareil. On vérifie la pile au moyen d'un galvanomètre et, le plus souvent, à simple vue. »

On peut aussi employer le *contrôleur de piles* que nous avons décrit (page 64).

« 2° Interruption dans le circuit suivant que l'on peut suivre facilement à la vue : de la première borne inférieure à gauche de l'appareil à l'entrée du fil inducteur de la bobine d'induction; de la sortie du fil inducteur aux charbons du microphone;

contacts de ces charbons; de la sortie des charbons aux contacts du commutateur automatique ; de ces derniers contacts à la deuxième borne inférieure à gauche de l'appareil. »

« 3° Interruption des fils de communication ou défectuosité des contacts dans la section suivante du circuit que l'on peut facilement suivre à la vue : fil de la borne au commutateur automatique: contact de celui-ci avec le bloc correspondant à l'entrée du fil induit de la bobine d'induction; fil reliant la sortie du fil induit à l'entrée des téléphones; fils reliant les deux téléphones; fil reliant la borne T à la sortie des téléphones. »

« 4° Interruption ou dérangement dans les téléphones: on vérifie ceux-ci en faisant passer successivement dans chacun d'eux le courant d'une pile ; pour cela, il faut enlever les vis qui retiennent leurs cordons sur l'appareil. Si les téléphones sont bons ils doivent rendre, sous l'influence du courant et de sa rupture, un son assez puissant pour être entendu à une distance d'au moins 1 mètre de l'oreille. Si ce son n'est pas perceptible, les téléphones sont défectueux. »

« 5° Dérangement dans la bobine d'induction : on la vérifie en s'assurant, au moyen d'une pile et d'un galvanomètre, qu'aucun des deux fils n'est interrompu et qu'il n'y a aucune dérivation de l'un à l'autre [1]. »

Dans les postes centraux, bien plus encore que dans les postes d'abonnés, la vérification du poste n'implique pas que le dérangement est sur la ligne ou chez le correspondant; il faut encore, avant de conclure, s'assurer que les communications intérieures et les appareils accessoires qu'elles desservent sont en bon état. C'est une opération souvent assez délicate qui nécessite une connaissance approfondie des différents instruments employés dans les bureaux.

Dérangements de lignes. — Il y a lieu de distinguer les dérangements des lignes à simple fil et les dérangements des lignes à double fil. A quelque catégorie qu'ils appartiennent, ces dérangements forment trois classes : *Isolements, pertes à la terre, mélanges.*

Sur les lignes à fil unique, les mélanges ne sont à craindre que si la ligne dérangée a un parcours commun avec un autre conducteur. Cependant, une terre défectueuse à un poste terminal auquel aboutissent plusieurs lignes, peut faire croire

1. Sieur. *Etude sur la Téléphonie. — Annales télégraphiques.* 3e série, t. XII, p. 209.

à un mélange. En réalité, les fils sont en quelque sorte bout à bout par suite de la suppression partielle ou totale de la prise de terre. Dans ce cas, en effet, la conductibilité des deux fils devant se décharger dans le sol, est souvent supérieure à celle de la prise de terre défectueuse, et le courant se transporte de l'un à l'autre comme s'ils ne formaient qu'un conducteur continu. Le téléphone récepteur est impuissant à dévoiler la présence d'un mélange. En effet, la parole peut passer d'une ligne sur une autre par induction, sans qu'il existe la moindre trace de mélange. On ne peut donc affirmer que deux conducteurs sont en contact sur un point de la ligne, que si la sonnerie de l'un des conducteurs est actionnée par les appels d'un autre.

En général, dans les dérangements de ligne, à simple ou à double fil, il ne faut pas se fier aux indications fournies par les récepteurs téléphoniques qui, dans beaucoup de cas, peuvent induire en erreur. Il convient de vérifier les lignes, comme on le fait en télégraphie, à l'aide de la pile et du galvanomètre.

Dérangements dans les postes d'abonnés. — Nous ne pouvons ici qu'envisager les causes principales des dérangements qui se produisent dans les postes d'abonnés. Étant donnée la diversité des locaux dans lesquels sont installés ces postes, on ne peut guère s'en tenir qu'aux généralités et laisser de côté les rares dérangements que des circonstances imprévues sont susceptibles de provoquer.

Dans les transmetteurs, les bornes ou les vis peuvent être desserrées. Le bouton d'appel ou la clé d'appel peuvent fonctionner irrégulièrement par suite d'un ressort ou trop dur ou trop mou, ou bien encore d'un contact malpropre. Le commutateur peut être défectueux, soit que le ressort antagoniste se soit affaibli et n'agisse plus assez efficacement, soit encore que les paillettes donnent un mauvais contact avec la masse métallique du levier. La planchette vibrante peut être cassée; un violent coup de soleil peut produire ce dérangement. Un ou plusieurs charbons du microphone peuvent tomber accidentellement; cela provient généralement d'un choc violent.

Les récepteurs donnent lieu à des dérangements moins nombreux. Si l'abonné oublie, après une conversation, de remettre les récepteurs au crochet, la ligne reste isolée de la sonnerie et les appels ne sont plus entendus. Ce n'est que par extension qu'on peut donner le nom de dérangement à cette négligence, malheureusement trop fréquente. Les récepteurs peuvent se dérégler, avoir leurs cordons défectueux, leur plaque vibrante emboutie, le fil des bobines brisé, etc.

Pour tous ces dérangements, comme pour ceux des transmetteurs, le remède est tout indiqué, dès que la nature du mal est connue.

Les appareils accessoires tels que relais, sonneries, relais Ducousso, tableaux annonciateurs se dérèglent parfois; ce sont généralement là les seuls dérangements qui leur soient imputables.

Quant aux piles, un vase fêlé qui laisse écouler le liquide en tout ou en partie, une borne desserrée qui interrompt la communication ou la rend défectueuse, une tête de charbon oxydée qui augmente la résistance intérieure, sont autant de faits qui, joints à un épuisement prématuré, sont de nature à produire un fonctionnement irrégulier dans les postes d'abonnés, soit que leurs appels ne soient plus perçus par le poste central, soit que le microphone se trouve paralysé. Le renouvellement fréquent des piles chez les abonnés est le plus sûr garant de leur bon fonctionnement. Les conducteurs eux-mêmes ne sont pas à l'abri des avaries; les fils peuvent être croisés, mêlés, détachés ou rompus. Les dérangements de cette nature rentrent pour la plupart dans la catégorie de ceux que nous avons signalés à propos des transmetteurs et des récepteurs, et, à part quelques cas tout à fait exceptionnels, il est rare qu'un conducteur soit rompu autre part que dans le voisinage d'une borne d'attache.

Dérangements dans les postes centraux. — Si nous en exceptons les transmetteurs et les récepteurs défectueux qui peuvent toujours être remplacés instantanément, les dérangements dans les postes centraux ne portent guère que sur les annonciateurs, les conjoncteurs et les cordons.

Dans les annonciateurs, le ressort de l'armature se dérègle quelquefois; pour remettre les choses en état, il suffit de manœuvrer la vis qui commande ce ressort.

La partie du volet qui s'engage sous le crochet de l'armature est en acier; c'est une petite pièce rapportée qui, à la longue, et par suite d'une soudure défectueuse, peut se détacher; il n'est plus possible alors de relever le volet. Dans ce cas, il convient de mettre un volet neuf à la place de celui qui est défectueux et qui, d'ailleurs, se répare très facilement.

Dans les jack-knives, le principal dérangement porte sur le ressort qui établit la communication avec l'annonciateur. Si ce ressort vient à être faussé, il ne s'applique plus sur la goupille reliée aux bobines de l'annonciateur, même lorsque la fiche est enlevée du conjoncteur; il en résulte que l'annonciateur reste en dehors du circuit et que les appels ne sont plus perçus. De temps à autre, les téléphonistes vérifient avec le doigt si le ressort touche bien la goupille de contact. Dès qu'un jack-knive est reconnu défectueux sous ce rapport, le ressort doit être remplacé.

Ce dérangement provient souvent de ce que les téléphonistes accrochent accidentellement le ressort avec la pointe de la fiche, au moment où elles veulent l'introduire dans le jack-knive. Dans les conjoncteurs de construction récente, on a paré à cette cause de dérangement en faisant déborder, au-dessus du ressort à protéger, la masse métallique dans laquelle sont percés les gros trous du jack-knive.

Dans les cordons et dans les fiches, les conducteurs peuvent être croisés ou bien se toucher, un des conducteurs peut être rompu. D'autre part, les parties flexibles de la fiche qui font ressort peuvent manquer d'élasticité et ne plus donner un bon contact; un outil spécial permet de ramener ces pièces à leur position normale.

Les tableaux multiples dont sont pourvus certains grands grands bureaux nécessitent des soins d'entretien de tous les jours, afin de prévenir les dérangements. Sur ces tableaux, le nombre des jacks généraux est considérable, et beaucoup d'entre eux ne sont utilisés qu'à d'assez rares intervalles; les pièces de contact peuvent se recouvrir de poussière ou s'oxyder; il est nécessaire de les nettoyer fréquemment. On a fabriqué pour cela des instruments spéciaux ayant à peu près la même forme que les fiches. Ce sont, en quelque sorte, de petites curettes que l'on introduit dans les conjoncteurs pour nettoyer les surfaces de contact.

XVII

LÉGISLATION ET DOCUMENTS ADMINISTRATIFS

Période de 1879 à 1884. — Période de 1884 à 1889. — Reprise des réseaux téléphoniques par l'Etat. — Régime actuel. — Situation du réseau téléphonique français au 31 décembre 1891. — Circuits téléphoniques en service au 31 décembre 1891.

Période de 1879 à 1884. — Dès le début de la téléphonie en France, la question se posa, pour l'État, de décider s'il était, pour lui, plus avantageux de renoncer au bénéfice de la loi du 29 novembre 1850 sur les correspondances télégraphiques, et de laisser ainsi, à l'industrie privée, l'usage, la responsabilité et l'exploitation des installations téléphoniques, que de s'appuyer sur cette loi pour prendre à sa charge le téléphone et ses applications, et pour revendiquer le monopole. L'administration des Postes et des Télégraphes, considérant l'importance des dépenses à engager, l'éventualité des risques à courir, prit le parti de laisser faire à d'autres les premiers essais, sauf à profiter, en temps utile, de l'expérience acquise, et à intervenir au moment opportun.

Des concessions furent donc accordées, et plusieurs Sociétés se constituèrent pour exploiter le réseau de Paris. Elles se fusionnèrent bientôt en une seule, sous le nom de *Société générale des Téléphones*, qui fut autorisée à fonctionner pendant cinq années, sous réserve de se conformer aux clauses et conditions d'un cahier des charges élaboré en 1879. L'État, qui ne s'engageait point, se réservait le droit de contrôle, le droit d'accorder de nouvelles concessions et, point capital, la faculté de racheter, à son gré, le matériel, à l'expiration de la concession.

Le taux des abonnements, fixé par la Société à 600 francs pour Paris et à 400 francs pour la province, fut agréé par le ministre. La Société encaissait, mais versait à l'État 10 pour

100 sur les recettes brutes. Le réseau, d'ailleurs, était construit et entretenu par les agents de l'administration des Postes et des Télégraphes.

Concurremment avec la Société, l'État résolut de faire des essais d'exploitation directe, en créant successivement différents réseaux urbains : c'est ainsi que Reims, Roubaix, Tourcoing et plusieurs autres centres furent dotés de communications téléphoniques. Entre temps, la Société générale des Téléphones obtenait la concession des réseaux de Lyon, Marseille, Bordeaux, le Havre, Nantes, etc. L'État, comme on le voit, abandonnait à la Société l'exploitation en grand, se réservant seulement les essais sur les réseaux de moindre importance.

Période de 1884 à 1889. — Cependant, le terme de la concession de la Société générale des Téléphones approchait et, avant le 8 septembre 1884, il fallait se prononcer, soit dans le sens d'une exploitation directe par l'État, soit dans le sens d'une nouvelle concession.

En présence des résultats obtenus qui, pour être satisfaisants, ne laissaient point que de faire présager certains mécomptes, il sembla encore prématuré de tenter l'exploitation directe. Aussi, dès le 18 juillet, un décret instituait-il une Commission chargée d'examiner à l'avance la situation et les capacités financières des personnes ou des Sociétés qui pourraient adresser à l'État des demandes de concession de réseaux téléphoniques. Cette Commission était présidée par M. Magnin, gouverneur de la Banque de France. A la même date, un nouveau cahier des charges déterminait les conditions auxquelles pourraient être autorisés l'établissement et l'exploitation de réseaux téléphoniques dans certaines villes.

Aux termes de cet acte administratif, l'autorisation d'exploiter un réseau téléphonique impliquait le droit, pour les permissionnaires, de relier, pour l'échange des conversations, chacun des abonnés à l'un des bureaux centraux du réseau, et de le mettre temporairement en communication, par l'intermédiaire de ces bureaux centraux, soit avec les autres abonnés, soit avec les bureaux téléphoniques publics et les bureaux de l'État.

Les permissionnaires ne pouvaient refuser de relier à leurs réseaux un établissement particulier ou une habitation situés dans le périmètre de distribution gratuite des télégrammes de la ville, siège du bureau central.

Les abonnements collectifs pour des personnes non associées, ou ne constituant pas une entreprise commune, n'étaient pas admis.

Les communications ne pouvaient être demandées et utilisées que par les signataires de l'abonnement, leurs employés et les personnes demeurant avec eux; elles devaient être strictement limitées à l'usage particulier des abonnés, et utilisées seulement à partir de leur domicile. Toutefois les cercles et établissements ouverts au public pouvaient étendre à leurs clients l'usage du téléphone (sous certaines conditions).

L'État se réservait de faire établir par ses agents les réseaux extérieurs, aux frais exclusifs des permissionnaires qui devaient se pourvoir des autorisations nécessaires auprès des administrations municipales et des propriétaires dont les immeubles auraient à supporter les fils conducteurs.

L'entretien des réseaux était assuré par les soins de l'administration des Postes et des Télégraphes.

Les permissionnaires restaient chargés de l'introduction des fils dans l'intérieur des immeubles, ainsi que de l'installation et de l'organisation des appareils dans les bureaux et dans les établissements reliés au réseau.

Les tarifs d'abonnement, approuvés par le ministre compétent, étaient établis sur des bases uniformes pour tous les clients de l'entreprise, tout tarif de faveur étant rigoureusement interdit. Toutefois, un tarif réduit était accordé aux établissements publics de l'État ou municipaux.

L'exploitation devait être soumise au contrôle de l'État et les permissionnaires avaient à payer, à titre de droit d'usage du téléphone, une annuité de 10 pour 100, sur les recettes brutes, sans que cette annuité puisse être inférieure à 5000 fr. pour Paris et à 1000 francs pour les autres réseaux.

Les autorisations étaient valables pour cinq années, à partir du 8 septembre 1884, sauf renouvellement ultérieur.

Il serait sans intérêt d'énumérer ici les clauses de déchéance, puisque, dans le cours de l'exploitation, le gouvernement n'a pas eu à les appliquer.

Les permissionnaires des réseaux téléphoniques urbains pouvaient être autorisés à installer dans les localités suburbaines, nominativement désignées, des bureaux centraux en communication directe avec le réseau urbain par des lignes de service spéciales. Les lignes reliant les établissements des particuliers aux bureaux centraux suburbains, et ces derniers au réseau urbain, étaient établies et entretenues aux conditions fixées pour les lignes d'intérêt privé.

L'État restait propriétaire de toutes les lignes construites en dehors du périmètre de distribution gratuite des télégrammes, le surplus des installations, des lignes et des appareils demeurant la propriété des permissionnaires. Ceux-ci pouvaient obtenir l'autorisation ou même être requis par l'État de faire relier à leurs frais, par des lignes spéciales, leurs bureaux centraux aux bureaux télégraphiques de l'État.

Sur la demande des permissionnaires, et en payant un abonnement supplémentaire, approuvé par le ministre compétent, les abonnés pouvaient être autorisés :

1° A déposer et à recevoir leurs télégrammes par téléphone ;

2° A correspondre du réseau d'une ville au réseau d'une autre ville par l'intermédiaire des lignes téléphoniques établies éventuellement par le service des Postes et des Télégraphes entre les bureaux télégraphiques desdites villes.

Les correspondances entre un réseau principal et ses réseaux suburbains n'étaient pas soumises à l'abonnement supplémentaire dont il vient d'être question.

Le cahier des charges qui nous occupe prévoyait la création de postes téléphoniques publics reliés aux bureaux centraux et installés sur différents points. Les personnes placées dans ces cabines pouvaient correspondre, soit avec les abonnés du réseau, soit avec des personnes placées dans d'autres bureaux publics.

Le nombre des cabines publiques de Paris était provisoirement fixé à cinquante.

Le gouvernement se réservait la faculté de racheter, à toute époque, les droits résultant de l'autorisation accordée et le matériel de l'entreprise, moyennant une indemnité arrêtée d'un commun accord et, à défaut, à dire d'experts.

Il était interdit au permissionnaire d'employer des fils de ses réseaux à tous autres usages que ceux auxquels il était formellement autorisé.

Enfin, tous les agents employés dans les bureaux téléphoniques centraux ou publics devaient être français et étaient soumis au serment professionnel, dans les conditions imposées aux agents auxiliaires des Postes et des Télégraphes. Les permissionnaires devaient également être français.

C'est dans ces conditions que fut renouvelé, pour cinq années, le contrat passé avec la Société générale des Téléphones.

Le décret du 31 décembre 1884 réglementa les perceptions à effectuer pour l'entrée dans les cabines téléphoniques publiques. La taxe fut fixée à 50 centimes pour Paris et à 25 centimes pour toutes les autres localités de France, d'Algérie et de Tunisie.

Pour les conversations de ville à ville, la taxe a été tarifée à 1 franc par 5 minutes, lorsque la distance est inférieure à 100 kilomètres; toutefois, cette taxe peut être réduite à 50 centimes si les deux villes, entre lesquelles s'échange la conversation, ont été classées comme faisant partie d'un seul et même groupe téléphonique.

Un peu plus tard, vers le milieu de 1885 (28 juillet), les abonnés aux réseaux téléphoniques exploités par l'industrie privée furent autorisés à correspondre par l'intermédiaire des cabines téléphoniques publiques, dans les limites de chaque réseau urbain, moyennant un abonnement fixé à 40 francs par an pour Paris, et à 30 francs pour les départements. Ces abonnements sont souscrits dans les bureaux de Poste et de Télégraphe de la ville où l'abonnement est utilisé; ils ne sont divisibles que par trimestre et, pour obtenir un abonnement à dater du 15 août, par exemple, il faut le payer à dater du 1er juillet.

Le versement de l'abonnement donne droit à la délivrance d'une carte spéciale dont la présentation est obligatoire pour obtenir, sans nouveau versement de taxe, la communication au moyen des cabines publiques. Ces cartes sont revêtues du timbre du bureau d'émission, de la signature de l'abonné et de celle du receveur.

Les cartes sont rigoureusement personnelles et les abonnés sont admis à correspondre sur leur présentation et après émargement sur une feuille de contrôle, présentée par le préposé au service des cabines.

A la même date (28 juillet 1885), les cercles et les établissements publics, tels que cafés, restaurants, hôtels, etc., abonnés aux réseaux téléphoniques concédés à l'industrie privée, furent autorisés à mettre le téléphone à la disposition de leurs membres ou clients, moyennant le payement d'un abonnement double de celui qui est fixé par le tarif applicable aux abonnés ordinaires.

Les choses en étaient là à la fin de 1886 et les communications téléphoniques se réduisaient en France à un certain nombre de réseaux urbains et à quelques lignes interurbaines de peu d'étendue. La convention conclue le 1er décembre 1886, entre la France et la Belgique, ouvrit l'ère des correspondances à grande distance, en établissant un service téléphonique entre Paris et Bruxelles.

Fig. 381. — Intérieur d'un poste central téléphonique

Cette convention, approuvée par décret du 28 décembre 1886, stipule que :

Il sera fait usage de fils de cuivre ou de bronze, de haute conductibilité, ayant au moins 3 millimètres de diamètre, et disposés de façon à éviter, dans la mesure la plus large possible, les effets d'induction. Chacune des deux administrations fait exécuter, sur son propre territoire, les travaux de pose des fils et en assure l'entretien à ses frais.

Les administrations restent libres, soit d'affecter à la téléphonie seule les circuits, soit d'employer ces circuits simultanément au service télégraphique et au service téléphonique sur la totalité ou sur une partie de leur parcours. Toutefois, si l'expérience démontrait que l'usage télégraphique des fils nuit au fonctionnement régulier du service téléphonique, ces conducteurs seraient exclusivement réservés à ce service.

Les circuits téléphoniques aboutissent à un bureau central, et le public est admis à correspondre dans des cabines sourdes. Les établissements privés et les abonnés de Paris et de Bruxelles doivent même, dans la mesure du possible, être mis à même de correspondre entre eux au moyen de la ligne internationale, par l'intermédiaire de bureaux centraux.

L'exploitation a lieu, par les agents des deux administrations, chacune sur son territoire.

L'unité adoptée, tant pour la perception des taxes que pour la durée des communications, est la conversation de cinq minutes.

L'emploi du téléphone est réglé d'après l'ordre des demandes. Il ne peut être accordé, entre les mêmes correspondants, plus de deux conversations consécutives de cinq minutes chacune, que lorsqu'il ne s'est produit aucune autre demande avant ou pendant la durée de ces deux conversations.

La taxe par cinq minutes de conversation est provisoirement fixée à trois francs; elle est acquittée par la personne qui demande la communication.

Le service téléphonique Paris-Bruxelles est ouvert au public d'une manière permanente, le jour et la nuit.

La présente convention restera en vigueur pendant trois mois après la dénonciation; toutefois, les parties contractantes se réservent de suspendre totalement ou partiellement le service téléphonique pour une raison d'ordre public.

Une seconde convention, datée du 4 avril 1887 et approuvée le 15 du même mois, créa un tarif d'abonnement à prix réduit dans le service de correspondance téléphonique entre Paris et Bruxelles. Ce tarif est établi comme suit :

Mensuellement, pour un usage quotidien de 10 minutes consécutives ou moins.	100 fr.
Plus de 10 minutes jusqu'à 20 minutes	200 »
— 20 — — 30 —	300 »
— 30 — — 40 —	400 »
— 40 — — 50 —	450 »

et ainsi de suite en augmentant de 50 francs par période indivisible de dix minutes.

Les correspondances de plus de dix minutes s'opèrent en une ou plusieurs séances de dix minutes au minimum, la communication n'est maintenue à l'expiration de cette durée que s'il n'y a aucune autre demande en instance. Le montant des taxes est perçu par anticipation.

La durée de l'abonnement est d'un mois au moins; elle se prolonge de mois en mois par tacite reconduction. L'abonnement peut être résilié de part et d'autre, moyennant avis donné quinze jours à l'avance.

Les abonnés obtiennent la communication au moment précis arrêté d'un commun accord, à moins, toutefois, qu'il n'y ait une conversation déjà engagée entre deux autres personnes. Les minutes inutilisées dans une séance ne peuvent être reportées à une autre séance. Toutefois, si la non-utilisation est due à une interruption de service, la compensation est, autant que possible, accordée à l'abonné dans la même journée (de minuit à minuit).

Il n'est fait aucun décompte de taxe à raison d'une interruption du service d'une durée de vingt-quatre heures au moins. Passé ce délai de vingt-quatre heures, il est remboursé à l'abonné, pour chaque période nouvelle de vingt-quatre heures d'interruption, 1/30 du montant mensuel de l'abonnement.

Les correspondances du régime de l'abonnement ne sont point admises durant les heures de la tenue des bourses de Paris et de Bruxelles.

Les communications d'État jouissent de la priorité attribuée aux télégrammes d'État.

Reprise des réseaux téléphoniques par l'État. — Pour la seconde fois, la concession de la Société générale des Téléphones prenait fin en 1889. L'État, suffisamment éclairé et profitant de l'expérience acquise, résolut d'entreprendre l'exploitation directe.

Aux termes de la loi du 16 juillet 1889, le gouvernement est autorisé à accepter les offres qui pourront être faites par les villes, établissements publics ou syndicats de verser au Trésor, à titre d'avance sans intérêts, les sommes nécessaires à l'établissement, à l'entretien et à l'exploitation de réseaux téléphoniques urbains, et à affecter les produits de chaque réseau ainsi créé au remboursement des avances dont il aura été l'objet.

La même loi autorise le gouvernement à affecter au rachat, à la mise en état de bon fonctionnement et au développement des réseaux téléphoniques appartenant à la Société générale des Téléphones, une avance pouvant s'élever à 10 millions, qui sera faite au Trésor par la Caisse des Dépôts et Consignations.

Le remboursement de cette avance aura lieu en dix annuités au plus, calculé au taux d'intérêt de 4 0/0. La loi stipule également qu'à dater de l'exercice 1891, les recettes et les dépenses du service téléphonique feront l'objet d'un budget annexe rattaché pour ordre au budget général de l'État (Postes et Télégraphes).

Pour fournir à l'Administration les premiers moyens d'exécution, un décret du 14 septembre 1889 lui ouvrit un crédit de 5 500 000 francs et un autre crédit de 285 474 francs, ce dernier imputable aux dépenses du personnel.

C'est le 1er septembre 1889 que l'administration des Postes et des Télégraphes prit possession des réseaux exploités par la Société générale des Téléphones.

A partir de cette époque, une nouvelle réglementation est mise en vigueur; elle a pour objet de diminuer les charges imposées aux abonnés, et de faciliter leurs relations.

Les résultats ne se font pas attendre : le nombre des abonnements augmente dans une notable proportion, et le réseau se développe rapidement.

Les tarifs que la Société des Téléphones avait été autorisée à percevoir étaient de 600 francs à Paris et de 400 francs dans les autres villes de France; un décret, daté du 21 septembre 1889, en réduit le taux à 400 francs pour Paris, 300 francs pour les villes où existe un réseau souterrain de quelque importance, 200 francs pour toutes les autres villes de France.

L'abonné qui ne paie que 200 francs doit en outre supporter dans les frais de premier établissement de la ligne une part contributive de 15 francs par 100 mètres, part à laquelle ont toujours été assujettis les abonnés aux réseaux téléphoniques de l'État.

En dehors de l'abonnement principal, des abonnements supplémentaires permettent à d'autres que l'abonné principal d'utiliser le fil qui relie son établissement au réseau urbain. Ces abonnements sont fixés à 160 francs à Paris, à 120 francs dans les autres villes de France.

L'État prend à sa charge la fourniture du matériel de ligne et des appareils générateurs de l'électricité. Il pourvoit à toutes les dépenses d'installation, d'entretien et d'exploitation, mais il ne fournit pas les appareils récepteur et transmetteur du poste téléphonique.

Les demandes d'abonnement sont adressées dans le département de la Seine au directeur-ingénieur de la région de Paris et dans les autres départements, aux directeurs départementaux.

Le 19 octobre 1889 parait une nouvelle réglementation des conversations au moyen des cabines téléphoniques publiques.

ARTICLE 1er. — La taxe à payer à l'entrée d'une cabine téléphonique publique pour obtenir la communication avec un réseau urbain est fixée à 50 centimes à Paris, à 25 centimes dans toutes les autres villes de France.

ART. 2. — La taxe élémentaire à payer par conversation téléphonique interurbaine est fixée à 50 centimes par 100 kilomètres ou fraction de 100 kilomètres de distance entre les points reliés par la ligne téléphonique.

La distance est calculée d'après le parcours réel de chaque ligne.

ART. 3. — Pour l'application des taxes ci-dessus indiquées, la durée normale de la conversation téléphonique est fixée à cinq minutes.

Cette durée peut être réduite à trois minutes sur les lignes et dans les conditions déterminées par arrêté ministériel.

Si les besoins du service l'exigent, une conversation peut ne pas être prolongée au-delà d'une durée double de sa durée normale.

ART. 4. — Sont abrogées toutes les dispositions contraires au présent décret, sauf celles du décret du 28 décembre 1886 fixant la taxe à percevoir pour les communications téléphoniques échangées entre Paris et Bruxelles.

ART. 5. — Les taxes ci-dessus fixées seront appliquées à partir du 1er novembre prochain.

L'une des applications les plus utiles du téléphone consiste dans la transmission téléphonique à un bureau télégraphique du texte d'un télégramme destiné à être expédié par ce bureau.

Jusqu'au mois d'octobre 1889, cette transmission était effectuée gratuitement sur les réseaux de l'État; mais la Société générale des Téléphones ne l'avait autorisée sur ses réseaux que moyennant une prime d'abonnement de 50 francs.

Le décret du 20 octobre 1889 a pour objet de supprimer cette dualité et de réglementer la question : aux termes de ce décret, les abonnés aux réseaux téléphoniques urbains peuvent expédier et recevoir par la ligne qui les rattache à ces réseaux des télégrammes rédigés en français, en langue claire et dont le texte n'excède pas cinquante mots.

La transmission de ces télégrammes est effectuée gratuitement, sauf l'exception visée ci-après; mais elle est subordonnée au dépôt préalable d'une provision destinée à garantir le remboursement de la taxe télégraphique.

Dans les villes comportant un réseau souterrain, l'abonné qui se propose d'user de la disposition qui précède est tenu de verser annuellement, et d'avance, une redevance de 50 francs.

Les localités autres que les chefs-lieux de canton peuvent être reliées à un bureau télégraphique au moyen d'un fil téléphonique. Ce fil et le bureau téléphonique qui le dessert sont établis avec la participation des communes intéressées.

Toute personne peut expédier et recevoir des télégrammes par une ligne téléphonique municipale.

La transmission de ces télégrammes est effectuée gratuitement, mais elle est subordonnée au payement de la taxe télégraphique.

Tout télégramme destiné à être distribué par un bureau téléphonique municipal est soumis à des frais d'exprès, à moins que la municipalité n'ait pris des dispositions pour que cette distribution puisse s'effectuer gratuitement.

Il convenait de régler les conditions de distribution des télégrammes téléphonés et d'indiquer les localités dans lesquelles la redevance de 50 francs devait être perçue, en raison de la présence d'un réseau souterrain; tel fut l'objet de l'arrêté du 25 octobre 1889.

Cet arrêté spécifie que :

A moins de décision spéciale, l'étendue de chaque réseau urbain est limitée au périmètre de la distribution gratuite des télégrammes.

D'autre part, les réseaux de Paris, de Bordeaux et de Lyon sont classés dans la catégorie des réseaux souterrains; tous les autres existant à la date de l'arrêté précité sont classés dans la catégorie des réseaux aériens.

Aux termes de l'ancienne police de la Société générale des Téléphones, l'abonnement ne pouvait être contracté pour moins de deux années et se renouvelait ensuite d'année en année. L'article 11 du décret du 21 septembre 1889 porte à trois années la durée du premier abonnement consenti par l'État.

La différence qui existe entre ces deux dispositions s'explique facilement. La construction d'une ligne d'abonné à Paris coûte en moyenne 1,200 francs; il n'est pas possible d'admettre qu'un abonné puisse rendre cette dépense inutile en se dégageant avant l'époque où le montant de l'abonnement aura permis de couvrir tout au moins les frais de premier établissement. La Société des Téléphones avait pu ne fixer à l'abonnement qu'une durée de deux ans, parce que la redevance qu'elle percevait était de 600 francs par an; mais, comme l'État a abaissé cette redevance de 600 à 400 francs, il a été nécessaire, pour lui assurer toute garantie de remboursement, de proroger cette durée d'une année.

En résumé, aujourd'hui l'abonné au réseau téléphonique de Paris ne paye pas, pour un abonnement de trois ans, une somme supérieure à celle qu'il payait précédemment pour un abonnement de deux ans. Le nouveau régime est donc tout à son avantage.

Cependant, les anciens abonnés de la Société, depuis plus de deux ans, pouvaient se plaindre de ne plus avoir la faculté de renouveler leur contrat pour un an et d'être forcés de contracter un nouvel abonnement de trois ans. Pour leur donner satisfaction, le décret du 17 décembre 1889 leur laisse la faculté de ne contracter qu'un abonnement d'une année. Les conditions d'abonnement aux réseaux téléphoniques urbains et les taxes applicables aux conversations par les lignes interurbaines ont été fixées par des décrets récents. Mais, entre ces deux extrêmes de l'exploitation téléphonique : les réseaux limités à l'enceinte d'une ville et les lignes à longue distance, il y a place pour l'organisation d'un système de communications intermédiaires. Ces communications sont destinées soit à relier à une ville dotée d'un réseau urbain les localités placées dans son voisinage immédiat et, en quelque sorte, dans sa dépendance, au point de vue des affaires, soit à réunir dans un groupe, pour leur donner de plus grandes facilités de correspondance, les réseaux urbains desservant des localités de la même région, ayant des intérêts communs au point de vue industriel et commercial. Ce système aide puissamment au développement des réseaux urbains, car telle ville dont l'activité locale n'est pas suffisante pour exiger la création d'un réseau de cette nature n'hésite pas à s'imposer les sacrifices nécessaires pour en obtenir l'établissement, le jour où ce réseau la met en communication avec un centre d'affaires important ou avec les localités voisines.

La Société générale des Téléphones avait obtenu, aux conditions suivantes, l'autorisation d'organiser des réseaux suburbains autour des réseaux exploités par elle et à relier ces réseaux entre eux. Pour communiquer avec un réseau urbain, l'abonné du réseau suburbain devait payer le montant de l'abonnement à ce réseau urbain, plus une redevance supplémentaire de 600 francs, quand les deux réseaux étaient distants de plus de 4 kilomètres; il devait payer, en outre, une taxe de 100 francs par kilomètre. Si la ligne qui reliait les deux réseaux était construite en câbles souterrains, cette taxe était majorée de 50 pour 100. Les abonnements ne pouvaient être souscrits pour une période inférieure à cinq ans. Des conditions relatées ci-dessus, il résulte qu'un abonné de la zone suburbaine devait payer un abonnement d'au moins 1 000 francs, et même d'au moins 1 200 francs, s'il appartenait à la banlieue de Paris. Un tarif aussi élevé était prohibitif, et il ne se forma aucun réseau suburbain autour des réseaux urbains exploités par la Société.

Sur les réseaux créés par l'État, et faisant l'objet d'une exploitation parallèle, un système différent a été appliqué. Ce système consiste à relier à un réseau urbain, dit principal, toutes les petites localités qui l'entourent et en sont comme les annexes, puis à relier ces réseaux principaux entre eux, de façon à former un groupe téléphonique. Chaque habitant demandant à être relié à un centre placé en dehors de l'agglomération dont il fait partie, doit payer, en sus de l'abonnement urbain, 10 francs par kilomètre de fil simple reliant entre eux le bureau du réseau annexe à celui du réseau principal. De plus, tous les abonnés des réseaux annexes ou principaux peuvent communiquer entre eux dans l'intérieur du groupe, moyennant le payement d'une surtaxe, en déduction de laquelle figure la somme déjà payée pour relier le bureau annexe au bureau principal. Ces redevances, qui sont peu onéreuses pour les abonnés, ont été calculées de façon à couvrir l'État de ses dépenses de premier établissement dans un délai qui sauvegarde complètement les intérêts du Trésor. Cette organisation a donné d'excellents résultats et facilite, spécialement dans la région du Nord et dans les environs de Lille, le prompt developpement des réseaux annexes.

Fig. 352. — Transmission d'un avis de feu par l'avertisseur Digeon

Depuis la reprise par l'État des réseaux établis par la Société des Téléphones, les demandes affluent en vue d'obtenir des communications suburbaines, dans les conditions admises sur les réseaux de l'État; aussi a-t-il paru nécessaire de codifier, en quelque sorte, les dispositions qui régissent la matière. Tel est l'objet du décret du 18 janvier 1890, ainsi conçu :

Les réseaux urbains peuvent être constitués en groupes téléphoniques élémentaires ou composés.

Le groupe élémentaire est formé par la réunion d'un réseau principal et d'un ou plusieurs réseaux annexes reliés au réseau principal par une ou plusieurs lignes téléphoniques directes établies et entretenues aux frais de l'État.

Les abonnés des réseaux annexes faisant partie d'un groupe élémentaire peuvent obtenir la communication avec tous les abonnés à charge par eux de contracter un abonnement supplémentaire dont le taux est de 10 francs par kilomètre ou fraction de kilomètre de fil simple reliant le bureau du réseau annexe par lequel l'abonné est desservi au bureau central du réseau principal.

Un réseau ne peut être déclaré annexe que si cinq abonnés de ce réseau au moins ont pris l'engagement de contracter l'abonnement supplémentaire.

Les abonnés du réseau principal peuvent obtenir gratuitement la communication avec les abonnés de tous les réseaux annexes qui ont contracté l'abonnement supplémentaire.

Le groupe téléphonique composé est formé par la réunion de groupes téléphoniques élémentaires dont les réseaux principaux sont reliés entre eux par une ou plusieurs lignes téléphoniques directes établies et entretenues aux frais de l'État.

Les abonnés des différents réseaux faisant partie d'un même groupe composé peuvent obtenir la communication avec tous les abonnés du groupe, à charge par eux de contracter un abonnement supplémentaire dont la taxe minima est de 150 francs par an.

Jusqu'au jour où le réseau de la Ville de Paris sera entièrement constitué, les abonnés des réseaux qui seront déclarés annexes à celui de Paris ne pourront pas exiger la mise en communication de ces réseaux annexes entre eux.

Le décret du 1er février 1890 concède aux abonnés des réseaux urbains l'usage gratuit des cabines téléphoniques; il crée pour les personnes non abonnées, des abonnements annuels leur permettant de faire usage des cabines moyennant 80 francs pour Paris, 60 francs pour les autres réseaux souterrains, 40 francs pour les réseaux aériens. Les cartes d'abonnement sont délivrées sur la demande du postulant accompagnée de son portrait-carte photographique.

Cette mesure répondait à un besoin réel; elle permet à un grand nombre de personnes et notamment aux petits commerçants et aux petits industriels, pour qui le payement de l'abonnement normal constitue une charge parfois encore trop lourde, de pouvoir user largement du téléphone à des conditions de prix très réduites. Elle a enfin pour résultat de vulgariser l'emploi de ce système de correspondance en permettant à un plus grand nombre d'en apprécier les avantages.

Les agents et sous-agents de la Société générale des Téléphones affectés au service de l'exploitation ont été admis dans l'administration des Postes et des Télégraphes en satisfaisant aux conditions suivantes :

Jouir de la qualité de français;

N'avoir subi aucune condamnation;

Etre de bonne vie et mœurs;

Avoir donné des preuves d'aptitude.

Ceux qui sont âgés de moins de quarante ans ont été titularisés, les autres restent auxiliaires.

Cette mesure a été prise le 8 mars 1890.

La situation des dames avait été déjà réglée par une décision du 30 décembre 1889.

Un certain nombre d'abonnés du réseau de Paris ont demandé à être reliés entre eux, deux à deux, d'une manière permanente, tout en conservant la faculté d'appeler, au moyen d'un dispositif spécial, le bureau central téléphonique pour correspondre, quand ils le désirent, avec les autres abonnés.

Ce mode d'installation, désigné sous le nom d'*appel direct*, était déjà appliqué par la Société des Téléphones.

L'administration s'est montrée disposée à généraliser l'emploi de ce système pour les abonnés reliés à un même bureau central.

Outre les avantages qu'il procure aux abonnés personnellement, il a, en effet, pour résultat de simplifier le travail des bureaux centraux et, par suite, de faciliter l'exécution rapide du service.

Le tarif à appliquer dans ce cas particulier est d'ailleurs fixé par l'article 9 du dernier paragraphe du décret du 21 septembre 1888. Mais le système de l'appel direct peut être également réalisé, alors même que les lignes des abonnés qui en réclament l'installation, aboutissent à des bureaux centraux différents; dans ce cas, il est nécessaire d'immobiliser un fil auxiliaire qui est mis, d'une manière permanente, à la disposition des deux abonnés dont les postes sont reliés entre eux.

Le prix de location de ces lignes auxiliaires avait été fixé par la Société générale des Téléphones à 175 francs par kilomètre de ligne utilisée.

Régime actuel. — Au 1er septembre 1889, date de la reprise par l'État de l'exploitation des réseaux concédés, l'administration a laissé les choses dans le *statu quo*, mais elle a décidé qu'en raison de l'insuffisance de l'outillage du réseau de Paris, il ne serait plus jusqu'à nouvel ordre accordé de concessions d'appel direct entraînant l'usage d'un fil auxiliaire.

Cet état de choses ne devant être que provisoire, le décret du 14 mars 1890 a fixé le tarif auquel l'usage de ces lignes doit être soumis à partir du 1er janvier 1890; ce tarif est le suivant : 150 francs dans les réseaux souterrains et 37 fr. 50 dans les réseaux aériens. Ce tarif kilométrique, calculé sur la longueur réelle des lignes auxiliaires, est perçu d'avance en deux termes égaux, au 1er janvier et au 1er juillet de chaque année, en même temps que l'abonnement urbain.

L'abonnement souscrit pour l'usage d'une ligne auxiliaire ne peut être moindre d'une année. Il se renouvelle d'année en année par tacite reconduction s'il n'a pas été dénoncé au moins un mois avant son expiration.

Le décret du 31 mars 1890 modifie celui du 21 septembre 1889. C'est lui qui, actuellement, régit encore la question; les principales dispositions en sont reportées sur le modèle de police d'abonnement que nous donnons ci-après, modèle réglé par l'arrêté du 11 juin 1890.

MODÈLE DE POLICE

DIRECTION GÉNÉRALE
DES POSTES
ET DES TÉLÉGRAPHES

ABONNEMENT PRINCIPAL N°.........

RÉSEAU TÉLÉPHONIQUE D.........

Je soussigné ....

....

....

dans le but de relier ....
situé à .... *rue* .... *n°* ....
au réseau téléphonique d ....

Déclare contracter un abonnement principal d'UN an, moyennant le prix de .... *cent francs par an et aux clauses et conditions énumérées dans le règlement ci-dessous.*

........., le 18

Des abonnements.

ARTICLE PREMIER.

Les abonnements à un réseau téléphonique urbain sont de deux sortes : l'abonnement principal et l'abonnement supplémentaire.

L'abonnement principal comporte l'usage d'une ligne reliant l'établissement de l'abonné à un bureau central et d'un poste téléphonique.

L'abonnement supplémentaire comporte l'usage d'un poste téléphonique desservi par une ligne greffée sur la ligne de l'abonné principal, avec l'autorisation de l'Administration et de cet abonné principal.

Le poste téléphonique se compose, outre les générateurs d'électricité, d'un appareil récepteur et transmetteur et d'un dispositif d'appel.

Droits de l'abonné.

ART. 2.

L'abonnement confère à l'abonné le droit de correspondre au moyen de son poste avec tous les abonnés du même réseau.

Ce droit ne peut être exercé que par le titulaire de l'abonnement, ses employés et les personnes habitant avec lui.

Les personnes fréquentant un cercle ou établissement public peuvent faire usage de l'appareil téléphonique dont il est pourvu, mais il est formellement interdit au titulaire de l'abonnement de percevoir une redevance quelconque.

ART. 3.

Pendant toute la durée de l'abonnement, l'abonné peut, avec l'autorisation de l'Administration, céder ses droits à un tiers.

ART. 4.

Les noms des abonnés sont inscrits sur une liste qui leur est distribuée périodiquement et gratuitement.

Installation et entretien de la ligne et du poste.

ART. 5.

Le matériel de la ligne et les générateurs d'électricité sont fournis par l'État. Les divers appareils composant un poste téléphonique et les accessoires qui seraient demandés par l'abonné sont fournis par lui. Il est tenu de les choisir parmi les modèles types indiqués par l'Administration et de pourvoir à leur renouvellement quand ils seront devenus impropres au service. Ces appareils, avant d'être mis en place, doivent avoir été vérifiés et acceptés par les agents de l'Administration.

La ligne, les postes téléphoniques et les accessoires sont installés et entretenus par l'Administration et à ses frais.

Mais l'entretien des meubles et objets de luxe (*pupitres, accoudoirs, etc.*), dont l'abonné complète l'installation du poste pour ses facilités ou ses convenances personnelles, reste à la charge de cet abonné.

Quand les postes sont situés en dehors du périmètre du réseau urbain, cet entretien donne lieu au remboursement par l'abonné des frais de transport et de séjour des agents qu'il aura appelés.

Toutes les détériorations qui seraient le résultat d'un fait extérieur ou d'un usage anormal de l'appareil resteront à la charge de l'abonné.

ART. 6.

Le poste de l'abonné est établi à l'endroit désigné par lui dans les locaux qu'il occupe.

L'abonné doit obtenir du propriétaire l'autorisation de faire les installations nécessaires. Il prend à sa charge les diverses réparations qu'entraînerait l'établissement ou la suppression de ces installations.

Dès que les travaux sont commencés, l'abonné ne peut obtenir l'installation du poste dans un autre immeuble ou à une autre place du même immeuble que celle qu'il aura d'abord désignée s'il ne s'engage à payer les frais qu'entraînerait ce changement.

ART. 7.

Il est interdit à l'abonné de greffer aucun fil sur celui dont l'usage lui est concédé, de démonter ou de déplacer les fils, appareils et accessoires, ni de faire aucune modification dans son installation.

L'Administration se réserve la faculté d'introduire dans cette installation tous les changements qu'elle croira utiles au fonctionnement du service.

ART. 8.

L'abonné doit accorder aux agents de l'Administration, chargés du service téléphonique, qui justifient de leur qualité, l'accès, à des heures convenables, des locaux où sont installés la ligne et le poste.

Fig. 383. — Officier de pompiers communiquant avec la caserne (appareil Digeon).

Montant des abonnements.

ART. 9.

Abonnement principal.

1. — Le montant annuel de l'*abonnement principal* est fixé :

A. Dans le périmètre du réseau : à 400 francs à Paris et 300 francs dans les départements, pour les réseaux souterrains;

A 200 francs pour les réseaux aériens.

Il peut être fixé par décret à 150 francs ou 100 francs, dans certains cas particuliers.

Il est réduit de 50 pour 100 pour les services publics de l'État et de 25 pour 100 pour les services publics des départements et des communes.

Dans les réseaux aériens, l'abonné doit, en outre, comme part dans les frais de premier établissement, une somme de 15 francs par 100 mètres ou fraction de 100 mètres de fil simple. Toutefois, les frais d'établissement des lignes présentant des difficultés spéciales sont remboursés intégralement à l'Administration, d'après les dépenses de matériel et de main-d'œuvre, y compris 5 pour 100 à titre de frais généraux. Le montant de cette redevance peut, sur la demande de l'abonné, être réparti sur toute la période de l'abonnement et perçu semestriellement par parties égales.

B. En dehors du périmètre du réseau, l'abonnement principal, tel qu'il est fixé aux paragraphes ci-dessus, est augmenté d'un supplément d'abonnement de 30 francs par kilomètre de fil simple souterrain, et 15 francs par kilomètre de fil simple aérien, pour la section de ligne comprise entre le domicile de l'abonné et le périmètre du réseau urbain.

C. L'abonné doit, en outre, participer aux frais d'établissement de cette section de ligne d'après le tarif adopté pour les lignes d'intérêt privé.

Abonnement supplémentaire.

2. — Le montant de l'*abonnement supplémentaire* est fixé ainsi qu'il suit :

A. Quand le poste supplémentaire est installé dans le même immeuble que le poste principal :

A 160 francs à Paris;

A 120 francs dans les départements.

B. Quand le poste est installé dans un immeuble différent, situé soit dans le périmètre, soit en dehors du périmètre du réseau, l'abonnement supplémentaire fixé par le paragraphe précédent est augmenté d'un supplément d'abonnement de 30 francs par kilomètre de fil simple souterrain et 15 francs par kilomètre de fil simple aérien, pour la section de ligne reliant le poste supplémentaire au fil de l'abonné principal. L'abonné doit, en outre, participer aux frais d'établissement de cette section de ligne d'après le tarif adopté pour les lignes d'intérêt privé.

C. — Les postes téléphoniques desservis par des lignes d'intérêt privé aboutissant au domicile d'un abonné peuvent être mis en communication avec le réseau moyennant le payement de l'abonnement supplémentaire fixé ci-dessus. Les appareils composant ces postes doivent être choisis parmi les modèles admis par l'Administration.

3. — Le titulaire d'un abonnement principal ou supplémentaire peut demander l'installation d'appareils téléphoniques destinés à doubler, pour ses besoins personnels, le poste pour lequel il a contracté son abonnement. Cette installation ne peut avoir lieu que dans le même immeuble et après vérification des conditions dans lesquelles il sera fait usage des appareils.

Une redevance de 50 francs à Paris et de 40 francs dans les départements est perçue pour chaque appareil installé dans ces conditions.

4. — Les abonnés des réseaux classés dans la catégorie des *réseaux annexes* peuvent à leur gré contracter soit un abonnement au réseau local dans les conditions du tarif ordinaire, soit un abonnement au réseau principal auquel est rattaché le réseau annexe.

Les abonnés de cette dernière catégorie acquittent l'abonnement principal ou supplémentaire tel qu'il est fixé par le présent article aux paragraphes 1 et 2 ci-dessus (A) augmenté d'un supplément d'abonnement de 10 francs par kilomètre de ligne reliant le bureau central annexe au bureau central du réseau principal.

5. — Les cercles et établissements accessibles au public acquittent l'abonnement principal augmenté de la moitié de cet abonnement lorsqu'ils mettent leur poste téléphonique à la disposition de leurs clients.

6. — Dans certaines villes, des abonnements dits *de saison* seront admis, pour une période de six mois, pour la totalité ou pour partie des abonnés. Dans ce cas, le montant de l'abonnement réduit à la moitié de l'abonnement normal annuel doit être versé au commencement de chaque période semestrielle; en outre, la contribution aux frais de premier établissement des lignes doit être versée en une seule fois en même temps que le premier terme d'abonnement. Une interruption d'une année entière dans l'usage du poste entraînerait la résiliation de l'abonnement.

7. — Les accessoires installés sur la demande de l'abonné entraînent un supplément d'abonnement égal à 15 pour 100 de la valeur de ces accessoires mis en place, sans que ce supplément puisse être inférieur à 5 francs, toute fraction de franc étant d'ailleurs comptée pour 1 franc.

Durée de l'abonnement.

ART. 10.

L'abonnement court à partir du jour où l'installation du poste permet la communication avec le réseau.

ART. 11.

L'abonnement principal ou supplémentaire ne peut être consenti pour moins de *une* année calculée à partir du 1er janvier ou du 1er juillet qui suit ladite installation.

ART. 12.

Après la première période d'une année, l'abonnement se renouvelle de trimestre en trimestre par tacite reconduction.

ART. 13.

En cas de décès de l'abonné, la durée de son abonnement n'est pas interrompue, et ses héritiers sont solidairement tenus à son exécution.

ART. 14.

L'Administration peut à toute époque mettre fin au contrat, à charge par elle de rembourser à l'abonné les sommes imputables à la période restant à courir.

Versements.

ART. 15.

L'abonnement est versé à la caisse du Receveur du bureau de poste et de télégraphe de la localité desservie par le réseau.

Il est payé en deux termes égaux, sauf le cas de résiliation, dans la première quinzaine de janvier et de juillet de chaque année. Toutefois, le premier semestre est payé au moment de la signature du contrat. En outre, la partie de l'abonnement correspondant à la période comprise entre la date où le poste peut être utilisé par l'abonné et le commencement du premier semestre est versée au moment de la mise en service.

Le défaut de paiement aux dates indiquées tient lieu de demande de résiliation. Sur la demande des abonnés et moyennant le paiement d'une indemnité de 0 fr. 25 pour quittance, le montant de l'abonnement sera recouvré à leur domicile.

Lignes auxiliaires.

ART. 16.

Les lignes auxiliaires des réseaux téléphoniques urbains peuvent être mises, par voie d'abonnement, à la disposition des abonnés pour leur permettre de communiquer entre eux, deux par deux, d'une manière permanente.

Le tarif d'abonnement est fixé à cent cinquante francs (150 fr.) dans les réseaux souterrains et à trente-sept francs cinquante centimes (37 fr. 50) dans les réseaux aériens, par an et par kilomètre de ligne, à calculer d'après la longueur réelle. — Il est perçu d'avance en deux termes égaux au 1er janvier et au 1er juillet de chaque année, en même temps que l'abonnement au réseau urbain.

Télégrammes téléphonés.

ART. 17.

Les abonnés peuvent expédier et recevoir des télégrammes par la ligne qui les rattache au réseau.

La transmission de ces télégrammes est effectuée gratuitement, sauf l'exception visée ci-après; mais elle est subordonnée au dépôt préalable d'une provision destinée à garantir le remboursement de la taxe télégraphique.

Dans les villes comportant un réseau souterrain, l'abonné qui se propose d'user de la disposition qui précède est tenu de verser, annuellement et d'avance, une redevance de 50 francs.

Correspondance à partir des cabines publiques.

ART. 18.

Les abonnés peuvent obtenir, sur leur demande et moyennant la justification de leur identité, la faculté de correspondre gratuitement dans les limites du réseau, par l'intermédiaire des cabines publiques qui y sont reliées.

Droits de l'État.

ART. 19.

L'État n'est soumis à aucune responsabilité à raison du service de la correspondance privée par voie téléphonique.

Tous travaux exécutés par l'Administration qui auraient pour conséquence une interruption du service de plus de quinze jours, entraineraient une diminution correspondante dans le montant semestriel de l'abonnement.

ART. 20.

La correspondance téléphonique peut être suspendue par le Gouvernement, soit sur une ou plusieurs lignes du réseau séparément, soit sur toutes les lignes à la fois.

ART. 21.

L'étendue du réseau urbain, sa nature, la durée quotidienne du service et toutes les mesures que son exécution rendra nécessaires, sont déterminées par des décisions administratives auxquelles l'abonné est tenu de se conformer.

Sanction.

ART. 22.

En cas d'inexécution des dispositions qui précèdent, spécialement lorsque la ligne est utilisée dans des conditions autres que celles déterminées en l'article 2, l'Administration peut suspendre provisoirement la communication téléphonique. Si, huit jours après une mise en demeure notifiée par lettre recommandée, les irrégularités signalées n'ont pas cessé, l'Administration peut retirer définitivement à l'abonné l'usage de sa ligne.

Dispositions transitoires.

ART. 23.

Les tarifs d'abonnement déterminés par la présente police ne sont pas applicables aux abonnés des réseaux de l'État qui payaient une redevance inférieure.

Ces abonnés pourront renouveler leur abonnement aux conditions de prix antérieurement fixées; mais s'ils cèdent leur droit à l'abonnement, leurs cessionnaires devront acquitter intégralement le montant des taxes.

Ordre et durée des conversations.

ART. 24.

Les communications sont données suivant l'ordre strict des demandes. Deux correspondants ne peuvent occuper une ligne auxiliaire pendant plus de dix minutes, lorsque d'autres personnes attendent leur tour de communiquer.

Dans ce dernier cas, si, à l'expiration des dix minutes réglementaires, les correspondants ne se conforment pas à l'invitation qui leur est faite de cesser la conversation, la communication leur est retirée d'office.

ART. 25.

Les clauses de la présente police recevront leur exécution à partir du 1er juillet 1890.

ART. 26.

Les frais de timbre et ceux d'enregistrement auxquels pourrait donner lieu le contrat d'abonnement sont à la charge de l'abonné.

NOTA. — L'abonné soussigné demande que le montant de son abonnement soit recouvré à son domicile. (Art. 15.)

Signature :

Une circulaire, adressée le 9 août 1890 aux préfets par le Ministre du Commerce, de l'Industrie et des Colonies, appelle leur attention sur l'importance qu'il y aurait à développer sans retard le réseau téléphonique municipal. Cette circulaire n'est que le développement de la loi votée le 20 mai 1890 et du décret du 9 juillet 1890; elle fait ressortir les conditions auxquelles peuvent être établis les bureaux téléphoniques municipaux.

Les communes feront à l'État l'avance entière des frais de premier établissement; mais cette avance leur sera, par la suite, intégralement remboursée, sans intérêts, sur les produits réalisés par l'application d'une surtaxe fixe de 25 centimes par chaque télégramme téléphoné à leur bureau ou par leur bureau.

Ces principes s'appliquent également aux établissements publics et particuliers et aux syndicats d'intéressés, à condition toutefois que le téléphone, installé sur leur demande, soit à la disposition du public; dans le cas contraire, ce bureau rentrerait dans la catégorie des postes d'intérêt privé prévus par les règlements antérieurs.

Actuellement et avec les appareils mis en service, le prix de premier établissement d'un bureau téléphonique peut être fixé :

1° A 150 francs en moyenne et à 250 francs au plus par kilomètre de ligne; 2° A 300 francs au plus pour l'installation du bureau et des appareils.

Dans certaines circonstances, lorsqu'il s'agira, par exemple, de l'installation de deux bureaux téléphoniques employant le même fil, cette dépense pourra même être réduite.

L'entretien des appareils et des fils ainsi établis, et l'indemnité allouée à l'agent chargé de transmettre les télégrammes téléphonés (15 centimes au départ et 10 centimes à l'arrivée par télégramme téléphoné) ainsi que de percevoir la taxe ordinaire et la surtaxe spéciale, demeureront à la charge de l'État.

L'Administration se préoccupe d'une organisation de service qui permettrait d'échanger des conversations téléphoniques entre la commune dotée du téléphone et le bureau télégraphique auquel elle se trouvera rattachée, et même entre plusieurs communes reliées au même bureau télégraphique. Les études déjà faites à cet égard donnent lieu d'espérer une prochaine réalisation de ce projet.

Un décret du 31 décembre 1890, suivi d'une longue instruction, règle la comptabilité téléphonique à dater du 1er janvier 1891.

L'article 9 du décret du 31 mai 1890 permet de réduire, par décret, à 150 ou 100 francs, dans certains cas particuliers, les

Fig. 381. — Sapeur-pompier recevant un avis de sinistre.

abonnements aux réseaux aériens, dont le taux normal est de 200 francs.

Par décret du 7 novembre 1890, cette mesure est rendue applicable à tous les réseaux dont la population ne dépasse pas 25 000 âmes. L'abonnement à ces réseaux est réduit à 150 francs. Toutefois, les localités de cette catégorie, déjà pourvues d'un réseau, ne sont admises à bénéficier de cet abaissement de tarif qu'autant que le nombre des abonnés n'est pas supérieur à 100.

Jusqu'à ce jour (31 octobre 1890), les circuits téléphoniques à longue distance, sauf celui de Paris-Bruxelles, dont le service est permanent, et celui de Paris-Havre, dont le service vient d'être prolongé jusqu'à minuit, ne sont mis à la disposition du public que pendant les heures du service de jour, c'est-à-dire de 7 heures du matin en été et de 8 heures en hiver à 9 heures du soir.

Le trafic est très actif sur ces lignes, à certaines périodes de la journée, et notamment pendant la durée de la Bourse, mais il faiblit ensuite. Pour accroître le rendement, il a semblé possible d'appliquer des réductions de taxe à des circuits spécialement désignés, et durant les heures de service pendant lesquelles le trafic normal est à peu près nul. En conséquence, il est créé, pour les heures de nuit, un tarif de conversation à prix réduits, fixé par unité de conversation interurbaine et par 100 kilomètres ou fraction de 100 kilomètres à 30 centimes pour les conversations ordinaires et à 20 centimes pour les conversations par abonnement.

A dater du 3 novembre 1890, toute personne pourra, à partir de l'une quelconque des cabines téléphoniques publiques du réseau de Paris, expédier par téléphone un message, dans le rayon de distribution compris entre la Seine et les grands boulevards (suivent les noms des bureaux distributeurs).

La transmission des messages n'est autorisée provisoirement que de 10 heures du matin à 6 heures du soir.

La remise d'un ticket de conversation donne accès dans la cabine dont l'occupation est limitée à cinq minutes et qui peut être étendue à dix, moyennant une nouvelle taxe de 50 centimes.

La période de conversation commence au moment où le préposé a établi la communication avec le bureau télégraphique destinataire du message.

L'indication lui en est fournie par l'expéditeur qui lui fait connaître le nom et le numéro de la rue.

Le message doit être téléphoné en français et en langage

clair; il doit être dicté lentement et très distinctement, pour permettre à l'employé de la cabine destinataire de le transcrire facilement.

L'agent chargé de la réception doit collationner l'adresse, les mots qui lui paraissent douteux et le texte *in extenso*, si l'expéditeur l'exige. Le message est, dès sa réception, remis au service de distribution.

Les abonnés du réseau téléphonique de Paris peuvent, de leur domicile, expédier des messages, sous la réserve du versement d'une provision au bureau des postes et des télégraphes qui dessert leur domicile.

Le décret du 23 mars 1891 crée des abonnements spéciaux comportant l'usage d'une ligne destinée à relier un établissement public ou privé à un ou plusieurs circuits téléphoniques interurbains. L'abonnement confère à l'abonné, moyennant payement des taxes réglementaires, le droit de correspondre à partir de son domicile :

1° De réseau à réseau par les lignes interurbaines; 2° Avec les abonnés de même catégorie aboutissant au même bureau, lorsqu'il n'existe pas dans la ville de réseau téléphonique urbain.

Les lignes téléphoniques d'intérêt privé aboutissant à un bureau tête de ligne d'un ou de plusieurs circuits interurbains peuvent être mises en communication avec ces circuits et utilisées pour l'échange des conversations de réseau à réseau, moyennant le payement par les concessionnaires, en outre des redevances applicables aux lignes d'intérêt privé, d'une taxe d'abonnement fixée : à 50 francs dans les villes où il n'existe pas de réseau téléphonique urbain, à la moitié du prix de l'abonnement normal, dans les villes qui en sont pourvues.

Ces dispositions sont applicables à dater du 1er mai 1891.

Le décret du 1er mai 1891 a étendu le service des messages téléphonés à toutes les localités pourvues de cabines téléphoniques publiques et comprises dans le périmètre d'un même réseau principal et de ses annexes.

Moyennant la taxe de 50 centimes par 5 minutes de conversation, l'abonné peut lui-même téléphoner son message, soit à partir de son domicile, s'il est abonné au réseau, soit à partir de l'une quelconque des cabines publiques, au bureau télégraphique pourvu d'un service de distribution, service subordonné aux mêmes règles que la distribution des télégrammes. Nous complétons ce rapide exposé par des tableaux donnant, au 31 décembre 1891, la situation des réseaux urbains et des circuits interurbains.

SITUATION DU RÉSEAU TÉLÉPHONIQUE FRANÇAIS AU 31 DÉCEMBRE 1891

DÉPARTEMENTS.	RÉSEAUX.			Taux de l'abonnement.	Nombre d'abonnés.	DATES de la mise en service
	Principaux.	Annexes.	Spéciaux à conversations taxées.			
Aisne.	Saint-Quentin.			200	163	31 décembre 1883.
Alger.	Alger.			200	136	Ancien réseau de la Société générale ouvert le 26 juillet 1883.
		Maison-Carrée.		150	9	18 avril 1891.
Alpes-Maritimes.	Nice.			200	163	22 décembre 1886.
	Cannes.			200	166	1er mars 1886.
	Grasse.			150	48	16 avril 1891.
	Menton.			150	42	1er janvier 1891.
	Mézières-Charleville			150	23	1er janvier 1891.
Ardennes.		Braux.		150	6	1er septembre 1891.
	Sedan.			150	74	15 janvier 1891.
Aube.	Troyes.			200	163	1er avril 1884.
Bouches-du-Rhône.	Marseille.			200	495	Ancien réseau de la Société générale ouvert le 15 décembre 1880.
Calvados.	Caen.			200	31	16 novembre 1886.
			Trouville	50	1	19 août 1891.
Charente.	Cognac.			150	34	1er décembre 1891.
Côte-d'Or.	Dijon.			200	162	1er novembre 1890.
	Beaune.			150	30	1er septembre 1891.
Doubs.	Besançon.			200	79	1er juin 1890.
Pas-de-Calais.	Arras.			200	25	16 mai 1891.
	Boulogne-sur-Mer.			200	26	1er janvier 1886.
	Calais.			200	64	Ancien réseau de la Société générale ouvert le 1er juillet 1883.
Gironde.	Bordeaux.			200	657	Ancien réseau de la Société générale ouvert le 30 juin 1881.
		Pauillac.		150	13	15 mars 1891.
			Arcachon	50	6	16 décembre 1891.
Haute-Garonne.	Toulouse.			200	72	1er septembre 1891.
Haute-Vienne.	Limoges.			200	61	20 mai 1889.
Isère.	Grenoble.			200	132	1er avril 1890.
	Vienne.			150	79	1er décembre 1890.
Indre-et-Loire.	Tours.			200	32	15 novembre 1891.
Loire.	Saint-Etienne.			200	159	Ancien réseau de la Société générale ouvert en 1881.
	Roanne.			200	46	1er juillet 1891.
		Saint-Chamond.		200	21	1er décembre 1891.
Loire-Inférieure.	Nantes.			200	181	Ancien réseau de la Société générale

		Pontfaverger.		[illegible]	[illegible]	[illegible]
	Châlons-sur-Marne.			150	49	1er août 1891.
	Epernay.			150	53	1er juillet 1891.
		Ay.		150	9	16 juillet 1891.
			Hautevillers.	50	1	14 octobre 1891.
Meurthe-et-Moselle.	Nancy.			200	185	17 décembre 1884.
		Dombasle.		150	5	1er mars 1891.
		Pont Saint-Vincent.		150	3	1er novembre 1891.
	Toul.			150	12	1er décembre 1891.
Nord.	Armentières.			200	13	1er juin 1885.
	Douai.			200	43	15 décembre 1890.
	Dunkerque.			200	144	15 octobre 1884.
		Bergues.		150	5	1er mai 1886.
	Fourmies.			150	89	1er février 1887.
		Anor.		150	5	17 février 1887.
		Avesnes.		150	9	18 mai 1887.
		La Capelle.		150	5	18 juin 1891.
		Etrœungt.		150	5	1er février 1891.
		Glageon.		150	5	17 février 1887.
		Sains.		150	13	23 février 1887.
		Trélon.		150	10	6 juillet 1887.
		Wignehies.		150	11	7 février 1887.
	Halluin.			150	12	11 février 1884.
	Lille.			200	179	1er octobre 1884 (date de la reprise par l'État), était exploité par la Société générale depuis 1882.
		Don-Annœullin.		150	4	21 mars 1887.
		Seclin.		150	7	15 juillet 1889.
		Saint-Amand-les-Eaux.		150	1	3 février 1890.
	Maubeuge.			150	31	1er octobre 1891.
		Hautmont.		150	5	1er octobre 1891.
	Roubaix.			200	388	1er avril 1883.
	Tourcoing.			200	285	1er avril 1883.
	Valenciennes.			200	41	15 décembre 1890.
Oran.	Oran.			200	77	Ancien réseau de la Société générale, ouvert le 10 août 1883.
Saône-et-Loire.	Chalon-sur-Saône.			150	37	1er novembre 1891.
	Mâcon.			150	55	1er juillet 1891.
Rhône.	Lyon.			300	877	Ancien réseau de la Société générale, ouvert depuis le 15 octobre 1880.
		Villeurbanne.		150	9	21 octobre 1891.
	Thizy.			150	20	26 août 1891.
Seine-Inférieure.	Dieppe.			150	11	1er août 18 0.
	Elbeuf.			150	72	25 novembre 1884.
			Etretat.	50	1	1er juillet 1891.
	Fécamp.			150	20	1er juillet 1891.
	Le Havre.			200	430	Ancien réseau de la Société générale, ouvert depuis le 15 avril 1881.
	Rouen.			200	314	Ancien réseau de la Société générale, ouvert depuis le 15 juillet 1883.

SITUATION DU RÉSEAU TÉLÉPHONIQUE FRANÇAIS AU 31 DÉCEMBRE 1891 (*Suite*).

DÉPARTEMENTS.	RÉSEAUX. Principaux.	RÉSEAUX. Annexes.	RÉSEAUX. Spéciaux à conversations taxées.	Taux de l'abonnement	Nombre d'abonnés.	DATES de la mise en service.
Somme.	Amiens.			200	128	1er mai 1886.
Tarn.	Mazamet.			150	33	1er octobre 1891.
Seine.	Paris.			400	9.653	Ancien réseau de la Société générale, ouvert depuis le 30 septembre 1879.
		Asnières.		470 (1)	11	1er janvier 1891.
		Boulogne-sur-Seine.		500	6	27 septembre 1891.
		Bondy.		520	6	16 septembre 1891.
		Charenton.		490	10	27 avril 1891.
		Choisy-le-Roi.		560	10	4 septembre 1890.
		Clichy.		460	8	1er janvier 1891.
		Creteil.		550	3	27 avril 1891.
		Fontenay-sous-Bois.		520	8	11 février 1891.
		Ivry-sur-Seine.		490	8	20 décembre 1890.
		Montreuil-sous-Bois.		490	6	19 juin 1891.
		Neuilly-sur-Seine.		470	13	12 octobre 1891.
		Puteaux-Suresnes.		490	26	1er mai 1890.
		Saint-Denis.		510	34	15 octobre 1890.
		Saint-Ouen.		460	9	26 août 1891.
Seine-et-Oise.		Argenteuil.		510	7	23 mai 1891.
		Bellevue.		540	11	27 mars 1891.
		Corbeil.		750	11	23 juin 1891.
		Enghien-les-Bains.		550	6	23 août 1890.
		Juvisy.		590	7	23 mars 1891.
		Gonesse.		570	6	10 août 1891.
		Le Vésinet.		570	9	15 juillet 1891.
		Montmorency,		590	19	9 août 1890.
			Pontoise.	50	14	21 juillet 1891.
		Rueil.		530	17	27 avril 1891.
		Saint-Cloud.		510	12	24 avril 1891.
		Saint-Germain en Laye.		620	23	18 janvier 1891.
		Sèvres.		510	6	18 juillet 1891.
Seine-et-Marne.		Fontainebleau.		1050	10	21 octobre 1891

(1) Abonnement au réseau de Paris.

CIRCUITS TÉLÉPHONIQUES EN SERVICE

AU 31 DÉCEMBRE 1891

Paris-Bruxelles (1er circuit).
Paris-Bruxelles (2e circuit).
Paris-Bruxelles (3e circuit).
Paris-Londres (1er circuit).
Paris-Londres (2e circuit).
Lille-Courtrai.
Lille-Tournai.
Paris-Amiens.
Paris-Fontainebleau.
Paris-Le Havre (1er circuit).
Paris-Le Havre (2e circuit).
Paris-Lille.
Paris-Lyon-Marseille.
Paris-Meaux.
Paris-Nantes.
Paris-Pontoise.
Paris-Reims.
Paris-Rouen (1er circuit).
Paris-Rouen (2e circuit).
Paris-Saint-Quentin.
Paris-Troyes.
Paris-Valenciennes.
Paris-Versailles.
Paris-Argenteuil.
Paris-Asnières.
Paris-Aubervilliers.
Paris-Bellevue.
Paris-Bondy.
Paris-Boulogne-sur-Seine.
Paris-Charenton.
Paris-Choisy-le-Roi.
Paris-Clichy-la-Garenne.
Paris-Créteil.
Paris-Enghien.
Paris-Fontenay-sous-Bois.
Paris-Gonesse.
Paris-Issy.
Paris-Ivry-sur-Seine.
Paris-Juvisy.
Paris-Montmorency.
Paris-Montreuil-sous-Bois.
Paris-Neuilly-sur-Seine.
Paris-Nogent-sur-Marne.
Paris-Puteaux-Suresnes.
Paris-Le Raincy.
Paris-Rueil.
Paris-Saint-Cloud.
Paris-Saint-Denis.
Paris-Saint-Germain en Laye.
Paris-Saint-Ouen.
Paris-Sèvres.
Paris-Le Vésinet.
Paris-Villejuif.
Garches-Saint-Cloud.
Meudon-Bellevue.
Bois-Colombes-Asnières.
Colombes-Asnières.
Deuil-Montmorency.
Puteaux-Courbevoie.
Saint-Maur les Fossés-Créteil.
Thiais-Choisy-le-Roi.
Enghien-Montmorency.
Marly le Roi-Saint-Germain en Laye.
Lille-Annœullin.
Lille-Armentières.
Lille-Arras.
Lille-Calais.
Lille-Douai.
Lille-Dunkerque (1er circuit).
Lille-Dunkerque (2e circuit).
Lille-Halluin.
Lille-Roubaix.
Lille-Saint-Amand.
Lille-Séclin.
Lille-Tourcoing.
Lille-Valenciennes.
Dunkerque-Bergues.
Maubeuge-Hautmont.
Fourmies-Roubaix.
Fourmies-Anor.
Fourmies-Avesnes.
Fourmies-Etrœungt.

Fourmies-Glageon.
Fourmies-Hirson.
Fourmies-La Capelle.
Fourmies-Sains.
Fourmies-Trélon-Ohain.
Fourmies-Wignehies.
Le Hâvre-Etretat-Fécamp.
Rouen-Le Havre (1er circuit).
Rouen-Le Havre (2e circuit).
Rouen-Barentin.
Rouen-Dieppe.
Rouen-Elbeuf-Louviers.
Rouen-Honfleur-Trouville.
Rouen-Lillebonne-Bolbec.
Rouen-Pont-Audemer.
Reims-Epernay.
Epernay-Ay.
Epernay-Hautvillers.
Reims-Pontfaverger.
Reims-Warmeriville.
Braux-Mézières-Charleville.
Sedan-Mézières-Charleville.
Nancy-Dombasle.
Nancy-Pont-Saint-Vincent
Nancy-Toul.
Lyon-Saint-Etienne.
Lyon-Vienne.
Lyon-Villeurbanne.
Saint-Chamond-Saint-Etienne.
Marseille-Aix.
Grasse-Cannes.
Nice-Cannes.
Nice-Menton.
Nice-Monaco.
Menton-Monaco.
Bordeaux-Arcachon.
Bordeaux-Le Bouscat.
Bordeaux-Pauillac.
Bayonne-Biarritz.
Troyes-Romilly-sur-Seine.
Alger-Hussein-Dey.
Alger-Maison Carrée.
Caen-Ouistreham.

XVIII

APPLICATIONS DE LA TÉLÉPHONIE AUX DIFFÉRENTES BRANCHES DE LA SCIENCE ET DE L'INDUSTRIE.

Applications du téléphone. — Installations domestiques : téléphones domestiques indéréglables, système Ader; téléphones indéréglables, système Berthon; poste téléphonique domestique Mildé. — Applications aux opérations militaires : poste de la Société des Téléphones; postes Mildé; postes de Branville. — Applications à la physiologie et à la médecine : audiomètre; balance d'induction; sonde microtéléphonique; stéthoscopes microphoniques. — Applications aux auditions théatrales, théatrophone. — Applications aux réseaux de secours, avertisseur universel Digeon. — Applications aux chemins de fer, système Bréguet à appel omnibus. — Applications à l'exploitation des mines. — Applications à la mesure électrique : pont de Kohlrausch; recherche des fautes dans les câbles; recherche des défauts de centrage dans les câbles.

Applications du téléphone. — Nous ne nous proposons pas, dans cet ouvrage, d'étudier en détail les nombreuses applications du téléphone aux différents besoins de la vie sociale. Nous nous contenterons d'esquisser à grands traits les combinaisons ingénieuses qui ont permis d'utiliser cet instrument si sensible dans les conditions les plus diverses.

A la maison, le téléphone est devenu un auxiliaire presque indispensable; il permet au chef d'une exploitation importante d'être constamment en relation avec ses employés, sans avoir à les déranger de leur travail et à les appeler près de lui pour leur communiquer ses ordres.

Le soir, il procure aux personnes fortunées les douces jouissances d'une audition théâtrale sans avoir à se déplacer. C'est du coin du feu que l'on peut aujourd'hui percevoir les nuances les plus délicates des œuvres musicales exécutées dans les principaux théâtres.

A la guerre, il met en communication les postes avancés

avec le gros des troupes; il permet de laisser en relation constante, de la tête à la queue, les colonnes en marche; il établit la liaison entre les observatoires aériens installés dans les ballons captifs et les états-majors auxquels sont destinés les renseignements recueillis.

Après le combat, le téléphone devient l'auxiliaire du chirurgien et lui signale la présence des projectiles profondément enfoncés dans les tissus. Si le procédé n'est pas absolument pratique sur les champs de bataille ou dans les ambulances, en raison de l'encombrement, il peut rendre de signalés services dans les hôpitaux.

Dans tous les réseaux organisés dans le but d'amener promptement des secours sur un point donné, l'emploi du téléphone s'impose. Son usage permet d'indiquer d'une façon nette et précise quelle est la nature du mal auquel il s'agit de porter secours. Veut-on les pompiers? Il y a intérêt à leur faire connaître s'ils vont se trouver en présence d'un simple feu de cheminée ou d'un violent incendie; c'est le rôle du téléphone.

Pour les mesures électriques qui ne demandent pas une grande précision, on le substitue avantageusement au galvanomètre; il a reçu notamment une application importante dans le pont de Kohlrausch.

En suivant les différents ordres d'idées que nous venons d'énumérer, nous décrirons successivement les applications les plus importantes du téléphone aux installations domestiques, aux opérations militaires, aux opérations chirurgicales et aux observations physiologiques, aux auditions théâtrales, aux réseaux de secours, aux chemins de fer, aux mesures électriques.

Installations domestiques. — Les téléphones, à l'intérieur des maisons, dans les usines, dans les grandes administrations, deviennent le complément indispensable des sonneries électriques; il serait superflu de montrer ici les avantages qu'on en peut retirer.

Les installations domestiques peuvent être évidemment ce que sont les installations des abonnés reliés au réseau téléphonique général; cependant, les besoins n'étant pas les mêmes, on peut créer une organisation complète à bien meilleur compte. Chacun peut aménager à domicile un poste central relié à un nombre illimité de postes simples. L'industrie a construit, dans ce but, des appareils robustes, commodes et peu coûteux. Nous n'entreprendrons pas de décrire tous les systèmes que l'on trouve dans le commerce; quelques exemples, accompagnés de figures, suffiront pour montrer tout le parti que l'on peut tirer chez soi d'une installation téléphonique bien agencée.

Les appareils utilisés peuvent être de simples téléphones magnétiques; il n'y a aucun inconvénient, les distances à franchir étant ordinairement très courtes; il y aurait économie si les appels avaient lieu par des systèmes électro-magnétiques. Cependant, comme on fait habituellement usage de piles pour les appels, on peut toujours affecter deux ou trois éléments de celle-ci au service des microphones et employer des appareils microtéléphoniques, toujours plus puissants que les téléphones magnétiques.

La Société générale des Téléphones a adapté deux de ses systèmes aux usages domestiques : le récepteur Ader seul et aussi le microphone Berthon combiné avec le récepteur Ader.

Fig. 385. — Téléphone domestique indéréglable, système Ader. Modèle à téléphone unique.

Téléphone domestique indéréglable, système Ader. — L'appareil le plus simple comprend une applique murale (*fig.* 385), au centre de laquelle on voit un bouton d'appel. Deux crochets formant commutateur supportent un récepteur Ader n° 3, soit à manche en bois noir, soit à anneau. Les bornes qui couronnent l'applique murale reçoivent les deux pôles de la pile, le fil de ligne, le fil de terre et les deux fils de sonnerie.

Cet agencement à téléphone unique est peu commode : il faut porter alternativement l'appareil de la bouche à l'oreille, suivant qu'on veut l'employer comme transmetteur ou comme récepteur. Ce va-et-vient perpétuel qui suit les phases de la conversation ne laisse pas que d'être gênant; en outre, si l'on ne prend pas le soin de faire des poses, les commencements des phrases peuvent échapper aux deux interlocuteurs, chacun d'eux, dans sa précipitation à répondre, ne laissant pas à son correspondant le temps de mettre son téléphone à l'oreille. Le dispositif représenté par la figure 386, bien que d'un prix plus élevé, est infiniment plus commode que le précédent. Il rappelle, par la forme, les appareils d'opérateur que nous avons décrits; c'est cependant un double téléphone magnétique : il est uniquement composé de deux récepteurs Ader n° 3 réunis par une tige métallique; par opposition à l'appareil combiné Berthon-Ader, qui a la même forme, on l'appelle teléphone Ader-Ader. Ces postes téléphoniques magnétiques peuvent être installés de plusieurs manières :

Fig. 386. — Téléphone domestique indéréglable, système Ader. Modèle à téléphone double.

1° Communication simple : les deux postes sont reliés par un fil unique avec terre à chaque poste ou bien par une ligne double. L'installation est complétée par deux sonneries. On peut faire usage d'une pile d'appel dans chacun des postes, ou bien d'une pile unique, mais alors un fil supplémentaire est nécessaire pour faire communiquer la pile avec les deux postes;

2° Communication avec poste central : l'organisation d'un semblable réseau comporte elle-même plusieurs solutions. L'une d'elles est analogue aux installations des sonneries électriques; on peut même la substituer à ces dernières. Les postes simples peuvent appeler le poste central sans pouvoir être appelés par lui; c'est le cas d'un chef appelant ses subordonnés et ne voulant pas être appelé par eux.

Dans un autre arrangement les postes simples peuvent

appeler le poste central et réciproquement. On réalise ces deux dispositions à l'aide d'un tableau.

Il est possible d'organiser un montage très simple à l'aide d'un commutateur rond. Avec ce système, le poste central peut appeler tous les postes du réseau, mais ceux-ci ne peuvent entrer en relation avec lui que lorsqu'ils ont été appelés; ils peuvent alors répondre, soit par sonnerie, soit par téléphone.

Des communications plus compliquées encore sont susceptibles d'être réalisées et, notamment, le poste central peut mettre les différents postes en communication entre eux avec appel direct.

Téléphone indéréglable, système Berthon. — Cet instrument comprend un microphone Berthon à grenaille, monté sur une applique murale à l'aide de deux petites consoles métalliques qui servent en même temps à le relier électriquement (*fig.* 387). Sous le microphone on aperçoit le bouton d'appel, et un peu plus bas le crochet commutateur qui supporte un récepteur Ader n° 3.

Fig. 387. — Téléphone domestique, système Berthon.

On peut également faire usage pour les installations domestiques d'un appareil combiné Berton-Ader monté sur une applique murale, comme le type n° 8 *bis* que nous avons décrit et figuré (page 91).

Les microphones domestiques ne comportent pas de bobine d'induction; cet organe devient inutile en raison du peu d'étendue des réseaux. De même, le nombre des éléments de pile affecté aux appels peut être très restreint, mais, quel que soit ce nombre, on ne doit jamais affecter que deux éléments au service du microphone.

On retrouve dans l'installation des microphones domestiques des combinaisons analogues à celles que nous avons signalées à propos des téléphones magnétiques.

La figure 388 représente un microphone Berthon monté sur un tableau annonciateur à disque, petit modèle, à cinq directions; c'est un poste central qui peut appeler les postes simples et être appelé par eux; ce poste peut également mettre les divers postes en communication entre eux.

Fig. 388. — Poste téléphonique domestique, système Berthon.

Poste téléphonique domestique Mildé. — La maison Mildé construit plusieurs modèles de postes téléphoniques destinés aux usages domestiques. L'un d'eux que nous représentons (*fig.* 389) a la forme d'un porte-montre; il comprend un récepteur à anneau, une sonnerie, un bouton d'appel et un commutateur automatique; le constructeur a donné le nom de *porte-voix électrique* à cet instrument.

Les postes Mildé sont d'un montage commode et, dans la plupart des cas, peuvent se substituer sans changement à une installation de sonneries électriques déjà existante.

Applications aux opérations militaires. — L'emploi du téléphone aux opérations militaires est séduisant à *priori*. Le matériel est peu encombrant, la sensibilité des appareils est extrême, l'éducation du personnel est facile et n'exige pas beaucoup de temps; ce dernier point est un facteur important surtout dans les armées où la durée du service est réduite jusqu'aux dernières limites. Dans toutes ces commodités n'y a-t-il pas un trompe-l'œil, et les inconvénients ne surpassent-ils pas les avantages? Dussions-nous nous faire considérer comme un ennemi du progrès, nous devons envisager avec sang-froid les inconvénients que peuvent présenter les téléphones employés aux armées.

Il existe trois façons d'utiliser le téléphone en campagne :

1° On peut l'employer comme dans les usages de la vie civile pour transmettre la parole, soit qu'on se serve seulement de téléphones magnétiques, soit qu'on ait recours aux systèmes microtéléphoniques;

2° On peut transformer le récepteur téléphonique en un vibrateur très sensible, permettant de percevoir à l'oreille, par une sorte de ronflement, des signaux Morse transmis par un manipulateur ordinaire;

3° On peut même utiliser le téléphone comme un parleur télégraphique ordinaire, dans lequel les signaux Morse sont limités par les deux bruits secs que produisent la fermeture et l'ouverture du circuit à l'aide d'un manipulateur.

Fig. 389. — Poste téléphonique domestique Mildé.

Le téléphone magnétique, en tant que *porte-parole*, est relié par un de ses cordons souples ou par une de ses bornes au fil de ligne qui est généralement un câble léger, de petit diamètre; par l'autre cordon souple ou par l'autre borne on le met en relation avec la terre. Pendant la conversation, le téléphone est alternativement porté de la bouche à l'oreille; c'est un inconvénient auquel on peut aisément remédier en accouplant deux téléphones dont on maintient constamment l'un en face de la bouche, tandis que l'autre reste appliqué sur l'oreille.

Pour ne pas s'encombrer de piles et de sonneries, ce qui ôterait au système tout son caractère de simplicité et de légèreté, on fait usage de signaux acoutisques produits par de petites trompettes à anches dont les sons, émis devant la membrane du téléphone transmetteur, sont répercutés par la membrane du téléphone récepteur. Le bruit produit par cet avertisseur est. en petit, celui des cornes des tramways. C'est de la sorte que fonctionnaient les téléphones Siemens qui furent pendant un certain temps adoptés par l'armée française.

Fig. 390. — Poste téléphonique militaire, modèle de la Société des Téléphones.

La difficulté de transporter les microphones sans les dérégler ou les briser, a été longtemps considérée comme un obstacle à l'emploi de ces instruments pour le service de campagne. La question semble cependant résolue aujourd'hui et différents postes microtéléphoniques militaires ont été construits et essayés. N'ayant pas à traiter ici des questions de télégraphie militaire, il ne nous convient pas de dire quels sont ceux de ces postes qui font actuellement partie de l'armement soit des unités télégraphiques, soit des corps de troupes pour leur service intérieur: d'ailleurs, en téléphonie, les progrès sont si rapides que l'armement d'aujourd'hui peut ne plus être celui de demain; nous nous bornerons donc à donner une idée des principaux types, sans nous préoccuper de leur emploi.

Poste de la Société des Téléphones. — L'appareil combiné Berthon-Ader, transporté dans un étui convenablement approprié, constituerait un poste simple, d'un emploi commode, s'il était pourvu d'un système d'appel.

M. Berthon a réuni dans une boite portative les éléments d'un poste complet (*fig.* 390).

La boite, en chêne, mesure 0,242 m. sur 0,275 m.; elle est munie d'une poignée, et renfermée dans un sac en cuir, avec bretelles, qui permet de la porter à dos d'homme. Elle contient un appel magnéto-électrique, que l'on aperçoit sur la droite de la figure, et que l'on manœuvre à l'aide d'une manivelle. La sonnerie est placée sur la face antérieure, et prend ses communications, quand la boite est fermée, à l'aide de deux équerres, situées près de la charnière. Vers la gauche, on aperçoit trois éléments de pile dont le liquide est immobilisé par de l'agar-agar; ces éléments sont renfermés dans des vases en ébonite complètement étanches; ils servent uniquement à faire fonctionner le microphone.

L'installation est complétée par une bobine d'induction, un commutateur et un appareil combiné Berthon-Ader.

Postes Mildé. — M. Mildé a construit un appareil léger qu'il destinait à la cavalerie. Cet appareil comprend un transmetteur (*fig.* 391) réuni à un récepteur, en forme de montre, par une poignée métallique articulée. Le bouton d'appel fait corps avec le transmetteur qui est également garni d'un commutateur; un second récepteur peut être ajouté au poste; les moyens d'appel sont indépendants.

Dans un second modèle (*fig.* 392) un transmetteur magnétique construit par M. Richard, de la maison Mildé, est monté sur une sonnerie à appel magnétique. Deux récepteurs sont suspendus à des crochets dont l'un sert de commutateur, comme dans les postes d'abonnés; l'appareil est également pourvu d'un paratonnerre.

Postes de Branville. — M. de Branville qui s'empressait toujours de prêter son précieux concours aux officiers et aux fonctionnaires s'occupant de télégraphie militaire a, de son côté, construit plusieurs modèles de postes portatifs.

« Les conditions générales auxquelles doivent satisfaire les divers appareils composant un poste militaire portatif, dit M. de Branville, sont les suivantes :

« Le *parleur* doit transmettre les sons articulés avec la plus grande clarté, unie à la plus grande intensité possible. La réunion, dans la plus large mesure, de ces deux qualités fon-

Fig. 391. — Poste téléphonique militaire, système Mildé.

damentales, conduit en principe à l'adoption du microphone.

« Les *écouteurs* doivent être à réglage permanent et reproduire la parole avec beaucoup de netteté, afin d'obtenir une audition satisfaisante.

« Les *piles* doivent toujours être en état de fonctionner à circuit fermé, pendant d'assez longues périodes, sans polarisation notable; elles ne doivent exiger aucun entretien jusqu'à épuisement des principes constituants. En outre, comme toute pile doit être renouvelée après un certain temps de service, il faut limiter leur emploi au nombre d'éléments nécessaire à un bon fonctionnement du microphone.

« Les *appels* de *poste à poste*, ou de *poste à central*, doivent donc être faits sans le secours d'une pile auxiliaire, en employant, par conséquent, de petits appareils à courants d'induction, convenablement appropriés.

« Tous les appareils et accessoires doivent, sans exagération de poids, être solidement construits, de façon à pouvoir être employés dans un service actif, et agencés de manière à permettre, au besoin, une visite facile et rapide des organes essentiels. »

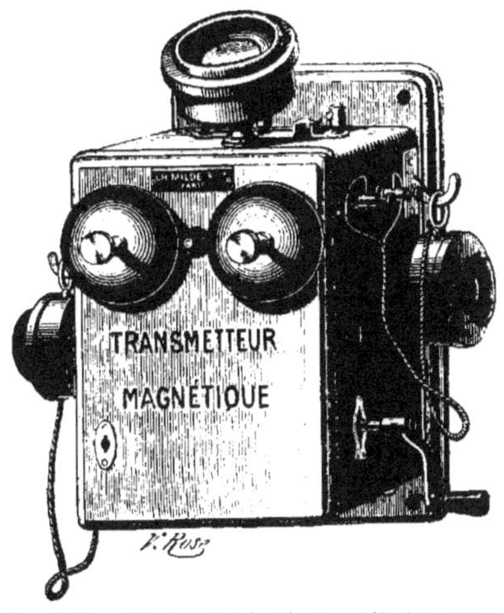

Fig. 392. — Poste téléphonique militaire avec transmetteur magnétique.

C'est d'après ces données que M. de Branville construisit son poste microtéléphonique portatif représenté par la figure 393.

B est un microphone d'Arsonval et Paul Bert ;

C C' sont des récepteurs posés sur les crochets commutateurs D D'.

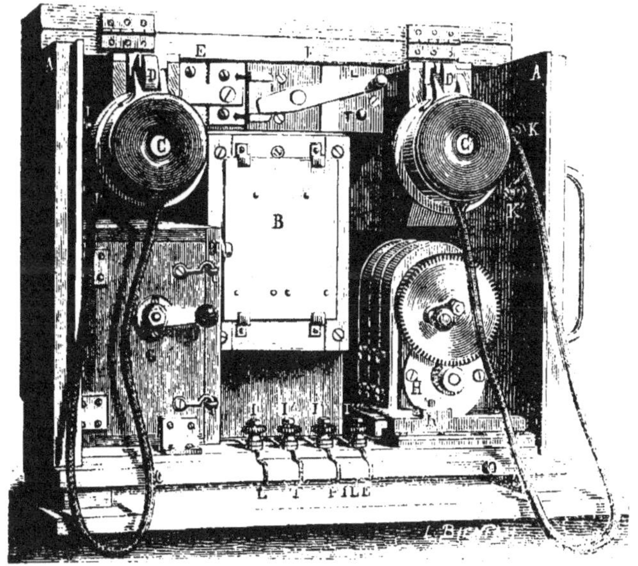

Fig. 393. — Poste microtéléphonique militaire, système de Branville.

E est un paratonnerre à pointes et à papier.

F un commutateur de mise à la terre en cas d'orage.

G est un appel magnétique direct pour les postes simples entre eux.

H est un appel magnétique pour attaquer le poste central.

Les récepteurs sont attachés en J, J', K, K' ; les fils de ligne, de terre et de pile sont reliés aux bornes I, I, I'', I'''.

La pile est contenue dans une seconde boite renfermant quatre éléments montés en tension.

On remarquera que, dans le dispositif de M. de Branville, il n'existe pas de sonnerie. Les appels sont directement perçus par la résonnance des membranes des récepteurs. Ce système d'appel électromagnétique a été imaginé par M. Sieur, qui lui a donné le nom *d'appel phonique*.

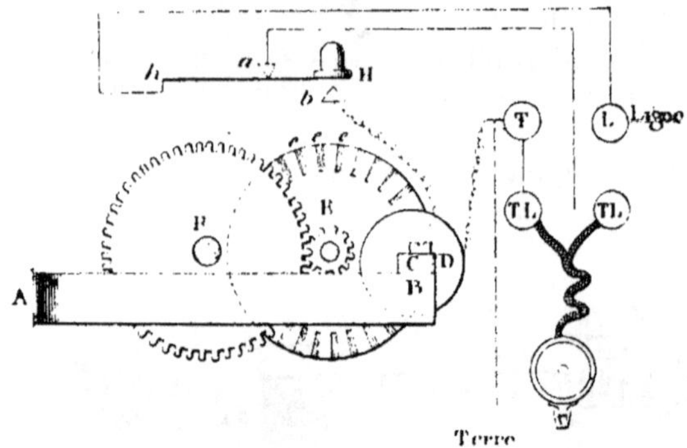

Fig. 394. — Diagramme de l'appel phonique électro-magnétique, système Sieur.

L'appel phonique de M. Sieur est une petite machine magnéto-électrique que l'on manœuvre avec une manivelle.

Un fort aimant en fer à cheval AB (*fig.* 394) est fixé horizontalement sur le fond d'une boite rectangulaire en bois. Sur chacun des pôles, et perpendiculairement aux branches de l'aimant, est assujetti un noyau de fer doux C, supportant une bobine d'électro-aimant D, recouverte de fil fin; les deux bobines sont réunies en série.

Entre les deux noyaux de fer doux, et sur le plan diamétral de l'aimant, se trouve une roue en laiton E, munie d'un axe horizontal. Sur cet axe, un pignon engrène avec la roue dentée F, que le téléphoniste peut faire tourner au moyen d'une manivelle.

La roue F transmettra évidemment son mouvement à la

roue E. Sur la tranche de la roue E sont encastrées de petites lames de fer doux *e*, *e*, *e*, régulièrement espacées, et pénétrant dans le disque de laiton jusqu'à une profondeur de 5 millimètres. On conçoit aisément ce qui va se passer : lorsque la roue F, mise en mouvement, entraine la roue E, chacune des petites lames de fer doux *e*, *e*, *e*.... en s'approchant des noyaux magnétiques, développe dans les bobines un courant induit; en s'en éloignant, elle provoque un courant induit de sens inverse; mais, à ce moment, une seconde lame s'approche et produit un nouveau courant induit, de même sens que le premier. Il s'établit ainsi, dans le circuit des bobines, une succession de courants alternatifs d'autant plus rapide que le mouvement de la roue E est lui-même plus accéléré.

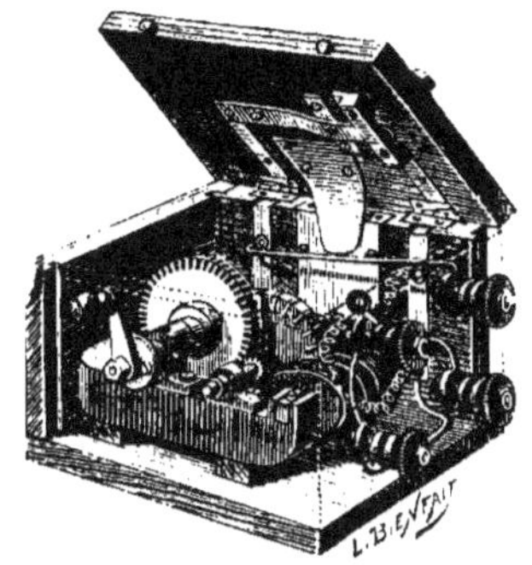

Fig. 395. — Appel phonique électro-magnétique, système Sieur.

Sous le couvercle de la boite se trouve un interrupteur H ou clé d'appel, dont la liaison avec la machine proprement dite se fait par les charnières sur lesquelles s'appuient des ressorts. Quatre bornes L, T, T L, T L sont disposées sur une des faces latérales de la boite. Les communications sont les suivantes : la borne L, qui reçoit le fil de ligne, est réunie en *h* au massif ou, pour mieux dire, au ressort de l'interrupteur H. Le contact *a* est relié à l'une des bornes T L, qui communique également à l'un des cordons du téléphone récepteur; l'autre cordon de cet instrument s'attache à la seconde borne T L qui communique avec la borne T et, par son intermédiaire, avec la terre. L'entrée du fil des bobines est en relation avec le plot *b*, la sortie avec la borne T.

Lorsque le bouton d'appel H est au repos, le téléphone récepteur est dans le circuit, et les courants venant de la ligne suivent le trajet L, *h*, *a*, *récepteur*, *terre*. Si on abaisse le ressort H, de façon à le mettre en contact avec le plot *b*, et si, en même temps, on met en marche les roues F et E, au moyen de la manivelle, les courants induits développés dans les bobines traversent un circuit fermé comprenant, à la station de départ, la terre, le plot *b*, le levier H *h*, puis la ligne et le récepteur de la station d'arrivée. Ces courants impriment à la membrane téléphonique réceptrice des vibrations intenses qui produisent un son analogue aux aboiements d'un petit chien.

La figure 395, dans laquelle deux faces de la boite ont été enlevées pour laisser voir l'agencement intérieur, représente l'ensemble de ce dispositif.

M. de Branville, à l'aide de quelques modifications de détail, est parvenu aisément à adapter cet organe d'appel à son poste microtéléphonique.

Plus récemment, M. de Branville a construit un poste central portatif, purement magnétique.

Nous avons réuni dans un croquis (*fig.* 396) les différents organes de ce poste et leurs communications.

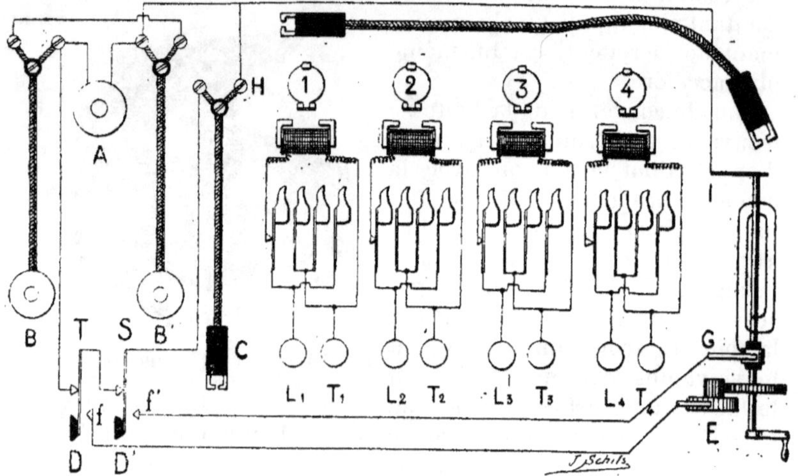

Fig. 396. — Poste téléphonique militaire de M. de Branville.

L'installation est faite pour recevoir quatre lignes simples ou doubles; elle permet de mettre le poste en relation avec chacun des postes simples desservis par les quatre lignes, ou bien avec plusieurs d'entre eux. Le poste central peut en outre mettre en communication deux ou un plus grand nombre de postes simples, soit directement, soit en restant lui-même dans le circuit.

Les principaux organes sont : un téléphone Aubry servant de transmetteur, deux téléphones Aubry servant de récepteurs, quatre conjoncteurs Sieur à quatre crochets, quatre annonciateurs Sieur, un cordon souple à une clé, autant de cordons souples à deux clés qu'il y a de lignes moins une (le nombre de ces lignes n'est pas limité à quatre comme dans l'exemple que nous avons choisi), un appel phonique, une clé d'appel double.

Le téléphone transmetteur A a 80 millimètres de diamètre, un pavillon amplificateur, monté à coulisse, peut s'adapter à son embouchure.

Le diamètre des récepteurs est de 50 millimètres; ils se montent sur une mentonnière, qui sert à les maintenir appliqués contre les oreilles, sans le secours des mains qui restent libres; le téléphoniste a, de la sorte, toute facilité pour établir les communications qui lui sont demandées ou pour transcrire les messages.

Les conjoncteurs, les annonciateurs et les clés sont semblables à ceux que l'on emploie dans les bureaux téléphoniques et que nous avons décrits.

L'appel magnétique est une petite machine dont l'induit est une bobine Siemens; elle est complétée par une roue phonique Sieur, et le mouvement de rotation est obtenu au moyen d'une manivelle.

Les courants alternatifs produits par cet appel magnétique sont suffisants pour vaincre l'inertie des armatures des annonciateurs qui, attirées par les électro-aimants, laissent tomber les volets.

La roue phonique, que l'on met dans le circuit en pressant sur la clé d'appel D, a pour effet de produire une série rapide d'émissions et d'interruptions de courants de chaque période qui actionnent fortement les membranes téléphoniques à la station d'arrivée, et transforment les téléphones en récepteurs d'appel très efficaces.

Les lignes doubles sont attachées aux bornes L_1 T_1, L_2 T_2..., si elles sont à simple fil, les bornes T_1, T_2, T_3, T_4, sont réunies à une terre commune.

Supposons que la ligne 2 appelle : l'annonciateur 2 tombe; le poste central engage la clé C sous les deux crochets de droite du groupe 2, presse sur la clé d'appel D pour répondre, et tourne la manivelle de l'appel magnétique; la conversation peut alors commencer.

Pour mettre deux lignes en communication, le téléphoniste du poste central emploie un cordon souple à deux clés; il place l'une de ces clés sous la paire de gauche des crochets de l'un des conjoncteurs, et l'autre clé sous la paire de droite du second conjoncteur. L'un des annonciateurs reste ainsi en dérivation et permet de recevoir le signal de fin de conversation.

Pour appeler, le poste central engage la clé du cordon souple à une clé sous la paire de crochets de gauche du conjoncteur correspondant à la ligne avec laquelle il veut entrer en relation. Si le poste appelé comporte des annonciateurs, le poste central appuie sur la clé d'appel de droite et tourne la manivelle; si le poste appelé ne possède ni annonciateur, ni sonnerie, le poste central presse sur la clé d'appel de gauche et tourne la manivelle. M. de Branville décrit de la sorte la manière dont le téléphoniste doit s'équiper :

« 1° Retirer les deux écouteurs de leur compartiment et démêler au besoin les deux cordons qui peuvent se trouver enchevêtrés l'un dans l'autre;

« 2° Saisir, à l'aide des deux mains, la mentonnière près des deux boutons; écarter plus ou moins les deux lanières jumelles et bien les emboiter sur le sommet de la tête, de façon à obtenir une complète stabilité du système d'attache;

« 3° Régler la position des écouteurs en les faisant coulisser sur la jugulaire jusqu'à ce que les oreilles se trouvent entièrement couvertes; puis serrer la jugulaire pour maintenir le tout en position.

« Ainsi équipé, le téléphoniste conserve les mains complètement libres et peut facilement exécuter les différentes manœuvres du poste. »

Applications à la physiologie et à la médecine. — L'extrême sensibilité du téléphone a donné l'idée à plusieurs savants d'utiliser cet instrument pour des études physiologiques et même de s'en servir parfois pour le diagnostic dans certains cas pathologiques.

Le docteur Boudet de Pâris, a imaginé de nombreux instruments dans lesquels le téléphone joue un rôle prépondérant.

Audiomètre. — *L'audiomètre* est un instrument ou plutôt un assemblage d'instruments qui permet d'apprécier l'acuïté auditive d'un sujet d'une façon beaucoup plus précise que par les procédés ordinaires.

Autrefois, le praticien se contentait de présenter une montre à l'oreille du malade, qui devait se tenir les yeux fermés; puis, éloignant petit à petit, cette montre, il évaluait approximativement la distance à laquelle le sujet cessait d'entendre. L'audiomètre fournit des renseignements beaucoup plus exacts. Le principe en a été découvert par M. Hughes; le docteur Boudet de Pâris en a fait un instrument pratique, dont nous allons essayer d'expliquer le fonctionnement.

Dans son ensemble, l'audiomètre comprend une bobine d'induction, un microphone, une pile de 2 ou 3 éléments, un téléphone, une caisse de résistances.

La bobine d'induction se compose de trois circuits : un circuit secondaire dont les extrémités aboutissent au récepteur téléphonique, deux circuits primaires que nous désignerons par les lettres A et B. Les deux circuits primaires sont d'égale résistance et enroulés en sens inverse; ils ont des points d'attache communs et sont parcourus par le courant d'une pile traversant un microphone. Dans l'un d'eux, A, par exemple, est intercalée la caisse de résistances.

Sur la planchette du microphone on place une montre, un réveil-matin ou tout autre instrument produisant un bruit périodiquement rythmé. Les variations de courant provenant des vibrations microphoniques agissent simultanément sur les circuits A et B.

Mais ces circuits étant égaux et enroulés en sens inverse sont traversés par des courants égaux et circulant en sens inverse dans la bobine; ils sont donc sans action sur le circuit secondaire, et le téléphone reste muet. Il n'en est plus ainsi lorsqu'on détruit l'équilibre en faisant varier la résistance du circuit A au moyen de la caisse de résistances.

Dès qu'on aura fait varier la résistance de la caisse, si peu que ce soit, le téléphone deviendra sensible, mais il est clair que le son produit dans le téléphone ne sera pas perçu avec une égale intensité par toutes les oreilles. Ainsi, pour fixer les idées, supposons la caisse de résistances graduée en ohms : lorsqu'on débouchera 1 ohm, une oreille *fine* pourra percevoir le son produit dans le téléphone; il faudra déboucher 10, 15 ohms pour rendre ce son perceptible à une oreille *dure*; on conçoit aisément qu'on puisse, de la sorte, avec une graduation convenable de la caisse de résistances, évaluer avec une très grande approximation la variation de résistance qu'il faut introduire dans le circuit pour faire entendre telle ou telle personne et en déduire, par comparaison avec l'audition normale, quel est son degré de surdité. On peut aussi employer l'audiomètre pour déterminer la différence de sensibilité auditive entre les deux oreilles, soit à l'état normal, soit par suite des influences extérieures, telles que les variations de la pression atmosphérique ou même les maladies qui affectent l'organisme général.

Balance d'induction. — C'est une des applications les plus ingénieuses que M. Hughes ait faite de son microphone. En modifiant légèrement la balance d'induction, on peut la faire servir à la recherche des projectiles logés dans les parties profondes du corps humain. L'appareil ainsi modifié comprend un système fixe ou de comparaison et un système mobile ou d'exploration. Chacun d'eux se compose de deux bobines montées sur un tube. Désignons par A, B les deux bobines du système fixe, par A', B', les bobines du système mobile.

Les bobines A, A' composent un circuit dans lequel sont intercalés une pile et un interrupteur; les bobines B, B' sont reliées à un téléphone. L'enroulement de ces bobines est de sens inverse, de telle sorte que si, par un réglage préalable, on établit l'équilibre, le téléphone reste muet, malgré le passage des courants induits résultant des alternances provoquées par l'interrupteur dans le circuit des bobines A A'.

Le système fixe A B est relié par un cordon souple au système mobile A' B', ce qui laisse un large champ d'exploration à l'opérateur.

Le chirurgien, maintenant constamment le téléphone à son oreille, promène les bobines A' B' sur la région à explorer; tant qu'elles ne se trouvent pas dans le voisinage du projectile cherché le téléphone reste silencieux, mais, dès qu'elles en approchent, le téléphone résonne, et le bruit qu'il laisse entendre devient d'autant plus intense qu'on approche davantage de l'objet cherché, le maximum d'intensité se produisant lorsque le projectile est dans l'axe du tube explorateur.

L'emplacement du projectile étant trouvé, reste à déterminer sa profondeur. On procède par comparaison : un projectile de même nature que celui dont on cherche à localiser la position est présenté au-dessus des bobines fixes A B et, par tâtonnement on l'approche ou on l'éloigne jusqu'à ce qu'on ait rendu le téléphone silencieux. La distance qui sépare le projectile d'épreuve des bobines fixes fait connaitre la profondeur à laquelle se trouve le projectile recherché.

Cet instrument fut employé aux États-Unis lors de l'attentat dirigé contre le président Garfield.

Sonde microtéléphonique. — M. Chardin construit pour le même usage une sonde qui est utilement employée pour les explorations des plaies ou de la vessie. Son usage ne reste pas confiné à la recherche des objets métalliques; le frottement contre un corps dur tel qu'un calcul, se distingue nettement dans le téléphone du bruit produit par le contact avec les muqueuses.

Dans certains autres appareils du même genre, les deux récepteurs sont montés sur un ressort qui s'adapte sur la tête du chirurgien et maintient les récepteurs appliqués sur les oreilles. C'est une disposition analogue à celle que l'on emploie dans les bureaux centraux pour les téléphonistes de service; elle a l'avantage de laisser libres les deux mains de l'opérateur. Un des fils des récepteurs est en relation avec la sonde métallique, l'autre se termine par un morceau d'acier que le patient place dans sa bouche ou bien tient dans sa main, préalablement mouillée.

Stéthoscopes microphoniques. — Cet appareil construit par M. Ducretet se compose de deux tambours identiques, garnis de membranes vibrantes bien tendues, comme ceux qu'emploie M. Marey. Les deux tambours communiquent entre eux par un tube de caoutchouc. L'un sert d'explorateur, l'autre supporte le microphone, composé d'une plaque de charbon, sur laquelle repose par sa pointe un crayon de même nature. La pression normale du crayon de charbon est réglée par un levier coudé, pivotant autour d'un axe situé au sommet de l'angle que font les deux branches. L'une de ces branches supporte le crayon, l'autre est garnie d'un curseur. Enfin, un récepteur téléphonique est introduit dans le circuit, ainsi qu'une pile de 2 ou 3 éléments Leclanché. Lorsque le tambour explorateur est placé sur différents points de la peau du sujet en expérience, l'observateur entend distinctement dans le récepteur les plus faibles pulsations du cœur, des artères ou du pouls.

Un autre instrument du même genre a été imaginé par le docteur Boudet de Pâris.

L'organe d'exploration est, suivant le cas, un pavillon conique ou bien une sorte d'embouchure fermée par une membrane fortement tendue, au centre de laquelle un bouton d'ivoire reçoit les pulsations de l'organe à observer. Quelle que soit sa forme, ce pavillon communique par un tube de caoutchouc avec un tambour analogue à ceux dont nous avons parlé plus haut. L'un des charbons du microphone est fixé au milieu de la membrane tendue de ce tambour; le second charbon microphonique est un cylindre suspendu et mobile autour d'un axe horizontal; ce second charbon repose par son propre poids sur le premier, mais il est possible de régler sa pression. A cet effet, une aiguille aimantée est assujettie le long de son axe; au dessus, une vis aimantée agit sur l'aiguille qu'elle attire plus ou moins, suivant qu'on la fait avancer ou reculer, et qui modifie ainsi, à la volonté de l'opérateur, la pression des contacts microphoniques. La boite contient une pile au chlorure d'argent qui actionne le microphone et un récepteur téléphonique, que l'on met en circuit au moyen de deux bornes extérieures.

Application aux auditions théâtrales, théâtrophone. — Les premières auditions théâtrales par téléphone eurent lieu en France pendant l'exposition d'électricité de 1881. Elles eurent un immense succès et le public se pressait en foule aux portes des deux salles d'audition. Des tapis sur le parquet, des tentures le long des cloisons, éteignaient les bruits extérieurs. Quarante auditeurs pénétraient à la file dans les deux salles, à raison de vingt par salle; quatre-vingts récepteurs Ader étaient mis à la disposition de ce public, et l'audition durait environ cinq minutes.

Les transmetteurs, disposés dans la salle de l'Opéra, étaient du système Ader. Ils étaient placés de part et d'autre du trou du souffleur, en avant de la rampe, et au nombre de dix de chaque côté. Chacun de ces transmetteurs microphoniques, soutenu par un socle de plomb et séparé de la boiserie par des champignons en caoutchouc, était actionné par une pile; une bobine d'induction était dans le circuit, et une ligne à double fil, comprenant l'induit de la bobine, aboutissait aux récepteurs. Afin de compenser la différence de l'intensité du son produite par la présence d'un acteur sur la droite ou sur la gauche du théâtre, les récepteurs d'une même paire correspondaient à deux microphones, l'un à gauche, l'autre à droite du trou du souffleur. On obtenait ainsi une intensité résultante à peu près constante, l'oreille droite étant influencée plus fortement lorsque l'oreille gauche l'était plus faiblement, et réciproquement.

En laissant les piles fonctionner pendant tout le cours d'une représentation, on se fût exposé à des mécomptes, par suite des phénomènes de polarisation, aussi changeait-on ces piles tous les quarts d'heure. Un commutateur effectuait la permutation d'un seul coup: c'était une planchette garnie de contacts métalliques que l'on manœuvrait en regard des ressorts communiquant aux piles et aux microphones. En manœuvrant la planchette, on mettait toute la série des piles fraîches en relation avec les transmetteurs, tandis que le même mouvement isolait toutes les piles polarisées, qui étaient remises en service après un repos d'un quart d'heure.

Les expositions de Munich, de Vienne, l'exposition universelle de 1889, et plus récemment celle de Francfort, eurent aussi leurs auditions théâtrales.

Entre temps, M. de Parville disait : « Nous souhaitons que

le public soit bientôt mis à même d'assister, au bout d'un fil télégraphique, aux représentations de l'Opéra, de l'Opéra-Comique et de la Comédie-Française. Il est de règle en ce monde que toute chose nouvelle doit passer par une période d'évolution. On commencera par aller entendre l'Opéra dans un local approprié qui remplacera les salons de l'Exposition; puis, peu à peu, on tiendra à rester chez soi, et à entendre ce qui se passe à la Comédie-Française, puis à la place Favart, et l'on réclamera un réseau théâtral. On s'abonnera aux téléphones de l'Opéra, de l'Opéra-Comique, etc., comme on s'abonne aujourd'hui aux telephones de la Société générale. »

Cette prévision est aujourd'hui un fait accompli, grâce à la Compagnie du théâtrophone.

Cette Société, moyennant un abonnement fixé pour le moment à 180 francs par an, installe, chez les abonnés au réseau téléphonique de Paris et de la banlieue, des appareils qui leur permettent d'entendre à domicile les représentations de différents théâtres. Chaque soirée d'audition donne lieu en outre à la perception d'une taxe de 15 francs, quel que soit le nombre des auditeurs. Les abonnés peuvent d'ailleurs changer de théâtre autant de fois qu'ils le veulent dans la même soirée.

Mais là ne se bornent pas les opérations de la Société du théâtrophone; elle a organisé également des auditions dans un certain nombre d'établissements publics, tels que cercles, hôtels, restaurants, cafés. Un réseau spécial, des lignes omnibus, pour ainsi dire, réunissent ces établissements par petits groupes, au siège de la Société où est installé le poste central en relation avec les différents théâtres.

Ainsi, il existe pour les établissements publics un service d'auditions quotidiennes, dont nous indiquerons plus loin le fonctionnement et le mode de contrôle; pour les abonnés, les auditions n'ont lieu que sur leur demande : ils peuvent se faire inscrire à l'avance ou bien réclamer l'audition au cours de la soirée.

Le poste central est installé dans le sous-sol d'un immeuble situé rue Louis-le-Grand, n° 23.

Les conducteurs aboutissent à une rosace (*fig.* 397) : différentes catégories de câbles y sont rangées par ordre. On y distingue :

Les lignes reliant l'administration aux théâtres ;

Les lignes spécialement affectées au service du théâtrophone ;

Les lignes d'abonnés ;

La *ligne de ville*, reliant l'administration au bureau central de l'avenue de l'Opéra pour ses communications de service.

A partir de la rosace, les différentes lignes se continuent par des fils paraffinés et vont aboutir à un tableau (*fig.* 398) comprenant des annonciateurs et des conjoncteurs. Ce tableau est complété par un commutateur à manivelle en relation avec un certain nombre de télégraphes répétiteurs à aiguille (autant qu'il existe de lignes de théâtrophones).

Le courant utilisé pour mettre en marche ces répétiteurs, ainsi que les indicateurs à aiguille du réseau des théâtro-

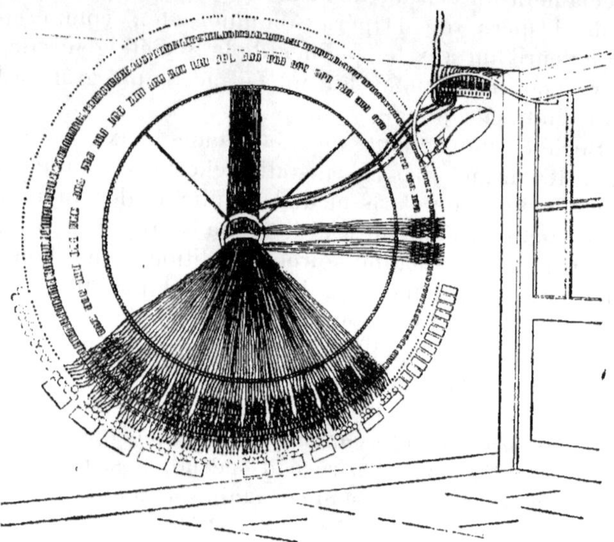

Fig. 397. — Rosace des lignes du théâtrophone.

phones, est le même que celui qui alimente les lampes à incandescence servant à l'éclairage; aussi, la face postérieure du tableau est-elle garnie de coupe-circuits destinés à parer aux accidents. Ce courant provient de la canalisation générale du quartier.

Le tableau est desservi par une seule téléphoniste, qui a pour mission de contrôler à distance le service des auditions chez les abonnés particuliers et dans les établissements publics, ainsi que de changer périodiquement le programme de l'audition de ces derniers.

Dans les établissements publics, un appareil portatif, à perception automatique, dit *théâtrophone*, peut être installé sur des prises de courant réparties dans les différentes salles et disposées de façon à donner satisfaction aux demandes de la clientèle. Dans chaque établissement se trouve un télégraphe à cadran, semblable à ceux qui existent sur le tableau du bureau central.

Tous les cadrans d'une même ligne de théâtrophone sont mis

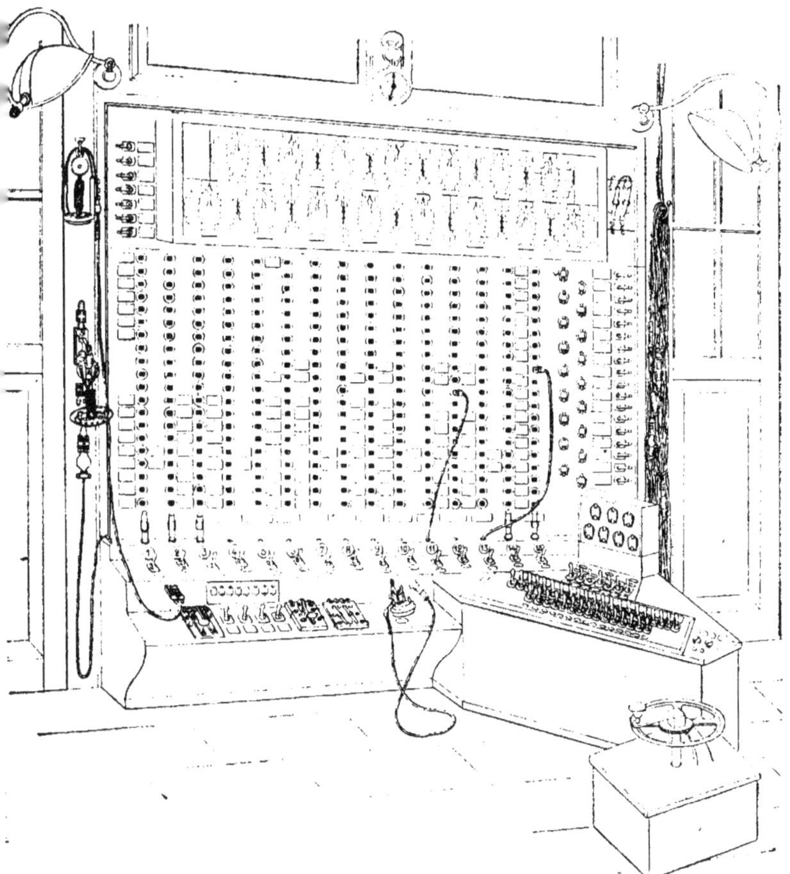

Fig. 398. — Tableau de distribution des lignes du théâtrophone.

en marche simultanément par la manœuvre du commutateur à manivelle; ils indiquent par la position de leur aiguille la nature de l'audition. Ainsi, chaque cadran (*fig.* 399) porte les indications : Opéra, Opéra-Comique, Français, Nouveautés, Bouffes... L'aiguille placée sur une de ces indications fait connaître que le théâtre correspondant est en relation avec l'instrument portatif; un client sait donc toujours quel genre de spectacle il va entendre en se servant de l'instrument; et, comme les communications sont fréquemment changées dans le courant d'une même soirée, il lui est loisible d'attendre que la musique de son choix vienne au programme.

Le théâtrophone (*fig.* 400) est placé dans le circuit à l'aide d'une fiche qui pénètre dans une mâchoire fixée à la muraille et munie de contacts métalliques. La fiche est reliée au théâtrophone par un cordon souple. Le théâtrophone lui-

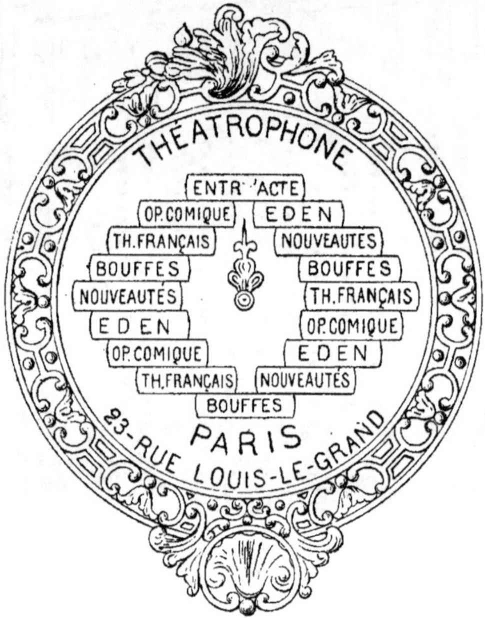

Fig. 399. — Cadran indicateur du théâtrophone.

même est garni de deux récepteurs téléphoniques, mais ces instruments restent muets tant qu'une pièce de 50 centimes ou de 1 franc n'a pas été introduite dans une des petites fentes ménagées à cet effet. En glissant dans la tirelire, la pièce de monnaie établit automatiquement la liaison entre la ligne et les récepteurs. Au bout de cinq ou de dix minutes, suivant la valeur de la pièce de monnaie, un nouveau déclenchement la fait glisser au fond de la boite et interrompt l'audition. L'introduction d'une nouvelle pièce de monnaie dans le guichet procure une nouvelle audition.

Il est clair que la Société doit assurer, à toute heure de la soirée, une audition à quiconque glisse sa cotisation dans la boite ; or, les entr'actes des théâtres avec lesquels la Société a des traités peuvent coïncider, en tout ou en partie, avec la

Fig. 400. — Théâtrophone.

période pendant laquelle les clients écoutent ou veulent écouter. La Société a obvié à cet inconvénient en ayant constamment sous la main, aux heures des représentations, un pianiste et un chanteur qui se font entendre pendant les moments assez courts et assez rares, du reste, où tous les théâtres du réseau tombent simultanément à l'entr'acte. Durant ces moments, toutes les lignes de théâtrophone sont branchées sur la salle où se tiennent le pianiste et le chanteur, et tous les cadrans indicateurs portent la mention « entr'acte ». Il n'y a donc ni interruption, ni surprise.

Nous avons dit que les télégraphes répétiteurs du tableau central reproduisaient les indications des cadrans du réseau; aussi la téléphoniste n'a-t-elle qu'à jeter un coup d'œil sur son tableau pour savoir qu'au Grand-Hôtel, par exemple, on entend les Bouffes, que le Café-Riche est en relation avec l'Opéra-Comique, etc.; elle peut, en outre, contrôler le bon fonctionnement des théâtrophones en plaçant son appareil d'opérateur (un Berthon-Ader), non pas directement dans le circuit, ce qui introduirait sur la ligne une résistance inutile, mais à proximité; le jeu d'un levier à touche suffit pour effectuer cette opération; la téléphoniste entend alors, par induction, faiblement, mais très nettement, tout ce qui se passe sur la ligne.

Le service des auditions à domicile se fait par l'intermédiaire du bureau de l'avenue de l'Opéra. La Compagnie du théâtrophone est reliée à ce bureau par un grand nombre de lignes. La liaison entre l'abonné et le théâtrophone se fait au bureau de l'avenue de l'Opéra, la liaison avec le théâtre a lieu au bureau central de la Société.

Lorsqu'un abonné du réseau téléphonique est relié à la Compagnie du théâtrophone pour une audition, les annonciateurs des différents bureaux centraux restent en dehors du circuit. Mais, au bureau central de la Compagnie, un relais Ader, très sensible, permet de percevoir les appels de l'abonné.

Ainsi, l'abonné relié avec le théâtre n'a plus de relations avec le réseau, mais, comme il peut toujours communiquer avec le bureau central du théâtrophone, il lui est facile d'obtenir par là telle communication qui lui convient et de causer, par exemple, pendant l'entr'acte, avec un ami relié à un autre théâtre. La théléphoniste du théâtrophone peut toujours, d'ailleurs, avoir recours à l'intervention du bureau de l'avenue de l'Opéra qu'elle appelle par la *ligne de ville*.

Un appareil de mesures complète l'installation du bureau central du théâtrophone; il permet de vérifier, à chaque instant, l'état des lignes et de constater qu'aucune dérivation ne vient affaiblir l'intensité normale des auditions.

Dans chaque théâtre, la Compagnie possède, à proximité de la scène, un local qui contient les piles, les commutateurs et les bobines d'induction. Ce local est relié, d'une part, au bureau central de la rue Louis-le-Grand et, d'autre part, à la scène sur laquelle sont disposés les transmetteurs, soit devant, soit derrière la rampe, soit même entre les lampes et la rampe.

La figure 401 montre la disposition adoptée pour pouvoir, à chaque instant, mesurer la résistance de la ligne d'un abonné qui écoute, et cela assez rapidement pour que l'abonné ne s'en aperçoive même pas. Ce résultat s'obtient au moyen d'un jeu de commutateurs à double fil à deux directions A_1, A_2, A_3... B, C, D, et d'un pont de Wheatstone avec galvanomètre à miroir

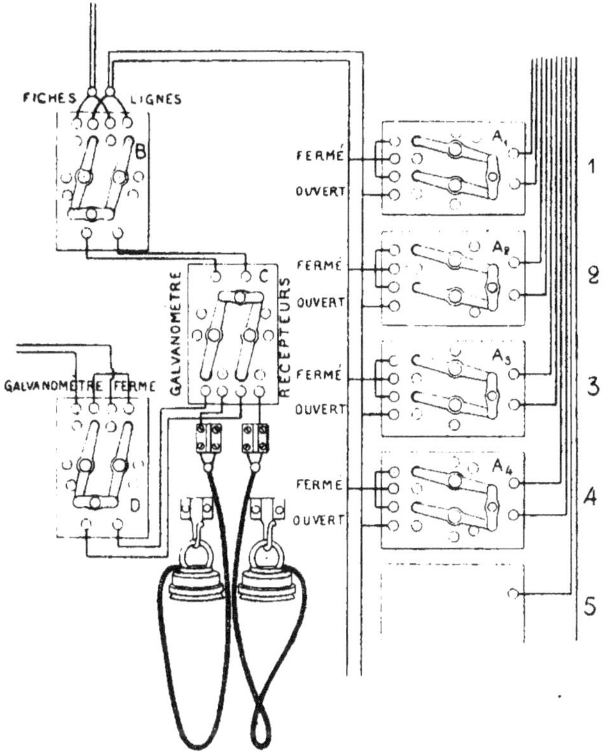

Fig. 401. — Diagramme des communications servant à mesurer la résistance des lignes d'abonnés au Théâtrophone.

et échelle. L'employé chargé d'effectuer les mesures possède une liste des abonnés sur laquelle, en regard de chaque nom, se trouve inscrite la résistance normale de la ligne de l'abonné, suivant qu'il est relié à tel ou tel théâtre.

Supposons que l'employé veuille vérifier l'état de la ligne de l'abonné qui écoute sur la ligne n° 3. Il commence par régler la résistance variable de son pont de Wheatstone de façon à obtenir l'équilibre pour la résistance que doit présenter la ligne de l'abonné qui est relié ce soir-là à la ligne n° 3. Cela fait, il place le commutateur A_3 sur l'indication *ouvert*, puis, les yeux fixés sur l'index lumineux de l'échelle qui est devant lui, il relie, pendant un instant, la ligne au pont de Wheatstone, en faisant jouer le commutateur D et interrompt aussitôt la communication. Si tout est en ordre, l'indice ne bouge pas pendant cette manœuvre. Le commutateur C sert simplement à intercaler sur la ligne de l'abonné une paire de récepteurs.

Quant au commutateur B, il sert à relier le pont de Wheatstone à un cordon souple à deux brins, terminé par une fiche qui permet de rattacher au pont l'un quelconque des câbles aboutissant au tableau et de faire aisément toutes les mesures locales de résistance dont on peut avoir besoin.

Les télégraphes à aiguille dont se sert la Compagnie du théâtrophone sont d'un mécanisme très simple et très ingénieux.

Sur un axe a qui porte l'aiguille (*fig.* 402) est calée une roue dentée *b*, ayant un nombre de dents égal à celui des divisions du cadran. A côté de cette roue dentée, une armature en fer doux *c* est folle sur le même axe. Cette armature tourne librement, et avec très peu de jeu, entre les expansions polaires P P', évidées en arc de cercle, d'un électro-aimant E. Un ressort à boudin R maintient l'armature contre une butée fixe *m* et la ramène à la position qu'indique la figure dès qu'elle est abandonnée à elle-même.

Quand on fait passer un courant dans l'électro-aimant E, l'armature *c*, grâce au calage initial, se déplace dans le sens inverse des aiguilles d'une montre, de façon à embrasser le plus grand nombre possible de lignes de force du champ magnétique créé entre les épanouissements polaires P et P'. Dans ce mouvement, elle entraine avec elle, par l'intermédiaire du cliquet *d*, la roue dentée *b* et, par suite, l'aiguille calée sur le même axe.

L'amplitude du déplacement angulaire qu'effectue ainsi tout le système est réglé par la position de la butée *f* qui arrête l'armature. En même temps, elle coïnce le cliquet *d* entre la roue dentée *b* et l'extrémité *g* de la butée, forme frein et empêche tout mouvement en avant. Le cliquet *e* s'oppose au retour en arrière de la roue dentée *b*.

Grâce à ce système de télégraphe, la Compagnie du théâtrophone arrive à faire marcher à la fois et synchroniquement, à des vitesses relativement très grandes, plus de 150 appareils.

Les électro-aimants E ont 600 ohms de résistance, et tous les appareils fonctionnent en dérivation avec une tension de 100 volts.

Le courant est distribué au moyen d'un manipulateur à manivelle que l'on aperçoit sur la droite de la figure 398 et qui se compose d'un tambour en bois sur lequel viennent frotter deux balais. La jante du tambour est munie, sur deux quarts de cercle diamétralement opposés, de lames de cuivre assez larges pour qu'au passage les deux balais se trouvent en contact avec ces lames. Pour un tour complet de la manivelle,

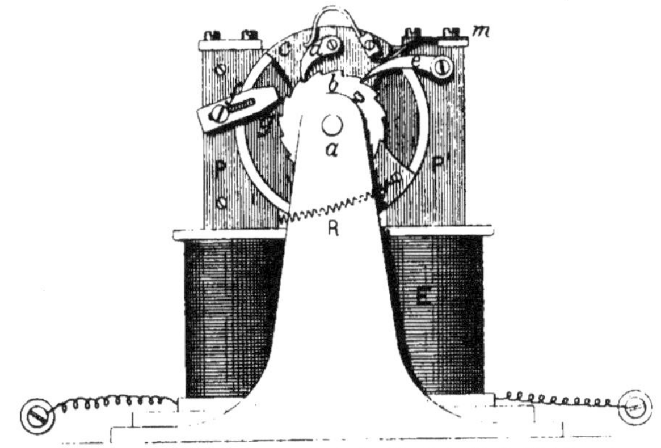

Fig. 402. — Récepteur du télégraphe à aiguille de la Cie du Théâtrophone.

le courant est envoyé deux fois sur la ligne et, grâce au mouvement de rotation employé, on est certain que les périodes pendant lesquelles la ligne est en contact avec la source d'électricité et les périodes pendant lesquelles elle est ouverte, se succèdent régulièrement et à intervalles égaux, quelle que soit la rapidité de la manipulation.

Applications aux réseaux de secours. Avertisseur Digeon. — Dans presque toutes les capitales de l'Europe et dans bon nombre d'autres villes importantes, il existe un réseau électrique reliant entre eux les postes de police et les casernes de sapeurs-pompiers. Ce réseau se ramifie jusqu'à des avertisseurs placés sur la voie publique et permettant aux particuliers de signaler un sinistre au poste de pompiers le plus voisin. Jusqu'ici le service de ces réseaux était assuré par des appareils fondés sur le même principe que les appareils télégraphiques à cadran; ils avaient, comme tous les appareils à signaux fugitifs, le grave inconvénient de ne laisser aucune trace de l'appel.

En 1888, M. Digeon, fonctionnaire de l'administration des Postes et des Télégraphes, proposa d'organiser à Paris un réseau complet d'avertisseurs téléphoniques. Il donna le nom d'*avertisseur universel* à l'instrument ou plutôt à l'ensemble d'instruments qu'il a imaginés.

Cet avertisseur permet de prévenir immédiatement un ou

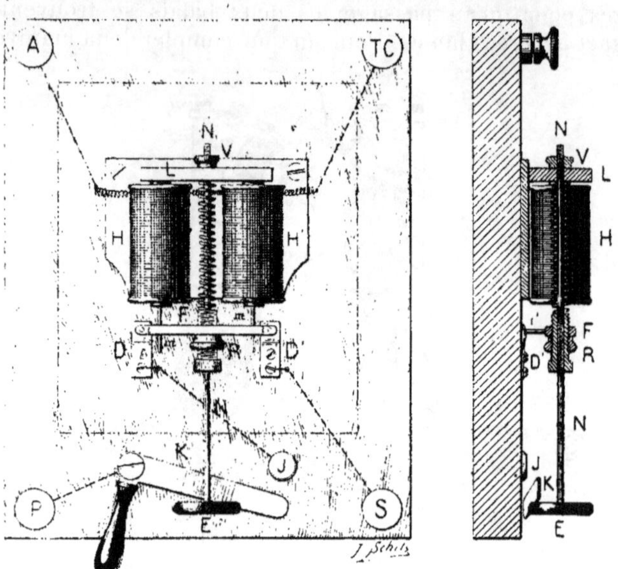

Fig. 103. — Avertisseur Digeon.

plusieurs postes, de demander des secours ou des renseignements, de communiquer ou de recevoir des ordres, de constater la présence des rondes, des veilleurs, etc. Son emploi n'est pas restreint seulement au service des incendies; on peut en faire usage pour signaler un évènement quelconque. Toute personne peut se servir de l'appareil sans études préalables ni connaissances spéciales; tout dérangement est constaté immédiatement; l'installation est peu coûteuse; ce sont là de réels avantages.

Le système comporte : un appareil avertisseur, un commutateur spécial automatique et un nombre indéterminé de téléphones placés dans un même circuit qui peut être desservi, soit par le courant continu, soit par le courant intermittent.

On peut également remplacer les téléphones par des appareils microtéléphoniques.

Emploi du courant continu. — L'avertisseur proprement dit se compose d'un électro-aimant à deux bobines H H′ H′ (*fig.* 403). L'armature F est montée sur une tige horizontale N N qui traverse la culasse de l'électro-aimant. La tige N N est terminée à l'une de ses extrémités par un écrou V, à l'autre par un bouton E. L'armature F peut glisser sur les prolongements en cuivre adaptés aux noyaux de l'électro-aimant; l'armature porte elle-même, à sa partie inférieure, deux appendices *i*, *i′*, qui viennent frotter sur les plaques D, D′, mais

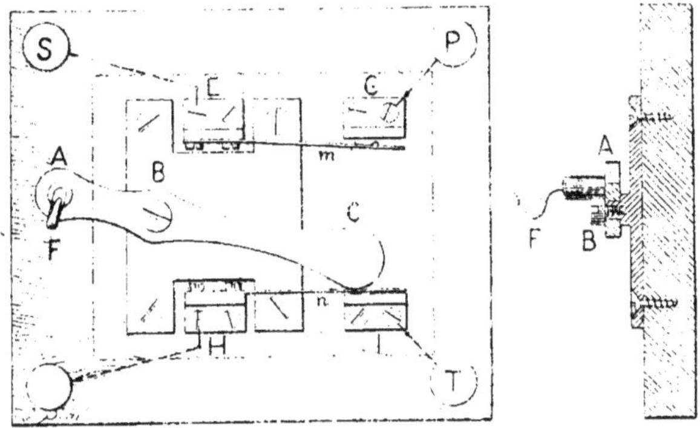

Fig. 404. — Commutateur automatique Digeon.

seulement lorsque la tige N obéit à l'action d'un ressort à boudin qui l'entoure.

Dans cette position, une manette K sert à couper en J le circuit d'une sonnerie. En effet, aux bornes P, S sont attachées une sonnerie et une pile; à l'intérieur de l'instrument, le circuit est complété par K, J, D, *i*, F, *i′*, D′. Les fils des bobines aboutissent aux bornes A, T C.

Le bouton E qui est à l'extérieur de la boite sert à ramener l'armature F au contact des noyaux et la manette K sur le plot J.

Le commutateur automatique (*fig.* 404) est formé par un levier A C, pivotant autour de l'axe B. Les deux bras de ce levier sont inégaux, de sorte qu'il tend à basculer du côté de C; mais, sur le bras A est fixé un crochet F auquel on suspend un téléphone et, lorsque le téléphone est accroché, le levier bascule du côté de A. Ces deux mouvements du levier A C ont pour objet d'établir les communications électriques; en effet, au-dessus du levier, sont disposées deux équerres E, G, dont l'une porte un ressort en laiton *m*. Lorsque le téléphone est au crochet, la partie C du levier applique le ressort *m* sur l'équerre G, de sorte que les équerres E, G communiquent électriquement entre elles; si, au contraire, le levier est incliné du côté de C, le ressort *m* reste éloigné de G et les deux équerres E, G sont isolées l'une de l'autre. Pareillement, deux équerres H, I sont disposées au-dessous du levier. Lorsque le téléphone est décroché, le bras C presse le ressort *n* contre l'équerre I et la met ainsi en communication avec l'équerre H; au contraire, quand le téléphone est au crochet, *n* reste éloigné de I.

Les communications intérieures sont les suivantes : Borne P avec équerre G, borne S avec équerre E, borne T avec équerre I; la quatrième borne avec l'équerre H.

L'installation d'un poste de secours comporte un avertisseur, un commutateur automatique, un téléphone magnétique ou un appareil microtéléphonique et une sonnerie. Dans l'un des postes est placée une pile qui actionne tous les postes du réseau.

L'avertisseur et le commutateur sont placés verticalement, l'armature de l'avertisseur tournée vers le bas.

Dans le poste A (*fig.* 405) muni de la pile de ligne, le pôle positif de la pile aboutit à la borne P; la borne T reçoit un fil de dérivation relié au pôle négatif, en relation, soit avec la terre, soit avec un poste correspondant. La borne A de l'avertisseur est reliée à la borne S du commutateur; le téléphone est intercalé entre les bornes *t* et T C.

La pile de ligne peut actionner la sonnerie, mais il est préférable, au point de vue des dérangements, d'employer une pile locale d'un ou deux éléments Leclanché, qui servent à contrôler d'une façon permanente l'état de la pile de ligne.

Le circuit de la sonnerie est alors formé par le pôle positif de la pile locale, la borne P' de l'avertisseur, la manette K, le plot J, la plaque D, l'armature F, la plaque D', la borne S', la sonnerie et le pôle négatif.

Tous les autres postes de secours sont installés de la même manière, avec la pile de ligne en moins. Dans le poste B, par exemple, la borne P du commutateur, reliée à la terre, communique avec l'équerre G et cette dernière avec l'équerre H; les autres communications sont les mêmes que dans le poste avec pile.

Les postes d'appel, tels que le poste C, comprennent seulement un commutateur et un téléphone. Le poste est embroché sur le fil de ligne qui pénètre par la borne P et ressort par la borne S; le téléphone est interposé entre les bornes P et T. A l'intérieur du commutateur, la borne S est reliée à l'axe du levier, la borne P à l'équerre E, la borne T à l'équerre H.

Les postes d'appel peuvent être installés chez les particuliers, dans les établissements privés ou publics ou bien sur la voie publique. Dans le premier cas, le commutateur et le téléphone sont enfermés dans une boite, dont la face antérieure est garnie d'une glace qu'il faut briser pour ouvrir la porte et décrocher le téléphone. Dans le second cas, c'est-à-dire pour les postes placés sur la voie publique, la boite est également garnie d'une vitre, mais, au moment du bris de cette vitre, la porte s'ouvre en découvrant l'embouchure de l'appareil téléphonique et le levier du commutateur bascule. Cette disposition peut être adaptée à la boite du poste privé.

Le circuit d'un réseau de postes d'appel et de postes de secours peut être à simple ou à double fil.

En temps normal, tous les téléphones sont accrochés aux leviers des commutateurs, et un courant permanent traverse les bobines de tous les avertisseurs. Si donc, au moyen du bouton E (*fig.* 403), on amène l'armature F au contact des noyaux, cette armature y adhère tant que dure l'aimantation; c'est la position de repos. En suivant la marche du courant sur la figure 405, on voit que dans cette position les appareils téléphoniques sont en dehors du circuit.

Si le courant est interrompu, en un point quelconque du circuit, accidentellement ou volontairement, les noyaux des avertisseurs perdent leurs propriétés magnétiques, l'armature obéit à l'action de son ressort antagoniste, et les tiges *i i'* (voir *fig.* 403) glissent sur les plaques DD'; le circuit de la sonnerie est fermé. L'interruption de courant dont nous venons de parler se produit, au poste d'appel C (*fig.* 405), lorsqu'on décroche le téléphone; le levier du commutateur abandonne la lame *m* pour s'appliquer sur la lame *n* et, pendant ce mouvement de bascule, la ligne est isolée; à ce moment les sonneries se mettent en marche.

L'appel entendu, dans chacun des postes de secours, on tourne la manette K et on décroche le téléphone que l'on porte à l'oreille. Par cette double manœuvre : 1° les sonneries sont isolées; 2° les appareils téléphoniques sont introduits dans le circuit; 3° les avertisseurs sont isolés; 4° la pile de ligne du poste A est momentanément supprimée. En effet, dans cette position, les équerres II et I communiquent entre elles, tandis que les équerres supérieures sont isolées; le circuit télépho-

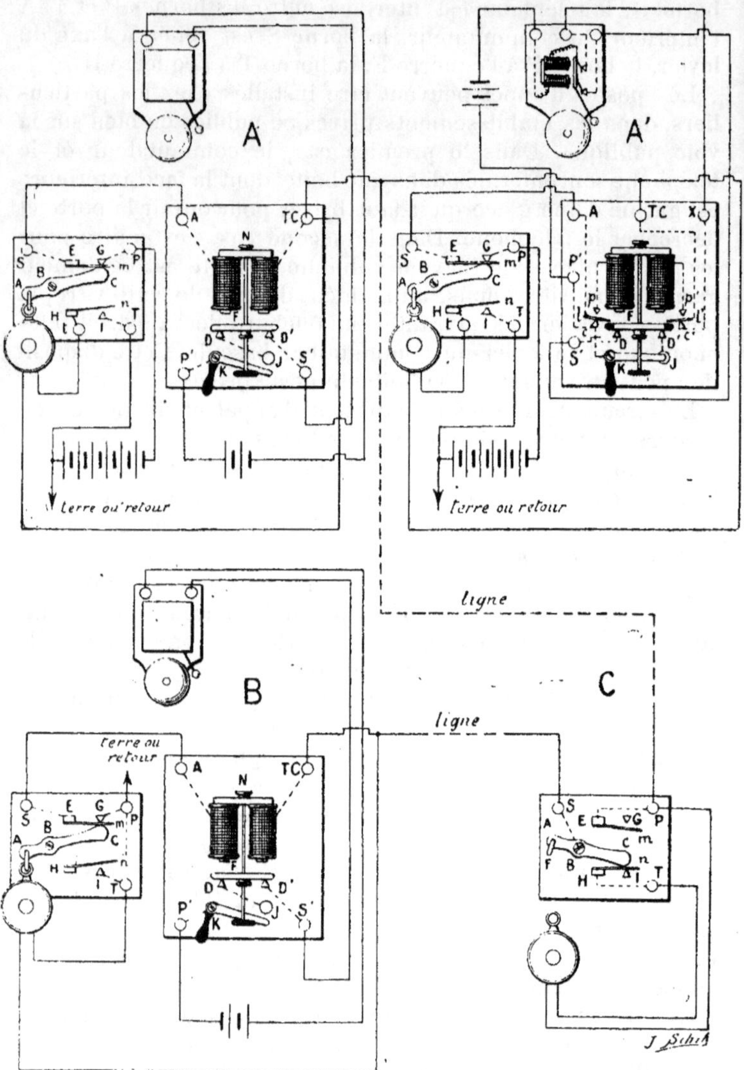

Fig. 405. — Diagramme des divers postes d'avertisseurs Digeon (emploi du courant continu).

nique se trouve ainsi débarrassé de toutes les résistances

inutiles, et les postes A, B, C peuvent échanger entre eux des communications verbales.

Lorsque les conversations sont terminées, on replace les téléphones au crochet; il convient, en outre, pour remettre la ligne en état de fonctionner à nouveau, de ramener les armatures au contact des noyaux.

M. Digeon recommande, pour l'installation de son avertisseur en courant continu, l'emploi de la pile Callaud grand modèle.

Maintenant que nous avons expliqué le système dans ses grandes lignes, il convient de revenir sur des questions de détail qui ont une grande importance dans la pratique. Il faut, en effet, que la personne qui appelle soit avisée que son signal d'alarme a été entendu et qu'elle peut faire usage du téléphone; il faut aussi, dans certains cas, qu'au poste de secours il existe un contrôle; il faut, en d'autres termes, qu'il reste une trace de l'appel.

L'accusé de réception du signal d'alarme est produit par le ronflement du téléphone du poste d'appel. La figure 405 représente la disposition théorique du poste de secours à pile de ligne qui permet d'obtenir ce résultat (poste A'). Dès que l'armature tombe, la sonnerie de ce poste se trouve intercalée dans le circuit de la pile de ligne et les intermittences de courant de cette trembleuse produisent, dans chacun des téléphones embrochés sur la ligne, un ronflement caractéristique et suffisamment intense. Pour faire cesser le ronflement au poste d'appel (poste C), il suffit que le poste de secours appelé (poste A') décroche son téléphone et tourne la manette K.

L'appareil de contrôle permet de connaitre, sans le secours de la parole, quel est le poste d'appel qui a donné le signal d'alarme. A cet effet, chaque poste d'appel est pourvu d'une roue à émissions ou à cames adaptée à un mouvement d'horlogerie; cette roue est fixée sur la planchette du commutateur (*fig.* 406, poste 3), ou bien peut servir de sonnerie d'alarme automatique (*fig.* 406, poste 4). Le poste de secours à pile de ligne (poste n° 1) est muni d'un récepteur Morse à déclenchement, à arrêt et à enroulement de la bande automatiques. Au moment où l'on décroche le téléphone du poste n° 2, les armatures des postes n°s 1 et 5 tombent; de plus, le mouvement d'horlogerie du poste n° 3 se met à dérouler et entraine la roue à cames R; en tournant, celle-ci produit des émissions et des interruptions de courant qui sont enregistrées par le récepteur Morse du poste n° 1, récepteur qui s'est mis en marche dès la première émission de courant.

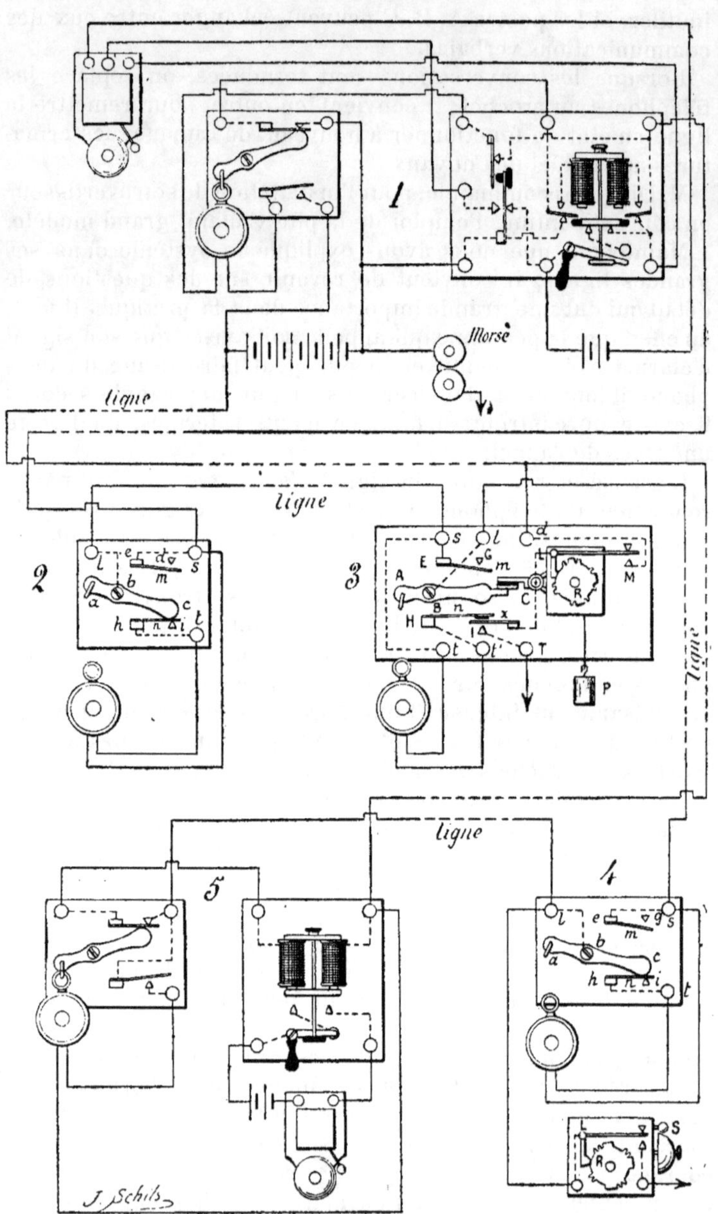

Fig. 406. — Diagramme des divers postes d'avertisseurs Digeon (emploi du courant continu), avec appareils automatiques de contrôle.

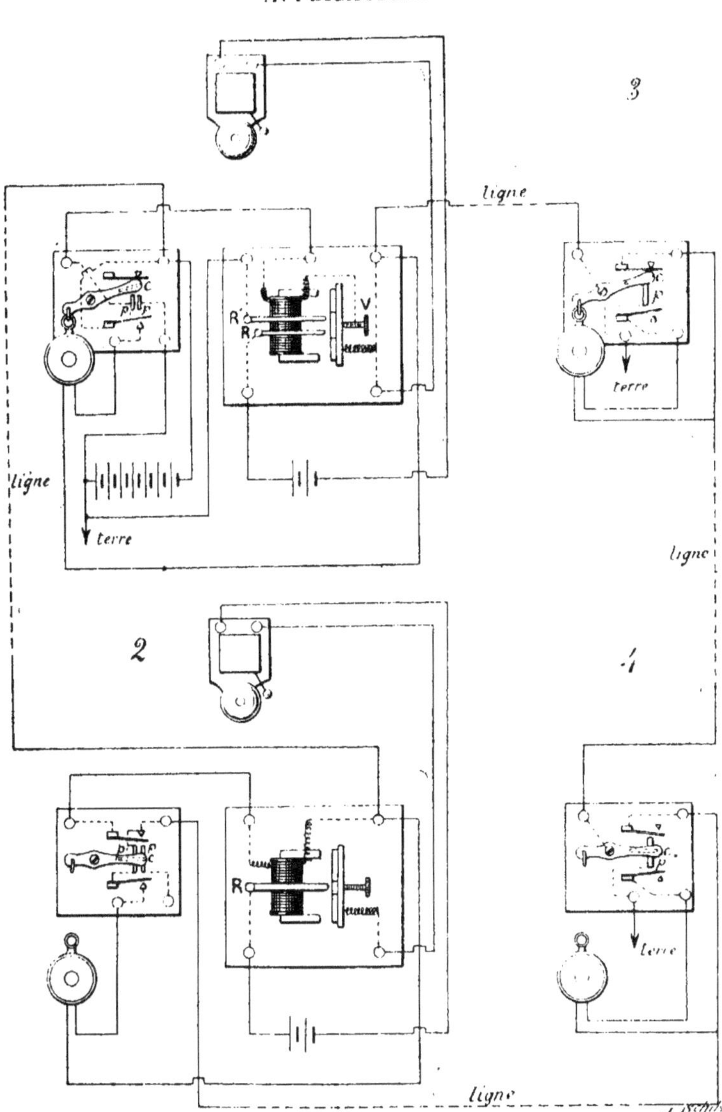

Fig. 407. — Diagramme des divers postes d'avertisseurs Digeon (emploi du courant intermittent).

La disposition des cames diffère d'un poste d'appel à l'autre : ces cames sont réparties sur la roue de façon à figurer plusieurs fois de suite une même lettre de l'alphabet Morse; à chaque poste d'appel est affectée une lettre différente. Sur la bande du récepteur Morse, les émissions successives produites par la rotation de la roue à cames forment des points et des traits qui sont l'exacte reproduction de la lettre Morse figurée sur la roue. Le poste d'appel enregistre donc lui-même, sur la bande du poste de secours, la lettre qui sert à le désigner et, pour éviter toute erreur, cette lettre est plusieurs fois répétée.

Emploi du courant intermittent. — L'appareil avertisseur des postes de secours (*fig.* 407) se compose d'un électro-aimant, d'une armature portée par une équerre articulée, et d'une lame R qui ferme le circuit de la pile locale, lorsque l'armature adhère aux noyaux. Dans cette dernière position, un bouton placé à l'extérieur de la boite de l'appareil permet de ramener l'armature. De plus, lorsque le réseau comporte plusieurs postes de secours, l'appareil du poste 1 est agencé de façon à envoyer le courant sur la ligne dès que l'armature est attirée. A cet effet, la vis butoir V est isolée de l'équerre articulée, et une seconde lame R' a été placée à côté de la lame R.

Sur la planchette du commutateur de chacun des postes d'appel est fixée une plaque p, reliée à la terre, et sur laquelle vient frotter, quand le levier bascule, un contact flexible vissé sous ce levier.

Le commutateur des postes de secours avec ou sans pile de ligne comporte deux plaques p et p'.

Il suffit de faire basculer le commutateur de l'un quelconque des postes pour fermer le circuit de la pile de ligne pendant le passage du contact du levier sur la plaque p ou sur les plaques p, p'. Dans ces conditions, l'armature de l'avertisseur du poste 1 est attirée. La lame R' de cet appareil fait circuler un courant sur la ligne, et toutes les armatures des autres postes de secours placés dans ce circuit sont attirées.

Pour entrer en communication avec le poste qui appelle, on appuie sur le bouton extérieur et on décroche le téléphone. On peut obtenir le ronflement en mettant au poste pourvu de la pile un avertisseur semblable à celui que représente la figure 405 (poste A'), mais avec une armature polarisée.

Dans le cas où le circuit devrait desservir plusieurs postes de secours tout en ne comportant pas de fil de retour, on pourrait placer aux extrémités de la ligne deux piles d'intensités égales dont les pôles positifs seraient reliés à la ligne et les pôles négatifs à la terre.

Un réseau de 7 postes, dont 3 principaux et 4 intermédiaires, fonctionne régulièrement depuis le mois de mai 1888 dans les bâtiments de l'administration des Postes et des Télégraphes; on y emploie le courant continu.

Adaptation au réseau d'incendie de la Ville de Paris. — Le Comité de perfectionnement du régiment des sapeurs-pompiers de la Ville de Paris s'est prononcé à l'unanimité, dans sa séance du 7 avril 1892, en faveur de l'avertisseur Digeon. Toutefois, afin d'utiliser les bornes monumentales au nombre de 500, déjà en service ou en voie de construction, M. Digeon dut apporter à son appareil un certain nombre de modifications de détail.

Les figures 382 et 383 page 421 et page 427 montrent comment on se sert des avertisseurs placés sur la voie publique. Dans la première, c'est une personne qui signale un incendie; dans la seconde, c'est un officier de sapeurs-pompiers qui s'entretient avec un poste de caserne. La figure 384, page 433, représente un sapeur pompier recevant un avis de sinistre.

La plaque que l'on voit au bas de la figure 408 est la face extérieure de la porte. Normalement, elle devrait porter un marteau destiné à briser le carreau. Ces marteaux ont été provisoirement enlevés jusqu'à ce que le public se soit familiarisé avec l'emploi des avertisseurs. Il y a eu, en effet, au début, plusieurs faux appels dus à la présence du marteau, manœuvré inconsidérément par des gamins ou par de mauvais plaisants. Quoi qu'il en soit, que le marteau existe ou n'existe pas, il faut, pour se servir de l'avertisseur, briser la glace d'un coup sec, ainsi que l'indique l'inscription placée sur la porte.

Le bris de la vitre a pour effet de faire basculer la plaque située en arrière. Cette plaque agit sur un jeu de leviers; la porte s'ouvre d'elle-même et un fort carillon se met en branle. On aperçoit ce mécanisme sur la face interne de la porte (*fig.* 408). Le timbre a été enlevé pour laisser voir le mouvement d'horlogerie.

Le carillon a un double objet : d'abord, il attire l'attention des passants et de la police, de sorte que quiconque aurait mésusé d'un avertisseur pourrait se trouver dans une fâcheuse situation; ensuite, par son tintement, qui dure de 10 à 15 secondes, il empêche la personne qui a brisé la glace de transmettre immédiatement son message téléphonique. Pendant ce temps, le sapeur de garde à la caserne décroche ses téléphones et se prépare à recevoir l'avis.

La porte, en s'ouvrant, démasque l'embouchure d'un téléphone et une plaque portant en gros caractères le détail des opérations à exécuter.

S'il y a eu fausse alerte, il se trouve généralement quelqu'un sur la voie publique qui prend l'initiative de crier dans le téléphone : « Ne vous dérangez pas. »

S'il s'agit d'un sinistre à signaler, voici comment on procède :

Dès que le carillon a cessé de se faire entendre, la personne qui signale le sinistre approche sa bouche de l'embouchure du téléphone et transmet, d'une voix forte, lentement et bien distinctement, des indications aussi courtes et aussi précises que possible, telles que :

Feu de cave, d'atelier, de plancher, grand feu, etc., telle rue, tel numéro;

Ou bien, éboulement, inondation, telle rue, tel numéro.

A défaut du nom et du numéro de la rue, il y a lieu d'indiquer un point de repère qui puisse guider les pompiers.

Les indications qui précèdent doivent être répétées, à intervalles égaux, jusqu'à ce qu'un ronflement se produise dans l'avertisseur; c'est le signal de réception et, à partir de ce moment, on est certain que les secours partent.

Un sapeur est détaché de la caserne pour remonter l'avertisseur et le carillon d'alarme, remplacer la vitre et fermer la porte.

Sur la face latérale (*fig.* 383, page 427) se trouve une portière de service. Seuls les officiers de pompiers ou les chefs d'escouade possèdent la clé qui permet de l'ouvrir. Une fois cette portière ouverte, on aperçoit un bouton d'appel et une mâchoire destinée à recevoir le téléphone double que les escouades de pompiers emportent toujours avec elles. De la sorte, il est possible de vérifier l'état des lignes, de demander des secours, en un mot, de s'entretenir à tout instant avec le poste de caserne.

A la caserne (*fig.* 409), le bureau comprend un appareil Morse automatique et un tableau sur lequel sont placées une sonnerie et une clé spéciale; à gauche est accroché un téléphone double; à droite, un second récepteur.

Les téléphones sont des récepteurs magnétiques imaginés par le commandant Krebs, bien connu par ses travaux en aérostation. M. Digeon s'est réservé de faire usage d'un poste microtéléphonique; mais, jusqu'à présent, les essais n'ont pas donné de résultats satisfaisants. D'ailleurs, l'adjonction d'un

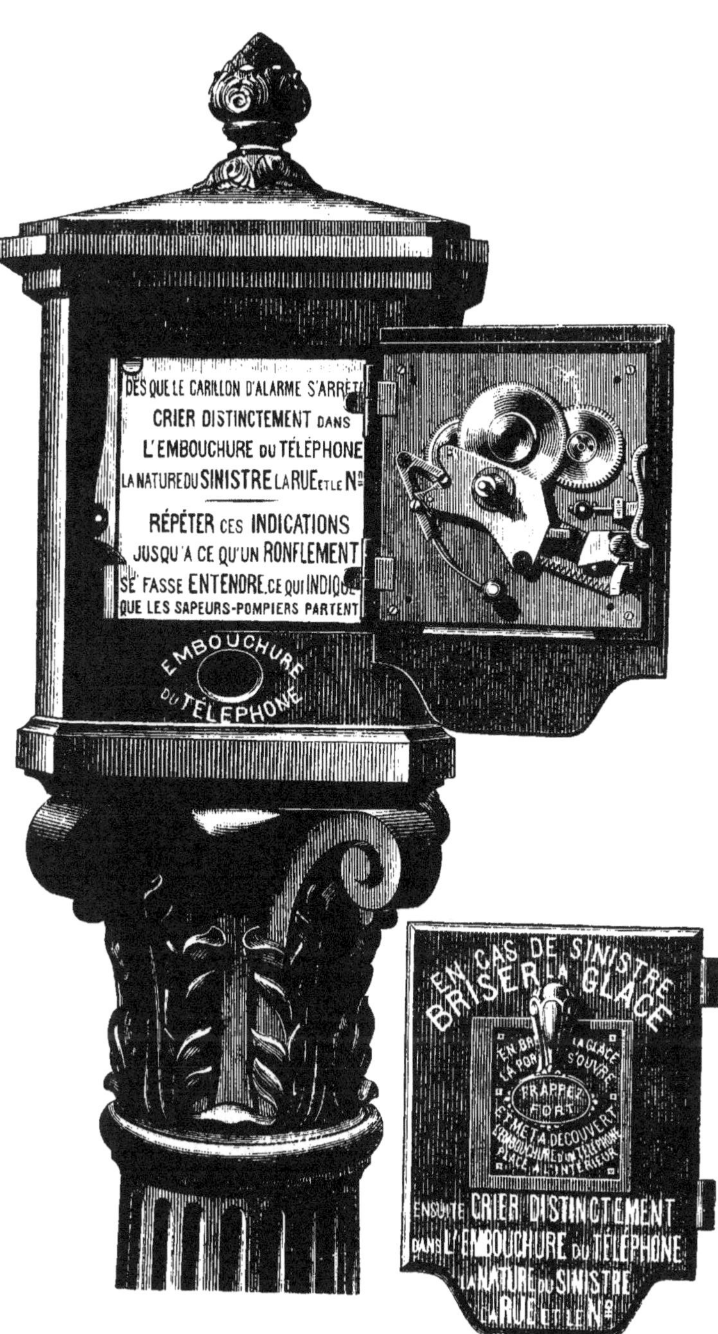

Fig. 408. — Avertisseur Digeon dit à borne monumentale.

microphone compliquerait, sans nul doute, le système et, pour les petites distances sur lesquelles on opère, les téléphones magnétiques sont très suffisants.

Dès que la porte d'un avertisseur est ouverte, son mouvement d'horlogerie se met en marche; il en résulte une série d'émissions de courant qui arrivent au poste de caserne et agissent sur le récepteur Morse. Chaque avertisseur fait, en effet, partie d'un réseau réuni à une caserne de pompiers, et dans chaque réseau, les avertisseurs sont désignés par les différentes lettres de l'alphabet.

La lettre indicatrice est figurée en signaux Morse sur une roue à cames mise en marche par le mouvement d'horlogerie, et cette indication est répétée trois fois de suite sur la roue. Ainsi, pour l'avertisseur A, la roue porte trois fois de suite, sur son pourtour, une saillie courte figurant *un point* et une saillie longue figurant *un trait*; pendant le mouvement de rotation de la roue, ce jeu de cames rencontre un ressort, et, en le faisant basculer, chaque fois qu'une des saillies passe au dessous, envoie successivement sur la ligne un courant de courte durée et un courant prolongé; c'est bien ainsi que se fait la lettre A de l'alphabet Morse.

Dès la première émission de courant, provoquée par une saillie spéciale, le récepteur Morse de la caserne commence à dérouler, tandis que la sonnerie se fait entendre, puis la lettre A se reproduit trois fois de suite sur la bande (- — - — - —). A ce moment, la roue de l'avertisseur a exécuté une révolution complète et le mouvement s'est arrêté. Le sapeur de garde sait donc que l'appel provient de l'avertisseur A dont un tableau de service indique la position. Le sapeur décroche alors les téléphones et inscrit les indications téléphoniques au fur et à mesure qu'il les reçoit. Dès qu'il les a bien comprises, il abaisse pendant quelques instants le levier de la clé placée à côté de la sonnerie. Il se produit aussitôt dans le téléphone de l'avertisseur un ronflement intense qui indique que l'appel a été reçu et compris.

Plusieurs avertisseurs peuvent appeler simultanément sans qu'il en résulte le moindre inconvénient. L'expérience a démontré que les lettres indicatrices des différents avertisseurs s'enregistraient toujours régulièrement sur la bande du récepteur Morse, et que le sapeur télégraphiste démêlait sans difficulté les indications téléphoniques qui, répétées plusieurs fois, finissent toujours par se succéder régulièrement. Dès que ces indications ont été comprises, le ronflement con-

Fig. 409. — Poste de caserne, système Digeon.

ventionnel est reçu par tous les avertisseurs qui ont appelé.

La figure 410 va nous permettre de suivre les communications d'un réseau d'avertisseurs et de revenir sur quelques organes dont nous n'avons montré que superficiellement le fonctionnement.

Tous les postes sont installés en dérivation sur une ligne à double fil, mais, au point de vue des appels et de l'enregistrement des signaux par le récepteur Morse, il y a intérêt à intervertir de deux en deux, les communications des avertisseurs avec les deux fils de ligne. Ainsi, par exemple, pour les avertisseurs de rang impair, les signaux passeront par le fil n° 1; pour les avertisseurs de rang pair, c'est le fil n° 2 qui sera utilisé. Il est facile de se rendre compte des avantages que présente cette disposition : Supposons que, par suite d'une avarie quelconque, le fil n° 1 devienne défectueux, tous les avertisseurs de rang impair sont immobilisés; le réseau n'est pas pour cela hors de service, car les avertisseurs de rang pair, montés sur le fil n° 2, continuent à fonctionner très régulièrement; il suffit donc, dans ce cas de dérangement, de se porter à l'un des avertisseurs les plus rapprochés de celui qui est momentanément hors de service. Dans la figure 410 l'avertisseur n° 2 est monté sur le fil supérieur, l'avertisseur n° 3 sur le fil inférieur; il est bien entendu que les désignations de *fil supérieur* et de *fil inférieur* que nous employons ici ne se rapportent qu'à notre dessin, car toutes les lignes du réseau d'incendie sont souterraines.

Lorsque tous les postes sont au repos, comme le poste de caserne n° 1 et le poste avertisseur n° 2, aucun courant ne circule sur la ligne.

Supposons que le poste n° 3 ait été actionné : dès l'ouverture de la porte, provoquée par le bris de la glace, le mouvement d'horlogerie s'est mis en marche. Ce mécanisme est mu par un poids dont la vitesse de chute est rendue uniforme par un régulateur à ailettes. Entre les deux platines qui supportent les rouages, se trouvent l'axe d'une roue R et l'axe d'un commutateur C. Sous l'action du poids, la roue R fait un tour complet, mais un seul. Elle porte, en saillie, une goupille g qui manœuvre, au passage, le commutateur C; les ressorts verticaux m, n, isolés du massif, maintiennent le commutateur C dans l'une ou l'autre des deux positions qu'il peut occuper.

Pendant la révolution de la roue R, les cames, disposées sur le pourtour de cette roue, soulèvent tour à tour le levier L

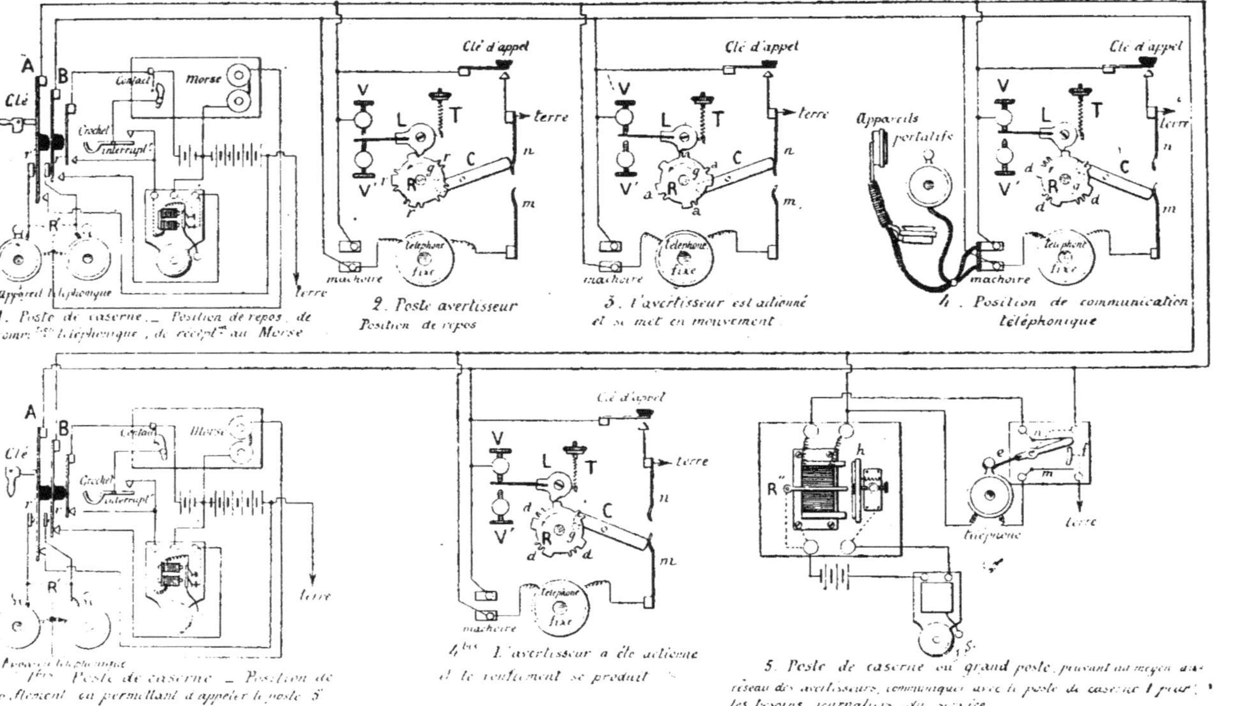

Fig. 410 — Diagramme des communications d'un réseau d'avertisseurs d'incendie, système Digeon.

et le mettent en contact avec la vis V, reliée à un des fils de ligne. Les déplacements du levier L sont réglés par le ressort antagoniste T et par la vis butoir V'.

Dans le poste avertisseur n° 3, le passage de la première came sous le levier L a pour effet, en fermant le circuit de la pile du poste de caserne n° 1, de faire déclencher l'appareil Morse, en même temps que la sonnerie se met en branle, par suite de la fermeture du circuit d'une pile locale. Le passage des trois jeux de cames qui suivent, et qui représentent la lettre A, détermine l'impression de cette lettre sur la bande du récepteur Morse. Le levier L revient au repos dès que la roue R a exécuté sa révolution.

Pour bien comprendre comment le circuit est fermé entre les postes 1 et 3, il est utile de revenir sur un agencement particulier du poste de caserne n° 1. Le fil de dérivation qui aboutit au récepteur Morse est soudé sur le fil de jonction des deux récepteurs téléphoniques. Cette disposition permet, chaque fois qu'un avertisseur est actionné, de redonner aux aimants des téléphones les propriétés magnétiques qu'ils auraient pu perdre. Le fil de dérivation peut également être soudé sur le milieu d'une bobine de résistance R', intercalée entre les deux récepteurs téléphoniques; c'est une variante. Quoi qu'il en soit, le circuit entre les postes 1 et 3 comprend : terre, ressort *n*, commutateur C, massif, ressort L, vis V (au poste 3), ligne, B, *r*, récepteur de droite, fil de dérivation, Morse, pile, terre (au poste 1).

Quand la roue R est sur le point de terminer sa révolution, après que la troisième came *a* a soulevé le levier L, la goupille *g* fait basculer le commutateur C, qui abandonne le ressort *n* pour s'appuyer sur le ressort *m*, comme dans le poste 4 *bis*. La communication du poste avertisseur est rompue avec la terre, et un circuit métallique, destiné aux conversations téléphoniques, est constitué entre le poste avertisseur et le poste de caserne (postes 1 *bis* et 4 *bis*).

On voit qu'après le bris de la glace du poste avertisseur, tout s'y passe automatiquement; la personne qui demande des secours n'a qu'à parler devant l'embouchure du téléphone, comme nous l'avons dit plus haut.

Au poste de caserne, la première émission de courant, en déclenchant le *contact* du récepteur Morse, a fermé le circuit d'une pile locale sur la sonnerie (poste 1 *bis*); en effet, le récepteur est suspendu au crochet interrupteur qui bute contre son contact, tandis que la clé n'est pas encore abaissée. Le sapeur de garde, en décrochant son téléphone, coupe le circuit de la sonnerie par le mouvement de bascule du crochet interrupteur. Dès qu'il a reçu et compris l'avis de feu, il abaisse la clé et produit le ronflement qui indique que les secours partent; c'est cette disposition que représentent les postes 1 *bis* et 4 *bis*; le tremblement de la sonnerie du poste de caserne est répercuté par le téléphone du poste avertisseur. Après quelques secondes, le sapeur de garde relève sa clé et suspend de nouveau son téléphone au crochet.

En examinant avec attention les différentes dispositions représentées par la figure 410, on voit facilement que, pendant les conversations téléphoniques échangées entre un poste avertisseur et un poste de caserne, les appels provenant d'autres avertisseurs continuent à être enregistrés par le récepteur Morse; il serait superflu de faire ressortir les avantages qui résultent de cet agencement des circuits.

Outre les avertisseurs et les postes de caserne, M. Digeon a combiné un poste central ou grand poste qui peut communiquer à tout instant avec les postes de caserne; c'est le poste n° 5 de notre dessin. Il comporte un relais, une sonnerie, un commutateur automatique et un appareil téléphonique.

Lorsque le poste 5 veut appeler le poste 1, il lui suffit de décrocher son téléphone. Le levier commutateur *e* bascule et, au passage, frotte contre la plaque *f* qui met la ligne à la terre. Cette prise de terre provoque le déclenchement du récepteur Morse et le fonctionnement de la sonnerie au poste n° 1. Le circuit téléphonique s'établit de lui-même, comme dans les autres postes.

Si le poste 1 veut appeler le poste 5, le sapeur de garde abaisse sa clé. Le courant ainsi envoyé sur la ligne traverse le relais R″; l'armature *h* est attirée et ferme le circuit de la pile locale sur la sonnerie.

La vérification et le contrôle de toutes les parties composant le système Digeon peuvent être effectués rapidement, et avec la plus grande facilité. En effet, d'un poste avertisseur quelconque, on peut, au moyen d'un téléphone portatif, contrôler l'état de la pile et des conducteurs de ligne, vérifier le fonctionnement du récepteur Morse, s'assurer enfin que les communications téléphoniques et le ronflement ne laissent rien à désirer.

Application aux chemins de fer. — Le système de postes téléphoniques à *appel omnibus*, construit par la maison Bréguet, permet l'appel direct d'un poste quelconque par un autre poste également quelconque, et n'exige qu'une seule ligne, à simple ou à double fil, quel que soit le nombre des postes à relier.

Tous les postes sont semblables, chacun d'eux comprend :

Un transmetteur ;

Deux récepteurs ;

Une sonnerie ;

Un indicateur à cadran;

Un bouton d'appel spécial à poussoir;

Un tableau sur lequel est monté l'ensemble du poste (*fig.* 411).

Fig. 411. — Poste téléphonique à appel omnibus.

Les postes sont successivement réunis à la suite l'un de l'autre par un seul fil. Si la ligne est à simple fil, le premier et le dernier poste sont reliés à la terre; si la ligne est à double fil, le premier et le dernier poste sont reliés directement au fil de retour.

Supposons qu'il s'agisse de mettre en communication téléphonique, par une ligne à double fil, 13 postes numérotés de 1 à 13. L'indicateur à cadran de chacun des postes comprend quinze cases. Treize de ces cases portent les numéros de 1 à 13; la quatorzième case porte l'indication *occupée* et la quinzième l'indication *libre*.

Lorsque l'aiguille de l'indicateur du poste 1 est sur la case 1, elle ferme le circuit de la sonnerie de ce poste sur la pile locale. Lorsque l'aiguille de l'indicateur du poste 2 est sur la case 2, elle ferme le circuit de la sonnerie de ce poste sur la pile locale, et ainsi de suite pour tous les postes.

Cela posé, supposons que le poste 10 veuille appeler le poste 3.

L'opérateur du poste 10 presse trois fois sur le bouton d'appel de son appareil.

La première fois, les aiguilles de tous les postes du réseau se portent sur la case 1 et, au poste 1 seul, la sonnerie tinte un coup.

La seconde fois, toutes les aiguilles se portent sur la case 2 et, au poste 2 seul, la sonnerie tinte 1 coup.

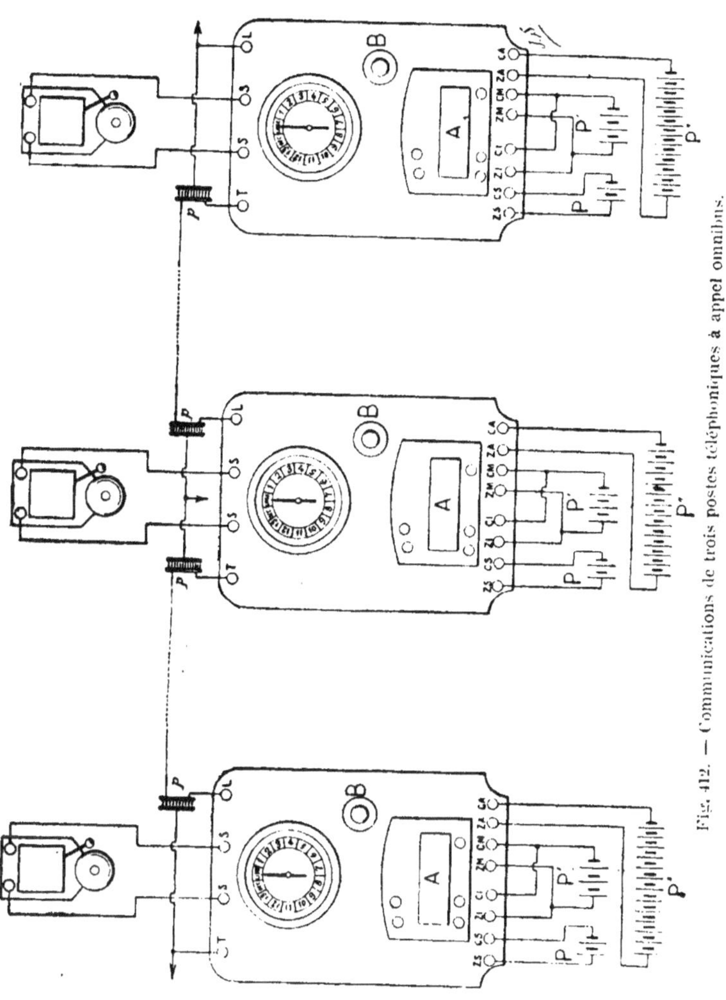

Fig. 412. — Communications de trois postes téléphoniques à appel omnibus.

La troisième fois, toutes les aiguilles se portent sur la case 3 et, au poste 3 seul, la sonnerie tinte aussi longtemps qu'aucune modification ne sera apportée à l'ensemble, c'est-à-dire jusqu'à ce que, le poste 3 étant prévenu, la personne appelée se porte à l'appareil et presse sur son bouton d'appel autant de fois qu'il le faut pour amener les aiguilles de tous les indicateurs sur la case « occupée » (dans le cas présent 11 fois); puis la conversation peut s'engager entre les postes 3 et 10.

Tous les postes sont ainsi avertis que deux postes sont en conversation et qu'ils doivent attendre pour communiquer eux-mêmes.

Dès que la conversation est terminée, le poste qui a appelé (ici le poste 10) pousse une fois son bouton d'appel et les aiguilles de tous les indicateurs reviennent sur la case « libre »; la ligne est ainsi rendue libre pour tous les postes.

La figure 412 représente l'installation de 3 postes sur une ligne à simple fil.

Le système Bréguet a l'avantage de supprimer un grand nombre de fils sur les lignes; il est utilisé sur les chemins de fer du Sud de la France. Avec de légères modifications, il peut être employé pour les postes télégraphiques, et l'administration française l'a déjà mis à l'essai sur la ligne omnibus de Troyes à Aix-en-Othe.

Applications à l'exploitation des mines. — Dans l'exploitation des mines, l'emploi du téléphone comme moyen de correspondance est tout indiqué. L'innocuité des faibles courants mis en œuvre est un gage de sécurité et la téléphonie ne peut offrir dans le monde souterrain que des avantages, sans qu'on ait à redouter les dangers inhérents à d'autres applications de l'électricité. Il existe déjà en France plusieurs installations de ce genre. Outre les correspondances que l'on peut échanger entre l'usine et les différentes galeries, on peut encore mettre en relations téléphoniques les cages de descente et de montée avec le poste du mécanicien chargé de les manœuvrer. A Blanzy, à Marles et à Nœux, à la Ferronnière, le téléphone est en pleine exploitation et on nous assure qu'à Anzin un vaste plan d'organisation est à l'étude.

Applications à la mesure électrique. — Le téléphone a été substitué au galvanomètre dans plusieurs instruments de mesure; il a l'avantage de fournir des résultats plus rapides, en ce sens qu'on n'est plus forcé d'attendre qu'une aiguille aimantée ait repris sa position d'équilibre après avoir été déviée; il a l'inconvénient d'introduire dans les expériences un facteur nouveau : le plus ou moins de sensibilité de l'oreille de l'observateur.

Dans cet ordre d'idées, *le pont d'induction* est une intéressante application du principe de la balance d'induction; le professeur Hughes l'a récemment appliqué à ses recherches sur la self-induction.

Le Dr Nippoldt a fait construire un appareil portatif destiné à fournir une mesure approchée de la résistance des terres, notamment lorsqu'il s'agit de la vérification des paratonnerres qui protègent les édifices.

Plus récemment, M. le capitaine d'artillerie Guérin a imaginé également un appareil portatif qui permet de mesurer rapidement, et sans difficulté, les prises de terre ou toutes autres résistances avec une approximation suffisante. L'instrument a les dimensions d'une caisse de résistances ordinaire et pèse 10 kilogrammes.

Pont de Kohlrausch. — Cet appareil est destiné à mesurer la résistance intérieure d'une pile fermée sur elle-même ou l'intensité du courant qu'elle fournit; on peut aussi l'appliquer à la mesure des résistances des circuits métalliques. En principe, l'instrument n'est autre qu'un pont de Wheatstone dans lequel on a substitué au galvanomètre un téléphone, et à

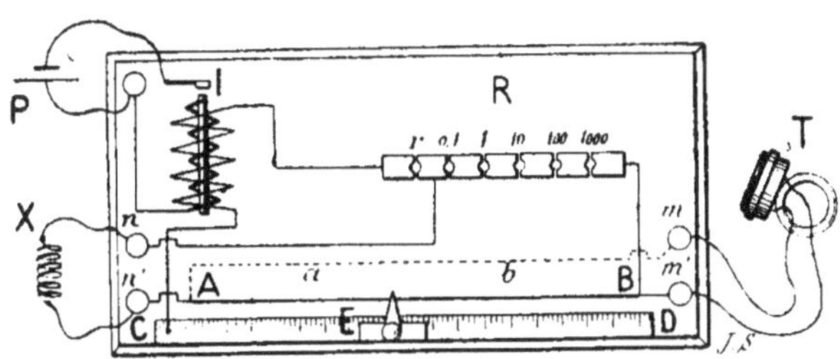

Fig. 413. — Pont de Kohlrausch.

la pile une bobine d'induction dont l'interrupteur est soumis à l'action d'une pile locale. Ce dispositif permet d'opérer des mesures indépendantes de la force électromotrice de polarisation, ce qui ne saurait avoir lieu par les méthodes ordinaires.

Le circuit primaire de la bobine I (*fig.* 413) est traversé par le courant de la pile P qui met en marche l'interrupteur à raison de cent cinquante interruptions par seconde; on emploie à cet effet un élément au bichromate de potasse ou deux éléments Daniell. Le circuit secondaire aboutit d'une part à la règle graduée C D, de l'autre au bloc *r*, uni par une cheville à la caisse de résistance R. Cette dernière est composée de cinq bobines mesurant 0,1; 1; 10; 100; 1000 ohms. Les branches de proportion du pont sont formées par un fil de maillechort tendu A B, de trois dixièmes de millimètre de diamètre et de 25 centimètres de longueur. Sur ce fil, on peut promener le curseur E, monté à glissière sur la règle C D. Cette règle est graduée de telle sorte, que le chiffre indiqué par la position du curseur E, représente toujours le rapport de la portion a du fil de maillechort laissée à gauche à la portion *b* restant à droite. Un récepteur téléphonique est monté sur les bornes *m, m'* et relié par conséquent aux extrémités A B du fil de maillechort. La résistance à mesurer s'intercale entre les bornes *n, n'*.

Pour évaluer cette résistance, l'interrupteur étant mis en marche, et l'une des bobines de la caisse R étant mise dans le circuit par l'enlèvement de la cheville convenable, on porte le téléphone à l'oreille et on fait glisser le curseur jusqu'à ce que le téléphone cesse de faire entendre le bruit de l'interrupteur. Dans la pratique, ce résultat n'est pas toujours obtenu, mais on arrive à constater le point qui donne un son minimum dans le téléphone. A ce moment, la lecture de la graduation y donne la relation

$$\frac{x}{R} = y \text{ ; d'où } x = y R.$$

Pour obtenir la valeur réelle de x, il suffit de multiplier y par la valeur de la bobine débouchée. Le pont d'induction de Kohlrausch est peu répandu en France sous la forme que nous venons d'indiquer, mais la maison Bréguet a construit un autre modèle d'un maniement commode, et dans lequel le fil de maillechort est moins exposé à se détériorer.

Cet instrument de mesure affecte la forme circulaire.

Sur un disque de bois, sont installés : un commutateur, un interrupteur, une bobine d'induction, une touche se déplaçant sur des bobines de résistance, une manivelle terminée par le curseur que l'on fait mouvoir sur un limbe gradué. Six bornes, disposées par paires, reçoivent le téléphone, la pile et la résistance à mesurer.

Le commutateur permet d'employer l'instrument comme un pont de Wheatstone ordinaire ou bien comme pont d'induction.

En plaçant une fiche entre A et B (*fig.* 414), l'induit de la bobine d'induction est en dehors du circuit et, en substituant au téléphone un galvanomètre, on a un pont de Wheatstone. En interposant la fiche entre A et C, et en faisant fonctionner l'interrupteur, on développe dans le circuit secondaire de la bobine d'induction des courants induits. Ces courants traversent le fil de maillechort D E qui forme deux des branches du pont, la résistance à mesurer F qui occupe la troisième branche et la résistance H qui compose la quatrième branche, le téléphone étant placé sur la diagonale. Dans la quatrième branche du pont, la touche H peut être posée sur les plots 1, 10, 100 qui mettent dans le circuit des bobines de 1, 10, 100 ohms. Sur la diagonale, la manette M transporte le curseur m le long du fil de maillechort D E et fait ainsi varier le

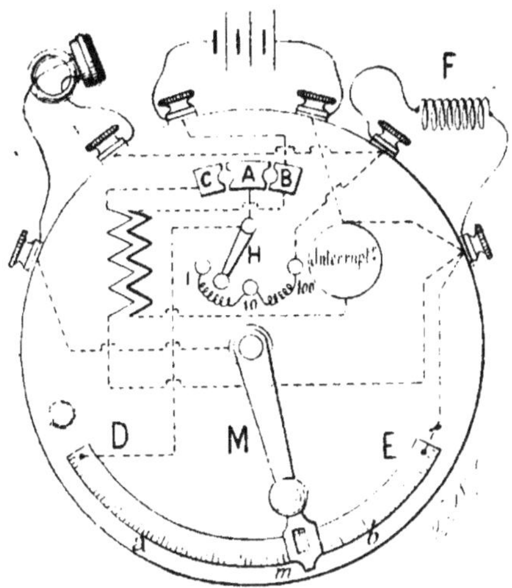

Fig. 414. — Pont d'induction, modèle de la maison Bréguet.

rapport des deux branches a et b. Le limbe sur lequel se meut le curseur a d'ailleurs été gradué suivant les valeurs du rapport $\frac{a}{b}$, de telle sorte que si la quatrième branche du pont est égale à un ohm, on lit directement en ohms ou fractions d'ohm sur le limbe la valeur de la résistance à mesurer, valeur qui correspond à la position du curseur m lorsque le téléphone devient silencieux[1].

Recherche des fautes dans les cables. — Dans ses *leçons sur l'électricité*[2], M. Eric Gérard fait connaitre une méthode qu'il a imaginée et dans laquelle il fait usage du téléphone pour la recherche des défauts dans les câbles. Le procédé

1. *La lumière électrique*, t. XXVIII, p. 404 (2 juin 1888).
2. Eric Gérard, *Leçons sur l'électricité*, t. II, p. 103.

consiste à promener le long du câble, traversé par un courant, une bobine dans le circuit de laquelle on a placé un téléphone.

Supposons, pour fixer les idées, un câble isolé à ses deux extrémités et sur le trajet duquel existe une perte à la terre : l'un des bouts du câble est réuni à un interrupteur mis en mouvement par un mécanisme d'horlogerie; l'interrupteur est relié à l'un des pôles d'une pile, l'autre pôle est à la terre. La partie du câble comprise entre l'interrupteur et le défaut est parcourue par un courant intermittent dont la période dépend du réglage de l'interrupteur. L'instrument de vérification est une bobine à noyau de fer doux formé par un faisceau de fils; les deux bouts du conducteur de cette bobine sont attachés au téléphone que l'opérateur tient constamment à l'oreille. En suivant la direction du câble avec la bobine, présentée normalement à la direction du conducteur et le plus près possible de ce dernier, les intermittences du courant de la pile qui traverse le câble provoquent dans la bobine des courants induits très nettement accusés par le téléphone. Dès que le défaut est dépassé, le téléphone devient silencieux.

« Cette méthode, dit M. Éric Gérard, s'applique aisément à une installation intérieure d'abonné [1], dont le branchement a été, au préalable, interrompu et dans laquelle il est facile de transporter la bobine parallèlement à la direction des fils placés sous des moulures ou dissimulés dans les cloisons ou planchers.

« Dans le cas d'une canalisation souterraine, la bobine accusatrice devra être appliquée près du conducteur aux trous d'homme ou aux boites de jonction, de manière à localiser le défaut entre deux boites de jonction successives. Si le conducteur a une armature métallique protectrice, celle-ci s'enlève aisément aux regards intercalés dans la canalisation. La méthode peut être tentée, même dans le cas d'une canalisation en service. »

RECHERCHE DES DÉFAUTS DE CENTRAGE DANS LES AMES DES CABLES. — M. Le Goaziou a proposé tout récemment un instrument permettant de vérifier le centrage des âmes des câbles au moment de leur construction. Il y a grand intérêt, surtout lorsqu'il s'agit de câbles sous-marins, à n'employer que des âmes dont le revêtement de gutta-percha est parfaitement régulier, le conducteur occupant l'axe du cylindre formé par

1. Il s'agit ici de lumière, de transport de force ou de toute autre installation.

le revêtement. Pour vérifier si cette condition est remplie, l'âme est pincée, sous une pression assez faible pour ne pas la déformer, entre les quatre branches d'une mâchoire. Chacune des branches est formée par un cadre recouvert de fil et placé normalement à la direction de l'âme en expérience; les cadres opposés sont enroulés en sens contraire et ont des résistances égales; ils se font donc équilibre.

Un courant rendu intermittent par un interrupteur est lancé dans l'âme du câble; un téléphone est placé en circuit sur chaque paire de cadres. Tant que l'équilibre subsiste, c'est-à-dire tant que l'âme métallique est à égale distance des quatre cadres, le téléphone reste silencieux; si, au contraire, l'âme métallique est plus rapprochée de l'un des cadres, en d'autres termes si l'âme est décentrée, l'équilibre est rompu et l'un des téléphones fait entendre le bruit produit par les intermittences de courant provenant du vibrateur et circulant dans l'âme du câble.

Par les exemples qui précèdent, nous avons montré combien est vaste déjà le champ d'exploitation des systèmes téléphoniques; l'avenir nous réserve sans doute encore de nombreuses surprises.

APPLICATION

la réflexion. Pour vérifier si cette condition est rempli[illegible] [illegible] est [illegible] [illegible] une précision assez faible pour [illegible] [illegible] quatre branches [illegible] [illegible] [illegible] [illegible] [illegible] pas [illegible] [illegible] placé normalement [illegible] [illegible] [illegible] [illegible] [illegible] [illegible] [illegible] résistance [illegible] [illegible] [illegible] équilibre.

[illegible] [illegible] [illegible] [illegible] [illegible] dans l'une [illegible] [illegible] [illegible] [illegible] [illegible] [illegible] [illegible] [illegible] [illegible] [illegible] [illegible]

TABLE DES MATIÈRES

I

PRÉLIMINAIRES

II

LE TÉLÉPHONE ET LE MICROPHONE

III

LES RÉCEPTEURS

IV

LES PILES MICROPHONIQUES

32

V

LES TRANSMETTEURS

VI

LIGNES TÉLÉPHONIQUES

VII

APPAREILS ACCESSOIRES

ORGANES D'APPEL

VIII

APPAREILS ACCESSOIRES

ORGANES DE SUBSTITUTION

ORGANES DE PRÉSERVATION

ORGANES DE PERMUTATION

IX

APPAREILS ACCESSOIRES

ORGANES DE LIAISON — TABLEAUX

X

APPAREILS ACCESSOIRES

DISPOSITIONS PARTICULIÈRES AUX LIGNES BIFURQUÉES

XI

INSTALLATION DES POSTES

POSTES SIMPLES D'ABONNÉS

XII

INSTALLATION DES POSTES

POSTES CENTRAUX D'ABONNÉS

XIII

INSTALLATION DES POSTES

POSTES CENTRAUX DE L'ÉTAT. — PETITS RÉSEAUX ET RÉSEAUX MOYENS

XIV

INSTALLATION DES POSTES

POSTES CENTRAUX DE L'ÉTAT (GRANDS RÉSEAUX)

XV

COMMUNICATIONS INTERURBAINES

XVI

DÉRANGEMENTS

XVII

LÉGISLATION ET DOCUMENTS ADMINISTRATIFS

XVIII

APPLICATIONS DE LA TÉLÉPHONIE AUX DIFFÉRENTES BRANCHES DE LA SCIENCE ET DE L'INDUSTRIE

PARIS. — DE SOYE ET FILS IMPRIMEURS, 18, RUE DES FOSSÉS-SAINT-JACQUES.

PARIS. — DE SOYE ET FILS, IMPRIMEURS, 18, RUE DES FOSSÉS-SAINT-JACQUES.

www.ingramcontent.com/pod-product-compliance
Lightning Source LLC
LaVergne TN
LVHW011938220826
846092LV00001B/33

* 9 7 8 2 3 2 9 6 1 0 6 8 9 *